Die vermögens- und verteilungspolitischen Aspekte einer Mitarbeiterbeteiligung

AF827245

Europäische Hochschulschriften
Publications Universitaires Européennes
European University Studies

Reihe V
Volks- und Betriebswirtschaft

Série V Series V
Sciences économiques, gestion d'entreprise
Economics and Management

Bd./Vol. 2569

PETER LANG
Frankfurt am Main · Berlin · Bern · Bruxelles · New York · Wien

Udo Müller

Die vermögens- und verteilungspolitischen Aspekte einer Mitarbeiterbeteiligung

PETER LANG
Europäischer Verlag der Wissenschaften

Die Deutsche Bibliothek - CIP-Einheitsaufnahme

Müller, Udo:

Die vermögens- und verteilungspolitischen Aspekte einer Mitarbeiterbeteiligung / Udo Müller. - Frankfurt am Main ; Berlin ; Bern ; Bruxelles ; New York ; Wien : Lang, 2000
(Europäische Hochschulschriften : Reihe 5, Volks- und Betriebswirtschaft ; Bd. 2569)
Zugl.: Augsburg, Univ., Diss., 1999
ISBN 3-631-35803-2

D 384
ISSN 0531-7339
ISBN 3-631-35803-2

© Peter Lang GmbH
Europäischer Verlag der Wissenschaften
Frankfurt am Main 2000
Alle Rechte vorbehalten.

Das Werk einschließlich aller seiner Teile ist urheberrechtlich geschützt. Jede Verwertung außerhalb der engen Grenzen des Urheberrechtsgesetzes ist ohne Zustimmung des Verlages unzulässig und strafbar. Das gilt insbesondere für Vervielfältigungen, Übersetzungen, Mikroverfilmungen und die Einspeicherung und Verarbeitung in elektronischen Systemen.

Meinen Eltern

Inhaltsverzeichnis

Abbildungsverzeichnis

Tabellenverzeichnis

Abkürzungsverzeichnis

a.a.O.	am angegebenen Ort
Abs.	Absatz
AGP	Arbeitsgemeinschaft zur Förderung der Partnerschaft in der Wirtschaft
AktG	Aktiengesetz
AO	Abgabenordnung
Art.	Artikel
ASU	Arbeitsgemeinschaft Selbständiger Unternehmer
Aufl.	Auflage
AZ	Aktenzeichen
BewG	Bewertungsgesetz
BFHE	Entscheide des Bundesfinanzhofs
BGB	Bürgerliches Gesetzbuch
BGBl	Bundesgesetzblatt
BKU	Bund Katholischer Unternehmer
BSG	Entscheide des Bundessozialgerichts
BStatG	Bundesstatistikgesetz
BStBl	Bundessteuerblatt
BVerfGE	Entscheide des Bundesverfassungsgerichts
ders.	derselbe
d.h.	das heißt
DGB	Deutscher Gewerkschaftsbund
DIW	Deutsches Institut für Wirtschaftsforschung
e.V.	eingetragener Verein
EStG	Einkommensteuergesetz
etc.	et cetera
f.	folgende
ff.	fortfolgende
GbR	Gesellschaft des bürgerlichen Rechts
GewStG	Gewerbesteuergesetz
GG	Grundgesetz
GmbH	Gesellschaft mit beschränkter Haftung
GmbHG	Gesetz betreffend die Gesellschaften mit beschränkter Haftung
General Theory	General Theory of Employment, Interest and Money
HdWW	Handwörterbuch der Wirtschaftswissenschaft
HGB	Handelsgesetzbuch
Hrsg.	Herausgeber
HStrukG	Haushaltsstrukturgesetz
i.e.S.	im engeren Sinne

KAGG	Gesetz über Kapitalanlagengesellschaften
KWG	Gesetz über das Kreditwesen
LAG	Lastenausgleichsgesetz
LStDV	Lohnsteuerdurchführungsverordnung
Mio.	Millionen
Mrd.	Milliarden
no.	number
Nr.	Nummer
p	vorläufige Zahlen
s	geschätzte Zahlen
S.	Seite
SHG	Soforthilfegesetz
sog.	sogenannte/sogenannter
SparPDV	Sparprämiendurchführungsverordnung
SparPG	Sparprämiengesetz
StMGB	Mißbrauchsbekämpfungs- und Steuerbereinigungsgesetz
SubvAbG	Subventionsabbaugesetz
u.a.	und andere
usw.	und so weiter
VermBetG	Vermögensbeteiligungsgesetz
VermBG	Vermögensbildungsgesetz
vgl.	vergleiche

Verzeichnis der verwendeten Symbole

Obgleich sich die Bezeichnungen überschneiden können, werden im Rahmen einzelner Kapitel unterschiedliche Variablen verwendet. Dabei basieren die Symbole entweder auf der Notation spezieller Autoren oder auf der in der jeweiligen Theorie üblichen Systematik.

Kapitel 2.2 (Wilhelm Krelle)

$V^{Prod.}$	Produktivvermögen
$V^{Betr.}$	Betriebsvermögen
$V^{Kap.}$	Kapitalvermögen
$V^{Landw.}$	Landwirtschaftliches Vermögen
V^{Boden}	Vermögen an Haus- und Grundbesitz
$V_{pr.H.}^{Prod.e.S.}$	Produktivvermögen der privaten Haushalte im engeren Sinne
$V_{pr.H.}^{Betr.}$	Betriebsvermögen der privaten Haushalte
$V_{pr.H.}^{Kap.}$	Kapitalvermögen der privaten Haushalte

Kapitel 3.2 (Karl Marx)

c	konstantes Kapital	C	vorgeschossenes Kapital
K	Kostpreis	k	organische Zusammensetzung des Kapitals
m	Mehrwert	m'	Rate des absoluten Mehrwertes
p	Profit	p'	Profitrate
v	variables Kapital	W	Warenwert

Kapitel 3.3 (Neoklassische Theorie)

Zur neueren Haushaltsökonomie

L	Freizeit	p_i	Preis
T	gesamte Zeit	U	Nutzenfunktion
V	Vermögenseinkommen	w	Lohnsatz
x_i	Güter		

Zur allgemeinen Produktionsfunktion

λ	Lohnquote	A	Arbeitsstunden
L	Lohneinkommen	l	Lohnsatz
p	Preis(niveau)	q	Ausbringungsmenge
Q	Realeinkommen	x_1, x_2	Produktionsfaktoren 1 und 2
Y	Volkseinkommen		

Zusätzlich in Kapitel 9.2 (Neoklassische Theorie)

A^D	Arbeitsnachfragefunktion	A^S	Arbeitsangebotsfunktion
b	Fixkostenanteil	C(q)	Kostenfunktion
l	Lohnsatz	l/p	Reallohnsatz
$(l/p)_f$	konstanter Reallohn	π	Gewinn
r_1, r_2	Preise der Produktionsfaktoren 1 und 2		
GPA	Grenzproduktivität des Faktors Arbeit		

Zur Monopolgradtheorie

K'	Grenzkosten	M	Monopolgrad
P	Preis		

Kapitel 3.4

Keynesianische Theorie im allgemeinen

c	Konsumneigung	C_a	autonomer Konsum
C_W	Konsumfunktion	E	Endprodukte
E_1	Vorprodukte	F	Faktorkosten
G	Kapitalausrüstung am Ende einer Periode	I	Investitionsfunktion
i	Zinssatz	r	Grenzleistungsfähigkeit des Kapitals

S	Sparen	S_a	autonomes Sparen
U	User costs	V	Supplementary costs
Y	Einkommen	Y_W	Einkommensfunktion

Zur Verteilungstheorie

A	Beschäftigung	C	Konsum
c	Konsumquote	d	direkt
Ex	Exporte	F	Faktorkosten
G	Gewinne	G_U	einbehaltene Gewinne
H	Haushalte	I	Investitionen
Im	Importe	ind	indirekt
K	Kapitalstock	Kr	Kreditaufnahme
l	Lohnsatz	L	Arbeitseinkommen/ Gesamtlohnsumme
r	real	S	Sparen
s	Sparquote	St	Staat
T	Steuern	Ü	Übertragungen
U	Unternehmen	v	verfügbar
Vb	Vermögensbildung	Y	Sozialprodukt, (Volks-) Einkommen
Y_f^n	Nettosozialprodukt zu Faktorkosten		
Y_m^n	Nettosozialprodukt zu Marktpreisen		
Y_H^v	Verfügbares Einkommen der privaten Haushalte		
Z	Zinseinkommen und Bodenrente		

Zusätzlich bei der kaldorianischen Theorie

P	Kapitaleinkommen (Luigi Pasinetti)

Zusätzlich in Kapitel 9.1

α	Beteiligungsparameter
g	Gewinnquote
i	Investitionsquote
s_A	Sparquote der Arbeitnehmerhaushalte
s_U	Sparquote der Unternehmerhaushalte

1. Einleitung

Die Bestrebungen zur Förderung der Vermögensbildung und insbesondere der Produktivvermögensbildung in Arbeitnehmerhand charakterisieren ein zentrales Element der Verteilungskonzeption unserer sozialen Marktwirtschaft. Die an einer gleichmäßigeren Vermögensbeteiligung aller Bürger orientierte Eigentumsordnung umfaßt neben dem Schutz des privaten Eigentums eine möglichst breite Produktivvermögenspartizipation, wobei dies nicht lediglich als ein wirtschaftspolitisches Anliegen, sondern vielmehr als eine gesellschaftspolitische Forderung interpretiert werden kann. Ohne einzelne Ergebnisse vorwegnehmen zu wollen, lassen sie sich dahingehend begründen, als daß nahezu alle staatlichen und/oder (para-) fiskalischen Entscheidungen, gewollt oder ungewollt, die Vermögensverteilung tangieren und es daher erforderlich erscheint, verteilungspolitische Maßnahmen bewußt zu treffen, um so eine rationale Politik in Hinblick auf eine gerechtere Verteilung zu ermöglichen. Obgleich die breite Vermögensstreuung im Sinne einer Verringerung deutlicher Verteilungsdisparitäten nicht als Primärziel per se betrachtet wird, sprechen eine Vielzahl unterschiedlichster Aspekte sowohl auf gesellschafts- und staatspolitischer als auch auf einzel- und gesamtwirtschaftlicher Ebene für ihre Einbeziehung in die wirtschaftspolitische Zielaxiomatik.

Die vermögenspolitischen Maßnahmen in der Bundesrepublik Deutschland finden ihren Ursprung in der Erkenntnis, daß sich der Trend in der Vermögensbildung, respektive der Verteilung des neu gebildeten Vermögens - entgegen der Zielsetzung eines auf Freiheit, Sicherheit, Gerechtigkeit und Wohlstand beruhenden Gesellschaftssystems - eher in Richtung einer Konzentration denn einer Dekonzentration entwickelte. Für sozialpolitischen Sprengstoff sorgte die Untersuchung von Krelle, Schunck und Siebke aus dem Jahr 1968: Demgemäß konzentrierten sich 70% des Vermögens an den gewerblichen Unternehmen auf Haushalte mit einem Vermögen in Höhe von DM 100.000,-- und mehr, wobei diese lediglich 1,7% der Gesamtbevölkerung repräsentierten. Obgleich sich in den vergangenen Jahren - auch auf Grund der Begünstigungen des Wohnungsbaus sowie der Schaffung von Sparanreizen und der Bemühungen, die Verbreitung der vermögensbildenden Maßnahmen im Bereich der Arbeitsverhältnisse zu fördern - eine Tendenz zur breiteren Vermögensstreuung abzeichnet, zeigt sich, daß mit Hilfe der bisherigen Mittel der staatlichen Vermögenspolitik diesen Verteilungsdisparitäten nicht nachhaltig entgegen gesteuert werden konnte: Lediglich 11% der Arbeiterhaushalte in Westdeutschland verfügen derzeit über Aktienbesitz.[1] Die Gründe für diese geringe verteilungspolitische Effizienz lassen sich zunächst - etwas vereinfachend - auf zwei Hauptargumente reduzieren: Um den Wiederaufbau in der Bundesrepublik Deutschland zu forcieren, die hohe Arbeitslosigkeit zu beseitigen und ein entsprechendes Versorgungsniveau zu garantieren, konzentrierten sich die wirtschafts- und steuerpolitischen Maßnahmen nach der Währungsreform auf die Förderung der gesamtwirtschaftlichen Kapitalbildung sowie der Investitionstätigkeit.[2] Einen weiteren Akzent setzten die systematischen Bemühungen zur Anregung der Sparneigung, wohingegen der Erhöhung der Sparfähigkeit unterer Einkommensgruppen nur geringere Beachtung geschenkt wurde. Da allerdings die Vermögensbildungsfähigkeit in der Theorie und der politischen Praxis als Basis einer langfristig stabilen, wirtschaftskonformen Vermögens- und Verteilungskonzeption akzeptiert wird, sollen im Rahmen dieser Arbeit einzelne Mitarbeiterbeteiligungsmodelle als eine Möglichkeit zur Förderung der Vermögensbildung untersucht werden.

Mitarbeiterbeteiligungen wurden zunächst aus sozial-, gesellschafts- aber auch aus unternehmenspolitischen Gründen konzipiert, wohingegen dem Aspekt der künftigen Alters- beziehungsweise Eigenvorsorge eine eher sekundäre Bedeutung zugemessen wurde. Je nach Ausgestaltung bieten jedoch einzelne Modelle - neben den Finanzierungsvorteilen für das Unternehmen - Vorsorgemöglichkeiten für den Arbeitnehmer, die unter Berücksichtigung der Kriterien des 5. VermBG respektive des §19a EStG staatlich gefördert werden. Auf Grund der demographischen Entwicklungen und der Tendenzen in der gesetzlichen Rentenversicherung wird diesem Aspekt künftig eine größere Bedeutung im Sinne einer Ergänzung der kollektiven Alterssicherungssysteme zukommen, da die nicht unerheblichen Mittel zur Schließung möglicher Versorgungslücken herangezogen werden können. Dabei sollte jedoch betont werden, daß die Mitarbeiterbeteiligung nicht grundsätzlich als ein Wundermittel betrachtet werden kann, zumal die Vermögensbildungsfähigkeit und -bereitschaft in weiten Teilen unserer Gesellschaft zu gering sein wird, so daß aus sozialpolitischen Gründen nicht auf die kollektive Altersversorgung verzichtet werden kann.

---

1 Vgl. dazu auch Ohne Verfasser: Arbeitnehmer stärker am Unternehmenserfolg beteiligen, in: Presse und Informationsamt der Bundesregierung (Hrsg.): Sozialpolitische Umschau, Ausgabe 27, Nr. 322, Bonn, 1998, S. 5.

2 Vgl. exemplarisch Molitor, Bruno: Vermögensverteilung als wirtschaftspolitisches Problem, Tübingen, 1965, S. 82 ff. oder Lampert, Heinz: Lehrbuch der Sozialpolitik, 4., überarbeitete Auflage, Berlin, Heidelberg, New York, 1996, S. 387 f.

Auch wenn im Rahmen dieser Arbeit volks- und betriebswirtschaftliche Aspekte im Vordergrund stehen sollen, erfordert die Komplexität der Thematik im Idealfall eine interdisziplinäre Betrachtung, die neben den vorgenannten Gesichtspunkten möglichst auch rechtliche, psychologische und soziologische Argumente einschließt. Beteiligungsmodelle, die ausschließlich auf materiellen oder lediglich auf immateriellen Komponenten basieren, bergen die Gefahr, daß sie entweder als Deckmantel sozialer und partnerschaftlicher Gesichtspunkte mit rein finanzieller Natur beziehungsweise als Ausflucht in wohlklingende Worte interpretiert werden und somit der eigentliche partnerschaftliche Gedanke vernachlässigt wird.

Definiert man Erfolg als das Maß zwischen Zielsetzung und Endergebnis, so können konkrete vermögens- und verteilungspolitische Maßnahmen ohne eindeutige Begriffsabgrenzung respektive Ermittlung des Status quo der Einkommens- und Vermögensverteilung nur bedingt in die wirtschaftspolitische Gesamtkonzeption eingeordnet und ihr Zielerreichungsgrad nur unzureichend bestimmt werden. Dementsprechend soll zu Beginn dieser Arbeit eine Begriffsabgrenzung vorgenommen, die verteilungstheoretischen Grundlagen geschaffen und die Zielaspekte erörtert werden. Daran schließt sich die Darstellung einzelner vermögenspolitisch relevanter Gesetze und Maßnahmen sowie die Untersuchung der Einkommens- und Vermögensentwicklung respektive -verteilung in der Bundesrepublik Deutschland bis zur Gegenwart an. Im weiteren Verlauf werden einzelne Problembereiche diskutiert sowie im siebten und achten Teil dieser Arbeit die wesentlichen Formen und Quellen einer Mitarbeiterbeteiligung kritisch untersucht. Unter Berücksichtigung der in Kapitel drei gewonnenen Erkenntnisse wird die Mitarbeiterkapitalbeteiligung in Kapitel neun auf distributive, allokative und finanzwirtschaftliche Wirkungen analysiert. Zum Abschluß dieser Arbeit erfolgt ein kurzes Resümee sowie eine kritische Würdigung der wesentlichen Aussagen und Erkenntnisse.

2. Definitionen und Einordnung der Vermögens- und Verteilungspolitik in den gesamtwirtschaftlichen Rahmen

Zur Lösung gesellschaftspolitischer und volkswirtschaftlicher Probleme werden meist neue Ressorts betraut, die, autonom von den bereits bestehenden, versuchen, die ihnen übertragenen Aufgaben zu bewältigen. Ein unkoordiniertes Zusammenspiel einzelner Politikbereiche birgt allerdings die Gefahr, daß Zielkonflikte auftreten, einzelne Ressorts sich gegenseitig behindern und die Finalziele nur suboptimal erreicht werden können.[3] Die bestmögliche Verwirklichung abstrakter staatlicher Finalziele setzt jedoch ein „Hand in Hand“ der einzelnen Instrumentalziele voraus und eine *„Politik aus einem Guß“* kann nur sinnvoll greifen, wenn sich die einzelnen Politikbereiche ergänzen oder zumindest nicht gegenseitig beeinträchtigen.[4] Um die Transparenz einer integrierten Sozialpolitik zu erhöhen, ist es demnach notwendig, auch die Vermögenspolitik in den Rahmen der Primärziele staatlicher Wirtschaftspolitik einzuordnen und im Anschluß daran Zielharmonien aber auch Zielkonflikte zu betrachten.

Voraussetzung für die Analyse vermögens- und verteilungspolitischer Maßnahmen ist zunächst eine klare Definition relevanter Begriffe, denn ohne die eindeutige Abgrenzung können die jeweiligen Maßnahmen nur beschränkt in den gesamtwirtschaftlichen Rahmen eingeordnet und empirische Untersuchungen in Bezug auf Notwendigkeit oder Erfolge dieser Maßnahmen dementsprechend nur unzureichend bewertet werden.[5] Insbesondere der Grad der Vermögenskonzentration wird von der jeweiligen Begriffsabgrenzung stark beeinflußt, so daß inkongruente Verteilungsergebnisse in Abhängigkeit der Vermögensabgrenzung möglich sind und eine Bewertung nur im gesamten Kontext und in Hinblick auf die gewählte Definition zu interpretieren ist. Der Vermögensbegriff eröffnet einen Interpretationsspielraum, der gleichzeitig Vermögenskonzentration oder relative Gleichverteilung als Ergebnis zuläßt. In diesem Zusammenhang sollte allerdings deutlich betont werden, daß sich bei der Wahl

---

3 Eine mögliche Folge kann die Kumulierung und Konzentration staatlicher Fördermaßnahmen auf einzelne Personen oder Gesellschaftsgruppen bei gleichzeitiger Benachteiligung anderer sein.

4 Vgl. beispielsweise Gress, Karin: Transfers zur Förderung der Vermögensbildung aus verteilungs- und sozialpolitischer Sicht, Frankfurt, New York, 1983, S. 61 ff.

5 Vgl. Herrmann, Kurt: Vermögensstatistik, in: Erwin von Beckerath / Hermann Bente / Carl Brinkmann u. a. (Hrsg.): Handwörterbuch der Sozialwissenschaften. Zugleich Neuauflage des Handwörterbuchs der Staatswissenschaften, 11. Band, Göttingen, Stuttgart, Tübingen, 1961, S. 148 - 153, hier S. 148.

der Abgrenzungskriterien auch ein politisches und soziologisches Problem abzeichnet, das wirtschaftswissenschaftlich wohl kaum eindeutig gelöst werden kann.[6]

Häufig treten in der wirtschaftswissenschaftlichen Literatur bereits in der begrifflichen Abgrenzung von Eigentum und Vermögen die ersten Schwierigkeiten auf. Die dabei zu analysierende Frage, inwieweit und in welchem Zusammenhang die Begriffe Eigentum und Vermögen synonym verwendet werden können, oder ob damit nur ein weiteres Definitions- bzw. Abgrenzungsproblem umgangen werden soll, verdeutlicht die kontroverse Debatte. Erich Preiser erläuterte das Verhältnis zwischen Eigentum und Vermögen wie folgt:

> „Eigentum ist ein Begriff, der in erster Linie den Juristen angeht. Erst die Verteilung des Eigentums ruft den Nationalökonom auf den Plan, aber sobald man nun fragt, was daran problematisch ist, kommt man unversehens vom Begriff des Eigentums auf den des *Vermögens*, zu dem nicht nur „Sachen", sondern auch Beteiligungen, Forderungen, Geldbestände, ja sogar so ungreifbare Dinge wie kapitalisierte Erträge aus Machtpositionen am Markt gehören."[7]

2.1 Der Eigentumsbegriff

Eigentum stellt ein grundsätzlich psychisch - physisches Verhältnis zwischen Mensch und Sache beziehungsweise zwischen Mensch und Mensch in Bezug auf eine Sache dar.[8] Im Sinne einer Sachherrschaft ist Eigentum schon aus der

---

6 Vgl. Hauser, Richard: Vermögensverteilung bei schleichender Inflation. Eine mikroökonomische Analyse der Umverteilung zwischen Wachstumstypen von Haushalten unter Berücksichtigung der Vermögensdisposition bei schleichender Inflation, Kallmütz, 1969, S. 267; Andersen, Uwe: Einführung in die Vermögenspolitik, München, 1976, S. 35. Auch Bruno Molitor weist in seiner Abhandlung „Vermögensverteilung als wirtschaftspolitisches Problem" deutlich darauf hin, daß mit der Wahl des Untersuchungsgegenstandes sowie der Auswahl einzelner Ziel-, Problem- oder Wirkungsaspekte und der selektiven Darstellung ihrer Kausalbeziehungen bereits die 'reine, wertfreie Theorie' von persönlichen Vorstellungen geprägt wird. Vgl.: Molitor, Bruno: Vermögensverteilung als wirtschaftspolitisches Problem, a. a. O., S. 2 ff.

7 Preiser, Erich: Wirtschaftspolitik heute - Grundprobleme der Marktwirtschaft, 2. Auflage, München, 1969, S. 161.

8 Das Verhältnis zwischen den Individuen in Bezug auf den Besitz ist dabei ein bedeutender Faktor: Eigentum an einer Sache findet seinen Wesensgehalt nur dann, wenn es weitere Personen gibt, gegenüber denen man die Verfügungsgewalt abgrenzen möchte und erst das Zusammenleben in einer Gemeinschaft erfordert deren Regelung. Zur Terminologie des Eigentums vgl. Jacob Grimm / Wilhelm Grimm (Hrsg.): Deutsches Wörterbuch, 3. Band, Leipzig, 1862, Spalte. 91-102; Alfred Gdke (Hrsg.): Trübners Deutsches Wörterbuch. Im

frühesten Menschheitsgeschichte bekannt und sie prägte seinen ökonomischen und juristischen Gehalt.[9]

Unter dem Aspekt der Herrschaftsmacht über ökonomisch wichtige Güter unter gleichzeitigem Ausschluß Dritter muß das Eigentum folgende drei Voraussetzungen erfüllen:[10]

- Das Recht, Güter zu gebrauchen, verbrauchen, verschenken, vererben, zerstören und zu veräußern.
- Das Recht, Dritte von der Einwirkung auf die Sache auszuschließen.
- Das Recht, über die Erträge frei zu verfügen, unabhängig davon, ob sie mit oder ohne eigene Arbeitsleistung erzielt werden.

Dementsprechend hat der Eigentümer einer Sache nach § 903 BGB das Recht, mit ihr nach Belieben zu verfahren und andere von jedweder Einwirkung auszuschließen.[11] Das BGB behandelt Eigentum einzig und allein als dingliches

---

Auftrag der Arbeitsgemeinschaft für deutsche Wortforschung, 2. Band, Berlin, 1940, S. 142 - 143; Nef, Robert: Eigentum im Raumschiff Erde, in: Evangelische Akademie (Hrsg.): Eigentum verpflichtet. Sein Gebrauch soll zugleich dem Wohle der Allgemeinheit dienen, Hofgeismar, 1981, S. 40 - 65, hier S. 41 ff.; Tönnies, Ferdinand: Eigentum, in: Alfred Vierkant (Hrsg.): Handwörterbuch der Soziologie, unveränderter Neudruck, Stuttgart, 1959, S. 106 - 112.

9 Zur Entwicklung des juristischen Eigentumsbegriffs vgl. Conrad, Hermann: Eigentum - I. Die moderne Entwicklung des Eigentumsbegriffs, in: Görres-Gesellschaft (Hrsg.): Staatslexikon - Recht Wirtschaft Gesellschaft, 2. Band, 6., völlig neu bearb. und erweiterte Auflage, Freiburg, 1958, Spalte 1061-1065; Schmidt, Wilhelm: Geschichte des Eigentums, Münster, 1937 und Köhn, Jens / Rode, Burkhard (Hrsg.): Eigentum. Beiträge zu seiner Entwicklung in politischen Gesellschaften. Werner Sellnow zum 70. Geburtstag, Weimar, 1987.

10 Vgl. Messner, Johannes: Das Naturrecht. Handbuch der Gesellschaftsethik, Staatsethik und Wirtschaftsethik, 4. Auflage, Innsbruck, Wien, München, 1969, S. 948.

11 Durch entsprechende Sanktionen kann die Anerkennung des Eigentums und das Ausschlußprinzip erwirkt werden. In diesen Fällen spricht man von positiven und negativen Eigentumskernen, wobei das Ausschlußrecht gegenüber Dritten und auch gegenüber dem Staat ein wesentliches Merkmal der deutschen Rechtstradition ist. Michael Bartelt spricht in diesem Zusammenhang von unterschiedlichen Freiheitsfunktionen, wie etwa der Gebrauchsfreiheit in der Gegenstandsdimension oder der Vermögens- oder Wertdimension. Vgl. Bartelt, Michael: Sozialethische Erwägungen zur Eigentumsfrage, in: Evangelische Akademie (Hrsg.): Eigentum verpflichtet, a. a. O., S. 66 - 80, hier S. 67 ff.

Recht an Sachen, nicht jedoch an immateriellen Gütern.[12] Als Grenze des Eigentümerbeliebens sieht der Gesetzgeber jedoch die Rechte anderer sowie weitere, einschränkende Gesetze vor.[13]

Ökonomisch betrachtet, begründet § 903 BGB im weitesten Sinne auch unser Wirtschaftssystem, zumal Eigentümer über das Recht verfügen, die entstehenden „Früchte“ einer Sache ökonomisch zu verwerten.[14] Die Rechts- und Wirtschaftsordnung zeichnet einerseits die Grenzen des Eigentums auf, andererseits begründet sie auch das Eigentumsrecht im Sinne des Eigentümerbeliebens und des Erwerbsstrebens. In der freien Marktwirtschaft steuert die „invisible hand“ des Wettbewerbs alle Einzelinteressen in der Form, daß die Gesamtheit eben dieser Einzelinteressen zu einem gesellschaftlichen Optimum führe. Die individuelle Gewinnmaximierung ihrerseits basiert wiederum auf dem freien Marktsystem und dem Privateigentum. Die Steuerung dieses Wirtschaftsprozesses ist nur möglich, wenn Wirtschaftssubjekte über die Produktionsmittel frei verfügen können, da eine Anpassung an die jeweilige Preis- und Marktkonstellation notwendig ist. Einzelegoismen und Eigentumsfreiheit fördern Innovationen, Wettbewerb und Fortschritt und können so zu einer Verbesserung der Lebensverhältnisse beitragen.[15] Eigentum und die Chance, Eigentum zu bilden sind

---

[12] In der Jurisprudenz spricht man deshalb vom eingeschränkten im Gegensatz zum erweiterten Eigentumsbegriff.

[13] Vgl. dazu § 903 Bürgerliches Gesetzbuch (BGB), in: Beck'sche Textausgaben: Bürgerliches Gesetzbuch, 30. Auflage, München, 1987. Eigentum und Eigentumsfreiheit sollten auch im Zusammenhang mit sozialer Verantwortung und Eigentumspflicht betrachtet werden. Nach Ansicht Franz Klübers' beispielsweise hat jeder Einzelne im Rahmen der Gemeinschaft das Recht, sich in Freiheit zu entfalten und zu bewähren, wobei dies vor allem den Umgang mit Gütern einschließt. Vgl.: Klüber, Franz: Eigentumstheorie und Eigentumspolitik. Begründung und Gestaltung des Privateigentums nach katholischer Gesellschaftslehre, Osnabrück, 1963, S. 217. Dieser Entfaltungsspielraum setzt einerseits die Abgrenzung gegenüber Dritten (Eigentumsabgrenzung), andererseits die individuelle Gestaltung dieser Grenzen (Vertragsfreiheit) voraus. Eigentums- und Vertragsfreiheit dürfen im Sinne der katholischen Eigentumslehre nicht als Verankerung oder Verteidigung individualistischer Willkür interpretiert werden. Vielmehr soll der Einzelne durch das Privatrecht in die Lage versetzt werden, Verantwortung für sich und die Gemeinschaft zu übernehmen.

[14] Man spricht in diesem Zusammenhang von „usus“ und „usus fructum“.

[15] Vgl. Friauf, Karl Heinrich / Wendt, Rudolf: Eigentum am Unternehmen. Legitimation und Funktion des privaten Produktiveigentums in Rechtsprechung und Rechtslehre, in: Otto A. Friedrich-Kuratorium (Hrsg.): Grundlagen - Eigentum und Politik, Band 1, Köln, 1977, S. 38 f. sowie S. 45 ff. und S. 67.

demnach entscheidende Bestandteile und Antriebsmomente einer marktwirtschaftlichen Ordnung. Darüber hinaus ist im System der freien Marktwirtschaft eine optimale Kapitalverwendung nur gewährleistet, wenn das Prinzip der Privathaftung verwirklicht werden kann, und das Privateigentum gilt somit als eine seiner Grundvoraussetzungen.

Mit wachsender Kritik an dieser bürgerlichen Eigentumslehre wurde allerdings der „Smith'sche Steuerungsmechanismus" mit weiteren Lenkungsmechanismen ergänzt: In unserem Gesellschaftssystem nimmt der Staat vermehrt konzeptionelle Aufgaben, insbesondere in den Bereichen Umweltschutz, Arbeitsschutz und soziale Sicherung, wahr. Vorbehalte gegenüber dem Wirtschaftsliberalismus und gesellschaftlich unerwünschten Konsequenzen einer schrankenlosen Verfügungsmacht führten zu einer immanenten Beschränkung des Eigentümerbeliebens im Sinne des Schutzes der Allgemeinheit und des Gemeinwohles.[16] Wurden diese Beschränkungen anfangs von außen auferlegt, so bestimmen sie heute - mit der Einsicht der möglichen sozialen Konsequenzen und der gebotenen Rücksichtnahme auf andere - unser Rechtsverständnis und zeichnen deutliche Grenzen ab.[17] Die formale Definition des Eigentümerbeliebens gemäß des § 903 BGB sollte demnach unter den Gesichtspunkten der gesamten Rechtsordnung mit allen Funktionen betrachtet werden.[18] Das GG für die Bundesrepublik

---

16 Als einschränkende Gesetze des öffentlichen Rechtes, die von Karl Renner als Komplementärinstitute des Eigentums bezeichnet wurden, gelten beispielsweise TÜV-Bestimmungen, DIN- und ISO-Normen sowie Arbeitsschutzgesetze, Umweltschutzbestimmungen und Bauordnungen. Auch die katholische Soziallehre verweist eindeutig auf die Schranken, die der Nutzung des privaten Eigentums auferlegt werden müssen, und bestimmt die Verletzung des Allgemeinwohls als maximale Grenze des Privateigentums. Vgl. Klüber, Franz, Eigentumstheorie und Eigentumspolitik, a. a. O., S. 37 sowie S. 222 f.; Renner, Karl: Die Rechtsinstitute des Privatrechts und ihre soziale Funktion, Tübingen, 1929 und Wallraff, Hermann Josef: Eigentumspolitik, Arbeit und Mitbestimmung, Köln, 1968, S. 78 ff.

17 Vgl. Leisner, Walter: Eigentum - Grundlage der Freiheit, Melle, 1994, S. 19 f. sowie Raiser, Ludwig: Eigentum (II) Eigentumsrecht, in: Erwin von Beckerath / Hermann Bente / Carl Brinkmann u. a. (Hrsg.): Handwörterbuch der Sozialwissenschaften. Zugleich Neuauflage des Handwörterbuchs der Staatswissenschaften, 3. Band, Göttingen, Stuttgart, Tübingen, 1961, S. 39 - 44, hier S. 40.

18 Vgl. dazu auch Enneccerus, Ludwig / Kipp, Theodor / Wolff, Martin: Lehrbuch des Bürgerlichen Rechts, 3. Band: Sachenrecht, Tübingen, 1957, S. 174: „Wie weit die Freiheit des Eigentümers reicht, mit der Sache nach Belieben zu verfahren, folgt nicht aus dem Begriff des Eigentums, sondern aus der Gesamtrechtsordnung, die das Recht verleiht und dabei den Raum des Eigentümerbeliebens konkret absteckt."

Deutschland trägt dieser Sichtweise insofern Rechnung, als daß es das Eigentum und die Vererbbarkeit ausdrücklich garantiert, gleichzeitig jedoch einschränkende Gesetze und die soziale Bindung in Betracht zieht.[19]

Nach Auffassung der geltenden Rechtslehre sichert Art. 14 Abs. 1 Satz 1 GG das Eigentum nicht nur im Sinne des in den § 90 und § 903 BGB eingeschränkten, sondern vielmehr im Sinne des erweiterten Eigentumsbegriffes.[20] Infolgedessen werden sowohl der bürgerlich-rechtliche Eigentumsbegriff als auch vermögenswerte Rechte und Rechtspositionen natürlicher und juristischer Personen und damit Eigentum der unterschiedlichsten Funktionen verfassungsrechtlich geschützt.[21] Mit dieser umfassenden Eigentumsgarantie wird unter anderem in der Bundesrepublik Deutschland die bestehende Vermögensverteilung anerkannt, da eine Enteignung[22], sofern zulässig, nur mit entsprechender Entschädigung möglich ist.[23]

Im Zuge der Ausdifferenzierung (im Sinne einer Spezialisierung) wirtschaftlicher Vorgänge, der permanenten Änderungen im Bereich Technologisierung (Forschung und Entwicklung als Kapitalwert), der Weiterentwicklung einzelner

---

19 Vgl. Art. 14 Grundgesetz (GG), in: Deutscher Bundestag - Presse und Informationszentrum, Referat Öffentlichkeitsarbeit (Hrsg.): Grundgesetz für die Bundesrepublik Deutschland, Bonn, 1984, S. 24.

20 Der weite Eigentumsbegriff wurde von Martin Wolff geprägt und vom Reichsgericht übernommen. Auch die Rechtsprechung und das juristische Fachschriftum lehnten sich an die Begriffsauslegung von Martin Wolff an. Vgl. Klein, Friedrich: Vermögensbildung und Eigentumsgarantie. Verfassungsrechtliche Probleme der Beteiligung der Arbeitnehmer am Produktivvermögen, Karlsruhe, 1974, S. 31 ff. und Rittstieg, Helmut: Eigentum als Verfassungsproblem, in: Evangelische Akademie (Hrsg.): Eigentum verpflichtet, a. a. O. S. 7 - 23, hier S. 8.

21 Zum weiten Vermögensbegriff des Art. 14 Abs. 1 Satz 1 GG gehören also, neben dem sachrechtlichen Eigentum des BGB, obligatorische Rechte (wie Aktien und Mitgliedschaftsrechte), beschränkt dingliche Rechte sowie immaterielle Rechte. Vgl. Höffner, Joseph: Eigentum - III. Sozialphilosophie des Eigentums, in: Görres-Gesellschaft (Hrsg.): Staatslexikon - Recht Wirtschaft Gesellschaft, 2. Band, a. a. O., Spalte 1066 - 1072, hier Spalte 1066.

22 Zur Abgrenzung der Begriffe Enteignung, Eigentumsumlegung, bzw. -umschichtung und Sozialisierung vgl. Klein, Friedrich: Eigentumsbindung, Enteignung, Sozialisierung und Gemeinwirtschaft im Sinne des Bonner Grundgesetzes, Tübingen, 1972, insbes. S. 10 ff.

23 Vgl. Raiser, Ludwig: Eigentum (II) Eigentumsrecht, a. a. O., S. 39 - 44, hier S. 40; Papier, Hans Jürgen: Eigentumsgarantie des Grundgesetzes im Wandel, Heidelberg, 1984, S. 35 ff. und Adam, Hermann: Macht und Vermögen in der Wirtschaft, Köln, 1974, S. 35.

Produkte und dem Wandel der Firmenstrukturen war eine Abstraktion des Eigentumsbegriffes zweifellos erforderlich. Der privatrechtliche Eigentumsbegriff reichte nicht mehr aus, jene Faktoren zu berücksichtigen und analog zu diesen Tendenzen umfaßt das Grundgesetz nunmehr jedes Vermögensrecht:

> „Da es keinen „absoluten" Begriff des Eigentums gibt, ist es Sache des Gesetzgebers, Inhalt und Schranken des Eigentums zu bestimmen (Art. 14 Abs. 1 Satz 2 GG). Er orientiert sich dabei an den gesellschaftlichen Anschauungen seiner Zeit. Der an das Grundgesetz gebundene Gesetzgeber hat außerdem die grundlegenden Wertentscheidungen und Rechtsprinzipien der Verfassung zu beachten (BVerfGE 14, 263 [277]; 18, 121 [132]). Nur mit dem sich hieraus ergebenden Inhalt ist das Eigentum verfassungsrechtlich gewährleistet."[24]

Das Bundesverfassungsgericht ist der Auffassung, daß ein gesellschaftlich relevanter Begriff, wie der des Eigentums, nicht statisch betrachtet werden kann, sondern vielmehr einem fortwährenden Wandel unterliegt. Dieser Wandel kann einerseits auf den oben dargestellten Veränderungen des Wirtschaftslebens, andererseits auf einer Wertverschiebung der gesellschaftlichen Vorstellungen beruhen. Mit einer engen Abgrenzung kann dieser Tatsache nicht genügend Rechnung getragen werden und es bedarf daher einer Erweiterung durch den Gesetzgeber. Der verfassungsrechtliche Eigentumsbegriff wird im Grundgesetz weder umschrieben noch eindeutig definiert.[25]

Wenn der Wortlaut „Inhalt und Schranken werden durch die Gesetze bestimmt" allerdings dahingehend interpretiert wird, daß der Gesetzgeber entscheiden könne, was genau der jeweilige Eigentumsbegriff beinhaltet, würde mit dieser Auslegung die Verfassung ins Leere laufen, denn eine Verfassungsbeschwerde wegen „Verletzung des Eigentums" könnte nur dann geltend gemacht werden, wenn ohne gesetzliche Grundlage das Eigentum verletzt wird. Diese Interpretation des Art. 14 Abs. 1 Satz 2 GG wird jedoch vom Bundesverfassungsgericht strikt abgelehnt, da sich der Gesetzgeber an den verfassungsrechtlichen Eigentumsbegriff halten muß, der zwar erst nach der Maßgabe der Gesetze entsteht, diese Gesetze aber nur an Hand der Richtlinien des Art. 14 GG erlassen werden können.[26]

---

[24] BVerfGE 20, 351 hier S. 355 f.

[25] Vgl. dazu auch Wendt, Rudolf: Eigentum und Gesetzgebung, in: Karl H. Friauf (Hrsg.): Schriften zum Wirtschaftsverfassungs- und Wirtschaftsverwaltungsrecht, Band 24, Hamburg, 1985, S. 9 f.

[26] Vgl. unter anderem BVerfGE 53, 257 hier S. 292 f. sowie BVerfGE 80, 137 hier S. 150 f.

Kennzeichnend ist dabei, daß in der Bundesrepublik Deutschland zum einen die Bedeutung des „Eigentums als Menschenrecht“[27] deutlich begründet und abgegrenzt wurde und zum anderen auch das Bundesverfassungsgericht diese Auffassung vertrat.[28]

Die rechtswissenschaftliche Lehrmeinung umreißt also ein generelles Gedankengerüst und führt innerhalb dieses Denkschematas zu Fragen, die zunehmend ins Detail führen und an Gestalt gewinnen. Wird der **Eigentumsbegriff** des Grundgesetzes also als „Gesamtheit oder Inbegriff der wirtschaftlichen Güter (materielle Güter, Immaterialgüter) eines Subjekts“[29] verstanden, so deckt sich dieser mit dem des **Vermögens**.[30]

2.2 Der Vermögensbegriff

Mit der hier dargestellten Entwicklung des Eigentumsbegriffes, der Einbeziehung einer erweiterten Fassung im Sinne des Art. 14 GG, geht demnach der Eigentumsbegriff fließend in den des Vermögens über. Die Begriffspalette reicht dabei vom sehr weiten Vermögensbegriff, der alles beinhaltet, was den Wohlstand einer Person oder einer Gesellschaft in irgend einer Weise vermehrt, bis zum engen, rein materiellen Vermögensbegriff, der nur das reproduzierbare Vermögen umfaßt.[31]

---

27 Da sich, wie oben dargestellt, der Eigentumsbegriff und die Inhalte des Eigentums wandeln, können zwar Eigentumsnutzungsrechte beschränkt werden, der Eigentumskern hingegen muß geschützt bleiben. Der Gesetzgeber kann mit einschränkenden Gesetzen weder die Privatnützigkeit des Eigentums in Frage stellen noch das Verfügungsrecht entziehen beziehungsweise das Verfügungsrecht derart einschränken, daß vom Eigentum kein sinnvoller Gebrauch gemacht werden kann.

28 Vgl. Leisner, Walter: Eigentum, in: Josef Isensee / Paul Kirchhof (Hrsg.): Handbuch des Staatsrechts, Band VI, Heidelberg, 1989, S. 1023 - 1098, insbesondere S. 1032 - 1034 sowie BVerfGE 84, 90 (sogenanntes Bodenreformurteil von 1991).

29 Nell-Breuning, Oswald von: Vermögen, in: Oswald von Nell-Breuning / Hermann Sacher (Hrsg.): Zur Wirtschaftsordnung, 2. Aufl., Freiburg, 1958, Spalte 125 - 126, hier Spalte 125.

30 Vgl. ebenso Höffner, Joseph: Eigentum - III. Sozialphilosophie des Eigentums, a. a. O., Spalte 1066 oder Molitor, Bruno, Eigentum (I) Soziologie des Eigentums, in: Erwin von Beckerath / Hermann Bente / Carl Brinkmann u. a. (Hrsg.): Handwörterbuch der Sozialwissenschaften, 3. Band, a. a. O., S. 33 - 39, hier S. 34.

31 Vgl. Andersen, Uwe: Einführung in die Vermögenspolitik, a. a. O., S. 35.

> „Unter Vermögen einer natürlichen oder juristischen Person versteht man die Wertsumme ihrer Aktiva zu einem bestimmten Zeitpunkt, vermindert um den Wert ihrer Verpflichtungen. Das Vermögen ist also eine Bestandsgröße von der Dimension DM und bezieht sich stets auf einen Zeit*punkt*."[32]

Krelle, Schunck und Siebke definieren also das Gesamtvermögen einer Person als den Wert aller Sachgüter zuzüglich den in Geld quantifizierbaren Forderungen (vermindert um die Verpflichtungen) und dem Arbeitsvermögen.[33] Den akzentuierten **Bestandscharakter** findet man nicht nur in dieser Definition, sondern auch Preiser oder Boulding, um nur zwei Vertreter zu nennen, heben den Unterschied zwischen Strom- und Bestandsgrößen deutlich hervor, wobei allerdings die **Bewertungskomponente** bei der begrifflichen Abgrenzung von Erich Preiser nicht berücksichtigt wird.[34] Ein Grund unterschiedlicher Vermögensdefinitionen liegt möglicherweise darin, daß in der volkswirtschaftlichen Gesamtrechnung lediglich Stromgrößen erfaßt werden und daher die Untersuchung der Einkommenskreisläufe im Vordergrund steht.[35] So stellt beispielsweise Wilhelm Krelle in diesem Zusammenhang fest:

---

[32] Krelle, Wilhelm / Schunck, Johann / Siebke, Jürgen: Überbetriebliche Ertragsbeteiligung der Arbeitnehmer, Band I, Tübingen, 1968, S. 13. Vgl. auch Weisser, Gerhard: Vermögen und Vermögenspolitik, in: Erwin von Beckerath / Hermann Bente / Carl Brinkmann u. a. (Hrsg.): Handwörterbuch der Sozialwissenschaften, 11. Band, a. a. O., S.163 - 187, hier S. 163; Krelle, Wilhelm / Siebke, Jürgen: Vermögensverteilung und Vermögenspolitik in der Bundesrepublik Deutschland. Ein Überblick, in: Franz Böhm / Heinz Sauermann (Hrsg.): Zeitschrift für die gesamte Staatswissenschaft, 129. Band, Tübingen, 1973, S. 478 - 503, hier S. 478.

[33] Vgl. Krelle, Wilhelm / Schunck, Johann / Siebke, Jürgen: Überbetriebliche Ertragsbeteiligung der Arbeitnehmer, a. a. O., S. 14. Die Fähigkeiten einer Person werden dabei nur insofern als Arbeitsvermögen betrachtet, solange sie zur Einkommenserzielung genutzt werden und daher monetarisierbar sind. Zur Abgrenzung des Vermögensbegriffes vgl. auch Adam, Hermann: Macht und Vermögen in der Wirtschaft, a. a. O., S. 9 - 14.

[34] Vgl. Preiser, Erich: Wirtschaftspolitik heute, a. a. O., S. 163. Auch Kenneth Boulding stellt auf den Unterschied zwischen „stocks" und „flows" ab. Vgl. Boulding, Kenneth: Economic Analysis, 4. Edition, Volume 1, London, New York, Tokyo, 1966, S. 9 sowie Folkers, Cay: Vermögen I: Struktur und Verteilung, in: Willi Albers / Karl Erich Born / Ernst Dürr u. a. (Hrsg.): Handwörterbuch der Wirtschaftswissenschaft (HdWW), zugleich Neuauflage des Handwörterbuchs der Sozialwissenschaften, 8. Band, Göttingen, Stuttgart, Tübingen, New York, Zürich, 1988, S. 265 - 282, hier S. 266.

[35] In Folge der eingehenden Beschäftigung mit den Stromgrößen wurden kaum internationale Konventionen für die Erstellung einer Vermögensbilanz getroffen. Die Bewertung und Erfassung der Einkommen sind dagegen relativ einfach, da man den am Markt ermittelten Preis (Lohn) ansetzen kann.

> „Die Definition des Einkommens hat sich in der langen Entwicklung der Nationalökonomie langsam herausgebildet und ist jetzt auf der Welt (weitgehend auch in den Ostblockländern) akzeptiert. ... Über die Aufstellung von Vermögensbilanzen bestehen keine vergleichbaren internationalen Konventionen.“[36]

Werden unter dem Begriff Aktiva im weitesten Sinne alle verfügbaren „non human assets“ und „human assets“ subsumiert, so wird dabei von einer sehr allgemeinen Vermögensdefinition gesprochen, die lediglich als Grundlage für die jeweils benötigte Begriffsabgrenzung dienen kann und insbesondere für den Zweck empirischer Untersuchungen der Vermögensbildung und ihrer Verteilung weiter eingeschränkt werden sollte. Arbeitsvermögen beispielsweise entzieht sich den statistischen Überlegungen und ihre methodische Bewertung kann als Technokratie interpretiert werden.[37]

Vermögensarten

Während der sehr weite Vermögensbegriff unter Umständen auf Erfassungs- und Bewertungsprobleme stößt, kann ein zu enger Vermögensbegriff an Aussagekraft einbüßen, da er wichtige Faktoren nicht berücksichtigt. Dementsprechend werden vermögens- und verteilungspolitische Maßnahmen, empirische Untersuchungsergebnisse sowie der Grad der Vermögenskonzentration in entscheidendem Maße von der jeweiligen Begriffsabgrenzung determiniert. Um nicht bereits vorab einzelne Verteilungsergebnisse zu prädisponieren, sollten demnach, vom sehr weiten Vermögensbegriff ausgehend, die Vermögensarten dargestellt und untersucht werden, um den entsprechenden Vermögensbegriff, je nach Untersuchungsgegenstand, einzugrenzen. Wie im weiteren Verlauf dieser Arbeit zu sehen sein wird, basieren sowohl vermögens- und verteilungspolitische als auch einzelwirtschaftliche Entscheidungen im allgemeinen auf einer statistisch erfaßbaren Ausgangslage sowie quantifizierbaren Zielvorstellungen und somit auf einem individuell gewählten beziehungsweise eingeschränkten Vermögensbegriff.

---

[36] Krelle, Wilhelm: Maßnahmen und Pläne zur gleichmäßigeren Vermögensverteilung in der Bundesrepublik Deutschland, in: Bodo Gemer (Hrsg.): Stabilität und Wandel, Festschrift für Bruno Gleize zum 75. Geburtstag, Berlin, 1978, S. 341 - 366, hier S. 343.

[37] Ohne Zweifel steigen mit dem Grad der Ausbildung die Erwerbs- und Berufschancen des Einzelnen und somit die Möglichkeiten, Vermögen aus dem permanenten Einkommen zu bilden, doch, wie im weiteren Verlauf dieses Kapitels gezeigt wird, ist eine Ausgrenzung des Humankapitals aus methodischen Gesichtspunkten vertretbar.

Produktivvermögen

Auf einzelwirtschaftlicher Ebene kann das Produktivvermögen in Form der üblichen Bilanz erfaßt und Vermögen dementsprechend als das Äquivalent zum Kapital betrachtet werden. Vermögen und Kapital sind dabei unterschiedliche Betrachtungsweisen desselben Tatbestandes und daher stets gleich groß.

> „Das **Vermögen** stellt als Gesamtheit aller im Betriebe eingesetzten Wirtschaftsgüter und Geldmittel die **Aktiva**, das **Kapital** als Summe aller Schulden des Betriebes gegenüber Beteiligten und Gläubiger die **Passiva** dar.“[38]

Die Aktivseite einer Bilanz gibt Information über die Verwendung der Mittel in Anlage- und Umlaufvermögen, die Passivseite zeigt die Herkunft der finanziellen Mittel. Inwieweit man immaterielle Werte zum Vermögen rechnen kann ist dabei nicht eindeutig. Einerseits können diese „Objekte“ weder erfaßt noch veräußert und somit auch nur schwer bilanziert werden, andererseits sind sie für ein erfolgreiches Betriebsergebnis ebenso notwendig wie Sachanlagen.[39] Auch aus traditioneller Sichtweise können sie daher unter einem weiter gefaßten Vermögensbegriff subsumiert werden. Das auf der Passivseite ausgewiesene Eigenkapital entspricht dem Differenzbetrag zwischen Aktiva und den Verbindlichkeiten. Diese Differenz wird in der Betriebswirtschaftslehre auch als **Rein-** oder **Nettovermögen** bezeichnet. Eine Betrachtung des Produktivvermögens kann auch eine, von der üblichen Untergliederung in Anlage- und Umlaufvermögen abweichende Darstellung erfordern, wobei die Aktivseite der Bilanz in Sach- (oder Realvermögen), Finanz- (Forderungen) und immaterielles Vermögen (Firmenwert, Marktstellung, Know-how, Personal etc.)[40] untergliedert wird.

Eine etwas andere Darstellung findet sich bei Krelle, der das Produktivvermögen wie folgt abgrenzt:[41]

---

[38] Wöhe, Günter: Einführung in die allgemeine Betriebswirtschaftslehre, München, 1986, S. 898.

[39] In diesem Zusammenhang stellt sich die Frage, inwiefern Humankapital sowohl den Wert als auch das Betriebsergebnis eines Unternehmens beeinflussen kann: Trotz gehobener Ausstattung eines Hotels werden auch personelle Faktoren, wie professionelles Servicepersonal oder ein hervorragend ausgebildeter Chefkoch entscheidend zur Vergabe der Hotelkategorie beitragen.

[40] Da Firmenwert und Marktstellung nur bei einer Veräußerung bewertet und erfaßt werden, können sie nur bedingt als Bestandsgrößen behandelt werden.

[41] Krelle, Wilhelm: Maßnahmen und Pläne zur gleichmäßigeren Vermögensverteilung in der Bundesrepublik Deutschland, a. a. O., S. 344 f.

$$V^{Prod.} = V^{Betr.} + V^{Kap.} + V^{Landw.} + V^{Boden}$$

Dabei setzt sich das Produktivvermögen aus dem Betriebsvermögen, dem Kapitalvermögen, dem landwirtschaftlichen Vermögen sowie dem Haus- und Grundbesitz zusammen. Als Produktivvermögen der privaten Haushalte im engeren Sinne definiert er die Summe aus Betriebs- und Kapitalvermögen:

$$V^{Prod.e.S.}_{pr.H.} = V^{Betr.}_{pr.H.} + V^{Kap.}_{pr.H.}$$

Konsum- und Gebrauchsvermögen

Für private Haushalte ist das Konsum- und Gebrauchsvermögen die wohl wichtigste Vermögensform und auch auf volkswirtschaftlicher Ebene sollte ihre Relevanz nicht außer Acht gelassen werden, da es auf Grund der engen Substitutionsbeziehung zu anderen Vermögensarten, insbesondere den leicht liquidierbaren Geldanlagen, zu Vermögensumschichtungen kommen kann.[42] Wie Untersuchungen gezeigt haben, werden Haushalte mit niedrigem Einkommen zunächst den Bedarf an Gebrauchsvermögen in Form von Wohnungseinrichtungen, Kraftfahrzeugen oder ähnlichem decken, bevor sie im weiteren Verlauf des Sparprozesses Geldvermögen bilden.[43] Konsum- und Gebrauchsvermögen scheinen relativ breit gestreut zu sein, und zudem ist, auf Grund der alltäglichen Nähe, eine dominante Motivation in der Bildung dieser Vermögensform vorzufinden.[44]

Eine Untergliederung in Gebrauchs- und Konsumvermögen ist insofern sinnvoll, als daß Konsumgüter, die theoretisch zunächst als Bestandsgrößen bewertet werden könnten, zum Zeitpunkt des eigentlichen Verbrauchs respektive der Nutzung untergehen und daher nur bedingt vom Vermögenscharakter im

---

42 Die Bildung von Sparguthaben zum Kauf eines privatgenutzten Fahrzeuges verdeutlicht dies: Sparguthaben werden als Vermögen erfaßt, wohingegen bei der Auflösung dieser Sparguthaben zum Kauf eines privatgenutzten PKW's keine Vermögensbestände gebildet werden. Der Eigentümer des Sparvermögens besitzt paradoxerweise, entsprechend der volkswirtschaftlichen Gesamtrechnung, nach dem Kauf weniger Vermögen, da der Wert des privaten PKW's statistisch nicht erfaßt wird.

43 Vgl. Müller, Heinz: Die Bildung breitgestreuten Eigentums als Mittel der Gesellschaftspolitik. In: Naturordnung in Gesellschaft, Staat, Wirtschaft, Innsbruck, Wien, München, 1961, S. 316 ff. sowie Schöner, Manfred: Überbetriebliche Vermögensbeteiligung, Heidelberg, 1989, S. 56 ff.

44 Wird das Vermögen in Form einzelner Kreise dargestellt, so würde das Gebrauchsvermögen wohl den innersten Ring bilden, da diese Güter dem Einzelnen am nächsten liegen.

eigentlichen Sinne gesprochen werden kann. Langlebige Gebrauchsgüter hingegen gehen bei ihrer Nutzung nicht unter und können zudem der Haushaltsproduktion, das heißt der Erstellung von Gütern und Dienstleistungen dienen. Allerdings treten auch beim Gebrauchsvermögen erhebliche Erfassungs-, Erhebungs- und Abgrenzungsschwierigkeiten auf, denn gleichartige Güter können, in Abhängigkeit ihrer Nutzung, sowohl zum Produktiv- als auch zum Gebrauchsvermögen gezählt werden.[45] Dabei sollte eine Differenzierung vorgenommen werden, denn Kunstgegenstände oder Schmuck, die eher der Vermögensanlage dienen als dem - ex definitione - Gebrauch, sind mit Sicherheit nicht gleich verteilt.[46]

Aus Bewertungs- und Erfassungsproblemen heraus erscheint es sinnvoll, das in Konsum- und Gebrauchsgüter angelegte Vermögen auszuklammern. Weder ist es Gegenstand staatlicher Vermögenspolitik, noch wird es statistisch erfaßt beziehungsweise könnte, auf Grund eben dieser Bewertungsschwierigkeiten, korrekt erfaßt werden.[47]

---

45 Die unterschiedliche Nutzung eines PKW`s verdeutlicht diesen Zusammenhang exemplarisch: Einerseits kann er als Produktivvermögen betrachtet werden, wenn er betrieblich genutzt wird, andererseits als Gebrauchsvermögen, sofern er privaten Zwecken dient. Eine Ausnahme bildet auch die gesonderte Behandlung privat genutzten Wohneigentums. Hier werden keine tatsächlichen Erträge erwirtschaftet, doch wird den Eigentümern die Mietersparnis als Ertrag zugerechnet. Die logische Konsequenz wäre demnach auch die Einbeziehung eines Fahrzeuges, da sich das Wirtschaftssubjekt erhöhte Kosten für Bus-, Bahn- oder Taxifahrten einsparen kann.

46 Diesem Tatbestand wird insofern Rechnung getragen, als daß sie zum steuerlichen Vermögensbegriff gezählt werden. Dabei unterscheiden sich der steuerliche und der volkswirtschaftliche Vermögensbegriff, da in der volkswirtschaftlichen Gesamtrechnung diese Vermögensbestände nicht erfaßt, sondern dem Konsumsektor zugerechnet werden. Vgl. § 110 Abs. 1 Satz 10 bis 12 Bewertungsgesetz (BewG) in der Fassung vom 1. Februar 1991, in: Verlag Neue Wirtschafts-Briefe (Hrsg.): Wichtige Steuergesetze mit Durchführungsverordnungen, 39. Auflage, Herne, Berlin, 1992, S. 441. Vgl. auch Rose, Manfred: Vermögensteuern, in: Willi Albers / Karl Erich Born / Ernst Dürr u. a. (Hrsg.): Handwörterbuch der Wirtschaftswissenschaft (HdWW), zugleich Neuauflage des Handwörterbuchs der Sozialwissenschaften, 8. Band, a. a. O., S. 299 - 316, hier S. 300 f. sowie Hornung-Draus, Renate: Das Vermögen privater Haushalte in der Bundesrepublik Deutschland: Bestand, Entwicklung und Verteilung, in: Alfred Ott / Heinrich Stecker / Heinz Lampert u. a. (Hrsg.): Jahrbücher für Nationalökonomie und Statistik, Band 206/1, Stuttgart, 1989, S. 18 - 47, hier S. 19.

47 Vgl. Mierheim, Horst / Wicke, Lutz: Die personelle Vermögensverteilung, Tübingen, 1978, S. 14.

Natürliche Ressourcen

Zu dieser Vermögenskategorie zählen neben Wasserstraßen und Wasserkraft vorwiegend Landbesitz und Bodenschätze. Einerseits nehmen sie mit der Verknappung beziehungsweise dem Bestand der Rohstoffvorräte eine wichtige Stellung in der Bewertung einer Volkswirtschaft ein, andererseits wird ihre Bedeutung mit der industriellen Entwicklung und der damit verbundenen Produktion des reproduzierbaren Vermögens zurückgedrängt, da das reproduzierbare Vermögen einen zunehmend größeren relativen Anteil des Gesamtvermögens einnimmt.

Patente und Lizenzen

Diese immateriellen Güter sind sehr schwer zu quantifizieren und lassen sich kaum erfassen, denn es herrscht weder Klarheit über den tatsächlichen Wert eines Patentes noch über die Höhe und den Umfang der künftigen Erträge, solange keine abgeschlossenen Verträge vorliegen. Erst wenn Verträge zur Nutzung dieses Patentes abgeschlossen werden, wandeln sich die „Rechte aus dem Patent" in echte, bewertbare Forderungen um.[48]

Geldvermögen

Geld kann, in Abhängigkeit der Definition seiner Eigenschaften, als eine Vermögensform betrachtet werden, wenn mit der Funktion als Wertaufbewahrungsmittel grundsätzlich die Möglichkeit einer intertemporalen Verschiebung der Kaufkraft besteht.[49] Geld selbst stiftet demnach keinen Nutzen, sondern durch die besonderen Eigenschaften der Wertsicherheit, Zahlungssicherheit, Transaktionskostenersparnis sowie der Eigenschaft als Vermögensträger (zum Kauf anderer Vermögensarten in künftigen Perioden) kann ihm der Vermögenscharakter eindeutig zuerkannt werden.[50]

---

48 Vgl. dazu auch Opitz, Gerhard: Vermögen. Terminologische Überlegungen zu einem komplexen Sachverhalt, in: Hans-Günter Krüsselberg (Hrsg.): Vermögen in ordnungstheoretischer und ordnungspolitischer Sicht, Köln, 1980, S. 59 - 82, hier S. S. 64 f.

49 Bei der Berücksichtigung der Funktion des Geldes als Wertaufbewahrungsmittel sollte allerdings die Inflation nicht außer Acht gelassen werden.

50 Vgl. Claassen, Emil-Maria: Probleme der Geldtheorie, Berlin, Heidelberg, New York, 1970, S. 192.

Arbeitsvermögen oder Humankapital

Humankapital kann als die Wertsumme aller zur Erzielung von Einkommen einsetzbaren menschlichen Fähigkeiten definiert werden. In diesem Sinne ist es möglich, die Fähigkeiten des Einzelnen, einer bestimmten Gruppe oder der gesamten Volkswirtschaft zu unterscheiden.[51]

Das Arbeitsvermögen ist einerseits angeboren, kann jedoch durch Bildungsinvestitionen oder durch Ausgaben zur Gesundheitsvorsorge gefördert werden. Allgemein kann davon ausgegangen werden, daß ohne monetäre oder „nicht pekuniäre“ Anreize nicht in das Arbeitsvermögen investiert wird. Werden die Ausbildungsmöglichkeiten weiter ausgeglichen, d. h. die Zugangsmöglichkeiten zu Bildungseinrichtungen erweitert, so könnte dies zu einem partiellen Ausgleich führen.[52] Unter dem Gesichtspunkt, daß die Vermögensverteilung die künftige Einkommensverteilung, ergo auch die Lebens- und Vermögenschancen beeinflußt und dabei das Arbeitsvermögen eine dominante Rolle spielt, wäre es durchaus notwendig, das Arbeitsvermögen in den Vermögensbegriff einzubeziehen, doch Erfassungs- und Bewertungsschwierigkeiten sprechen dagegen. Die Bedeutung des Humankapitals für die Einkommenserzielung und die Vermögensverteilung ist unumstritten, doch eine Miteinbeziehung in den Vermögensbegriff und dementsprechend eine konkrete Bewertung würde einerseits eine Analyse der gesamten bildungspolitischen Maßnahmen erfordern – insofern also den Rahmen vermögens- und verteilungspolitischer Untersuchungen sprengen - andererseits sozialpolitische Aspekte einer Untersuchung zur Seite schieben und dementsprechend zu einer elitären, technokratischen Philosophie führen.[53]

---

51 Da das Arbeitsvermögen der Einkommenserzielung dient, sind Krelle, Schunck und Siebke der Ansicht, daß Humankapital in Geld bewertbar sei. Vgl. Krelle, Wilhelm / Schunck, Johann / Siebke, Jürgen: Überbetriebliche Ertragsbeteiligung der Arbeitnehmer, a. a. O., S. 14.

52 Allerdings müssen dabei Begabungsunterschiede und Bildungsbereitschaften beachtet werden, um Fehlinvestitionen zu vermeiden.

53 Mit Hilfe von Barwertberechnungen respektive Zeitwertberechnungen der Einkommensströme und deren Einbeziehung in die individuelle Budgetrestriktion kann theoretisch auch Humankapital sowie die (permanente) Investition in Humankapital mit anderen Vermögens- und Einkommensarten in Beziehung gesetzt und über einen längeren Zeitabschnitt verglichen werden. Vgl. Henderson, James / Quandt, Richard: Mikroökonomische Theorie. Eine mathematische Darstellung, 5., überarbeitete Auflage, München, 1983, S. 367 - 371 sowie Schumann, Jochen: Grundzüge der mikroökonomischen Theorie, 5., revidierte und erweiterte Auflage, Berlin, Heidelberg, New York, London, Paris, Tokyo, 1987, S. 92 ff.

Sozialversicherungsansprüche und Sozialvermögen

Um einem umfassenden Vermögensbegriff Rechnung zu tragen, sollten auch Sozialversicherungsansprüche[54] in die Betrachtung einbezogen werden, da eine Untersuchung verteilungspolitischer Maßnahmen ohne ihre Berücksichtigung aus mehreren Gründen problematisch erscheint: Zum einen stellen Sozialversicherungsansprüche verteilungspolitisch relevante Instrumente der sozialen Sicherung dar.[55] Zum anderen wird ein direkter Vermögensvergleich zwischen Selbständigen und Arbeitnehmern verzerrt, wenn man einerseits die Ansprüche gegen private, kapitalgedeckte Lebensversicherungen oder andere Formen der Altersvorsorge in Betracht zieht, andererseits Ansprüche gegen umlagefinanzierte Sozialversicherungen nicht berücksichtigt.[56]

Allerdings sprechen auch Argumente gegen eine Erfassung der Sozialversicherungsansprüche im Rahmen der Vermögensabgrenzung. In diesem Zusammenhang sollen in Anlehnung an Gottfried Bombach die Sozialversicherungsansprüche an Hand relevanter Vermögenseigenschaften beurteilt werden:[57]

- ❐ Vererbbarkeit
- ❐ Disposition über das Vermögen zu jedem beliebigen Zeitpunkt:
  - leichte Liquidierbarkeit[58]
  - Möglichkeit der Beleihung und Verpfändung
- ❐ Begründung individueller Macht
- ❐ Möglichkeit der Substanzerhaltung bei Inflation
- ❐ Erzielung eines realen Vermögensertrages (positiver Realzins)

---

54 Zum Sozialvermögen vgl. Bombach, Gottfried / Dräger, Heinrich: Vermögenspolitik heute. Ein Diskussionsbeitrag, Düsseldorf, 1968, S. 12 ff.

55 Werden die Sozialvermögen in die Betrachtung einbezogen, so summieren sich beispielsweise Rentenversicherungs- und Beamtenversorgungsansprüche zu erheblichen Vermögensformen und diese stehen möglicherweise in unmittelbarer Konkurrenz zur individuellen Vermögensbildung, da mit dem Ausbau des sozialen Sicherungssystemes wichtige Bereiche der Vorsorgefunktion auf staatliche Institutionen übertragen wurde.

56 Als Beispiele gelten dabei neben anderen die Anwartschaften und Rentenansprüche der Mitglieder der gesetzlichen Sozialversicherung sowie die Ansprüche auf Beamtenpensionen.

57 Vgl. Bombach, Gottfried: Sozialversicherungsansprüche in der Volksvermögensrechnung, in: Wolfgang Mückel / Alfred Ott (Hrsg.): Wirtschaftstheorie und Wirtschaftspolitik. Gedenkschrift für Erich Preiser, Passau, 1981, S. 19 - 29, hier S. 22 ff.

58 In beschränktem Maße sind Sozialversicherungsansprüche insoweit liquidierbar, als daß Abfindungen und einmalige Zahlungen vorgesehen sind.

Einer Einbeziehung von Sozialversicherungsansprüchen steht der Umstand entgegen, daß der überwiegende Teil dieser Ansprüche mit dem Tode des Anspruchsberechtigten erlischt. Werden allerdings Familienangehörige durch Zahlung von Hinterbliebenenrenten entschädigt, so kann dies im weitesten Sinne als Vererbbarkeit des Anspruchs interpretiert werden, wobei im allgemeinen davon ausgegangen werden muß, daß weder Sozialversicherungsansprüche noch kapitalgedeckte Versicherungsansprüche vererbbar sind.[59]

Unter dem Gesichtspunkt der Dispositionsbefugnis als Vermögenseigenschaft ist es problematisch, Sozialversicherungsansprüche einzubeziehen, da sie - im Gegensatz zu Lebensversicherungen und Grundbesitz - weder beleihbar, verpfändbar noch liquidierbar sind. Allerdings verkörpern sie im Falle unvorhergesehener Lebenslagen, Erwerbsunfähigkeit oder im Rahmen der Altersvorsorge wichtige Aspekte der Vermögensfunktionen und können insofern unter diesen Gesichtspunkten als sogenannte „Quasivermögen" bezeichnet werden.[60] Dabei sollte jedoch folgende Tatsache nicht übersehen werden: Ziel dieser Sozialversicherungsansprüche ist nicht primär die freie Verfügbarkeit, sondern vielmehr die Existenzsicherung und der Schutz vor Risiken, die mit dem vorübergehenden oder permanenten Arbeitseinkommensausfall sowie den damit einhergehenden, meist unvorhersehbaren Ausgaben verbunden sind. Das Bundesverfassungsgericht trug diesem Sachverhalt dahingehend Rechnung, daß beispielsweise Rentenversicherungs- und Beamtenversorgungsansprüche unter den Schutz der Eigentumsgarantie gestellt wurden.[61]

Auch die Sozialenquête-Kommission tendierte im Rahmen ihres Berichtes im Jahr 1966 zur Einbeziehung der Sozialversicherungsansprüche, trotz ihrer eingeschränkten Liquidierbarkeit:[62]

> „Wenn man unter Vermögen in Geldeinheiten berechnete oder in Geldwert ausdrückbare Ansprüche versteht, auch wenn sie nicht jederzeit, sondern nur unter bestimmten Bedingungen liquidierbar sind, so gehören auch Anwartschaften und Rechtsansprüche zum Vermögen der Versicherten."

---

[59] Demgegenüber können beispielsweise Immobilien-, Aktien- oder Fondsvermögen, aber auch bestimmte fondsgebundene Rentenversicherungen vererbt werden.

[60] Vgl. dazu auch Kapitel 4.1 dieser Arbeit.

[61] Vgl. BVerfGE 11, 221 hier S. 226 f.; BVerfGE 14, 288 hier S. 293, BVerfGE 53, 257 hier S. 278 sowie S. 290 ff. und BSG 9, 127.

[62] Sozialenquête in der Bundesrepublik Deutschland (Hrsg.): Soziale Sicherung, Stuttgart, Berlin, Köln, Mainz, 1966, Textziffer 256, S. 98.

Der Einwand, auch die Lebensversicherungen der Selbständigen können nur schwer oder gar nicht liquidiert werden, ist dabei nur theoretischer Natur, denn grundsätzlich obliegt diese Entscheidung dem Einzelnen und wird nicht vorab von staatlichen Reglements beeinflußt. Die fehlende Dispositionsbefugnis der Arbeitnehmer im Vergleich zu Selbständigen spricht gegen die Einbeziehung der Sozialversicherungsansprüche.

Ein weiterer Aspekt, die Begründung individueller Macht, sollte im Rahmen dieses Kapitels nur kurz angesprochen werden, da im weiteren Verlauf auf diesen Problemkreis näher eingegangen wird. Man kann davon ausgehen, daß Sozialversicherungsansprüche keine individuelle Macht begründen, wohingegen Vermögensbesitz durchaus den Weg zu individueller bis hin zur politischen Macht ebnen kann. In ihrer Gesamtheit werden allerdings auch Sozialversicherungsansprüche politische Machtpotentiale darstellen und somit auf gesamtwirtschaftlicher Ebene die politischen Entscheidungen indirekt prägen.

Vermögen beeinflußt nicht nur direkt die Einkommensverteilung über den realen Vermögensertrag, sondern auch die Zugangschancen zu besser bezahlten Tätigkeiten wohingegen Sozialversicherungsansprüche diese Funktionen nur in beschränktem Maße erfüllen.[63] Unter den Gesichtspunkten der Substanzerhaltung und der Erzielung eines realen Vermögensertrages sprechen auch Argumente für die Einbeziehung der Sozialversicherungsansprüche in den Vermögensbegriff. Über längere Zeiträume anhaltende, hohe Inflationsraten ermöglichen nur bedingt eine Erhaltung des Realwertes der Finanzvermögen und daher erfüllen, unter den derzeit gegebenen Umständen, die Rentenansprüche (noch) das Kriterium der Substanzerhaltung.

Aus verteilungspolitischer Sicht sollte bei der Untersuchung der Sozialversicherungsansprüche grundsätzlich die Frage in die Betrachtung einbezogen werden, ob es sich dabei um einen interpersonellen Einkommensausgleich oder um versicherungsimmanente Umverteilungen handelt.[64] Im Gegensatz zu privaten Versicherungen stehen den Ansprüchen aus Rentenversicherungen keine tatsächlichen, individuellen Aktivposten gegenüber, denn, wie im sogenannten

---

63 Im weitesten Sinne kann davon ausgegangen werden, daß auf Grund der sozialen Absicherung eine erhöhte Risikobereitschaft in Bezug auf den Arbeitsplatzwechsel vorzufinden ist, doch werden dadurch die *Zugangsmöglichkeiten* kaum beeinflußt.

64 Vgl. Werner, Josua: Verteilungspolitik, Stuttgart, New York, 1979, S. 108 ff. Individuelles Vorsorgesparen dient dem persönlichen (zeitlich getrennten) Ressourcentransfer, wobei die Erzielung eines positiven Realzinses zwar zweifellos wünschenswert aber nicht die entscheidende Voraussetzung sein kann.

Generationenvertrag kodifiziert wurde, finanziert ein auf dem Umlageverfahren beruhendes System seine Zahlungen aus den laufenden Beiträgen der jeweils arbeitenden Generation.[65] Die Beiträge und Leistungen werden durch (verteilungs- und sozial-) politische Entscheidungen beeinflußt, die sich nicht immer an der Gleichwertigkeit von Leistung und Gegenleistung orientieren (können). Wie am Beispiel der Rentendynamisierung der vergangenen Jahre allerdings gezeigt werden kann, erfüllen Sozialversicherungsansprüche, bei realem Bruttolohnanstieg, in gewisser Weise auch das Kriterium eines positiven Realzinses, doch sind künftige Renteneinkommen in Anbetracht der aktuellen Diskussion über ihre Finanzierbarkeit lediglich Schätzgrößen.[66]

Eine abschließende Betrachtung führt zu dem Ergebnis, daß die Einbeziehung der Sozialversicherungsansprüche unter den Vermögensbegriff unterschiedlich bewertet werden kann. Einerseits kann deren Erfassung unter den Gesichtspunkten der Vererbbarkeit, der Dispositionsbefugnis und der Begründung individueller Macht negiert werden. Andererseits sprechen wiederum Argumente wie Substanzerhaltung, Realverzinsung (bei Volldynamisierung) sowie die enge Substitutionsbeziehung zwischen der kapitalgedeckten und der umlagefinanzierten Sicherung für ihre Berücksichtigung. Insgesamt sollte meiner Ansicht nach aber auf die Quantifizierung und die Subsumierung unter dem Vermögensbegriff verzichtet werden.

---

65 In der Bundesrepublik Deutschland unterscheiden sich die Sozialversicherungsansprüche insofern vom reinen Umlageverfahren, als daß sie durch steuerfinanzierte Zuschüsse ergänzt und somit das Prinzip der versicherungsmäßigen Selbsthilfe durchbrochen wird. Der Kapitalstock der gesetzlichen Rentenversicherung müßte bei einer kapitalgedeckten Versicherung um ein vielfaches höher sein, um die gesetzlichen Ansprüche tatsächlich (kapitalmäßig) abzusichern. Das Vermögen der umlagefinanzierten Rentenversicherung hingegen dient überwiegend der Liquiditätssicherung. Aus verteilungspolitischen Gesichtspunkten läßt sich allerdings feststellen, daß insbesondere das System der gesetzlichen Krankenversicherung hohe Umverteilungswirkungen aufzeigt, da beispielsweise Sachleistungen unabhängig von der Beitragshöhe gewährt werden und zudem Familienangehörige (Mitversicherte) der versicherten Person, bei gleichbleibenden Beitragssätzen, die Leistungen der Krankenversicherung in Anspruch nehmen können, ohne selbst Beiträge leisten zu müssen.

66 Diesem Einwand steht allerdings die Tatsache gegenüber, daß die exakte Höhe kapitalgedeckter Versicherungsansprüche auch nicht bestimmt werden kann. Bei fondsgebundenen Rentenversicherungen beispielsweise hat der Versicherungsnehmer die Chance, im Fall einer Kurssteigerung der Wertpapiere einen Wertzuwachs zu erzielen. Andererseits trägt er im Fall eines Kursrückgangs das Risiko der Wertminderung.

Exkurs: Die betriebliche Altersversorgung als Säule der Alterssicherung

Wie im weiteren Verlauf dieser Arbeit noch zu sehen sein wird, bieten die betriebliche Altersvorsorge im allgemeinen und die betrieblichen Mitarbeiterbeteiligungsmodelle im besonderen Möglichkeiten, sich gegen Risiken abzusichern und gleichzeitig Vermögen zu bilden. Dabei läßt sich feststellen, daß die betriebliche Altersversorgung grundsätzlich auf kapitalbildenden Verfahren basiert und, je nach Wahl der Versorgungsform, angespartes Kapital dem Kapitalmarkt beziehungsweise den Unternehmen zur Verfügung steht.[67] Unternehmen, die aus unternehmens- oder sozialpolitischen Gründen für ihre Mitarbeiter oder auch deren Angehörigen eine zusätzliche Vorsorge treffen möchten, stehen grundsätzlich mehrere Alternativen zur Auswahl:

Im Rahmen einer sogenannten Direktversicherung schließt das arbeitgebende Unternehmen für seine Mitarbeiter mit einem externen Versicherungsunternehmen einen Versicherungsvertrag ab und übernimmt dabei die Beitragszahlungen. Weiterhin kann sich der Mitarbeiter durch eigene Zahlungen an der Finanzierung beteiligen, wobei in diesem Fall üblicherweise zusätzliche Zahlungen des Unternehmens, wie beispielsweise Weihnachts- oder Urlaubsgeld, aus steuerlichen Gesichtspunkten zur Finanzierung herangezogen werden.

Weiterhin kann das Unternehmen für seine Mitarbeiter die Beitragszahlungen in eine Unterstützungs- oder Pensionskasse übernehmen, wobei die im Gesellschaftsvertrag oder in der Satzung festgelegten Leistungsrichtlinien der Unterstützungskassen berücksichtigt werden sollten: Sieht zum Beispiel der Leistungskatalog der Unterstützungskasse eine einmalige oder regelmäßige Unterstützung in einer außergewöhnlichen, nicht vom Arbeitnehmer verschuldeten, wirtschaftlichen Notlage vor, so handelt es sich nach geltender Rechtsprechung nicht um eine betriebliche Altersvorsorge, da die Leistungen weder altersbedingt sind noch der Versorgung dienen. Die rechtlich unabhängigen Versorgungsgesellschaften übernehmen zusätzlich zur gesetzlichen Rentenversicherung die betrieblich vereinbarten Pensionszahlungen an (altersbedingt) ausgeschiedene Mitarbeiter, wobei vorzeitig ausgeschiedene Mitarbeiter (beispielsweise durch Kündigung) lediglich die anteiligen Versorgungsansprüche erhalten. Sofern das arbeitgebende Unternehmen eine betriebliche Altersversorgung gewährt, haben auch Teilzeitbeschäftigten unter 18 Wochenstunden

[67] Vgl. Gentz, Manfred: Die Bedeutung von Aktien in der Altersversorgung aus Sicht eines Industrieunternehmens, in: Arbeitsgemeinschaft für betriebliche Altersversorgung e.V. (Hrsg.): Betriebliche Altersversorgung 6/97, 52. Jahrgang, Heidelberg, 1997, S. 242 - 246, hier S. 243.

(mit Ausnahme der geringfügig Beschäftigten) einen anteiligen Anspruch auf die Versorgungszusage, da dies sonst als Verstoß gegen den Gleichheitssatz des Art. 3 Abs. 1 GG interpretiert werden kann.[68] Aus Sicht des arbeitgebenden Unternehmens können in den beiden vorgenannten Fällen die periodischen Zahlungen als steuermindernder Aufwand geltend gemacht werden.

Die dritte Möglichkeit besteht darin, daß sich das Unternehmen selbst verpflichtet, Versorgungsleistungen zu übernehmen und dementsprechend nach § 249 Abs. 1 HGB (Pensions-) Rückstellungen gebildet werden müssen, wobei die Pensionsrückstellungen bilanziell als Fremdkapital des Unternehmens gelten. Hier zeigt sich ein deutlicher Unterschied zu den beiden anderen Formen der betrieblichen Altersvorsorge, da die Bildung von Rückstellungen im Rahmen einer Direktversicherung nicht und im Rahmen einer Pensionskasse nur bedingt möglich ist. Mit der Wahl der Finanzierungsform entscheidet demnach das Unternehmen, ob es einerseits die Liquiditätsvorteile einer Innenfinanzierung über Pensionsrückstellungen nutzen und die Risiken einer langfristigen Versorgungszusage selbst übernehmen oder andererseits auf Finanzierungsvorteile verzichten und die Versorgungszusage versicherungstechnisch absichern will. Wenn der Mitarbeiter das Rentenalter erreicht, das heißt mit Eintritt des Versorgungsfalles, werden diese Rückstellungen aufgelöst, da dann nach § 249 Abs. 3 Satz 2 HGB der Grund für diese Rückstellungen entfallen ist. Bei der Bildung von Rückstellungen ist grundsätzlich darauf zu achten, daß die steuerlichen Voraussetzungen für die Berücksichtigung in der Steuerbilanz entsprechend den Regelungen des § 6a EStG einzuhalten sind.

Als interessante Ergänzung respektive als eine weitere Säule des gemeinschaftlichen Sicherungssystems können auch Aktienbeteiligungen, GmbH-Anteile, stille Beteiligungen, betriebliche Investmentfonds, Arbeitnehmerstiftungen oder Mitarbeiterunternehmen interpretiert werden, da diese Formen der Vermögensbildung im allgemeinen dem Mitarbeiter künftiges (Zusatz-) Einkommen gewähren. Wie beispielsweise das Bertelsmann-Modell verdeutlicht, kann mit der laboristischen Kapitalbeteiligung, das heißt mit der Kombination aus

---

[68] Vgl. dazu exemplarisch Heither, Friedrich: Aktuelle Rechtsprechung des Bundesarbeitsgerichts zur betrieblichen Altersversorgung, in: Arbeitsgemeinschaft für betriebliche Altersversorgung e.V. (Hrsg.): Betriebliche Altersversorgung 1/96, 51. Jahrgang, Heidelberg, 1996, S. 2 - 7, hier S. 2 ff.

Gewinn- und Kapitalbeteiligung, Vermögen geschaffen werden, die dem Mitarbeiter eine nicht unerhebliche Rente gewährt.[69]

Staatliches Vermögen

Als ein bedeutender Akteur im Wirtschaftsprozeß beeinflußt der Staat sowohl die wirtschaftliche Entwicklung als auch die (Um-) Verteilung von Einkommen und Vermögen. Im Zentrum verteilungspolitischer Betrachtungen steht die Distribution einzelner Vermögensbestände auf private Haushalte beziehungsweise sozioökonomische Gruppen und das statistisch erfaßbare staatliche Vermögen *sollte* entsprechend seiner Nutzung diesen Gruppen zugeordnet werden.

Einzelwirtschaftliche Vermögensdispositionen, wie beispielsweise die häufig diskutierte Stellung des Wirtschaftsstandortes werden von Faktoren wie Verkehrswege, Telekommunikationsnetze und lokales Arbeitskräftepotential deutlich beeinflußt. Der Staat hat die Aufgabe übernommen, diese wirtschaftlich notwendigen Rahmenbedingungen zu schaffen und dadurch die Ausgangs- und Verteilungschancen der individuellen Vermögensbildung zu schaffen. Die wirtschaftliche Leistungsfähigkeit des Einzelnen, aber auch der gesamten Volkswirtschaft kann mit Hilfe von Infrastruktur- oder Bildungsinvestitionen verbessert werden. Zudem können staatlich subventionierte Investitionsprogramme, Forschungsaufträge und Pilotprojekte dazu beitragen, Arbeitsplätze zu sichern beziehungsweise neue Arbeitsplätze zu schaffen und dadurch - indirekt - die Basis für Vermögensbildung aus dem Einkommen bilden.[70]

In der volkswirtschaftlichen Gesamtrechnung werden Güter und Dienstleistungen zu ihren Marktpreisen bewertet, doch für die meist unentgeltlich abgegebenen staatlichen Leistungen fehlt ein solcher Bewertungsmaßstab. Werden diese Leistungen in einer verteilungspolitischen Analyse nicht erfaßt, so übergeht man einen wichtigen Teil der Versorgungsleistungen des Staates.[71] Der Rückgriff auf sogenannte „Pseudomarktpreise“ und auf „Zahlungsbereitschaften der

---

69 Vgl. Mark, Gerd / Spilker, Martin: Gewinn- und Kapitalbeteiligung bei Bertelsmann, in: Bertelsmann Stiftung und Hans Böckler Stiftung (Hrsg.): Vorteil Unternehmenskultur: Leitfaden für die Praxis, Heft 5: Materielle Beteiligung und Vermögensbildung, Gütersloh, 1996, S. 19 - 31, hier S. 28 f.

70 Durch erhöhte staatliche Investitionen kann allerdings auch die Ausgabenquote des Staates - mit all seinen negativen Auswirkungen - steigen. Es sollte hier jedoch nicht die Aufgabe sein, Vor- und Nachteile staatlicher Infrastrukturinvestitionen zu erörtern.

71 Zudem werden mit der Bereitstellung dieser öffentlichen Güter und Versorgungsleistungen Einkommen geschaffen und Produktionsfaktoren eingesetzt.

potentiell Begünstigten“ erweist sich als problematisch und daher werden in der Praxis die angefallenen Aufwendungen als Bewertungsmaßstab herangezogen.[72] Da auch dieser Bewertungsmaßstab nur näherungsweise den tatsächlichen Wert dieser staatlichen Investitionen widerspiegelt kann ihr Anteil nur bedingt einzelnen Haushalten zugerechnet werden.

Zurechnungsschwierigkeiten des staatlichen Vermögens im allgemeinen und einzelner Investitionen im besonderen sprechen für die Vernachlässigung im Rahmen verteilungspolitischer Diskussionen. Da letztendlich die individuellen Nutzen und die tatsächliche Inanspruchnahme dieser Investitionen nicht bekannt und sie zudem monetär nicht erfaßbar sind, wird hier auf eine Zurechnung verzichtet. Ein weiter Grund für die Ausgrenzung des staatlichen Vermögens liegt darin, daß es sich um Kollektivvermögen handelt, das nicht an Eigentums- und Verfügungsrechte gebunden ist. Der Mangel an individueller Dispositionsbefugnis unterscheidet das staatliche Vermögen deutlich vom Privatvermögen.[73]

Ausgehend von den oben angeführten Betrachtungsweisen verdeutlicht Abbildung 1 die Komplexität des Vermögensbegriffes. Eine zusätzliche Untergliederung in privates und staatliches Vermögen wäre denkbar, doch um den Überblick zu wahren, wurde darauf verzichtet.

Diese sehr umfassende Vermögensdarstellung gilt als Basis für eine spezifische Abgrenzung des für die weitere Untersuchung notwendigen Vermögensbegriffs. In Anlehnung an Mierheim und Wicke, bietet sich jedoch die, in Abbildung 2 dargestellte, Abgrenzung an, denn sie enthält jene Vermögensarten, die durch politische Maßnahmen beeinflußt werden können.

---

72 Vgl. Opitz, Gerhard: Vermögen - Terminologische Überlegungen zu einem komplexen Sachverhalt, a. a. O., S. 59 - 82, hier S. 74 f. sowie Brümmerhoff, Dieter: Finanzwissenschaft, 6., durchgesehene Auflage, München, 1992, S. 14 ff.

73 Die individuelle Dispositionsfreiheit über staatliches Vermögen liegt nur in der Wahl, öffentliche Güter in Anspruch zu nehmen oder nicht. Bei einzelnen Gütern, wie beispielsweise der inneren Sicherheit, fehlt selbst diese Entscheidungsfreiheit.

Abbildung 1: Handlungsvermögen einer wirtschaftlichen Einheit

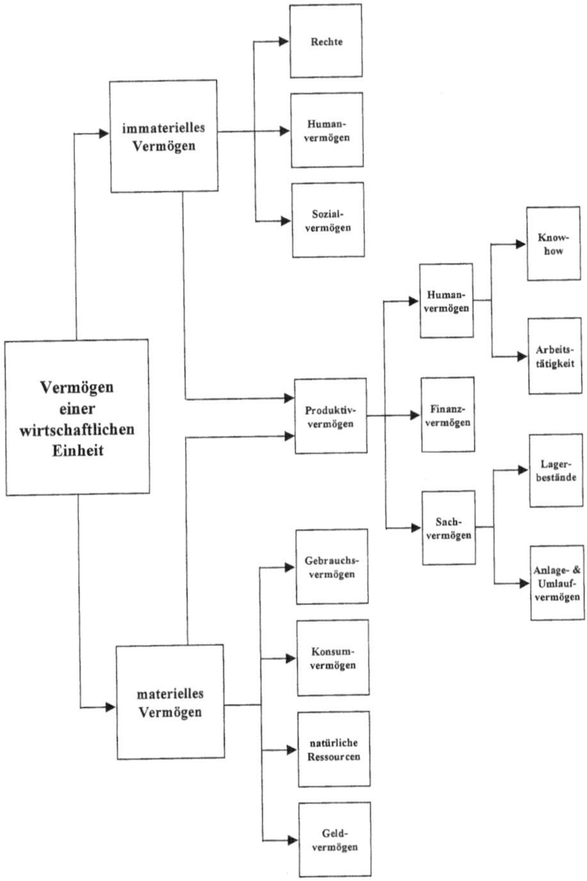

Im Vergleich zu weitreichenderen Abgrenzungen, wie sie bei Krelle, Schunck und Siebke oder bei Heinz Lampert zu finden sind, werden hier einzelne, zweifelsfrei wichtige, Vermögensbestände in Ermangelung an statistische Erfassungs- aber auch Bewertungsmöglichkeiten nicht betrachtet:

- Staatliches Vermögen
- Arbeitsvermögen oder Humankapital (Human assets)
- Konsum- und Gebrauchsvermögen
- Sozialversicherungsansprüche
- Patente und Lizenzen

Abbildung 2: Der Vermögensbegriff von Mierheim und Wicke

Bargeld
\+ Sicht- & Terminguthaben
\+ Sparguthaben
\+ Bausparguthaben
\+ Guthaben bei Lebensversicherungen
\+ Wertpapierguthaben
\+ Haus- & Grundvermögen
\+ (Nichtaktien-) Produktivvermögen

= **Bruttogesamtvermögen**

./. Kredite im Zusammenhang mit Haus- & Grundvermögen
./. sonstige Kredite

= **Nettogesamtvermögen**

Quelle: Mierheim, Horst / Wicke, Lutz: Die personelle Vermögensverteilung, Tübingen, 1978, S. 15.

Unter dem Gesichtspunkt der statistischen Erfassung des Vermögens und seiner Verteilung auf sozioökonomische Gruppen sprechen Argumente, wie Bewertungs- und Erfassungsschwierigkeiten für die Ausgliederung, wobei die Evidenz dieser Vermögensbestände kaum bestritten werden kann. Allerdings bedarf die rationale staatliche Vermögenspolitik, neben der Kenntnis des gegenwärtigen Status quo der personellen Vermögensverteilung, der quantifizierbaren Zielvorstellung und eines Erfolgsmaßes, der Ermittlung der veränderten Vermögensverteilung.[74] Ohne eine zwangsläufige Abgrenzung einzelner, statistisch kaum erfaßbarer, Vermögensbestände ist es der Politik nicht möglich, vermögenspolitisch relevante Entscheidungen zu treffen. Daher soll Vermögen im Rahmen dieser Arbeit wie folgt verstanden werden:

> Das Bruttogesamtvermögen einer wirtschaftlichen Einheit kann dementsprechend als die Wertsumme aller quantifizierbaren Vermögensbestände im allgemeinen und die Summe aus Bargeld, Guthaben bei Kreditinstituten und Lebensversicherungen, Bausparguthaben, Wertpapierguthaben sowie Haus-, Grund- und Produktivvermögen im besonderen definiert werden. Sofern davon Kredite für Haus- und Grundvermögen sowie alle sonstigen Kredite subtrahiert werden, so bezeichnet man dies als Nettogesamtvermögen.

---

[74] Vgl. Wicke, Lutz: Möglichkeiten zur Erhöhung der Effizienz der Vermögenspolitik in der Bundesrepublik Deutschland, in: Zeitschrift für Wirtschafts- und Sozialwissenschaften, 97. Jahrgang, 1977, S. 274.

Exkurs: Die Quellen des Vermögens

Die Quellen des Vermögens sind derart komplex, daß es nicht möglich ist, genau festzustellen, welche in einem speziellen Fall nun der Grund einer Akkumulation ist. Es ist daher notwendig, sich nicht mit einer einzigen Quelle zu befassen, sondern vielmehr eine Reihe von Ursachen zu berücksichtigen.[75] So läßt sich die These, Besitz sei ausschließlich das Ergebnis von Fleiß, Tüchtigkeit und Sparsamkeit, inzwischen nicht mehr aufrecht erhalten. Gustav Schmoller beispielsweise äußerte sich zu diesem Themenkomplex wie folgt:

> „Wenn heute die großen Vermögen in erster Linie in den Händen glücklich operierender Händler und Großunternehmer, Bankiers und Gründer sich sammeln, so ist eben die Frage, ob ihre großen Gewinne mehr Folge außerordentlicher Talente und seltener Leistungen oder Folge von ererbtem Besitz, von Zufällen und Konjunkturen, von künstlichen oder tatsächlichen Monopolen oder gar von unredlichen Mitteln sind."[76]

Auch Oswald von Nell-Breuning sah in der Vermögenskonzentration eher eine Ansammlung von Zufällen, politischen Katastrophen und Willkürlichkeiten, als ein Resultat von Sparsamkeit, Verdienst oder Geschick der Vermögenden.[77] Es wäre jedoch genauso falsch zu behaupten, daß Vermögensbesitz überwiegend auf nicht ökonomischen Umständen beruhen würde, wie auch die Behauptung falsch wäre, Vermögen und Vermögenskonzentration seien einzig und allein ein Zeichen außerordentlicher Talente und des Konsumverzichtes. Grundsätzlich lassen sich die einzelnen Begründungen auf folgende Hauptquellen reduzieren:

- ❒ In der unternehmerischen Leistung, also der Fähigkeit, neue Produktionsmöglichkeiten zu schaffen, neue Produkte zu erstellen oder neue Märkte zu erschließen.

Schumpeter sieht die wirtschaftliche Entwicklung im Sinne eines qualitativen und quantitativen Wachstums nicht nur in exogenen Veränderungen, sondern auch (oder vielmehr) darin, daß permanent neue Kombinationen von Produktionsfaktoren erschlossen werden. Aber auch er ist der Ansicht, daß der dynamische Unternehmer nur innovativ tätig werden kann, wenn er bereits über

---

75 Vgl. Weisser, Gerhard: Vermögen und Vermögenspolitik, a.a.O., S. 165.

76 Schmoller, Gustav: Die soziale Frage - Klassenbildung, Arbeiterfrage, Klassenkampf, München, Leipzig, 1918, S. 119.

77 Vgl. Nell-Breuning, Oswald von: Eigentumsbildung in Arbeitnehmerhand, 2. Auflage, Paderborn, 1955, S. 5 ff. und Nell-Breuning, Oswald von: Aktuelle Fragen der Gesellschaftspolitik, Köln, 1970, S. 61.

Produktionsmittel verfügt oder über das Bankensystem an neue Produktionsfaktoren gelangt, denn

> „Ohne Entwicklung keine Unternehmergewinne, ohne Unternehmergewinne keine Entwicklung. Für die kapitalistische Wirtschaft ist noch hinzuzufügen, daß es ohne Unternehmergewinne auch keine Vermögensbildung gäbe.“[78]

- Als zweite Quelle wird die Schaffung von Vermögen durch das Bankensystem angeführt. Durch die Finanzierung der Investitionen über Kredite hat der Unternehmer die Möglichkeit, neues Vermögen zu schaffen, ohne selbst über die entsprechenden Mittel zu verfügen, oder Konsumverzicht leisten zu müssen.[79]
- Auch die permanente Wiederanlage von Erträgen aus dem erwerbswirtschaftlich genutzten Vermögen sowie die Okkupation von Naturgegenständen und Land sind Ursachen, wobei hierzu auch die Durchsetzung von Ansprüchen aus Erbe, Schenkung oder Subvention zählen.[80]
- Als weiterer Aspekt der Vermögensbildung lassen sich die dynamischen Unternehmergewinne anführen. Diese sogenannten Preiser'schen Marktlagengewinne oder „windfalls“ basieren auf der erzwungenen Ersparnisbildung, da der Unternehmenssektor, unterstützt durch ein elastisches Kreditsystem, mehr Investitionen plant, als durch freiwillige Ersparnis möglich ist. Die zusätzliche Nachfrage nach Investitionsgütern (und im Anschluß daran nach Konsumgütern) führt zu inflationären Tendenzen. Die Preisniveauanstiege wiederum führen zu einer unfreiwilligen Ersparnisbildung auf der

---

[78] Schumpeter, Joseph Alois: Theorie der wirtschaftlichen Entwicklung, 6. Auflage, Berlin, 1964, S. 236.

[79] Vgl. Föhl, Carl: Kreislaufanalytische Untersuchungen der Vermögensbildung in der Bundesrepublik Deutschland und die Beeinflußbarkeit ihrer Verteilung, Tübingen, 1964, S. 40. Eine ähnliche Betrachtungsweise findet sich bei Erich Preiser, der auch der Ansicht ist, daß meist nur „Besitz zu Besitz“ komme. Vgl. Preiser, Erich: Wirtschaftspolitik heute, a. a. O., S. 21.

[80] Heute gilt die Okkupation eher als sekundäres Argument, doch wenn die Entwicklung im Bereich der Luft- und Raumfahrttechnik weiterhin so rasch vor sich geht, sollte dieser Gesichtspunkt auch in Zukunft nicht außer Acht gelassen werden. Die Bedeutung der Möglichkeit, bestehendes Vermögen an nachfolgende Generationen zu übertragen verdeutlicht auch ein Zitat von Gerhard Weisser: „Marktwirtschaft mit dem Ziel wachsender Leistung wird gefördert, wenn derjenige, der Produktivvermögen bildet, die Möglichkeit hat, diese Erwerbsquelle Nachkommen zu übertragen und sie damit in Besitz eines Mittels zu setzen, ihre Abhängigkeit innerhalb einer immer mehr organisationsbedürftigen Gesellschaft zu mindern.“ Weisser, Gerhard: Vermögen und Vermögenspolitik, a. a. O., S. 181.

Nachfrageseite, den sogenannten „windfalls“, die sich als zusätzliche Gewinne auf der Unternehmerseite niederschlagen.[81]

Die Bewertung des Vermögens

Obgleich im vorhergehenden Abschnitt wichtige Bestandteile des Vermögens wegen der Bewertungs- und Erfassungsproblemen ausgegliedert wurden, bedeutet dies nicht, daß bei den anderen Vermögensformen keine weiteren Bewertungsschwierigkeiten auftreten können. Gerhard Weisser deutet in seiner Abhandlung „Vermögen und Vermögenspolitik“ auf den problematischen Aspekt der Bewertbarkeit hin, indem er Vermögen als den Wert der in Geld schätzbaren Güter definiert, wobei es indessen sekundär wäre, ob und inwieweit diese Gütergesamtheit auch tatsächlich in Geld geschätzt wird.[82] Da eine Vielzahl von Vermögensbestände üblicherweise nicht verkauft werden und somit auch kein Markt existiert, ist es problematisch, *einen* Wert anzusetzen. Zur Erfassung des steuerrechtlichen Vermögens wurden das Bewertungsgesetz und entsprechende Änderungsgesetze verabschiedet, doch je nach Untersuchungsziel führen die einzelnen Bewertungsansätze zu unterschiedlichen Ergebnissen. In dieser Arbeit möchte ich nur kurz auf die wesentlichen Bewertungsprinzipien, wie Anschaffungswert-, Wiederbeschaffungswert-, Veräußerungswert- und Ertragswertprinzip eingehen.[83]

- **Anschaffungswertprinzip:** Unter dem Gesichtspunkt, daß Vermögen aus Ersparnissen gebildet wird, erscheint eine Erfassung nach Maßgabe der Anschaffungswerte sinnvoll. Die Anschaffungs- und Herstellungskosten bilden dabei den Ausgangspunkt der Bewertung. Soweit es sich um abnutzbares Vermögen handelt, müssen sie um planmäßige Abschreibungen vermindert werden.[84] Dieser Ansatz bildet gleichzeitig die oberste Grenze der Bewertung

---

81 Vgl. dazu Preiser, Erich: Besitz und Macht in der Distributionstheorie, in: Erich Preiser (Hrsg.): Bildung und Verteilung des Volkseinkommens, Göttingen, 1957, S. 124 ff.

82 Vgl. Weisser, Gerhard: Vermögen und Vermögenspolitik, a. a. O., S. 163.

83 Vgl. zum folgenden auch Grimm-Curtius, Helgo / Merkel, Günter: Finanzbuchhaltung nach dem GKR und IKR: Technik des betriebswirtschaftlichen Rechnungswesens, 4. Auflage, Stadtbergen, 1987, S. 23 ff.; Opitz, Gerhard: Vermögen. Terminologische Überlegungen zu einem komplexen Sachverhalt, a. a. O., S. 59 - 82, hier S. 66 ff. sowie die §§ 252 und §§ 279 Handelsgesetzbuch (HGB), in: Beck'sche Textausgaben: Handelsgesetzbuch, 23. Auflage, München, 1987, S. 73 ff. und S. 87 f.

84 Vgl. Coenenberg, Adolf: Jahresabschluß und Jahresabschlußanalyse, 11., überarbeitete und erweiterte Auflage, Landsberg am Lech, 1990, S. 103 ff.

und erscheint recht überzeugend, wenn Wirkungen von Preisänderungen auf den realen Wert des Vermögens außer Betracht bleiben sollen. Es treten jedoch vielfach Abgrenzungsprobleme hinsichtlich der Nebenkosten, wie beispielsweise Transportkosten oder Eigenkapitalzinsen, auf. Darüber hinaus herrscht keine Einigkeit bezüglich der Berechnung der Abschreibungen. Je nachdem, welche Abschreibungsform gewählt wird, lassen sich unterschiedliche Vermögenswerte bestimmen. Ein weiteres Problem besteht darin, daß abgeschriebene Vermögensbestandteile in einer Bilanz mit einer D-Mark verbucht werden, obwohl sie zum Teil erhebliche Werte darstellen.[85]

❒ **Wiederbeschaffungswert**: Der „Korrekturwert" für das Vermögen ist der sogenannte „beizulegende Wert". Dabei kommen die Wiederbeschaffungs- oder Reproduktionskosten in Betracht. Sofern es sich um abnutzbare Güter handelt, müssen auch sie um die Abschreibungen vermindert werden, um zum „Wiederbeschaffungszeitwert" zu gelangen.[86] Unter dem Aspekt der Erhaltung der realen Vermögenssubstanz erscheint dieser Ansatz sinnvoll.

❒ **Veräußerungswert** oder Zeitwert am Bewertungsstichtag: Da, wie bereits dargestellt, die Liquidierbarkeit, das heißt die Transformation von Vermögen in Geldeinkommen oder Geldvermögen als eine bedeutende Vermögenseigenschaft erachtet wurde, erscheint dieser Bewertungsmaßstab durchaus zweckmäßig. Soweit Börsen- oder Marktpreise existieren, können die Güter zu diesem Wert bilanziert werden. Falls keine Preise zur Verfügung stehen, müssen die Zeitwerte geschätzt werden, die problematisch sind, da hierin wiederum Ermessensspielräume liegen.

❒ **Ertragswert**: Dieser zukunftsorientierte Ansatz zur Bewertung eines Gutes oder einer Unternehmung konzentriert sich auf den Barwert der zukünftig erwarteten Nettoerträge des Bewertungsobjektes.[87] Die Wahl des Kapitalisierungszinsfußes, mit dem die künftigen Erträge abdiskontiert werden, eröffnet weite Bewertungsspielräume und bedarf daher größter Aufmerksamkeit. Das Vermögen kann ohne weiteres über- oder unterbewertet werden.

Im Rahmen einer Analyse vermögenspolitischer Maßnahmen sollte das bestehende Vermögen zu sogenannten Zeit- oder Tageswerten bewertet werden, auch

---

85 Vgl. Coenenberg, Adolf: Jahresabschluß und Jahresabschlußanalyse, a. a. O., S. 196 ff.

86 Vgl. Coenenberg, Adolf: Jahresabschluß und Jahresabschlußanalyse, a. a. O., S. 82.

87 Vgl. Woll, Artur: Wirtschaftslexikon, 4. verbesserte Auflage, München, Wien, 1990, S. 177.

wenn es bei diesen mitunter zu Bewertungsproblemen kommen kann, da sie die ökonomische Position der Vermögensbesitzer am ehesten widerspiegeln.

Zusammenfassend läßt sich feststellen, daß es sich beim Vermögensbegriff und seiner spezifischen Abgrenzung um einen Terminus handelt, der wohl nie vollständig und eindeutig definiert werden kann. Soziologische, psychologische aber auch politische Faktoren prägen den Standpunkt des Betrachters und unterschiedliche Definitionsansätze sind daher durchaus möglich, bisweilen sogar angebracht. Die objektive Betrachtung der Vermögensbildungspläne setzt allerdings eine individuelle Arbeitsdefinition voraus, die entsprechend den Analysezielen zu wählen ist.

Aus rechtswissenschaftlicher Sicht beinhaltet der, in Artikel 14 GG kodifizierte, umfassende Eigentumsbegriff alle vermögenswerte Rechte und geht damit über den bürgerlich rechtlichen Tatbestand des Eigentums an einer Sache hinaus. Das Bundesverfassungsgericht untermauert diese Anschauung, wenn beispielsweise dargelegt wird, daß sich der Eigentumsbegriff an der gesellschaftlichen Vorstellung orientiere und keinesfalls absolut sei.[88] Der Gesetzgeber sieht einen Gestaltungsspielraum vor, der - zu gegebener Zeit - „mit Leben gefüllt“ werden sollte.

Aus der wirtschaftswissenschaftlichen Betrachtung heraus ist eine Differenzierung ebenso denkbar und, je nach Untersuchungsgegenstand, durchaus sinnvoll. Als die Gesamtheit aller einkommenstiftenden Faktoren bedarf der Vermögensbegriff einer weitgefaßten Begriffsabgrenzung. Da aber die rationale Vermögenspolitik auf Daten und Statistiken zurückgreifen muß, um einen tatsächlichen Status quo und überprüfbare Ziele zu ermitteln, sollte der Vermögensbegriff auf ein Maß reduziert werden, das so eng als nötig und so weit als möglich gehalten wird. Im Hinblick auf die Beurteilung vermögens- und verteilungspolitischer Maßnahmen ist es sinnvoll, daß der dabei gewählte Vermögensbegriff auch nur jene Elemente beinhaltet, die ihrer direkten Beeinflußbarkeit unterliegen.[89]

Damit der Vermögensbegriff nicht schon zu Beginn an Substanz verliert, weil er Teilbereiche ausschließt und per definitione bestimmte Ergebnisse vorweg nimmt, ist es ratsam, vom weitesten Begriff ausgehend, nach Abwägung aller

---

88 Vgl. beispielhaft BVerfGE 20, 351.

89 So würde die Mitberücksichtigung des Arbeitsvermögens auch eine Analyse bildungs- und gesundheitspolitischer Maßnahmen etc. erfordern und damit dem eigentlichen Ziel dieser Arbeit nicht gerecht werden.

zur Verfügung stehenden Argumente, den Vermögensbegriff so weit einzugrenzen bis er jene Faktoren beinhaltet, die Einkommen gewähren, weitgehend disponibel sind,[90] von vermögens- und verteilungspolitischen Maßnahmen beeinflußt sowie statistisch erfaßt werden können. Ungeachtet dessen muß jedoch immer wieder berücksichtigt werden, daß diese Arbeitsdefinition lediglich eine Kompromißlösung darstellt und im weiteren Verlauf dieser Untersuchung auch auf ausgegrenzte Faktoren Bezug genommen wird, um einzelne Sachverhalte zu klären.

2.3 Der Einkommensbegriff

Zur Beurteilung verteilungspolitischer Maßnahmen sollte ebenfalls Klarheit über den Einkommensbegriff herrschen, denn - der Argumentation Winfried Fuest folgend - bereits mit der Verwendung eines bestimmten Einkommensbegriffes werden unterschiedliche Verteilungsergebnisse determiniert.[91] Erkenntnisse bezüglich einzelner Umverteilungsmaßnahmen haben demnach nur konkreten Aussagewert, wenn sie vorab den dabei verwendeten Einkommensbegriff definieren und die dem Begriff zu Grunde liegenden Annahmen aufzählen. Sowohl für mikro- als auch für makroökonomische Entscheidungen spielt das Einkommen und dessen Höhe eine bedeutende Rolle.[92]

Mit der Analyse der Einkommensverteilung wird ein neues grundsätzliches Definitions- und Abgrenzungsproblem angesprochen, da an und für sich die Verteilung des Wohlstandes und nicht die Verteilung der Einkommen als wohlfahrtsökonomischer Indikator betrachtet werden sollte. Eine exakte Erfassung des Wohlstandes ist jedoch nicht möglich, da die individuellen Nutzenfunktionen weder meßbar noch intersubjektiv vergleichbar sind und zudem absolute Einkommensgleichverteilung bei den Einkommensbeziehern als unterschiedliches Wohlstandsniveau empfunden werden kann. Demgegenüber hängt der Wohlstand entscheidend von der Versorgung mit Gütern und Dienstleistungen und somit indirekt vom Einkommen als Quelle der wirtschaftlichen (und sozialen) Handlungsfähigkeit des Einzelnen ab. Werden einzelne Güter nicht

---

[90] Vgl. Föhl, Carl: Vermögensbildung im Wirtschaftswachstum, in: Professoren-Kolloquium der Adolf-Weber-Stiftung (Hrsg.): Wachstum - Vermögensbildung - Stabilisierung, Berlin, 1967, S. 38.

[91] Vgl. Fuest, Winfried: Grundsätze einer rationalen staatlichen Einkommensverteilungspolitik, München, 1980, S. 4 f.

[92] Beispielhaft können dabei die Theorie der Haushaltsnachfrage und des Faktorangebotes sowie Wachstums- und Einkommensverteilungstheorien erwähnt werden.

am Markt gehandelt, sondern privaten Haushalten direkt zugeführt, so spiegelt die Einkommensverteilung nur dann die Wohlstandsverteilung wider, wenn die Leistungen entsprechend der individuellen Einkommen abgegeben werden.[93] Erfassungs-, Bewertungs- und Vergleichsprobleme der Wohlfahrtsökonomie sollten keineswegs außer Acht gelassen werden, doch auf Grund der indirekten Beziehung zwischen Einkommen und Wohlfahrt wird in der Praxis - als „Ersatzlösung" - auf den Einkommensvergleich zurückgegriffen, um verteilungspolitische Probleme zu erfassen. Gleiches Einkommen entspricht dabei, ceteris paribus, gleichem Wohlstandsniveau.

Das Einkommen einer natürlichen oder juristischen Person umfaßt die Gesamtsumme aller, aus unterschiedlichen Quellen stammenden, im allgemeinen regelmäßig zufließenden Strömen an Gütern, Dienstleistungen und Geldeinheiten, wobei die Quellen wie folgt untergliedert werden können:

- Einkommen aus unselbständiger Tätigkeit.
- Einkommen aus freiberuflicher und/oder selbständiger Tätigkeit. Theoretisch sind die Einkommen aus Unternehmertätigkeit um den Unternehmerlohn und die Verzinsung des eingesetzten Kapitals zu verringern.
- Einkommen aus Beteiligungen, Vermietung und Verpachtung oder in Form von Zinsen beziehungsweise Dividenden.
- Einkommen auf Grund von Wertsteigerungen, beispielsweise durch die Auflösung verdeckter Rücklagen.
- Einkommen aus laufenden oder einmaligen Transfers, ohne direkte Gegenleistung.

Eine eindeutige, ausschließliche Zuordnung dieser Einkommensarten auf einzelne sozioökonomische Gruppen erweist sich als problematisch, da sich das individuelle Einkommen meist aus verschiedenen Quellen zusammensetzt.[94] Dementsprechend können die von den Ökonomen des 19. Jahrhunderts restriktiv getroffen Annahmen einer klaren Trennung der einzelnen Klassen und einer eindeutigen Identität dieser Klassenzugehörigkeit mit der Einkommensquelle in

---

93 Inwieweit es erwünscht ist, unentgeltliche Güter und Dienstleistungen, wie beispielsweise Bildungseinrichtungen oder medizinische Versorgung, entsprechend der Einkommensrelationen bereitzustellen, obliegt gesellschaftspolitischen Entscheidungen. Im allgemeinen wird jedoch versucht, unerwünschte Verteilungsungleichheiten zu korrigieren.

94 Vgl. Institut der deutschen Wirtschaft: „Die Kaufkraft steigt um 1,3 Prozent", in: Süddeutsche Zeitung, 53. Jahrgang, 34. Woche, Nr. 191, Donnerstag, 21. August 1997, S. 23.

dieser Form nicht mehr aufrecht erhalten werden, zumal inzwischen auch Arbeitnehmer (begrenzt) in der Lage sind, Vermögen zu bilden und somit Vermögenseinkommen zu beziehen. Im allgemeinen wird jedoch die Lohnabhängigkeit nach wie vor bestehen bleiben.

Trotz der Einschränkung einer Vermögensbildungsmöglichkeit und einer entsprechenden Erweiterung der Einkommensquellen seitens der Arbeitnehmer, können Arbeitseinkommen überwiegend Arbeitnehmern zugeordnet werden, wobei allerdings auch das Einkommen aus selbständiger Tätigkeit bis zu einem bestimmten Grad eine sogenannte Lohnkomponente aufweist.

Einkommen aus Vermögen hingegen setzt außer der Vermögensbildung keine weitere ökonomische Aktivität voraus.[95] Sofern Ersparnisse beziehungsweise Vermögen gebildet werden, erwirtschaften diese Zins-, Dividenden-, Beteiligungs- oder Mieteinkommen. Zudem sind die Wirtschaftssubjekte an Wertsteigerungen oder Wertverlusten zum Zeitpunkt der Veräußerung oder der Auflösung dieser Vermögen beteiligt. Es besteht demnach eine unmittelbare Korrelation zwischen den beiden Einkommensquellen. Hier zeigt sich eine deutliche Abweichung des Einkommensbegriffes der Quellentheorie vom umfassenderen Begriff, der entsprechend der Reinvermögenstheorie bevorzugt wird.[96]

Da die aus dem Marktprozeß resultierende Primärverteilung im allgemeinen als unzureichend empfunden wird, werden Übertragungszahlungen der öffentlichen Hand zur Korrektur der leistungsabhängigen Primäreinkommen vorgenommen, wobei dementsprechend das Ergebnis dieser Einkommensumverteilung als bedarfsorientierte Sekundärverteilung bezeichnet wird.[97] Die Möglichkeiten, die primäre Einkommensverteilung (un-) mittelbar durch Transferzahlungen, öffentliche Nachfrage nach Gütern, Dienstleistungen, Arbeitskräften und Kredi-

---

95 Die Vermögensbildung kann beispielsweise in Form von Sparen oder Vererbung erfolgen.

96 Die Quellentheorie betrachtet lediglich regelmäßig wiederkehrende Einkommensbestandteile, wohingegen die Reinvermögenstheorie den wertmäßigen Anfangs- und Endbestand des Reinvermögens und die in diesem Zeitraum getätigten Konsumausgaben erfaßt. Das Einkommensteuergesetz orientiert sich zunächst in § 2 Abs. 1 Nr. 1 bis 6 EStG am Konzept der Quellentheorie, erweitert jedoch - entsprechend der Reinvermögenstheorie - in § 2 Abs. 1 Nr. 7 EStG den Einkommensbegriff um sonstige Einkünfte und Spekulationsgeschäfte im Sinne der § 22 und § 23 EStG. Vgl. Gress, Karin: Transfers zur Förderung der Vermögensbildung aus verteilungs- und sozialpolitischer Sicht, a. a. O. S. 78 ff. sowie Andel, Norbert: Finanzwissenschaft, 3., überarbeitete und erweiterte Auflage, Tübingen, 1992, S. 290 ff. und Einkommensteuergesetz (EStG), in: Beck'sche Textausgaben: Steuergesetze, Textsammlung mit Verweisungen und Sachverzeichnis, München, 1997.

97 Vgl. Woll, Artur: Wirtschaftslexikon, a. a. O., S. 154.

ten, die Förderung der Bildungsinvestitionen und der privaten Vermögensbildung zu beeinflussen, sind dabei enorm vielfältig. Auf Grund der Vielzahl der Empfänger und der Tatsache, daß diese Transferleistungen meist unabhängig von den Primäreinkommen die Einkommen aller sozialen Gruppen einer Gesellschaft beeinflussen, ist eine explizite Zuordnung jedoch nahezu unmöglich.[98]

Unter Berücksichtigung der oben angeführten Einkommensquellen stellt sich unter anderem die Frage, welche Anteile des Nettosozialprodukts beziehungsweise dessen Wertsteigerung einzelnen Produktionsfaktoren und dem Staat zugerechnet werden oder welche Bedeutung dem zeitlichen Aspekt beigemessen wird. Inwieweit die ökonomische Wohlfahrt vom persönlichen Einkommen oder vom Gesamteinkommen des Haushaltes bestimmt wird, sind weitere Untersuchungsaspekte, die aus verteilungstheoretischer Sicht betrachtet werden sollten.

Eine Vielzahl verteilungspolitischer Diskussionen werden meist auf der Grundlage des Nettosozialproduktes zu Faktorkosten geführt, um beispielsweise die sektorale Verteilung der Wertschöpfung ohne Berücksichtigung der indirekten Steuern und der Subventionen an die (privaten) Haushalte zu untersuchen. Als Alternative dazu bietet sich allerdings auch das Konzept des verfügbaren Einkommens an, da die Wirtschaftssubjekte im allgemeinen mit dem verfügbaren (Haushalts-) Einkommen kalkulieren.[99] Diese Abgrenzung des Einkommensbegriffes hat den Vorteil, daß dabei die tatsächliche wirtschaftliche Lage der Wirtschaftssubjekte zur Beurteilung individueller Spar- und Konsumentscheidungen berücksichtigt wird. Der rein monetäre Begriff spiegelt allerdings nur einen Teil der sozialen Position des Einzelnen wider, denn um alle relevanten Einkommensaspekte zu erfassen, müßten auch jene nicht-monetären, staatlichen Transfers berücksichtigt werden, die auf Grund oben genannter Erfassungs-, Zurechnungs-, und Bewertungsprobleme vernachlässigt werden.[100]

---

98 Vgl. Andel, Norbert: Finanzwissenschaft, a. a. O., S. 409.

99 Vgl. dazu Brümmerhoff, Dieter: Finanzwissenschaft, a. a. O., S. 23; Stobbe, Alfred: Wirtschaftskreislauf und Sozialprodukt, in: Werner Ehrlicher / Ingeborg Esenwein-Rothe / Harald Jürgensen u.a. (Hrsg.): Kompendium der Volkswirtschaftslehre, Band 1, 5. überarbeitete und ergänzte Auflage, Göttingen, 1975, S. 16 - 56.

100 Vgl. Fuest, Winfried: Grundsätze einer rationalen staatlichen Einkommensverteilungspolitik, a. a. O., S. 40 ff. sowie Roberts, Charles: Verteilungstheorie und Verteilungspolitik. Eine problemorientierte Einführung mit einem Kompendium verteilungstheoretischer und -politischer Begriffe, Köln, 1980, S. 14 ff.

Bei der Untersuchung der personellen Verteilung des verfügbaren Einkommens wird nach Abzug der nicht ausgeschütteten Gewinne der Kapitalgesellschaften und des Staatsanteils keine explizite Unterscheidung dahingehend getroffen, wie sich das Einkommen eines Wirtschaftssubjektes im einzelnen zusammensetzt. Die personelle Einkommensverteilung läßt sich mit Hilfe der Lorenzkurve einfach darstellen, wobei die Wirtschaftssubjekte zunächst entsprechend ihrer Einkommenshöhe unterschiedlichen Einkommensgruppen zugeordnet und anschließend die kumulierten relativen Anteile dieser Gruppen dem relativen Anteil am Sozialprodukt gegenübergestellt werden.[101] Als mögliche Erklärungsansätze für Verteilungsungleichheiten gelten dabei unter anderem unterschiedliche Begabungen und Bildungschancen oder die Dauer der Ausbildungszeiten. Die Untersuchung der personellen Einkommensverteilung bietet die Möglichkeit, grundsätzliche Aussagen zu treffen, ist allerdings insofern problematisch, als daß sozioökonomische Aspekte einzelner Haushaltsgruppen außer Acht gelassen werden. In der Praxis wird die Betrachtung gesamter Haushaltsgruppen bevorzugt, da Entscheidungen bezüglich der Einkommensverwendung meist vom gesamten Haushalt getroffen werden, der sich zudem aus mehreren Einkommensbeziehern zusammensetzen kann. Die meisten empirischen Untersuchungen berücksichtigen Attribute, wie Einkommenshöhe, Alter und Schulbildung des Haushaltsvorstandes, Größe, Struktur und Wohnsitz der befragten Haushalte, die zu unterschiedlichen Referenzgruppen zusammengefaßt werden.[102]

Die Einkommen sollten jedoch nicht nur nach Empfängern, sondern auch nach zeitlichen Gesichtspunkten unterschieden werden, wobei sich Monats-, Jahres- oder Lebensperioden anbieten.[103] Je nach Wahl der Periodenlänge lassen sich unterschiedliche Einkommensverteilungen konstatieren, denn zu kurze Perioden

---

[101] Zur Messung der Verteilungsungleichheit und insbesondere zur Interpretation der Lorenzkurve und des Ginikoeffizienten vgl. Pyatt, Graham: On the interpretation and disaggregation of gini coefficients, in: William Reddaway / David Champernowne / John Black u. a. (Hrsg.): The Economic Journal, Volume 86, London, New York, 1976, S. 243 - 255, insbesondere S. 244 f.; Roberts, Charles: Verteilungstheorie und Verteilungspolitik, a. a. O., S. 114 - 135.

[102] Zu den sozioökonomischen Faktoren vgl. Riedel, Wolfgang: Der Einfluß sozioökonomischer Faktoren auf ausgewählte Geldvermögensarten privater Haushalte in der Bundesrepublik Deutschland, Berlin, 1977, S. 60-74 sowie Statistisches Bundesamt (Hrsg.): Fachserie 15: Einkommens- und Verbrauchsstichproben 1983, Heft 6, Wiesbaden, 1988.

[103] Vgl. Bundesministerium für Arbeit und Sozialordnung (Hrsg.): Sozialbericht, einzelne Jahrgänge; Statistisches Bundesamt (Hrsg.): Statistisches Jahrbuch für die Bundesrepublik Deutschland, Wiesbaden, einzelne Jahrgänge.

werden das Ergebnis möglicherweise durch zufallsbedingte Faktoren beeinflussen, wohingegen zu lange Perioden das Ergebnis glätten können.[104] Kurzfristige Nettobelastungen werden sich möglicherweise langfristig als Nettobegünstigungen herausstellen, wobei der Diskontierungsfaktor bei einer langfristigen Betrachtung eine erhebliche Rolle spielt. Schon eine geringfügige Variation der Variablen, der zu Grunde gelegten Konsumtheorie sowie des Diskontierungsfaktors haben starke Auswirkungen, so daß die Aussagekraft in Frage gestellt werden könnte. Die Jahresperiode erweist sich daher als geeigneter Zeitraum, da kurzfristige Schwankungen ausgeglichen und Einkommenssituationen nicht verfälscht werden.[105]

2.4 Die Vermögens- und Verteilungspolitik

In den vorhergehenden Abschnitten wurden Einkommens- und Vermögensdefinitionen sowie Gründe für die Ausgrenzung einzelner Faktoren dargestellt. Eine rationale Vermögens- und Verteilungspolitik, deren begriffliche Abgrenzung in den folgenden Abschnitten vorgenommen werden soll, bedarf neben eines theoretischen Unterbaus und der Darstellung ihrer Ziele[106] auch der Erfassung des Status quo. Insbesondere die Einbettung in den gesamtwirtschaftlichen Rahmen, das heißt die Darstellung des magischen Sechsecks, soll abschließend von Interesse sein, um zum einen grundsätzliche Beziehungen zwischen den einzelnen Politikbereichen beziehungsweise ihren Zielen zu erläutern, zum

---

104 Vgl. auch Boulding, Kenneth: The Dynamics of world distribution, in: Martin Pfaff (Hrsg.): Grenzen der Umverteilung, Band 1, Berlin, 1978.

105 Vgl. Fuest, Winfried: Grundsätze einer rationalen staatlichen Einkommensverteilungspolitik, a. a. O., S. 44 ff.

106 Die Beurteilung einer „gerechten Einkommens- und Vermögensverteilung“ beinhaltet immer ethische Vorstellungen und Werturteile. Dabei werden im allgemeinen die Ausstattungskriterien (Hobbes, Locke), Utilitarismuskriterien (Bentham), Gleichheitskriterien (Rousseau, Marx, Weber) sowie Kombinationen der vorgenannten Kriterien und die intergenerative Gerechtigkeit als denkbare Ansätze zur Verteilungsgerechtigkeit diskutiert. Im Rahmen einer Darstellung der Zielaspekte und der Problembereiche können hier lediglich Argumente zur Diskussion angeführt werden, jedoch keine endgültigen, absoluten Antworten gegeben werden. Andererseits stellt sich auch die Frage, inwieweit eine rationale, zielbewußte Wirtschaftspolitik unterschiedliche Zielhierarchien erstellen und politische Maßnahmen einleiten kann ohne dabei von Werturteilen, Präferenzen oder der Problemlösungsbereitschaft und dem politischen Kalkül (beispielsweise der Aspekt der Wiederwahl) beeinflußt zu werden. Zu den einzelnen Verteilungskriterien vgl. Musgrave, Richard / Musgrave, Peggy / Kullmer, Lore: Die öffentlichen Finanzen in Theorie und Praxis, 1. Band, 5., überarbeitete Auflage, Tübingen, 1990, S. 100 ff.

anderen auch mögliche Probleme und Konsequenzen einer einfachen, „aus dem Zusammenhang gerissenen", politischen Forderung zu verdeutlichen.[107]

Hier sollte allerdings noch einmal betont werden, daß auf Grund der Komplexität dieser Wechselbeziehungen eine umfassende Darstellung weder dem Ziel noch der Übersichtlichkeit dieser Arbeit dienlich ist und daher lediglich einzelne, themenrelevante Aspekte ausgewählt wurden.

In Anlehnung an Martin Pfaff und andere Autoren kann die staatliche Verteilungspolitik als die Gesamtheit aller politischen Maßnahmen zur Beeinflussung der Bildung und Distribution von Einkommen, Vermögen oder (nicht) ökonomischen Ressourcen definiert werden. Das verteilungspolitische Instrumentarium umfaßt dabei neben den rein monetären Übertragungen, die nicht explizit sichtbar sein müssen, auch Realtransfers, Gesetze, Verordnungen und Vereinbarungen.[108]

Dementsprechend können theoretisch sämtliche wirtschaftspolitischen Aktivitäten des Staates, der Gewerkschaften, der Bundesbank oder parafiskalischer Institutionen im weitesten Sinne auch als verteilungspolitische Maßnahmen interpretiert werden und eine logische Forderung wäre die Betrachtung aller wirtschafts- und sozialpolitischen Maßnahmen in Hinblick auf ihre verteilungspolitischen Konsequenzen.[109]

---

[107] Die Argumente gegen staatliche Beeinflussung im allgemeinen und verteilungspolitische Maßnahmen im besonderen lassen sich in zwei Hauptgruppen untergliedern, die überwiegend auf der Grenzproduktivitätstheorie beruhen: Zum einen wäre die bestehende Verteilung durchaus als gerecht zu betrachten und zum anderen würde ein Eingriff zu Effizienzverlusten oder Störungen führen, die die möglichen Vorteile dieser Umverteilung bei weitem überkompensieren. Nach Ansicht von Befürwortern, wie beispielsweise Kenneth Boulding und Martin Pfaff, dienen verteilungspolitische Maßnahmen neben der Gewährleistung materieller Freiheit und Verteilungsgerechtigkeit auch der Integration einzelner Gesellschaftsmitglieder beziehungsweise Gesellschaftsgruppen und der Förderung der sozialen Sicherheit. Vgl. Boulding, Kenneth / Pfaff, Martin (Hrsg.): Redistribution to the rich and the poor: The grants economics of income distibution, Belmont, 1972, S. 2 sowie Kapitel 4.1 dieser Arbeit.

[108] Vgl. Pfaff, Martin: Grenzen der Verteilungs- und Sozialpolitik, in: Martin Pfaff (Hrsg.): Grenzen der Umverteilung, Band 1, Berlin, 1978, S. 14. In diesem Sinne werden Steuern, Sozialversicherungsbeiträge oder sonstige Abgaben als negative Transfers definiert.

[109] Vgl. Molitor, Bruno: Wirtschaftspolitik, 3., überarbeitete Auflage, München, Wien, 1992, S. 237 ff. sowie Pfaff, Martin / Dennerlein, Rudolf / Schneider, Markus: Einige Anforderungen an eine integrierte Verteilungs- und Sozialpolitik, in: Martin Pfaff (Hrsg.): Grenzen der Umverteilung, Band 2, Berlin, 1978, S. 501 - 513. Gesellschaftliche Widerstände

Zunächst sollen zwei Alternativvorschläge betrachtet werden, die als die Basis einer Vielzahl vermögenspolitischer Maßnahmen angesehen werden können.

Der erste direkte vermögenspolitische Ansatzpunkt liegt in der Beeinflussung der Vermögensentstehung, also in der Beeinflussung der Einkommensverteilung sowie der Einkommensverwendung. Um das Ziel, Vermögenslose oder mit geringem Vermögen ausgestattete Bevölkerungskreise im Vermögensbildungsprozeß zu unterstützen, wird daher meist vorgeschlagen, ihre Einkommen zu erhöhen, um so die Sparfähigkeit zu steigern. Hans-Günter Guski bezeichnet dies auch als „Vorstufe der Vermögensbildung", da Wirtschaftssubjekte nur dann in der Lage sind, Vermögen zu bilden, wenn sie über ein entsprechendes Einkommen verfügen. Eine Beeinflussung der Sparneigung erscheint erst sinnvoll, wenn ein bestimmter Grad an Sparfähigkeit existiert und eine sinnvolle Verteilungspolitik setzt demnach sowohl Sparfähigkeit als auch Sparneigung voraus.[110] Allerdings gilt die Leistungsgerechtigkeit der primären Einkommensverteilung in unserer Gesellschaft sicherlich nicht mehr als das alleinige Maß aller Dinge, denn die Garantie eines soziokulturellen Existenzminimums ermöglicht dem Empfänger die Führung eines Lebens, das der Würde des Menschen entspricht. Das Prinzip der Bedarfsgerechtigkeit der sekundären Einkommensverteilung tritt ergänzend hinzu, sobald Einzelne nicht in der Lage sind, selbst Vorsorge für bestimmte Lebenslagen wie Alter, Krankheit oder Arbeitslosigkeit zu treffen.

Als implizite Voraussetzungen gelten im allgemeinen die Annahmen der keynesianischen Konsumfunktion und insbesondere der marginalen beziehungsweise der durchschnittlichen Konsumquote: Tendenziell neigen Wirtschaftssubjekte dazu, mit steigendem Einkommen ihren Konsum auszudehnen, aber nicht im gleichen Verhältnis wie sich ihr Einkommen erhöht. Weiterhin wird auch die durchschnittliche Konsumneigung mit steigendem Einkommen abnehmen, wobei das Einkommen und nicht der Zinssatz die wichtigste Determinante des Konsums ist. Empirische Untersuchungen führten jedoch zu dem Ergebnis, daß diese Verhaltensannahmen nur während kurzfristiger Perioden zutreffend sind

---

beeinflussen einerseits die Problemlösungsdringlichkeit, die Problemlösungsbereitschaft und folglich die politische Durchsetzbarkeit. Zudem können verteilungspolitische Maßnahmen Reaktionen auslösen, die ihrerseits distributive Wirkungen aufweisen. Mit der Analyse der Sekundärwirkungen können einzelne Maßnahmen unter Umständen dem eigentlichen Ziel entgegenwirken. Eine möglichst weitreichende Wirkungsanalyse unter Einbeziehung dieser Verhaltensänderungen wäre daher unumgänglich.

110 Vgl. Guski, Hans-Günter: Verteilungstheoretische Aspekte der Vermögenspolitik, in: Institut der deutschen Wirtschaft (Hrsg.): Beiträge, Band 8, Köln, 1973, S. 8.

und daß trotz beträchtlicher Einkommenszuwächse das Verhältnis zwischen Konsum und Einkommen - langfristig betrachtet - relativ stabil ist.[111] Die These, eine verstärkte Ersparnisbildung bei schlechterverdienenden Arbeitnehmerhaushalten könnte einfach über die Erhöhung der Einkommen erreicht werden, ist daher in dieser allgemeinen Formulierung empirisch nicht verifiziert.[112]

Eine zweite Alternative scheint demnach in der Maßnahme zu liegen, vermögenslosen beziehungsweise vermögensarmen Bevölkerungsschichten möglichst weitreichende Sparanreize zu schaffen, da der Sparprozeß als Voraussetzung für die Neuvermögensbildung gilt. Dementsprechend werden weder Kritiker noch Befürworter bestreiten, daß der Sparprozeß unterstützt, die Sparneigung gefördert und mögliche Preissteigerungstendenzen verhindert werden sollten. Dabei ist es durchaus sinnvoll, sowohl technische als auch organisatorische Hindernisse zu beseitigen, auf Sparmöglichkeiten und Sparförderungen hinzuweisen und einkommensabhängige Sparprämien, Steuervergünstigungen sowie Abschreibungsmöglichkeiten zu gewähren. Die Einführung von Sperrfristen und Wiederanlageboni bieten sich insofern an, als daß ein Grundstock zur weiteren Vermögensbildung geschaffen wird und die angesparten Mittel weiterhin angelegt und nicht konsumiert werden.

Hier zeichnen sich bereits die ersten konkreten Vorstellungen bezüglich verteilungspolitischer Maßnahmen ab, die im weiteren Verlauf dieser Arbeit einer näheren Betrachtung unterzogen werden sollten: Mit dem Einkommen und dessen Verteilung wird eine bedeutende Basis der vermögenspolitisch wichtigen Manövriermasse geschaffen, da die Bezieher niedriger Einkommen, selbst bei einer theoretisch angenommenen überdurchschnittlich hohen Sparbereitschaft, nicht über die notwendigen Mittel verfügen, ein für sie „tatsächlich erlebbares Vermögen“ zu schaffen. Das Einkommen gilt demnach als hinreichende Bedingung für die Vermögensbildung. Da allerdings niedrigere Einkommen (zwangsläufig) mit höheren Konsumquoten korrelieren, besteht die Gefahr, daß eine Barlohnerhöhung größtenteils im Konsum versickert und entsprechende Ersparnisbildungen und Investitionen ausbleiben. Vermögensbildung im allgemeinen und Produktivvermögensbildung im besonderen setzt also neben der Bereitschaft auch die Sparfähigkeit voraus, wobei weitere, im folgenden kurz dargestellte Politikbereiche diese beiden Faktoren beeinflussen.

---

111 Vgl. dazu Kapitel 3.4 dieser Arbeit.

112 Vgl. Guski, Hans-Günter: Verteilungstheoretische Aspekte der Vermögenspolitik, a. a. O., S. 10.

Abbildung 3 verdeutlicht die Wechselbeziehungen, die zwischen den wirtschaftspolitischen Zielsetzungen bestehen, wobei in diesem Zusammenhang lediglich die direkten Beziehungen zwischen einer gerechten Einkommens- und Vermögensverteilung und den anderen gesamtwirtschaftlichen Zielen betrachtet werden.[113] Weiterhin werden im Rahmen dieses Kapitels nur jene Beziehungen exemplarisch dargestellt, die nicht als explizite Ziel- oder Problemaspekte in den folgenden Kapiteln näher untersucht werden.[114]

Abbildung 3: Wirtschaftspolitische Zielsetzungen an Hand des magischen Sechsecks

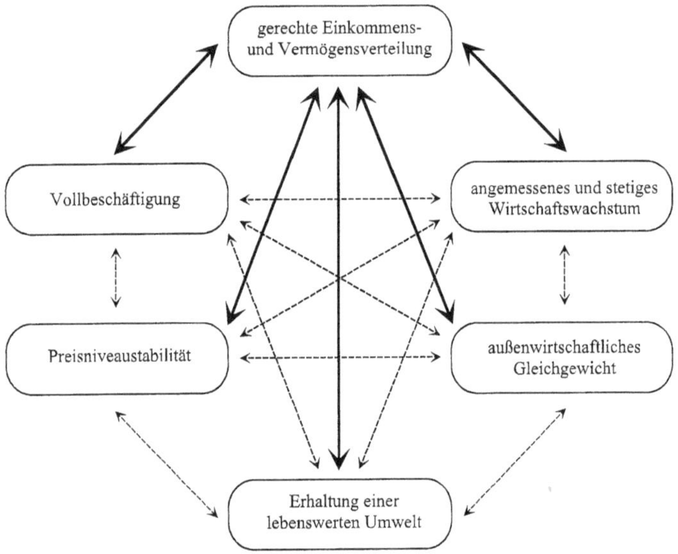

❐ Eine **Vollbeschäftigungspolitik** unterstützt vermögens- und verteilungspolitische Maßnahmen insofern, als daß sie zum einen der Arbeitsplatzsicherung, Einkommensstabilität - somit der kontinuierlichen Vermögensbildung dient und zum anderen den Erhalt des ersparten Vermögens gewährleistet.[115] Arbeitnehmer werden im allgemeinen nur dann langfristige Vermögensanlageformen

---

[113] Zur Quantifizierung der gesamtwirtschaftlichen Ziele vgl. Opitz, Gerhard: Erfolgsbeteiligungssysteme und gesamtwirtschaftliches Gleichgewicht, Spardorf, 1982, S. 102 ff.

[114] Hier werden daher nur einzelne Wirkungen auf die gerechte Einkommens- und Vermögensverteilung dargestellt und nicht deren Wirkung auf gesamtwirtschaftliche Zielaspekte.

[115] Vgl.: Preiser, Erich: Wirtschaftspolitik heute, a. a. O., S. 21.

(beispielsweise in Form von Eigenheimen) oder Produktivvermögensbeteiligungen wählen, wenn diese Kontinuität gewährleistet oder zumindest relativ wahrscheinlich ist und nicht Ersparnisse unter dem Gesichtspunkt einer bevorstehenden Arbeitslosigkeit gebildet werden müssen. Zweifellos wird auch unter dem Sicherheitsaspekt neues Vermögen geschaffen, jedoch in Anbetracht einer hohen Arbeitslosenquote überwiegend kurzfristig angelegt und gegebenenfalls wieder aufgelöst. Weitere Schwierigkeiten einer zunehmenden Arbeitslosenquote sind darin zu sehen, daß bei gleichzeitig sinkenden Einnahmen die Ausgabenbelastung der öffentlichen Haushalte steigt und dementsprechend Beitragssätze erhöht, beziehungsweise Leistungen gekürzt werden müssen. Die Verringerung der verfügbaren Einkommen oder die mögliche Einstellung einzelner verteilungspolitisch orientierter Förderprogramme (zu Gunsten beschäftigungsorientierter Projekte) kann die Vermögensbildung stark beeinträchtigen und unter Umständen weitere negative Sekundärwirkungen zur Folge haben. Sofern sich unter dem Aspekt einer Erhöhung der Produktionskapazitäten beschäftigungs- und wachstumspolitische Maßnahmen überwiegend auf hohe Abschreibungsmöglichkeiten und andere Steuervergünstigungen konzentrieren, zeichnet sich ein weiterer Zielkonflikt ab, zumal damit eine einseitige Vermögenskonzentration gefördert wird.[116] Andererseits werden auch vermögenspolitische Maßnahmen (Rück-) Wirkungen auf die Beschäftigungspolitik haben, doch um nicht der Zielanalyse in Kapitel 4 vorzugreifen, sollten in diesem Zusammenhang nur einzelne Aspekte kurz aufgegriffen werden: Zum einen können Ausbildungs- und dementsprechend Berufseinstiegschancen eher wahrgenommen werden und zum anderen begünstigen Vermögensbeteiligungsmodelle - je nach Art und Ausgestaltung - die Investitionsmöglichkeiten und -bereitschaft der Unternehmen, erhöhen die Wettbewerbsfähigkeit und schaffen beziehungsweise sichern dadurch Arbeitsplätze.

❒ Politische Maßnahmen zur **Förderung des Wirtschaftswachstums** können sich durchaus positiv auf den Zielerreichungsgrad verteilungspolitischer Maßnahmen auswirken: Wenn schlechterverdienende Gesellschaftsgruppen (überproportional) am Wachstum beteiligt werden, eröffnet dies neue Verteilungsspielräume, ermöglicht eine gerechtere Einkommens- und Vermögensverteilung und verringert so die Gefahr einer politischen Radikalisierung.[117] Sofern

---

116 Als Beispiel ließe sich die einseitige Vermögensentwicklung in der Bundesrepublik Deutschland nach der Währungsreform heranziehen. Vgl. dazu auch Molitor, Bruno: Vermögensverteilung als wirtschaftspolitisches Problem, a. a. O., S. 82 ff.

117 Hier zeigt sich, daß wirtschaftliche Ziele, wie beispielsweise Vollbeschäftigung und gerechte Einkommens- und Vermögensverteilung, neben rein ökonomischen Aspekten

jedoch das allgemeine Versorgungsniveau in seiner Gesamtheit angehoben wird, ändert sich die relative Position des Einzelnen nicht und Ziele, wie Integration oder Sozialpartnerschaft werden - langfristig betrachtet - nicht oder nur suboptimal erreicht. Entsprechend der Argumentation im vorstehenden Abschnitt können sogar Zielkonflikte auftreten, wenn wachstumsfördernde Maßnahmen ohne Berücksichtigung ihrer verteilungspolitischen Konsequenzen, wie beispielsweise einseitige Vermögenskonzentration, ergriffen werden. Trotz alledem kann ein anhaltendes Wirtschaftswachstum in Verbindung mit weiteren politischen Eingriffen entscheidend dazu beitragen, Verteilungsungleichheiten zu beseitigen, da - wie bei der empirischen Betrachtung einzelner Vermögensbestände zu sehen sein wird - ein Umverteilungspotential geschaffen wird ohne bestehendes Vermögen umverteilen zu müssen und dementsprechend andere Gesellschaftsgruppen faktisch schlechter zu stellen. Eine Vielzahl verteilungspolitischer Aktivitäten werden ihrerseits das ökonomische Wachstum positiv beeinflussen, denn die Einführung und Entwicklung zukunftsorientierter Branchen und die Förderung des Strukturwandels erfordern - neben motivierten und qualifizierten Mitarbeitern - finanzielle Mittel, die beispielsweise über einen Beteiligungsfonds zur Verfügung gestellt werden könnten.[118]

❒ Indirekt verteilungswirksam, jedoch nicht zu unterschätzen sind die Maßnahmen zur **Sicherung der Preisniveaustabilität**, denn insbesondere Bezieher niedriger Einkommen, Renten- oder Sozialhilfeempfänger aber auch Sparer, die

---

auch gesellschaftspolitischen (Sekundär-) Charakter aufweisen können. Vgl. ebenso Spahn, Heinz-Peter: Keynes in der heutigen Wirtschaftspolitik, in: Gottfried Bombach / Hans-Jürgen Ramser / Manfred Timmermann / Walter Wittmann (Hrsg.): Der Keynesianismus I. Theorie und Praxis keynesianischer Wirtschaftspolitik. Entwicklung und Stand der Diskussion, Berlin, Heidelberg, New York, 1976, S. 211 - 287, insbesondere S. 218 sowie Kapitel 4.1 dieser Arbeit. Die Wirtschaftspolitik der 50er Jahre, die durch hohe Wachstumsraten und eine umfassende Versorgung mit Massenkonsumgütern geprägt war, verdeutlicht die Ansicht, daß eine expansive Wirtschaftspolitik mit einer wirksamen Sozialpolitik gleichgesetzt werden könne, beziehungsweise die besten Voraussetzungen für eine sinnvolle Sozialpolitik schaffe, da mit ihr Wohlstand, gerechte Verteilung und „Überwindung der Klassengegensätze" einhergehe.

118 Demgegenüber verweist beispielsweise Bernhard Gahlen auch auf (negative) Interdependenzen zwischen dem Wachstumsziel und weiteren konkurrierenden Zielen: „Werden zum Beispiel die Einkommen aus Unternehmertätigkeit und Vermögen zu rasch reduziert, so sinken die Gewinnerwartungen. Wenn auch ein Teil des Kostendrucks in den Preisen überwälzt wird, so gehen die Investitionen dennoch zurück. In der dann folgenden Wachstumsschwäche kommt es zum Beschäftigungseinbruch." Gahlen, Bernhard: Möglichkeiten und Grenzen einer aktiven Wachstumspolitik, in: Wachstum, warum, wozu, wodurch?, Köln, 1967, S. 313 - 334, hier S. 316.

Geldvermögen bilden, gehören zu den größten Verlierern einer (schleichenden) Inflation.[119] Ein Preisniveauanstieg trifft, entsprechend der Wahlmöglichkeit der Vermögensform, einzelne Wirtschaftssubjekte in unterschiedlichem Maße, wobei eine mögliche Folge die Produktiv- und/oder Sachvermögenskonzentration, dementsprechend eine Verschiebung der Lorenzkurve und eine Erhöhung des Ginikoeffizienten sein kann. Zudem werden dynamische Differentialeinkommen, die sich als zusätzliche Unternehmergewinne niederschlagen und auf (vorübergehenden) Preiserhöhungen und demzufolge auf eine erzwungene Ersparnisbildung seitens der Nachfrager zurückzuführen sind, in Konflikt zu vermögens- und verteilungspolitischen Gesichtspunkten stehen.[120] Doch auch in umgekehrter Richtung kann die Einkommens- und Vermögenspolitik die Preisniveaustabilität beeinflussen. Eine unangemessen hohe Barlohnsteigerung wird - je nach Verwendung der Mittel und Reaktion der Unternehmer - Preissteigerungen induzieren, wohingegen investiv angelegte Einkommensbestandteile weitestgehend inflationsneutral wirken.

❒ Die Erreichung eines **außenwirtschaftlichen Gleichgewichtes** kann, trotz der Aufnahme in den Zielkatalog des Stabilitäts- und Wachstumsgesetzes, im eigentlichen Sinne nicht als eigenständiges Ziel angesehen werden. Seine Bedeutung sollte vielmehr dahingehend interpretiert werden, daß ein außenwirtschaftliches Gleichgewicht eine notwendige, wenn auch nicht hinreichende, Voraussetzung für die Erreichung der anderen Ziele ist und dementsprechend über die Wachstums- oder Beschäftigungspolitik sowie über die Wirkungen auf Wechselkurse und Preisniveaustabilität auch Auswirkungen auf die Verteilungspolitik hat. Da die Wechselbeziehungen zu einer gerechten Einkommens- und Vermögensverteilung lediglich indirekt sind und sie zudem einer äußerst komplexen Darstellung bedürfen, soll hier allerdings darauf verzichtet und auf die entsprechende Literatur verwiesen werden.[121]

---

[119] Einschränkend sollte jedoch angeführt werden, daß im allgemeinen bei Rentendynamisierungen und Lohnverhandlungen möglichst auch Inflationsverluste der Betroffenen berücksichtigt werden.

[120] Zu den sogenannten Preiser'schen Q-Gewinne vgl. Preiser, Erich: Besitz und Macht in der Distributionstheorie, a. a. O., S. 124 ff.

[121] Vgl. hierzu beispielsweise Glastetter, Werner: Außenwirtschaftspolitik, 2. Auflage, Köln, 1979; Opitz, Gerhard: Erfolgsbeteiligungssysteme und gesamtwirtschaftliches Gleichgewicht, a. a. O., S. 110; Andel, Norbert: Finanzwissenschaft, a. a. O., S. 433 - 454 oder Jarchow, Hans-Joachim / Rühmann, Peter: Monetäre Außenwirtschaft. I. Monetäre Außenwirtschaftstheorie, 3. Auflage, Göttingen, 1991.

❐ Die Forderung nach der **Erhaltung einer lebenswerten Umwelt** scheint zunächst wachstums-, beschäftigungs- und indirekt auch verteilungspolitischen Zielen deutlich zu widersprechen, da im allgemeinen die (exponentielle) Steigerung der Industrieproduktion und die Erhöhung der Einkommen zum einen mit einer Ausbeutung natürlicher Ressourcen, zum anderen mit einer erhöhten Umweltverschmutzung durch Industrie und private Haushalte einhergehen.[122] Der Übergang zu einem qualitativen Wirtschaftswachstum im Sinne einer Umstellung auf umweltbewußte Produktionstechnologien, Einführung neuer, ressourcenschonender Produktionsverfahren und Verbesserung der Recyclingmethoden eröffnen jedoch zukünftige Wachstumsmärkte, fördern den Strukturwandel westlicher Industrienationen und können dadurch sowohl die langfristige Arbeitsplatz- und Einkommenssicherung als auch den Vermögensbildungsprozeß unterstützen. Eine weitere Zielharmonie kann beispielsweise darin gesehen werden, daß mit dem Ausbau des tertiären Sektors, der Verbesserung der medizinischen Versorgung, der Erhöhung des Bildungsangebotes und der Steigerung des Erholungswertes wichtiger Naturlandschaften einerseits wachstums-, beschäftigungs-, und verteilungspolitische Aspekte andererseits auch gesellschaftspolitische Ziele wie die Verbesserung der Lebenssituation alter, kranker oder behinderter Menschen und die Erhaltung/Verbesserung einer lebenswerten Umwelt berücksichtigt werden können. Da dieser Prozeß neben einem monetär kaum quantifizierbaren Wertewandel ein enorm hohes Investitionsvolumen und weitreichende Forschungsanstrengungen - insbesondere im Bereich der Grundlagenforschung - benötigt, können mit Hilfe vermögenspolitischer Maßnahmen (wie zum Beispiel branchenübergreifende Investitionshilfefonds) entscheidende Akzente gesetzt und zukunftsorientierte Entwicklungen

---

[122] Insbesondere die Untersuchungen des „Club of Rome“ und Meadows Veröffentlichung „Die Grenzen des Wachstums. Bericht des Club of Rome zur Lage der Menschheit“, die an Hand eines Simulationsmodells diese (scheinbar unüberwindbaren) Zielkonflikte verdeutlichte, führten zu der Forderung nach weitreichenden Umdenkungsprozessen im Sinne eines organischen beziehungsweise qualitativen Wirtschaftswachstum. Vgl. Meadows, Dennis / Meadows, Donnela / Zahn, Erich / Milling, Peter: Die Grenzen des Wachstums. Bericht des Club of Rome zur Lage der Menschheit, Massachusetts, 1972 oder Mesarovic, Mihajlo / Pestel, Eduard: Menschheit am Wendepunkt. Zweiter Bericht an den Club of Rome zur Weltlage, Massachusetts, 1974. Eine kritische Gegenüberstellung der positiven und negativen Effekte des technischen Fortschrittes in Bezug auf Wirtschaftswachstum und Arbeits- und Lebensverhältnisse aber auch deren Rückwirkungen auf die weitere technische Entwicklung findet sich beispielsweise in Kuznets, Simon: Technological innovations and economic growth, in: Simon Kuznets (Hrsg.): Growth, population, and income distribution. Selected essays, New York, London, 1979, S. 56 - 99, hier S. 78 ff.

eingeleitet werden. Die scheinbar unüberwindbaren Zielkonflikte können demnach - langfristig betrachtet - sicherlich überwunden werden, wobei der Vermögens- und Verteilungspolitik eine entscheidende Funktion im Sinne des Begünstigten aber auch des Initiators zugesprochen werden kann.

Diese Beispiele verdeutlichen, wie einzelne Bereiche staatlicher Wirtschaftspolitik die Einkommens- und Vermögensverteilung und diese ihrerseits die Primärziele des magischen Sechsecks positiv aber auch negativ beeinflussen, doch bilden sie nur einen kleinen Ausschnitt der vielfältigen Interdependenzen. Inwieweit einzelne, möglicherweise von ressort- oder individualpolitischen Interessen geleiteten Maßnahmen im gesamtwirtschaftlichen Rahmen als sinnvoll erachtet werden, sollte dementsprechend unter Berücksichtigung dieser Wechselbeziehungen aber auch des Zeitfaktors beurteilt werden. Die Betrachtung sämtlicher Aspekte würde allerdings nicht nur den Rahmen jeder Analyse sprengen, die gewonnenen Ergebnisse würden auch sehr stark an Aussagekraft verlieren.

Abschließend bleibt festzustellen, daß das langfristige Ziel einer integrierten Wirtschafts- und Sozialpolitik nur optimal erreicht werden kann, wenn diese notwendigen und hinreichenden Bedingungen erkannt und dementsprechend berücksichtigt werden. Die Interdependenzen zeigen zudem, daß die Wirtschaftspolitik auch jene Maßnahmen einschließen sollte, die aus traditionellen Gründen der Sozialpolitik zugeordnet und meist gesondert betrachtet werden. Demnach ist eine Trennung zwischen „natürlichen, übergeordneten Zielen“, wie beispielsweise wachstums- oder beschäftigungspolitischen Zielen einerseits und verteilungspolitischen Aspekten andererseits weder angebracht noch unter der Berücksichtigung der Möglichkeiten und Potentiale einer integrierten Wirtschaft- und Sozialpolitik sinnvoll.

3. Die Theorien der Einkommensverteilung

Um die Vermögens- und Verteilungspolitik im Rahmen der wirtschaftspolitischen Zielsetzungen als eines der Subziele unserer Gesellschaftspolitik einordnen und ihre Bedeutung aber auch ihre Problematik erkennen zu können, bedarf es eines theoretischen Unterbaus, der die Preisbildung, Einkommensverteilung und Ressourcenallokation erklärt. Da einzelne Mitarbeiterbeteiligungsmodelle - je nach Ausgestaltung und wirtschaftstheoretischer Betrachtungsweise - die Beschäftigungs- sowie die unternehmerische Angebots- und Investitionspolitik und insbesondere die sozioökonomische Einkommensverteilung beeinflussen können, sollen zunächst grundlegende Einkommensverteilungstheorien dargestellt und im weiteren Verlauf dieser Arbeit (Kapitel 9) die potentiellen Wirkungen an Hand dieser erörtert werden.

Die verschiedenen Einkommensverteilungstheorien untersuchen bestimmende Elemente, die für die Verteilung des Volkseinkommens auf einzelne Produktionsfaktoren, sozioökonomische Gruppen oder Sektoren relevant sind. Im vorangegangenen Kapitel wurden bereits einige Bestimmungsfaktoren für die personelle beziehungsweise die sozioökonomische Einkommensverteilung erläutert und daher steht im Rahmen der theoretischen Fundierung neben der sozioökonomischen (wie beispielsweise im kaldorianischen Ansatz) auch die funktionale Einkommensverteilung im Vordergrund der Betrachtung. Im Rahmen dieses Kapitels wird zunächst die klassische und die marxistische Theorie skizziert. Anschließend erfolgt die Darstellung der neoklassischen und der keynesianischen Theorie respektive des kaldorianischen Ansatzes.

3.1 Die klassische Theorie

Die Ursprünge verteilungstheoretischer Ansätze reichen in das System der (überwiegend englischen) Nationalökonomie zurück, wobei David Ricardo neben Adam Smith oder Jean Baptiste Say als einer ihrer bedeutendsten Vertreter bezeichnet werden kann. Dabei betrachtet er verteilungstheoretische Aspekte „lediglich" als bedeutenden Baustein des gesamten „polit-ökonomischen" Systems und als möglichen Erklärungsansatz gesamtwirtschaftlicher Zusammenhänge. Die Wirtschaftssubjekte werden nach Maßgabe ihres Beitrages zum Sozialprodukt den Landbesitzern, den Kapitalgebern (kapitalistische Pächter) sowie den Landarbeitern zugeordnet.[123]

---

[123] Vgl. Siebke, Jürgen: Verteilung, in: Vahlens Kompendium der Wirtschaftstheorie und Wirtschaftspolitik, Band 1, 4., überarbeitete und erweiterte Auflage, München, 1990,

David Ricardo geht bei gegebenem Stand der Technik insoweit von einer Inhomogenität des Bodens aus, als daß die Kosten einer Getreideeinheit mit steigender Qualität des Ackerlandes sinken. Auf dem Markt bildet sich auf Grund der Konkurrenzsituation ein Einheitspreis, der die Kosten der Bodennutzung schlechtester Qualität gerade noch deckt. Die dabei anfallenden Kosten entsprechen den *Grenzkosten der Arbeit* und die daraus resultierenden Erträge dem *Grenzprodukt der Arbeit*, das den Kapitalgebern zufließt. Der *Residualgewinn* steht dementsprechend in direkter Beziehung zur Qualität des Bodens.[124]

Zur Entlohnung der Arbeitskräfte dient der *Lohnfonds*, der von den Kapitalgebern in den Produktionsprozeß eingebracht wird, wobei die Lohnrate, nahezu unabhängig von der Grenzproduktivität, durch den Angebotspreis der Arbeit determiniert wird. Die Differenz aus Gesamtprodukt und Produktionskosten wird als das *Residuum* bezeichnet und fließt den Kapitalisten in Form des Profites und den Landbesitzern in Form einer Rente zu. Gemäß der ricardianischen Theorie werden mit dem Bevölkerungswachstum zunehmend Böden schlechterer Qualität bestellt, um den zusätzlichen Nahrungsbedarf zu decken.[125] Dadurch steigt der Anteil der Differentialrenten, der den Bodenbesitzern besserer Qualität zufließt. Die *Profitrate* oder mit anderen Worten das Verhältnis zwischen Grenzprodukt und Grenzkosten, wird danach selbst bei konstantem durchschnittlichen Lohnsatz langfristig zurückgehen, wohingegen die Rente der Landbesitzer steigt.[126] Die steigende Nachfrage auf dem Arbeitsmarkt kann

---

S. 396 ff. und Stahlecker, Peter: Verteilungstheorie, in: Handwörterbuch der Volkswirtschaft, Wiesbaden, 1978, Spalte 1375 - 1415. Bei dieser Zuordnung werden keine Querverteilungen berücksichtigt, da die Verteilung des Volkseinkommen auf die Faktoren Arbeit, Boden und Kapital auch der damaligen Sozialstruktur entsprach.

124 Aus den einzelnen Produktionsgleichungen kann der Boden mit geringster Produktivität identifiziert werden, da dieser keine Rente erbringt. Hier zeigt sich bereits die „klassische" Annahme eines Grenz- beziehungsweise Mehrertrages, die beispielsweise auch von Marx übernommen wurde.

125 Neben diesen, von Piero Sraffa als ricardianische, „extensiv abnehmend" bezeichneten Erträgen, lassen sich auch „intensiv abnehmende" Erträge feststellen. Durch die Einführung neuer, kostenintensiverer Produktionsmethoden werden bei einer begrenzten Menge an Boden mit gleicher Qualität höhere Getreidemengen zu gestiegenen Stückkosten produziert. Vgl. Sraffa, Piero: Warenproduktion mittels Waren. Einleitung zu einer Kritik der ökonomischen Theorie, Johannes Behr / Gunther Kohlmey (Hrsg.), Frankfurt am Main, 1976, S. 103 ff.

126 Abnehmende Grenzerträge wurden (bei intensiver und/oder extensiver Bewirtschaftung) von den meisten Vertretern der klassischen Theorie angenommen. Auch Adam Smith ging, auf Grund geringerer profitabler Investitionschancen und des Wettbewerbs zwischen den

kurzfristig einen Anstieg der Löhne zu Lasten der Profitrate induzieren. Die verbesserte Nahrungsmittelversorgung und medizinische Betreuung sowie die Anpassungsreaktionen der Arbeitnehmer (im Sinne eines erhöhten Arbeitsangebotes) werden diese temporäre Erhöhung allerdings wieder aufheben, der Lohnsatz wird sinken, die Profitrate (kurzfristig) und die Kapitalakkumulation steigen. Die Einkommen werden auf ein Niveau absinken, das lediglich die materielle Existenz sichert. Bedeutend für die langfristige Entwicklung der Reallöhne ist auch das systemimmanente Bevölkerungsgesetz von Malthus[127], wobei der technische Fortschritt diesen Prozeß lediglich verzögern und nicht aufhalten kann: Die Nutzung schlechterer Böden (ergo abnehmende Ertragszuwächse) bedingt eine Abnahme der Pro-Kopf-Produktion und sinkende Profitraten. Bei einer gegebenen Lohnsumme wird das höhere Arbeitsangebot den Reallohnsatz wiederum auf das Existenzminimum senken.

Die klassische Theorie kann im eigentlichen Sinne nicht als ein, von allen Vertretern einheitlich akzeptiertes, Theoriesystem betrachtet werden, da sich die Untersuchungsmethoden, Ansichten und Aussagen deutlich voneinander unterscheiden. Trotz dieser Unterschiede eröffnet sie allerdings, in Bezug auf ihre Grundkonzeption sowie politische Folgerungen, ein in sich geschlossenes System, in dem ein sozial-ökonomisches Optimum erreicht werden kann. Als zentrales Instrument der klassischen Theorie wird der anonyme marktwirtschaftliche Preismechanismus angeführt, mit dessen Hilfe die Gesamtheit aller individuell getroffenen und durch den Wettbewerb gesteuerten Entscheidungen miteinander in Einklang gebracht werden.

Die von der Konsumentenpräferenz, der Vermögensverteilung oder der technischen Entwicklung beeinflußte Entscheidung bezüglich Angebot und Nachfrage wird durch den *relativen Preis* ausgedrückt, da die Wirtschaftssubjekte ihre Bedürfnisse nicht isoliert betrachten. Ein relativer Gleichgewichtspreis läßt jedoch das Problem der Bestimmung des absoluten Preises zunächst außer Acht. Mit

---

Kapitalisten, von einer steigenden Kapitalakkumulation und abnehmenden Profitrate aus, lehnte hingegen die Annahme sinkender Grenzerträge ab.

127 Thomas Malthus war der Überzeugung, daß die Rate des Bevölkerungswachstums die Rate der Nahrungsmittelproduktion übersteigt und damit der Nahrungsspielraum ständig überschritten wird. Vgl. Samuelson, Paul / Nordhaus, William: Volkswirtschaftslehre 1. Grundlagen der Makro- und Mikroökonomie, 8., grundlegend überarbeitete deutsche Neuauflage, Band 1, Köln, 1987, S. 688 f. Malthus berücksichtigte dabei allerdings nicht, daß das Ertragsgesetz ein konstantes Entwicklungsniveau voraussetzt und im 19. Jahrhundert insbesondere auch in der Landwirtschaft technische Fortschritte zu erwarten waren. Diese ermöglichten ein hohes Bevölkerungswachstum bei gleichzeitiger Steigerung des Versorgungsniveaus und einer enormen Erhöhung des Pro-Kopf-Sozialproduktes.

der Annahme einer „Neutralität des Geldes" und der Einführung der „Quantitätstheorie des Geldes" scheint dies jedoch gelöst zu sein, denn ein nominelles Transaktionsvolumen kann nur mit einer bestimmten Geldmenge abgewickelt werden. Da das nominelle Transaktionsvolumen in einer festen Relation zur Geldmenge steht und die gehandelten Mengen durch die relativen Preise bestimmt werden, stehen auch die absoluten Preise in einer festen Relation zur Geldmenge. In Anlehnung an das Say'sche Theorem[128], schafft sich jede Produktion über die daraus resultierenden Einkommen seine eigene Nachfrage, wobei Absatzschwierigkeiten lediglich als partielle Störungen anerkannt werden. Der Marktmechanismus wird diese Störungen ausgleichen und das System dem gesamtwirtschaftlichen Gleichgewicht anpassen. Zur Beseitigung hoher Arbeitslosigkeit können danach Produktionserweiterungen - in Verbindung mit einer Reallohnsenkung - als mögliche Lösungsansätze herangezogen werden.[129]

Entsprechend der weiterentwickelten Annahmen der klassischen Beschäftigungstheorie entspricht der Lohnsatz dem *Grenzerzeugnis der Arbeit*, der Nutzen des Lohnes hingegen dem *Grenzleid der Beschäftigung*. Theoretisch wird der Faktor Arbeit solange angeboten, bis der Nachteil der Beschäftigung dem Ertrag der Arbeit entspricht. Ausgehend davon werden mit den Lohnverhandlungen die Reallöhne bestimmt, wobei strikt betont wird, daß es sich um Geldlöhne handelt, die Arbeitnehmer jedoch einer Kürzung der Reallöhne indirekt zustimmen könnten, indem sie eine Kürzung der Geldlöhne akzeptieren. Bei vollständiger Konkurrenz sowohl auf dem Güter- als auch auf dem Arbeitsmarkt, bestimmen die Arbeitnehmer den Reallohn, mit dem ihr Grenznachteil

---

[128] Dementsprechend kann die Arbeitslosigkeit allerdings auch dahingehend interpretiert werden, daß Vermögensbesitzer auf Grund eines Mangels an profitablen Produktionen bereit sind, nur ein bestimmtes Geldvolumen zur Verfügung zu stellen. Das knappgehaltene Angebot an Geld bestimmt (und beschränkt) den Einsatz der Ressourcen, wobei auf dem Gütermarkt das Angebot seine entsprechende Nachfrage schaffen kann und ein Gütermarktgleichgewicht bei gleichzeitiger Arbeitslosigkeit herrscht.

[129] Wenn die Funktion des Geldes in der des Tauschmittels und der Zins als Koordinationsmechanismus zu sehen ist, gilt das Say'sche Theorem. Da in der Realität allerdings nicht das gesamte Einkommen nachfragewirksam wird, müssen die Unternehmen ihre unfreiwilligen Lagerinvestitionen erhöhen, die Produktionspläne ändern und weitere Arbeitsplätze abbauen. Dies wiederum führt zu einer Einkommens- und Nachfrageverringerung und erneuten Entlassungen. Vgl. Rose, Klaus: Einkommens- und Beschäftigungstheorie, in: Werner Ehrlicher / Ingeborg Esenwein-Rothe / Harald Jürgensen u.a. (Hrsg.): Kompendium der Volkswirtschaftslehre, Band 1, a. a. O., S. 183 - 245, hier S. 183 f.

der Arbeit ausgeglichen wird.[130] Reallöhne, Produktionsmengen und Beschäftigungsniveau stehen insofern in einer engen Beziehung zueinander, als daß die Beschäftigung nur zunehmen kann, wenn die Rate der Reallöhne abnimmt, wobei dies allerdings auch in der keynesianischen Theorie nicht bestritten wurde.[131]

3.2 Die Theorie von Karl Marx

In der Tradition der klassischen politischen Ökonomie versucht die marxistische Theorie eine mikroökonomische Fundierung des technischen Fortschrittes, der Akkumulation und der Tendenzen der Einkommensverteilung zu erarbeiten.[132] In deren Mittelpunkt steht dabei die kapitalistische Produktionsweise sowie deren Produktionsverhältnisse, wobei zunächst Grundeigentümer und

130 Wenn der Lohn vom Grenzerzeugnis der Arbeit und/oder der Nutzen des Lohnes vom Grenznachteil der Arbeit abweicht, muß die kurzfristige Arbeitslosigkeit ansteigen. Das überschüssige Arbeitsangebot wird jedoch über den Marktmechanismus zu einem sinkenden Reallohnsatz und zur Markträumung führen. Dies wiederum wird die Lohnkosten senken, die Gewinne erhöhen und weiterhin durch eine Nachfrageerhöhung auf dem Gütermarkt Produktions- und Beschäftigungsanreize schaffen.

131 Vgl. dazu Hansen, Alvin: Keynes ökonomische Lehren. Ein Führer durch sein Hauptwerk, Georg Hummel (Hrsg.), Villingen, 1959, S. 20 f. Wie Kalecki darlegt, werden auf Grund steigender Grenzkosten und dementsprechend steigender Angebotspreise für Endprodukte bei konstanten Geldlöhnen die Reallöhne sinken, wenn der Output erhöht wird. Weiterhin zeigt er, daß bei einer Kürzung der Geldlöhne, konstanter Nachfrage und gegebenem Preisniveau die Grenzkosten sinken, die Unternehmen bereit sind, ihre Produktion (bis zum Gleichgewichtspunkt) auszudehnen und somit neue Arbeitskräfte einstellen werden. Vgl. Kalecki, Michal: Money and real wages. Part I (Theory), in: ders. (Hrsg.): Studies in the theory of business cycles. 1933-39, Warszawa, 1969, S. 40 - 59, hier S. 40 ff.

132 Zur marxistischen Theorie vgl. Marx, Karl: Das Kapital. Kritik der politischen Ökonomie, 1. Band, Buch I: Der Produktionsprozeß des Kapitals, nach der 4., von Friedrich Engels durchgesehenen und herausgegebenen Auflage (Hamburg, 1890), Institut für Marxismus - Leninismus beim ZK der SED (Hrsg.), Berlin, 1984; Marx, Karl: Das Kapital. Kritik der politischen Ökonomie, 2. Band, Buch II: Der Zirkulationsprozeß des Kapitals, nach der 2. von Friedrich Engels herausgegebenen Auflage (Hamburg, 1893), Institut für Marxismus - Leninismus beim ZK der SED (Hrsg.), Berlin, 1984; Marx, Karl: Das Kapital. Kritik der politischen Ökonomie, 3. Band, Buch III: Der Gesamtprozeß der kapitalistischen Produktion, nach der 1. von Friedrich Engels herausgegebenen Auflage (Hamburg, 1894), Institut für Marxismus - Leninismus beim ZK der SED (Hrsg.), Berlin, 1989; Sinn, Hans-Werner: Das Marxsche Gesetz des tendenziellen Falls der Profitrate, in: Franz Böhm / Heinz Sauermann (Hrsg.): Zeitschrift für die gesamte Staatswissenschaft, 131. Band, Tübingen, 1975, S. 646 - 696.

Kapitalbesitzer zu einer Klasse, den sogenannten *Kapitalisten*, subsumiert werden und somit ein System aus nunmehr zwei sozialen Klassen entsteht.

Grundsätzlich basiert die Marx'sche Theorie auf der Annahme, daß der freie Arbeiter dem Unternehmer auf dem Arbeitsmarkt (zumindest formal) ebenbürtig gegenüber steht. Er verkauft seine Arbeitskraft nur für einen bestimmten Zeitraum und seine ökonomische Freiheit bleibt somit bestehen. Allerdings verfügt der Arbeiter nicht über die notwendigen Mittel respektive das notwendige Vermögen, um Güter anzubieten, in die seine Arbeitskraft eingeflossen ist.[133]

Die Ursprünge des kapitalistischen Wirtschaftssystems sieht Marx in der einfachen und der erweiterten Warenzirkulation, wobei der Handel lediglich der Gewinnerzielung und nicht unmittelbar der Bedürfnisbefriedigung dient.[134] Mit fortschreitender Entwicklung werden Teile des ursprünglichen Kapitals in industrielles Kapital transferiert, doch im Gegensatz zum reinen Tauschakt werden nun neue Güter produziert und in eben diesem Produktionsprozeß den Waren zusätzlicher Wert zugeführt. Der Produktionsprozeß schließt den Faktor Arbeit ein, der gleichermaßen als eine spezielle Form der Ware bezeichnet werden kann. Dieser Faktor dient als Grundlage der Wertschöpfung und der ökonomischen Entwicklung, denn am Ende dieses Prozesses entsteht ein Mehrwert, dessen spezifischer Charakter im Zentrum der marxistischen Betrachtung steht.

Das vom Produzenten vorgeschossene Kapital C setzt sich aus zwei Bestandteilen zusammen: Erstens dem *konstanten* Kapital c, das für Produktionsmittel wie Roh-, Hilfs- und Betriebsstoffe sowie die technische Ausstattung verwendet wird und seine Wertgröße während des Produktionsprozesses nicht ändert.

---

133 Vgl. Marx, Karl: Das Kapital, 1. Band, a. a. O., Kapitel 24, S. 741 - 791, hier S. 742. Zur Problematik und zu Lösungsvorschlägen des proletarischen Problems vgl. Briefs, Goetz: Das gewerbliche Proletariat, in: Gerhard Albrecht / Goetz Briefs / Carl Brinkmann u.a. (Hrsg.): Grundriß der Sozialökonomik, IV. Abteilung: Das soziale System des Kapitalismus, I. Teil: Die gesellschaftliche Schichtung im Kapitalismus, Tübingen, 1926, S. 143 - 240, hier S. 227 f.

134 Augenscheinlich ist dabei die unterschiedliche Reihenfolge des Zirkulationsprozesses und die Rolle, die den einzelnen Faktoren zugesprochen wird. Vgl. Marx, Karl: Das Kapital, 1. Band, a. a. O., Kapitel 4, S. 161 - 191. Auch John Maynard Keynes betont in seinen 1933 verfaßten Entwürfen zur „The Genaral Theory of Employment, Interest and Money", die posthum unter dem Titel „The general theory and after: Part II, defence and development" veröffentlicht wurden, die von Marx erkannte unterschiedliche Reihenfolge des Zirkulationsprozesses der erweiterten Warenzirkulation. Vgl. Keynes John Maynard: The general theory and after: Part II, defence and development, in: Donald Moggride (Hrsg.): The collected writings of John Maynard Keynes (JMK), Volume XXIX, London, 1979, S. 81 ff.

Zweitens dem *variablen* Kapital v, welches den in Arbeitskraft umgesetzten Teil des Kapitals repräsentiert, allerdings seinen Wert im Produktionsprozeß ändert.[135]

Der Warenwert $(W = c + v + m)$ weicht deutlich vom Marx'schen „Kostpreis“ $(K = c + v)$ ab, denn die eigentliche Ware wurde zu einem Preis von $c + v$ hergestellt. Der zusätzliche Mehrwert kann als jener Teil definiert werden, der vom Arbeiter produziert wird, er aber dafür kein Entgelt erhält.[136] Mit Hilfe von $W = c + v + m = K + m = K + p$ zeigt sich, daß der Kostpreis der Ware eben um diesen Mehrwert unter dem Warenwert liegt und in der Summe der Profit dem Mehrwert entspricht.

Das Mehrprodukt oder das produit net, errechnet sich aus dem Teil des Produktes, der den Mehrwert umfaßt. Die „*Rate des absoluten Mehrwertes*“ (m') gilt als das Verhältnis aus Mehrwert und variablem Kapital. Im Laufe einer Arbeitsperiode reproduziert der Arbeiter den Wert seiner eigenen Arbeitskraft, das heißt seinen eigenen Arbeitslohn, womit der vorgeschossene, variable Kapitalanteil ersetzt wird.[137] Der darüber hinausreichende Teil der Arbeitsperiode stellt für ihn keinen Wert dar. Die Rate des absoluten Mehrwertes kann also wie folgt dargestellt werden:[138]

$$m' = \frac{m}{v} = \frac{\text{Mehrarbeit}}{\text{notwendigeArbeit}}$$

Ein Arbeitstag, unterteilt in notwendige Arbeit und „Surplusarbeit“, wird unterschiedliche Relationen aufweisen. Je nachdem, wie ihr Verhältnis ausgestaltet ist, ändert sich auch die Rate des Mehrwertes.

---

135 Vgl. Marx, Karl: Das Kapital, 1. Band, a. a. O., Kapitel 7, S. 226 - 244. Im dritten Band des „Kapitals“ verwendet Marx die Bezeichnung W, da er sich explizit auf die Ware konzentriert. Vgl. Marx, Karl: Das Kapital, 3. Band, a. a. O., Kapitel 1, S. 33 - 50, hier S. 34.

136 Die im ersten Band des „Kapitals“ untersuchte Beziehung zwischen notwendiger Arbeit und Mehrarbeit greift Marx in den darauf folgenden Werken mehrmals auf. So zum Beispiel im dritten Band: „Der Mehrwert resp. Profit besteht gerade im Überschuß der in der Ware enthaltenen Gesamtsumme von Arbeit über die in ihr enthaltene bezahlte Summe Arbeit.“ Marx, Karl: Das Kapital, 3. Band, a. a. O., Kapitel 2, S. 51 - 58, hier S. 52.

137 Die Reproduktion des konstanten Kapitals findet ebenfalls statt, wird hier aber vernachlässigt. Im eigentlichen Sinne schießt allerdings auch der Arbeiter dem Kapitalisten seine Arbeit vor, da er erst nach Ablauf der vereinbarten Periode seinen Lohn erhält. Vgl. Marx, Karl: Das Kapital, 1. Band, a. a. O., Kapitel 14, S. 531 - 541, hier S. 541.

138 Vgl. Marx, Karl: Das Kapital, 1. Band, a. a. O., Kapitel 7, S. 226 - 244, hier S. 232.

Nimmt man den Teil eines Arbeitstages, der zur Vergütung der Löhne notwendig ist, als konstant, das heißt gegebene Produktionsbedingungen einer ökonomischen Entwicklungsstufe, so können der Mehrwert und die Rate des Mehrwertes nur über die Verlängerung des Arbeitstages gesteigert werden. Aus rein physiologischer Notwendigkeit heraus kann der normale Arbeitstag jedoch nicht unbegrenzt ausgedehnt werden und der Kapitalist wird versuchen, das Verhältnis von notwendiger Arbeit und Mehrarbeit auf eine andere Art und Weise zu seinen Gunsten zu verschieben: Sinkt bei konstanter Arbeitszeit der Lohn unter den Wert der Arbeitskraft, so sind beispielsweise sechs statt ursprünglich acht Stunden ausreichend, um die Löhne zu begleichen und dementsprechend steigt die Mehrarbeit.

Theoretisch sind jedoch Arbeitslöhne unter ihrem Wert, also unter einem Niveau, das die Reproduktion der Arbeitskraft zuläßt, nicht möglich und die neue Gesamtrelation kann nur erreicht werden, wenn der Wert der Arbeit bei konstantem Arbeitstag sinkt. Rationalisierung der Arbeitsprozesse im Sinne von Arbeitsteilung und Auferlegung einer für die Manufaktur typischen Arbeitsdisziplin, Verbesserung der Produktionsmethoden und vor allem der Einsatz arbeitssparender Maschinen ermöglichen eine Steigerung der Produktivkraft und dementsprechend eine Verringerung des Wertes der Arbeit.[139]

Eine Verschiebung der Proportionen bei konstantem Arbeitsvolumen wird in der marxistischen Mehrwertlehre als Modifikation des *relativen Mehrwertes* bezeichnet.[140] Mit der Substitution ändert sich die Gewichtung der Produktionsfaktoren und eine Effizienzsteigerung führt zu temporären (Wettbewerbs-) Vorteilen für den Unternehmer, die er allerdings mit der allgemeinen Einführung des neuen Produktionsverfahrens wieder einbüßt. Mit der Einführung dieser neuen Produktionstechniken ändert sich die *„organische Zusammensetzung"* des Kapitals, das heißt es ändert sich das Verhältnis zwischen den konstanten und variablen Bestandteilen, in Wertkategorien ausgedrückt.

---

139 Bei Smith und Ricardo galt die Arbeitsteilung, die erste und einfachste Form des technischen Fortschrittes, als das vorherrschende Charakteristikum und mit Hilfe dieser kontinuierlichen Spezialisierung erklärten sie die damalige Produktivitätssteigerung. Der Unternehmer mußte dabei keine Arbeitsmittel in Form von Maschinen bereit stellen, da lediglich Handwerker mit ihren eigenen Arbeitsmitteln verpflichtet wurden und die Produktivität durch Koordination, Auferlegung von Arbeitsdisziplin und verstärkter Spezialisierung erhöht werden konnte. Vgl. Schefold, Bertram: Different forms of technical progress, in: William Reddaway / David Champernowne / John Black u. a. (Hrsg.): The economic Journal, Volume 86, a. a. O., S. 806 - 819, hier S. 806 ff.

140 Vgl. Marx, Karl: Das Kapital, 1. Band, a. a. O., Kapitel 10, S. 331 - 340.

Sie hängt zum einen von den Preisen der Produktionsmittel und zum anderen vom Produktionsverhältnis, also der Relation von verwendeter Arbeitskraft zu Produktionsmitteln ab. Diese organische Zusammensetzung k wird nach Ansicht Marx' in jedem Fall steigen.[141]

Im Gegensatz zu anderen Ökonomen definiert Marx die Rate des Mehrwertes nicht als Verhältnis des Mehrwertes zum vorgeschossenen Kapital, sondern des Mehrwertes zum variablen Teil des Kapitals. Die *Profitrate* hingegen wird am Gesamtkapital gemessen.[142] Betrachtet man weiterhin die Mehrwertrate (umgeformt zu: $m = m'v$), so erscheinen sie in einem neuen Zusammenhang:

$$p' = \frac{m}{C} = \frac{m}{c+v} = \frac{\frac{m}{v}}{\frac{c}{v}+1} \quad \text{sowie} \quad p' = m'\frac{v}{C} \quad \Rightarrow \quad \frac{p'}{m'} = \frac{v}{C}$$

Die Profitrate verhält sich zur Rate des Mehrwertes wie das variable Kapital zum Gesamtkapital. Zudem läßt sich unter üblichen Produktionsbedingungen feststellen, daß die Profitrate stets kleiner als die Rate des Mehrwertes sein muß, da $v \prec C$.[143]

Bei konstanter Rate des Mehrwertes und gleichbleibender Summe des vorgeschossenen Kapitals, kann, wie Tabelle 1 verdeutlicht, die Profitrate in Abhängigkeit der Kapitalkomposition unterschiedlich hoch ausfallen.

---

141 Dies gilt im allgemeinen, wenn die technischen Errungenschaften keine Roh-, Hilfs- und Betriebsstoffe, sondern nur (oder überwiegend) Arbeitskräfte einsparen. Wird trotz alledem relativ weniger konstantes Kapital aufgewendet, so ist theoretisch auch die Situation denkbar, daß c in der Masse verhältnismäßig schwächer ansteigt, und es so zu keiner Erhöhung im Verhältnis zu v führt. Diese konträren Richtungen erkannte Marx durchaus, dennoch war er der Ansicht, daß es eben auf Grund der Erhöhung der Arbeitsproduktivität langfristig zu einer Steigerung der organischen Zusammensetzung kommen werde. Vgl. exemplarisch Marx, Karl: Das Kapital, 1. Band, a. a. O., Kapitel 23, S. 640 - 740, hier S. 640 sowie Marx, Karl: Das Kapital, 3. Band, a. a. O., Kapitel 5 bis 8, S. 87 - 163.

142 Vgl. Marx, Karl: Das Kapital, 1. Band, a. a .O., Kapitel 15, S. 542 - 552, hier S. 546f sowie Marx, Karl: Das Kapital, 3. Band, a. a. O., Kapitel 2, S. 51 - 59, hier S. 52.

143 Nur wenn kein konstantes Kapital in den Prozeß eingebracht wird, gilt: v = C und p' = m'.

Tabelle 1: Unterschiedliche Zusammensetzung des Kapitals und die Auswirkungen auf die Profitrate

vorgeschossenes Kapital (100 E.)		Mehrwert	Profitrate
c	*v*	*m*	***p'***
60	40	40	**40%**
70	30	30	**30%**
80	20	20	**20%**
90	10	10	**10%**
300	100	100	
75	**25**	**25**	**25%**

Je nach organischer Zusammensetzung ergeben sich unterschiedliche Profitraten der einzelnen Kapitale. Eine andere Situation ergibt sich, wenn man die Kapitalanteile als Gesamtkapital ($300_c + 100_v$) betrachtet: Im Durchschnitt ergibt sich ein Verhältnis von 75_c zu 25_v, sowie ein durchschnittlicher Mehrwert von 25 Einheiten und eine, wie Marx sie bezeichnete, durchschnittliche Profitrate von 25%. Die Differenzen der einzelnen Profitraten gleichen sich zur allgemeinen Profitrate aus, doch eben diese Unterschiede, beispielsweise in den Kapitalumschlagzeiten, die die einzelnen Profitraten bestimmen, schlagen sich automatisch in der allgemeinen Rate nieder. Findet zudem eine Variation des vorgeschossenen Kapitals statt, so ändert sich die allgemeine Profitrate. Es ist daher meist nicht möglich, lediglich den einfachen Durchschnitt zu bilden, sondern die Anteile, zu denen die Einzelkapitale eingehen, müssen berücksichtigt werden.[144] Die allgemeine Profitrate ändert sich also zum einen mit der organischen Zusammensetzung und zum anderen mit der unterschiedlichen Gewichtung der einzelnen Kapitale.[145]

Mit der Einführung durchschnittlicher Profitraten können Wert und Preis einer Ware unterschiedlich hoch ausfallen: Der Wert einer Ware errechnet sich aus $c + v + m$; der Kostpreis hingegen nur aus $c + v$ und schließlich der Produktpreis aus $c + v$ zuzüglich eines durchschnittlichen Profites. Die ursprüngliche Berechnung des Produktionspreises $(K + p)$ kann zu $K + kp'$, mit $p = kp'$ und p' als die durchschnittliche Profitrate, erweitert werden.

---

144 In diesem Beispiel wurde lediglich eine einfache Gewichtung vorgenommen.

145 Definiert man das gesellschaftliche Durchschnittskapital als $a_c + b_v$, mit a und b als konstante Werte (sowie a + b = 100), so gilt $(a + x)_c + (b - x)_v$ als höhere und $(a - x)_c + (b + x)_v$ als die niedrigere Zusammensetzung eines Kapitals.

Tabelle 2: Preis und Wert einer Ware unter Berücksichtigung der durchschnittlichen Zusammensetzung des Kapitals und der Profitrate

	vorgeschossenes Kapital (100 E.)		**Mehrwert**	**Produktpreis**	**Wert**
	c	*v*	*m*		
I	75	25	25	125	125
II	60	40	40	125	140
III	90	10	10	125	110

Die Kapitalzusammensetzung I stellt den gesellschaftlichen Durchschnitt dar, wohingegen die Kapitale II und III eine niedrigere beziehungsweise höhere Zusammensetzung repräsentiren. Bei einer durchschnittlichen Profitrate von 25% ergibt sich ein Produktpreis von 125 und lediglich im Fall I entspricht der Produktpreis dem Wert des Produktes.

Bis dato waren Mehrwert und Profit identisch und nur die Raten des Mehrwertes und des Profites zeigten sich als unterschiedliche Größen. Einen durchschnittlichen Profit angenommen, kann allerdings zu einer Abweichung von Mehrwert und Verkaufspreis sowie von Mehrwert und Profit führen!

Bei einer dem gesellschaftlichen Durchschnitt entsprechenden Kapitalkomposition haben Warenwert und Produktionspreis aber auch Mehrwert und Profit die selben Größen.[146] Durch die im kapitalistischen System immanente Konkurrenz findet eine Tendenz zur Nivellierung der Kapitale und so zur Nivellierung der Mehrwerte zum durchschnittlichen Profit statt. Der einzelne Unternehmer wird zwar versuchen, seine eigene „interne Profitrate" und somit seinen Profit zu steigern, doch bei günstigeren Produktionsverfahren und dementsprechend höherem Absatz wird ein Prozeß in Gang gesetzt, der seine Konkurrenten zwingt, ebenfalls diese Verfahren und die notwendige Arbeit auf ein niedrigeres Niveau zu reduzieren. Sofern in einzelnen Branchen unterschiedliche Profitraten vorherrschen, findet ein Kapitaltransfer statt, der zur gesellschaftlichen Durchschnittsrate führt.[147] In Analogie zur Mehrwertlehre muß die Profitrate

---

[146] Vgl. dazu auch Schefold, Bertram: Sraffa und Marx, in: Piero Sraffa: Warenproduktion mittels Waren. Einleitung zu einer Kritik der ökonomischen Theorie, Johannes Behr / Gunther Kohlmey (Hrsg.), Frankfurt am Main, 1976, S. 186.

[147] Vgl. Kenyon, Peter: Bestimmung der Preise, in: Alfred S. Eichner (Hrsg.): Über Keynes hinaus. Eine Einführung in die post-keynesianische Ökonomie, Köln, 1982, S. 53 - 63, hier S. 56 und S. 59 f.

notwendigerweise fallen.[148] Mit anderen Worten: Die Profitrate wird mit steigender organischer Zusammensetzung sinken:

$$p' = \frac{m}{c+v} = \frac{\frac{m}{v}}{\frac{c}{v}+1} = \frac{r}{k+1}$$ mit r = konstante Ausbeutungsrate.

Wenn $\frac{dk(t)}{dt} > 0$, ergibt sich für $\frac{dp'(t)}{dt} < 0$ eine fallende Profitrate.[149]

Die These der sinkenden Profitrate, eine Annahme der klassischen Ökonomie, ermöglicht die Erklärung wirtschaftlicher Zusammenhänge, die mit einer

---

148 Schmitt-Rink weist in diesem Zusammenhang auf sinkende Lohnquoten und infolgedessen auf eine steigende organische Zusammensetzung des Kapitals bei gleichzeitigem Anstieg der Profitrate hin. Vgl. Schmitt-Rink, Gerhard: Kapitalintensität und Kapitalrentabilität im Marx'schen Modell, in: Schmollers Jahrbuch für Gesetzgebung, Verwaltung und Volkswirtschaft, 87. Jahrgang, 1. Halbband, 1967, S. 129 - 153, hier S. 146 f. Dem muß jedoch entgegengehalten werden, daß bei sinkender Lohnquote nicht von einer organischen Zusammensetzung im Marx'schen Sinne gesprochen werden kann, da die Wertzusammensetzung des Kapitals nur als die organische Zusammensetzung zu interpretieren ist, wenn das variable Kapital in fester Relation zum Wertprodukt steht. Marx grenzt die organische Zusammensetzung (das heißt die technische Zusammensetzung mit konstanter Faktorpreisrelation, wobei er zum einen den Reallohn auf Grund der „industiellen Reservearmee" als fixe Größe betrachtet und zum anderen den technischen Fortschritt zweifellos erkennt, jedoch unterschätzt) von der Wertzusammensetzung ab und stellt nur die gegenläufigen Tendenzen eben dieser organischen Zusammensetzung und der Profitrate fest. Vgl. Marx, Karl: Das Kapital, 3. Band, a. a. O., Kapitel 8, S. 151 - 163, hier S. 155. Wird theoretisch eine sinkende Lohnquote angenommen, so kann von einer vorübergehend gegenläufigen Wirkung ausgegangen werden, die die allgemeine Tendenz der sinkenden Profitrate nicht aufhebt, da das physische Existenzminimum der Arbeitsbevölkerung nicht unterschritten werden kann. Vgl. Marx, Karl: Das Kapital, 3. Band, a. a. O., Kapitel 14, S. 242 - 250, hier S. 244 f. Im Gegensatz dazu ist es durchaus möglich, daß die organische Zusammensetzung des Kapitals unbegrenzt steigt. Vgl. auch Schefold, Bertram: Sraffa und Marx, a. a. O., S. 193 f.

149 Vgl. Krelle, Wilhelm: Marx as a growth theorist, in: Wissenschaftliche Verlagsgesellschaft m.b.H. (Hrsg.): The german economic review. An english-language quaterly on german economic research and current developments. Volume 9, Stuttgart, 1971, S. 122 - 133. Ein konstanter Ausbeutungsgrad der Arbeit und fortschreitende Technik, die eine Erhöhung des konstanten Kapitals gegenüber dem variablen Kapital erfordert, führt notwendigerweise zu einer fallenden Profitrate. Vgl. ebenso Helmstädter, Ernst: Der Kapitalkoeffizient. Eine kapitaltheoretische Untersuchung, Stuttgart, 1969, S. 79. Marx nahm eine steigende Ausbeutungsrate an: „... Das tendenzielle Sinken der Profitrate ist verbunden mit einem tendenziellen Steigen in der Rate des Mehrwerts, also im Exploitationsgrad der Arbeit." Marx, Karl: Das Kapital, 3. Band, a. a. O., Kapitel 14, S. 242 - 250, hier S. 250.

kapitalistischen Wirtschaftsentwicklung einhergehen. Allerdings sieht Marx die Ursache in der organischen Zusammensetzung des Kapitals.[150] Mit fortschreitendem Produktions- und Entwicklungsprozeß, das heißt, mit der Steigerung der Produktivkraft der Arbeit, werden die Profite verstärkt in fixe und weniger in variable Kapitalanteile (re-) investiert, um nach wie vor konkurrenzfähig zu bleiben. In den Motiven zur Kapitalakkumulation zeigt sich ein weiterer deutlicher Unterschied zu ricardianischen Theorie: Der „ricardianische Kapitalist" investiert beziehungsweise akkumuliert freiwillig, solange die Profitraten das Risiko und den Aufwand der (produktiven) Kapitalanlage übersteigen.[151] Bei Marx hingegen bedingen der Wettbewerb und die Kostendegression (economies of scale) zwangsläufig die Kapitalansammlung.[152]

In Hinblick auf die einzelne Ware bedeutet dies, daß zur Erstellung einer Produkteinheit weniger Arbeitszeit benötigt wird und dadurch Arbeitskräfte freigesetzt werden können. Wie sich gezeigt hat gilt die Arbeit, ausgedrückt im variablen Teil des Gesamtkapitals, als Quelle des Mehrwertes. Wenn andererseits der variable Teil des Kapitals sinkt, so muß zwangsläufig der unbezahlte Teil der Arbeit - eben dieser Mehrwert - und weiterhin das Verhältnis von Mehrwert zu Gesamtkapital sinken. Eine Abnahme der Profitrate kann ohne weiteres mit einer Zunahme des absoluten Mehrwertes und des absoluten Profites einhergehen. Der Anstieg der Produktivkraft der Arbeit bedingt ein Absinken der Profitrate, die dann mit einer Steigerung der Profitmasse einhergeht.

Charakteristisch für die kapitalistische Produktionsweise ist demnach, daß mit steigender Produktivität einerseits der Wert der einzelnen Ware, die Profitrate und die Profitmasse sinkt, andererseits die Warenproduktion und die Profitrate aufs Ganze berechnet sowie der relative Mehrwert steigt. Aus Sicht des Kapitals

---

[150] Vgl. Pesenti, Antonio: Der tendenzielle Fall der Profitrate, in: Claus Rolshausen (Hrsg.): Kapitalismus und Krise. Eine Kontroverse um das Gesetz des tendenziellen Falls der Profitrate, Frankfurt, Wien, 1970, S. 45 - 63, hier S. 48.

[151] Vgl. Kaldor, Nicholas: Capital accumulation and economic growth, in: ders. (Hrsg.): Further essays on economic theory, London, 1978, S. 1 - 53, hier S. 14 f. sowie Pasinetti, Luigi: A mathematical formulation of the Ricardian system, in: The review of economic studies, Volume XXVII, no. 2, 1960, S. 78 - 98 wiederveröffentlicht in: ders. (Hrsg.): Growth and income distribution, London, New York, 1974, S. 1 - 28, hier S. 5 und S. 12. Pasinetti stellt in diesem Zusammenhang heraus, daß die Kapitalisten versuchen werden, optimale Kapitalallokation zu erreichen und dadurch ein tendenzieller Ausgleich zur durchschnittlichen Profitrate erfolgt.

[152] Vgl. Kaldor, Nicholas: Alternative theories of distribution, in: ders. (Hrsg.): Essays on value and distribution, London, 1960, S. 209 - 236, hier S. 216 f.

scheint eine Erhöhung der Arbeitsproduktivität nicht zwangsläufig einer höheren Ausbeutungsrate zu entsprechen. Bei konstanter (selbst bei sinkender) Ausbeutungsrate kann das Kapital seine Machtposition erweitern, da mit relativ geringerer Masse variablen Kapitals mehr Waren hergestellt, demnach Wert in Kapital umgewandelt und somit der Unternehmer mehr Vermögen erlangen kann.[153] Grundvoraussetzung für die steigende Vermögenskonzentration ist der Mehrwert der Produktion, dieser aber setzt die Existenz von Kapital und Arbeitskraft in den Händen der Produzenten voraus. Um den Beginn dieses Kreislaufes zu erfassen, spricht Marx von der vorausgehenden „ursprünglichen Akkumulation". Er sieht darin nicht das Resultat der kapitalistischen Produktionsweise, sondern deren Ursprung und spricht von ihr als den ökonomischen Sündenfall.[154]

Auf Grund dieser Produktivitätssteigerungen werden jedoch über kurz oder lang die entsprechenden Absatzmärkte fehlen. Dies wird, verstärkt durch die Einführung von Rationalisierungsmaßnahmen und arbeitserleichternder Technologien entweder zu Entlassungen oder zur Substitution der Arbeiter durch unterbezahlte Frauen und Kinder und demgemäß zum Aufbau einer „industriellen Reservearmee des Proletariats" führen.[155] Das Konkurrenzdenken der Arbeitslosen bewirkt, daß die Löhne langfristig zu einem Niveau tendieren, bei dem der Erhalt der physischen Leistungsfähigkeit noch gegeben ist und an dessen Erhalt auch die Kapitalisten interessiert sind.[156]

---

[153] Vgl. dazu beispielhaft Marx, Karl: Das Kapital, 3. Band, a. a. O., Kapitel 13, S. 221 - 241, hier S. 228: „... Der kapitalistische Produktionsprozeß ist wesentlich zugleich Akkumulationsprozeß. Man hat gezeigt, wie im Fortschritt der kapitalistischen Produktion die Wertmasse, die einfach reproduziert, erhalten werden muß, mit der Steigerung der Produktivität der Arbeit steigt und wächst, selbst wenn die angewandte Arbeitskraft konstant bliebe."

[154] Marx, Karl: Das Kapital, 1. Band, a. a. O., Kapitel 24, S. 741 - 791, hier S. 741.

[155] Kurzfristig ist es sicherlich denkbar, daß überschüssiges Kapital einen Anstieg der Löhne und dieser eine Verbesserung der Lebensverhältnisse der Arbeitnehmer zur Folge haben kann, doch führt dies wiederum zu einer kontinuierlichen Erhöhung der Arbeitsbevölkerung und somit langfristig zu einer Abnahme der Reallöhne. Trotz entgegenwirkender Kräfte ist es daher schwierig zu behaupten, daß das Marx'sche Gesetz nicht mehr wirksam sei.

[156] Vgl. Marx, Karl: Das Kapital, 1. Band, a. a. O., Kapitel 4, S. 161 - 191, hier S. 187. Marx sieht in den nach unten starren Löhnen eine Ursache für die Bildung der industriellen Reservearmee et vice versa. Im Gegensatz zur Theorie des „Gleichgewichts bei Unterbeschäftigung" von John Maynard Keynes, bei der sich Arbeitnehmer einer Branche einer Nominallohnsenkung widersetzen, allerdings eine Reallohnsenkung über Preissteigerungen hinnehmen, sind bei der Theorie von Karl Marx die Reallöhne nach unten starr.

Wie Ricardo, Malthus oder Lasalle tendiert also auch Marx zu dem Ergebnis, daß die Löhne auf ein absolutes Minimum sinken werden, sieht die Gründe allerdings in der Kapitalakkumulation.[157] Der ökonomischen Entscheidungsfreiheit steht also der Zwang des Arbeitnehmers gegenüber, ständig seine Arbeitskraft anbieten zu müssen, da er nicht über Vermögenseinkommen verfügt.

Bei ungleicher Vermögensverteilung hat der Vermögensbesitzer - auf Kosten der Nichtbesitzenden - die Möglichkeit, eine Rente zu erzielen, wobei zwei Möglichkeiten denkbar sind: Zum einen wird die besitzende Klasse in ihrer Gesamtheit eine Rente beziehen. Dabei ist es nicht relevant, ob und inwieweit innerhalb dieser Gruppe nach der Höhe des Vermögens unterschieden wird. Ihre Position erlaubt es, auf Kosten der Arbeitseinkommen, Grundrenten und Kapitalprofite zu erzielen. Diese Klassenmonopoltheorie geht von der Annahme aus, daß der Produktionsfaktor Boden zunächst den Wirtschaftssubjekten zur freien Verfügung steht und alle produzierten Güter und somit auch alle Produktionsmittel nur durch den Einsatz von Arbeit entstehen. Wenn also freier Zugang zum Produktionsfaktor Boden vorausgesetzt wird und die anderen Produktionsmittel aus der Arbeit entstehen, kann es dementsprechend auch nur Arbeitskosten und Arbeitsertrag geben. Entsprechend der von Franz Oppenheimer und Otto Conrad entwickelten Klassenmonopoltheorie können Besitzeinkommen erst dann erwirtschaftet werden, wenn der freie Boden limitiert und die Nutzung beschränkt wird und zudem andere Gruppen vom Verfügungsrecht ausgeschlossen werden.[158] Somit sind der Grundbesitz und, in der von Erich Preiser weiterentwickelte Theorie, das Realkapital sowie die Produktionsmittel die Basis der Besitzeinkommen, wobei Preiser betonte, daß dadurch lediglich statische Unternehmergewinne erklärt werden können. Verteilungsdisparitäten führen dementsprechend zu einem sogenannten Quasimonopol, das den Vermögensbesitzer die Möglichkeit gewährt, höhere Einkommen auf Kosten Vermögensloser zu erzielen. Zum anderen werden aber auch innerhalb dieser besitzenden Klasse Vermögensunterschiede vorherrschen, wodurch die

---

Zur Theorie des Gleichgewichts bei Unterbeschäftigung vgl.: Keynes, John Maynard: The General Theory of Employment, Interest and Money, London, 1936, S. 8 ff. Nach Ansicht Marx' ist die Wachstumsrate der Bevölkerung im Durchschnitt höher als die Rate der Beschäftigungsmöglichkeiten, wodurch das durchschnittliche Einkommen der Arbeitsbevölkerung sinkt.

[157] Vgl. Marx, Karl: Das Kapital, 1. Band, a. a. O., Kapitel 23, S. 640 - 740, insbes. S. 673 f.

[158] Vgl. Preiser, Erich: Wirtschaftspolitik heute, a. a. O., S. 165 ff.; Lampert, Heinz: Das vermögenspolitische Vermächtnis Erich Preisers, in: Wolfgang Mückel / Alfred Ott (Hrsg.): Wirtschaftstheorie und Wirtschaftspolitik. Gedenkschrift für Erich Preiser, Passau, 1981, S. 313 - 321, hier S. 316.

Wahrscheinlichkeit einer Monopol- oder Oligopolbildung steigen wird. Diese unterschiedliche Vermögensverteilung erlaubt es auch innerhalb der besitzenden Klasse, Machtpotentiale aufzubauen und diese entsprechend zu nützen. Alles in allem läßt sich im Rahmen der Klassenmonopoltheorie feststellen, daß die Einkommensverteilung deutlich von der Vermögensverteilung determiniert wird, eine gleichmäßigere Vermögensverteilung die Arbeitsangebotselastizität erhöhen und dem Arbeitnehmer zusätzliche Vermögenseinkommen gewähren würde und schließlich die bestehenden Verteilungsdisparitäten von der geltenden Eigentumsordnung bestimmt werden.[159]

Es stellt sich nun die Frage, wie sehr sich das heutige marktwirtschaftliche System vom Kapitalismus des 19. Jahrhunderts unterscheidet und inwieweit die von Marx beschriebenen Gesetze, wie tendenziell fallende Profitraten, anhaltende ökonomische Krisen, zunehmende wirtschaftliche Schwächerstellung Vermögensloser oder einseitige Vermögenskonzentration, vorherrschen und gegebenenfalls bekämpft werden können. Ein weiterer interessanter Aspekt wäre die Untersuchung, ob diese Gesetzmäßigkeiten - sofern noch zutreffend - in ihrer ursprünglichen Form auftreten. Aus der Sichtweise Karl Marx' könnte die heutige Situation folgendermaßen interpretiert und das Gesetz der tendenziell sinkenden Profitrate abschließend dargestellt werden: Wie die Daten des statistischen Bundesamtes verdeutlichen, ist die Kapitalintensität, das heißt der Kapitalstock pro Erwerbstätigen, und somit die organische Zusammensetzung des Kapitals sowie die Arbeitsproduktivität in der Bundesrepublik Deutschland kontinuierlich gestiegen.[160] Zudem erfordern technische Fortschritte hohe Abschreibungsraten und verursachen dadurch einen verstärkten Wertverlust des bereits investierten Gesamtkapitals. Entgegenwirkende Tendenzen hingegen führen zweifellos zu einer allgemeinen, weitreichenden Verbesserung der wirtschaftlichen Lage des Arbeitnehmers, denn der Anstieg des technischen Fortschrittes ermöglichte eine deutliche Zunahme der (Real-) Löhne und inzwischen kann kaum von einem Lohn- und Versorgungsniveau der Arbeitnehmer am Rande des Existenzminimums gesprochen werden.[161] In Anlehnung an die

---

159 Vgl.: Preiser, Erich: Wirtschaftspolitik heute, a. a. O., S. 169 sowie S. 172.

160 Die Aufmerksamkeit der wirtschaftspolitischen Aktivitäten richtet sich allerdings meist auf die Gesamtsumme des produzierten Mehrwertes und das maximale Bruttoeinkommen als auf die Wachstumsraten, auf die einzelne Ware betrachtet.

161 Die Marx'sche Annahme eines konstanten Arbeitslohnes spiegelte die Situation im 19. Jahrhundert wider, doch nicht die Lohnentwicklung. Der technische Fortschritt ermöglichte einen Reallohneanstieg, ohne gleichzeitig einen Anstieg der Maschinenpreise einzuleiten und so konnte die Faktorpreisrelation zu Gunsten der Arbeitseinkommen geändert werden.

Marx'sche Terminologie muß die heutige „Ausbeutung" auf einer anderen Ebene stattfinden. Mit der wirtschaftlichen Machtkonzentration einzelner Großunternehmen können, auf Kosten schwächerer Unternehmen und Vermögensloser, Monopol- und Oligopolgewinne einfacher erwirtschaftet werden. Die Verschiebung der Mehrwertrelation vollzieht sich dabei nicht nur innerhalb des Betriebes, sondern auch außerhalb des eigentlichen Arbeitsverhältnisses, wobei die Ursachen dieser Machtkonzentration nicht zwangsläufig in den Produktionsverhältnissen liegen müssen:[162] Ein höheres Investitionsvolumen bedingt einerseits die Produktivitätssteigerung, also eine interne Erhöhung des Profites. Andererseits können marktbeherrschende Unternehmen das Angebot beeinflussen, dadurch Marktpreise aufrecht erhalten, die über den Produktionskosten zuzüglich des durchschnittlichen Profites liegen, und so eine externe Steigerung des Mehrwertes realisieren. Zudem erleichtern Selbstfinanzierung, einfachere Kapitalbeschaffung und Beeinflussung der Preise für Vorprodukte oder Rohstoffe die Konzentration und Marktbeherrschung. Die externe Erhöhung des Mehrwertes und somit des Profites geht lediglich zu Lasten der Konsumenten oder, sofern es sich um monopolistisch oder oligopolistisch strukturierte Märkte für Vorprodukte handelt, zu Lasten der Abnehmer dieser Produkte. Eine derartige Machtkonzentration führt zu keiner, den Gesetzen der vollständigen Konkurrenz entsprechenden Marktversorgung, sondern vielmehr zu suboptimalen Verteilungssituationen auf Kosten schwächerer Wirtschaftssubjekte.

3.3 Die neoklassische Theorie

Die neoklassische Theorie[163], deren Grenzen zur klassischen Theorie in weiten Teilen fließend sind, basiert auf der Annahme, daß die Wirtschaftssubjekte versuchen werden, ihren persönlichen Nutzen zu maximieren, wobei sich die Entscheidungen an ihrer individuellen Präferenzordnung orientieren.[164] Da

---

[162] Im Gegensatz zur Klassenmonopoltheorie, in der davon ausgegangen wird, daß die gesamte Kapitalistenklasse auf Kosten der Vermögenslosen wirtschaftliche Machtpotentiale aufbauen können, wird sich dabei eine einseitige Konzentration zu Gunsten stärkerer Unternehmen aufbauen.

[163] Zur neoklassischen Verteilungstheorie vgl. Mankiw, Gregory: Makroökonomik, Wiesbaden, 1993, S. 61 ff.; Roberts, Charles: Verteilungstheorie und Verteilungspolitik, a. a. O., S. 139 ff. In der neoklassischen Theorie werden lediglich Anbieter/ Nachfrager der Produktionsfaktoren (Arbeit/Kapital) betrachtet. Der Klassenaspekt, im Sinne der klassischen Theorie, wird dabei außer Acht gelassen.

[164] Entsprechend der Theorie des Konsumentenverhaltens beziehen die Haushalte nicht nur die einzelnen Güter, sondern auch die Freizeit in ihre Betrachtungen ein. Ihre Nutzenfunktion kann demnach wie folgt optimiert werden:

entsprechend der Annahmen der neoklassischen Grenzproduktivitätstheorie auf allen Märkten, also auch auf dem Arbeits- und Kapitalmarkt, vollständige Konkurrenz herrscht, werden - mikroökonomisch betrachtet - die einzelnen Produktionsfaktoren solange eingesetzt, bis im Gewinnmaximum und dementsprechend im Gleichgewicht das Wertgrenzprodukt der Arbeit dem Lohnsatz und das Wertgrenzprodukt des Kapitals dem Zinssatz entspricht und jede Änderung der Faktorkombination zu einer suboptimalen Lösung führen würde.[165] Hier liegt allerdings der deutliche Unterschied zwischen der (marginalistischen) neoklassischen und der klassischen Theorie, da Überschüsse über die Produktionskosten und dementsprechend eine Verteilung des Surplus' entsprechend der neoklassischen Theorie nicht möglich sind, sondern jeder Faktor und dementsprechend auch das Kapital zu seinem entsprechenden Grenzprodukt entlohnt wird. Mit der Einführung relativer Preise der einzelnen Produktions-

---

$$U = U(x_1,\ldots x_n, L) \rightarrow max \qquad \text{unter: } \sum_{i=1}^{n} p_i x_i = w(T-L)+V$$

Der tatsächliche Verlauf der Arbeitsangebotskurve hängt von den Annahmen bezüglich der Freizeit als superiores oder als inferiores Gut ab. Zudem wird das Arbeitsangebot beziehungsweise die Elastizität der Arbeitsangebotsfunktion von der Vermögensposition der Arbeitnehmer bestimmt. Vgl. dazu auch Schumann, Jochen: Grundzüge der mikroökonomischen Theorie, a. a. O., S. 78 ff.; Külp, Bernhard: Verteilung - Theorie und Politik, 3. Auflage, Stuttgart, New York, 1994, S. 36; Henderson, James / Quandt, Richard: Mikroökonomische Theorie, a. a. O., S. 28 ff. und S. 160 f.; Vogl, Gerald: Faktorangebot des Haushalts, in: Artur Woll (Hrsg.): Wirtschaftslexikon, a. a. O., S. 195 - 199 sowie Seite 89 dieser Arbeit und die dort angegebene Literatur.

165 Zur Grenzproduktivitätsregel vgl. Stahlecker, Peter: Verteilungstheorie, a. a. O., Spalte 1375 - 1415, hier Spalte 1385 f. Sowohl auf den Güter- als auch den Faktormärkten werden die Wirtschaftssubjekte als Mengenanpasser auf eine Preisänderung mit einer Substitution reagieren, bis die relativen Nutzen ausgeglichen sind und diese den relativen Preisen entsprechen. Gegen die (neoklassische) Gewinnmaximierungshypothese läßt sich bereits jetzt einwenden, daß diese Verhaltensannahmen in der Realität kaum gegeben sind und neben der Gewinnmaximierung auch Ziele wie die Sicherung der Marktmacht oder die Erhöhung des Marktanteils verfolgt werden können. Weiterhin berücksichtigt sie weder die Risikobereitschaft noch die langfristige Erwartungshaltung der Wirtschaftssubjekte. Vgl. dazu auch Külp, Bernhard: Verteilung - Theorie und Politik, a. a. O., S. 34 f. Zu möglichen Faktoren, die neben den Lohnanreizen die Arbeitsleistung (und diese ihrerseits den Lohn) determinieren sowie einer nutzentheoretischen Darstellung des Arbeitsangebotes und den möglichen Wirkungen einer Staatsausgaben- beziehungsweise einer Geldmengenveränderung auf die Beschäftigung vgl. Linde, Robert: Über einige Folgen der Interdependenz von Lohn und Leistung für die Beschäftigungspolitik, in: Gottfried Bombach / Bernhard Gahlen / Alfred Ott (Hrsg.): Makroökonomik heute: Gemeinsamkeiten und Gegensätze, Tübingen, 1983, S. 403 - 427, insbesondere S. 407 ff.

faktoren wurde die (klassische) Profitrate durch die Zinsrate, im Sinne eines „Knappheitspreises“ für den Faktor Kapital, ersetzt.[166]

Auf gesamtwirtschaftlicher Ebene betrachtet wird die Grenzproduktivität der Arbeit dem Reallohnsatz und die Grenzproduktivität des Kapitals dem Realzinssatz entsprechen.[167] Bezüglich der funktionalen Einkommensverteilung oder, mit anderen Worten, der Bestimmung der Arbeits- und Kapitaleinkommensquoten läßt sich feststellen, daß eine Reallohnerhöhung über die Grenzproduktivität der Arbeit zwangsläufig eine Steigerung der Kapitalintensität und dementsprechend eine Substitution des Faktors Arbeit oder im Zuge des Wirtschaftswachstums einen unterproportionalen Anstieg des Arbeitsplatzangebotes (im Verhältnis zum Wachstum der Zahl der Arbeitnehmer) einleitet. Die Konkurrenzsituation auf dem Arbeitsmarkt und flexible Löhne führen langfristig zu einem Ausgleich, da entweder die Reallöhne gesenkt oder die künftigen Lohnsteigerungen geringer ausfallen werden.[168] Ob die Lohnquote zu- oder abnimmt, hängt allerdings vom Ausmaß der Substituierbarkeit der Faktoren, reflektiert in der Substitutionselastizität, ab.

Die allgemein übliche mathematische Darstellung der (eindeutigen und stetigen) Produktionsfunktion, auf die im Rahmen dieser Arbeit verzichtet werden soll, zeigt, daß zum einen die Erhöhung des Faktors Arbeit bei konstantem Einsatz des Faktors Kapital zwar einen zusätzlichen Ertrag erbringt, der Grenzertrag allerdings mit vermehrtem Einsatz des Produktionsfaktors abnimmt.[169]

---

166 Vgl. Roncaglia, Alesandro: Der Beitrag von Sraffa, in: Alfred S. Eichner (Hrsg.): Über Keynes hinaus. Eine Einführung in die post-keynesianische Ökonomie, a. a. O., S. 103 - 114, hier S. 107 f.

167 Hier zeigt sich der Übergang von der mikro- zur makroökonomischen Betrachtung, da das einzelne Unternehmen als Mengenanpasser bei exogen gegebenen Güter- und Faktorpreisen reagieren muß, gesamtwirtschaftlich hingegen sich sowohl Löhne als auch Zinssätze an das Vollbeschäftigungsniveau anpassen werden.

168 Dieser Prozeß vollzieht sich auch in umgekehrter Richtung, sofern der Kapitaleinsatz über dem Grenzertrag des Kapitals liegt.

169 Der Einsatz des Faktors Arbeit bei konstantem Einsatz des Faktors Kapital wird somit positive aber abnehmende Erträge aufweisen. Die funktionale Einkommensverteilung im Sinne einer Verbindung der Arbeitsangebotsfunktion mit der Nachfragefunktion bei flexiblen Preisen und Löhnen läßt sich wie folgt umschreiben: Aus Sicht der Arbeitnehmer determiniert der Lohnsatz beziehungsweise der trade off zwischen Konsummöglichkeit, Prestige oder Ähnlichem und Arbeitsaufwand die Leistungsbereitschaft und somit das Arbeitsangebot. Andererseits findet auch auf Seiten der Unternehmen ein (kurzfristiger) trade off zwischen den Kosten einer zusätzlichen Arbeitseinheit und dem daraus resultierenden

Zum anderen verdeutlicht sie, daß eine relative Änderung der Faktorentlohnung, bei Substituierbarkeit der Produktionsfaktoren, zu Anpassungsreaktionen führen und der teurere Faktor durch den günstigeren ersetzt wird.[170] Ausgehend von einer Situation, in der weder technische noch ordnungspolitische Rahmenbedingungen die Handlungsspielräume einschränken, werden die Entscheidungen der Unternehmen in Bezug auf die Faktornachfrage von der Gewinnmaximierung determiniert und alle Produktionsfaktoren nach dem Rentabilitätskalkül eingesetzt. Der Grund für ein solches Verhalten liegt in der Tatsache, daß in einer dem Modell entsprechenden funktionierenden Marktwirtschaft Fehlentscheidungen und somit Fehlallokationen von den Unternehmen beziehungsweise von den Kapitaleignern getragen werden müssen: Die Anteilseigner haften mit ihrem Vermögen und sind daher bestrebt, ein optimales Ergebnis zu erzielen. Des weiteren werden sich auf Grund der Vielzahl der Anbieter Preise und Produktionskosten einander annähern. Betrachtet man den Wirtschaftskreislauf, so läßt sich folgendes feststellen: Der Beschäftigungsgrad hängt von der Produktion, die Produktion von der Gesamtnachfrage, diese vom Gesamteinkommen und das Einkommen wiederum vom Beschäftigungsgrad ab. Somit ist der Kreislauf geschlossen und Produktion beziehungsweise Beschäftigung bleiben konstant, solange die gesamten Einkommen den Unternehmen zufließen. Werden Teile davon gespart, so wird allerdings der Kreislauf zunächst erweitert. Die finanziellen Mittel fließen dem Bankensystem zu, wobei sich ein Unternehmer findet, der gewillt ist, neue Investitionen zu tätigen und entsprechende Kredite aufzunehmen. In der modernen Wirtschaftsgesellschaft fallen jedoch Sparer und Investoren immer weiter auseinander und demnach stellt sich die Frage, inwieweit ein Ausgleichsmechanismus Ersparnisse und Investitionen

---

Ertrag sowie ein (langfristiger) Vergleich mit einer Erhöhung der Kapitalintensität statt. Unter Abwägung dieser Faktoren ergibt sich der Gleichgewichtslohn und dementsprechend das Vollbeschäftigungsniveau und das gesamte Sozialprodukt. Zu diesen teilweise restriktiven Annahmen und insbesondere zur Kritik der Nichtberücksichtigung anderer Faktoren, wie beispielsweise Vorleistungspreise als Determinanten der Beschäftigung vgl. exemplarisch Flaig, Gebhard / Rottmann, Horst: Faktorpreise, technischer Fortschritt und Beschäftigung. Eine empirische Analyse für das westdeutsche Verarbeitende Gewerbe, Ifo Institut für Wirtschaftsforschung (Hrsg.), München, 1998.

170 Ein System, das automatisch zur Vollbeschäftigung tendiert, kann dementsprechend lediglich temporäre Beschäftigungsschwankungen aufweisen, die auf das starre Lohnniveau zurückzuführen sind. So war beispielsweise auch Arthur Pigou der Ansicht, daß die Erhöhung der Lohnflexibilität einen bedeutenden Beitrag zur Beseitigung der permanent hohe Arbeitslosigkeit liefern könne. Vgl. Pigou, Arthur: Industrial Fluctuation, 1st edition, London, 1927, S. 176 und S. 284 oder Pigou, Arthur: The theory of unemployment, London, 1933, S. 252 ff.

koordiniert. Es wäre denkbar, daß die Sparneigung größer als die Investitionsneigung ist und umgekehrt. Die Lösung sieht die neoklassische Theorie in der Funktion des Zinses: Übersteigt das Kreditangebot die Nachfrage (also die Investitionsneigung), sinkt der Zinssatz und ermöglicht zum einen neue Investitionen und hemmt zum anderen die Sparbereitschaft respektive das Kreditangebot. Im umgekehrten Falle steigt der Zins, verringert die Investitionsneigung und erhöht das Kreditangebot. Mit Hilfe des Zins-, Preis- und Lohnmechanismuses tendiert das System automatisch zur Vollbeschäftigung bei optimaler Ressourcenallokation.

Auch auf der makroökonomischen Ebene untersucht die neoklassische Grenzproduktivitätstheorie die funktionelle Verteilung des Sozialproduktes auf die einzelnen Produktionsfaktoren. Dabei wird die Lohnquote λ als das Verhältnis zwischen dem Lohneinkommen L und dem Volkseinkommen Y definiert als:[171]

$$(1) \qquad \lambda = \frac{L}{Y} = \frac{lA}{pQ} = \frac{l}{p}\frac{A}{Q}$$

Wie bereits oben dargestellt, muß der Lohnsatz dem Wertgrenzprodukt und der Reallohnsatz dem (physischen) Grenzprodukt der Arbeit entsprechen.[172] Dabei eröffnet sich allerdings das Problem, daß auf einzelwirtschaftlicher Ebene produktionstechnische Merkmale zur Berechnung herangezogen werden können, wohingegen auf gesamtwirtschaftlicher Ebene weitere Faktoren, wie heterogene Produktpaletten, berücksichtigt werden sollten. Aus verteilungspolitischen Gesichtspunkten lassen sich folgende Aussagen treffen:

- ❒ Das Volkseinkommen wird bei unterstellter linear homogener Produktionsfunktion - vollständig auf die Faktoren Arbeit und Kapital verteilt.
- ❒ Die Konsum- und Sparentscheidungen der Konsumenten werden auf der Grundlage individueller Nutzenfunktionen getroffen.
- ❒ Die Präferenzstrukturen der Arbeitnehmer bezüglich Einkommen und Freizeit determinieren das Arbeitsangebot.
- ❒ Die (rein technisch orientierte) Produktionsfunktion bestimmt in Verbindung mit den vorgenannten Prämissen den Faktoreinsatz,

171 Vgl. Külp, Bernhard: Verteilung - Theorie und Politik, a. a. O., S. 103 ff.

172 Formal lassen sich diese Relationen und Gleichung (1) darstellen als:

$$l = p\frac{dQ}{dA} \quad \text{sowie} \quad \frac{l}{p} = \frac{dQ}{dA} \quad \text{und} \quad \lambda = \frac{dQ}{dA}\frac{A}{Q}.$$

die Faktorpreise und dementsprechend die funktionale Einkommensverteilung.

- Die (personelle) Einkommensverteilung wird auf dem Wettbewerbsmarkt durch den Preis determiniert, zu dem die Wirtschaftssubjekte ihre Leistungen anbieten.
- Unter optimalen Wettbewerbsbedingungen mit vollkommener Voraussicht sowie flexiblen Preisen und Löhnen wird automatisch ein Vollbeschäftigungsniveau als Normalzustand erreicht.
- Verteilungspolitische Maßnahmen oder die künstliche Beeinflussung der Faktorpreise, beispielsweise durch Marktmacht oder gewerkschaftliche Lohnverhandlungen, werden das Gleichgewicht stören und zu suboptimalen Allokationsergebnissen führen.[173]

Die Monopolgrad-Theorie

Gegen die traditionelle neoklassische Theorie im Sinne einer Marshall'schen beziehungsweise Walras'schen Theorie wird vor allem von post-keynesianischen Theoretikern[174] angeführt, daß sie im allgemeinen qualitative Veränderungen und technische Innovationen außer Acht ließe. Ein weiterer Kritikpunkt kann in der Annahme vollständiger Konkurrenz sowie der Gewinnmaximierungshypothese[175] und dementsprechend in der mangelnden Berücksichtigung

---

[173] Ziel der von Erhard geprägten sozialen Marktwirtschaft war die Optimierung der Faktorallokation, die Sicherung des freien Wettbewerbs sowie die Gewährleistung einer gerechten Einkommens- und Vermögensverteilung. Dabei wurde dem Staat vorwiegend die Aufgabe zugeschrieben, mit Hilfe der Wettbewerbspolitik die Monopolisierung auf den einzelnen Märkten zu verhindern und so ein gerechtes, sozial verträgliches System der freien Marktwirtschaft zu gewährleisten. Vgl. dazu auch Abelshauser, Werner: Erhard oder Bismarck?, in: ders. (Hrsg.): Geschichte und Gesellschaft: Soziale Sicherung in vergleichender Perspektive Deutschland und Frankreich, 22. Jahrgang, Heft 3, Göttingen, 1996, S. 376 - 392, hier S. 376 f.

[174] Vgl. Cornwall, John: Makroökonomie, in: Alfred S. Eichner (Hrsg.): Über Keynes hinaus. Eine Einführung in die post-keynesianische Ökonomie, a. a. O., S. 38 - 52, hier S. 47 f.

[175] Die Gewinnmaximierungsannahme läßt sich nicht generell auf alle Perioden (beispielsweise einzelne Geschäftsjahre) eines Unternehmens anwenden. Mittel- bis langfristig wird sich das Unternehmen sicherlich am Gewinn orientieren, doch kurzfristig können auch Ziele, wie Erhaltung der Arbeitsplätze oder Sicherung und Ausbau der Marktanteile, im Vordergrund stehen. Sofern demnach die Periodenlänge, für die die Gewinnmaximierungsannahme gilt, nicht exakt bestimmt werden kann, können auch die Verhaltenshypothesen nicht genau definiert werden. Ein weiterer Unsicherheitsfaktor in Bezug auf Aussagen über optimales und rationales Verhalten liegt in der Bestimmung der Risikobereitschaft: Risikoaverse Unternehmer bevorzugen im allgemeinen einen sicheren, wenn auch niedrigeren

monopolistischer beziehungsweise oligopolistischer Marktstrukturen betrachtet werden.[176] Wenn das Postulat vollständiger Konkurrenz aufgegeben wird, hat das Unternehmen die Möglichkeit, andere, nicht gewinnoptimale Ziele, wie Machtstreben und die Erweiterung der eigenen Marktanteile innerhalb der Branche zu verwirklichen. Zudem werden in der neoklassischen Theorie interne Investitionsfinanzierungsmöglichkeiten über preispolitische Spielräume der Unternehmen und Veränderungen der Spar- und Investitionsquoten vernachlässigt, die insbesondere aus verteilungspolitischen Gesichtspunkten relevant sein können.[177]

Entsprechend der modernen Theorie der unvollkommenen Konkurrenz besteht auf monopolistisch oder oligopolistisch strukturierten Märkten die Möglichkeit und der Anreiz, das Preisniveau über die normalen Produktionskosten, das heißt über die Produktionskosten, die zu einer einheitlichen Gewinnquote auf allen Sektoren führen, zu erhöhen, so daß Investitionsausgaben teilweise durch interne Mittel beziehungsweise höhere Bruttogewinne finanziert werden können. Dies setzt allerdings voraus, daß die traditionelle Annahme des freien Wettbewerbs ohne technische, organisatorische oder psychologische Marktzugangsbarrieren aufgegeben wird und Markt- beziehungsweise Preisführer zur üblichen Deckungsbeitragskalkulation einen Stückprofit erzielen können. Die Höhe des Preisschirmes hängt von den Produktionskosten, der künftigen Nachfrage- und Wirtschaftsentwicklung, dem Verhalten der Konkurrenzunternehmen und zudem von der Absicht der Unternehmen ab, geplante Investitionen mit Hilfe dieser internen Finanzierungsmethode zu tätigen.[178] Allerdings werden trotz Markteintritts- und Marktaustrittsbarrieren neue Konkurrenten am Markt auftreten und möglicherweise eine Tendenz zur Nivellierung der Gewinnquote beschleunigen.

Gewinn und werden die Investitionsentscheidungen entsprechend ihrer individuellen Risikobereitschaft fällen. Vgl. Schmidt, Reinhard: Grundzüge der Investitions- und Finanzierungstheorie, 2., durchgesehene Auflage, Wiesbaden, 1986, S. 121 - 142, hier S. 131 f. sowie Bamberg, Günter / Coenenberg, Adolf: Betriebswirtschaftliche Entscheidungslehre, 7., überarbeitete Auflage, München, 1992, S. 66 - 118.

[176] Zur Kritik an den restriktiven Annahmen der neoklassischen Theorie vgl. auch Kaldor Nicholas: Marginal productivity and the macroeconomic theories of distribution, in: ders. (Hrsg.): Further essays on economic theory, a. a. O., S. 81 - 99, hier S. 81 ff.

[177] Vgl. dazu die im folgenden dargestellte Theorie von Michal Kalecki sowie die keynesianische Verteilungstheorie von Nicholas Kaldor.

[178] Vgl. Kenyon, Peter: Bestimmung der Preise, a. a. O., S. 53 - 63, hier S. 57 ff.

In Anlehnung an die allgemein übliche Definition des Monopolgrades[179] untersucht der verteilungstheoretische Ansatz von Kalecki die Beziehungen zwischen Monopolgrad und Lohnquote auf gesamtwirtschaftlicher Ebene. Eine relativ konstante Lohnquote wird dabei durch zwei gegenläufige, sich kompensierende Tendenzen erklärt: Einerseits ist ein langfristiger Anstieg der Lohnquote erkennbar, da die Löhne im Vergleich zu Rohstoffpreisen stärker gestiegen sind. Andererseits läßt sich allerdings auch ein Absinken der Lohnquote feststellen, da der Monopolgrad der Unternehmen angestiegen ist.

Eine der entscheidenden Grundlagen der Theorie von Michal Kalecki ist darin zu sehen, daß er zwischen Rohstoffpreisen, die im allgemeinen von der Nachfrage determiniert werden, und Preisen für Endprodukte, die überwiegend von den Kosten und nur indirekt von der (Rohstoff-) Nachfrage bestimmt werden, unterscheidet. Weiterhin basiert seine Theorie auf der Annahme einer langfristigen Konzentrationstendenz im Sinne eines höheren Monopolgrades. In Anlehnung an Kaleckis „Theorie der wirtschaftlichen Dynamik" lassen sich zunächst zwei Hauptargumente für einen steigenden Monopolgrad anführen:[180] Mit der Etablierung industrieller Großunternehmen und der Erhöhung des eigenen Outputs wird der (gewichtete) Durchschnittspreis einer gesamten Branche deutlich vom eigenen Angebotspreis bestimmt. Sofern das Unternehmen nicht als Mengenanpasser reagieren muß und sich die Konkurrenten verstärkt am „marktüblichen" Durchschnittspreis orientieren, kann das Unternehmen einen Preis ansetzen, der über dem Niveau der vollständigen Konkurrenz liegt. Weiterhin erhöht sich der Konzentrations- und dementsprechend der Monopolgrad, wenn andere, marktführende Unternehmen die selbe Preispolitik verfolgen und/oder Preisabsprachen getroffen werden. Eine zusätzliche Problematik, die Kalecki in diesem Zusammenhang allerdings vernachlässigt, ist darin zu sehen, daß sich marktbeherrschenden Großunternehmen nicht nur angebots-, sondern auch nachfragepolitische Spielräume eröffnen, die ihrerseits verteilungspoliti-

---

[179] Die Preis-Grenzkosten-Relation (Monopolgrad) vergleicht die aktuelle Situation mit der bei vollkommener Konkurrenz, wobei im zweiten Fall der Monopolgrad einen Wert von Null annimmt. Bezeichnet man M = Monopolgrad, P = Preis und K' = Grenzkosten, so läßt sich der Monopolgrad wie folgt darstellen: $M = \frac{P - K'}{P}$. Mit steigender Marktmacht sind die Unternehmen in der Lage, Preise anzusetzen, die über den Grenzkosten liegen. Vgl. Kalecki, Michal: Money and real wages. Part I (Theory), a. a. O., S. 40 - 59, hier S. 53.

[180] Vgl. Kalecki, Michal: Theorie der wirtschaftlichen Dynamik. Eine Untersuchung der zyklischen Schwankungen und der langfristigen Entwicklung der kapitalistischen Wirtschaft, Wien, Frankfurt, Zürich, 1966, S. 18 f. sowie Stahlecker, Peter: Verteilungstheorie, a. a. O., Spalte 1375 - 1415, hier Spalte 1390 f. und Spalte 1395 ff.

sche Aspekte, wie zum Beispiel die funktionale Einkommensverteilung, beeinflussen können. Ein weiterer Grund für die Erhöhung des Monopolgrades sieht Kalecki in einer mangelnden Funktion der Preissignale und dementsprechend in der Beeinträchtigung des Wettbewerbs über den Preis. Mit der allgemeinen Verbreitung moderner Massenmedien, der Erhöhung der Werbeetats sowie dem gezielten Einsatz werbepsychologischer Mittel nimmt dieser Aspekt zweifellos an Bedeutung zu.

Bei gegebener Kapitalausstattung, freien Kapazitätsreserven und dementsprechend elastischem Angebot sowie relativ konstanten direkten Produktionskosten pro Einheit werden die Unternehmen ihren optimalen Angebotspreis dahingehend bestimmen, daß sie neben den eigenen durchschnittlichen direkten Produktionskosten[181] auch die Preise für vergleichbare Produkte ihrer Konkurrenten berücksichtigen. Die exakte Höhe der Gemeinkosten hingegen kann unter Berücksichtigung freier Produktionskapazitäten vernachlässigt werden, da sie im allgemeinen output-unabhängig sind und nur mittel- bis langfristig variiert werden können.[182] Das Optimierungsproblem liegt demnach darin, daß die Preise nicht zu hoch angesetzt werden sollten, um bestehende Marktanteile zu erhalten respektive auszubauen, neuen Konkurrenten den Markteintritt zu erschweren und somit Umsatzrückgänge zu vermeiden. Andererseits sollte der Preis ein Niveau erreichen, das die direkten Produktions- sowie die Gemeinkosten deckt und zudem eine Profitmaximierung beziehungsweise Gewinnoptimierung ermöglicht. Wird die Annahme eines kurzfristig gegebenen Fix- beziehungsweise Gemeinkostenanteils zu Gunsten einer langfristigen Variationsmöglichkeit aufgegeben, so kann eine Verschiebung der Relation Gemeinkosten zu direkten (variablen) Produktionskosten als weiteres Argument für eine Erhöhung des Monopolgrades gewertet werden.

Ein Wechsel in der Produktionstechnologie im Sinne einer Substitution des variablen Faktors Fertigungslöhne durch den Produktionsfaktor Kapital führt zu

---

[181] Die direkten Produktionskosten beinhalten Löhne und Materialkosten, wohingegen Gehälter nicht berücksichtigt werden, da sie in den Gemeinkosten enthalten sind. Vgl. Haberstock, Lothar: Kostenrechnung I - Einführung, 8. Auflage, Hamburg, 1987, S. 86 ff.

[182] Bei der kurzfristigen Angebotserstellung beziehungsweise Preisfestsetzung werden die echten und unechten Gemeinkosten kurzfristig als gegeben betrachtet und je nach Kostenrechnungssystem (Vollkosten- oder Teilkostenrechnung) entweder mit Hilfe einer Zuschlagskalkulation in voller Höhe auf die Kostenträger verteilt oder über eine Deckungsbeitragsrechnung lediglich die output-abhängigen, variablen Kosten den Kostenträgern zugerechnet. Die Fix- beziehungsweise die Gemeinkosten müssen dabei über den Profit gedeckt werden. Vgl. Haberstock, Lothar: Kostenrechnung I - Einführung, a. a. O., S. 67 ff.; Haberstock, Lothar: Kostenrechnung II - (Grenz-) Plankostenrechnung, 7. Aufl., Hamburg, 1986.

einer Erhöhung des Gemeinkostenanteils und auf Grund der „economies of scale“ im allgemeinen auch zu einer Erhöhung der Produktionsmenge. Da nicht alle Unternehmen über die notwendigen Investitionsmittel verfügen, wird sich der Konzentrationsgrad in dieser Branche erhöhen.[183] Weiterhin erhöht diese Produktionsumstellung sowohl die Markteintritts- als auch Marktaustrittsbarrieren. Sofern sich die Angebotspreise auf der Basis einer Teilkostenrechnung, mit anderen Worten, auf der Grundlage der direkten Produktionskosten zuzüglich eines vom durchschnittlichen Verkaufspreis der gesamten Branche abhängigen Aufschlages errechnen, muß eine Erhöhung der Gemeinkosten im Deckungsbeitrag berücksichtigt werden. Dies führt zu einem Rückgang der Profite, wenn das Unternehmen nicht in der Lage ist, diese Kosten auf die Nachfrager (oder Zulieferer) überzuwälzen. Verhalten sich die Mitbewerber in gleicher Wiese, so kann ein Preis gehalten werden, der über dem der vollständigen Konkurrenz liegt.

Demgegenüber kann die Stellung einer starken Gewerkschaft als gegenläufiger, konkurrenzfördernder Faktor betrachtet werden, da in Hinblick auf die Einkommensverteilungsgerechtigkeit versucht wird, im Rahmen einer Lohnverhandlung die durch den Monopolgrad gestiegene Gewinn- zu Gunsten der Lohnquote zu schmälern. Somit eröffnen hohe Gewinnquoten unter Berücksichtigung „angemessener Gewinne“ neue Verhandlungsspielräume, die, sofern keine Überwälzung auf die Preise stattfindet und Lohnerhöhungen akzeptiert werden, eine Verringerung der Gewinne und eine Verbesserung der Verteilungsposition der Arbeitnehmer ermöglichen. Wenn dies allerdings eine weitere Preissteigerung induziert, die ihrerseits höhere Lohnforderungen nach sich ziehen, wird ein Prozeß eingeleitet, der als Lohn-Preis-Spirale bezeichnet werden kann. Um existenzgefährdende Wirkungen, wie beispielsweise die deutliche Einschränkung der (internationalen) Wettbewerbsfähigkeit, zu vermeiden, werden (zumindest theoretisch) sowohl Unternehmen als auch Gewerkschaften versuchen, eine Politik der moderaten Profit- und Lohnquoten zu verfolgen.

---

183 Zu den Bestimmungsfaktoren für die Investitionsentscheidung, den Kreditbeschränkungen und dementsprechend zu den Expansionsgrenzen einer Unternehmung auf Grund einer mangelnden Eigenkapitaldecke sowie zur Investitionsfinanzierung über Aktienemissionen vgl. Kalecki, Michal: Theorie der wirtschaftlichen Dynamik, a. a. O., S. 107 ff. Allerdings wäre auch eine gegenteilige Tendenz denkbar, wenn einzelne Unternehmen auf einem monopolistisch strukturierten Markt technische Innovationen oder die Einführung einer neuen Produktgeneration vorerst zurückhalten, um so ihre (bereits vorgenommene) Investition, die Absatzmärkte und den Preis zu schützen. Vgl. Kuznets, Simon: Technological innovations and economic growth, a. a. O., S. 90 f.

Entsprechend der Annahmen Kaleckis werden sich, unter der Voraussetzung eines Staatsbudget- und Außenhandelsgleichgewichtes, immer Ersparnis (der Unternehmen und der Arbeitnehmer) und Investition einander angleichen, wobei das Investitionsvolumen als autonom betrachtet wird und - im Gegensatz zur klassischen Theorie - nicht vom Zinssatz determiniert wird. Weiterhin läßt sich folgende Identität feststellen:[184]

		Bruttoinvestitionen
Bruttogewinne (abzüglich Steuern)	=	+ Konsum der Unternehmer
		- Ersparnisse der Arbeitnehmer

Im allgemeinen geht Kaleckis Argumentation neben den Annahmen eines ausgeglichenen Budgets und Außenhandelsgleichgewichtes sowie eines autonomen Investitionsvolumens und eines von der Vorperiode determinierten Unternehmerkonsums davon aus, daß das Einkommen der Arbeitnehmer vollständig konsumiert und ihre Ersparnisbildung demnach gleich Null (oder zumindest im Verhältnis zur Gesamtersparnis vernachlässigbar) sein wird. Sofern allerdings von letzterer Prämisse abgesehen wird und die Arbeitnehmer bereit beziehungsweise in der Lage sind, Ersparnisse zu bilden, läßt sich feststellen, daß der Unternehmergewinn mit steigender Ersparnis der Arbeitnehmer sinkt.[185] Aus verteilungspolitischen Gesichtspunkten lassen sich unter Berücksichtigung der Monopolgrad-Theorie folgende Aussagen treffen:

- ❒ Ein Anstieg des Monopolgrades innerhalb einer Branche ermöglicht die Erzielung einer höheren Gewinnquote, die interne Finanzierung einzelner Investitionsprojekte über den Preis und zudem die Verfolgung unternehmens- aber auch machtpolitischer Ziele, wie Erweiterung der Marktanteile, Errichtung von Marktschranken oder die Beeinflussung politischer Entscheidungen auf Grund wirtschaftlicher Machtpotentiale.

---

[184] Zu der Darstellung und Herleitung der Gleichung I=S im Rahmen einer Zwei- beziehungsweise Drei-Sektoren-Wirtschaft sowie seiner Annahme, daß sich eine Investition „selbst finanziert" und demnach der Zinssatz nicht von den „klassischen Faktoren" Angebot und Nachfrage bestimmt wird vgl. Kalecki, Michal: Theorie der wirtschaftlichen Dynamik, a. a. O., S. 54 f. und S. 83 ff. sowie Kalecki, Michal: Essays on developing economies, Hassocks, New Jersey, 1976, S. 42 f. und Kalecki, Michal: Money and real wages. Part I (Theory), a. a. O., S. 40 - 59, hier S. 45 f.

[185] Vgl. dazu Kaleckis Profitgleichung sowie Gleichungen 8'' beziehungsweise 8''' in: ders.: Theorie der wirtschaftlichen Dynamik, a. a. O., S. 62 f.

- Neben dem Verhältnis der Rohstoffpreise und der Vorleistungen zu den Lohnkosten beeinflußt der Monopolgrad über die Gewinnhöhe und die Möglichkeit, diese Marge weiterhin am Markt zu halten, in entscheidendem Maße die relative Verteilung der Arbeits- und Kapitaleinkommen oder, mit anderen Worten, die funktionale Einkommensverteilung.[186]
- Entsprechend dieser Theorie kann dadurch allerdings nicht nur die Einkommensverteilung zwischen den Produktionsfaktoren, sondern unter Umständen auch die intra- oder interindustrielle Verteilung zu Lasten Marktschwächerer determiniert werden.
- Mit zunehmendem Organisationsgrad der Arbeitnehmer bildet sich jedoch eine Gegenmarktmacht (countervailing power), die ihrerseits den Monopolgrad verringert und somit eine Erhöhung der Lohnquote im Verhältnis zur Gewinnquote bewirken kann.
- Sofern es den Unternehmern einer gesamten Branche gelingt, den Preis deutlich über das allgemeine Niveau zu erhöhen und höhere Löhne im Vergleich zu anderen Branchen akzeptiert werden, findet lediglich eine Verlagerung der Verteilungsproblematik statt. Wenn sich zudem Arbeitgeber und Arbeitnehmer einer Branche dahingehend einigen, mit der Forderung nach öffentlichen Subventions- und/oder Investitionsprogrammen zum Schutz ihrer eigenen Branche Druck auf politische Entscheidungsträger auszuüben, kann sich dies negativ auf die reale Verteilungsposition der Unternehmer und/oder Arbeitnehmer anderer Industriezweige auswirken. Die Unternehmen vor- beziehungsweise nachgelagerter Branchen werden zu Lasten der Arbeitnehmer beziehungsweise der Verbraucher versuchen, diesen Druck zu kompensieren oder Einkommenseinbußen akzeptieren (müssen). Eine Vor- oder Rückwälzung der Preise in anderen Industriezweigen kann dann unter Umständen inflationäre Tendenzen mit allen bekannten Effekten einleiten.

---

[186] Vgl. exemplarisch Kalecki, Michal: Theorie der wirtschaftlichen Dynamik, a. a. O., S. 31 ff. Kaleckis Monopolgrad-Theorie wird meist vorgeworfen, keine gehaltvollen Aussagen zu treffen. Andererseits sieht Nicholas Kaldor in den Aussagen Kaleckis bezüglich der Beziehungen zwischen Marktmacht und funktionaler Einkommensverteilung weniger eine Darstellung tautologischer Leerformeln, sondern vielmehr die Beschreibung realer Beziehungen, die allerdings nur schwer präzisiert werden können. Vgl. Kaldor, Nicholas: Alternative Theories of distribution, a. a. o., S. 225.

- Maßnahmen und Modelle, die sowohl die Sparfähigkeit als auch die Sparbereitschaft der Arbeitnehmer erhöhen, werden bei autonomen Investitionsvolumen und kurzfristig gegebener Konsumneigung der Unternehmerhaushalte die Gewinnquote senken und können dementsprechend Verteilungsdisparitäten abschwächen.

3.4 Die Keynesianische Theorie

Die Diskrepanz zwischen der (neo-) klassischen Lehre[187], die auf einer systemimmanenten Tendenz zur Vollbeschäftigung und dem Vertrauen in die Selbstheilungskräfte der Marktwirtschaft basiert, und der permanenten Unterbeschäftigung während der Weltwirtschaftskrise löste die Entwicklung eines neuen, allgemeinen Erklärungssystems für ein gesamtwirtschaftliches Gleichgewicht sowohl bei Voll- als auch Unterbeschäftigung aus.[188] In seinem Hauptwerk, der 1936 erschienenen „General Theory of Employment, Interest and Money“[189] (im weiteren Verlauf wird sie mit General Theory abgekürzt),

---

[187] Obgleich Keynes bereits mit der Wahl des Titels „The General Theory of Employment, Interest and Money“ und der in Kapitel 1 angeführten Begründung versucht, den Unterschied zur klassischen orthodoxen Theorie zu betonen, würde unter dogmengeschichtlichen Gesichtspunkten der Begriff Neoklassik eher zutreffen. Keynes subsumierte unter dem Begriff Klassik jene Ansätze, die die Tendenz zum (Vollbeschäftigungs-) Gleichgewicht durch die (freie) Preisbildung erreichte. Joan Robinson stellte in diesem Zusammenhang fest, daß die gravierendsten Unterschiede zu seinen Vorgängern zum einen in der Betrachtung der effektiven Nachfrage und zum anderen in der Berücksichtigung der Unsicherheit bezüglich künftiger Erwartungen liege. Vgl. Robinson, Joan: Vorwort, in: Alfred S. Eichner (Hrsg.): Über Keynes hinaus. Eine Einführung in die post-keynesianische Ökonomie, a. a. O., S. 11 - 21, hier S. 11 f. Im Rahmen dieses Abschnittes wird allerdings auf eine Unterscheidung zwischen klassischer und neoklassischer Theorie verzichtet.

[188] Eine Gegenüberstellung theoretischer Modelle, deren Koordinationsmöglichkeiten und –probleme (wie unvollständige Information und Erwartungen) sowie stabilisierungspolitische Folgerungen bietet Schelbert, Heidi: Neue Makroökonomik: Gegensätze und Gemeinsamkeiten, in: Gottfried Bombach / Bernhard Gahlen / Alfred Ott (Hrsg.): Makroökonomik heute, a. a. O., S. 83 - 107.

[189] Vgl. Keynes, John Maynard: The Genaral Theory, a. a. O., S. 3. Die abstrakte und teilweise widersprüchliche Beweisführung sowie die „logischen Mängel“ in der General Theory eröffnen Gegnern wie Befürwortern umfangreiche Argumentations- und Interpretationsspielräume. Leijonhufvud liefert in seiner Abhandlung „Über Keynes und den Keynesianismus“ zudem einen interessanten Überblick über die „Wandlung in Keynes' Anschauung“ beziehungsweise den Beziehungen zwischen den einzelnen Werken Keynes'. Demgegenüber betont beispielsweise Don Patinkin die Bedeutung der tatsächlichen Aussagen Keynes' im Gegensatz zu dem „was er hätte sagen können oder sollen.“ Vgl. dazu Anderson,

suchte Keynes nach Gründen für das Versagen der klassischen Theorie, die seiner Ansicht nach lediglich einen Grenzfall der möglichen Gleichgewichtslagen erklärt, und erarbeitete eine Grundlage der modernen Einkommens- und Beschäftigungstheorie, wobei er insbesondere im 24. Kapitel der General Theory die vorherrschende Einkommens- und Vermögensverteilung deutlich kritisierte. Allerdings unterliegt auch die keynesianische Theorie Modellannahmen, wie beispielsweise unbegrenzte Finanzierungsmöglichkeiten bei zusätzlichen Ausgaben, die Beschränkung auf Haushalte und Unternehmen, die Annahme eines konstanten Preisniveaus sowie einer kurzfristigen, komparativ statischen Gleichgewichtsanalyse.[190]

Keynes' Kritik beruht auf der fehlenden Integration von Geld- und Werttheorie[191] sowie der „vereinfachenden Darstellung" der Wert- und Erzeugungstheorie im Sinne einer mathematisch erfaßbaren Gesetzmäßigkeit und Antizipation ökonomischer Ereignisse, die sich primär mit der funktionalen Verteilung bei einem gegebenen Arbeitskräftepotential befaßt und schließlich auf der Darstellung des anonymen marktwirtschaftlichen Preismechanismuses, der die Gesamtheit aller individuell getroffenen Entscheidungen miteinander in Einklang bringe und dadurch ein sozial-ökonomisches Optimum ermögliche.[192] Wie

---

Benjamin: Economics and the public welfare, New York, Van Nostrand, 1949, S. 391 oder Samuelson, Paul / Siegel, Henry: The Development of Economic Thougth, New York, 1952, S. 767; Leijonhufvud, Axel: Über Keynes und den Keynesianismus: Eine Studie zur monetären Theorie, Gérard Gräfgen (Hrsg.), Köln, 1973, S. 33 ff. sowie S. 37 f.; Patinkin, Don: A study of Keynes' theory of effective demand, in: economic inquiry, Volume XVII, 1979, S. 155 - 176, hier S. 155. Im abschließenden 24. Kapitel der General Theory kommt Keynes zu der Feststellung, daß eine gerechtere Einkommensverteilung die Konsum- und dementsprechend auch die Investitionsneigung erhöhen und zudem ein höheres Beschäftigungsniveau erreicht werden kann. Allerdings schränkt er die Forderung nach einer gerechteren Einkommens- und Vermögensverteilung insofern ein, als daß Verteilungsdisparitäten teilweise „gesellschaftlich und psychologisch" gerechtfertigt sind, jedoch nicht in der Form, wie sie in den 30er Jahren vorherrschten. Vgl. Keynes, John Maynard: The Genaral Theory, a. a. O., S. 373 f.

190 Zur Beurteilung der ad hoc Annahmen vgl. Rothschild, Kurt: Mikroökonomische Fundierung, ad hocery und keynesianische Theorie, in: Karl Georg Zinn (Hrsg.): Keynes aus nachkeynesianischer Sicht. Zum 50. Erscheinungsjahr der „Allgemeinen Theorie" von John Maynard Keynes, Wiesbaden, 1988, S. 107 - 125, insbesondere S. 116.

191 Vgl. Keynes, John Maynard: The Genaral Theory, a. a. O., Kapitel 21, hier S. 292 ff.

192 Keynes wendet sich in der General Theory weniger gegen die (klassische) Tendenz zum Gleichgewicht an sich, sondern vielmehr gegen die Annahme, daß der gesamtwirtschaftliche Gleichgewichtszustand bei einem Angebots- oder Nachfrageüberschuß nicht erreicht werden kann. Des weiteren kritisiert er, daß die klassische Theorie rationales, vorhersehba-

bereits dargestellt, hätte das Überangebot an Arbeitskräften einen Rückgang der Reallöhne und der Lohnkosten sowie einen Anstieg der Unternehmergewinne bewirken müssen. Als Reaktion auf diese Faktorpreisveränderung wäre bei vollständiger Konkurrenz der Arbeitnehmer und der nach unten flexiblen Löhne eine Steigerung der Nachfrage nach Arbeitskräften zu erwarten. Keynes' Argumentation hingegen basiert einerseits auf der Annahme, daß die Arbeitnehmer niedrigere Lohnsätze nicht akzeptieren und somit auf Kürzung der Geldlöhne mit Streiks oder Verringerung des Arbeitsangebotes reagieren werden. Da sich ihr Blickfeld weniger auf den Reallohn als auf den Geldlohn konzentriert, unterliegen die Arbeitnehmer einer begrenzten Geldillusion und werden dementsprechend eine moderate Steigerung des Preisniveaus akzeptieren, ohne unmittelbar eine Erhöhung der Geldlöhne zu fordern oder das Arbeitangebot zu senken.[193] Die Reaktionen der Arbeitnehmer und folglich auch die *funktionale Einkommensverteilung* hängt unter anderem auch von der Arbeitsangebotselastizität ab, die von der Zahl der Arbeitnehmer und der Notwendigkeit, den Faktor Arbeit anzubieten, oder der Vermögensverteilung beeinflußt wird.[194]

---

res und gleiches Verhalten in Bezug auf eine gegebene Datenbasis voraussetzt und beispielsweise bei Konsum- und Investitionsentscheidungen psychologische Faktoren sowie künftige Erwartungen nicht berücksichtigt werden.

193 Hier zeigt sich insofern ein Unterschied zur neoklassischen Annahme, daß Keynes geld- und insbesondere fiskalpolitische Programme zur Expansion und dementsprechend zur Erreichung eines Vollbeschäftigungsniveaus befürwortet, wohingegen automatische Anpassungen im Sinne einer Lohnflexibilität auf atomistischen Märkten seiner Ansicht nach unrealistisch und zudem weniger geeignet seien. Andererseits ist die Annahme einer völligen Geldillusion kaum anzutreffen, denn es ist wahrscheinlich, daß sich die Arbeitnehmer neben einer Senkung der Geldlöhne auch einer Senkung der Reallöhne (auf Grund einer Preisniveauerhöhung) widersetzen. Keynes erkennt diesen Widerspruch und läßt daher einen Interpretationsspielraum offen, indem er die Grenzen, innerhalb denen die Arbeitnehmer eine Senkung der Reallöhne akzeptieren, nicht definiert. Vgl. dazu Keynes, John Maynard: The Genaral Theory, a. a. O., Kapitel 2 und Kapitel 19, insbesondere S. 9 und S. 11 ff. sowie S. 264 und S. 267 - 271; Trevithick, James A.: Money wage inflexibility and the Keynesian labour supply function, in: William Reddaway / David Champernowne / John Black u. a. (Hrsg.): The Economic Journal, Volume 86, a. a. O., S. 327 - 332, hier S. 327 f.; Landmann, Oliver: Keynes in der heutigen Wirtschaftstheorie, in: Gottfried Bombach / Hans-Jürgen Ramser / Manfred Timmermann / Walter Wittmann (Hrsg.): Der Keynesianismus I, a. a. O., S. 133 - 210, hier S. 167 ff. Zu einem, in Anlehnung an Axel Leijonhufvud als „gedankliches Arbeitsmarktexperiment" bezeichneten Modell, mit dem die Reaktion (im Sinne von Bereitschaft) der Arbeitnehmer und der Arbeitgeber untersucht werden kann vgl. Leijonhufvud, Axel: Über Keynes und den Keynesianismus, a. a. O., S. 89.

194 Vgl. Preiser, Erich: Wirtschaftspolitik heute, a. a. O., S. 171 ff. Eine keynesianische, unfreiwillige Arbeitslosigkeit ist entsprechend der klassischen Theorie im allgemeinen und dem zweiten (klassischen) Postulat im besonderen nicht denkbar. Vgl. dazu auch Goetzke,

Andererseits können niedrigere Reallöhne die gesamtwirtschaftlich notwendige Nachfrage verringern und somit Produktions-, Investitions- und Beschäftigungsimpulse abschwächen.[195] Im Rahmen der klassischen Theorie wird in Anlehnung an das Say'sche Theorem ein verstärkter produktiver Einsatz von Arbeitskräften das entsprechende Einkommen und damit die notwendige (Vollbeschäftigungs-) Nachfrage schaffen. Mit der Kritik an den Selbstheilungskräften der Marktwirtschaft und insbesondere dem Say'schen Theorem sieht Keynes die zentrale Bedeutung für Produktion, Beschäftigung und Einkommen in der *wirksamen* Güternachfrage.[196] Er ist der Ansicht, daß das Einkommen dem Wert

---

Hans Jürgen: Das Stabilitätsproblem bei John Maynard Keynes. Eine theoriengeschichtliche Interpretation, Frankfurt am Main, Bern, New York, 1985, S. 181 f.

195 Eine durch die Lohnsenkung induzierte Einkommensumverteilung (von den Arbeitnehmern hin zu den Unternehmern beziehungsweise den Kapitalgebern) kann dem Ziel der Verteilungsgerechtigkeit im Sinne einer gleichmäßigen Einkommensverteilung widersprechen und negative Auswirkungen auf die Gesamtnachfrage haben, da die Konsumneigung der anderen Gruppen im allgemeinen niedriger ist, die Konsumneigung der Arbeitnehmerhaushalte sinkt und zudem absolut flexible Löhne die Planungssicherheit der Unternehmen respektive die Preisstabilität beeinträchtigt. Vgl. Keynes, John Maynard: The Genaral Theory, a. a. O., S. 259 - 262 und zur Preisinstabilität S. 269. Zu weiteren negativen aber auch positiven Effekten (auf die Beschäftigung und die gesamtwirtschaftliche Nachfrage) einer Lohnsenkung und deren Implikationen vgl. Keynes, John Maynard: The Genaral Theory, a. a. O., Kapitel 19, insbesondere S. 262 ff.; Hansen, Alvin: Keynes ökonomische Lehren, a. a. O., S. 171 - 180 sowie Appelbaum, Eileen: Der Arbeitsmarkt, in: Alfred S. Eichner (Hrsg.): Über Keynes hinaus. Eine Einführung in die post-keynesianische Ökonomie, a. a. O., S. 115 - 133, hier S. 120. Bereits 1935 veröffentlichte Kalecki in Polen seine Abhandlung „The mechanism of the business upswing", in der er die kurzfristig positiven Wirkungen einer Lohnsenkung verdeutlicht, gleichzeitig jedoch darauf hinweist, daß auf Grund der verbesserten Preis-Lohn-Relation die Profite ansteigen werden, diese jedoch von den Unternehmern und Kapitalgebern konsumiert oder investiert werden müssen. Bleibt diese zusätzliche Nachfrage aus, erhöhen sich die (unfreiwilligen) Lagerinvestitionen und die Preise, Kapazitätsauslastung sowie die Beschäftigung werden zurückgehen. In „money and real wages" geht Kalecki noch einen Schritt weiter und erörtert die Frage, inwieweit der Unternehmerkonsum und das Investitionsvolumen tatsächlich ansteigen wird oder ob bei vollkommener Konkurrenz nicht vielmehr ein allgemeiner Rückgang der Preise wahrscheinlicher ist, da auch die Senkung des Zinsniveaus, bedingt durch die sinkende Geldnachfrage, eine untergeordnete Rolle spielt. Vgl. Kalecki, Michal: The mechanism of the business upswing, in: ders. (Hrsg.): Studies in the theory of business cycles. 1933-39, a. a. O., S. 26 - 33, hier S. 26 f. sowie Kalecki, Michal: Money and real wages. Part I (Theory), a. a. O., S. 40 - 59, hier S. 49.

196 Vgl. Kaldor, Nicholas: Grenzen der 'General Theory', in: Bertram Schefold (Hrsg.): Grenzen der 'General Theory', Heidelberg, New York, Tokyo, 1983, S. 28 sowie Riese, Hajo: Das Verhältnis von monetärer und realwirtschaftlicher Dimension im Keynesianismus, in: Karl Georg Zinn (Hrsg.): Keynes aus nach-keynesianischer Sicht, a. a. O., S. 73 - 106, hier

der gesamten Produktion entspricht und untersucht in einem System mit gegebener Technik, Beschäftigung sowie einem gegebenen Quantum an Arbeitskräften die Determinanten der wirksamen Gesamtnachfrage.[197]

Zunächst sollen Endprodukte mit E, Vorprodukte mit E_1 und die Kapitalausrüstung am Ende einer Produktionsperiode mit G bezeichnet werden, wobei in G die Lagerbestände sowie der Bestand an Arbeitskapital enthalten sind.[198] Sofern weiterhin die für die Produktion notwendigen Überschüsse als user cost[199] U, die Zahlungen, die das Unternehmen an die anderen Erzeugungsfaktoren leistet, als Faktorkosten F und die Summe aus user cost und Faktorkosten als Grundkosten (prime cost) definiert werden, ergibt die Differenz aus dem Überschuß der Produktion und den Grundkosten das Einkommen des Unternehmers.[200]

Die Faktorkosten sind einerseits Kosten für das Unternehmen, andererseits auch Einkommen der einzelnen Produktionsfaktoren. Das Gesamteinkommen kann daher als die Summe der Faktorkosten und der Unternehmergewinne, oder auch als $\Sigma(E-U)$, definiert werden:

S. 94. Das Problem der mangelnden Güternachfrage findet sich jedoch nicht nur bei Keynes, sondern bereits Malthus oder Marx erkannten diese Problematik. Vgl. ebenso Pasinetti, Luigi: The economics of effective demand, in: ders. (Hrsg.): Growth and income distribution, a. a. O., S. 29 - 53, hier S. 31 ff. und S. 39.

197 Vgl. Keynes, John Maynard: The Genaral Theory, a. a. O., S. 20.

198 Das Nettoergebnis G beinhaltet Eigenleistungen und Zukäufe zum Erhalt oder zur Verbesserung der Anlagen während dieser Periode abzüglich der produktionsbedingten Entwertung. Hätte das Unternehmen nicht produziert, wäre allerdings ein Höchstbetrag B' notwendig gewesen, bei dem sich die Erhaltung und/oder die Verbesserung der Anlage gelohnt hätte, um einen neuen Wert G' zu erhalten. G'-B' ist der maximale Wert der Anlage, der von einer früheren Periode in die laufende Periode übertragen werden kann, auch wenn keine Produktion stattfindet. Abweichend von der General Theory werden hier andere Bezeichnungen gewählt, um Überschneidungen zu allgemein üblichen Variablen, die im weiteren Verlauf dieses Kapitels verwendet werden, zu vermeiden.

199 Formal können die user cost als $U = (G'-B')-(G-E_1)$ dargestellt werden. Da die Industrieproduktion auf spezialisierten Unternehmensstrukturen basiert sind diese im allgemeinen positiv, doch sofern positive Investitionen vorliegen und die Unternehmen den größten Teil ihrer Kapitalausrüstung selbst erstellen sind theoretisch auch negative Gebrauchskosten denkbar praktisch jedoch irrelevant.

200 Vgl. Keynes, John Maynard: The Genaral Theory, a. a. O., S. 53.

> „Thus the factor cost and the entrepreneur's profit make up, between them, what we shall define as the *total income* resulting from the employment given by the entrepreneur.“[201]

Die bisherige Analyse ließ die Möglichkeit eines Verlustes in Höhe der Kapitalausrüstung, der auf Ursachen, wie Änderungen des Marktwertes oder unvorhersehbare Ereignisse zurück zu führen ist, außer Acht. Ein Teil dieser Verluste, die Keynes supplementary cost V nennt, ist allerdings nicht unerwartet, da sie auch ohne betriebsbedingte Abnützung auftreten. Demnach muß das Einkommen der Unternehmer bereinigt und das gesamte Reineinkommen als Σ (E-U-V) definiert werden.

Nachdem die wichtigsten Bestandteile der funktionalen Einkommensverteilung, aber auch mögliche Reaktionen der Arbeitnehmer auf eine Verschiebung der Faktorpreisrelationen und somit auf eine Verschiebung dieser funktionalen Einkommensverteilung aus keynesianische Sicht dargestellt wurden, soll in den nächsten Abschnitten das Konsum- und Sparverhalten, das einerseits entscheidend von der Höhe des Einkommens abhängig ist und andererseits bei gegebenem Einkommen unmittelbar mit dem „fundamental psychological law“ erklärt wird, in die Betrachtung einbezogen werden.[202] Ausgehend vom Gütermarkt wird der gesamtwirtschaftliche Konsum C mit Σ ($E-E_1$) bezeichnet und in Bezug auf das Konsumverhalten können folgende Aussagen getroffen werden:

- Die marginale Konsumquote liegt zwischen null und eins.
- Die durchschnittliche Konsumneigung nimmt mit steigendem Einkommen ab.[203]
- Der Zinssatz spielt dabei im Gegensatz zur neoklassischen Theorie eine untergeordnete Rolle.[204]

---

201 Keynes, John Maynard: The Genaral Theory, a. a. O., S. 23. Hervorhebungen im Text wurden übernommen. Die Darstellung $Y = E - U$ wird im allgemeinen als „Verkaufserlös-minus-Kosten-Verfahren“ bezeichnet. Zu weiteren Berechnungsverfahren, wie beispielsweise das „Ausgaben-Verfahren“ und das „Faktoreinkommens-Verfahren“ vgl. Hansen, Alvin: Keynes ökonomische Lehren, a. a. O., S. 52 ff.

202 Vgl. Keynes, John Maynard: The Genaral Theory, a. a. O., S. 96 ff. und Mankiw, Gregory: Makroökonomik, a. a. O., S. 514 ff. und Dornbusch, Rüdiger / Fisher, Stanley: Makroökonomik, 4., völlig neu bearbeitete und erweiterte Auflage, München, Wien, 1985, S. 247 ff.

203 Die Ersparnis- und dementsprechend die Vermögensbildung kann daher als ein superiores Gut betrachtet werden, da sie mit steigendem Einkommen zunimmt.

204 Vgl. Keynes, John Maynard: The Genaral Theory, a. a. O., S. 93 und S. 94. Im Gegensatz dazu steht die klassische Theorie, die einen deutlich positiven Zusammenhang zwischen

Die Analyse versucht bei einem bestimmten Beschäftigungsniveau die in Lohneinheiten gemessene Konsumfunktion C_W mit der ebenfalls in Lohneinheiten gemessen Einkommensfunktion Y_W in Verbindung zu bringen, da entsprechend der Annahmen Keynes' die Höhe des Volkseinkommens als einer der wesentlichsten Bestimmungsgründe den Konsum determiniert. Problematisch ist dabei, daß Y_W keine konstante Funktion von N ist, sondern vielmehr von der jeweiligen Beschäftigung abhängt. Näherungsweise kann Y_W jedoch als eine einzigartige Funktion von N interpretiert und die Konsumfunktion als eine wachsende Funktion des Realeinkommens dargestellt werden.

Es läßt sich zeigen, daß der Konsum von weiteren Faktoren, wie Einkommens- und Vermögensverteilung, objektiven (exogene oder externe) Faktoren sowie subjektiven Bedürfnissen und Gewohnheiten der Wirtschaftssubjekte (endogene Faktoren) abhängt.[205] Zur Vereinfachung wird meist bei gegebener Technik und Gesellschaftsstruktur eine relativ konstante marginale Konsumquote mit positivem autonomen Konsum vorausgesetzt. Allerdings ist die Annahme einer *abnehmenden marginalen Konsumneigung c* insofern wahrscheinlicher, da mit einer Zunahme der Realeinkommen der Einzelne verstärkt konsumieren wird, aber nicht in Höhe der gesamten Einkommenssteigerung:[206]

> „The fundamental psychological law, upon which we are entitled to depend with great confidence both *a priori* from our knowledge of human nature and from detailed facts of experience, is that men are disposed, as a rule and on the average, to increase their consumption as their income increases, but not by as much as the increase in their income."

Zinssatz und Sparen und folglich einen negativen Zusammenhang zwischen Zinssatz und Konsum vermutet. Die Bedeutung des Zinses für die keynesianische Theorie sollte dabei allerdings nicht unterbewertet werden: Bei gegebenem Einkommen wird der Zinssatz die Konsum- und Sparneigung kaum beeinflussen, sondern vielmehr indirekt über die Investitionsentscheidung der Unternehmen, die sich ihrerseits unter anderem am Marktzins orientiert, die künftigen Einkommen determinieren. Keynes bestätigt dies, wenn er in der General Theory erläutert, daß der Zins einen bedeutenden, wenn auch nicht entscheidenden Einfluß auf die Investitionsentscheidung hat. Vgl. Keynes, John Maynard: The Genaral Theory, a. a. O., S. 164. Da der Zins zudem als eine mögliche Einkommensquelle (im Sinne von Vermögenseinkommen) interpretiert werden kann, können sich Zinssatzänderungen auch indirekt auf die *Höhe* der Ersparnis und des Konsums und nicht zuletzt direkt auf die Vermögensanlageform auswirken.

205 Zu objektiven und subjektiven Faktoren, die die Lage und Steigung der Verbrauchsfunktion beeinflussen, vgl. Keynes, John Maynard: The Genaral Theory, a. a. O., S. 89 - 112.

206 Keynes, John Maynard: The Genaral Theory, a. a. O., S. 96 (Hervorhebungen im Text wurden übernommen). Im weiteren Verlauf betont Keynes, daß (kurzfristig) der Verbrauch unterproportional zur Einkommenserhöhung ansteigen wird.

Dieser Zusammenhang gilt insbesondere kurzfristig, denn die Wirtschaftssubjekte werden im allgemeinen ihren Konsum nur langfristig der neuen Situation anpassen. Man kann daher davon ausgehen, daß einzelne Wirtschaftssubjekte bei sinkenden Reallöhnen versuchen werden, ihren Lebensstandard aufrecht zu halten und erst dann bereit sind, den verbleibenden Überschuß zu sparen. Andererseits wird ein erhöhtes Einkommen zunächst mit einer höheren Ersparnis und nicht in erster Linie mit einem erhöhten Konsum einhergehen. Mit dem Rückgang der Beschäftigung oder der Realeinkommen wird der Konsum demnach um einen geringeren Betrag sinken und kann möglicherweise das Einkommen übersteigen, denn zum einen werden die Wirtschaftssubjekte zunächst einen Teil der Ersparnisse auflösen und dem privaten Konsum zuführen und zum anderen kann die Konjunkturausgleichsrücklage abgebaut und/oder ein größeres Budgetdefizit akzeptiert werden, um zusätzliche Ausgaben zu tätigen beziehungsweise Arbeitslosenunterstützungen zu gewähren.[207]

Die Ersparnis und dementsprechend auch die Vermögensbildung wird eindeutig als der Überschuß des Einkommens über den Konsum definiert, deren Höhe wiederum von weiteren Faktoren beeinflußt wird. Wenn der Konsum C als Σ (E-E_1) und das Einkommen als Σ (E-U) bezeichnet wird, kann die Ersparnis S in der Form Σ (E_1-U) oder auch $S = Y - C$ beziehungsweise unmittelbar $S = S(Y)$ definiert werden.

Da sich sowohl marginale als auch durchschnittliche Spar- und Konsumquoten definitionsgemäß in ihren Summen zu eins ausgleichen werden, können folgende Aussagen getroffen werden:[208]

- ❒ Eine konstante marginale Konsumquote impliziert eine konstante marginale Sparquote zwischen null und eins.

---

207 Vgl. Keynes, John Maynard: The Genaral Theory, a. a. O., S. 97 f. Hier zeigt sich, daß Keynes in Hinblick auf die Konsumneigung den langfristigen Einkommensaspekt im Sinne einer Berücksichtigung des gegenwärtigen Einkommens aber auch der vorhergehenden Einkommen erkennt, diesen Gesichtspunkt jedoch nicht weiter verfolgt. Vgl. Goetzke, Hans Jürgen: Das Stabilitätsproblem bei John Maynard Keynes. a. a. O., S. 140 f. Andererseits findet sich in der General Theory eine weitere Stelle, die als Indiz gewertet werden kann, daß Keynes die Betrachtung des Einkommens aus der vorhergehenden Periode als Erklärungsansatz erkennt, ihn (den Ansatz) jedoch ablehnt. Vgl. Keynes, John Maynard: The Genaral Theory, a. a. O., S. 78.

208 Im Gegensatz zur (postkeynesianischen) Ansicht Kaleckis verbindet Keynes das individuelle Sparen mit der Konsumentscheidung. Bei Kalecki hingegen korrelieren die Höhe der Ersparnis und die „Profitentscheidung“ der Unternehmen miteinander.

- Die durchschnittliche Sparquote, definiert als S/Y, wird mit steigendem Einkommen zunehmen. Mit anderen Worten: Die Wirtschaftssubjekte werden mit steigendem Einkommen einen zunehmenden Teil dieses Einkommens sparen und die Ersparnis respektive die Vermögensbildung kann dementsprechend als superiores Gut betrachtet werden.

Abbildung 4: Die Beziehung zwischen Konsum und Sparen im keynesianischen System

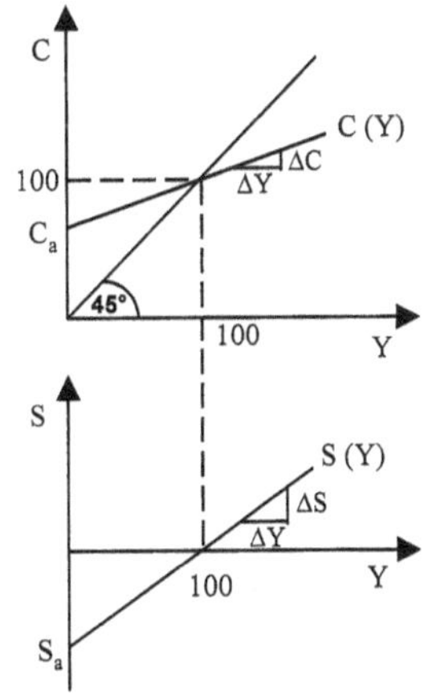

Die Konsumfunktion im oberen Teil der Abbildung 4 beginnt mit einem positiven Ordinatenwert, der als autonomer Konsum C_a bezeichnet wird. Die Wirtschaftssubjekte werden eine einkommensunabhängige Gütermenge konsumieren, um ihren Grundbedarf zu decken. In allen Punkten auf der Konsumfunktion, die über der 45°-Linie liegen, übersteigt der Konsum das Einkommen und die durchschnittliche Konsumneigung ist größer als eins. Erst im Schnittpunkt der 45°-Linie mit der Konsumfunktion sind Einkommen und Konsum gleich. Demgegenüber repräsentiert der untere Teil dieser Graphik die Sparfunktion, die mit einer (negativen) autonomen Ersparnis S_a beginnt und die Abszisse in dem Punkt schneidet, bei dem das Einkommen die Konsumausgaben deckt. Fällt man das Lot im Schnittpunkt der Konsumfunktion mit 45°-Linie, so erhält man den Schnittpunkt der Sparfunktion mit der Abszisse, in dem die Ersparnis definitionsgemäß gleich Null sein muß.[209]

Exkurs: Alternative Konsumhypothesen

Im Rahmen einer Darstellung der keynesianischen Konsumfunktion und insbesondere einer Untersuchung der marginalen Konsumneigung stellt sich die Frage ihrer empirischen Evidenz und statistischen Belegung, da die Konsum- und Sparquoten eine zentrale Bedeutung für die Verteilung des Sozialproduktes

---

[209] Zu den Sparmotiven vgl. auch Keynes, John Maynard: The Genaral Theory, a. a. O., S. 108 sowie Leijonhufvud, Axel: Über Keynes und den Keynesianismus, a. a. O., S. 176 ff. und zur Korrelation der durchschnittlichen Sparquote und des Einkommens vgl. Tabelle 15 dieser Arbeit.

und die Entwicklung des Kapitalstocks darstellen.[210] Zunächst bestätigten erste empirische Untersuchungen und Haushaltsbefragungen die Hypothesen Keynes', doch nach dem II. Weltkrieg blieb - trotz steigender Einkommen - die zu erwartende sinkende durchschnittliche Konsumquote aus. Auch die langfristige Untersuchung Simon Kuznets' und die Erfahrungen aus dem sogenannten „Konjunkturzuschlag" in der Bundesrepublik Deutschland widerlegte die von Keynes angenommene Beziehung zwischen Einkommen und durchschnittlicher Konsumneigung.[211] Diese Widersprüche führten zu dem Ergebnis, daß deutlich zwischen den Untersuchungshorizonten unterschieden werden muß.

Abbildung 5: Die kurzfristige und die langfristige Konsumfunktion

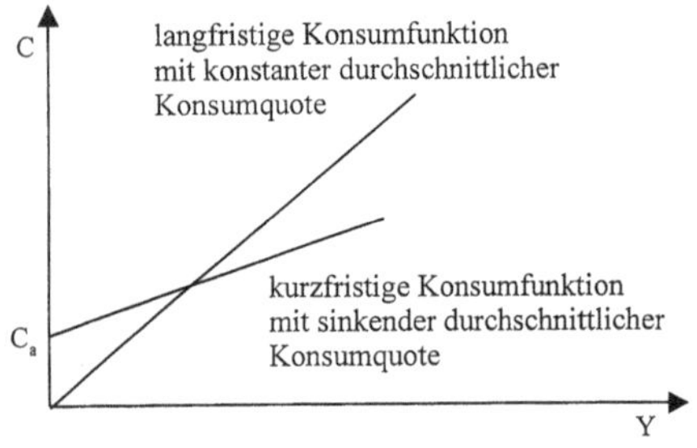

Sowohl die Lebenszyklus-Hypothese von Franco Modigliani als auch die permanente Einkommens-Hypothese von Milton Friedman basieren auf der Annahme, daß intertemporäre Nutzenentscheidungen der Wirtschaftssubjekte in die Betrachtung einbezogen werden müssen oder mit anderen Worten, daß das Konsumentenverhalten nicht lediglich eine Funktion des gegenwärtigen, sondern vielmehr eine komplexe Funktion des aktuellen und künftigen Einkommens, der zu erwartenden Zinssätze und des Vermögens darstellt. Diese beiden neoklassischen Ansätze, die auf Irvin Fishers Theorie des Konsumentenverhaltens zurückzuführen sind, betrachten demnach den trade-off zwischen Konsum und Sparen in unterschiedlichen Perioden. Entsprechend der Annahmen der Lebenszyklus-Hypothese werden zukunftsorientierte Wirtschaftssubjekte versuchen, ihren Nutzen dahingehend zu maximieren, daß sie ein möglichst konstantes Konsumniveau über die zu erwartende Lebensspanne aufrecht erhalten und dementsprechend während der aktiven Arbeitsperiode Ersparnisse

---

210 Entsprechend der Annahme einer sinkenden durchschnittlichen Konsumquote befürchteten einige Wirtschaftswissenschaftler, daß auf Grund einer Einkommenssteigerung der zunehmenden Ersparnis nicht genügend Investitionsprojekte gegenüber stehen würden und dies eine erneute Depression auslösen könnte.

211 Vgl. auch Spahn, Heinz-Peter: Keynes in der heutigen Wirtschaftspolitik, a. a. O. S. 247.

bilden, die dann im Rentenalter oder in unvorhergesehenen Lebenslagen aufgelöst werden.[212]

Vermögens- und verteilungspolitisch betrachtet trägt die Lebenszyklus-Hypothese entscheidend zur Erklärung des individuellen beziehungsweise schichtspezifischen Sparverhaltens respektive unterschiedlicher Sparquoten der Arbeitnehmer und der Selbständigen sowie der personellen Vermögensverteilung bei, da das System der sozialen Sicherung die Alters- und Risikovorsorge der Arbeitnehmerhaushalte weitgehend ersetzt, Selbständige hingegen individuelle Vorsorge treffen und demnach höhere Ersparnisse bilden. Unter Berücksichtigung der Lebenszyklus-Hypothese läßt sich die Bedeutung einer Mitarbeiterbeteiligung insofern begründen, als daß dadurch insbesondere dem Anliegen der Arbeitnehmer-Eigenvorsorge Rechnung getragen wird.[213] Gegenüber der Lebenszyklus-Hypothese sollte jedoch auch angeführt werden, daß ältere Personen weniger entsparen wie zu erwarten wäre, da sie zum einen ihre Lebenserwartung und zum anderen unerwartete Krankheiten oder Behinderungen nicht exakt abschätzen können und das Vorsichtsmotiv auch im Alter eine bedeutende Rolle für das Konsum- und Sparverhalten spielt.[214]

Einen weiteren Ansatz zur Erklärung der langfristigen Konsum- und Sparentscheidungen liefert die permanente Einkommenshypothese, bei der zwischen dem permanenten und dem transitorischen Einkommen unterschieden wird.[215] Im Gegensatz zur keynesianischen Betrachtung der Konsumfunktion ist Friedman der Ansicht, daß die Wirtschaftssubjekte ihre Konsumentscheidungen nicht auf der Grundlage der verfügbaren, sondern der permanenten, längerfristig zu erwartenden Einkommen treffen und die transitorischen Einkommen als „Restgröße“ beziehungsweise als Abweichung vom durchschnittlichen Einkommen

---

[212] Vgl. Modigliani, Franco: The live cycle hypothesis of saving, the demand for wealth and the supply of capital, in: Social research, Volume 33, no. 2, 1966; Modigliani, Franco: Live cycle individual thrift and the wealth of nations, in: American economic review, Volume 76, 1986, S. 297 - 313; Dornbusch, Rüdiger / Fisher, Stanley: Makroökonomik, a. a. O., S. 251 ff. und Blümle, Gerold: Zum heutigen Stand der Theorie des Sparens, in: Werner Ehrlicher / D. B. Simmert (Hrsg.): Der volkswirtschaftliche Sparprozeß, Berlin, 1985, S. 44.

[213] Vgl. dazu auch Kapitel 4.1 dieser Arbeit und die dort angegebenen Literaturquellen.

[214] Vgl. Ando, Albert / Kennickell, Arthur: How much (or little) live cycle saving is there in micro data, in: Rüdiger Dornbush / Stanley Fisher / John Bossons (Hrsg.): Macroeconomics and finance: Essays in honor of Franco Modigliani, Cambridge (Massachusetts), 1986, S. 159 - 223, hier S. 166 ff.

[215] Zur permanenten Einkommenshypothese vgl. Friedman, Milton: A theory of the consumption function, Princeton, 1957.

nur bedingt konsumieren werden. Demnach basiert auch die permanente Einkommenshypothese auf der Annahme, daß die Individuen versuchen, ihren Konsum zu glätten und auf kurzfristige Einkommensschwankungen nur mit einer entsprechenden Anpassung ihrer Sparentscheidungen reagieren werden.

Unter dem Aspekt der individuellen beziehungsweise schichtspezifischen Vermögens- und Einkommensverteilung läßt sich unter Berücksichtigung der permanenten Einkommenshypothese feststellen, daß die höhere Ersparnis der Selbständigen mit dem höheren Anteil des transitorischen Einkommens dieser Einkommensgruppe erklärt werden kann, da sie ihre Gewinnerwartungen nicht exakt prognostizieren können.[216] Ein weiterer Grund für die größere Vermögensakkumulation wird auch hier in der privaten Alters- und Risikovorsorge liegen, da Selbständige im allgemeinen nicht auf das Arbeitslosen- oder Rentenversicherungssystem zurückgreifen können.

Entsprechend der oben getroffenen Annahmen entspricht das gesamte Einkommen der Differenz aus dem Wert, den der Produzent für seine verkauften Güter erhält und den Gebrauchskosten. Des weiteren wird die gesamte Produktion entweder konsumiert oder investiven Zwecken zugeführt. Investitionen umfassen im weitesten Sinne alle Aktivitäten einer Volkswirtschaft mit dem Ziel, sowohl in der laufenden als auch in künftigen Perioden Güter oder Dienstleistungen zu produzieren respektive am Markt anzubieten. Sie schließt neben Realinvestitionen auch Finanzierungsinvestitionen und die Investition in das Humankapital ein. Im Rahmen dieser Untersuchung wird der allgemeine Investitionsbegriff allerdings dahingehend eingeschränkt, als daß er lediglich die Summe der in einer Periode angeschafften Güter mit dem Zweck, andere Waren zu produzieren oder Lagerbestände zu erhöhen, beinhaltet. Die laufende Investition wird in diesem Sinne definiert als die permanente Hinzufügung zum Wert der Kapitalausrüstung.

Die laufenden Investitionen eines Unternehmens entsprechen dem Überschuß der von anderen Unternehmen bezogenen Ausrüstungen über seine eigenen Gebrauchskosten, wobei die Investitionsentscheidung sowohl vom *Marktzinssatz* (i) als auch von eigenen *(Profit-)Erwartungen* und *gesamtwirtschaftlichen Prognosen* determiniert wird. Der Überschuß des Einkommens über den Verbrauch muß - ex post betrachtet - der Hinzufügung zur Kapitalausrüstung entsprechen. Ersparnis und Investitionen sind also dergestalt definiert, daß ihre Beträge einander entsprechen, da sie für die gesamte Volkswirtschaft lediglich

---

216 Vgl. ebenso Kaldor, Nicholas: Capital accumulation and economic growth, a. a. O., S. 21.

zwei unterschiedliche Aspekte des selben Tatbestandes darstellen. In einem geschlossenen System ist es dabei unerheblich, inwieweit eine Investition mit Eigen- oder Fremdkapital finanziert wird, da allen Gläubigern die Gesamtheit der Schuldner gegenüber steht. Somit werden sich, gesamtwirtschaftlich betrachtet, Forderungen und Verbindlichkeiten (ex post) immer zu Null ausgleichen.[217]

Die Gleichheit von Ersparnis und Investition muß ex ante nicht immer zutreffen und es ist unter Berücksichtigung der (unzureichenden) wirksamen Nachfrage sogar wahrscheinlich, daß diese Plangrößen zunächst voneinander abweichen.[218] Dabei wird neben der üblichen Transaktions- und Vorsichtskasse - trotz Zinsverluste - eine zusätzliche Geldhaltung stattfinden und folglich die Ersparnis nicht mit dem Angebot an finanziellen Mitteln auf dem Kapitalmarkt übereinstimmen. Keynes sieht den Grund für das Versagen des Zinsmechanismuses und dementsprechend den Grund für diese Abweichung in der spekulativen Liquiditätspräferenz, das heißt in der Präferenz, Geld statt zinstragende Wertpapiere zu halten.[219] Erzwungene Ersparnis, mit anderen Worten die Abwei-

---

[217] Die Investitionsnachfragefunktion stellt die Verbindung zwischen Investition und der Grenzleistungsfähigkeit des Kapitals r (marginal efficienty of capital) her. Nach der Ansicht Keynes' werden die Investitionen solange ausgedehnt, bis sich die Grenzleistungsfähigkeit des Kapitals und der Marktzinssatz einander entsprechen. Andreas Paulsen verdeutlichte den Einfluß psychologischer Faktoren (Keynes nennt sie „animal spirits", wobei er diese wiederum durch kompensatorische Faktoren einschränkt.) im Sinne von Investitionsneigung und Liquiditätspräferenz, indem er die Investitionsfunktion als $I(r,i)$ darstellte. Vgl. dazu Keynes, John Maynard: The General Theory, a. a. O., S. 136 f.; S. 152; S. 161 ff., und S. 165 sowie Riese, Hajo: Zur Theorie rationaler Erwartungen: Neoklassische Grundlagen und keynesianischer Gegenentwurf, in: Gottfried Bombach / Bernhard Gahlen / Alfred Ott (Hrsg.): Makroökonomik heute, a. a. O., S. 264 f.; Jäggi, Christian: Die Makroökonomie von J. M. Keynes, Berlin, Heidelberg, New York, Tokyo, 1986, S. 72 f. und Paulsen, Andreas: Neue Wirtschaftslehre. Einführung in die Wirtschaftstheorie von John Maynard Keynes und die Wirtschaftspolitik der Vollbeschäftigung, 4., unveränderte Auflage, Berlin, Frankfurt am Main, 1958, S. 44 f. und S. 126 ff.

[218] Da die buchhalterische Betrachtung ex post erfolgt, kann sie mitunter der ex ante Betrachtung der Wirtschaftspläne widersprechen. Lediglich im Gleichgewicht stimmen die ex ante und ex post Betrachtungen überein.

[219] Die Haltung von Geld wird nach Keynes mit zunehmender Höhe der Wertpapierkurse im Vergleich zum „Normalkurs" attraktiver, da zum einen das Risiko eines Kursverlustes steigt und zum anderen die Rendite (Effektivverzinsung) sinkt. Die Wirtschaftssubjekte bevorzugen in dieser Situation die Haltung liquider Geldmittel, da sie einen Kursrückgang und damit eine Erhöhung der Effektivverzinsung erwarten, die dann eine Anlage in Wertpapieren rentabel erscheinen läßt. Sofern der Zins als Preis für den Verzicht auf Liquidität

chung von einer Standardrate der Ersparnis, gilt als der Überschuß der tatsächlichen Ersparnis über das, was bei Vollbeschäftigung in einer langfristigen Gleichgewichtslage erspart werden würde. Übersteigt bei einer gegebenen Beschäftigung A und gegebenem Lohnsatz l der *erwartete* Erlös den Angebotspreis, so werden die Unternehmen versuchen, das Angebot und dementsprechend die Beschäftigung auszudehnen. Die Angebotserweiterung wird solange andauern, bis die Beschäftigung jenen Wert erreicht, bei dem der Angebotspreis dem erwarteten Erlös der gesamten Produktion entspricht. An diesem Punkt wird die *wirksame* oder die *effektive* Nachfrage mit maximaler Gewinnerwartung ermittelt.[220]

Abbildung 6: Der Vergleich der klassischen und keynesianischen Interpretation der Beschäftigung

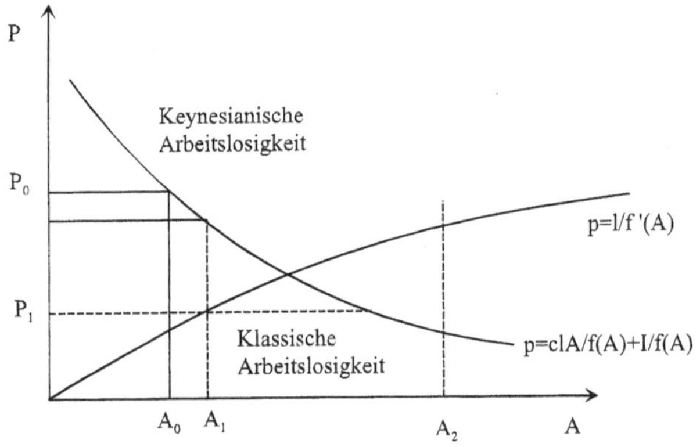

interpretiert wird, muß die Kassenhaltung (Geld) neben der Funktion des Tauschmittels einen weiteren Nutzen erbringen, den Keynes vorwiegend im Spekulationsmotiv und demnach in der Ungewißheit bezüglich der künftigen (Zins-) Entwicklung sieht. Demgegenüber wird in der klassischen Theorie der Zinsmechanismus die Plangrößen koordinieren. Vgl. dazu Keynes, John Maynard: The Genaral Theory, a. a. O., Kapitel 13 bis 15; Landmann, Oliver: Keynes in der heutigen Wirtschaftstheorie, a. a. O., S. 177 ff. und Hahn, Frank: Money and inflation, Oxford, 1982, S. 19. Zu den Funktionen beziehungsweise Eigenschaften des Geldes und des Zinses vgl. auch Jäggi, Christian: Die Makroökonomie von J. M. Keynes, a. a. O., Kapitel O und Q, S. 152 - 201, hier S. 183 ff.

220 Vgl. Keynes, John Maynard: The Genaral Theory, a. a. O., S. 25. Keynes' Kritik liegt insbesondere darin, daß die klassische Theorie nicht die effektive Nachfrage, das heißt die Kaufkraft der Wirtschaftssubjekte berücksichtigt, sondern vielmehr davon ausgeht, daß das Angebot immer seine Nachfrage schaffen und somit immer Vollbeschäftigung eintreten wird.

Bei konstanten Geldlöhnen je beschäftigter Einheit und unveränderten Faktorkosten ergeben sich folgende Konstellationen:[221] Da im Fall A_0 der Preis P_0 über der Angebotskurve und somit über den Grenzkosten liegt, werden die Unternehmen versuchen, die Produktion auszudehnen. Andererseits kann zum Preis P_0 keine größere Menge abgesetzt werden und es herrscht sogenannte keynesianische Arbeitslosigkeit, die von einer zu geringen Nachfrage determiniert wird.[222] Im zweiten Fall A_1 (zu P_1) herrscht eine Übernachfrage und die Beschäftigung wird dabei durch die Güterangebotskurve bestimmt. Da zum Preis P_1 die Nachfrage eindeutig das Angebot überwiegt, liegt der Grund für die Unterbeschäftigung nicht in der mangelnden Güternachfrage, sondern vielmehr in den zu hohen Kosten. Eine Preissteigerung und dementsprechend eine Reallohnsenkung würde das Angebot erhöhen und die (klassische) Arbeitslosigkeit verringern. Wenn die Beschäftigung weiterhin zunimmt, steigt sowohl das gesamte Realeinkommen als auch die Konsumgüternachfrage, wobei - wie bereits dargestellt - die marginale Konsumneigung kleiner eins ist. Mit steigendem Einkommen erhöht sich die Differenz zwischen dem gesamten Volkseinkommen und der Kosumgüternachfrage. Sofern die Überproduktion nicht von einer (autonomen) Investitionsgüternachfrage absorbiert werden kann, müssen die Unternehmen (in diesem Fall ab dem Schnittpunkt der beiden Kurven) zwangsläufig in die Verlustzone rücken. Mit anderen Worten: Die Investition schließt die Lücke zwischen der gesamtwirtschaftlichen Produktion und der Konsumgüternachfrage.[223] Bei gegebener Konsum- und Investitionsneigung

[221] Keynes ist der Ansicht, daß sich der Charakter der Beweisführung bei variablen Geldlöhnen nur unwesentlich ändert. Vgl. Keynes, John Maynard: The Genaral Theory, a. a. O., S. 27; Schefold, Bertram: Überlegungen zur neowalrasianischen, marshallianischen und klassischen Mikrofundierung der Theorie der effektiven Nachfrage, in: Karl Georg Zinn (Hrsg.): Keynes aus nach-keynesianischer Sicht, a. a. O., S. 127 - 166, insbes. S. 129 ff.

[222] Hier zeigt sich erneut Keynes' Kritik an der klassischen Theorie, da in diesem Fall nicht das Angebot seine Nachfrage schafft, sondern die Nachfrage das Angebot bestimmt. Vgl. dazu Landmann, Oliver: Keynes in der heutigen Wirtschaftstheorie, a. a. O., S. 142 ff.

[223] Das Investitionsvolumen gilt demnach als einer der entscheidenden Faktoren, der die Beschäftigung und Einkommen determinieren. Vgl. Meißner, Werner: Die post-keynesianische Schule und ihr Beitrag zur Erneuerung der politökonomischen Analyse, in: Karl Georg Zinn (Hrsg.): Keynes aus nach-keynesianischer Sicht, a. a. O., S. 59 - 72, hier S. 63. Allerdings setzt eine entsprechende Erhöhung der Investition voraus, daß der künftige Konsum oder neue Konsumentenwünsche diese Kapazitäten in Anspruch nehmen werden. Sofern das tatsächlich realisierte Investitionsvolumen geringer ausfällt als die geplante Ersparnis, müßte das Einkommen sinken und es würde der Fall eintreten, den Keynes mit „paradox of poverty in the mids of plenty" umschreibt. Vgl. Keynes, John Maynard: The Genaral Theory, a. a. O., S. 30.

wird es immer nur ein Niveau der Beschäftigung geben, bei dem ein Gleichgewichtszustand möglich ist. Dieses Niveau kann nie höher als das Vollbeschäftigungsniveau (hier beispielsweise A_2) und somit der Reallohn nie niedriger als der Grenznachteil der Arbeit sein. Entsprechend seiner nachfrageorientierten Betrachtung erklärt Keynes die permanente Unterbeschäftigung als Folge einer mangelnden Konsum- und Investitionsgüternachfrage. Dementsprechend sieht er ceteris paribus in einer Steigerung der (Staats-) Nachfrage und/oder einer Steigerung der Reallöhne[224], die die Kaufkraft der Wirtschaftssubjekte und folglich auch die effektive Nachfrage erhöhen würden, entscheidende Lösungsansätze zur Beseitigung der Arbeitslosigkeit.[225]

Mit der Zusammenführung der Konsum- und Investitionsfunktion sowie der Betrachtung staatlicher Aktivitäten und des Außenhandels können zum einen Gesamtnachfrage und Kreislaufzusammenhänge in Form einzelner Gleichungen dargestellt und zum anderen zentrale Fragen der keynesianischen Verteilungstheorie analysiert werden: Welche Bedingungen sind notwendig, um überhaupt Gewinne als permanente Einkommensquelle zu erwirtschaften und inwieweit

---

224 Keynes sieht in einer Steuersenkung oder in Maßnahmen zur Einkommensumverteilung zugunsten einkommensschwächerer Wirtschaftssubjekte (Gesellschaftsgruppen) geeignete Maßnahmen zur Wirtschaftsbelebung und dementsprechend zur Bekämpfung der Arbeitslosigkeit, da sie eine höhere Konsumneigung aufweisen.

225 Inwieweit eine Reallohnerhöhung negative Auswirkungen auf die Produktionsbedingungen haben kann, ist dabei umstritten. Konzentriert sich die Betrachtung allerdings auf Großunternehmen mit einem relativ hohen Fixkostenanteil, so kann eine Preissenkung zum einen die Produktions- und Absatzmenge erhöhen und zum anderen die Stückkosten sogar entsprechend verringern. Öffentliche Aufträge, Arbeitsbeschaffungsmaßnahmen und deficit spending wird im allgemeinen mit Keynes beziehungsweise Keynesianismus in Verbindung gebracht, da er die Aufgaben des Staates zur Beeinflussung wirtschaftlicher Aktivitäten „neu“ definierte und so zur Belebung beziehungsweise Neuorientierung einer wirtschaftswissenschaftlichen Fundierung der Wirtschaftspolitik beitrug. Daneben läßt sich auch Michal Kalecki anführen, der sowohl wirtschafts- als auch sozialpolitische Aspekte aber auch Finanzierungsprobleme und Sekundärwirkungen kritisch betrachtet und deutlich zwischen den Entwicklungsstufen einzelner Wirtschaftssysteme und der daraus resultierenden Problematik staatlicher Investitionen unterscheidet. Andererseits spricht sich Keynes in der General Theory weder explizit für das sogenannte „deficit spending“ noch für „public works“ aus und erwähnt diese Begriffe lediglich in Bezug auf die marginale Konsumneigung und den Multiplikatorprozeß. Vgl. dazu auch Goetzke, Hans Jürgen: Das Stabilitätsproblem bei John Maynard Keynes, a. a. O., S. 65 ff. sowie S. 75 ff. und S. 245 ff.; Paulsen, Andreas: Neue Wirtschaftslehre, a. a. O., S. 4 f. und Kalecki, Michal: Essays on developing economies, a. a. O., S. 21 ff.

besteht die Möglichkeit, die Verteilungsposition der Arbeitnehmer zu verbessern und sie an der gesamtwirtschaftlichen Vermögensbildung zu beteiligen.

Ausgehend vom Bruttosozialprodukt zu Marktpreisen wird durch Subtraktion der Abschreibungen das Nettosozialprodukt zu Marktpreisen (1) und im weiteren Verlauf durch den Abzug der indirekten Steuern sowie der Addition der Subventionen an die Unternehmen das Nettosozialprodukt zu Faktorkosten oder das Volkseinkommen (1b) entwickelt, wobei in diesem Fall die Gewinne quasi analog zu den Faktorkosten interpretiert werden können:

$$(1) \qquad Y_m^n = C_H(Y_H^v) + I_U^n(i) + C_{St} + I_{St}^n + (Ex - Im)$$

$$(1b) \qquad Y_f^n = C_H(Y_H^v) + I_U^n(i) + C_{St} + I_{St}^n + (Ex - Im) - (T_U^{ind} - \ddot{U}_U)$$

Die Verteilung des Nettosozialprodukts zu Faktorkosten gliedert sich entsprechend Gleichung (2) in Gewinne des Staates (beispielsweise aus Beteiligungen), Einkommen aus unselbständiger Tätigkeit sowie ausgeschüttete beziehungsweise im Unternehmen verbleibende Gewinne. Werden davon jene Posten, die nicht den privaten Haushalten zufließen, sowie die direkten Steuern der Haushalte abgezogen und die Subventionen addiert, so läßt sich das verfügbare Einkommen der privaten Haushalte (3) darstellen als:

$$(2) \qquad Y_f^n = G_{St} + L + G_H + G_U$$

$$(3) \qquad Y_H^v = Y_f^n - G_{St} - G_U - (T_H^d - \ddot{U}_H)$$

Der kreislauftheoretische Ansatz beruht auf der Annahme, daß unter Berücksichtigung der Arbeitnehmerersparnis die Einkommensverteilung (Gewinn- oder Lohneinkommen) von der Struktur der Einkommensverwendung determiniert wird. Aus der keynesianischen Verteilungsgleichung (4) (und als Verteilungsquoten entsprechend Gleichung (5)) wird ersichtlich, daß sich die (Netto-) Unternehmereinkommen (inklusive der Einkommen aus Vermögen!) aus der Summe der privaten Investitionen, der staatlichen Kreditaufnahme, des Leistungsbilanzsaldos und des Konsums der Unternehmer abzüglich der Ersparnis der Arbeitnehmer errechnen.[226]

$$(4) \qquad Y_U = I_U^n(i) + (T + G_{St} - C_{St} - I_{St}^n - \ddot{U}_U - \ddot{U}_H) + (Ex - Im) + C_U - S_A$$

$$Y_U = I_U^n(i) + Kr_{St} + (Ex - Im) + C_U - S_A$$

---

[226] Vgl. ebenso Oberhauser, Alois: Die Bedeutung der Kreislauftheorie der Verteilung für Wirtschaftstheorie und Wirtschaftspolitik, in: Adolf Wagner / Heinrich Strecker / Wolfgang Eichhorn u. a. (Hrsg.): Jahrbücher für Nationalökonomie und Statistik, Band 215/2, Stuttgart, 1996, S. 129 - 142, hier S. 130.

$$(5) \quad \frac{Y_U}{Y} = \frac{I_U^n(i)}{Y} + \frac{Kr_{St}}{Y} + \frac{(Ex - Im)}{Y} + \frac{C_U}{Y} - \frac{S_A}{Y}$$

$$(6) \quad Vb_{pr} = I_U^n(i) + (T + G_{St} - C_{St} - I_{St}^n - \ddot{U}_U - \ddot{U}_H) + (Ex - Im)$$

$$Vb_{pr} = I_U^n(i) + Kr_{St} + (Ex - Im)$$

$$(7) \quad S = S_A + S_U$$

$$(8) \quad c_F + s_F = 1 \text{ und } c_G + s_G = 1$$

Wird die Ersparnis der Arbeitnehmer als konstant und gegebenen betrachtet, so läßt sich unter Berücksichtigung der Kreislauftheorie feststellen, daß die Verteilung des Sozialproduktes sowie das Realeinkommen und die Konsummöglichkeit der Arbeitnehmerhaushalte von den Konsum- und Investitionsentscheidungen der Unternehmer, dem Leistungsbilanzsaldo sowie dem Budgetdefizit bestimmt wird (Vgl. dazu wiederum Gleichungen (4) und (5)) und die gewerkschaftliche Nominallohnpolitik einer Erweiterung im Sinne einer Vermögensbeteiligungspolitik bedarf, um die reale Verteilungsposition der Arbeitnehmer in ihrer *Gesamtheit* zu verbessern.[227] Eine Erhöhung der Sparquote der Arbeitnehmer eröffnet demnach die Möglichkeit, die Unternehmereinkommensquote zu verringern und gleichzeitig die Mitarbeiter an der Vermögensbildung in Höhe von S_A zu beteiligen, da sich entsprechend Gleichung (7) die gesamte Ersparnis aus der Ersparnis der Arbeitnehmer und der Unternehmer zusammensetzt. Die Steigerung von S_A würde danach zu einer gleichmäßigeren Einkommens- und Vermögensverteilung führen, da sich dies ceteris paribus in einer Verringerung der Gewinnquote niederschlägt.

Im folgenden soll die Untersuchung um die marginale Konsumquote erweitert, das heißt die jeweilige Grenzneigung des Konsums der Bezieher der Faktoreinkommen in die Betrachtung einbezogen werden. Dabei werden, mitunter aus Raumgründen, folgende Annahmen getroffen:

- ❒ Die staatlichen Aktivitäten und positiven Nettoinvestitionen werden als autonom betrachtet.
- ❒ Von wirtschaftlichen Auslandsbeziehungen wird abgesehen.

---

[227] In der kreislauftheoretischen Annahme, die Gesamtausgaben der Unternehmer bestimmen deren Einkommen, sieht Kaldor einen der bedeutendsten Unterschiede des Keynes'schen Gedankengerüsts im Vergleich zu seinen Vorgängern. Vgl. Kaldor, Nicholas: Alternative theories of distribution, a. a. O., S. 227, Fußnote 1. Dies läßt sich in Anlehnung an Peter Kalmbach auch dahingehend interpretieren, daß sich jede Investition ihre eigene Ersparnis schafft. Vgl. Kalmbach, Peter: Wachstum und Verteilung in neoklassischer und post-keynesianischer Sicht, Berlin, 1972, S. 146.

- Die Gewinne im engeren Sinn werden als die Differenz aus Produktionserlösen und den Faktorkosten definiert.
- Die Faktoreinkommen setzen sich aus Arbeitseinkommen sowie Zinserträgen und Bodenrenten zusammen. Mit anderen Worten werden den Unternehmergewinnen die gesamten Faktorkosten gegenübergestellt.
- Das Arbeitseinkommen wird als das Produkt von Arbeitseinsatz und dem Lohnsatz definiert, wobei der Lohnsatz auf Grund tarifvertraglicher Regelungen kurzfristig exogen gegeben ist.
- Die marginalen Konsumquoten sind konstant mit $0 < c_F; c_G < 1$. Ein autonomer Konsum wird nicht berücksichtigt.

In der kurzfristigen Betrachtung können Lohnsätze, Zinserträge und Bodenrenten als fix angesehen werden, da in der Regel längerfristige Verträge abgeschlossen und Produktionsfaktoren, wie beispielsweise Boden und Kapital, nur mittel- bis langfristig variiert werden. Volkseinkommen und Unternehmergewinne lassen sich unter Berücksichtigung der oben angeführten Prämissen als Gleichung (1c) und (4a):

$$\text{(1c)}\quad Y_f^n = c_L L + c_G G + c_Z Z + \overline{I_U^n} + \overline{C_{St}} + \overline{I_{St}} - \overline{(T^{ind} - \ddot{U}_U)}$$

$$Y_f^n = c_F F + c_G G + \overline{I_U^n} + \overline{C_{St}} + \overline{I_{St}} - \overline{(T^{ind} - \ddot{U}_U)}$$

$$\text{(4a)}\quad Y_U = Y_f^n - L - Z$$

$$Y_U = Y_f^n - F$$

und nach weiteren Umformungen als Gleichung (1d) beziehungsweise (4b) darstellen:[228]

$$\text{(1d)}\quad Y_f^n = \frac{c_F - c_G}{1 - c_G} F + \frac{1}{1 - c_G}\left(\overline{I_U^n} + \overline{C_{St}} + \overline{I_{St}} - \overline{(T^{ind} - \ddot{U}_U)}\right)$$

$$\text{(4b)}\quad Y_U = \frac{1}{c_F - c_G}\left(\overline{I_U^n} + \overline{C_{St}} + \overline{I_{St}} - \overline{(T^{ind} - \ddot{U}_U)}\right) - \frac{1 - c_F}{c_F - c_G} Y_f^n$$

---

228 Nachdem Gleichung (4a) in Gleichung (1c) eingesetzt wurde, erhält man die Gleichung $Y_f^n = c_F F + c_G (Y_f^n - F) + \overline{I_U^n} + \overline{C_{St}} + \overline{I_{St}} - \overline{(T^{ind} - \ddot{U}_U)}$, die nach weiteren Umformungen zu Gleichung (1d) entwickelt wird. Zudem folgt aus einem dieser Zwischenschritte, daß $Y_f^n - c_G Y_f^n = (c_F - c_G)F + \overline{I_U^n} + \overline{C_{St}} + \overline{I_{St}} - \overline{(T^{ind} - \ddot{U}_U)}$ und weiterhin $\frac{(1 - c_G)}{c_F - c_G} Y_f^n - \frac{1}{c_F - c_G}\left(\overline{I_U^n} + \overline{C_{St}} + \overline{I_{St}} - \overline{(T^{ind} - \ddot{U}_U)}\right) = F$ sein muß. Wird dies in Gleichung (4a) eingesetzt und entsprechend umgeformt, so ergibt sich daraus Gleichung (4b).

Mit Hilfe der Abbildung 7 können die oben angeführten Konstellationen graphisch dargestellt werden. Die Winkelhalbierende im ersten Quadranten verdeutlicht die Beziehung Y=L und Y=C+I, wobei die Investition als autonom und C_Z als konstant angenommen wird. Die Steigung der Geraden im zweiten Quadranten entspricht dem Lohnsatz. Einem bestimmten Gesamtoutput stehen im dritten und vierten Quadranten die Beschäftigung A und das Angebot Y* gegenüber. Aus der Beziehung $L = A*l$ ergibt sich danach im ersten Quadranten die Gesamtlohnsumme L, der Konsum C_L beziehungsweise C_G (und C). Der vertikale Abstand zwischen dem Schnittpunkt der Winkelhalbierenden mit der Kurve C+I und L kann als Gewinneinkommen und (konstantes) Einkommen aus Zinsen und Bodenrenten betrachtet werden.

Abbildung 7: Konsum, Investition und optimaler Gesamtoutput

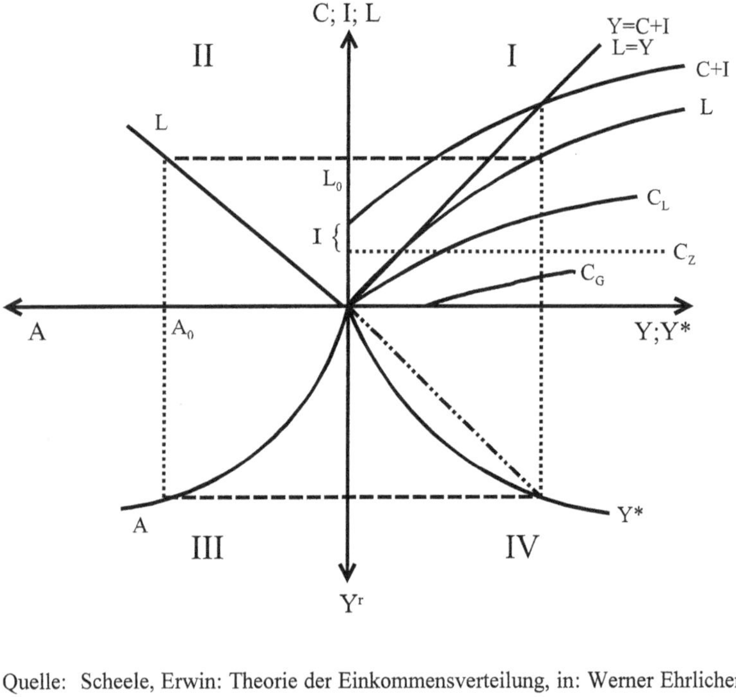

Quelle: Scheele, Erwin: Theorie der Einkommensverteilung, in: Werner Ehrlicher / Ingeborg Esenwein-Rothe / Harald Jürgensen u. a. (Hrsg.): Kompendium der Volkswirtschaftslehre, Band 1, 5. überarbeitete und ergänzte Auflage, Göttingen, 1975, S. 297 - 351, hier S. 327.

Gesamtwirtschaftlich betrachtet kann eine Mitarbeiterbeteiligung zu einer effektiven Verbesserung der Verteilungsposition der Arbeitnehmer beitragen, wenn die Sparquote der Arbeitnehmer tatsächlich steigt, das heißt wenn die zusätzlichen, dem Arbeitnehmer übertragenen Mittel, gespart werden und bereits vorhandenes Vermögen nicht konsumiert wird. Konstante Konsum- und Investitionsquoten vorausgesetzt, können die Mitarbeiter verstärkt an der Investitionsquote beteiligt werden, wobei ihnen die „zusätzlichen Einkommen" in Vermögensform übertragen werden. Diese Umverteilung verringert entsprechend den Vermögenszuwachs derer, die bis dato an der Nettoinvestition beteiligt waren. Es ist sinnvoll, auf eine Barausschüttung zu verzichten, da sie den Finanzierungsspielraum der Unternehmen beeinträchtigt und meist zu keiner echten Beteiligung am *Produktivvermögen* führt.[229] Der Sachverständigenrat zur Begutachtung der gesamtwirtschaftlichen Entwicklung kam dementsprechend in seinem Jahresgutachten 1991/92 zu dem Ergebnis, daß eine Mitarbeiterbeteiligung auf der Entscheidungsfreiheit beider Sozialpartner basieren muß, um negative Effekte, wie Vermögenssubstitutionen, zu vermeiden.[230] Werden die zusätzlichen Mittel allerdings (überwiegend) konsumiert, ist ein Preisniveauanstieg nicht auszuschließen, der zum einen die vorhandenen Geldvermögensbestände negativ beeinflußt, zum anderen die Lebenshaltungskosten erhöht und somit die Sparfähigkeit beeinträchtigt.[231] Mit Hilfe eines Wiederanlagebonus werden daher Anreize geschaffen, die Mittel, die den Arbeitnehmern nach Ablauf der Sperrfrist prinzipiell zur Verfügung stehen, noch weiter anzulegen. Eine Mitarbeiterbeteiligung sollte jedoch auch nicht zu Lasten des gesamtwirtschaftlich notwendigen Konsums gehen, da die gesunkene Konsumgüternachfrage einen Beschäftigungsrückgang auslösen kann, denn die zusätzliche

---

[229] Eine Barausschüttung wird zudem auf Grund der höheren Konsumneigung der Bezieher niedriger Einkommen mit einer geringeren Ersparnis einhergehen.

[230] Vgl. Sachverständigenrat zur Begutachtung der gesamtwirtschaftlichen Entwicklung (Hrsg.): Die wirtschaftliche Integration in Deutschland. Perspektiven - Wege - Risiken, Jahresgutachten 1991/92, Stuttgart, 1991, Ziffer 379, S. 200.

[231] Vgl. Oberhauser, Alois: Von der überbetrieblichen zur betrieblichen Gewinn- und Kapitalbeteiligung der Arbeitnehmer, in: Hans J. Schneider (Hrsg.): Handbuch der Mitarbeiter-Kapitalbeteiligung, Köln, 1977, S. 358 - 376, hier S. 364 f. sowie Allekotte, Heinz: Volkswirtschaftliche Aspekte betrieblicher Mitarbeiterbeteiligung, in: Hans J. Schneider (Hrsg.): Handbuch der Mitarbeiter-Kapitalbeteiligung, a. a. O., S. 348 - 357, hier S. 351. Um einem vorzeitigen Konsum entgegen zu wirken sieht das Vermögensbildungsgesetz beispielsweise vor, daß der Arbeitnehmer sieben Jahre lang keinen Zugriff auf diese Mittel hat. Vgl.: § 4 Abs. 2 Satz 2, Fünftes Gesetz zur Förderung der Vermögensbildung der Arbeitnehmer (5. VermBG) in: BGBl 1989 I, S. 137.

Produktion, auf Grund eines Produktivitätsfortschrittes, bedarf einer entsprechenden Nachfrage.

Die keynesianische Verteilungsgleichung gilt einerseits als ein sinnvolles Mittel, um die Wirkungen einer Mitarbeiterbeteiligung aufzuzeigen und grundsätzliche Prämissen für eine solche Beteiligung festzulegen, doch impliziert sie andererseits konstante Konsum- und Investitionsquoten (der Unternehmer und des Staates). Zudem sollten dabei auch die Reaktionen der am Markt beteiligten Wirtschaftssubjekte betrachtet werden, denn durch eine Gewinnbeteiligung wird die Sparquote der Arbeitnehmer erhöht, wobei dies eine Reduzierung der Unternehmergewinne, einen Beschäftigungsabbau und letztendlich eine Senkung der Sparquote zur Folge haben kann.

Die kaldorianische Verteilungstheorie

Die keynesianische Verteilungsgleichung bildet die Basis der kaldorianische Verteilungstheorie, wobei sich Kaldor insofern von Keynes entfernt, als daß in seinem Modell Vollbeschäftigung vorausgesetzt wird. Demnach ermöglichen die ausgelasteten Produktionskapazitäten kurzfristig keine Erhöhung der Produktion und/oder der Beschäftigung und die durch Nachfrageänderungen verursachten Ungleichgewichte können nur über den Preismechanismus ausgeglichen werden. Kaldor kann jedoch andererseits nicht zu den Neoklassikern gezählt werden, da er Investitionen als eine von der Gewinnhöhe und der Sparquote unabhängige und somit die reale Investitionssumme als eine exogene Größe betrachtet. Allerdings geht er von einem gegebenen Volkseinkommen aus und interpretiert die Einkommensverteilung als die variierende Größe, wohingegen bei Keynes das Volkseinkommen variabel und die Einkommensverteilung fest gegeben ist.[232] Eine Erhöhung des Investitionsvolumens führt bei Vollbeschäftigung zu steigenden Preisen, dementsprechend - bei konstantem oder unterproportional steigendem Lohnniveau - zu steigenden Profiten und unter der Annahme, daß die Sparquote der Arbeitnehmer geringer als die der Unternehmer ist, zu einer höheren Ersparnis.[233] Keynesianisch argumentiert führt eine Nachfragesteigerung zu einer Erhöhung der Beschäftigung und des Sozialproduktes aber zu keiner Preissteigerung. Solange die Nachfrage in diesem Bereich liegt, sind also nur Mengeneffekte zu erwarten. Wenn die Nachfrage über diesen „keynesianischen Bereich" hinaus geht steigen Output und

---

232 Vgl. Külp, Bernhard: Verteilung - Theorie und Politik, a. a. O., S. 20-24 sowie S. 76 f.

233 Dieser Anpassungsreaktion an das Investitions-Spar-Gleichgewicht wird im allgemeinen auch als „Kaldor-Effekt" bezeichnet.

Preis. Erhöht sich die Nachfrage weiterhin bis zum Vollbeschäftigungsniveau, so sind nur noch Preisreaktionen möglich. Im Kaldormodell kann auf Grund der Vollbeschäftigungsannahme also lediglich mit Preiseffekten gerechnet werden.[234]

Folgende Annahmen werden von Kaldor getroffen:

- Es wird Vollbeschäftigung und konstantes, exogen vorgegebenes reales Sozialprodukt angenommen.
- Die Investitionen werden als exogene Größe betrachtet und es wird eine kurzfristig konstante Investitionsquote (i) vorausgesetzt.
- Es herrscht ein flexibles Preisniveau, wobei die Preisänderungen nicht vollständig durch die Lohnänderungen kompensiert werden.
- Konstante Sparquoten sowie $s_A \neq s_U$; $s_A < s_U$ und $s_A < i < s_U$ werden vorausgesetzt.[235]
- Es werden einfache, proportionale Sparfunktionen angenommen.

Die Ausgangslage der kaldorianischen Verteilungstheorie bilden die Gleichungssysteme (1) bis (5) und nach weiteren Umformungen die Gleichungssysteme (6) bis (8):[236]

(1) $Y = L + G$

(2) $I = S$

(3) $S = S_U + S_A$

---

[234] Die unterschiedlichen Anpassungsreaktionsmechanismen lassen sich am Beispiel I > S darstellen: In der neoklassischen Theorie führt eine Zinsniveauerhöhung zu sinkenden Investitionen und gleichzeitig zu steigenden Ersparnissen. „Keynesianisch argumentiert" wird eine Gütermengenreaktion eine Erhöhung des Volkseinkommens und im weiteren Verlauf eine Erhöhung der Ersparnis den Ausgleich erwirken. Kaldor hingegen erwartet eine Preisreaktion, die zur Erhöhung der Gewinnquote und diese letztendlich zu einer höheren Ersparnis führen wird. Vgl. ebenso Külp, Bernhard: Verteilung - Theorie und Politik, a. a. O., S. 20-24 sowie S. 89.

[235] Zu der empirischen Relevanz kurz- und langfristig konstanter Sparquoten siehe den Exkurs zur permanenten Einkommenshypothese. Sowohl die Annahme konstanter Sparquoten als auch die Vernachlässigung staatlicher Aktivitäten und der Außenhandelsbeziehungen werden in der Literatur mit dem vereinfachenden modelltheoretischen Charakter dieser Untersuchung erklärt.

[236] Zu den Annahmen und zur Herleitung vgl. Kaldor, Nicholas: Alternative theories of distribution, a. a. O., S. 229; Aus der Vielzahl der Literatur zur kaldorianischen Verteilungstheorie vgl. weiterhin Külp Bernhard, Verteilung - Theorie und Politik, a. a. O., S. 79 f. sowie Pasinetti, Luigi: From Classical to Keynesian economic dynamics, in: ders. (Hrsg.): Growth and income distribution, a. a. O., S. 86 - 102, hier S. 99 ff.

$$(4)\quad S_U = s_U G$$

$$(5)\quad S_A = s_A L$$

$$(6)\quad I = s_U G + s_A L = s_U G + s_A (Y - G) = (s_U - s_A) G + s_A Y$$

$$(7)\quad i = \frac{I}{Y} = (s_U - s_A)\frac{G}{Y} + s_A$$

$$(8)\quad g = \frac{G}{Y} = \frac{1}{s_U - s_A}\frac{I}{Y} - \frac{s_A}{s_U - s_A} = \frac{\frac{I}{Y} - s_A}{s_U - s_A} = \frac{i - s_A}{s_U - s_A}$$

Werden gegebene Sparneigungen angenommen, so läßt sich feststellen, daß die Gewinnquote (in Kaldors Darstellung: Profitquote) lediglich von der Investitionsquote determiniert wird.[237] Dies bestätigt erneut die bereits getroffene, kreislauftheoretische Annahme der Investitions-Profit-Korrelation oder mit den Worten Kaleckis: „... Es bestimmen folglich die Investitions- und Konsumentscheidungen ihre Profite und nicht umgekehrt die Profite ihre Konsumentscheidungen.“[238] oder derselbe: „... The capitalists earn what they spend, and the workers spend what they earn.“ Eine von Zins und Sparneigung unabhängige Erhöhung der Investitionsnachfrage führt ceteris paribus zu einer Preisniveauerhöhung (im Verhältnis zum Reallohnniveau) und dementsprechend zu einer Einkommensumschichtung, die an der Gewinn- respektive Profitquote (8) gemessen werden kann. Allerdings sind bei der Berechnung der Profitquote entsprechend der kaldorianischen Verteilungsgleichung auch Ober- und Untergrenzen, wie beispielsweise Minimumlöhne, Mindestverzinsung des eingesetzten Kapitals und/oder Liquiditätspräferenz der Wirtschaftssubjekte, Monopolgrad eines Industriezweiges oder der gesamten Volkswirtschaft und kurzfristig (zumindest nach unten) konstante Profitspannen beziehungsweise nach unten starre Reallöhne zu beachten.[239] Trotz dieser Einschränkungen ist aus Gleichung (8) ersichtlich, daß es drei Wege gibt, die Gewinnquote zu verringern:[240]

---

237 Hier zeigt sich ein deutlicher Unterschied zur oben dargestellten klassischen und marxistischen Theorie, da in beiden Fällen der Profit als Überschuß interpretiert, wohingegen in diesem Modell der Profit respektive die Profitquote von der Investitionsbereitschaft determiniert wird.

238 Kalecki, Michal: Theorie der wirtschaftlichen Dynamik, a. a. O., S. 50.

239 Zu den Grenzen vgl. auch Kalmbach, Peter: Wachstum und Verteilung in neoklassischer und post-keynesianischer Sicht, a. a. O., S. 163 f.

240 Vgl. Külp Bernhard, Verteilung - Theorie und Politik, a. a. O., S. 82-87 sowie Stahlecker, Peter: Verteilungstheorie, a. a. O., Spalte 1375 - 1415, hier Spalte 1399.

- Senkung der Investitionsquote[241]
- Erhöhung der Sparquote der Unternehmer
- Erhöhung der Arbeitnehmersparquote

Vergleicht man die Ergebnisse von Keynes und Kaldor, so zeigt sich, daß eine Erhöhung der Sparquote der Arbeitnehmer am sinnvollsten ist, denn eine Verringerung der Investitionsquote wird negative Wachstumsfolgen haben und ist daher abzulehnen. Eine Erhöhung der Sparquote der Unternehmer mindert zwar ebenfalls die Gewinnquote, doch werden damit - entgegen der Zielsetzung einer gerechteren respektive gleichmäßigeren Einkommens- und Vermögensverteilung - die Mitarbeiter noch nicht am Produktivvermögen beteiligt. Eine höhere Sparfähigkeit kann damit durchaus erreicht werden, aber keine Veränderung der Struktur der Ersparnisse. Eine Verbesserung der Einkommenssituation der Arbeitnehmer (bei gleichzeitiger Umverteilung des Produktivvermögens) läßt sich hiernach nur über die Erhöhung der Arbeitnehmersparquote erreichen, wobei sich eine investive Mitarbeiterbeteiligung sowohl aus vermögens- als auch aus verteilungspolitischen Gesichtspunkten anbietet.[242]

Gegen die klare, jedoch vereinfachte Darstellung des kaldorianischen Modells lassen sich einzelne Kritikpunkte anführen: Es werden lediglich zwei Einkommenskategorien und zwei Einkommensverwendungsmöglichkeiten berücksichtigt.[243] Zudem wird entweder von einer Periode ausgegangen, in der die Arbeitnehmer noch keinerlei Ersparnisse gebildet haben, oder es wird der Kapital-

---

[241] Der Grad der Veränderung hängt allerdings nicht nur von der Investitionsquote an sich, sondern auch vom Faktor $\frac{1}{s_U - s_A}$ ab, den Kaldor als den Sensitivitätskoeffizienten („coefficient of sensitivity of income distribution“) bezeichnet. Je geringer die Differenz zwischen den beiden Sparquoten ausfällt, desto stärker wirkt sich eine Veränderung der Investitionsquote auf die Gewinnquote aus. Vgl. Kaldor, Nicholas: Alternative theories of distribution, a. a. O., S. 230.

[242] Die Wirkungen auf die Einkommens- und Vermögensverteilung werde ich im Verlauf dieses Kapitels nochmals erläutern. Zum Konflikt zwischen Wirtschaftswachstum und Einkommensverteilung vgl. auch Ott, Alfred: Magic polignoms in economic policy. A theoretical analysis of conflicts of economic targets, in: Wissenschaftliche Verlagsgesellschaft mbH.(Hrsg.): The german economic review. An english language quaterly on german economic research and current developments, Volume 9, Stuttgart, 1971, S. 11 - 28, insbesondere S. 26 f.

[243] Vgl. Helmstädter, Ernst: Eine Erweiterung des Kaldor-Modells der Einkommensverteilung, in: Gottfried Bombach (Hrsg.): Wachstum, Einkommensverteilung und wirtschaftliches Gleichgewicht, Berlin, 1969, S. 45 - 59.

stock beziehungsweise das Kapitaleinkommen der Arbeitnehmer vernachlässigt, da die konsumtive Verwendung (im Sinne von Zwecksparen) ihrer Ersparnisse ohnehin überwiegt.[244] In Anlehnung an Pasinetti oder Kalmbach soll daher im weiteren Verlauf das Modell um das Kapitaleinkommen der Arbeitnehmer P_A erweitert und Gleichungen (1) und (5) modifiziert werden:

(1') $Y = L + G + P_A$

(5') $S_A = s_A L + s_A P_A = s_A (L + P_A)$[245]

Werden die Verhaltensgleichungen (4) und (5') in (2) eingesetzt, so ergibt sich zunächst eine etwas andere Darstellung der Gleichung (6), wobei sich allerdings nach einer einfachen Substitution $[(L + P_A)$ gegen $(Y - G)]$ und den bereits bekannten Umformungen die ursprünglichen Gleichungen (6) und (7) sowie (8) ergeben:

(6') $I = s_U G + s_A (L + P_A)$ nach der Substitution folgt wiederum

(6) $I = s_U G + s_A (Y - G) = (s_U - s_A) G + s_A Y$

Die Kapitaleinkommen der Arbeitnehmer bleiben auf Grund der einfachen Substitution auch in diesem Falle unberücksichtigt und es deutet demnach darauf hin, daß bei gegebenen Investitions- und Sparquoten die Einkommensverteilung nicht von den Vermögensbeständen der Arbeitnehmer und den daraus resultierenden Einkommen beeinflußt wird.[246] Wird jedoch die Verteilungsgleichung (8) in erneuter Anlehnung an Pasinetti wieder um die Kapitaleinkommensquote der Arbeitnehmer erweitert und zudem, unter Berücksichtigung einer weiteren Abhandlung Pasinettis, die Annahme gleicher Kapitalrenditen getroffen, so ergibt sich:[247]

---

[244] Vgl. Kalmbach, Peter: Wachstum und Verteilung in neoklassischer und post-keynesianischer Sicht, a. a. O., S. 156 ff. In diesem Zusammenhang weist Kalmbach zudem darauf hin, daß mit der Berücksichtigung der Kapitaleinkommen der Arbeitnehmer von der „klassischen" Untergliederung in Kapitalisten und Arbeiter abgesehen und eine Querverteilung berücksichtigt werden sollte.

[245] Vgl. Pasinetti, Luigi: Rate of profit and income distribution in relation to the rate of economic growth, in: The review of economic studies, Volume XXIX, 1962, S. 267 - 279 wiederveröffentlicht in: Luigi Pasinetti (Hrsg.): Growth and income distribution, a. a. O., S. 103 - 120, hier S. 106 f.

[246] Dies steht nicht in unmittelbaren Widerspruch zu den oben getroffenen Annahmen, da auch sie bei einer gegebenen Investitionsquote eine Erhöhung der Sparquote voraussetzt.

[247] Vgl. Pasinetti, Luigi: The Rate of profit in an expanding economy, in: ders. (Hrsg.): Growth and income distribution, a. a. O., S. 121 - 145, hier S. 127.

$$(9)\qquad \frac{P}{K} = \frac{G}{K_U} = \frac{P_A}{K_A}$$

$$(10)\qquad \frac{P_A}{Y} = \frac{\frac{P_A K_A}{K_A}}{Y} = \frac{K_A}{K}\frac{P}{Y}$$

$$(8')\qquad \frac{G}{Y} + \frac{P_A}{Y} = \frac{1}{s_U - s_A}\frac{I}{Y} - \frac{s_A}{s_U - s_A} + \frac{P_A}{Y}$$

$$(11)\qquad \frac{G}{Y} + \frac{P_A}{Y} - \frac{P_A}{Y} = \frac{1}{s_U - s_A}\frac{I}{Y} - \frac{s_A}{s_U - s_A}$$

und weiterhin:

$$(12)\qquad \frac{P}{Y}(1 - \frac{K_A}{K}) = \frac{1}{s_U - s_A}\frac{I}{Y} - \frac{s_A}{s_U - s_A}$$

$$(13)\qquad \frac{P}{Y} = (1 + \frac{K_A}{K_U})(\frac{1}{s_U - s_A}\frac{I}{Y} - \frac{s_A}{s_U - s_A})$$

$$\frac{P}{Y} = (\frac{1}{s_U - s_A}\frac{I}{Y} - \frac{s_A}{s_U - s_A}) + \frac{K_A}{K_U}(\frac{1}{s_U - s_A}\frac{I}{Y} - \frac{s_A}{s_U - s_A})$$

Wie bereits dargestellt, sind die Unternehmergewinne, das heißt der erste Teil der obigen Gleichung, unabhängig von den Vermögensbeständen und den Kapitaleinkommen der Arbeitnehmer, wohingegen der zweite Teil der Gleichung (13) deutlich von der relativen Verteilung des Vermögens determiniert wird.

Zusammenfassend läßt sich unter Berücksichtigung der *klassischen Theorie* feststellen, daß die Lohnrate durch das Arbeitsangebot determiniert wird, wobei kurzfristig eine steigende Arbeitsnachfrage durchaus ein höheres Lohnniveau bewirken kann. Langfristig wird das Einkommen jedoch wieder auf das Niveau des materiellen Existenzminimums sinken, die Kapitalakkumulation hingegen steigen. Die weiterentwickelte klassische Theorie setzt voraus, daß die Preise in beide Richtungen flexibel sind und die individuellen Entscheidungen insofern durch Preissignale koordiniert werden, als daß eine Preis-Mengen-Konstellation existiert, in der alle Wirtschaftspläne miteinander übereinstimmen. Der (optimale) Lohnsatz entspricht dabei dem Grenzerzeugnis der Arbeit und der Nutzen des Lohnes jenem Wert, zu dem der Arbeitnehmer bereit ist, seine Arbeitskraft am Markt anzubieten. Partielle respektive temporäre Störungen werden grundsätzlich über den anonymen Marktmechanismus ausgeglichen und somit dem gesamtwirtschaftlichen Optimum angepaßt.

Die *marxistische Theorie* basiert auf der Annahme, daß der freie Arbeiter lediglich seine eigene Arbeitskraft am Markt anbieten kann, wohingegen der

„Marx'sche Kapitalist" das gesamte Kapital in den Produktionsprozeß einbringt und dafür den sogenannten Mehrwert erhält. Da eine Erhöhung dieses Mehrwertes und seiner absoluten Rate - bei gegebenen Produktionsverfahren - nur begrenzt erfolgen kann und eine Entlohnung unter dem „Wert der Arbeit" theoretisch nicht möglich ist, kann die neue Gesamtrelation nur über die Verringerung des Arbeitswertes erreicht werden: Die Einführung neuer Produktionstechnologien führt zu einer Variation des relativen Mehrwertes und zu einer steigenden organischen Zusammensetzung des Kapitals. Dadurch verschafft sich der Unternehmer einen temporären Vorteil, kann seinen Absatz erhöhen und veranlaßt seine Konkurrenten, diese Produktionstechnologie ebenfalls einzuführen. Die steigende organische Zusammensetzung des Kapitals bedingt allerdings auch ein Absinken der Gewinnquote. Bei konstanter (selbst bei sinkender) Ausbeutungsrate kann das Kapital seine Machtposition erweitern, da mit einem relativ geringen variablen Kapitalanteil mehr Waren hergestellt, demnach Wert in Kapital umgewandelt und somit der Unternehmer mehr Vermögen erlangen kann. Auf Grund dieser Produktivitätssteigerungen werden jedoch langfristig die entsprechenden Absatzmärkte fehlen. Dies wird entweder zu Entlassungen oder zur Substitution der Arbeiter und demgemäß zum Aufbau einer „industriellen Reservearmee des Proletariats" führen. Das Konkurrenzdenken der Arbeitslosen bewirkt, daß die Löhne langfristig auf ein Niveau absinken, bei dem lediglich der Erhalt der physischen Leistungsfähigkeit gegeben und keine Vermögensbildung seitens der Arbeitnehmer möglich ist. Auf Grund der ungleichen Vermögensverteilung kann der Marx'sche Kapitalist - auf Kosten schwächerer Unternehmen und Vermögensloser - eine Rente zu erzielen, wobei grundsätzlich zwischen zwei Alternativen unterschieden werden kann: Entsprechend der Klassenmonopoltheorie werden die Vermögensbesitzer en bloc Grundrenten und Kapitalgewinne erzielen. Da allerdings auch innerhalb dieser Gruppe Verteiligungsdisparitäten denkbar sind, können weiterhin Machtpotentiale errichtet und entsprechende Monopol- beziehungsweise Oligopolgewinne erwirtschaftet werden. Diese Machtkonzentration führt zu keiner, den Gesetzen der vollständigen Konkurrenz entsprechenden Marktversorgung, sondern vielmehr zu einer unerwünschten Verteilungssituation auf Kosten schwächerer Wirtschaftssubjekte.

In der *neoklassischen Grenzproduktivitätstheorie* wird, mikroökonomisch betrachtet, der Einsatz der Produktionsfaktoren Arbeit und Kapital dahingehend optimiert, als daß diese solange eingesetzt werden, bis ihre Wertgrenzprodukte dem Lohnsatz respektive dem Zinssatz entsprechen. Auf gesamtwirtschaftlicher Ebene hingegen wird die Grenzproduktivität des Faktors Arbeit dem Reallohnsatz und des Faktors Kapital dem Realzinssatz entsprechen. Hier vollzieht sich der Übergang von der mikro- zur makroökonomischen Betrachtung, da sich im ersten Fall das einzelne Unternehmen den exogenen Güter- und Faktorpreisen, im zweiten Fall die Faktorentlohnung dem Vollbeschäftigungsniveau angleicht. Die Beeinflussung der funktionalen Einkommensverteilung, beispielsweise durch eine Erhöhung der Reallöhne über deren Grenzproduktivität, wird zu einer kapitalintensiveren Produktion und somit zu einer Substitution des Faktors Arbeit führen, wohingegen langfristig über geringere Lohnsteigerungen oder Reallohnsenkungen eine Anpassung an das Vollbeschäftigungsniveau erfolgt. Die Produktionsfunktion determiniert den Faktoreinsatz, deren Entlohnung und folglich auch die funktionale Einkommensverteilung. Die personelle Einkommensverteilung hingegen wird auf dem Markt durch den Preis bestimmt, zu dem die Wirtschaftssubjekte ihre Leistungen anbieten. Somit läßt sich feststellen, daß im Rahmen der neoklassischen Theorie die künstliche Beeinflussung der Faktorpreise via gewerkschaftliche Lohnforderungen (über die Grenzproduktivität) das Gleichgewicht stören und zu suboptimalen Allokationsergebnissen führen kann.

Aus der Kritik an der traditionellen neoklassischen Theorie, die im allgemeinen weder qualitative noch technische Innovationen berücksichtigt, vollständige Konkurrenz- sowie Gewinnmaximierungsbedingungen voraussetzt und monopolistische respektive oligopolistische Marktstrukturen vernachlässigt, entwikkelte sich unter anderem die *Monopolgrad-Theorie.* Dabei wird die Möglichkeit betrachtet, den Preis über die Produktionskosten, die zu einer einheitlichen Gewinnquote auf allen Sektoren führt, zu erhöhen, so daß Investitionsausgaben teilweise durch interne Mittel beziehungsweise höhere Bruttogewinne finanziert werden können. In Anlehnung an Michal Kalecki werden zunächst die Gründe für eine Erhöhung des Monopolgrads betrachtet und anschließend folgende Identität konstatiert: Die Bruttogewinne (abzüglich Steuern) entsprechen den Bruttoinvestitionen zuzüglich des Unternehmerkonsums abzüglich der Ersparnis der Arbeitnehmer. Aus verteilungspolitischen Gesichtspunkten läßt sich somit feststellen, daß eine Erhöhung des Monopolgrades eine höhere Gewinnquote, die interne Investitionsfinanzierung über den Preis und die Verfolgung unternehmens- aber auch machtpolitischer Ziele erlaubt. Weiterhin beeinflußt der Monopolgrad über die Höhe dieser Gewinne und der Möglichkeit, den Preisschirm aufrecht zu erhalten, sowohl die funktionale Einkommensverteilung als auch die intra- und interindustrielle Verteilung. Demgegenüber wird sich mit der gewerkschaftlichen Organisation der Arbeitnehmer eine Gegenmarktmacht bilden, die eine Erhöhung der Lohnquote im Verhältnis zur Gewinnquote ermöglicht. Maßnahmen und Modelle, die sowohl die Sparfähigkeit als auch die Sparbereitschaft der Arbeitnehmer erhöhen, werden ceteris paribus die Gewinnquote senken und können dementsprechend Verteilungsdisparitäten abschwächen.

Die *keynesianischen Theorie* hingegen versucht ein allgemeines Erklärungssystem für das gesamtwirtschaftliche Gleichgewicht sowohl bei Voll- als auch bei Unterbeschäftigung sowie die Basis einer neuen Einkommens- und Beschäftigungstheorie zu erarbeiten. Dabei konstatiert Keynes im abschließenden Kapitel der General Theory, daß eine gerechtere Einkommensverteilung die Konsum- und dementsprechend auch die Investitionsneigung erhöhen und zudem eine höhere Beschäftigung induzieren kann. Allerdings schränkt er die Forderung nach einer Beseitigung der Einkommens- und Vermögensverteilungsdisparitäten insofern ein, als daß sie teilweise „gesellschaftlich und psychologisch" gerechtfertigt seien. Bezüglich des Konsumverhaltens, das von objektiven Faktoren, subjektiven Bedürfnissen sowie der Einkommens- und Vermögensverteilung determiniert wird, kommt er zu dem Ergebnis, daß die marginale Konsumquote zwischen null und eins liegt, die durchschnittliche Konsumneigung mit steigendem Einkommen abnimmt, wohingegen der Zins im Gegensatz zur neoklassischen Theorie eine eher untergeordnete Rolle spielt. Da allerdings langfristige Untersuchungen die von Keynes angenommene Beziehung zwischen Einkommen und durchschnittlicher Konsumneigung widerlegen, sollte im Rahmen einer vermögens- und verteilungspolitischen Betrachtung grundsätzlich zwischen den Untersuchungshorizonten unterschieden werden.

Die *Lebenszyklus-Hypothese* und die permanente *Einkommens-Hypothese* basieren auf der Annahme, daß das Konsumverhalten eine komplexe Funktion sowohl des gegenwärtigen als auch des zukünftigen Einkommens, der zu erwartenden Zinssätze und des Vermögens darstellt. Unter Berücksichtigung der Annahmen der Lebenszyklus-Hypothese werden zukunftsorientierte Wirtschaftssubjekte versuchen, ein möglichst konstantes Konsumniveau aufrecht zu erhalten und dementsprechend während der Arbeitsperiode Ersparnisse bilden, die dann im Rentenalter oder in unvorhergesehenen Lebenslagen aufgelöst werden. Somit trägt sie entscheidend zur Erklärung des individuellen beziehungsweise schichtspezifischen Sparverhaltens respektive unterschiedlicher Sparquoten sowie der personellen Vermögensverteilung bei. Milton Friedman hingegen geht davon aus, daß die Wirtschaftssubjekte ihre Konsum- und Sparentscheidungen auf Grund der langfristig zu erwartenden Einkommen treffen und versuchen, ihren Konsum zu glätten und auf kurzfristige Einkommensschwankungen mit einer Anpassung ihrer Sparentscheidungen reagieren. Die höhere Ersparnis der Selbständigenhaushalte kann daher mit dem höheren Anteil des transitorischen Einkommens erklärt werden, da sie zum einen ihre Gewinnerwartungen nicht exakt prognostizieren und zum anderen üblicherweise nicht auf das Arbeitslosen- oder Rentenversicherungssystem zurückgreifen können.

Im Rahmen der keynesianischen Verteilungstheorie stellt sich die Frage, inwieweit die Möglichkeit besteht, die Verteilungsposition der Arbeitnehmer zu verbessern und sie an der gesamtwirtschaftlichen Vermögensbildung zu beteiligen. Sowohl unter Berücksichtigung der marginalen Konsumquoten der Wirtschaftssubjekte als auch bei konstanter und gegebener Ersparnis der Arbeitnehmer läßt sich feststellen, daß die traditionelle gewerkschaftliche Nominallohnpolitik einer Erweiterung im Sinne der Vermögensbeteiligungspolitik bedarf, da eine Erhöhung der Sparquote der Arbeitnehmer via Mitarbeiterbeteiligungsmodelle die Möglichkeit eröffnet, die Unternehmereinkommensquote zu verringern und gleichzeitig die Mitarbeiter an der Vermögensbildung zu beteiligen. Die Mitarbeiterbeteiligung kann demnach zu einer Verbesserung der Verteilungsposition der Arbeitnehmer beitragen, wenn die zusätzlichen, den Arbeitnehmern übertragenen Mittel tatsächlich gespart werden und bereits vorhandenes Vermögen nicht konsumiert wird. Die keynesianische Verteilungsgleichung impliziert allerdings konstante Konsum- und Investitionsquoten (der Unternehmer und des Staates) und berücksichtigt keine Anpassungsreaktionen der Wirtschaftssubjekte, zumal durch eine Gewinnbeteiligung die Sparquote der Arbeitnehmer erhöht und der Unternehmergewinn reduziert wird, wobei dies einen Beschäftigungsabbau und letztendlich eine Senkung der Sparquote zur Folge haben kann.

Auch die Betrachtung des nachfragetheoretischen Ansatzes von *Nicholas Kaldor*, der ausgelastete Produktionskapazitäten und exogene Investitionsquoten voraussetzt, führt schließlich zu dem Ergebnis, daß die Position der Arbeitnehmer langfristig durch eine Nominallohnerhöhung nicht verbessert werden kann, da sie nur zu Preisreaktionen führen wird. Eine Erhöhung der Sparquote der Arbeitnehmer hingegen verringert die Gewinnquote und somit sind verteilungspolitische Maßnahmen, welche die Sparfähigkeit und/oder die Sparbereitschaft der Mitarbeiter erhöhen, der traditionellen Lohnpolitik vorzuziehen, da sie auch entscheidende Vorteile für das Unternehmen bieten können.

4. Die Komplexität einer breiten Vermögensstreuung: Ziele und Chancen

In Kapitel 2.2 hat sich gezeigt, daß die verschiedenen Vermögensdefinitionen beträchtliche Interpretationsspielräume eröffnen und dementsprechend auch die Frage nach den Zielen und der Notwendigkeit einer Beteiligung der Arbeitnehmer ein breites Spektrum umfaßt, das von rein betriebswirtschaftlichen bis hin zu gesellschaftspolitischen Argumenten reicht. Untersuchungsgegenstand sind hierbei allerdings nicht alle denkbaren, sondern lediglich eine Auswahl einzelner Zielaspekte, an Hand derer unterschiedliche Maßnahmen auf ihre vermögenspolitischen Konsequenzen, ihre Vor- und Nachteile und auf ihren Zielerreichungsgrad untersucht werden können. Weiterhin soll diese Auswahl nicht absoluten Charakter aufweisen, da die individuelle Bewertung subjektiven Maßstäben unterliegt.

Zu Beginn dieses Kapitels möchte ich auf gesellschaftspolitischer Ebene argumentieren, wobei die Ziele allgemein gehalten werden. Den enormen Stellenwert und somit auch die Zielsetzung einer Mitarbeiterbeteiligung wird über die Bedeutung des Vermögens und insbesondere des Produktivvermögens erörtert. Anschließend wird untersucht, inwieweit einzelne Formen der Mitarbeiterbeteiligung dem jeweiligen Zielaspekt gerecht werden, oder ob, in Hinblick auf den Zielerreichungsgrad, andere Beteiligungsformen sinnvoller sind. In Anbetracht der Modellvielfalt ist es nicht sinnvoll im Rahmen dieses Kapitels auf spezielle Vorschläge einzugehen, sondern auf den allgemeinen Terminus betriebliche und überbetriebliche Beteiligung zurückzugreifen.[248] In diesem Zusammenhang wird auch auf eine Unterscheidung zwischen den Begriffen Eigentum und Vermögen verzichtet.[249] Beteiligungsmodelle, die lediglich gesellschaftspolitische und/oder gesamtwirtschaftliche Anforderungen erfüllen, werden jedoch seitens der Unternehmensleitung weniger Akzeptanz finden. Daher werden im weiteren Verlauf dieses Kapitels auch unternehmenspolitische Zielaspekte und einzelwirtschaftliche Vorteile einer Mitarbeiterbeteiligung betrachtet.

---

[248] In Einzelfällen werden allerdings grundsätzliche Formen der betrieblichen Beteiligung angeführt, da Unterschiede, wie die Stellung der Arbeitnehmer, eine entscheidende Rolle spielen.

[249] Karl Neumann und andere Autoren sind der Ansicht, daß beide Begriffe gleichbedeutend verwendet werden können. Vgl. Neumann, Karl: Vermögensverteilung und Vermögenspolitik. Möglichkeiten und Grenzen, Köln, Frankfurt am Main, 1976, S. 9 und Bohlen, Waltraud: Die volkswirtschaftlichen Auswirkungen von Vermögensbildungsplänen, Hannover, 1969, S. 17.

4.1 Der gesellschaftliche Stellenwert

Zufälle, politische Veränderungen und externe, außerökonomische Faktoren beeinflussen die Vermögensbildung in entscheidendem Maße. Inwieweit eine bestehende Verteilung als angemessen betrachtet wird, hängt allerdings auch von den, in der Wirtschafts- und Gesellschaftsordnung geltenden Zielen, Werten und Normen ab, da es kein objektives Maß für soziale Gerechtigkeit gibt.[250]

Die wesentlichen, in der Bundesrepublik Deutschland anerkannten, gesellschaftspolitischen Finalziele können auch hier als grundsätzliche Orientierungshilfen herangezogen werden:[251]

- Sicherung und Erhöhung der materiellen Freiheit.[252]
- Gewährleistung von sozialer Sicherheit.
- Sicherung sozialer Gerechtigkeit, insbesondere der Start- und Verteilungsgerechtigkeit.
- Sicherung des inneren Friedens in der Gesellschaft.

Da diese gesellschaftlich relevanten Zielaspekte zum Teil nur schwer operationalisierbar sind, die Beurteilung einer Mitarbeiterbeteiligung jedoch möglichst konkreter und erfaßbarer Argumente bedarf, die in letzter Konsequenz natürlich wieder auf die Finalziele zurückzuführen sind, sollen diese hier nicht explizit

---

250 Vgl. Knappe, Eckhard: Einkommensumverteilung in der Demokratie, Freiburg, 1980, S. 27.

251 Vgl. Lampert, Heinz: Lehrbuch der Sozialpolitik, a. a. O., S. 411 f. Auch ein Zitat von Oswald von Nell-Breuning verdeutlicht diesen Aspekt: „Was menschliche Gesellschaft eigentlich ist, wissen und verstehen wir überhaupt erst, wenn wir uns über ihren Sinn klargeworden sind; sobald wir uns über ihren Sinn im klaren sind, aber eben auch erst dann, wissen wir, wie wir sie sinnvoll ausgestalten und einrichten können und wie wir uns selber sinngemäß in ihr oder zu ihr zu verhalten haben.“ Nell-Breuning, Oswald von: Gerechtigkeit und Freiheit. Grundzüge katholischer Soziallehre, München, 1985, S. 19.

252 Welchen hohen ethischen und politischen Stellenwert sowohl die persönliche und wirtschaftliche Freiheit als auch die soziale Gerechtigkeit in unserer Gesellschaft einnimmt, verdeutlicht ein Zitat von Alfred Müller-Armack: „Was wir verlangen, ist eine neu zu gestaltende Wirtschaftsordnung. Eine solche kann nie aus dem Zweckdenken und überalterten politischen Ideen allein hervorgehen, sondern bedarf der tieferen Begründung durch sittliche Ideale, welche ihr erst die innere Berechtigung verleihen. Zwei großen sittlichen Zielen fühlen wir uns verpflichtet, der Freiheit und der sozialen Gerechtigkeit.“ Müller-Armack, Alfred: Vorschläge zur Verwirklichung der Sozialen Marktwirtschaft, in: ders. (Hrsg.): Genealogie der Sozialen Marktwirtschaft, Frühschriften und weiterführende Konzepte, Bern, Stuttgart, 1981, S. 90

erörtert werden. Es müssen vielmehr weitere, „untergeordnete" Gesichtspunkte betrachtet werden.

Verbesserung der Position der Arbeitnehmer

Zunächst sollte festgehalten werden, daß wirtschaftliche Superstrukturen, selbst wenn sie keine unmittelbaren Machtziele verfolgen, materielle Abhängigkeiten schaffen. Demgegenüber stellt die Produktivvermögensbeteiligung eine zusätzliche Dauereinnahmequelle dar, die im allgemeinen die Unabhänigkeitsposition und den Lebensstandard der Arbeitnehmer erhöht.

Auf dem Arbeitsmarkt könnte die Position der Arbeitnehmer wesentlich verbessert werden, zumal Eigentum am Produktivvermögen den permanenten Arbeitsangebotszwang senkt und die Elastizität des Arbeitsangebots erhöht.[253] Der vermögenslose Arbeitnehmer kann es sich im wahrsten Sinne des Wortes nicht leisten, seine Arbeitskraft erst dann anzubieten, wenn seine Forderungen auf dem Arbeitsmarkt akzeptiert werden, das heißt sein individueller Angebotszwang überwiegt die Dringlichkeit der Nachfrage.[254] Wie Modellrechnungen zeigen, beziehen Arbeitnehmer, die über kein Vermögen verfügen, auch meist geringeren Lohn. Nicht nur die personelle, sondern schon die funktionelle Einkommensverteilung hängt also vom Grad des Vermögensbesitzes ab.[255] In diesem Sinne könnte von einem Nachfragemonopol gesprochen werden, wobei allerdings die Einschränkung gemacht werden sollte, daß den Arbeitnehmern auch eine Reihe von Arbeitgebern gegenüberstehen, die versuchen, qualifizierte

---

[253] Vgl. Weisser, Gerhard: Vermögen und Vermögenspolitik, a. a. O., S. 168, S. 177 und S. 179 sowie Preiser, Erich: Besitz und Macht in der Distributionstheorie, in: Synopsis (Festgabe für Alfred Weber), Heidelberg, 1948, S. 333 - 358, hier S. 348 sowie Häusler, Rudolf: Die Erfolgsbeteiligung als Mittel zur Vermögensbildung der Arbeitnehmer und ihre gesamtwirtschaftlichen Auswirkungen, St. Gallen, 1970, S. 12.

[254] Vgl. Preiser, Erich: Bildung und Verteilung des Volkseinkommens, 3. Auflage, Göttingen, 1963, S. 227 ff. sowie Neumann, Karl: Vermögensverteilung und Vermögenspolitik, a. a. O., S. 9. Allerdings wird dieser Unabhängigkeitsposition auch Grenzen gesetzt, da die Reserven des Arbeitnehmers, der über ein bescheidenes Vermögen verfügt, nach relativ kurzer Zeit aufgezehrt sind.

[255] Ein tautologischer Umkehrschluß würde bedeuten, daß Arbeitnehmer mit geringerem Einkommen über kein Vermögen verfügen. Es stellt sich die Frage, ob ein Arbeitnehmer mit geringem Einkommen überhaupt die Möglichkeit besitzt, Vermögen zu bilden um dann eine bessere Verhandlungsposition zu erreichen. Vgl. auch Weisser, Gerhard: Vermögen und Vermögenspolitik, a. a. O., S. 168; Preiser, Erich: Besitz und Macht in der Distributionstheorie. In: Synopsis (Festgabe für Alfred Weber), a. a. O., S. 348 sowie Adam, Hermann: Macht und Vermögen in der Wirtschaft, a. a. O., S. 31.

Arbeitnehmer zu beschäftigen. Auch konnte mit der Einführung der Mitbestimmungsrechte, dem Ausbau des Arbeitsrechtes und strukturpolitischen Maßnahmen die Position der abhängig Beschäftigten erheblich verbessert werden. Daher halte ich den Begriff des *bilateralen Monopols* für angebrachter. Trotzdem besteht die Möglichkeit des Machtmißbrauches, der ohne eine Beteiligung lediglich eingeschränkt und kontrolliert werden kann. Eine Politik, die die Produktivvermögensbildung fördert, erhöht die ökonomische Selbständigkeit sowie die Vertragsfreiheit mit „gemeinsamer Verantwortung".[256]

Vermögensbildung und materielle Freiheit

Eine permanente Verbesserung der Einkommensposition trägt auch zur Erhöhung der materiellen Freiheit des Arbeitnehmers bei, da die Möglichkeit, einzelne Freiheitsrechte auch tatsächlich in Anspruch zu nehmen, in starkem Maße mit der wirtschaftlichen Potenz korreliert. Zunächst werden allerdings bei kleineren und mittleren Vermögen die Einkommensaspekte eine untergeordnete Rolle spielen, da in diesen Fällen Anlageformen wie etwa Sparkonten mit einer relativ geringen Verzinsung überwiegen, die lediglich Inflationsverluste decken. In der Anfangsphase des Vermögensbildungsprozesses werden dementsprechend eher andere Zielaspekte, wie beispielsweise die materielle Sicherheit, im Vordergrund stehen, doch langfristig betrachtet, können aus permanent angelegten Mitarbeiterbeteiligungen beträchtliche Vermögenswerte entstehen und andere, rentablere Anlageformen gewählt werden.[257] Mit der Höhe der Vermögenswerte ändern sich folglich auch die Ziele des Anlegers hin zu renditeorientierten Einnahmeaspekten. In diesem Zusammenhang sollte jedoch auch der Tatsache Beachtung geschenkt werden, daß - in Abhängigkeit der finanziellen Position des Einzelnen - bereits kleinere Vermögen die Freiheitsposition erheblich verbessern können. Dies hängt aber neben einer allgemeinen, breiten Streuung auch von der Struktur des Vermögens ab, denn je nachdem, welche Vermögensform gehalten wird, kann der Dispositionsspielraum unterschiedlich ausgeprägt sein. Trotz dieser einschränkenden Argumente sollte die Vermögensbildung in Hinblick auf eine Erhöhung der materiellen Freiheit weiterhin gefördert und gefordert werden, denn auch eine geringe Beteiligung am

---

[256] Auf diese „gemeinsame Verantwortung" möchte ich im zweiten Teil dieses Kapitels näher eingehen.

[257] Man bedenke, daß eine Vielzahl interessanter Anlageformen erst ab einer Mindestanlagesumme möglich sind. Diese, nach unten wirkenden Limits sollen einerseits - indirekt - dem Schutz des unerfahrenen Kleinanlegers dienen, andererseits bilden sie auch Marktzugangsbarrieren.

Produktivvermögen verbessert die Möglichkeit, die formalen Freiheitsrechte, zukunftsorientiert und verantwortungsbewußt zu handeln, auch real wahrzunehmen und persönliche Ziele zu verwirklichen.[258] Daneben ist die psychologische Komponente, die nicht immer bewußt wahrgenommen wird, ebenso von Bedeutung. Der Arbeitnehmer fühlt sich möglicherweise gegenüber anderen sozialen Gruppen sowohl gesellschaftlich als auch kulturell ausgeschlossen und sieht in seiner Vermögenslosigkeit einen persönlichen „Makel". Durch den direkten Vergleich mit anderen Gesellschaftsschichten und der daraus resultierenden Feststellung, daß die Vermögenslosigkeit im allgemeinen kein gesamtgesellschaftliches, sondern vielmehr ein schichtspezifisches Problem darstellt, kann sich dieses Gefühl verstärken. Weiterhin ist es verständlich, daß jeder über einen, wenn auch noch so geringen Freiraum, disponieren möchte: Der Arbeitnehmer sieht sich in diesem abgegrenzten Spektrum nicht lediglich als Objekt, sondern als Subjekt, nicht nur als ein Produktionsmittel, das beliebig austauschbar ist, sondern als Mensch mit Rechten und Pflichten.[259] Dabei steht weniger der Aspekt „Macht über andere auszuüben", als die persönliche Unabhängigkeit im Vordergrund.

„Freiheit für alle" stößt allerdings auch auf Grenzen, die beispielsweise durch bestehendes Eigentum aufgezeigt werden. Ziel einer gerechten Vermögensverteilung ist es, diese Grenzen zu überwinden, doch nicht mit der Absicht, die Gesellschaft vollständig zu egalisieren, sondern vielmehr allen Mitgliedern die Möglichkeit einzuräumen, ihre individuellen Fähigkeiten zu nutzen und so gleiche Startchancen zu garantieren. Es wäre falsch zu behaupten, Arbeitnehmer hätten ohne eine Beteiligung am Produktivvermögen keine Chance, individuelle Freiheit zu erlangen, doch mit einer Beteiligung ist dieser Zielaspekt einfacher zu realisieren.

Vermögensbildung kann den Freiheitsraum auch vorübergehend einschränken. Der Arbeitnehmer, der beispielsweise Wohneigentum gebildet hat, ist räumlich gebunden und muß unter Umständen in der Anspar- und Tilgungsphase seine Arbeitskraft selbst zu schlechteren Konditionen anbieten. Die anfängliche Verschuldung erhöht den Freiheitsspielraum zu einem späteren Zeitpunkt, das

---

[258] Das Bundesverfassungsgericht sieht im Privateigentum sowohl einen höchstrangigen Verfassungswert als auch ein elementares Grundrecht und kam unter dem Aspekt der Verbesserung der materiellen Freiheit zu der Entscheidung, daß die Nutzung des Eigentums dem Eigentümer die Möglichkeit gewähren müsse, sein Leben nach eigenen Vorstellungen zu gestalten. Vgl. BVerfGE 14, 263 hier S. 277 f. sowie BVerfGE 42, 64 hier S. 76 f.

[259] Vgl. Preiser, Erich: Wirtschaftspolitik heute, a. a. O., S. 16 f.

heißt erst nach der Rückführungsphase. Des weiteren können gesellschaftliche Zwänge zum Erwerb von sogenannten Statussymbolen führen, die, sofern sie durch Kreditaufnahme finanziert werden, wiederum zu verminderten Freiräumen führen können.[260]

Vermögen und soziale Sicherheit

Eine nicht minder bedeutende Vermögenseigenschaft wird in seiner Sicherheitsfunktion gesehen.[261] In unvorhergesehenen Situationen, wie Arbeitslosigkeit oder Krankheit, kann angespartes Vermögen deren Überbrückung erleichtern oder als Sicherheit für Kredite dienen, die einen Neuanfang aus eigener Kraft ermöglichen. Auf Grund dieser spezifischen Sicherungsfunktion überwiegen kurzfristige Anlagen, meist in Form von Sparkonten mit überschaubaren Kündigungsfristen, denn der zusätzliche Einkommensaspekt spielt dabei eine untergeordnete Rolle.

Zweifellos symbolisieren Kollektivversicherungsysteme absolut bedeutende und unverzichtbare Pfeiler der sozialen Marktwirtschaft, doch daraus kann möglicherweise auch die Problematik resultieren, daß Aufgaben, die entsprechend dem Subsidiaritätsprinzip überwiegend im Verantwortungsbereich des Einzelnen liegen sollten und von ihm übernommen werden könnten, auf die anonyme Gesellschaft übertragen werden.[262]

---

[260] Vgl. ebenso Schmidbauer, Wolfgang: Weniger ist manchmal mehr. Zur Psychologie des Konsumverzichts, Hamburg, 1990, S. 136 ff. Eine weitere Problematik kann darin gesehen werden, daß zum einen das individuelle Bedürfnis nach Luxus und Prestige die Entwicklung der Innovation beeinflußt, zum anderen allerdings auch die Abgrenzung.

[261] Vgl. Boulding, Kenneth / Pfaff, Martin (Hrsg.): Redistribution to the rich and the poor, a. a. O., S. 2.

[262] So sieht beispielsweise auch Gerhard Weisser im äußerst wichtigen System der sozialen Sicherung eine Hauptschwierigkeit in der Bestimmung des optimalen Leistungsumfanges, so daß nach wie vor die Bereitschaft zur Eigeninitiative überwiegt. Vgl. Weisser, Gerhard: Soziale Sicherheit, in: Erwin von Beckerath / Hermann Bente / Carl Brinkmann u. a. (Hrsg.): Handwörterbuch der Sozialwissenschaften. Zugleich Neuauflage des Handwörterbuchs der Staatswissenschaften, 9. Band, Göttingen, Stuttgart, Tübingen, 1956, S. 396-412, hier S.406 und S. 409 f. Zudem sollte nicht übersehen werden, daß das System der sozialen Sicherung sowohl ein bedeutender Wirtschaftsfaktor darstellt als auch die ökonomische Leistungsfähigkeit einer Volkswirtschaft erhöht, da neben finanziellen Gesichtspunkten auch innenpolitische Sicherheit, Arbeitskräftepotential und dergleichen die Standortqualität und dementsprechend die Investitionsbereitschaft beeinflussen können. Vgl. Ritter, Gerhard: Probleme und Tendenzen des Sozialstaates in den 1990er Jahren, in: Werner Abelshauser (Hrsg.): Geschichte und Gesellschaft, a. a. O., S. 393 - 408, hier S. 393.

Mit der Vermögenslosigkeit entwickelt sich möglicherweise ein Abhängigkeitsverhältnis, das nicht nur das Selbstwertgefühl, sondern auch die Selbstverantwortung gefährdet. Unter diesen Gesichtspunkten verfolgen vermögenspolitische Maßnahmen im allgemeinen und die Förderung der Produktivkapitalbildung im besonderen also nicht nur direkt das Ziel einer Verbesserung der individuellen Risikovorsorge, sondern zudem die Entwicklung einer freien Gesellschaft, in der jeder mit Rechten und Pflichten ausgestattet ist, übergeordnete Organe aber in unabwendbaren Situationen eingreifen können.

Vermögen und somit auch die Beteiligung der Mitarbeiter am Produktivvermögen sollte jedoch nicht nur im materiellen Sinne, sondern auch unter dem Aspekt des Sicherheitsgefühls und der Verringerung von Zukunftsängsten betrachtet werden, denn eine weitere Sicherheitsfunktion liegt in der zusätzlichen Altersversorgung und der langfristigen finanziellen Absicherung der Angehörigen. Angesichts der künftigen demographischen Entwicklung in der Bundesrepublik Deutschland und vor dem Hintergrund der Rentenfinanzierungsfrage erfreuen sich individuelle Altersvorsorgepläne und in diesem Sinne auch dahingehende vermögenspolitische Maßnahmen wachsender Beliebtheit, wohingegen das Vertrauen in allgemeine, umfassende Kollektivversicherungssysteme sinkt.[263]

---

[263] Eine Reihe von Wissenschaftlern, wie beispielsweise Meinhard Miegel, Vorsitzender des Instituts für Wirtschaft und Gesellschaft und der bayrisch-sächsischen Kommission für Zukunftsfragen oder Eckart Bomsdorf, Gutachter für die Rentenreformkommission der Bundesregierung, weisen auf die besondere Problematik der kollektiven Altersversicherungen hin und empfehlen dementsprechend eine verstärkte Eigenvorsorge. In einem Interview mit der Süddeutschen Zeitung äußerte sich Eckart Bomsdorf wie folgt: „... Wichtig ist nur, daß man der jüngeren Generation ein Signal gibt, etwas für die Eigenvorsorge tun zu müssen. Wer das heute nicht tut, handelt auch unverantwortlich sich selbst gegenüber." In: Süddeutsche Zeitung: „Themen aus Deutschland", 53. Jahrgang, 5. Woche, Nr. 22, 28. 08. 1997, S. 8. Demgegenüber wirken eine Reihe politischer Reformvorschläge, wie etwa die ersatzlose Streichung des Steuerfreibetrages für die Überlassung von Vermögensbeteiligungen an den Arbeitnehmer gemäß § 19a EStG eher kontraproduktiv. Zudem würde sich eine Besteuerung der Altersbezüge und der Lebensversicherungen negativ auf das Ziel und die Bereitschaft einer forcierten Eigenvorsorge auswirken. Es ist daher nur sehr schwer nachzuvollziehen, wie von Seiten der Wissenschaft und der Politik mehr Eigenvorsorge gefordert wird, gleichzeitig aber eben diese Initiativen steuerlich negativ beeinflußt werden. Dadurch werden sowohl „vorsorgende Anleger" als auch Unternehmen, die neuen Beteiligungsmodellen generell positiv gegenüber stehen würden, nicht nur faktisch beeinträchtigt, sondern vor allem auch durch die kontroversen Debatten verunsichert. Vgl. dazu auch Hülsmeier, Christian: Sozialstaat im Umbruch. Reformkonzept der Versicherungswirtschaft, in: Soziale Sicherheit, Köln, 46. Jahrgang, Heft 4, 1997, S. 146 - 147.

Auf Grund der Tatsache, daß in jeder Gesellschaft einzelne Mitglieder weder ihren Lebensunterhalt aus eigenem Einkommen bestreiten noch auf die Unterstützung von Angehörigen zurückgreifen können - also bedürftig sind - wird das System der sozialen Sicherung immer fester und immanenter Bestandteil unserer Gesellschaftsordnung bleiben.[264] Zudem wäre es absolut unrealistisch zu behaupten, das Gros der Bevölkerung wäre in der Lage, existenzbedrohende Situationen und die Versorgung im Alter unabhängig von der (Versicherungs-) Gemeinschaft zu meistern. Daher ist das Ziel der hier angesprochenen vermögenspolitischen Maßnahmen - das sollte noch einmal betont werden - nicht die Substitution, sondern vielmehr eine sinnvolle Ergänzung und dementsprechende Abrundung des bestehenden Netzes der sozialen Absicherung.

Vermögen und soziale Gerechtigkeit

Durch den Vermögensbesitz steigt die Chance, unabhängig von öffentlichen Mitteln, Aus- und Weiterbildungsangebote wahrzunehmen. So kann das Prinzip der Startgerechtigkeit in einer Gesellschaft mit freien Aufstiegschancen weiter verfolgt werden.[265]

Obwohl, wie in Kapitel 2.2 dargestellt, das Humanvermögen aus mehreren Gründen nicht in den hier verwendeten Vermögensbegriff einbezogen wurde, ist sowohl seine ökonomische, politische und gesellschaftliche Bedeutung als auch die Wechselwirkung zwischen Ausbildung, Einkommensniveau und Schichtzugehörigkeit unumstritten. Daher stellt sich die Frage, inwieweit die Bildungspartizipation durch eine breitere Vermögensstreuung beeinflußt werden kann, zumal auch andere, komplexe Faktoren, wie Motivation, die persönliche Begabungen aber auch die kulturelle, berufliche und ökonomische Position sowie das Bildungsniveau des Familienvorstands die Bildungschancen mitbestimmen.[266]

---

264 Zu den Erfolgen, Zielsetzungen, Perspektiven aber auch Problemen der Sozialversicherungssysteme vgl. Ohne Verfasser: Entwicklung und Tendenzen in der sozialen Sicherheit 1993 - 1995. Teil 1: Soziale Sicherheit in den neunziger Jahren: Notwendigkeit zur Veränderung, in: Internationale Vereinigung für Soziale Sicherheit (Hrsg.): Internationale Revue für Soziale Sicherheit, Band 49 (2/96), Genf, 1996, S. 5-16.

265 Vgl. Nell-Breuning, Oswald von: Aktuelle Fragen der Gesellschaftspolitik, a. a. O., S. 67 f.

266 Die Untersuchung partieller Effekte wird von Sozialforschern meist kritisch bewertet, da eine eindimensionale Betrachtung nicht die Komplexität der Einflußfaktoren widerspiegelt und die Untersuchung an Aussagekraft verlieren kann. Trotz alledem wird die soziale Herkunft der Familie als ein wichtiger Faktor angesehen, da zum einen finanzielle Mittel eine

Tabelle 3: Die Anspruchnahme der Bildungseinrichtungen 13- und 14-jähriger deutscher Schüler in den Jahren 1970, 1982 und 1989 in Abhängigkeit der beruflichen Stellung des Familienvorstandes

Berufliche Stellung des Familienvorstands	**Schulbesuche in v.H.** Hauptschule			Realschule			Gymnasium		
Jahr	1970	1982	1989	1970	1982	1989	1970	1982	1989
Selbständige in freien Berufen	13,9*	8,2*	4,6*	13,9*	10,9*	12,1*	72,3	81,7	81,7
Höhere Angestellte und Beamte	24,5	15,2	14,0	21,5	25,6	25,4	54,1	59,1	60,6
Einfache Angestellte und Beamte	46,5	31,1	27,7	26,9	33,7	34,9	26,6	35,1	37,4
Selbst./ Mith. Fam.ang außerh. der Landwirtsch.	43,8	32,7	35,5	26,6	35,1	30,5	29,6	32,2	35,5
Selbst./ Mith. Fam.ang in der Landwirtschaft	72,2	54,8	47,3	17,2	29,3	36,7	10,7	15,5	16,0
Fach-/Vorarbeiter, Meister	70,6	54,4	53,6	19,7	30,9	32,2	9,7	14,8	14,1
Un- und angelernte Arbeiter	79,6	66,4	63,3	13,8	24,8	26,7	6,6	8,7	10,0
Nichterwerbstätige	74,7	59,2	54,3	12,8	21,6	25,3	15,5	19,3	20,4
Gesamt	60,5	42,0	37,7	19,0	28,6	29,3	20,5	29,4	33,1

Quelle: Schimpl-Neimanns, Bernhard / Lüttinger, Paul: Die Entwicklung bildungsspezifischer Ungleichheit: Bildungsforschung mit Daten der amtlichen Statistik, in: Zentrum für Umfragen, Methoden und Analysen (ZUMA) (Hrsg.): ZUMA-Nachrichten, 17. Jahrgang, Band 32, Mannheim, 1993, S. 76 - 115, hier S. 114 (Tabelle A1).
* Zellenbesetzung unter n = 50

Entsprechend den Zahlen in Tabelle 3 läßt sich im gesamten Beobachtungszeitraum ein deutlicher Rückgang der Hauptschulbesuche zu Gunsten weiterführender Schulen feststellen. Diese Betrachtung deutet auf eine umfassende Verbesserung der Verteilung von Bildungschancen und somit auf eine Erhöhung der Startgerechtigkeit hin. Ein direkter Vergleich der einzelnen Gesellschaftsgruppen untereinander führt jedoch zu dem Ergebnis, daß die vorherrschenden Strukturen der Bildungspartizipation (im Sinne einer Rangordnung) relativ konstant geblieben sind.

---

fundierte Ausbildung erleichtern und zum anderen unterschiedliche Einstellungen über den Wert und den Nutzen der Bildung die Erziehung prägen.

> „Die Bildungsexpansion hat stattgefunden, aber sie hat die Ungleichheit der Bildungschancen nicht vermindert. Als Instrument einer Politik der Verminderung von Chancenungleichheit war die Bildungsexpansion erfolglos...“[267]

Alles in allem weist die Bildungspartizipation vergleichbare Parallelen zur Entwicklung der Vermögensbildung und -verteilung auf. Trotz der bildungspolitischen Erfolge der vergangenen Jahrzehnte ist die schichtspezifische Verteilungsungleichheit der Bildungschancen nach wie vor vorhanden. Einer deutlichen Verbesserung der Gesamtsituation stehen nach wie vor partielle Ungleichgewichte gegenüber: Die Zahl der Hauptschulbesuche verringerte sich seit 1970 um mehr als 22 Prozentpunkte zu Gunsten weiterführender Schulen und alle hier betrachteten Gesellschaftsgruppen konnten die gestiegenen Bildungsangebote nutzen, doch nur jedes zehnte Kind eines un- bzw. angelernten Arbeiters wechselte ins Gymnasium, wohingegen 4 von 5 Kinder der Selbständigen diesen Bildungsweg wählten. Inwieweit diese Schulabschlüsse letztendlich erreicht oder weitere Zugangschancen über den zweiten Bildungsweg genutzt wurden, läßt diese Untersuchung allerdings offen. Ein wichtiger Aspekt für die Entscheidung, nach der Grundschule eine weiterführende Schule versus Hauptschule zu besuchen und so die erste Selektionshürde des deutschen Schulsystems zu bewältigen, ist sicherlich die soziale und ökonomische Position des Elternhauses.[268] Daher ermöglicht eine breitgestreute Vermögensbildung und dementsprechend eine Verbesserung der materiellen Ausstattung der Arbeitnehmerhaushalte sowohl die Verbesserung der Ausbildungsmöglichkeiten als auch die Erhöhung der künftigen Berufschancen. Der Gesichtspunkt - die längere Ausbildung verbunden mit höheren Kosten der Bildungsinvestition - wird deshalb an Gewicht verlieren. Zudem stimuliert das Eigentum die Leistungsbereitschaft und erhöht das persönliche Engagement. So sehen Gerlinde und Hans-Werner Sinn im Recht auf Eigentum den nötigen Leistungsanreiz zur Überlistung des Egoismus und zur Steuerung wirtschaftlicher Aktivitäten. Gerade in dieser „Anreiz- und Selektionsfunktion“ liegt ihrer Ansicht nach das Erfolgsge-

---

267 Meulemann, Heiner: Expansion ohne Folgen? Bildungschancen und sozialer Wandel in der Bundesrepublik, in: Wolfgang Glatzer (Hrsg.): Entwicklungstendenzen der Sozialstruktur XV, Frankfurt, 1992, S. 123 - 156, hier S. 123. So meldete auch Josua Werner Bedenken an. Vgl. Werner, Josua: Verteilungspolitik, a .a. O., S. 119: „... Zum anderen können erhöhte Bildungsausgaben wohl ein vergrößertes Gesamtangebot an Bildungsgütern nach sich ziehen, die schichtspezifische Verteilung der Bildungsgüter jedoch weitgehend unberührt lassen.“

268 Mit der Einbeziehung einer Hochschulausbildung würden sich die komplexen Wechselbeziehungen zwischen Bildung, ökonomische Position und Schichtzugehörigkeit wohl noch verstärken.

heimnis des marktwirtschaftlichen Systems und eine der möglichen Ursache des Zusammenbruchs der ostdeutschen Wirtschaft.[269] Das Arbeitsleben hat in unserer Gesellschaft einen so wichtigen Stellenwert, daß der Einzelne seine Position im Betrieb auch auf die gesellschaftspolitische Ebene projiziert. Eine Produktivkapitalbeteiligung kann dabei helfen, Selbstbewußtsein und Selbstverantwortung zu verleihen und somit - indirekt - das staatsbürgerliche Bewußtsein erhöhen. Diese Integrationsfunktion des Vermögens wird unter anderem auch von Karin Gress und Waltraud Bohlen angeführt.[270] Weiterhin tragen die neu erschlossenen Spielräume und Entfaltungsmöglichkeiten zur Erhöhung des Niveaus und des Entwicklungsstandes eines Gesellschaftssystems bei.

Ebenfalls auf dem Gerechtigkeitsgedanken basierend können sozialethische Aspekte zur Begründung einer Erfolgsbeteiligung angeführt werden, die jedoch von der Kapitalbeteiligung zu unterscheiden ist. Aus der Sichtweise der katholischen Soziallehre ist eine einseitige Zurechnung des Erfolges, sei es nun auf Seiten des Kapitals oder des Faktors Arbeit nicht gerechtfertigt. Für den Erfolg eines Unternehmens sind neben der unternehmerischen Leistung auch die Faktoren Arbeit und Kapital notwendig und infolgedessen sollten - nach der entsprechenden Verzinsung, der Gewährung einer Risikoprämie und der Entlohnung der Unternehmerleistung - auch die Arbeitnehmer am verbleibenden Überschuß beteiligt werden.[271]

Vermögen und Kontrolle der wirtschaftlichen Macht

Eigentum muß nicht nur der Erreichung ideeller Ziele dienen, sondern bildet möglicherweise auch eine Quelle der Macht, mit der ein großer Teil der Bevölkerung täglich konfrontiert wird.[272] In allen Wirtschafts- und Arbeitsprozessen

---

[269] Vgl. Sinn, Gerlinde / Sinn, Hans-Werner: Kaltstart - Volkswirtschaftliche Aspekte der deutschen Vereinigung, 2., neu bearbeitete Auflage, Tübingen, 1992, S. 3.

[270] Waltraud Bohlen spricht dabei von einer „Milderung der Spannungen zwischen den sozialen Schichten." Vgl. Bohlen, Waltraud: Die volkswirtschaftlichen Auswirkungen von Vermögensbildungsplänen, a. a. o., S. 17.

[271] Vgl. dazu beispielsweise Jostock, Paul: Das Sozialprodukt und seine Verteilung, Paderborn, 1955, S. 38; Johannes XXIII.: Mater et Magistra, Sozialrundschreiben über die jüngsten Entwicklungen des gesellschaftlichen Lebens und seine Gestaltung im Licht der christlichen Lehre vom 15.5.1961, in: Welty, Eberhard: Die Sozialenzyklika Papst Johannes' XXIII. Mater et Magistra. Mit einem ausführlichen Kommentar und einer Einführung die Soziallehre der Päpste von Leo XIII. bis zu Johannes XXIII., 2. Auflage, Freiburg, 1962 oder Klüber, Franz: Eigentumstheorie und Eigentumspolitik,a. a. O., S. 323.

[272] Vgl. Folkers, Cay: Vermögen I: Struktur und Verteilung, a. a. O., S. 265 - 282, hier S. 268.

spielt das Eigentum an Produktivvermögen eine zentrale Rolle, zumal es gegeben ist und nicht gewählt werden kann. Als eine der ältesten und wichtigsten Quellen personeller Macht hat es allerdings zu Gunsten wirtschaftlicher Gesamtverbände und anderen Organisationen geringfügig an seiner Bedeutung verloren, denn mit der gesellschaftlichen Entwicklung, den umfangreichen Möglichkeiten, politische Entscheidungen unabhängig von der eigenen Vermögensposition zu beeinflussen, sowie dem Wandel einzelner Wert- und Moralvorstellung ist der Zugang zu kompensatorischer und konditionierter Macht nicht mehr in diesem Umfang gegeben.[273] Allerdings erleichtert Eigentum nach wie vor die Errichtung wirtschaftlicher, gesellschaftlicher und politischer Machtpositionen. Auch bei einem verstärkten Mitbestimmungsrecht und einer partnerschaftlichen Einbeziehung der Arbeitnehmervertretung liegen die Entscheidungen, die zweifellos im Rahmen der Gesetze und der tarifvertraglichen Regelungen getroffen werden, letztendlich beim Kapital, wobei sicherlich nicht alle Unternehmen ausschließlich von Machtbestrebungen beeinflußt werden. Der Ausschuß für Arbeit und Sozialordnung (11. Ausschuß) des Deutschen Bundestages der 13. Wahlperiode stellt in seiner Beschlußempfehlung zu dem Gesetzentwurf der Fraktion der CDU/CSU und FDP - Drucksache 13/10012 - das Problem wie folgt dar:

> „Individuelles Eigentum ist eine tragende Säule der sozialen Marktwirtschaft. Das Ziel einer ausgewogenen Vermögensverteilung ist in Deutschland bei weitem nicht erreicht. Die Zusammenballung wirtschaftlicher Macht kann zu einem politischen Einfluß von einzelnen Personen oder Unternehmen führen, der auf Dauer die Entwicklung der demokratischen Gesellschaft beeinträchtigen kann. Wünschenswert ist eine breite Streuung insbesondere des Wohneigentums und des Produktivvermögens. Dazu werden unterschiedliche Konzepte unterbreitet.“[274]

Durch die Veränderung der Unternehmensstrukturen konzentriert sich die Machtposition nicht allein auf Vermögensbesitzer, sondern auch auf die obere Managementebene. Die wirtschaftliche Autorität dieser - formal-juristisch betrachtet - Angestellten basiert nicht auf ihrem Vermögen, sondern auf den

---

[273] John Galbraith umschreibt den Bergriff kompensatorische Macht folgendermaßen: „Die Unterwerfung wird durch das Angebot erzielt, bestimmtes Verhalten zu belohnen. Diese Belohnung erfolgt meist durch Bezahlung in Naturalien, durch Verleihung von Rechten aber auch durch Belobigungen, die in der heutigen Zeit meist pekuniären Charakter haben. Die Ausübung konditionierter Macht hingegen wird durch eine Änderung des Bewußtseins, der Überzeugung und des Glaubens bewirkt.“ In: Galbraith, John: Die Anatomie der Macht, München, 1987, S. 18 ff.

[274] Ausschuß für Arbeit und Sozialordnung (11. Ausschuß): Beschlußempfehlung und Bericht, in: Deutscher Bundestag 13. Wahlperiode (Hrsg.): Drucksache 13/10527, Bonn, 1998, S. 1.

ihnen übertragenen Entscheidungsbefugnissen. Faktisch üben sie die Kontrolle über Produktion und Geschäftsbeziehungen des Unternehmens aus und sind den Eigentümern meist fachlich überlegen.[275] Wenn jedoch Vermögen in wirtschaftliche Macht transformiert wird und als Mittel der Politikbeeinflussung dient, so widerspricht dies unserer Gesellschaftsordnung und gefährdet die demokratischen Willens- und Entscheidungsprozesse.[276] Das Streben nach Vermögen als reine Machtquelle darf daher nicht gefördert werden, sondern ist vielmehr zu unterbinden.

Mitarbeiterbeteiligung und Sozialpartnerschaft

Mitarbeiterbeteiligungen können im Rahmen der Sozialpartnerschaft von Arbeit und Kapital zudem harmonisierend beziehungsweise konfliktmildernd wirken und erleichtern infolgedessen eine „Annäherung der beiden sozialen Schichten".[277] Die Beteiligung der Arbeitnehmer leistet durch eine Erhöhung des Lebensstandards und eine Verbesserung der Existenzsicherungsmöglichkeiten einen wichtigen Beitrag zum Abbau der wirtschaftlichen und gesellschaftlichen Gegensätze zwischen Arbeitgeber und Arbeitnehmer. In einer Mitarbeiterbeteiligung liegen zudem für beide Verhandlungspartner - Gewerkschaften und Arbeitgeber - kaum erschlossene, tarifpolitische Potentiale: Zum einen können Mitarbeiterbeteiligungen der Abrundung des Sozialleistungspaketes, der materiellen Verbesserung der Arbeitnehmerposition und einer zusätzlichen Altersversorgung dienen, zum anderen können sie personalpolitische Maßnahmen ergänzen. Dabei kann das Terrain der üblichen Lohn- und Gehaltsverhandlungen verlassen und ein längerfristiger Tarifvertrag abgeschlossen werden, ohne daß

---

[275] Sowohl die Komplexität der Führungsaufgaben als auch die enorme Anpassungs- und Reaktionsgeschwindigkeit ermöglicht den Kapitalgebern nicht, das „tägliche Geschäft" zu erfassen und dies führt somit zu einer Trennung von Eigentum und Kontrollfunktion. Zudem konzentrieren sich Entscheidungen vermehrt auf die überbetriebliche Ebene der Fachverbände, die wiederum von professionellen Managern getroffen werden.

[276] Vgl. Nell-Breuning, Oswald von: Eigentumsbildung in Arbeitnehmerhand, a. a. O., S. 5 ff.; Jostock, Paul: Eigentum als Ordnungs- und Unordnungsmacht, in: Neuordnung in Gesellschaft, Staat, Wirtschaft (Messner-Festschrift), Innsbruck, Wien, München, 1961, S. 326 - 336, hier S. 326 ff.; Andersen, Uwe: Einführung in die Vermögenspolitik, a. a. O., S 74.

[277] Vgl. Klüber, Franz: Eigentumstheorie und Eigentumspolitik, a. a. O., S. 119; Rosenthal, Philipp: Miteigentum der Arbeitnehmer am Unternehmen. Ein Beitrag zur modernen Gesellschaftspolitik, in: Management International Review, Volume 9 (1969), Nr. 2-3, S. 49 ff. sowie Besters, Hans: Vermögensbildung, in: Eduard Gaugler / Wolfgang Weber (Hrsg.): Handwörterbuch des Personalwesens, 2., neubearbeitete und ergänzte Auflage, Stuttgart, 1975, Spalte 2276 - 2288, hier Spalte 2277.

die Arbeitnehmer Gefahr laufen, auf Grund unerwartet hoher Gewinnsteigerungen benachteiligt zu werden et vice versa. Dies würde zur Stabilisierung der wirtschaftlichen Erwartungen beitragen.[278]

Vermögensbildung und Sicherung der sozialen Marktwirtschaft

Eine Politik der breiten Vermögensstreuung trägt nicht nur zur Vermögensbildung in Arbeitnehmerhand, sondern auch zur Sicherung und Stabilisierung des marktwirtschaftlichen Systems und ihrer Basis, der „Institution Eigentum" bei.[279]

Dieser gesellschaftspolitische Aspekt orientiert sich an der Zielvorstellung, die freiheitliche demokratische Wirtschafts- und Gesellschaftsordnung zu erhalten, in der die Arbeitnehmer in der Gesellschaft integriert sind.[280] So ist beispielsweise Oswald von Nell-Breuning der Ansicht, daß eine Beteiligung der Arbeitnehmer am Produktivvermögen den gesellschaftlichen Stellenwert des Eigentums erhöht, wobei ein gewaltsamer Eingriff in bestehende Vermögensverhältnisse abzulehnen ist und nur das neu zu bildende Kapital zu Gunsten der Nichtvermögenden umverteilt werden sollte.[281] Privateigentum kann seine

---

[278] Vgl. dazu auch Rösner, Hans Jürgen: Chancen und Risiken des Vermögensbeteiligungsgesetzes, in: Wirtschaftsdienst, 3/1984, 64. Jahrgang, Hamburg, 1984, S. 132 - 139 und Althammer, Jörg: Gewinnbeteiligung bei begrenzter Haftung der Arbeitnehmer. Eine Analyse des vermögenspolitischen Konzepts des Sachverständigenrates zur Begutachtung der gesamtwirtschaftlichen Entwicklung, Berlin, 1994, S. 19 sowie S. 54.

[279] Zur Ordnungsfunktion des Vermögens vgl. Molitor, Bruno: Vermögen II: Vermögenspolitik, in: Willi Albers / Karl Erich Born / Ernst Dürr u. a. (Hrsg.): Handwörterbuch der Wirtschaftswissenschaft (HdWW), zugleich Neuauflage des Handwörterbuchs der Sozialwissenschaften, 8. Band, a. a. O., S. 282 - 299, hier S. 285.

[280] So sieht beispielsweise auch Ernst-Ulrich Huster eine wachsende innenpolitische Gefahr in der Frustration der (jüngeren) Gesellschaftsmitglieder, da sie kaum legale Möglichkeiten sehen, „ihren Anteil am Reichtum der Gesellschaft" zu erlangen, und dementsprechend ihre potentielle Gewaltbereitschaft steigt. Zudem weist er deutlich darauf hin, daß dabei weniger verteilungspolitische Fragen erörtert werden, sondern vielmehr eine Abgrenzung gegenüber sozial Schwächeren und/oder ausländischen Mitbürgern verfolgt wird. Vgl. Huster, Ernst-Ulrich: Reichtum in Deutschland, in: Soziale Sicherheit, Köln, 46. Jahrgang, Heft 1, 1997, S. 1 - 6, hier S. 5 f.

[281] Vgl. dazu beispielsweise Johannes XXIII.: Mater et Magistra, a. a. O., Anmerkung 111 f.; Nell-Breuning, Oswald von: Aktuelle Fragen der Gesellschaftspolitik, a. a. O., S. 61 ff., insbesondere S. 64, Neumann, Karl: Vermögensverteilung und Vermögenspolitik, a. a. O., S. 12 sowie Roberts, Charles: Verteilungstheorie und Verteilungspolitik, a. a. O., S. 112 f.

entscheidende ordnungspolitische Funktion nur insoweit wirksam ausüben, sofern das Eigentum breit gestreut ist.[282]

Auf gesamtwirtschaftlicher Ebene ermöglicht die Mitarbeiterbeteiligung eine Erhöhung der volkswirtschaftlichen Kapitalbildung, wenn sie den Charakter einer investiven Kapitalbeteiligung aufweist, wobei weder eine Substitution der Selbstfinanzierung der Unternehmungen noch eine Substitution der bestehenden Sparanlagen stattfinden darf.[283] Die Kaufkraftumlenkung könnte jedoch einen gesamtwirtschaftlichen Nachfrageausfall auf dem Konsumgütersektor zur Folge haben, der sich sowohl auf die Investitionsneigung als auch auf die Arbeitsmarktsituation negativ auswirken würde.

Ein anderer Aspekt ist die Verschiebung eines Teiles der Investitionsquote zu Gunsten der Arbeitnehmer und somit eine Verbesserung ihrer Einkommens- und Vermögensposition ohne negative Auswirkungen auf die gesamtwirtschaftlich notwendige Investition. Unter der Annahme konstanter Konsum- und Investitionsquoten werden die Arbeitnehmer an der Investitionsquote beteiligt, wobei auch hier keine Substitution der bestehenden Sparanlagen seitens der Arbeitnehmer stattfinden darf.

Förderung der volkswirtschaftlichen und technologischen Entwicklung im Sinne der Förderung eines Strukturwandels

Einhergehend mit oben angeführter Zielsetzung, einer Erhöhung der volkswirtschaftlichen Kapitalbildung, bietet eine Mitarbeiterbeteiligung die Möglichkeit, den geforderten Strukturwandel westlicher Industrienationen zu unterstützen und zudem dem Postulat einer Beteiligung der Arbeitnehmer an der Vermögensneubildung gerecht zu werden. Dieser Innovationsprozeß erfordert sowohl eine zukunftsorientierte, technologisch hochwertige Produktpalette als auch eine deutlichere Konzentration auf den Dienstleistungssektor. Kleinen und

[282] Vgl. Schleyer, Hanns Martin: Diskussionsbeitrag im Arbeitskreis IV, „Die freiheitliche Ordnung der Gesellschaft - Aufgabe der Sozialpolitik“ anläßlich der Wirtschaftstage der CDU/CSU 1965 in Düsseldorf, in: Delius, Friedrich Christian (Hrsg.): Wir Unternehmer. Über Arbeitgeber, Pinscher und das Volksganze, Berlin, 1966, S. 47. Vgl. ebenso Gress, Karin: Transfers zur Förderung der Vermögensbildung aus verteilungs- und sozialpolitischer Sicht, a. a. O., S. 41 f. sowie: Erhard, Ludwig: „Wenn es gelingt, immer breitere Schichten zu besitzenden Bürgern zu machen, haben die Feinde unserer Ordnung eine Schlacht verloren.“ Erhard, Ludwig: Vorwort, in: Hans Willgerodt / Karl Bartel / Ullrich Schillert (Hrsg.): Vermögen für alle, Düsseldorf, Wien, 1971, S. 9 - 10, hier S. 10.

[283] Die zusätzlichen Mittel dürfen dementsprechend keine konsumtive Verwendung finden, sondern müssen auf dem Investitionsgütermarkt angelegt werden.

mittelständischen Unternehmen mit innovativen Ideen fehlen aber meist die Zugangschancen zum institutionalisierten Risikokapitalmarkt und sind daher nicht in der Lage, ihre Potentiale zu nützen, neue Arbeitsplätze zu schaffen und die Basis für einen wirtschaftlichen „Umbruch" zu bilden. Dementsprechend müssen künftig enorme finanzielle Mittel in Forschung und Entwicklung, Mittelstandsförderung sowie Infrastruktureinrichtungen investiert werden, doch stellt sich in diesem Zusammenhang die zentrale Frage, inwieweit die Arbeitnehmer letztendlich von dieser Vermögensneubildung profitieren können.

Derzeit werden Infrastrukturinvestitionen, Forschungsvorhaben und eine Vielzahl notwendiger Transfers überwiegend aus Steuermitteln, Beitragseinnahmen der Bundesanstalt für Arbeit sowie der gesetzlichen Rentenversicherung finanziert. Diese „Sozialisierung der Kosten" verringert das verfügbare Einkommen und wirkt sich somit negativ auf die Sparfähigkeit und Vermögensbildungsmöglichkeit - insbesondere schlechter Verdienender - aus. Andererseits wird der Vermögensbildungsprozeß in sehr starkem Maße durch Steuererleichterungen, Investitionsprämien und Subventionen gefördert, wovon überwiegend Wirtschaftssubjekte mit höheren Einkommen profitieren. Steuerliche Abschreibungsvergünstigungen und Sonderausgabenregelungen führen bei progressiven Steuertarifen mit steigendem Einkommen und dementsprechend steigender Steuerbelastung zwangsläufig zu einer höheren Steuerersparnis.[284] Vermögenspolitische Maßnahmen und Initiativen zur Erhöhung des gesamtwirtschaftlichen Produktivkapitals oder zur Verbesserung der Infrastruktur, die entweder mit öffentlichen Mitteln beziehungsweise durch steuerliche Begünstigungen finanziert werden, bedingen im allgemeinen eine Vermögenskonzentration. Als Konsequenz daraus liegt die Einbeziehung einzelner Mitarbeiterbeteiligungsmodelle in das System der Infrastruktur- und der Einkommens- und Vermögenspolitik nahe. Die DAG hat beispielsweise

> „eine tarifpolitische Initiative ergriffen, um mit einer Vereinbarung über die Beteiligung der Beschäftigten am Produktivkapital," ... „einen Beitrag zur Finanzierung der notwendigen Investitionen in den neuen Bundesländern zu leisten und zugleich sicherzustellen, daß die Arbeitnehmerinnen und Arbeitnehmer an dem

---

[284] Den Einfluß steuerpolitischer Maßnahmen auf die Vermögensbildung läßt sich an Hand der Erfahrungen in der Bundesrepublik Deutschland nach dem zweiten Weltkrieg verdeutlichen: Um den wirtschaftlich notwendigen Wiederaufbau zu forcieren wurde die Produktivkapitalbildung durch hohe Abschreibungsmöglichkeiten, Steuerbegünstigungen und Sonderausgabenregelungen gefördert, von denen überwiegend Bezieher höherer Einkommen profitierten. Vgl. dazu auch Föhl, Carl: Kreislaufanalytische Untersuchungen der Vermögensbildung in der Bundesrepublik Deutschland und die Beeinflußbarkeit ihrer Verteilung, a. a. O., S. 40 ff.

> mit massiver staatlicher Förderung entstehenden gewerblichen Vermögen beteiligt sind, und somit eine weitere Konzentrationstendenz, wie wir sie in der bisherigen Bundesrepublik seit Jahren beklagen, zumindest abschwächen."[285]

Mit Hilfe überbetrieblicher Beteiligungsmodelle wäre es theoretisch möglich, Fonds zu begründen, die einen Teil ihrer Mittel entsprechend oben genannter Zielsetzung aber auch unter dem Gesichtspunkt langfristiger Rendite- und Entwicklungsüberlegungen in zukunftsorientierte Projekte zur Entwicklung neuer, umweltbewußter und ressourcenschonender Technologien investieren. Innovationen, die derzeit von der Industrie aus einzelwirtschaftlichen Rendite- und Finanzierungsüberlegungen zurückgehalten oder nicht weiter verfolgt beziehungsweise vom bestehenden Bankensystem nicht unterstützt werden (können), könnten mit einer Teilfinanzierung beziehungsweise einer Forschungsfinanzierung aus Fondsmittel einen Beitrag zur nachhaltigen Entwicklung leisten. Ein gezielter Kapitaltransfer kann insofern dazu beitragen, den Wirtschaftsstandort nach wie vor attraktiv zu gestalten und bestehende Arbeitsverhältnisse zu sichern und/oder neue Arbeitsplätze zu schaffen.

> „Eine verteilungsorientierte Produktivvermögensbildungspolitik, die die Kapitalanlage in direkten und indirekten Beteiligungen fördert, kann in denjenigen Wirtschaftsbereichen zu einer Kapitalausstattung führen, die durch die institutionellen Hemmnisse besonders stark betroffen sind. Dies ist insbesondere der Fall bei kleinen, jungen und innovativen Unternehmen, die keinen Zutritt zu den organisierten Märkten für Eigenkapital haben."[286]

Allerdings sollte dabei nicht übersehen werden, daß insbesondere in der Anfangsphase mit Risiken und möglicherweise auch erheblichen Finanzierungsdefiziten zu rechnen ist, da zum einen die Forschungsergebnisse und zum anderen die Marktfähigkeit und Akzeptanz dieser Produkt- und Prozeßinnovationen nicht bestimmt werden können.

Inwieweit der Aspekt der Förderung eines quantitativen und vor allem qualitativen Wirtschaftswachstums eher gesellschaftspolitischen oder betriebswirtschaftlichen Zielen zugeordnet wird, sollte in diesem Zusammenhang weniger zur Diskussion stehen, da grundsätzlich beide Zielsetzungen eng miteinander zusammen hängen. Ob die Einkommenspolitik nun unmittelbar zur Steuerung und Verteilung des Einkommens dient, oder als Instrument zur Erreichung weiterer Ziele, wie zum Beispiel die Erhaltung der Geldwertstabilität und die

---

[285] Deutsche Angestellten Gewerkschaft (Hrsg.): Das Modell der DAG zur „investiven Lohnpolitik", in: WIPO-Dienst, Hamburg, 1994, S. 3.

[286] Schöner, Manfred: Überbetriebliche Vermögensbeteiligung, a. a. O., S. 25.

Verstetigung und Erhöhung des Wirtschaftswachstums, ist meiner Ansicht nach in diesem Zusammenhang sekundär.[287] Es bleibt jedoch festzustellen, daß die Ergänzung der bisherigen Lohnpolitik durch Beteiligungen der Arbeitnehmer am Produktivvermögen einen wichtigen Beitrag zur Verbesserung der wirtschaftlichen, gesellschaftlichen und sozialen Stellung der Arbeitnehmer leisten kann. Die Wirtschafts- und Finanzpolitik der letzten Jahre hat die Bezieher hoher Einkommen aus selbständiger Tätigkeit begünstigt und damit ihre Sparfähigkeit noch weiter gefördert.[288] Die staatliche Politik konnte die Stellung der Arbeitnehmer in der Gesellschaft durchaus verbessern, doch die ungleiche Vermögensverteilung, vor allem die Produktivvermögenskonzentration, konnte bis dato noch nicht in gewünschtem Maße beseitigt werden. Eine Förderung der breiten Streuung des Produktivvermögens, insbesondere durch Erfolgs- und Gewinnbeteiligung, kann daher dem Ziel sozialer Gerechtigkeit, Stabilität der Gesellschaftsordnung und Demokratisierung der Gesellschaft dienen. Vermögen und insbesondere Produktivvermögen erhöht nicht nur den Entfaltungsspielraum des Einzelnen, sondern dient vielmehr auch den Finalzielen, wie der sozialen Sicherung, der Start- und Verteilungsgerechtigkeit, sowie der Sicherung der Marktwirtschaft und des bestehenden Gesellschaftssystems.

Diese gesellschaftspolitischen und volkswirtschaftlichen Ziele lassen sich sowohl mit einer betrieblichen als auch überbetrieblichen Beteiligung realisieren. Im Gegensatz zu einzelwirtschaftlichen Modellen, die nur Mitarbeiter ertragsstarker Unternehmen privilegieren, können mit einer überbetrieblichen Fondslösung allerdings auch jene Bevölkerungsgruppen beteiligt werden, die in weniger attraktiven oder „nicht gewinnwirtschaftlich orientierten" Branchen beschäftigt sind.[289]

---

287 Mit der Verwirklichung des einen Zieles können die anderen unterstützt werden. Man spricht dabei auch oft von den „zwei Seiten des selben Tatbestands". So ist auch Waltraud Bohlen der Ansicht, daß die Politik einer breiten Vermögensstreuung kein unmittelbares Endziel darstellt, wohl aber wichtige Beiträge zur Erfüllung anderer Ziele leistet. Vgl. Bohlen, Waltraud: Die volkswirtschaftlichen Auswirkungen von Vermögensbildungsplänen, a. a. O., S. 17.

288 In der Zeit nach dem zweiten Weltkrieg bestand ein extrem hoher Bedarf an Kapital, um die ärgste Not zu lindern und den wirtschaftlichen Wiederaufbau voranzutreiben. Die steuerlichen Vergünstigung und die Begünstigung des Sparens trugen eher zu einer Vemögenskonzentration bei. Im weiteren Verlauf richtete sich die Politik verstärkt auf die Förderung einer Streuung von Geld- und Produktivvermögensdekonzentration, doch eine befriedigende Lösung konnte, trotz vieler Verbesserungen, noch nicht erreicht werden.

289 Oswald von Nell-Breuning sieht das Hauptproblem nicht in der Verteilung des Erfolges einer einzelnen Unternehmung, sondern vielmehr in der gerechteren Verteilung des

Das Risiko, in neue Technologien zu investieren, ist derzeit relativ groß, zumal Forschungsergebnisse, Anwendungsmöglichkeiten und potentielle Abnehmer im Vorfeld nicht bekannt sind. Da allerdings die Diversifikation in innovative, bereits etablierte und gewinntragende Branchen risikominimierend wirkt, kann insbesondere mit der Fondslösung dem einzelnen Arbeitnehmer eine gewisse Stetigkeit der zusätzlichen Einkünfte garantiert und gleichzeitig dem Aspekt der Förderung neuer, zukunftsorientierter Wirtschaftssektoren Rechnung getragen werden.[290]

4.2 Die einzelwirtschaftliche Bedeutung einer Mitarbeiterbeteiligung

Neben gesellschaftspolitischen und volkswirtschaftlichen Aspekten sind einzelwirtschaftliche Gesichtspunkte ebenso von Bedeutung, wobei sich auch hier die Beteiligung der Arbeitnehmer nicht auf ein einzelnes Motiv, sondern vielmehr auf eine Zielkombination mit unterschiedlicher Präferenzordnung zurückführen läßt.[291] Seitens der Unternehmen, die bereits Beteiligungsmodelle praktizieren oder deren Einführung planen, sollten jedoch die firmenpolitischen und betriebswirtschaftlichen Überlegungen äußerst umsichtig dargestellt werden, um das Vertrauen der Belegschaft nicht zu gefährden. Andererseits sollte aber keine unglaubwürdige, wirklichkeitsfremde und sozialromantische Firmenphilosophie vorgetäuscht werden.[292] Dabei ist eine Politik der offenen

---

gesamten Sozialproduktes auf einzelne Bevölkerungskreise. Vgl. Nell-Breuning, Oswald von: Eigentumsbildung in Arbeitnehmerhand, a. a. O., S. 28. Zur Verteilung des Sozialproduktes vgl. Preiser, Erich: Die ökonomische Problematik der Eigentumsverteilung, in: Theodor Heckel (Hrsg.): Eigentum und Eigentumsverteilung als theologisches, rechtsphilosophisches und ökonomisches Problem, München, 1962, S. 42 - 62.

[290] Vgl. Coenenberg, Alfred / Baum, Heinz-Georg: Strategisches Controlling - Grundfragen der strategischen Planung und Kontrolle, Stuttgart, 1987, S. 78 - 82.

[291] Vgl. auch Adam, Hermann: Macht und Vermögen in der Wirtschaft, a. a. O., S. 38 f.; Guski, Hans-Günter / Schneider, Hans J.: Betriebliche Vermögensbeteiligung in der Bundesrepublik Deutschland, Teil II: Ergebnisse, Erfahrungen und Auswirkungen in der Praxis, Köln, 1983, S. 111 ff.; Schanz, Günther: Mitarbeiterbeteiligung. Grundlagen - Befunde - Modelle, München, 1985; FritzRoy, Felix / Kraft, Kornelius (Hrsg.): Mitarbeiterbeteiligung und Mitbestimmung im Unternehmen, Berlin, 1987; Hebig, Michael / Zacharias, Erwin: Handbuch der betrieblichen Vermögensbildung, München, 1991, S. 2; Mez, Bernd: Effizienz der Mitarbeiter-Kapitalbeteiligung, Wiesbaden, 1991; Schneider, Hans J. / Zander, Ernst: Erfolgs- und Kapitalbeteiligung der Mitarbeiter in Klein- und Mittelbetrieben, 4. Auflage, Freiburg, 1993.

[292] Interessengemeinsamkeiten aber auch Interessenkonflikte zwischen Arbeitnehmern und Kapitalbesitzern werden immer das System der (sozialen) Marktwirtschaft prägen. Eine

Kommunikation, in der die Vorteile und Chancen einer Beteiligung aber auch die damit verbundenen Risiken sowohl für Arbeitnehmer als auch Arbeitgeber erörtert werden, die wesentliche Grundlage eines partnerschaftlichen Konzeptes und die materielle Komponente, im Sinne der Ergebnisbeteiligung, eine wichtige Gestaltungsvariante.[293] Gegenseitige Anerkennung und Akzeptanz, Verantwortungsbewußtsein und Delegationsfähigkeit aber nicht zuletzt auch Integrations-, Kooperations- und Konsensbereitschaft sollten als weitere, unverzichtbare Faktoren erachtet werden, doch nur eine sinnvolle Kombination aus materieller und immaterieller Partizipation führt zum gewünschten Erfolg.[294] Die Integration kann allerdings nur verwirklicht und das Mitarbeiterpotential optimal genutzt werden, wenn die Unternehmensleitung die Mitarbeiter auf möglichst allen innerbetrieblichen Ebenen in den Entscheidungsprozeß einbezieht, ihre Initiativen anerkennt und sie zusätzlich am Erfolg des Unternehmens materiell beteiligt. Die Gewinn- und Kapitalbeteiligung gilt demnach als eine wesentliche Voraussetzung für die Verwirklichung partnerschaftlich orientierter Modelle.

---

einseitige Darstellung dieser Extreme führt unweigerlich zu gesellschaftlichen Konflikten, denn auch die einseitige Betonung der Interessenkonvergenz kann das gegenseitige Vertrauen belasten. Vgl. dazu Nell-Breuning, Oswald von: Partnerschaft, in: Erwin von Beckerath / Hermann Bente / Carl Brinkmann u. a. (Hrsg.): Handwörterbuch der Sozialwissenschaften. Zugleich Neuauflage des Handbuchs der Staatswissenschaften, 8. Band, Göttingen, Stuttgart, Tübingen, 1964, S. 216 - 223.

[293] Beispielsweise werden die Mitarbeiter der Drägerwerk AG über die Vorteile und Risiken der börsenfähigen Genußscheine und die Zielsetzungen, wie Motivation, Identifikation und Kapitalbeschaffung informiert. Allerdings besteht auf Grund der langjährigen Tradition (bereits seit 1889 werden die Mitarbeiter am Erfolg beteiligt!) eine gewachsene und begründete Vertrauensbasis und die Mitarbeiterbeteiligung wird von der Belegschaft nicht als betrieblicher Eigennutz interpretiert. Vgl. Gensch, Ingo: Materielle Beteiligung und Vermögensbildung bei der Drägerwerk AG, in: Bertelsmann Stiftung und Hans Böckler Stiftung (Hrsg.): Vorteil Unternehmenskultur: Leitfaden für die Praxis, Heft 5: Materielle Beteiligung und Vermögensbildung, Gütersloh, 1996, S. 41 - 51, hier S. 43 ff. Zu den pädagogisch-psychologischen Aspekten sowie den einzelnen Informationsphasen im Rahmen (der Einführung) eines Beteiligungsmodells vgl. Zettl, Erich: Pädagogische Aspekte bei der Einführung eines Beteiligungsmodells, in: Hans J. Schneider (Hrsg.): Handbuch der Mitarbeiter-Kapitalbeteiligung, a. a. O., S. 390 - 400.

[294] An Hand unterschiedlichster, praxiserprobter Modellkonzeptionen verdeutlicht zum Beispiel Paul Halbe die Notwendigkeit und Kombinationsmöglichkeit materieller und immaterieller Komponenten sowie deren Erfolgschancen und Risiken. Vgl. exemplarisch Halbe, Paul: Die neuen Unternehmen. Wie aus Mitarbeitern Mitunternehmer werden, Freiburg, 1986.

Die materielle Beteiligung als ein bedeutendes Instrument zur Entwicklung einer zukunftsorientierten Unternehmenskultur

Mit der Globalisierung der Märkte, dem internationalen Konkurrenzdruck sowie der Entwicklung hin zu einer Informationsgesellschaft und den daraus resultierenden Schwierigkeiten, wie beispielsweise der Standortsicherung oder der Erhaltung von Arbeitsplätzen, werden zwingend notwendige Strukturveränderungen eingeleitet, das Selbstverständnis und die Grenzen des Systems der sozialen Marktwirtschaft neu bewertet, aber auch die Chancen und Perspektiven einer zukunftsorientierten Unternehmenskultur, in Hinblick auf eine Weiterentwicklung des partnerschaftlichen Gedankens und der Mitbestimmung, neu erkannt. Eine betriebliche Sozialpartnerschaft, in der sowohl der „Warencharakter der Arbeit“ als auch der „Abfindungslohn“[295] abgelehnt werden, erfordert konsequenterweise eine deutlichere, insbesondere eine materielle Anerkennung der engen Beziehung zwischen individueller Leistungsbereitschaft und dem betrieblichen Erfolg, zumal die Gesamtheit eines Ergebnisses sicherlich nicht nur die Summe seiner einzelnen Bestandteile ist.[296] Wäre die exakte, quantitative Zuordnung des Erfolges auf jeden Einzelnen möglich, so könnte theoretisch jeder entsprechend seinem Anteil entlohnt werden.[297] Der eigentliche Erfolg eines Unternehmens basiert jedoch auch auf Faktoren, die sich einer Bewertung entziehen, da Roh-, Hilfs-, und Betriebsstoffe und nicht zuletzt immaterielle Leistungen, wie ökonomisches und kundenorientiertes Verhalten

---

295 Der Terminus Abfindungslohn wurde überwiegend in Österreich und Süddeutschland in den 40er Jahren verwendet. Dabei sollte zum Ausdruck gebracht werden, daß die Arbeitnehmer nicht den gerechten Gegenwert ihrer Arbeitsleistung erhalten, sondern mit im Vorfeld ausgehandelten Löhnen „abgefunden“ werden. Diese Kontrakteinkommen schließen alle weiteren Rechte der Arbeitnehmer am Produktionserlös aus. Vgl. dazu auch Nell-Breuning, Oswald von: Einführung in das Tagesthema, in: Helmut Duvernell (Hrsg.): Ertragsbeteiligung der Arbeitnehmer. Internationale Tagung der Sozialakademie Dortmund, Berlin, 1965, S. 11 - 25, hier S. 12 ff.

296 Vgl. Hettlage, Benno: Antwort auf Laudatio, in: Arbeitsgemeinschaft zur Förderung der Partnerschaft in der Wirtschaft e. V. (AGP) / Michael Lezius (Hrsg.): Stiftung Sozialer Wandel in der Unternehmerischen Wirtschaft, Band 20: Eigenkapitalbildung durch Mitarbeiterbeteiligung: Schlüssel zum Wirtschaftswachstum - Wege in eine neue Lohnpolitik, Spardorf, 1982, S. 21 ff.

297 Die Steigerung der quantitativ meßbaren Arbeitsleistung, wie beispielsweise eine höhere Produktionsgeschwindigkeit werden bereits mit Hilfe einer leistungsbezogenen Entlohnung honoriert, wobei die anderen Erfolgsfaktoren mit dieser Lohnform nicht erfaßt werden können.

in das Produkt beziehungsweise die Dienstleistung eingebracht werden.[298] Ein wichtiger Gestaltungsaspekt der „mitarbeiterorientierten Unternehmensauffassung“ beruht dementsprechend auf den Leitgedanken, daß der Unternehmenserfolg sehr stark vom Zusammenspiel unternehmerischer Leistung, Kapitalausstattung und motivierten Mitarbeitern beeinflußt wird und eben diese leistungsbereiten Mitarbeiter nach persönlichem Freiraum, Selbstverwirklichung und Anerkennung streben.

Dem steht zunächst die arbeitspsychologische Annahme entgegen, daß in vielen Bereichen der industriellen Fertigung der Arbeitnehmer mit traditioneller handwerklicher Ausbildung weder in der Lage sei, seine beruflichen Fähigkeiten tatsächlich auszuschöpfen, noch das Ergebnis seiner Arbeit in Form der jeweiligen Güter zu erfassen und daraus Arbeitsunzufriedenheit, mangelnde Innovationsbereitschaft bis hin zu verängstigter Lethargie resultiere.[299] Doch gerade in dieser Erkenntnis liegt möglicherweise die Chance und der Marktvorteil zukunftsweisender Unternehmen, die konkret versuchen, ihre Mitarbeiter sowohl zu fordern als auch zu fördern. Die Abkehr von der üblichen Arbeitsorganisation, das heißt die stärkere Integration der Arbeitnehmer in Planung, Organisation und Fertigung zu einen gemeinsamen Prozeß, mit eigenen Verantwortungs- und Kompetenzbereichen sowie die Reorganisation überholter hierarchischer Strukturen eröffnet für beide Seiten neue Perspektiven: „Kompetenz aus den eigenen Reihen entwickeln“ und gleichzeitig „Arbeitszufriedenheit schaffen“ sind zwei denkbare Ausgestaltungsformen, die erreicht werden können. Durch die Teilhabe am betrieblichen Erfolg und eine leistungsgerechte Entlohnung können sowohl das Betriebsklima und die Arbeitszufriedenheit als auch die notwendige Flexibilität im Umgang mit Kunden und neuen Aufgaben erheblich verbessert werden.[300] Welche Relevanz dieser Aspekt für ein Unternehmen hat, verdeutlicht ein Zitat von Hanns Martin Schleyer:

---

[298] Vgl. Nell-Breuning, Oswald von: Aktuelle Fragen der Gesellschaftspolitik, a. a. O., S. 97 f.

[299] Moderne Produktionstechniken ermöglichen eine effektive und preisgünstige Massenproduktion, bei der der Einzelne nur Teile eines Ganzen produziert und demnach nicht in der Lage ist, das ganze Produkt als sein Werk zu sehen. Die wirtschaftlichen Vorteile einer solchen Produktionsweise stehen außer Frage, doch sollte der psychologische Aspekt der fehlenden Befriedigung nicht übersehen werden.

[300] Die Leistungsbereitschaft läßt sich in Anlehnung an Hans J. Schneider auf drei grundsätzliche Bedürfnisse zurückführen: Die physische Leistungsbereitschaftsdeterminante umfaßt die materiellen Komponenten, wie beispielsweise Entlohnung oder Altersvorsorge, die soziale Determinante beinhaltet Faktoren wie Anerkennung, Aufstiegsmöglichkeiten oder Betriebsklima und die psychologische Determinante basiert auf Aspekten wie Arbeitszu-

„Eine vorzügliche betriebliche Organisation, eine hervorragend ausgebildete Mitarbeiterschaft, ein ausgezeichnetes Betriebsklima und vieles andere mehr sind Grundaufgaben, die dem Hauptziel dienen, das Unternehmen auf dem Markt existenzfähig zu erhalten."[301]

Bei der Entscheidungsfindung beteiligungsbereiter Unternehmen spielen demnach auch humanitäre Ziele eine bedeutende Rolle, wobei Begriffe, wie beispielsweise „Humanisierung der Arbeitswelt" oder „Schaffung von menschengerechten Arbeitsbedingungen" in der gesellschaftspolitischen Diskussion sehr allgemein und vage definiert werden. Zur Konkretisierung dieses übergeordneten Zielaspektes können einzelne Unterziele angeführt werden, die auf die faktische Verbesserung der Arbeitsbedingungen ausgerichtet sind.

Abbildung 8: Mögliche Ansatzpunkte zur Humanisierung der Arbeitsbedingungen

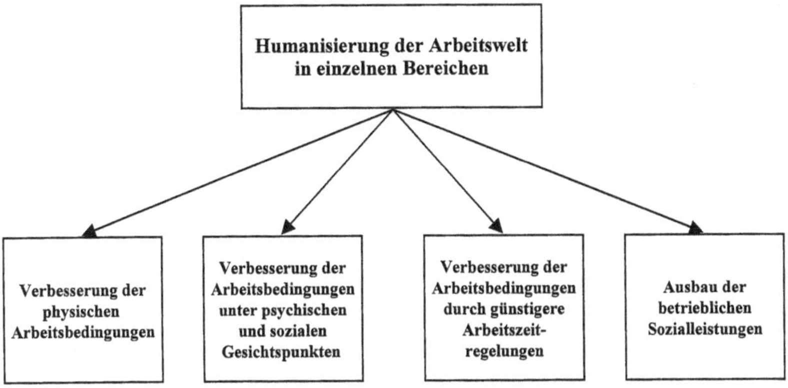

---

friedenheit oder Selbstverwirklichung. Vgl. Schneider, Hans J.: Die partnerschaftliche Kapitalbeteiligung der Arbeitnehmer am mittelständischen Industrieunternehmen, Köln, Bonn, 1973, S. 225 ff.

301 Schleyer, Hanns Martin: Die politische Verantwortung des Unternehmers, Referat anläßlich der Unternehmertage Baden-Württemberg 1969, in: Zum Dialog, Schriftreihe des Wirtschaftsrates der CDU e.V. (Hrsg.), Bonn, 1969, S. 2 f. In Anlehnung an Hundhausen läßt sich dementsprechend argumentieren: „Wenn es stimmt, daß das größte Kapital eines mittelständischen Betriebes die Menschen sind, die darin arbeiten, dann ist es richtig, die Menschen am Kapital zu beteiligen." Müller-Vogg, Hugo / Schneider Hans J.: Mitarbeiterbeteiligung in der Praxis, in: Arbeitsgemeinschaft zur Förderung der Partnerschaft in der Wirtschaft e. V. (AGP) (Hrsg.): Stiftung Sozialer Wandel in der Unternehmerischen Wirtschaft, Band 30, Spardorf, 1985, S. 26.

Ein weiteres Motiv liegt in der Identifikation des Arbeitnehmers mit seinem Aufgabengebiet und dementsprechend im Interesse an der Entwicklung des arbeitgebenden Unternehmens. Infolgedessen kann die Produktivität durch gesteigerte Motivation, Kostenbewußtsein oder einer Senkung der Krankheitstage deutlich erhöht werden. Die Bereitschaft, innerbetriebliche Verbesserungsvorschläge zu unterbreiten und somit einzelne Arbeitsplätze respektive einzelne Arbeitsvorgänge effizienter zu gestalten, stärkt nicht nur die Marktposition des Unternehmens, sondern - sofern diese Vorschläge honoriert werden - auch das Selbstwertgefühl des einzelnen Mitarbeiters. Dieser persönliche Einsatz kann allerdings nur bedingt tarifvertraglich geregelt werden. Das unternehmerische Denken erscheint für den beteiligten Mitarbeiter durchaus sinnvoll, da sein eigener Anteil trotz relativer Minderung absolut wächst. Sofern die Ertragssteigerung auf einer qualitativen Leistungssteigerung und nicht lediglich auf einer Erhöhung der Arbeitsintensität in Form einer (freiwilligen) Ausbeutung der physischen Ressourcen basiert, findet der Mitarbeiter eine Arbeitszufriedenheit, die sich im erhöhten Einkommen und folglich im ideellen Wert seiner Arbeit widerspiegelt. Dementsprechend schlägt Oswald von Nell-Breuning vor, den Mitarbeiter zu dem tariflichen Kontraktlohn für seine persönliche Leistung und sein Engagement zu entlohnen, um zu betonen, daß:

> „Deine Arbeit hat Frucht getragen, und dafür, daß sie Frucht getragen hat, wirst du nicht mit schönen und verbindlich klingenden, aber nichts kostenden Worten abgespeist, sondern das siehst du hier real vor dir“.[302]

Das Ergebnis der Mitarbeiterbeteiligung wird jedoch von weiteren Faktoren beeinflußt:

- Von der Zahl der Mitarbeiter, da sich in kleinen und mittleren Unternehmen die persönliche Leistung des Einzelnen relativ stark auf den Erfolg auswirkt und diese Korrelation dementsprechend eher sichtbar ist.
- Von der Dauer eines Beteiligungsmodells, da eine stärkere Vertrauensbasis aufgebaut werden kann, der Mitarbeiter langfristig am Erfolg beteiligt ist, die persönlichen Kapitalanteile zunehmen und die Motivation daher nicht nur vorübergehend gesteigert wird.[303]

---

302 Nell-Breuning, Oswald von: Aktuelle Fragen der Gesellschaftspolitik, a. a. O., S. 86.

303 Demgegenüber weist Hans Schachtschabel in seiner Untersuchung zum Offenburger Modell darauf hin, daß Beteiligungsmodelle (in diesem Fall das Modell der Firma Louis Fischer) auch der Gefahr einer „Modellveralterung“ unterliegen, da der ursprüngliche

Einzelne Unternehmen sehen auch im Imagegewinn einen weiteren Grund für die Einführung einer Mitarbeiterbeteiligung. Dadurch soll nicht nur die Nachfrageposition auf dem Arbeitsmarkt verbessert und so qualifizierte Mitarbeiter gewonnen, sondern auch die Fluktuationsrate reduziert und das vorhandene Arbeitskräftepotential erhöht werden. Hinterläßt die Kündigung eines erfahrenen Mitarbeiters eine kreative Lücke, die nicht immer problemlos geschlossen werden kann, werden vor allem in der Such- und Einarbeitungsphase nicht nur finanzielle Mittel gebunden, ohne letztendlich das Ergebnis abschätzen zu können. Materielle und psychologische Anreize erweitern daher die personalpolitischen Möglichkeiten eines Unternehmens, das bestrebt ist, den bestehenden Mitarbeiterstamm mit qualifizierten Fachkräfte zu ergänzen.

Auch auf dem Absatzmarkt kann der Imagegewinn positive Wirkungen aufweisen, da Unternehmen, die eine langjährige Beteiligungstradition vorweisen können, meist als innovativ, leistungsfähig und zukunftsorientiert angesehen werden.[304] Dabei spielt die Betonung der human relations als Wettbewerbsstrategie eine bedeutende Rolle: Flexibilität, unkomplizierte Hierarchien sowie kundenorientierte Problemlösungen durch kompetente, kreative und verantwortungsbewußte Mitarbeiter sind nur einige der häufig angeführten Vorteile für den potentiellen Kunden.

Verbesserung der Finanzierungsmöglichkeiten

Die Erschließung neuer Finanzierungsquellen als flankierende Maßnahme zur aktuellen Mittelstandspolitik setzt im allgemeinen voraus, daß die vorhandenen Kapitalgeber nicht mit einer Kürzung der Kapitalanteile reagieren und zudem

---

Beteiligungsgedanke - im Sinne einer Bindung der Mitarbeiter an ihr Unternehmen und der Partizipation an unternehmerischen Entscheidungen - mit dem generativen Wechsel deutlich nachlassen kann und somit die materielle Beteiligung lediglich als Zusatzlohn interpretiert wird. Die Gründe für dieses Desinteresse können unter anderem in Falschinformationen oder Informationsdefiziten sowie in der betriebswirtschaftlich und juristisch komplexen Modellkonstruktion vermutet werden. Vgl. Schachtschabel, Hans: Betriebliche Partnerschaft durch Mitarbeiterbeteiligung. Untersuchungsbericht zum Offenburger Modell, Hamburg, 1992, S. 19 ff.; S. 43 ff. sowie S. 76 und S. 126 ff. respektive die Ergebnisse der Interviews im Anhang.

304 Vgl. Gaugler, Eduard: Mitarbeiterkapital im arbeitgebenden Unternehmen, in: Werner Kresse / Walter Alt (Hrsg.): Jahrbuch für Betriebswirte 1980, Stuttgart, 1980, S.203 sowie Kilian, Horst: Betriebliche Kapitalbeteiligungsmodelle. Verbreitung, Einführungsmotive und Auswirkungen in der Bundesrepublik Deutschland und den Vereinigten Staaten von Amerika, in: Ludwig Mühlhaupt (Hrsg.): Schriftreihe des Instituts für Kreditwesen der Westfälischen Wilhelms-Universität Münster, Band 20, Wiesbaden, 1978, S. 103 f.

keine Barausschüttung der Mitarbeiteranteile erfolgt. Dementsprechend beruhen die im folgenden angeführten Argumentationen auf der Annahme einer Eigen- oder Fremdkapitalbeteiligung mit vorab fest definierten Sperrfristen. Dem Unternehmen stehen diese Mittel nach wie vor für Investitionen zur Verfügung, doch - je nach Ausgestaltung des Beteiligungsmodells - mit veränderter Kapitalstruktur. Insbesondere für nicht emissionsfähige, das heißt überwiegend kleinere und mittlere Unternehmen, sind in der Expansionsphase neue Wege der Kapitalaufbringung interessant, da die Gesellschafter zum einen meist nicht in der Lage oder bereit sind, das notwendige Eigenkapital aufzubringen und sie zum anderen am Kapitalmarkt nur begrenzt risikotragende, haftende Mittel aufnehmen können. In Anbetracht der Finanzierungsvorteile sollte die Erfolgs- und Kapitalbeteiligung aber nicht nur als ein mögliches Finanzierungskonzept für Unternehmen angesehen werden, um nicht bereits im Vorfeld mit oben genannten Zielaspekten in Konflikt zu geraten.[305] Die finanziellen Gesichtspunkte sollten deshalb weder überbewertet noch als nebensächliche Randerscheinung, mit möglichen positiven Wirkungen, dargestellt werden.

Mitarbeiter-Eigenkapitalbeteiligungen verbessern durch die Erhöhung der Eigenkapitalquote die bestehende Kapitalstruktur und erweitern dadurch den Fremdfinanzierungsspielraum: Eine geringe Eigenkapitalbasis beschränkt nicht nur die Expansionsmöglichkeiten, sondern erhöht auch das Insolvenzrisiko, denn Unternehmen mit günstigen Produktivitäts- und Absatzerwartungen könnten mit Hilfe eines solchen Konzeptes vorübergehende Liquiditätsprobleme überwinden, die derzeit nur mit Fremdmitteln finanziert werden können.[306] Die Mitarbeiterbeteiligung ist daher aus unternehmenspolitischer Sicht durchaus vorteilhaft, wenn ein Kapitalbedarf für gewinnbringende Neu- und Erweiterungsinvestitionen, für Beteiligungsinvestitionen oder zur Substitution der bestehenden Fremdmittel im Sinne einer Kapitalumschichtung besteht. Durch staatliche Subventionen, Steuerersparnisse und weitere Förderungen, wie

---

305 Andererseits hat die Praxis bewiesen, daß viele Beteiligungsmodelle in einer unternehmerischen Krise entstanden sind und nach wie vor erfolgreich praktiziert werden. Die Bereitschaft der Arbeitnehmer, gerade in schlechteren Zeiten ganz oder teilweise auf Lohnzuwächse zu verzichten und die Mittel im Unternehmen zu belassen, sollte dabei nicht unterschätzt werden. Die Gründe für diesen Verzicht können in der Angst vor einem drohenden Arbeitsplatzverlust aber auch in der Aussicht auf eine höhere Rendite nach der Überwindung der Krise liegen.

306 Vgl. Schüller, Alfred: Vermögensbildung im Dienste des Aufbaus der Wirtschaft der neuen Bundesländer, in: Kirchenamt der Evangelischen Kirche in Deutschland / Sekretariat der Deutschen Bischofskonferenz (Hrsg.): Beteiligung am Produktiveigentum, Hannover, Bonn, 1993, S. 97 - S. 116, hier S. 97.

sie beispielsweise das Vermögensbildungsgesetz oder § 19a des Einkommensteuergesetzes vorsehen, könnten diese positiven Effekte noch verstärkt und die bisherigen Lohnformen ergänzt werden, sofern diese staatlichen Mittel dem Unternehmen zufließen und den Arbeitnehmern als Beteiligungskapital übereignet werden.

Wird die Kapitalbeteiligung durch freiwillige Eigenleistungen der Arbeitnehmer erhöht, so fließt dem Unternehmen zusätzliches Kapital zu, das sich wiederum positiv auf die Finanzierungseffekte auswirkt. Einzelne Unternehmen sehen in der Zuzahlung der Mitarbeiter auch ein Zeichen dafür, daß sie sich mit dem arbeitgebenden Unternehmen identifizieren, an den künftigen Erfolg und das langfristige Wachstum glauben und daran materiell beteiligt werden möchten.

Mitarbeiterbeteiligungen auf der Basis einer Fremdkapitalbeteiligung bieten für Unternehmen wie auch Arbeitnehmer ebenso Vorteile: Trotz anfallender Bürgschafts- oder Versicherungskosten[307] sind die Belastungen für das Unternehmen üblicherweise geringer als bei einer Fremdkapitalaufnahme bei Kreditinstituten, wobei gleichzeitig das Risiko für den Mitarbeiter minimiert werden kann. Aus Sicht der beteiligten Mitarbeiter (im Vergleich zu anderen Investoren) ergeben sich Gesichtspunkten, die deutlich für eine Risikoabsicherung sprechen:

- ❒ Doppeltes Risiko der Arbeitnehmer;
- ❒ Erschwerter Zugriff auf die Mittel während der Sperrfristen;
- ❒ Geringes Anlagevolumen und dementsprechend kaum Diversifikationsmöglichkeiten;
- ❒ Mangelnde Erfahrung der Arbeitnehmer mit risikotragenden Vermögenswerten;
- ❒ Fehlende Märkte für nicht börsenfähige Beteiligungstitel.

Allerdings sollten dabei auch folgende Gegenargumente berücksichtigt werden:

- ❒ Unterschiedliche Behandlung der Kapitalanleger;

---

[307] Entsprechend § 2 Abs. 1 Nummer 2 Buchstabe k, 5. VermBG und § 19a Abs. 3 Ziffer 10 EStG wird hier von der privatrechtlichen Sicherung durch ein Versicherungsinstitut oder der Bürgschaft eines Kreditinstituts zur Sicherung der Mitarbeiterdarlehen ausgegangen, um dem Arbeitnehmer Schutz zu gewähren und gleichzeitig die Begünstigungen dieser Gesetze in Anspruch nehmen zu können.

- Systemfremder Eingriff, wenn einerseits die Mitarbeiter am Erfolg beteiligt werden aber andererseits risikotragende Vermögenswerte versichert werden;
- Nur geringfügig erweiterter Finanzierungsspielraum, da durch eine Haftungszusage üblicherweise auch der Kreditrahmen entsprechend verringert wird, sofern keine weiteren Sicherheiten zur Verfügung gestellt werden können.

Insbesondere als „Einstiegsmodell" ermöglicht es beiden Partnern erstarrte Denkstrukturen, Unsicherheiten und Kompetenzprobleme schrittweise zu überwinden, Erfahrungen zu sammeln und nicht zuletzt die positiven Wirkungen einer langfristigen Produktivkapitalbeteiligung zu erkennen. Seitens einzelner Arbeitnehmer führt dies möglicherweise zu einer zuversichtlichen Einstellung bezüglich Besitz und Erwerb von Beteiligungspapieren und infolgedessen zu einer Wiederanlage im Unternehmen nach Ablauf der Sperrfrist oder zum selbständigen Erwerb von Produktivvermögen. Wenn sich die gesamten Kapitalkosten zwischen den banküblichen Spar- und Kreditzinsen bewegen, so können Mitarbeiter und Unternehmen von der Differenz profitieren.[308] Auf einer gemeinsamen Vertrauensbasis sind unbürokratische Vereinbarungen bezüglich der Konditionen mit den Mitarbeitern eher möglich als mit externen Vertretern von Kreditinstituten oder Kapitalsammelstellen. Theoretisch können die Rückzahlungsmodalitäten individuell mit jedem Einzelnen ausgehandelt und bei kritischen Marktverhältnissen - mit dem Einverständnis des Mitarbeiters – fällige Rückzahlungen gestundet werden. Eine vorübergehend angespannte Liquiditätslage wird somit überbrückt und mögliche Entlassungen können vermieden werden. Analysen ergaben, daß Arbeitnehmer durchaus bereit sind, die Risiken der Unternehmen mitzutragen, wobei vor allem der Aspekt einer Stärkung des Unternehmens und dadurch einer Sicherung der Arbeitsplätze im Vordergrund steht.[309]

---

308 Vgl. Gaugler, Eduard: Mitarbeiterkapital im arbeitgebenden Unternehmen, a. a. O., S.199.

309 Einen ähnlichen Zusammenhang sehen Hebig und Zacharias, die mit einer gesicherten Unternehmensfinanzierung folgende Ziele in Verbindung bringen: Erhaltung des Unternehmens, Sicherung der Liquidität, Erhaltung und Sicherung der Einkommen von Arbeitnehmer und Arbeitgeber. Vgl. Hebig, Michael / Zacharias, Erwin: Handbuch der betrieblichen Vermögensbildung, a. a. O., S. 228 und Ruf, Thomas: Arbeitnehmerbeteiligung am Produktivkapital, in: Karl Heinz Schönbach / Axel Weber (Hrsg.): Arbeit und Sozialpolitik, 46. Jahrgang, 9-10/92, Baden-Baden, 1992, S. 20 - 24, hier S. 23.

Das Vertrauen der Mitarbeiter und das Verständnis für unternehmensspezifische Belange wird wahrscheinlich größer sein als bei „unbeteiligten" Dritten.[310]

So sieht Manfred Schöner beispielsweise im enormen Anlagevolumen der Banken und Versicherungsinstitute und in der Kreditvergabepraxis schwerwiegende Probleme für eine effiziente Haftkapitalakkumulation. Die Kreditvergabe erfolgt meist nur mit dem Nachweis von Sicherheiten und bei garantierten, festen Rückzahlungsströmen. Junge, innovative Unternehmen scheitern, trotz vielversprechender Gewinnaussichten, an den konservativen Kreditvergabekriterien der Finanzinstitute. Fehlende Sicherheiten, unkonventionelles Auftreten aber auch neue, unerschlossene Branchen sind allzu oft Gründe für eine Verweigerung von Krediten zur Existenzgründung oder zur Überbrückung finanzieller Engpässe.[311] Auch dem Vertrauensverhältnis der Unternehmen in die Kapitalgeber sollte Beachtung geschenkt werden. Vor allem mittelständische Betriebe betrachten große Finanzinstitute als übermächtige Partner und befürchten, „lediglich Tochterunternehmen ihrer Kapitalbeteiligungsgesellschaften" zu werden. Hier spielt der klassische Unternehmergedanke eine wichtige, psychologische Rolle.

Inwieweit einzelwirtschaftliche Ziele erreicht werden können hängt entscheidend von der Ausgestaltung des Beteiligungsmodells ab. Grundsätzlich läßt sich allerdings deutlich feststellen, daß betriebliche Lösungen diese Zielaspekte eher unterstützen werden, da der Mitarbeiter für seine zusätzliche, meist nicht quantifizierbare Leistungsbereitschaft unmittelbar am Erfolg des Unternehmens beteiligt wird und dementsprechend in den finanziellen Vorteilen das Ergebnis seiner Bemühungen sieht. Der Beziehung zwischen persönlichem Engagement, der Marktstellung des Unternehmens und den Beteiligungswerten kann eine überbetriebliche Erfolgs- und Kapitalbeteiligung nicht in vollen Maße gerecht werden, wobei dies auch nicht das vorrangige Ziel einer außerbetrieblichen Variante sein sollte.

Die tatsächliche Bereitschaft zur Verwirklichung einer partnerschaftlichen Unternehmenskultur findet also in der Mitarbeiterbeteiligung seine deutlichste

---

[310] Sofern Dritte aus rein ökonomischer Sicht handeln und nicht auf die individuelle Situation des Unternehmens eingehen, kann dies als „unbeteiligt" verstanden.

[311] Vgl. dazu auch Schöner, Manfred: Überbetriebliche Vermögensbeteiligung, a. a. O., S. 26. So sehr eine Kreditvergabe mit entsprechenden Sicherheiten in Hinblick auf das Vertrauen in den Bankensektor notwendig ist, so problematisch kann dies aber auch sein, wenn vielversprechende Unternehmensprojekte vorzeitig abgebrochen werden müssen, weil die finanziellen Mittel gestoppt werden.

Ausprägung. Neben der unverkennbar wichtigen immateriellen Komponente, ohne die eine Mitarbeiterbeteiligung seine optimale Wirkung verfehlen würde, steht also die materielle Komponente, die ihrerseits, dem partnerschaftlichen Konzept entsprechend, den Arbeitnehmer für die Bereitstellung seiner Arbeitskraft und zusätzlich für seine Mitarbeit und Integrität entlohnt. Nicht zuletzt sollte in diesem Zusammenhang auch dem zeitlichen Aspekt Beachtung geschenkt werden. Kurzfristig muß der Mitunternehmergedanke zwar bedacht aber nicht überbewertet werden. Der Mitarbeiter wird sich nicht der Illusion des „Mitunternehmers" hingeben, da seine Anteile anfangs noch zu gering sind.[312] In dieser Phase überwiegt vielmehr das partnerschaftliche Verhältnis. Mittel-, bis langfristig kann sich dann daraus eine echte Kapitalpartnerschaft entwikkeln. Der Arbeitnehmer sieht seine Anteile wachsen, seine Einkünfte aus dieser Beteiligung werden spürbar und die so oft zitierte Spannung zwischen Arbeit und Kapital kann abgeschwächt werden. Damit der Mitarbeiter bereits während der Sperrfristen den Erfolg seiner Anstrengungen erfahren kann, hat er üblicherweise die Möglichkeit, über die ihm zustehenden Zinserträge beziehungsweise Gewinnanteile sofort frei zu verfügen, wobei meist die zusätzliche Anlage dieser Erträge durch entsprechende Boni gefördert wird.

Neben den einzelnen Beteiligungsebenen sollte jedoch auch die unterschiedliche Mittelverwendung, das heißt Eigen- oder Fremdkapitalbeteiligung betrachtet werden. Eine tatsächliche „Mitunternehmerposition" erlangt der Mitarbeiter nur dann, wenn ihm eine Eigenkapitalbeteiligung mit Gesellschaftercharakter gewährt wird.[313] Im Falle einer Fremdkapitalbeteiligung hingegen haben Mitarbeiter keinen direkten Einfluß auf die Unternehmensentscheidungen und partizipieren nur in bestimmten Fällen am Erfolg. Das Mitarbeiterdarlehen bietet andererseits den Vorteil, daß die Arbeitnehmer - unabhängig von der wirtschaftlichen Lage des Unternehmens - Anspruch auf Zins und Rückzahlung ihrer Anteile haben und diese Ansprüche durch Bankbürgschaften abgesichert sind. Da die zusätzliche Absicherung mit entsprechenden Kosten verbunden ist, steht der höheren Sicherheit eine schlechtere Rendite bzw. eine geringere Verzinsung gegenüber.

---

312 Wenn die Kapitalanteile für den Einzelnen gering erscheinen, gesamtwirtschaftlich gesehen sind diese Finanzmassen nicht zu unterschätzen.

313 Dies wäre als GmbH-Gesellschafter, Kommanditist, Aktionär oder Genossenschaftsmitglied möglich. Die stille Beteiligung oder sogenannte „Genußrechte" gewähren dem Mitarbeiter eine gewinnabhängige Verzinsung, da hier eine eigenkapitalähnliche Beteiligung vorliegt. Zur Unterscheidung von Eigen- und Fremdkapital vgl. Hebig, Michael / Zacharias, Erwin: Handbuch der betrieblichen Vermögensbildung, a. a. O., S. 230.

Sowohl Eigen- als auch Fremdkapitalbeteiligung kann finanzpolitische Gestaltungsspielräume eröffnen, die Kreditkosten verringern oder zumindest die Verhandlungsposition gegenüber externen Kpitalgebern verbessern. Wird die Kapitalbeteiligung zusätzlich durch Eigenleistungen der Mitarbeiter unterstützt, so verstärken sich diese Wirkungen. Im Gegensatz zur Selbstfinanzierung erfordert sie jedoch die vereinbarte Verzinsung beziehungsweise eine ergebnisabhängige Entlohnung des Kapitals.

Alles in allem betrachtet kann die Mitarbeiterbeteiligung nicht nur vermögenspolitische Forderungen, wie eine gerechte Streuung des Produktivkapitals, erfüllen, sondern zweifellos auch einzelwirtschaftlichen Gesichtspunkten gerecht werden. Allerdings wird kein Beteiligungsmodell alle angeführten Ziele berücksichtigen können und daher sollte bereits vor einer konkreten Umsetzung ein individueller Zielkatalog mit entsprechender Präferenzordnung erstellt, aber auch die negativen Aspekte in die Beurteilung einbezogen werden. Unter Berücksichtigung dieser Zielhierarchie, der Marktsituation, der Unternehmensphilosophie sowie der Betriebs- und Branchenstruktur muß dann ein individuelles Modell konzipiert werden, wobei die Sozialpartner bereits in der Vorbereitungsphase entsprechend informiert und integriert werden sollten. Abbildung 9 stellt noch einmal die Problematik dieser unterschiedlichen Zielaspekte aber auch deren vielschichtige Bedeutung dar.

Abbildung 9: Ziele einer Mitarbeiterbeteiligung

Gesellschaftspolitische Ziele

- Sicherung der Institution Eigentum
- Machtdekonzentration
- Demokratisierung in der Wirtschaft
- Sicherung des Systems der sozialen Marktwirtschaft
- Erhöhung der Chancengleichheit
- Sicherung des Gesellschafts-systems
- Erhöhung der sozialen Sicherheit
- Erhöhung der sozialen Gerechtigkeit
- Abrundung der Sozialleistungen
- Sozialpartnerschaft
- Verbesserung der Ausbildungs-möglichkeiten
- Beteiligung der Arbeitnehmer am Wirtschaftswachstum
- Einkommens-umverteilung
- Vermögens-umverteilung
- Erhöhung der Chancengleichheit

Gesamtwirtschaftliche Ziele

- Erhöhung der volkswirtschaftlichen Kapitalbildung
- Verbesserung der Haftkapitalakkumulation
- Förderung der technischen Entwicklung
- Erhöhung des Wirtschafts-wachstums
- Standortsicherung
- Steigerung der gesamtwirtschaftlichen Produktivität
- Erhöhung des Arbeitskräftepotentials
- Abrundung der Sozialleistungen
- Chancen in der Tarifpolitik

Einzelwirtschaftliche Ziele

- Verbesserung der Kapitalstruktur
- Erschließung neuer Finanzierungsquellen
- Senkung des Insolvenzrisikos
- Imagegewinn
- Steigerung der Produktivität
- Erhöhung der Arbeitseffizienz
- Steigerung des Kostenbewußtseins
- Verringerung der Fluktuation
- Senkung der Krankheitstage
- Erhöhung des pers. Arbeitseinsatzes
- Betriebliche Partnerschaft
- Steigerung der Motivation
- Identifikation mit dem Unternehmen
- Erhöhung der Arbeitszufriedenheit
- Anerkennung der Leistungsbereitschaft
- Arbeitsplatzsicherung
- Erweiterung des Freiheitspielraumes
- Verbesserung der Unabhängigkeitsposition
- zusätzliche Dauereinnahmequelle

5. Vermögenspolitik in der Bundesrepublik Deutschland im Überblick

In den vorhergehenden Kapiteln wurden Begriffe der Vermögensverteilung definiert und allgemeine Primärziele der staatlichen Wirtschaftspolitik erläutert. Des weiteren wurden einzelne Theorien der Einkommensverteilung und verteilungstheoretische Grundsätze dargestellt sowie nicht zuletzt Zielaspekte einer gerechten Einkommens- und Vermögensverteilung erörtert. Welche konkreten verteilungspolitischen Maßnahmen seit 1945 ergriffen und inwieweit das Ziel einer breiteren Streuung - insbesondere des Produktivvermögens - in der Bundesrepublik Deutschland verwirklicht wurde, soll im folgenden Kapitel an Hand einzelner Beispiele dargestellt und im Anschluß daran mit Hilfe ausgewählter Statistiken interpretiert werden.

Die Geschichte der Vermögenspolitik begann in der Bundesrepublik Deutschland mit der, wie Engels, Sablotny und Zwicker es formulierten, „wahrscheinlich größten friedlichen Vermögensumverteilung der Geschichte“[314], der sogenannten Währungsreform in Westdeutschland von 1948 und dem damit verbundenen Lastenausgleich im Jahre 1952. Auf Grund deren enormer Bedeutung als Ausgangspunkt der Vermögenspolitik und Basis der heutigen Vermögensverteilung, möchte ich die Währungsreform und auch den Lastenausgleich in den nächsten beiden Abschnitten betrachten. Anschließend erfolgt die Darstellung des Sparprämien- und Vermögensbildungsgesetzes.

5.1 Die Währungsreform

In Hinblick auf die Notwendigkeit und die Art ihrer Durchführung erscheint es sinnvoll, zunächst die historischen Hintergründe und Voraussetzungen zu betrachten, die eine umfassende Währungsreform unumgänglich machten: In den Jahren 1936 bis 1945 war eine enorme Überliquidität zu verzeichnen, da sich das nationalsozialistische Regime zur Erlangung der benötigten Kreditmittel überwiegend der geräuschlosen Finanzierungsmethode[315] bediente und zudem Devisenzwangswirtschaft[316] und einen allgemeinen Preisstop einführte.

---

[314] Engels, Wolfram / Sablotny, Herbert / Zwicker, Dieter: Das Volksvermögen. Seine verteilungs- und wohlstandspolitische Bedeutung, Frankfurt am Main, New York, 1974, S. 23.

[315] Das deutsche Reich deckte seinen Kreditbedarf nicht mit einer Emission am offenen Markt, sondern plazierte den größten Teil seines Schuldenzuwachses in Form von kurzfristigen Reichstiteln. Die Schatzwechsel waren rediskontfähig, sogenannte U-Schätze lombardfähig. Die traditionell geringe Barreserve der Kreditinstitute ermöglichte eine enorme Erweiterung des Kreditvolumens und somit eine Bilanzverlängerung der Geschäftsbanken.

Ein weitestgehender Zusammenbruch der deutschen Nachkriegswirtschaft, bedingt durch die „zurückgestaute Inflation“, die kriegsbedingte Zerstörung der Produktionsanlagen und der Infrastruktur sowie die Demontagen in den Besatzungszonen, war unter den gegebenen Umständen unausweichlich.[317] Die Gefahr der Repudiation der Reichsmark durch die deutsche Bevölkerung war nicht auszuschließen, zumal ein großer Teil der Güterproduktion nicht am offiziellen Markt, sondern am Schwarzmarkt gehandelt wurde - somit die Basis für eine Entwicklung der Marktwirtschaft und die Allokationsfunktion des Wirtschaftsprozesses gefährdet sowie das Vertrauen in das gesetzliche Zahlungsmittel gestört wurde. Zudem verstärkten die Emission der Militärmark und die anfänglichen Defizite der öffentlichen Verwaltung die inflatorischen Tendenzen.[318] Auf Grund der latent hohen Kassenhaltung der Länder und Kommunen wurde zwar kein neues, zusätzliches Geldkapital geschaffen, doch wurden Ausgaben getätigt - und somit Einkommen geschaffen - denen im realen Wirtschaftskreislauf keine entsprechenden Leistungen gegenüberstanden. Die Diskrepanz zwischen Geld- und Realvermögen erforderte demnach eine schnellstmögliche Neubewertung und Neuordnung der Geldforderungen und -schulden.

Primäres Ziel der Währungsreform war die Wiederherstellung einer funktionsfähigen Geldwirtschaft unter zwei Gesichtspunkten: Zum einen sollte ein, im währungspolitischen Sinne, funktionierendes System mit wirksamen Steue-

---

316 Ziel einer solchen Devisenzwangswirtschaft war es, die deutsche Wirtschaft von jeglicher Verbindung mit dem Weltmarkt fern zu halten und somit den Devisenabfluß zu verhindern. Auf der Grundlage bilateraler Verrechnungsverkehre wurde jedoch ein äußerst komplexes System von Ausfuhrförderungsmaßnahmen konstruiert, um ein Mindestmaß an Außenhandel aufrecht zu erhalten und zumindest die Versorgung mit den notwendigsten Rohstoffen zu gewährleisten.

317 So spricht zum Beispiel die „Skizze G“ von einem wirtschaftlichen Chaos, das nur unter größter Anstrengung entwirrt werden kann. Vgl. Hielscher, Erwin / Oechsle, Richard: Skizze Plan G, in: Hans Möller (Hrsg.): Zur Vorgeschichte der deutschen Mark. Die Währungsreformpläne 1945-1948, Tübingen, Basel, 1961, S. 46 - 57, hier S. 47 f. sowie Bauer, Wilhelm: Der gegenwärtige und künftige Lebensstandard in Deutschland, in: Deutsches Institut für Wirtschaftsforschung (Hrsg.): Die deutsche Wirtschaft zwei Jahre nach dem Zusammenbruch. Tatsachen und Probleme, Berlin, 1947, S. 159 - 194, hier S. 159 ff.

318 Berechnungen und Schätzungen von Eduard Wolf zufolge stieg die Reichsschuld bis 1945 auf nahezu 400 Mrd., der Bargeldumlauf auf etwa 70 Mrd. und die Bank- und Sparguthaben auf circa 225 Mrd. Reichsmark. Vgl. Wolf, Eduard: Geld- und Finanzprobleme der deutschen Nachkriegswirtschaft, in: Deutsches Institut für Wirtschaftsforschung (Hrsg.): Die deutsche Wirtschaft zwei Jahre nach dem Zusammenbruch, a. a. O., S. 195 - 262, insbesondere hierzu S. 198 f. und S. 206.

rungsinstrumenten in den Händen der Notenbank und zum anderen ein, im volkswirtschaftlichen Sinne, funktionierendes System zur Steuerung der Wirtschaft durch marktwirtschaftliche Preisbildung erreicht werden. Nach dem Zusammenbruch des deutschen Reiches standen die Besatzungsmächte also vor der Aufgabe, das „Chaos im Geldwesen" durch eine neue Ordnung, das heißt durch den Abbau der Überversorgung mit Notengeld zu überwinden. Somit stellte die Wiederherstellung einer neuen Wirtschafts- und Geldordnung einen unverzichtbaren Weg zum endgültigen Ziel, der Errichtung einer demokratischen und dezentralisierten Wirtschaftsordnung, dar. Mit der Zunahme sozialer Spannungen bestand darüber hinaus die Gefahr, daß Teile der Bevölkerung die eigentlichen Gründe dieser Mißstände übersehen und die Schuld jenen zuschreiben, die mit krassen Mitteln versuchen mußten, diese Mißstände zu beseitigen. Eine schnelle Lösung des Problems war daher unbedingt erforderlich.

Die ersten Pläne zur Währungsreform

In der Zeit zwischen 1945 und 1948 wurden eine Reihe von Vorschlägen unterbreitet, den enormen Geldüberhang zu beseitigen und eine solide Grundlage für den wirtschaftlichen Wiederaufbau zu schaffen. Auch die alliierten Besatzungsmächte waren davon überzeugt, daß eine sinnvolle wirtschaftliche Zusammenarbeit für alle Beteiligten von Vorteil sein werde. Die Wiedereingliederung Deutschlands in das internationale Wirtschaftssystem erschien für die Siegermächte auf lange Sicht als lohnenswertes Ziel und für die deutsche Wirtschaft die einzige Chance, ein Versorgungsniveau auf internationalem Standard zu erlangen.

Eine umfassende Währungsreform konnte allerdings nur realisiert werden, wenn grundsätzliche Voraussetzungen geschaffen und die Vorschläge bestimmten Mindestanforderungen gerecht wurden: Der Plan sollte einerseits Deutschland als wirtschaftliche Einheit akzeptieren, andererseits den Besatzungsmächten auch Freiräume für politische Maßnahmen, insbesondere für den Kriegslastenausgleich, zugestehen, wobei zunächst das Vertrauen und die Bereitschaft der Bevölkerung erlangt werden mußte. Daher sollte ein akzeptabler Reformplan definitiv aber dennoch so flexibel sein, daß Anpassungen an wirtschaftliche und politische Gegebenheiten möglich waren, zumal kaum statistisches Material über den tatsächlichen Geldüberhang, das reale Sozialprodukt und die Kriegsschäden vorlagen.[319] Unter der Fülle von Vorschlägen standen

[319] Vgl. Sauermann, Heinz: Der amerikanische Plan für die deutsche Währungsreform, in: Franz Böhm / Wilhelm Grewe u. a. (Hrsg.): Zeitschrift für die gesamte Staatswirtschaft, 111. Band, Tübingen 1955, S. 194 ff.

vier grundlegende Alternativen im Zentrum wissenschaftlicher und politischer Betrachtungen.

Kürzung des Geldvolumens

In dem 1946 von Colm-Dodge-Goldsmith initiierten Plan wurde eine generelle Kürzung des gesamten Geldvolumens im Verhältnis 10:1 vorgeschlagen, wobei auch die Einbeziehung sämtlicher privater Schuldverhältnisse vorgesehen war.[320] Lediglich für die Reichsschuld und Leistungen der Sozialversicherungen sollten andere Regelungen getroffen werden und zwar derart, daß die bestehende Reichsschuld annulliert und gleichzeitig Wohlfahrtsverbände, Banken, Kreditgenossenschaften und Versicherungsgesellschaften mit einer neuen, von Deutschland zu tragenden Schuld ausgestattet werden. Um einer unkontrollierbaren Inflation Einhalt zu gebieten wurde am Lohn-, Preis- und Mietstop vorerst festgehalten. Im weiteren Verlauf, der sogenannten zweiten Phase, war ein Lastenausgleich geplant, so daß alle Vermögensbesitzer - bei einer Freigrenze von 1.000 Reichsmark - eine Hypothek von 50 v.H. des unbelasteten Vermögens aufzunehmen hätten. In der letzten Phase war eine zusätzliche, progressiv gestaffelte Vermögensabgabe geplant, um dem finanziell besser gestellten Teil der Bevölkerung ihren Anteil an den Lasten aufzuerlegen.[321]

Um einer kritischen Würdigung Stand zu halten, muß der Colm-Dodge-Goldsmith-Plan als Ganzes betrachtet werden. Die Durchführung der ersten Phase hatte das Ziel, ein akzeptables Verhältnis zwischen monetären Forderungen und Geldvolumen zum Volkseinkommen und Volksvermögen herzustellen. Für eine generelle Kürzung sprachen der verwaltungstechnisch geringere Aufwand und die rasche Durchführbarkeit der Reform, zumal die deutsche Verwaltung und

---

320 Deutsche Sachverständige bevorzugten die Alternative, private Schuldverhältnisse in der Kürzung nicht zu akzeptieren, da das oberste Ziel einer Währungsreform die Verringerung des Geldbestandes sei. Zum Colm-Dodge-Goldsmith-Plan vgl.: Colm, Gerhard / Dodge, Joseph / Goldsmith Raymund: A plan for the liquidation of war finance and the finanical rehabilitation of Germany, übersetzt von Heinz Sauermann: Plan für die Liquidation der Kriegsfinanzierung und die finanzielle Rehabilitierung Deutschlands, in: Franz Böhm / Wilhelm Grewe u. a. (Hrsg.): Zeitschrift für die gesamte Staatswirtschaft, 111. Band, a. a. O., S. 204 - 284.

321 Aus den Ansprüchen aus den Hypotheken sollten Kriegsopfer und Kriegsgeschädigte durch den Kriegslastenausgleichsfonds für ihre Verluste entschädigt werden. Die Höhe der Ausgleichszahlung wurde auf ca. 30% der anerkannten Verluste veranschlagt, wobei jedoch die ersten 500 Deutsche Mark der Forderung voll geltend gemacht werden konnten. Auch die Vermögensabgabe sollten dem Kriegslastenausgleichsfonds zufließen, wobei die Freigrenze so hoch sein sollte, daß nur ein geringer Teil der Bevölkerung davon berührt werde.

Bankenorganisation zu diesem Zeitpunkt einer differenzierten Abwertung einzelner Forderungen oder einer Blockierung des Geldüberhanges aller Voraussicht nach nicht gewachsen gewesen wäre. Doch lediglich eine Kürzung des Geldvolumens konnte aus sozialpolitischen Aspekten nicht akzeptiert werden und erforderte somit unausweichlich die zweite und dritte Phase des Reformvorschlages. Dabei sollte ein Kriegslastenausgleichsfonds begründet werden, um zwischen Inhabern von Geldforderungen und Sachvermögensbesitzern einen Ausgleich zu schaffen. Wie bereits dargestellt, wäre allen Vermögensbesitzern eine Zwangshypothek auferlegt worden.[322] Weiterhin sollten die beschlagnahmten Vermögen des nationalsozialistischen Regimes und die Mittel aus der in der dritten Phase geplanten Kapitalabgabe zur Finanzierung dieses Fonds herangezogen werden, um anerkannte Kriegsverluste so weit als möglich zu entschädigen. Die in den ersten beiden Phasen verordneten Abgaben und Kürzungen widersprachen zwar den Grundsätzen der Gerechtigkeit, da jeder im selben Verhältnis zur Abgabe verpflichtet war, waren aber der „Einfachheit halber" progressiven Sätzen vorzuziehen. Aus diesem Grunde beinhaltete die dritte und letzte Phase eine progressive Kapitalabgabe, bei einer Freigrenze von 10.000 Reichsmark.

Auf Grund der Erfahrungen Deutschlands nach dem 1. Weltkrieg stellte eine Manipulation der Preise und der Währung ein Risiko dar, das mit Hilfe des Colm-Dodge-Goldsmith-Plan reduziert werden konnte. Dieser Plan versuchte die Ziele gerade in umgekehrter Weise zu erlangen, da Preise, Löhne, Mieten und Wechselkurse konstant gehalten, alle Schuldverpflichtungen hingegen durch hoheitliche Bestimmungen auf einen Satz von 10% herabgesetzt wurden.

Alles in allem betrachtet zeichnete sich der Colm-Dodge-Goldsmith-Plan einerseits durch die Einfachheit und Klarheit seiner Durchführung, andererseits durch die Vermeidung von Unruhen gegenüber den anderen Reformvorschlägen aus. Der amerikanische Plan ist zwar mit der Währungsreform nicht verwirklicht worden, doch er prägte sie ganz deutlich, da grundsätzlich an der monetären Abwertung und dem Umtauschverhältnis 10:1 festgehalten wurde.

---

[322] Um unerwartete Gewinne aus der Kürzung der Geldforderungen zu vermeiden, war geplant, das unbelastete Sachvermögen auf 50% seines Wertes vor der Herabstreichung zu reduzieren. Dies bedeutet, daß an Stelle der alten Hypothek die „Zwangshypothek" tritt und zusätzlich das unbelastete Vermögen um 50% verringert wird. Die Hypothek würde daher, in Abhängigkeit der vorausgegangenen privaten Verschuldung, auch bei gleichem Wert des Vermögens unterschiedlich hoch ausfallen.

Blockierung des „überschüssigen“ Geldbestandes

Zur Diskussion standen dabei einerseits die „vollständige Einfrierung“ des gesamten Geldbestandes bei gleichzeitiger Neuemission eines adäquaten Geldvolumens oder lediglich eine „Blockierung des überschüssigen Geldes“[323].

Der Entwurf eines Gesetzes zur Neuordnung des Geldwesens, der sogenannte „Homburger Plan“, zeichnete sich durch seine Anpassungsflexibilität an politische und wirtschaftliche Rahmenbedingungen aus. Er sah eine Umstellung der Währung von Reichsmark auf Mark vor, welche als gesetzlich anerkanntes Zahlungsmittel gegolten hätte. Jeder Bürger hätte die Möglichkeit erhalten, einmalig einen Pro-Kopf-Betrag in Höhe von 50,-- Reichsmark im Verhältnis 1:1 zu wechseln. Darüber hinausreichende Bestände an Altgeld hätten zu einem Nennbetrag von 20% in Neugeld transferiert werden können, wobei 5% einem Freikonto und weitere 15% einem Festkonto gutgeschrieben worden wären. Für die verbleibenden 80% des Altgeldbestandes war geplant, sogenannte Reichsmark-Liquidationsanteile auszugeben. Soweit währungspolitisch vertretbar, wären spätestens 1952 die Festkonten in freie Konten überführt worden.

Eine Blockierung des Geldüberhanges hätte den Nachteil gehabt, nicht endgültig und definitiv zu sein, sondern die Probleme nur zeitlich zu verlagern, Ungewißheiten zu schaffen und den Druck zur Freigabe dieser blockierten Gelder zu erhöhen.

---

323 Beispielsweise sah der „Entwurf eines Gesetzes zur Neuordnung des deutschen Geldwesen“, herausgegeben von der Volkswirtschaftlichen Arbeitsgemeinschaft für Bayern, die Umstellung von Reichsmark auf Goldmark, die Einziehung aller Reichsbanknoten und die Festschreibung auf Sperrkonten vor (§ 1 und § 2 AGFB-Entwurf). Auch der bestehende Aktivsaldo aller Bank-, Spar-, Scheckguthaben bei Kreditinstituten wäre gesperrt worden. Um die Umstellung von Reichsmark auf Goldmark sowie einen reibungslosen Zahlungsverkehr zu ermöglichen, sollte die Reichsbank den Kreditinstituten gemäß § 18 AGFB-Entwurf einen Kredit einräumen. Vgl. Volkswirtschaftliche Arbeitsgemeinschaft für Bayern: Entwurf eines Gesetzes zur Neuordnung des deutschen Geldwesen, in: Hans Möller (Hrsg.): Zur Vorgeschichte der deutschen Mark, a. a. O., S. 407 - 419. Zu weiteren Ausgestaltungsvarianten vgl. Vertreter der Länder und Provinzen der britischen Besatzungszone: Memorandum der Vertreter der Länder und Provinzen der britischen Zone für die Gesundung des deutschen Geldwesens und die Regulierung der inneren Kriegsschuld (Detmolder Memorandum vom 17. November 1945), in: Hans Möller (Hrsg.): Zur Vorgeschichte der deutschen Mark, a. a. O., S. 117 - 132.

Erhebung einer einmaligen Vermögensabgabe

Im Jahre 1945 wurden von Paul Binder Pläne vorgelegt, die eine einmalige Abgabe auf das gesamte Geld- und Sachvermögen in Verbindung mit einer Zinssenkung vorsahen. Binder lehnte Instrumente zur Beseitigung des Geldüberhanges kategorisch ab, da sie seiner Ansicht nach zu wirtschaftlichen und sozialen Spannungen führen könnten, zumal diese Instrumente einzig und allein Geldvermögensbesitzer belasten würden. Mit Hilfe einer gesetzlichen Schuldenherabsetzung um 70% des Nominalwertes der Geldvermögen und einer Belastung des Sachvermögens in Form von Zwangshypotheken und Zwangsobligationen - ebenfalls in Höhe von 70% der Verkehrswerte - sah Binder die sinnvollste Möglichkeit einer Vermögensabgabe. Eine Zinssenkung von ca. 40% würde eine Steigerung des Ertragswertes und damit des Verkehrswertes der Kapitalgüter zur Folge haben und so die Belastung der Realvermögen ermöglichen, ohne die wirtschaftliche und soziale Stellung der Abgabeverpflichteten zu gefährden.

Aufhebung der Preisbindung

Diese Alternative hätte bedeutet, daß die durch Preisstop, Rationierung und Devisenzwangswirtschaft, die von den Besatzungsmächten faktisch unverändert übernommen wurden, unterbundenen inflationären Prozesse freigesetzt worden wären. Die marktwirtschaftliche Konsequenz, ein unkontrollierbarer Preisanstieg, konnte aus verteilungs- und sozialpolitischen Gesichtspunkten nicht akzeptiert werden. Daher wurden Reformpläne, die in diese Richtung tendierten, kaum weiter verfolgt.

Die Abwicklung der Währungsreform im Jahr 1948

Da die deutschen Behörden für eine derart umfassende Gesetzgebung weder zuständig noch befugt waren, konnte die Währungsreform nur auf Initiative der Besatzungsmächte und mit Unterstützung der Länder durchgeführt werden. Zudem war die deutsche Regierung weder in der Lage, den verwaltungstechnischen Aufwand zu bewältigen, noch wäre sie als Finanzsubjekt akzeptiert worden, so daß die Bundesländer die Schuldnerschaft für die bisherigen Reichstitel übernehmen mußten. Bereits nach den ersten Verhandlungen der vier Besatzungsmächte zeichnete sich die Tendenz ab, daß die Sowjetunion ihre Zustimmung verweigern würde und daher keine einheitliche Gesetzgebung über eine gemeinsame Währung in Deutschland gefunden werden konnte, mit anderen Worten, daß die Währungsreform auf die drei westlichen Besatzungszonen beschränkt werden mußte und die faktische Teilung Deutschlands in zwei Währungsgebiete nicht zu vermeiden war.[324] Allerdings lagen zum Zeitpunkt der Währungsreform keine fundierten Daten hinsichtlich Produktion, Sozialprodukt, Geldumlauf und der Höhe des tatsächlich benötigten Geldvolumens vor und unter diesen Gesichtspunkten kann die Währungsreform als ein technisches Experiment zur Beseitigung der Überliquidität bezeichnet werden, dessen Ausgang letztendlich nicht vorher bestimmt werden konnte. Von Juni bis Oktober 1948 wurden dementsprechend folgende Gesetze von den westlichen Besatzungsmächten erlassen:[325]

- Das Währungsgesetz, das die Einführung der neuen Währung, die Anmeldung und Abgabe von Altgeld sowie die Erstausstattung der Bevölkerung mit neuem Geld regelte.
- Das Emissionsgesetz, das der neu gegründeten Bank deutscher Länder das alleinige Recht zur Notenausgabe gewährte und die Haltung von Mindestreserven regelte.
- Das Umstellungsgesetz, das Bestimmungen und Vorschriften hinsichtlich der Überleitung von Verbindlichkeiten in alter Währung in die neue Währung enthielt und die Ausgleichsforderungen der Kreditinstitute, Versicherungen und Bausparkassen regelte.
- Das Festkontogesetz, das dem Ausgleich der Guthaben nach der Umstellung von Reichsmark in Deutsche Mark, die zu Beginn „unter Vorbehalt“ gutgeschrieben wurden, diente.

Die Einführung der neuen Währung

Zum 21. Juni 1948 wurde in den drei westlichen Besatzungszonen die Währung von Reichsmark auf Deutsche Mark umgestellt und sämtliche gesetzlich aner-

---

[324] Zu Beginn der Verhandlungen erschien eine gemeinsame Lösung durchaus realistisch zu sein, so daß eine Reform im Frühherbst 1946 avisiert wurde. Die russische Regierung machte ihre Zustimmung zur Währungsreform jedoch von Fragen in Bezug auf Reparationszahlungen und Beteiligungen an den Kontrollen der westdeutschen Industrie abhängig und eine Einigung aller vier Mächte war fragwürdig. Vgl. Sauermann, Heinz: Der amerikanische Plan für die deutsche Währungsreform, a. a. O., S. 195 f. und S. 199.

[325] Vgl. Erstes Gesetz zur Neuordnung des Geldwesens (Währungsgesetz), in: Gesetzblatt der Verwaltung des vereinigten Wirtschaftsgebietes, Jahrgang 1948, Frankfurt am Main, 20. Juni 1948, S. 1 - 11 sowie Zweites Gesetz zur Neuordnung des Geldwesens (Emissionsgesetz), in: Gesetzblatt der Verwaltung des vereinigten Wirtschaftsgebietes, Jahrgang 1948, Frankfurt am Main, 20. Juni 1948, S. 11 - 13 und Drittes Gesetz zur Neuordnung des Geldwesens (Umstellungsgesetz), in: Gesetzblatt der Verwaltung des vereinigten Wirtschaftsgebietes, Jahrgang 1948, Frankfurt am Main, 20. Juni 1948, S. 13 ff.

kannten Zahlungsmittel von der Bank deutscher Länder ausgegeben.[326] Einige Ausnahmen des Übergangs von Reichsmark auf Deutsche Mark prägten jedoch den Charakter dieser Währungsreform und waren von entscheidender Bedeutung für die weitere Entwicklung der deutschen Finanz- und Wirtschaftspolitik:

Die auf Reichsmark lautenden Verbindlichkeiten wurden im Verhältnis 10:1 von Reichsmark auf Deutsche Mark umgestellt, wohingegen bei Verbindlichkeiten aus Löhnen und Gehältern, Pachten, Mieten, Leistungen aus Sozialversicherungen aber auch teilweise Leistungen aus Haftpflicht und Unfallversicherungen ein Umstellungssatz von 1:1 gewählt wurde. Verbindlichkeiten der Geldinstitute gegenüber anderen Geldinstituten, der NSDAP, der Kriegsgesellschaften, der Reichsbank und dem Reich erloschen hingegen vollständig. Die Verbindlichkeiten der NSDAP, der Kriegsgesellschaften, der Reichsbank und des deutschen Reiches wurden nicht auf Deutsche Mark umgestellt, sondern erst nach Maßgabe des „allgemeinen Kriegsfolgegesetzes“ von 1957 geregelt.[327] Auch die angesparten Beträge aus Lebensversicherungen und Bausparverträgen wurden im Verhältnis 10:1 - laufende Prämien und Beiträge allerdings im Verhältnis 1:1 umgestellt. Die Höhe der Lebensversicherungssumme konnte auf Verlangen des Versicherten auf den ursprünglichen Betrag erhöht werden. Die Bausparsumme wurde jedoch per Gesetzesbeschluß auf die „in Reichsmark lautende“ Deutsche Mark Summe umgeschrieben.

Die Ausstattung mit neuem Geld

Das Hauptziel der Währungsreform war die Wiederherstellung des Gleichgewichtes zwischen Güternachfrage und Güterangebot und demnach mußte die währungspolitisch kritisch zu betrachtende Überliquidität umgehend beseitigt werden. Da sich aber der Entscheidungsfindungsprozeß als sehr zeitintensiv erwies, mußte vorab eine sofortige Ausstattung mit neuem Geld vorgenommen werden, um einen reibungslosen Übergang zu ermöglichen und den Wirtschaftsablauf nicht zu beeinträchtigen. Am Währungsstichtag wurde den Wirtschaftssubjekten ein Pro-Kopf-Umtausch in Höhe von DM 40,-- und ein erneuter Umtausch im August 1948 in Höhe DM 20,-- gestattet, welche als Ausstattung des Konsumgeldkreislaufes bezeichnet werden können. Guthaben bis zu

326 Erst mit Inkrafttreten des Gesetzes über die Ausprägung von Scheidemünzen am 8. Juli 1959 erhielt der Bund das Recht der Münzprägung.

327 Gemäß dem Gesetz zur allgemeinen Regelung durch den Krieg und den Zusammenbruch des Deutschen Reiches entstandener Schäden vom 5. November 1957 sind die Ansprüche gegen das Deutsche Reich, einschließlich der Sondervermögen annulliert worden.

5.000,-- Reichsmark konnten gemäß dem Umstellungsgesetz sofort in DM umgewandelt werden. Unternehmen, juristische Personen, Personenvereinigungen, Gewerbetreibende, Landwirte und freiberuflich Tätige hatten zudem das Recht, einen sogenannten „Geschäftsbetrag" in Höhe von DM 60,-- pro Arbeitnehmer umzutauschen.

Weitere Ausstattung nach dem Umstellungsgesetz

Gemäß § 2 Umstellungsgesetz konnten natürliche Personen, Personenvereinigungen und Unternehmen ihre Altgeldguthaben von Reichsmark in Deutsche Mark umwandeln, wobei dem Altgeldguthabenbesitzer DM 10,-- pro 100,-- Reichsmark gutgeschrieben wurden, über die er jedoch nicht sofort frei verfügen konnte. Eine Hälfte, das heißt DM 5,-- für je 100,-- Reichsmark wurden auf das Freikonto, die verbleibende zweite Hälfte auf ein Festkonto gebucht. Das ergänzende Festkontogesetz vom Oktober 1948 regelte insofern die Verwendung der blockierten Festkonten, als für wiederum 100,-- Reichsmark des Ausgangsbetrages von den auf dem Festkonto gutgeschriebenen DM 5,-- jeweils DM 1,-- auf dem Freikonto und DM 0,5 einem sogenannten Anlagekonto gutgeschrieben wurden.

Somit galt in dieser Phase der Währungsumstellung lediglich ein Umstellungssatz von 10:0,65 im Gegensatz zu 10:1 bei Verbindlichkeiten und Bausparguthaben oder dem Satz von 1:1 bei Verbindlichkeiten aus Löhnen, Mieten und Pachten usw. Mit der unterschiedlichen Behandlung einzelner Umstellungssätze wurden die Grundsätze der Gleichbehandlung der Geldvermögensbesitzer in entscheidendem Maße durchbrochen. Währungspolitisch sind diese Maßnahmen durchaus zu rechtfertigen, da eine völlige Freigabe der Festkonten eine Erhöhung der Geldmenge um 100% bedeutet hätte. Dies konnte unter den gegebenen Umständen nicht riskiert werden, da möglicherweise eine weitere Reform notwendig und dementsprechend ein erneuter Vertrauensverlust von Seiten der Bevölkerung sehr wahrscheinlich gewesen wäre.

Aus verteilungspolitischen Gesichtspunkten läßt sich diese Entscheidung in Frage stellen, da Sparer und Geldvermögensbesitzer - das heißt der überwiegende Teil der Bevölkerung - von der Währungsreform benachteiligt, Sachvermögensbesitzer und Eigentümer von Grund und Boden hingegen bevorzugt wurden. Aus heutiger Sicht wäre eine mögliche Alternative zur Umstellung im oben genannten Verhältnis die längerfristige Blockierung der Festkonten mit Aussicht auf eine Freigabe dieser Gelder zu einem späteren Zeitpunkt oder die Umwandlung der Festkonten in langfristige Anleihen gewesen.

Alles in allem läßt sich feststellen, daß die Währungsreform ihr Ziel, die Beseitigung der Überliquidität und die Regulierung des Geld- und Wirtschaftssystems in vollem Maße erreicht hat. In kürzester Zeit wurde die Deutsche Mark als offizielles Zahlungsmittel akzeptiert, die Bevölkerung gewann Vertrauen in das neue Währungssystem und die Zentralbank verfügte über kreditpolitische Mittel, dieses System zu etablieren und zu stützen. Konsumenten übten, auf Grund des erheblichen Nachholbedarfes, enorme Nachfrage aus, dem ein hohes Angebot an Konsumgütern gegenüber stand.

Trotz dieser Erfolge bleibt jedoch auch festzuhalten, daß die Währungsreform durch die ungleiche Umstellung der Forderungen und der Geldvermögensbestände einen erheblichen Teil der Privathaushalte deutlich benachteiligte. Sie wurden durch die Währungsreform - vermögenspolitisch betrachtet - gegenüber den Sachwertbesitzern vernachlässigt. Geldvermögensbesitzer gelten, trotz der Tatsache, daß den Sachvermögensbesitzern beim Lastenausgleich einschneidende Vermögensabgaben auferlegt wurden, als die eigentlichen Verlierer der Währungsreform und des Lastenausgleiches.

Wie im weiteren Verlauf dieses Kapitels zu sehen sein wird, wurden auch durch den „umfassenden" Lastenausgleich mit all seinen Sonderregelungen und Ausnahmebestimmungen Grundvermögens- und Sachwertbesitzer gegenüber den Geldvermögensbesitzern bevorzugt behandelt. Die Forderungen gegen das Deutsche Reich einschließlich der Sondervermögen wurden am 5. November 1957 vollständig annulliert, so daß der Staat einen wesentlichen Teil seiner Verpflichtungen problemlos abbauen konnte.

5.2 Der Lastenausgleich

Der im Jahre 1952 verabschiedete Lastenausgleich steht in unmittelbarer Beziehung zur Währungsreform, denn eine Reihe der im vorhergehenden Abschnitt angeführten Vorschläge enthielten konkrete Entwürfe zum anschließenden Lastenausgleich und bereits in § 1 LAG wurde direkt auf die Reform des Geldwesens Bezug genommen.[328]

---

[328] Armin Spitaler formulierte diesen Sachverhalt wie folgt: „Dieser deutsche Vorschlag hatte den psychologischen Moment trefflich erkannt, in dem ein wirklicher Lastenausgleich am leichtesten und am besten durchzuführen gewesen wäre." Spitaler, Armin: Probleme der Aufbringungsseite des Lastenausgleiches, in: Eugen Lemberg / Friedrich Edding u. a. (Hrsg.): Die Vertriebenen in Westdeutschland, Band II, Kiel, 1959, S. 396 - 417, hier S. 399.

Der Lastenausgleich kann in zwei Richtungen interpretiert werden: Zum einen der Lastenausgleich im allgemeinen, der alle Maßnahmen umfaßt, die einen Ausgleich zwischen Bevölkerungsgruppen schaffen, welche durch den Krieg oder die Währungsumstellung besonders und all jenen, die weniger oder nicht betroffen worden sind; Zum anderen der Lastenausgleich im engeren Sinne, der das eigentliche Lastenausgleichsgesetz, Nebengesetze und Durchführungsverordnungen beinhaltet.[329] Der zu Anfang lediglich als Vermögensausgleich konzipierte Lastenausgleich wurde um eine Vielzahl sozialer Komponenten erweitert und die Frage, ob die damals getroffenen Entscheidungen als sinnvoll erachtet werden können oder inwieweit es effizientere Maßnahmen gegeben hätte, läßt sich nur unter Berücksichtigung der damals vorherrschenden wirtschaftlichen, sozialen und politischen Situation beurteilen.

Wie bereits dargestellt, waren große Teile des Produktionspotentials zerstört und zudem Teile der Produktionsanlagen durch Demontagen nach dem Krieg beseitigt worden.[330] Die Bevölkerungsbilanz des Krieges hingegen verzeichnete für die Bundesrepublik - trotz der erlittenen Kriegsverluste - einen deutlichen Zuwachs.[331] Das Mißverhältnis zwischen Arbeitskräftepotential und Kapital führte zu einer hohen strukturellen Arbeitslosigkeit.[332] Diese konnte nur durch einen überproportionalen Anstieg des Faktors Kapital im Verhältnis zum Faktor Arbeit beseitigt und dementsprechend höhere Investitionsquoten nur dann erreicht werden, wenn die Ersparnis zu Lasten des Konsums enorm gesteigert

---

329 Vgl. Koch, Gustav: Lastenausgleich, in: Erich Achternberg / Karl Lanz (Hrsg.): Enzyklopädisches Lexikon für das Geld-, Bank- und Börsenwesen, Band II, 3. Auflage, Frankfurt, 1967/68, S. 1109 - 1118, hier S. 1109.

330 Vgl. Albers, Willi: Der Lastenausgleich. Rückblick und Beurteilung, in: Norbert Andel (Hrsg.): Finanzarchiv, Neue Folge, Band 47, Tübingen, 1989, S. 273 sowie Albers, Willi: Kriegsfolgelasten, in: Erwin von Beckerath / Hermann Bente / Carl Brinkmann u. a. (Hrsg.): Handwörterbuch der Sozialwissenschaften. Zugleich Neuauflage des Handwörterbuchs der Staatswissenschaften, 6. Band, Göttingen, Stuttgart, Tübingen, 1959, S. 376 ff.

331 Vgl. Bauer, Wilhelm: Die Kriegsschäden am deutschen Volkskörper, in: Deutsches Institut für Wirtschaftsforschung (Hrsg.): Die deutsche Wirtschaft zwei Jahre nach dem Zusammenbruch. Tatsachen und Probleme, a. a. O., S. 14 - 36 sowie Edding, Friedrich: Bevölkerung und Wirtschaft, in: Eugen Lemberg / Friedrich Edding u. a. (Hrsg.): Die Vertriebenen in Westdeutschland, Band II, a. a. O., S. 1 - 52, insbesondere S. 5 ff.

332 Vgl. Albers, Willi: Die Eingliederung in volkswirtschaftlicher Sicht, in: Eugen Lemberg / Friedrich Edding u. a. (Hrsg.): Die Vertriebenen in Westdeutschland, Band II, a. a. O., S. 418 - 557, hier S. 419.

wurde.[333] Die Lösung der vordringlichsten Probleme und die internationale Eingliederung der deutschen Wirtschaft sowie die Entschädigungen für erlittene Verluste standen im Zentrum wissenschaftlicher und politischer Debatten.

Da in der Kürze der Zeit die Ausarbeitung einer umfassenden gesetzlichen Regelung weder sinnvoll noch organisatorisch möglich erschien, entschied der sogenannte „Fünfzehnerausschuß“ vorab einen Gesetzesentwurf zu erstellen, um die dringlichsten Kriegs- und Kriegsfolgeschäden zu beseitigen. Das als *Soforthilfegesetz* bezeichnete Übergangswerk trat am 8. August 1949 als „Gesetz zur Milderung dringender sozialer Notstände (Soforthilfegesetz - SHG)“ in Kraft.[334] Aus einer einmaligen, differenzierten Soforthilfesonderabgabe vom Vorratsvermögen (§ 16 SHG) und einer allgemeinen, laufenden Soforthilfeabgabe (§16 und §17 SHG) wurden unterschiedlichste Leistungen gewährt sowie Gemeinschaftshilfen zur Begründung von Arbeits- und Ausbildungsstätten und dergleichen (46 und § 47 SHG) finanziert. Das gesamte Aufkommen im Rahmen des Soforthilfegesetzes betrug über 4 Milliarden DM.

Diese hier gesetzten Akzente, das heißt die eindeutige Einbeziehung sozialer Komponenten, prägten im weiteren Verlauf auch die Grundtendenz des am 14. August 1952 verabschiedeten und in den darauffolgenden Jahren mehrmals geänderten Lastenausgleichsgesetzes, mit den zahlreichen Durchführungsverordnungen.[335] Ergänzend dazu kommen:

- ❒ Gesetz über die Feststellung von Vertreibungsschäden und Kriegssachschäden (Feststellungsgesetz)
- ❒ Gesetz über einen Währungsausgleich für Sparguthaben Vertriebener (Währungsausgleichsgesetz)
- ❒ Altsparergesetz

---

[333] An Hand der hohen Sparquoten in den 50er Jahren zeigt sich, daß das Vertrauen in die Währung wiedergewonnen wurde und die Nachkriegsbevölkerung in der ersten Phase des Wiederaufbaus bereit war, Konsumverzicht in Hinblick auf höheren künftigen Konsum zu üben. In der Zeit zwischen 1950 bis 1957 stieg die jährliche Nettoersparnis der privaten Haushalte von 2,1 Milliarden auf über 10 Milliarden an.

[334] Vgl. Gesetz zur Milderung dringender sozialer Notstände (Soforthilfegesetz - SHG), in: Gesetzblatt der Verwaltung des vereinigten Wirtschaftsgebietes, Nr. 28, Frankfurt am Main, 18. August 1948, S. 205 - 228.

[335] Eine derartige Prägung läßt sich feststellen, doch war dies keine Selbstverständlichkeit, denn der endgültige Lastenausgleich hätte trotz des SHG auch anders ausfallen können. Vgl. Spitaler, Armin: Probleme der Aufbringungsseite des Lastenausgleiches, a. a. O., S. 401 f.

- Kriegsfolgegesetz
- Flüchtlingshilfegesetz
- Gesetz zur Abgeltung von Reparations-, Restitutions-, Zerstörungs- und Rückerstattungsschäden (Reparationsschädengesetz)

Lediglich ein Vermögensausgleich, wie zu Beginn der Diskussionen in den Jahren 1946/1947 geplant, war nach den bereits eingeführten Maßnahmen faktisch nicht mehr zu verwirklichen. Der Disput zwischen den Anhängern einer Entschädigung gemäß der erlittenen Vermögensverluste und den Vertretern weitreichender Hilfsmaßnahmen konnte im Rahmen des Lastenausgleiches mit einer Kompromißlösung beigelegt werden, da das Lastenausgleichsgesetz sowohl reale Entschädigungen für Vermögensverluste als auch soziale Hilfsmaßnahmen für vorher Vermögenslose vorsah.[336] Auf Grund der gesamtwirtschaftlichen Lage und der beschränkten Budgetmittel war der Gesetzgeber jedoch gezwungen, Prioritäten zu setzen:

- Der Lastenausgleich sollte einen Ausgleich zwischen den sozialen Gruppen schaffen und zwar in der Form, daß die Eigentümer des erhalten gebliebenen Vermögens einen wesentlichen Teil an die Geschädigten abgaben.[337]
- Als weiteres Ziel galt die Bereitstellung von Arbeitsplätzen und Wohnraum, mit anderen Worten also die Schaffung einer gesicherten sozialen Existenz und die Milderung von Härten, da lediglich eine Minderheit der Geschädigten (abgesehen von Hausratsvermögen) zuvor Vermögen besessen hatte.[338]

Mit der Lösung der wohl dringlichsten Probleme der deutschen Nachkriegswirtschaft trug der Gesetzgeber den psychologisch wichtigen Anforderungen in doppelter Hinsicht Rechnung: Der Geschädigte erhielt unmittelbar erkennbare und erfaßbare Leistungen und diese Leistungen wurden von jenen finanziert, die ihr persönliches Eigentum retten oder sogar vermehren konnten.[339]

---

336 Da eine Lösung die bestehende Gesellschaftsordnung nicht untergraben durfte, war weder eine rein quotiale noch eine rein soziale Lösung denkbar und eine Kompromißlösung aus politischer Raison unausweichlich.

337 Dabei spricht man von einem quotialen Lastenausgleich oder dem Lastenausgleich nach rückwärts.

338 In diesem Falle spricht man vom sozialen Lastenausgleich oder dem Lastenausgleich nach vorwärts.

339 Vgl. Gesetz über den Lastenausgleich (Lastenausgleichsgesetz - LAG) vom 14. August 1952, in: BGBl 1952 I, S. 446 - 533, hier S. 447.

Bei der Bestimmung des Abgabebetrages standen der deutschen Gesetzgebung mehrere Alternativen zur Auswahl, wobei zwei grundlegende Richtungen zu erkennen sind:

1. Eine einheitlich bemessene Abgabe, die sich nach dem erhalten gebliebenen Vermögen richtet. Sollte tatsächlich eine Vermögensvermehrung vorliegen, so wird zudem eine Vermögenszuwachsabgabe erhoben. Diese, zweifellos gerechte Methode, hat jedoch den entscheidenden Nachteil, daß bei jeder einzelnen Abgabenberechnung ein expliziter Vergleich des Vorkriegsvermögens mit dem Vermögen zum Zeitpunkt der Abgabe notwendig gewesen wäre und dementsprechend hätten sowohl kriegsbedingte Gewinne als auch Verluste berücksichtigt werden müssen. Auf Grund des unzureichenden Datenmaterials und des enorm hohen Verwaltungsaufwandes wurde diesem Lösungsvorschlag keine weitere Beachtung geschenkt.
2. Eine einmalige Abgabe an Hand einer Bemessungsgrundlage zu einem bestimmten Stichtag (Vermögensabgabe) und zusätzlich die Erhebung einer ebenfalls einmaligen Sonderabgabe nach Maßgabe der durch die Währungsreform bedingten Schuldnergewinne gewerblicher Betriebe (Schuldnergewinnabgabe), beziehungsweise einer Sonderabgabe aus Hypothekengewinne (Hypothekengewinnabgabe). Wie im weiteren Verlauf dargestellt, wurde diese Alternative präferiert.

Die Quellen der Ausgleichsabgabe

Dem Solidaritätsaspekt entsprechend, sollten die Bürger, die ihr Vermögen über den Krieg und die Währungsreform hinwegretten konnten, einen erheblichen Teil ihres Vermögens an die Geschädigten abgeben. Als Bewertungszeitpunkt für die Währungsgewinnabgabe (Hypotheken- und Kreditgewinnabgabe) und die Vermögensabgabe wurde der Währungsstichtag gewählt. Erscheint für die erste der beiden Abgabeformen dieser Stichtag sicherlich angebracht, wäre für die Vermögensabgabe ein anderer Termin sowohl rechtlich als auch technisch möglich und durchaus sinnvoller gewesen: Zu diesem Zeitpunkt wurden die Bewertungsmaßstäbe, insbesondere für Wertpapiere, künstlich stark nach unten korrigiert und somit wiesen die DM-Eröffnungsbilanzen Werte des Anlagevermögens auf, die zu erheblichen Verzerrungen und zu enormen Unterbewertungen des gesamten Vermögens führten.[340]

---

[340] Zu den Bestimmungen zur Bewertung in der Eröffnungsbilanz vgl. Gesetz über die Eröffnungsbilanz in Deutscher Mark und die Kapitalneufestsetzung (D-Markbilanzgesetz) vom 21. August 1949, in: Gesetzblatt der Verwaltung des vereinigten Wirtschaftsgebietes, Nr. 32, Frankfurt am Main, 30. August 1949, S. 279, insbesondere die §§ 15 bis 34.

Die Abgabe war nicht in Form einer einmaligen (Natural-) Abgabe, sondern vielmehr über den Umweg einer Geldleistung mit 30 Jahren Laufzeit zu entrichten, damit sie aus dem Vermögensertrag aufgebracht werden konnte.[341] Bei der Verabschiedung dieses Gesetzes war allerdings weder bekannt, in welcher Höhe die Zahlungen tatsächlich zu leisten waren, noch wie sich die Zahlungen und die allgemeine wirtschaftliche Lage entwickeln würden.

Eine einmalige Sofortabgabe erschien dem Gesetzgeber nicht opportun, da sonst mit erneuten wirtschaftlichen Rückschlägen oder im schlimmsten Fall mit einem Zusammenbruch der sich erholenden Volkswirtschaft zu rechnen war. Die geplante vierteljährliche Abgabepflicht verdeutlicht insofern die Konzeption des Gesetzgebers, als die Zahlungen aus den laufenden Erträgen zu leisten waren. Es bestand jederzeit die Möglichkeit, die Abgaben vorzeitig zu tilgen, wobei der begünstigte Ablösungsbetrag zu einem Barwert auf der Grundlage eines relativ niedrigen Zinssatzes berechnet wurde.

Lediglich die Beiträge der öffentlichen Hand enthielten dynamische Elemente, nachdem auch die Leistungen des Lastenausgleichsfonds an die wirtschaftlichen Entwicklungen angepaßt werden mußten. A posteriori betrachtet ist die Wahl einer einmaligen, starren Abgabe als unzulänglich zu bewerten. Eine 50% Abgabe auf das zum Währungsstichtag festgelegte Vermögen, die Vielzahl von Freistellungsmöglichkeiten und die lange Laufzeit hatten zur Folge, daß die Sachwertbesitzer nicht nur vollständig von der Währungsreform, sondern auch beträchtlich von der Lastenausgleichsabgabe begünstigt wurden.[342] Die positive Entwicklung der Grundstückspreise und der Wertpapiere - abzüglich der Vermögensabgabe - verdeutlichen die eigentliche reale Belastung. Dabei sollte allerdings auch berücksichtigt werden, daß hohe Abgabeforderungen auf das Vermögen respektive den Vermögenszuwachs möglicherweise auch negative Wirkungen auf die damals notwendige Kapitalbildung gehabt hätten und daher politisch schwer umzusetzen gewesen wären. Eine möglichst rasche Erholung der Wirtschaft, verbunden mit einer umfassenden Schaffung von Arbeitsplätzen und Wohnraum war im Hinblick auf die Wiedereingliederung und die soziale Absicherung der Geschädigten zu befürworten. Um zum einen die Bedeutung und zum anderen die Größenordnung der Ausgleichsabgabe zu erläutern, sollen im weiteren Verlauf dieses Abschnittes die Quellen näher untersucht werden.

---

341 Vgl. § 2 Abs. 2; § 3; § 31; § 34; § 99; § 106; § 161 LAG.

342 Unter dem Aspekt der Investitionskapitalbildung und dadurch der Schaffung neuer Arbeitsplätze wurde auf einen vollständigen Ausgleich verzichtet.

1. Der Beitrag der öffentlichen Haushalte gemäß § 6 LAG

Die Länder waren verpflichtet bis zum 31. Dezember 1957 ihr Aufkommen an der Vermögensteuer, abzüglich 4% Verwaltungsaufwand, dem Ausgleichsfonds zukommen zu lassen (§ 6 Abs. 1 LAG). Die Zuschüsse verminderten sich jedoch ab einem jährlichen Aufkommen aus den Lastenausgleichsabgaben in Höhe von 1.785 Millionen DM (§ 6 Abs. 2 LAG).

Nach dem vierten Gesetz zur Änderung des Lastenausgleichsgesetzes (4. ÄndGLAG)[343] erhielt der Lastenausgleichsfonds in den Jahren 1955 bis 1958 von den Ländern einen Zuschuß, der sich aus dem Differenzbetrag zwischen dem tatsächlichen Aufkommen der Lastenausgleichsabgabe und einem Betrag in Höhe von 2,6 Milliarden DM errechnet. Der Zuschuß durfte allerdings 90% des Vermögensteueraufkommens nicht überschreiten.

Mit der Verabschiedung des achten Gesetzes zur Änderung des Lastenausgleiches (8. ÄndGLAG) vom 26. Juli 1957 waren ab dem Rechnungsjahr 1959 bis einschließlich 1978 die Länder verpflichtet, 25% ihres Vermögensteueraufkommens dem Ausgleichsfonds zukommen zu lassen. Soweit in den Jahren 1959 bis 1966 die Gesamtsumme aus Lastenausgleichsabgabe und Zuschüssen der Länder den Höchstbetrag von 2,6 Milliarden DM im Jahr 1959 (verringert um jeweils 50 Millionen DM in den darauffolgenden Jahren) nicht erreichte, wurde der Differenzbetrag von Bund und Ländern im Verhältnis 1/3 zu 2/3 getragen. Soweit von 1967 an noch weitere Mittel benötigt wurden, war der Bund verpflichtet, diese Zahlungen zu leisten.[344]

Mit der Achten Novelle des Lastenausgleichsgesetzes reagierte der Gesetzgeber auf die damals häufig erhobene Kritik der finanziellen Ausgliederung des Lastenausgleiches aus dem planmäßigen Bundeshaushalt. Ursprüngliches Ziel dieser Abgrenzung war zum einen die deutliche Entlastung des Haushaltes in der Wiederaufbauphase zum anderen aber auch die Sicherung der Fondsmittel vor den Besatzungsmächten. Zudem war mit der getrennten Behandlung der Etat des Lastenausgleiches klar definiert, da sich die Ausgaben an der Einnah-

---

[343] Vgl. Viertes Gesetz zur Änderung des Lastenausgleichsgesetzes (4. ÄndGLAG) vom 12. Juli 1955, in: BGBl 1955 I, Nr. 22, S. 403 - 417, hier S. 403.

[344] Vgl. § 6 Abs. 2 und Abs. 3 LAG mit der Änderung in der Fassung vom achten Gesetz zur Änderung des Lastenausgleichsgesetzes (8. ÄndGLAG) vom 26. Juli 1957, in: BGBl 1957 I, Nr. 36, S. 809 - 839, hier S. 809 f.

mesituation orientieren mußten. Erst 1967 wurde die Trennung des Lastenausgleichsfonds und des Bundeshaushaltes aufgehoben.[345]

Als weiteren Beitrag der öffentlichen Hand können die in § 6 Abs. 4 LAG geregelten Zuschüsse zur Bestreitung von Unterhaltshilfen betrachtet werden. Da Bund, Länder und auch Kommunen durch die Unterhaltshilfen des Ausgleichsfonds Mittel im Rahmen ihrer Fürsorgeaufwendungen einsparen konnten, waren sie verpflichtet, ebenfalls im Verhältnis 1/3 zu 2/3 die Hälfte der jährlich angefallenen Aufwendungen, maximal jedoch 500 Millionen DM dem Ausgleichsfonds zur Verfügung zu stellen.[346]

2. Die Kreditaufnahme gemäß § 7 LAG

Mit § 7 LAG wurde die Bundesregierung autorisiert, für den Ausgleichsfonds Kredite bis zu einem Maximalbetrag von fünf Milliarden DM aufzunehmen beziehungsweise in entsprechender Höhe für diese Kredite Sicherheitsleistungen zu übernehmen. Die Verwendung wurde nur dahingehend eingeschränkt, daß die Kredite nicht für Rentenleistungen verwendet werden durften. Dem Vorteil dieser zusätzlichen Quelle zur Finanzierung öffentlicher Aufgaben stand der Nachteil eines beschränkten Handlungsspielraumes in der Zukunft gegenüber und die Entscheidung zu Gunsten einer niedrigen Kreditfinanzierung basierte auf der Annahme, daß inflatorisch wirkende Nebeneffekte auftreten könnten. Gemäß dem Dritten Gesetz zur Änderung des Lastenausgleichsgesetzes und des Feststellungsgesetzes hatte der Ausgleichsfonds die Kosten der Kreditbeschaffung sowie anfallende Zinszahlungen in voller Höhe selbst zu tragen.[347]

3. Die Vermögensabgabe gemäß der §§ 16 bis 90 LAG

Die Vermögensabgabe orientierte sich an der Vorstellung, daß ein erheblicher Teil des Vermögens nicht real, sondern in Form von Geldleistungen an die Geschädigten überführt werden sollten. Die Abgabenlast betrug einheitlich 50%

---

345 Vgl. Spitaler, Armin: Probleme der Aufbringungsseite des Lastenausgleiches, a. a. O., S. 402 ff.

346 Vgl. § 6 Abs. 4 LAG mit der Änderung in der Fassung vom achten Gesetz zur Änderung des Lastenausgleichsgesetzes (8. ÄndGLAG) vom 26. Juli 1957, a. a. O., S. 809 - 839, hier S. 810.

347 Vgl. § 7 LAG mit der Änderung Artikel 1 Absatz 2 in der Fassung vom Dritten Gesetz zur Änderung des Lastenausgleichsgesetzes und des Feststellungsgesetzes vom 24. Juli 1953, in: BGBl 1953 I, Nr. 41, S. 693 - 700, hier S. 693.

des Wertes des abgabenpflichtigen Vermögens und war bis zum 31. März 1979 inklusive Zins zu tilgen. Inwieweit die Vermögensabgabe aus der Vermögenssubstanz oder aus den Vermögenserträgen zu entrichten sei, wurde von den Sachverständigen häufig diskutiert. De facto wurde sie nahezu ausschließlich aus den späteren Erträgen finanziert.[348]

Alle natürlichen Personen, die zu Beginn des 21. Juni 1948 ihren Wohnsitz oder den gewöhnlichen Aufenthalt sowie Körperschaften, Personenvereinigungen und Vermögensmassen, die ihre Geschäftsleitung oder den Sitz des Unternehmens im Bundesgebiet oder in Westberlin hatten, waren nach Maßgabe des § 16 Abs. 1 und 2 LAG unbeschränkt abgabenpflichtig.[349] Diese unbeschränkte Abgabepflicht umfaßte das gesamte Vermögen, das sich nach den Bestimmungen der sogenannten „Hauptveranlagung 1949" errechnete. Personengruppen, die zum 21. Juni 1948 ihren Wohnsitz außerhalb des Bundesgebietes beziehungsweise Unternehmen, die weder Geschäftsleitung noch Sitz im Bundesgebiet hatten, waren lediglich beschränkt abgabenpflichtig. Die Bemessungsgrundlage für die beschränkte Abgabepflicht bemaß sich ebenfalls nach den Richtlinien der „Hauptveranlagung 1949", galt jedoch nur für das Inlandsvermögen.[350] Vorausgesetzt, das Gesamtvermögen lag unter einem Betrag in Höhe von 35.000,-- DM, gewährte der Gesetzgeber gestaffelte Freibeträge. Bei beschränkt Abgabenpflichtigen und bei unbeschränkt abgabenpflichtigen juristischen Personen wurde eine Vermögensabgabe wurde nur dann erhoben, wenn das Vermögen den Betrag von 5.000,-- DM beziehungsweise 3.000 DM überstieg.[351] Kriegssachschäden, Vertreibungsschäden und Ostschäden wurden insofern berücksichtigt, als den Geschädigten Ermäßigungen der Vermögensabgabe gewährt wurden.[352] Die Höhe der Ermäßigung richtete sich einerseits nach der Höhe des Vermögens zum 21. Juni 1948 und andererseits nach den relativen Schäden im Verhältnis zum Gesamtvermögen.[353]

---

348 Vgl. auch Käss, Friedrich: Lastenausgleich, in: Erwin von Beckerath / Hermann Bente / Carl Brinkmann u. a. (Hrsg.): Handwörterbuch der Sozialwissenschaften. Zugleich Neuauflage des Handwörterbuchs der Staatswissenschaften, 6. Band, a. a. O., S. 528 - 532, hier S. 528 ff.

349 Vgl. § 16 Abs. 1 und Abs. 2 LAG.

350 Vgl. § 17 Abs. 1 und Abs. 2 LAG sowie § 21 Abs. 1 Satz 1 und Abs. 1 Satz 2 LAG.

351 Vgl. § 29 Abs. 1 und Abs. 2 LAG.

352 Vgl. §§ 39ff LAG. Zu den Kriegssachschäden vgl. die §§ 13, 41, 42 LAG; zu den Vertreibungsschäden die §§ 12, 43, 44 LAG und zu den Ostschäden die §§ 14, 45, 46 LAG.

353 In § 47 LAG wird dies als Schadenspunktzahl bezeichnet.

In Anbetracht der hier angeführten Einschränkungen liegt die Schlußfolgerung nahe, daß man weder von einer einheitlichen 50% Belastung des Vermögens noch vom eigentlichen Charakter einer einmaligen Abgabe sprechen kann. Problematisch erscheint zudem der Umstand, daß kapitalintensive Unternehmen die geforderten Zahlungen im allgemeinen schwerer erwirtschaften konnten und dementsprechend gegenüber arbeits- oder umsatzintensiveren Unternehmen benachteiligt wurden.[354]

4. Die Hypothekengewinnabgabe gemäß der §§ 91 bis 160 LAG

Die Hypothekengewinnabgabe diente der Erfassung und Abschöpfung der Umstellungsgewinne, die bei der Währungsreform entstandenen sind. Zum einen wurde sie auf die Schuldnergewinne (Gewinne aus der Umstellung von Reichsmarkverbindlichkeiten auf DM-Verbindlichkeiten) erhoben, die zum 20. Juni 1948 durch Grundpfandrechte gesichert waren. Zum anderen auf jene Schuldnergewinne, die aus der Umstellung von Grundpfandrechten an einem Grundstück entstanden waren, die nicht zur Sicherung einer Verbindlichkeit dienten. Der Abgabebetrag errechnete sich aus der Differenz des Nennbetrages der Verbindlichkeit in Reichsmark und dem Umstellungsbetrag in DM und war prinzipiell in voller Höhe abzuführen.[355] Gemäß § 11 LAG ruhte diese Abgabeschuld als öffentliche Last auf dem Grundstück, sofern sie im Grundbuch als solche eingetragen worden ist. Unter besonderen Voraussetzungen gewährte der Gesetzgeber Erleichterungen[356] oder den Erlaß, sofern die Erträge zur Entrichtung der Hypothekengewinnabgabe nicht ausreichten oder der Schuldner auf die Einnahmen angewiesen war, um damit seinen Lebensunterhalt zu bestreiten.[357]

5. Die Kreditgewinnabgabe gemäß der §§ 161 bis 197 LAG

Die Kreditgewinnabgabe bildete neben der Hypothekengewinnabgabe und der Vermögensabgabe die dritte Form der Sonderabgaben im Rahmen des Lastenausgleiches. Mit der Intension, die aus der Währungsreform entstandenen Währungs- und Schuldnergewinne zu Gunsten des Ausgleichsfonds abzuschöpfen, wurde diese Abgabeform in den §§ 161 bis 197 LAG geregelt.

---

354 Vgl. Käss, Friedrich: Lastenausgleich, a. a. O., S. 530.

355 Vgl. § 99 Abs. 1 LAG.

356 Als Beispiele können dabei die Minderung bei Kriegsschäden, die Herabsetzung zur Förderung der Wiedererrichtung oder Wiederherstellung beschädigter Gebäude angeführt werden.

357 Vgl. §§ 100, 104, 129, 131 LAG.

Der Kreditgewinnabgabe unterlagen alle gewerblichen Betriebe, die entweder nach dem D-Markbilanzgesetz verpflichtet waren, eine Eröffnungsbilanz in DM zu erstellen oder für die steuerliche Ermittlung des Gewinnes eine Eröffnungsbilanz in DM erstellt hatten.[358] Im Gegensatz zu der Hypothekengewinnabgabe war dabei eine Saldierung möglich, da als Bemessungsgrundlage für die Kreditgewinnabgabe der Differenzbetrag aus Schuldnergewinnen nach Maßgabe des § 163 LAG und den Gläubigerverlusten sowie den Betriebsverlusten gemäß der § 164 und § 166 LAG galt. Der Gesetzgeber gewährte jedem gewerblichen Betrieb zudem einen Freibetrag von DM 1.000,--. Wie bei der Hypothekengewinnabgabe betrug auch hier der einheitliche Abgabesatz 100%. Sie war ab dem 1. Juli 1948 mit 4% zu verzinsen und ab dem 1. Juli 1952 mit einer jährlichen Rate von 3% zuzüglich der ersparten Zinsen zu tilgen.

Die Leistungen des Lastenausgleichs

Bedeutendes Wesensmerkmal des Lastenausgleiches war die Anerkennung eines Anspruches der betroffenen Bevölkerungskreise auf eine sozial gerechte aber auch volkswirtschaftlich vertretbare Entschädigung. Um eine Basis für einen derartigen Ausgleich zu schaffen war es nicht nur notwendig, die Ausgleichsabgaben - also die Quellen, sondern auch die Ausgleichsleistungen und demgemäß die einzelnen Schadensarten genau zu bestimmen. Daher sah das Lastenausgleichsgesetz im ersten, grundsätzlichen Abschnitt folgende Schadensarten vor.

1. Die Vertreibungsschäden nach § 12 LAG

Auf Grund von Vertreibung aus ihrer Heimat hatten deutsche Staatsangehörige und Volkszugehörige die Möglichkeit, Schäden und Verluste an Sach-, Hausrats- und Geldvermögen, Wohnraum sowie der beruflichen oder sonstigen Lebensgrundlage geltend zu machen.

2. Die Kriegssachschäden nach § 13 LAG

Kriegssachschäden im Sinne dieses Gesetzes werden definiert als die in der Zeit vom 26. August 1937 bis zum 31. Juli 1945 im Bundesgebiet einschließlich Westberlin entstandenen Schäden und Verluste an Wirtschaftsgütern, Hausrat, Wohnraum und der beruflichen oder sonstigen Existenzgrundlage, die unmittelbar auf Kriegshandlungen zurückzuführen sind.

---

[358] Vgl. § 161 Abs. 1 LAG.

3. Die Ostschäden nach § 14 LAG

Soweit Bürger der Bundesrepublik Deutschland einschließlich Westberlin Schäden in den deutschen Ostgebieten, das heißt in den Gebieten östlich der Oder-Neiße-Linie, zu verzeichnen haben, werden die selben Schadensarten wie in den § 12 und § 13 - mit Ausnahme des Verlustes an Wohnraum - anerkannt.

4. Die Sparerschäden nach § 15 LAG

Die Umstellung von Reichsmark auf DM im Verhältnis 10:1 respektive im Verhältnis 10:0,65 hatte zwangsläufig Nennwertverluste bei Sparanlagen zur Folge. Diese Verluste sollten mit Hilfe des Lastenausgleiches zumindest teilweise entschädigt werden. Mit der Anerkennung der Sparerschäden trug der Gesetzgeber der eingangs beschriebenen Absicht, besondere Härten infolge der Währungsumstellung zu mildern, in nicht unerheblichem Maße Rechnung.

Entschädigungszahlungen des Lastenausgleichsfonds

Der abschließende Bereich, der zur Beurteilung des Lastenausgleiches notwendig ist, erstreckt sich über die bewilligten Leistungen, also die tatsächlichen Entschädigungszahlungen, wodurch die Abgeltung der Schäden und Verluste, die Milderung von Härten sowie die Eingliederung der Geschädigten und Vertriebenen legitimiert wurden.

Um eine Wirkungsanalyse und ein objektives Gesamturteil zu gewährleisten ist eine Kategorisierung der einzelnen Ausgleichsleistungen unumgänglich. Man unterscheidet dabei zwischen dem quotialen[359] und dem sozialen Lastenausgleich. Andererseits ist eine Gruppierung in Leistungen mit beziehungsweise ohne Rechtsanspruch sowie in darlehenshalber gewährte oder endgültige Leistungen möglich. Unter wirtschaftlichen Gesichtspunkten wäre eine Differenzierung in überwiegend konsumtiv beziehungsweise produktiv verwendete Leistungen denkbar.

1. Hauptentschädigung (HE)

Die Hauptentschädigung nach den §§ 243 bis 252 LAG gewährte einen objektiven Rechtsanspruch auf den Ausgleich für Vertreibungsschäden, Kriegssachschäden und Ostschäden an Wirtschaftsgütern sowie an Gegenständen die der Berufsausübung dienten.[360]

---

[359] Kennzeichnend für den quotialen Lastenausgleich ist, daß die Höhe der Entschädigung vom vorhandenen Vermögen vor dem Schaden abhängt.

[360] Vgl. § 243 Abs. 1 LAG.

In diesem Falle handelte es sich um einen quotialen Ausgleich. Die Schäden wurden nach den Verordnungen des Feststellungsgesetzes ermittelt und unter Anwendung eines degressiven Gruppentarifes ein sogenannter Grundbetrag errechnet.[361] Die Ansprüche aus der Hauptentschädigung waren sowohl vererblich als auch übertragbar. Inwieweit diese Mittel eher konsumtiv oder produktiv verwendet wurden ist a posteriori schwer festzustellen. In der Zeit zwischen 1979 und 1988 war die Hauptentschädigung mit knapp 21% die zweithäufigste Form der Entschädigung.

2. Sparerentschädigung

Die Sparerentschädigung gliedert sich in zwei Gruppen: Die Altsparerentschädigung und die Entschädigung im Währungsausgleich für Sparguthaben Vertriebener gemäß § 304 LAG. Neben der Hauptentschädigung und der Hausratsentschädigung zählt auch sie zum quotialen Ausgleich auf Grund eines Rechtsanspruches. Diese Auszahlung steht den Geschädigten überwiegend frei zur Verfügung, so daß eine typische Verwendung kaum ermittelt werden konnte. Die Sparerentschädigung spielte im Beobachtungszeitraum bis 1988 eine untergeordnete Rolle. Lediglich in den ersten zwei Dekaden lag sie bei etwa 5%.

3. Hausratsentschädigung

Die Hausratsentschädigung, geregelt in den §§ 293 bis 297 LAG, basierte ebenfalls auf dem Entschädigungsgedanken mit Rechtsanspruch, doch in der tatsächlichen Ausgestaltung wurden vor allem soziale Aspekte berücksichtigt.[362] Aus volkswirtschaftlichen Gesichtspunkten läßt sich deutlich feststellen, daß es sich bei dieser Form der Entschädigung überwiegend um eine konsumtive Verwendung handelte. Mit über 1/5 der gesamten Ausgleichsleistungen in den Jahren 1949 bis 1959 lag die Hausratsentschädigung an dritter Stelle und nahm im weiteren Verlauf kontinuierlich ab.

4. Eingliederungsdarlehen (Aufbaudarlehen) nach den §§ 253 bis 260 LAG

Eingliederungsdarlehen dienten sowohl der Eingliederung der Vertriebenen, Flüchtlinge und Kriegssachgeschädigten als auch indirekt dem Aufbau und der Manifestierung der freiheitlichen Wirtschafts- und Sozialordnung. Eingliederungsdarlehen wurden überwiegend - unabhängig von der Kreditwürdigkeit des

---

[361] Die Berechnung des Grundbetrages und der Gruppentarife erfolgte auf der Grundlage des § 245 LAG.

[362] Die Hausratsentschädigung wird einerseits zur Gruppe der quotialen Leistungen gezählt, da eine direkte Verbindung zu dem verlorenen Vermögen besteht, doch andererseits beabsichtigte der Gesetzgeber mit der Einbeziehung sozialer Aspekte auch eine Entschädigung nach vorwärts.

Antragstellers - zur Existenzgründung entsprechend der besonderen persönlichen Eignung und der früheren sozialen Stellung des Geschädigten gewährt. Im § 257 LAG ist die Dringlichkeitsfolge und die eigentliche Zielsetzung zu erkennen:

> „Die Reihenfolge der Gewährung von Aufbaudarlehen bestimmt sich nach der sozialen Dringlichkeit und nach der volkswirtschaftlichen Förderungswürdigkeit der Vorhaben."[363]

Die Aufbaudarlehen, auf die kein Rechtsanspruch bestand, wurden Gewerbetreibenden und Freiberuflern, Landwirten und Bauherren gewährt, wobei unterschiedliche Voraussetzungen maßgeblich waren.[364]

Eine weitere Form der Eingliederungsdarlehen waren die „Eingliederungsdarlehen zur Schaffung von Dauerarbeitsplätzen (Arbeitsplatzdarlehen)" nach den § 259 und § 260 LAG. Bis Anfang 1956 wurden Darlehen mit dem Zweck gewährt, Arbeitsplätze für jene Arbeitnehmer zu schaffen, die infolge von Vertreibungsschäden oder Kriegssachschäden, die sie oder der frühere Arbeitgeber erlitten hatten, arbeitslos beziehungsweise berufsfremd eingesetzt worden sind.

Im Gegensatz zu den ersten drei Entschädigungsleistungen waren die Eingliederungsdarlehen nicht direkt an die Vermögensverluste gebunden. Sie müssen daher nicht dem quotialen, sondern vielmehr dem sozialen Lastenausgleich zugeordnet werden. Hauptziele dieser Form der Entschädigung waren demnach die wirtschaftliche und soziale Integration der Geschädigten sowie die Absicherung dieser Personengruppen. Im Zeitverlauf bis 1988 erreichten die Aufbaudarlehen annähernd 15% und waren nach der Kriegsschadensrente und der Hauptentschädigung die dritthäufigste Ausgleichsleistung.

5. Wohnraumhilfe

Die Wohnraumhilfe verband wirtschaftspolitische mit sozialpolitischen Aspekten. Die Mittel wurden nach dem § 323 LAG bis 1956 aus den gesamten Erträgen der Hypothekengewinnabgabe den Ländern darlehensweise zur Verfügung gestellt. Wohnraumhilfe wurde Vertriebenen und Kriegsgeschädigten insofern gewährt, als die Länder mit Hilfe dieser Darlehen sozialen Wohnraum schufen und so den Geschädigten günstige Wohnungen zur Verfügung gestellt werden konnten. Die Wohnraumhilfe, auf die kein Rechtsanspruch bestand, fand seine gesetzliche Ausgestaltung in den §§ 298 bis 300 LAG. Wirtschaftspolitisch

---

363 § 257 LAG.

364 Zu den „Aufbaudarlehen Landwirtschaft", „Aufbaudarlehen Gewerbe" sowie den „Aufbaudarlehen Wohnungsbau" vgl. § 254 Abs. 1 bis 3 LAG.

stellte sie beziehungsweise der soziale Wohnungsbau mit Hilfe der Leistungen des Lastenausgleichs in der Zeit von 1949 bis 1959 einen wichtigen Faktor dar.

6. Ausbildungshilfe

Unter dem Gesichtspunkt der Chancengleichheit wurden lange vor dem Ausbildungsförderungs- beziehungsweise dem Bundesausbildungsförderungsgesetz materielle Unterstützungen zur Ausbildung von Jugendlichen gewährt. Ziel dieser Maßnahme war es, die mit der Ausbildung an weiterführenden Schulen und an Hochschulen verbundenen Kosten zu übernehmen, um nicht die nachfolgende Generation der Geschädigten a priori der Startgerechtigkeit zu berauben. Mit der Ausbildungshilfe wurden soziale Gesichtspunkte in den Vordergrund gestellt und man kann in diesem Bereich eindeutig von einem Lastenausgleich nach vorwärts sprechen. Da die finanziellen Mittel des Lastenausgleichsfonds jedoch beschränkt waren und Probleme, wie etwa Kriegsschadensrenten in den Vordergrund gestellt wurden, spielte die Ausbildungshilfe im Rahmen des Lastenausgleiches eine untergeordnete Rolle. Mit 1,1 Milliarden DM oder 0,8% des gesamten Fondsvolumens steht die Ausbildungsförderung an letzter Stelle im Rahmen der hier behandelten Maßnahmen.

7. Kriegsschadensrente

Die wohl finanziell wichtigste Entschädigungsleistung - ebenfalls mit Rechtsanspruch - war die in den §§ 261 bis 292 LAG geregelte Kriegsschadensrente, die bis zum Jahre 1988 mit 52,8 Mrd. DM nahezu 40% der gesamten Leistungen ausmachte. Dabei standen sozialpolitische Erwägungen im Mittelpunkt, da Unterhaltshilfen und Entschädigungsrenten eine Mindestversorgung gewähren sollten. Die Kriegsschadensrente diente also zur Sicherung der sozialen Lebensgrundlage, sofern Vermögensverluste oder der Verlust der Existenzgrundlage vorlagen. Anspruchsberechtigt war der unmittelbar Geschädigte oder bei Tod des Geschädigten die Ehefrau, soweit sie nicht zum Zeitpunkt des Todes dauernd getrennt lebten. Die Kriegsschadensrente diente nicht zum Ausgleich von Wohnraum oder Hausratsverlusten, wenn dieser nicht für den Verlust der Existenzgrundlage verantwortlich war. Sie stellt im Verlauf von 1949 bis 1988 den wichtigsten Faktor des Leistungsvolumens in Höhe von fast 133 Milliarden DM dar.

Zusammenfassend kann unter Berücksichtigung vermögens- und verteilungspolitischer Gesichtspunkte die zu Beginn der 50er Jahre vorherrschende Ansicht, Kriegszerstörungen, Währungsreform und Lastenausgleich hätten annähernde ökonomische Startgerechtigkeit und Chancengleichheit geschaffen, nicht vollständig unterstützt werden, da sich, wie die Studie von Krelle,

Schunck und Siebke belegt, bereits zu diesem Zeitpunkt die Tendenz einer Ungleichverteilung der Einkommen und Vermögen abzeichnete.

5.3 Sparförderung und Vermögensbildungsgesetze

Mit dem Ziel, die personelle Vermögensverteilung durch die Erhöhung der Sparneigung beziehungsweise die Verbesserung der Sparfähigkeit gleichmäßiger zu gestalten, wurden in der Bundesrepublik Deutschland seit 1952 eine Vielzahl unterschiedlichster Gesetze erlassen, die die Vermögensbildung der Arbeitnehmer entweder via Übertragung oder über die Förderung der Ersparnisbildung aus dem laufenden Einkommen unterstützen sollen. Letzteres setzt eine objektive Sparfähigkeit voraus, da der Arbeitnehmer nach der Deckung des laufenden Bedarfes in der Lage sein muß, einen Teil des Lohneinkommens der Vermögensbildung zuzuführen. Allerdings unterliegt, wie bereits im Kapitel 2 und Kapitel 3 dargelegt, auch die subjektive Sparneigung und folglich die Vermögensbildung psychologischen Komponenten. Unter Berücksichtigung der Tatsache, daß der Lohn regelmäßig und in kurzen Perioden ausbezahlt wird und demnach das permanente Einkommen überwiegt, ist in vielen Fällen eine erhöhte Konsumneigung festzustellen, wobei auch Faktoren, wie etwa der Geltungskonsum[365], eine bedeutende Rolle spielen. Dementsprechend verstärken die Regelmäßigkeit des Lohnempfangs, die psychologischen Faktoren und das Sozialversicherungssystem, ohne deren Bedeutung hier in Frage stellen zu wollen, eher die Konsumneigung.

Die Spar-Prämiengesetze

Mit der Wiedereinführung der steuerlichen Abzugsfähigkeit von Bauspar- und Versicherungsbeiträgen, die überwiegend Personen (Haushalte) mit höheren Einkommen bevorzugt, wurden in der Bundesrepublik Deutschland schon 1948 die ersten Weichen der Vermögenspolitik gestellt.[366] Da in der ersten Phase des

---

[365] Die englische Redewendung „to keep up with the Jones“ zeigt, daß psychologische Aspekte im Spar- und Ausgabeverhalten eines Wirtschaftssubjektes oftmals eine bedeutende Rolle spielen. Andererseits bleibt auch zu bedenken, daß Haushalte mit geringen oder mittleren Einkommen zwangsläufig einer höheren Konsumquote unterliegen, da sie einen größeren Teil ihrer Einkommen zur Lebenshaltung aufwenden müssen. In diesem Fall determiniert weniger die Konsum*neigung*, sondern vielmehr der Konsum*zwang* das individuelle Sparverhalten.

[366] Vgl. Oberhauser, Alois: Finanzpolitik und private Vermögensbildung, Köln, Opladen, 1963, S. 192 ff. und Lampert, Heinz: Lehrbuch der Sozialpolitik, a. a. O., S. 403 f. sowie Werner, Josua: Verteilungspolitik, a .a. O., S. 127 f.

wirtschaftlichen Wiederaufbaus weniger vermögens- und verteilungspolitische Gesichtspunkte als die Schaffung von Investitionsanreizen und die Bereitstellung von Arbeitsplätzen im Vordergrund standen, wurden bereits in den ersten Jahren eine Reihe von Sonderausgaben steuerbegünstigt.[367] Unter Berücksichtigung des § 10 EStG hat der Steuerpflichtige die Möglichkeit, Sonderausgaben geltend zu machen und so das zu versteuernde Einkommen zu verringern. Allerdings unterliegen steuerbegünstigte Sparverträge der systemimmanenten Problematik, daß mit steigendem Einkommen die Steuerbelastung zunimmt und sich die Möglichkeiten, Sonderausgaben steuermindernd anzusetzen, dementsprechend stärker auswirken. Im umgekehrten Fall können Bezieher niedriger Einkommen auf Grund der geringeren Steuerquote nur unterproportional an der Begünstigung teilhaben.[368] Doch mit fortschreitender Lösung der dringlichsten Probleme konnte mit der Beseitigung der Vermögensdisparitäten begonnen werden.

Als Ergänzung zum Wohnungsbau-Prämiengesetz von 1952[369] und den in § 10 EStG geregelten Abzugsmöglichkeiten von Sonderausgaben sollte das Spar-Prämiengesetz von 1959[370] die Sparneigung bei Beziehern niedriger Einkommen erhöhen und die gleichmäßigere Vermögensverteilung sowie die allge-

---

[367] Vgl. ebenso Kemmerich, Eva: Die Beteiligung der Arbeitnehmer am Kapital des arbeitgebenden Unternehmens. Vorteilhaftigkeitsanalyse bei Berücksichtigung staatlicher Förderungsmaßnahmen aus betriebswirtschaftlicher Sicht, Münster, 1989, S. 2 f. Mit der Wiedervereinigung eröffnete sich zu Beginn der 90er Jahre eine ähnliche Problematik: In den neuen Bundesländern bestand ein hoher Bedarf an Produktionsstätten, Ausrüstungen und Infrastrukturinvestitionen, wobei die neuen Bundesländer über ein beträchtliches Potential an Arbeitskräften, aber nicht über die notwendigen Finanzmittel verfügten. Dementsprechend sahen sowohl westdeutsche als auch ausländische Investoren in den neuen Bundesländern lukrative Investitionschancen. Vgl. Sinn, Gerlinde / Sinn, Hans-Werner: Kaltstart: Volkswirtschaftliche Aspekte der deutschen Vereinigung, a. a. O., S. 45; Sirleschtov, Antje / Weidenfeld, Ursula: Seltenes Privileg - Vier Jahre nach der Wiedervereinigung steht fest: Das Vermögen im Osten ist überwiegend in westlicher Hand, in: WirtschaftsWoche, Nr. 34, 19. August 1994, S. 17 ff. sowie Gutemut, Manfred: Absatz- und Investitionsfibel Ostdeutschland, Handelskammer Deutschland - Schweiz (Hrsg.), Zürich, 1990, S. 1.

[368] Föhl, Carl: Kreislaufanalytische Untersuchungen der Vermögensbildung in der Bundesrepublik Deutschland und der Beeinflußbarkeit ihrer Verteilung, a. a. O., S. 93.

[369] Bereits mit dem Wohnbau-Prämiengesetz von 1952 bestand die Wahlmöglichkeit zwischen Steuervergünstigungen gemäß § 10 EStG und einer Prämiengewährung.

[370] Gesetz über die Gewährung von Prämien für Sparleistungen (Spar-Prämiengesetz - SparPG) vom 5. Mai 1959, in: BGBl 1959 I, S. 241 - 243.

meine Vermögensbildung verbessern.[371] Prämienzahlungen wurden zum einen auf Sparverträge mit Kreditinstituten[372] und zum anderen auf den (Erst-)Erwerb von Wertpapieren, Investmentanteilen sowie - seit 1972 - zur Begründung von Darlehensforderungen gegen den Arbeitgeber gewährt.[373] Nach § 2 Abs. 1 SparPG betrug der Prämiensatz 20% der im Kalenderjahr geleisteten Sparbeiträge, maximal jedoch DM 120,-- für Ledige beziehungsweise DM 240,-- für Verheiratete und erhöhte sich bei drei Kindern um weitere DM 120,--. Mit Wirkung des SparPG in der Fassung vom 6. Februar 1963[374] wurden die Prämiensätze in Abhängigkeit der Kinderzahl auf 22% (ein oder zwei Kinder), 25% (drei bis fünf Kinder) und 30% (mehr als fünf Kinder) erhöht. Mit der Fassung vom 18. September 1969 erfuhr das Spar-Prämiengesetz eine weitere Änderung, da § 2 Abs. 3 SparPG 1969[375] nunmehr eine zusätzliche Förderung in Höhe von 40% der Prämie für Haushalte mit geringen Einkommen (bei Ledigen DM 6.000,-- und Verheirateten DM 12.000,--) vorsah. Diese zusätzliche Förderung wurde allerdings mit dem Spar-Prämiengesetz vom 28. August 1974[376] wieder abgeschafft sowie - analog zum Wohnungsbau-Prämiengesetz und dem 3. VermBG - generelle Einkommensgrenze in Höhe von DM 24.000,-- beziehungsweise DM 48.000,-- zuzüglich DM 1.800,-- pro Kind eingeführt. Die

---

371 Vgl. Neumann, Karl: Vermögensverteilung und Vermögenspolitik, a. a. O., S. 37 f.

372 Vgl. Verordnung zur Durchführung des Spar-Prämiengesetzes (SparPDV) vom 22. Juli 1959, in: BGBl 1959 I, S. 503; Erste Verordnung zur Änderung der Verordnung zur Durchführung des Spar-Prämiengesetzes (SparPDV) vom 31. Mai 1967, in: BGBl 1967 I, S. 569 (Hier erhöhten sich die Fristen auf 6 beziehungsweise 7 Jahre); Spar-Prämiengesetz in der Fassung vom 5. August 1970 (SparPG 1970), in: BGBl 1970 I, S. 1214ff.; Bonsels, Johannes: Vermögensbildung und Sparförderung. Eine Darstellung des Dritten Vermögensbildungsgesetzes sowie des Spar- und Wohnungsbau-Prämiengesetzes, Neuwied, Berlin, 1970, S. 72 ff.

373 Vgl. Gesetz zur Änderung des Spar-Prämiengesetzes vom 31. Juli 1972, in: BGBl 1972 I, S. 1337; Vierte Verordnung zur Änderung der Verordnung zur Durchführung des Spar-Prämiengesetzes vom 16. Januar 1973, in: BGBl 1973 I, S. 21 f.; Verordnung zur Durchführung des Spar-Prämiengesetzes (SparPDV 1972) vom 7. Februar 1973, in: BGBl 1973 I, S. 97 ff. und Spar-Prämiengesetz in der Fassung vom 28. August 1974 (SparPG 1975), in: BGBl 1974 I, S. 2110 ff.

374 Spar-Prämiengesetz in der Fassung vom 6. Februar 1963 (SparPG 1963), in: BGBl 1963 I, S. 93 ff.

375 Spar-Prämiengesetz in der Fassung vom 18. September 1969 (SparPG 1969), in: BGBl 1969 I, S. 1682 ff.

376 Spar-Prämiengesetz in der Fassung vom 28. August 1974 (SparPG 1975), in: BGBl 1974 I, S. 2110 ff.

Prämiensätze beliefen sich auf 20% der Sparbeiträge, wobei diese auf maximal DM 800,-- beziehungsweise DM 1.600,-- beschränkt wurden, zuzüglich 2% je Kind. Der Prämiensatz wurde - auf Grund des Haushaltsstrukturgesetzes vom 18. Dezember 1975[377] - auf 14% zuzüglich 2% je Kind herabgesetzt[378] und im Jahr 1982 wiederum auf 16% zuzüglich 2% je Kind erhöht. Mit der Fassung vom 10. Februar 1982[379] wurden Prämienzahlungen auf folgende Verträge gewährt:

- Nach § 1 Abs. 2 Nr. 1 SparPG 1982 auf Sparverträge, die in einer einmaligen Summe bei einem Kreditinstitut angelegt wurden.
- Nach § 1 Abs. 2 Nr. 2 SparPG 1982 auf Sparverträge, die mit laufenden und gleichbleibenden Sparraten bei einem Kreditinstitut angelegt wurden.
- Nach § 1 Abs. 2 Nr. 3 SparPG 1982 auf Sparverträge mit laufenden Sparraten, die ausschließlich vermögenswirksame Leistungen entsprechend dem vierten Vermögensbildungsgesetz umfaßten.
- Nach § 1 Abs. 2 Nr. 4 SparPG 1982 auf den Erwerb von Aktien, Kuxen sowie Wandel- und Gewinnschuldverschreibungen und festverzinslichen Schuldverschreibungen, Rentenschuldverschreibungen und Anteilscheinen an einem Sondervermögen.
- Nach § 1 Abs. 2 Nr. 5 SparPG 1982 auf Wertpapier-Sparverträge über Entschädigungsansprüche.
- Nach § 1 Abs. 2 Nr. 6 SparPG 1982 auf die Darlehensgewährung gegenüber dem Arbeitgeber.

Mit der Verabschiedung des Subventionsabbaugesetzes vom 26. Juni 1981[380] wurden nur noch vor dem 13. November 1980 abgeschlossene Verträge und vermögenswirksame Leistungen des Arbeitgebers gefördert. Im Jahre 1986 wurde das Spar-Prämiengesetz endgültig in das 5. VermBG übernommen.

---

[377] Gesetz zur Verbesserung der Haushaltsstruktur (Haushaltsstrukturgesetz) vom 18. Dezember 1975, in: BGBl 1975 I, S. 3091, hier S. 3107.

[378] Spar-Prämiengesetz in der Fassung vom 20. Dezember 1977 (SparPG 1977), in: BGBl 1977 I, S. 3166 ff.

[379] Spar-Prämiengesetz in der Fassung vom 10. Februar 1982 (SparPG 1982), in: BGBl 1982 I, S. 125 ff.

[380] Gesetz zum Abbau von Subventionen und sonstigen Vergünstigungen, zur Erhöhung der Postablieferung sowie zur Klarstellung von Wohngeldregelungen (Subventionsabbaugesetz - SubvAbG) vom 26. Juni 1981, in: BGBl 1981 I, S. 537ff, hier S. 540.

Die Vermögensbildungsgesetze

Im Gegensatz zum vorgenannten Prämiensparen zielte das erste Gesetz zur Förderung der Vermögensbildung der Arbeitnehmer (1. VermBG) vom 12. Juli 1961[381] mittels einer zusätzlichen lohnsteuerbegünstigten und sozialabgabenfreien Leistung des Arbeitgebers, neben der Sparneigung, explizit auf die Sparfähigkeit der Arbeitnehmer ab.[382] Gemäß § 2 Abs. 1 des 1. VermBG wurden folgende Anlagen gefördert:

- Sparleistungen nach dem Spar-Prämiengesetz, das heißt Kontensparen;
- Sparleistungen nach dem Wohnbau-Prämiengesetz;
- Aufwendungen für den Bau, Erwerb oder die Entschuldung eines Familienheimes oder einer Eigentumswohnung;
- Aufwendungen für den Erwerb von Aktien des arbeitgebenden Unternehmens durch den Arbeitnehmer;
- Die Begründung von Arbeitnehmerdarlehen.

Ohne detailliert auf alle Regelungen der einzelnen Vermögensbildungsgesetze eingehen zu wollen, läßt sich grundsätzlich feststellen, daß das 1. VermBG die Erwartungen nicht erfüllte, da der Vertrag über die Bildung vermögenswirksamer Leistungen[383] nicht allgemeinverbindlich (gesetzlich) oder tarifvertraglich geregelt wurde, sondern vielmehr vom einzelnen Arbeitnehmer erwirkt werden mußte.

Mit der tarifvertraglichen „Kann-Bestimmung“ des § 2 des 2. VermBG vom 1. Juli 1965[384] wurden vermögenswirksame Leistungen des Arbeitgebers stärker in Anspruch genommen, zumal sich mit dieser Bestimmung die gewerkschaftliche Verhandlungsposition deutlich verbessert hatte. Gegenüber den ursprünglichen

---

381 Gesetz zur Förderung der Vermögensbildung der Arbeitnehmer vom 12. Juli 1961, in: BGBl 1961 I, S. 909 ff.

382 Vgl. Willgerodt, Hans / Bartel, Karl / Schillert, Ullrich: Vermögen für alle, a. a. O., S. 268 (Nach § 10 Abs. 1 Satz 2 des 1. VermBG betrug der Pauschsatz 8%.).

383 Im VermBG werden die vermögenswirksamen Leistungen definiert als Geldleistungen, die der Arbeitgeber für den Arbeitnehmer anlegt. Weiterhin gelten Teile des Arbeitslohnes, die der Arbeitgeber auf schriftliches Verlangen des Arbeitnehmers vermögenswirksam anlegt, als vermögenswirksame Leistungen im Sinne des VermBG. Vgl. § 2 Abs. 1 des 5. VermBG sowie § 11 Abs. 1 und 2 des 5. VermBG.

384 Zweites Gesetz zur Förderung der Vermögensbildung der Arbeitnehmer (Zweites Vermögensbildungsgesetz - 2. VermBG) vom 1. Juli 1965, in: BGBl 1965 I, S. 585 ff.

Regelungen erfuhr das 2. VermBG zudem eine höhere Akzeptanz, da die beteiligungsbereiten Arbeitgeber nunmehr Steuervergünstigung in Anspruch nehmen konnten, die vermögenswirksamen Leistungen von der Lohnsteuer- und Sozialversicherungspflicht befreit und der Kreis der Förderungsberechtigten auf den öffentlichen Dienst erweitert wurde. Das 2. VermBG ist jedoch insofern kritisch zu beurteilen, als daß die erwünschte Förderung der Vermögensbildung seitens einkommensschwacher Arbeitnehmer nur unzureichend erfolgte: Auf Grund der Steuerbefreiung konnte ein „steuerfreier" respektive einkommensschwacher Arbeitnehmer keine oder nur geringe Förderungen in Anspruch nehmen, wohingegen die staatliche Förderung (im Sinne des Steuerverzichtes) wegen des Progressionseffektes des Einkommensteuertarifes mit steigendem Einkommen deutlich zunahm.[385]

Der Gesetzgeber erhöhte im Gesetz zur Änderung des Zweiten Gesetzes zur Förderung der Vermögensbildung der Arbeitnehmer vom 27. Juni 1970[386] beziehungsweise in dem am 27. Juni 1970[387] verabschiedeten 3. VermBG die Höchstbeträge von DM 312,-- auf DM 624,--, gewährte statt einer Lohnsteuer- und Sozialabgabenbefreiung sogenannte Arbeitnehmersparzulagen in Höhe von 30% beziehungsweise 40% bei drei Kindern und führte eine Einkommensobergrenze (DM 24.000,-- für Alleinstehende und DM 48.000,-- für Verheiratete sowie ab 1975 zusätzlich DM 1.800,-- je Kind) für die Zulagen ein.[388] Zudem wurden zwei neue Anlagemöglichkeiten in den Förderungskatalog aufgenommen:

- ❒ Kapitalversicherungsverträge mit mindestens 12-jähriger Laufzeit gegen laufende Beiträge auf den Erlebens- oder Todesfall;

---

385 Theoretisch wäre es denkbar, daß ein Spitzenverdiener mit einem Grenzsteuersatz von 50% die gesamte Sparleistung - ohne Leistungen des Arbeitgebers - vollständig vom Staat erhielt: Zum einen war der Vermögensbildungsbetrag steuerfrei, so daß dieser Sparer 50% an Steuern sparte und zum anderen konnte der Betrag bei Einzahlung auf einen Bausparvertrag oder eine Lebensversicherung als Sonderausgabe geltend gemacht werden, wodurch er weitere 50% Steuerersparnis erhielt.

386 Gesetz zur Änderung des Zweiten Gesetzes zur Förderung der Vermögensbildung der Arbeitnehmer vom 27. Juni 1970, in: BGBl 1970 I, S. 925 ff.

387 Drittes Gesetz zur Förderung der Vermögensbildung der Arbeitnehmer (Drittes Vermögensbildungsgesetz - 3. VermBG) vom 27. Juni 1970, in: BGBl 1970 I, S. 930 ff.

388 Vgl. Krelle, Wilhelm / Siebke Jürgen: Vermögensverteilung und Vermögenspolitik in der Bundesrepublik Deutschland, a. a. O., S. 496 sowie Drittes Gesetz zur Förderung der Vermögensbildung der Arbeitnehmer (Drittes Vermögensbildungsgesetz - 3. VermBG) in der Fassung vom 15. Januar 1975, in: BGBl 1975 I, S. 258 ff.

❒ Anteilscheine an einem Sondervermögen, die von Kapitalgesellschaften im Sinne des Gesetzes über Kapitalanlagegesellschaften ausgegeben werden.

Allerdings konnte auch im Rahmen des 3. VermBG die Produktivvermögensbildung seitens der Arbeitnehmer nicht deutlich erhöht werden, da der Förderungskatalog nicht grundlegend geändert wurde: Neben der Aktienbeteiligung und der Schuldverschreibung konnte lediglich das Mitarbeiterdarlehen zur betrieblichen Vermögensbildung in Anspruch genommen werden.

Der mit dem Subventionsabbaugesetz eingeleitete Abbau der Vergünstigungen für vermögenswirksame Leistungen respektive der Kumulierung einzelner Vergünstigungen wurde mit Wirkung des 2. Haushaltsstrukturgesetzes vom 22. Dezember 1981[389] insofern fortgesetzt, als daß zum einen für vermögenswirksame Leistungen auf einen Sparvertrag nach dem Spar-Prämiengesetz oder dem Wohnungsbau-Prämiengesetz neben der Prämie für dieselbe Leistung keine Arbeitnehmersparzulage gewährt wurde. Zum anderen entfiel durch die Einführung der Anrechnung der (zulagenbegünstigten) vermögenswirksamen Leistungen auf den Sparhöchstbetrag der Prämiengesetze die Möglichkeit, zusätzlich - zu dem durch die Sparleistung außerhalb der vermögenswirksamen Leistungen bereits erreichten Sparhöchstbetrag - noch weitere Mittel, nach dem jeweils anderen Gesetz begünstigt, als vermögenswirksame Leistung zu sparen.

Mit dem Gesetz zur Förderung der Vermögensbildung der Arbeitnehmer durch Kapitalbeteiligungen (erstes Vermögensbeteiligungsgesetz) vom 22. Dezember 1983[390] sollte unter anderem die stärkere Beteiligung der Arbeitnehmer am Produktivvermögen, die Erleichterung der Lohnzurückhaltung bei Tarifabschlüssen, die Ergänzung einer wachstums- und beschäftigungsorientierten Lohnpolitik sowie die Verbesserung der betrieblichen Partnerschaft erreicht werden.[391]

---

389 Zweites Gesetz zur Verbesserung der Haushaltsstruktur (2. Haushaltsstrukturgesetz - 2. HStruktG) vom 22. Dezember 1981, in: BGBl 1981 I, S. 1523 ff.

390 Gesetz zur Förderung der Vermögensbildung der Arbeitnehmer durch Kapitalbeteiligungen (Vermögensbeteiligungsgesetz) vom 22. Dezember 1983, in: BGBl 1983 I, S. 1592 ff.

391 Vgl. Ohne Verfasser: Entwurf eines Gesetzes zur Förderung der Vermögensbildung der Arbeitnehmer durch Kapitalbeteiligungen (Vermögensbeteiligungsgesetz), in: Bundesrats-Drucksache 304/83, A. Zielsetzung, S. 1. Wie in Kapitel 4.2 bereits dargestellt und im Verlauf dieser Arbeit weiter zu sehen sein wird, basiert die betriebliche Partnerschaft auch auf der Chance, die Mittel im arbeitgebenden Unternehmen anlegen und dementsprechend am „eigenen" Unternehmen teilhaben zu können. Aus Sicht des Unternehmens bietet die inner-

Um dem Partnerschaftsgedanken gerecht zu werden, wurde der Förderkatalog dahingehend erweitert, als daß vermögenswirksame Leistungen nach § 2 des 4. VermBG sowie lohnsteuer- und sozialabgabenbefreite Zulagen - im Sinne der unentgeltlichen oder verbilligten Überlassung betrieblicher Beteiligungen seitens des Arbeitgebers gemäß des neu eingeführten § 19a EStG - nunmehr auch in Genußscheinen, Genossenschaftsanteilen, (typisch) stillen Beteiligungen und Genußrechten angelegt werden konnten.

Des weiteren wurde der Förderungshöchstbetrag für betriebliche Beteiligungen gemäß § 12 Abs. 2 des 4. VermBG auf DM 936,-- erhöht, wobei der Aufstokkungsbetrag ausschließlich für Kapitalbeteiligungen und Arbeitnehmerdarlehen anerkannt wurde. Für diese vorgenannten Vermögensbeteiligungen betrug die Arbeitnehmersparzulage 23% beziehungsweise bei drei Kindern 33% der vermögenswirksamen Leistung, ansonsten betrug er 16% beziehungsweise bei drei Kindern 26%.

Mit dem am 19. Dezember 1986[392] verabschiedeten zweiten Gesetz zur Förderung der Vermögensbildung der Arbeitnehmer durch Kapitalbeteiligungen (zweites VermBetG) wurde das 5. VermBG eingeführt und, entsprechend der zusätzlichen Anlagemöglichkeiten dieses Gesetzes, auch der Förderungskatalog des § 19a EStG um GmbH-Geschäftsanteile, Anteilscheine an Beteiligungssondervermögen und an ausländischen Aktienfonds erweitert sowie der Freibetrag auf DM 500,-- erhöht.[393]

Die bisherige Anlage nach dem 1986 ausgelaufenen Spar-Prämiengesetz wurde durch den Sparvertrag im Sinne der Regelungen des 5. VermBG ersetzt und stark vereinfacht, da bis 1986 das Konten- und Wertpapiersparen bei Kreditinstituten jeweils durch den allgemeinen Sparvertrag, den Sparratenvertrag und den Sparvertrag über vermögenswirksame Leistungen geregelt wurde, wohingegen mit Einführung des 5. VermBG jeweils ein Vertragstyp ausreichend ist. Dabei können die Einzahlungen auf Sparverträge, die nicht exakt DM 936,-- (zu

---

betriebliche Vermögensanlage zudem Finanzierungsvorteile, wenn die Mittel, die dem Arbeitnehmer per Tarifvertrag ohnehin zustehen, nach wie vor im Unternehmen verbleiben.

392 Zweites Gesetz zur Förderung der Vermögensbildung der Arbeitnehmer durch Kapitalbeteiligungen (Zweites Vermögensbeteiligungsgesetz) vom 19. Dezember 1986, in: BGBl 1986 I, S. 2595 ff.

393 Das 5. VermBG ergänzte somit die betriebliche Vermögensbeteiligung um eine überbetriebliche Komponente. Vgl. dazu auch Wagner, Klaus: Renaissance der Mitarbeiterbeteiligung, in: Der Betriebs-Berater, Zeitschrift für Recht und Wirtschaft, 50. Jahrgang, Beilage 7 zu Heft 25/1995 vom 22. Juni 1995, Heidelberg, 1995, S. 1 - 12, hier S. 5.

Beginn belief sich der Betrag auf DM 624,--) betragen müssen, einmalig oder regelmäßig für die Dauer von sechs Jahren erfolgen. Das 5. VermBG unterscheidet den Sparvertrag, auf den Geldleistungen eingezahlt werden, und den Sparvertrag über Wertpapiere oder andere Vermögensbeteiligungen. Im zweiten Fall werden einmalig oder für die Laufzeit von sechs Jahren regelmäßig vermögenswirksame Leistungen beziehungsweise andere Beträge einbezahlt und jeweils zum Ende des laufenden Jahres Wertpapiere oder Beteiligungen erworben. Die 7-jährige Sperrfrist beginnt in beiden Fällen am 1. Januar des Kalenderjahres, in dem der Vertrag abgeschlossen wurde.

Des weiteren kann der Arbeitgeber direkt über einen Wertpapierkaufvertrag nach § 5 des 5. VermBG auch ohne Zwischenschaltung eines Kreditinstitutes Belegschaftsaktien oder andere Wertpapiere mit einer 6-jährigen Sperrfrist an seine Mitarbeiter ausgeben. Der Kaufpreis kann dabei entweder mit den vermögenswirksamen Leistungen verrechnet oder vom Arbeitnehmer mit anderen Mitteln bezahlt werden. Der Beteiligungsvertrag gemäß § 6 Abs. 1 des 5. VermBG ermöglicht den Erwerb von nicht verbrieften Beteiligungsrechten (im Sinne des § 2 Abs. 1 Nr. 1 Buchstabe g bis l und Abs. 4 des 5. VermBG) am arbeitgebenden Unternehmen sowie nach § 6 Abs. 2 des 5. VermBG die Begründung eines Beteiligungsvertrages mit Dritten.[394] In beiden Fällen kann der Kaufpreis mit den vermögenswirksamen Leistungen verrechnet oder vom Arbeitnehmer mit anderen Mitteln bezahlt werden.

Da Arbeitnehmer, die betriebliche Eigenkapitalbeteiligungen eingehen, je nach Modellausgestaltung dem Risiko des Arbeitsplatz- und des Kapitalverlustes unterliegen können, sieht sowohl § 2 Abs. 1 Nr. 1 Buchstabe d des 5. VermBG als auch § 19a Abs. 3 Nr. 5 EStG den Erwerb von Anteilscheinen an einem Beteiligungssondervermögen, die von einer Kapitalanlagegesellschaft ausgegeben wurden, vor. Somit kann die betriebliche Beteiligung indirekt über Kapitalanlagegesellschaften erfolgen, sofern diese stille Beteiligungen an (nicht börsennotierten) Unternehmen begründen.

Die ursprüngliche Fassung sah zunächst eine Arbeitnehmersparzulage in Höhe von 23% für „geförderte Anlagen" und in Höhe von 16% für „sonstige Anlagen" sowie weitere 10% bei drei Kindern vor. Mit dem Steuerreformgesetz 1990 vom 25. Juli 1988 respektive der Neufassung des 5. VermBG vom 19. Januar 1989 wurde, bei gleichzeitiger Erhöhung der Einkommensgrenzen auf

---

[394] Der Unterschied zwischen dem Beteiligungsvertrag und dem Beteiligungskaufvertrag nach § 7 des 5. VermBG liegt darin, daß es im zweiten Fall um den Erwerb von bereits bestehenden (nicht verbrieften) Beteiligungen handelt.

DM 27.000,-- beziehungsweise DM 54.000,--, die kinderbedingte Erhöhung der Sparzulagensätze gestrichen, der Förderungshöchstbetrag für das Bausparen auf DM 936,-- erhöht, die Sparzulage für Vermögensbeteiligungen auf 20% und der Zulagensatz für Sparbeträge nach dem Wohnungsbau-Prämiengesetz auf 10% gesenkt. Die Geldvermögensbildung über Sparkonten oder festverzinsliche Wertpapiere sowie Lebensversicherungen werden seit 1990 nicht mehr gefördert (sogenannte Nullförderung).

Zudem wurden mit der Einführung des Mißbrauchsbekämpfungs- und Steuerbereinigungsgesetz vom 21. Dezember 1993[395] die in § 13 Abs. 2 des 5. VermBG geregelten Prämiensätze für Anlagen nach § 2 Abs. 1 Nr. 1 bis 5, Abs. 2 bis 4 des 5. VermBG (Vermögensbeteiligungen, Bausparen und wohnungswirtschaftliche Aufwendungen) auf einheitlich 10% verringert und einzelne Anlagen, wie Sparverträge nach § 8 des 5. VermBG oder Kapitalversicherungsverträge nach § 9 des 5. VermBG von der Förderung ausgeschlossen.[396] Sofern die Wahlfreiheit der Anlage nach § 12 des 5. VermBG gesichert ist und der notwendige Antrag beim zuständigen Finanzamt gestellt wurde, erhalten Arbeitnehmer für die „geförderten" vermögenswirksamen Leistungen des Arbeitgebers bis maximal DM 936,-- die staatliche Sparzulage, wobei die Auszahlung - in Anlehnung an das Wohnungsbau-Prämiengesetz - erst nach Ablauf der Sperrfrist erfolgt.

Weiterhin sollte berücksichtigt werden, daß vermögenswirksame Leistungen nach § 2 Abs. 6 Satz 1 sowie Abs. 7 Satz 1 des 5. VermBG als steuerpflichtige Einnahmen und Einkommen, Verdienste oder Entgelte im Sinne der Sozialversicherung und des Arbeitsförderungsgesetzes sowie Lohn- oder Gehaltsbestandteile behandelt werden und im Sinne des 5. VermBG selbst keiner Höchst-

---

[395] Gesetz zur Bekämpfung des Mißbrauchs und zur Bereinigung des Steuerrechts (Mißbrauchsbekämpfungs- und Steuerbereinigungsgesetz - StMBG) vom 21. Dezember 1993, in: BGBl 1993 I, S. 2310 ff., hier S. 2326.

[396] Zur Entwicklung der einzelnen Prämiensätze vgl. Fünftes Gesetz zur Förderung der Vermögensbildung der Arbeitnehmer (Fünftes Vermögensbildungsgesetz - 5. VermBG) in der Fassung vom 19. Februar 1987, in: BGBl 1987 I, S. 630 ff.; Steuerreformgesetz 1990 vom 25. Juli 1988, in: BGBl 1988 I, S. 1093 ff., hier S. 1132; Fünftes Gesetz zur Förderung der Vermögensbildung der Arbeitnehmer (Fünftes Vermögensbildungsgesetz - 5. VermBG) in der Fassung vom 19. Januar 1989, in: BGBl 1989 I, S. 138 ff.; Gesetz zur Bekämpfung des Mißbrauchs und zur Bereinigung des Steuerrechts (Mißbrauchsbekämpfungs- und Steuerbereinigungsgesetz - StMBG) vom 21. Dezember 1993, in: BGBl 1993 I, S. 2310 ff., hier S. 2326.

grenze unterliegen.[397] Der Arbeitnehmer kann zudem gemäß § 11 Abs. 1 des 5. VermBG auch Teile seines Arbeitslohnes vermögenswirksam anlegen lassen. Die Gewährung der Arbeitnehmersparzulage, die weder steuerpflichtiges Einkommen noch Arbeitsentgelt im Sinne der Sozialversicherung und des Arbeitsförderungsgesetzes darstellt, ist - im Gegensatz zu der Regelung des § 19a EStG - nach § 13 Abs. 1 des 5. VermBG an die Einkommensgrenzen in Höhe von derzeit DM 27.000,-- beziehungsweise DM 54.000,-- gebunden.

Tabelle 4: Die Anspruchnahme vermögenswirksamer Leistungen im Zeitverlauf sowie die durchschnittlichen Beteiligungsbeträge je Arbeitnehmer

Jahr	Anspruch auf vermögenswirksame Leistungen in Höhe von							
	unter DM 156,-	DM 156,- bis DM 311,-	DM 312,- bis DM 467,-	DM 468,- bis DM 623,-	DM 624,- bis DM 935,-	DM 936,-	Insgesamt	Durchschnittsbetrag je Arbeitnehmer
	... je Arbeitnehmer hatten ... % der tariflich erfaßten Arbeitnehmer							DM je Jahr
1980		24	7	17	48		94	466,--
1981	1	16	13	12	53		95	480,--
1985		15	13	7	60	0	95	499,--
1990		17	12	5	54	7	95	516,--
1991		16	12	5	54	8	95	528,--
1992		16	12	4	54	9	95	531,--
1993		16	12	4	53	10	95	535,--
1994		15	13	5	52	10	95	532,--
1995		16	13	5	51	10	95	532,--
1996		17	13	5	50	10	95	525,--
	Neue Länder und Berlin-Ost							
1991		33	1		0		34	156,--
1992		50	4		1		55	168,--
1993		44	15	0	1		60	204,--
1994		45	10	0	3	0	58	205,--
1995		42	17	1	3	0	63	225,--
1996		39	18	2	2	1	62	240,--

Quelle: Tabelle 3: Entwicklung der tarifvertraglichen vermögenswirksamen Leistungen von 1974 bis 1996, in: DGB-Bundesvorstand Abteilung Wirtschafts- und Strukturpolitik (Hrsg.): Informationen zur Wirtschafts- und Strukturpolitik, 3/1998: Vermögenspolitik in Arbeitnehmerhand zwischen Abgang und Neubeginn, Düsseldorf, 1998, S. 8.

---

397 Sowohl § 2 Abs. 6 als auch Abs. 7 des 5. VermBG wurden mit dem Steuerreformgesetz 1990 vom 25. Juli 1988 neu eingeführt. Vgl. Steuerreformgesetz 1990 vom 25. Juli 1988, in: BGBl 1988 I, S. 1093 ff., hier S. 1129 f.

Wie in Tabelle 4 ersichtlich hatten seit 1980 mehr als 90% der im früheren Bundesgebiet tariflich erfaßten Arbeitnehmer Anspruch auf vermögenswirksame Leistungen, wobei der überwiegende Anteil zwischen DM 624,-- und DM 935,-- lag. Der durchschnittliche Anlagebetrag je Arbeitnehmer nahm zwischen 1980 und 1992 konstant auf einen Wert in Höhe von DM 535,-- zu und bis 1996 leicht auf einen Wert in Höhe von DM 525,-- ab. Auch in den neuen Bundesländern stieg der durchschnittliche Anlagebetrag kontinuierlich auf einen Wert von DM 240,-- je Arbeitnehmer an. Allerdings lag sowohl der Anteil der Anspruchsberechtigten als auch die Anspruchshöhe deutlich unter den Werten für das frühere Bundesgebiet.[398] Von etwa 24 Millionen Arbeitnehmern, die 1996 vermögenswirksame Leistungen erhielten, erfüllten etwa 10 Millionen die Voraussetzungen für die Arbeitnehmersparzulage. Das gesamte Anlagevolumen betrug dabei DM 17 Milliarden, das zur Hälfte von den Arbeitnehmern selbst aufgebracht wurde.[399]

Die Ausgestaltung des zweiten Vermögensbeteiligungsgesetzes zeigt deutlich, daß der Gesetzgeber über die Einschränkung der Anspruchsberechtigung auf die Arbeitnehmersparzulage das Konten- und Lebensversicherungssparen reduzieren und demgegenüber vor allem die Produktivvermögensbildung fördern wollte, wobei dadurch auch Ziele, wie die Verbesserung der Kapitalausstattung und der Investitionsmöglichkeiten sowie die Sicherung bestehender respektive Schaffung neuer Arbeitsplätze, mit gefördert werden sollten.[400] Ein weiteres Ziel

---

398 Entsprechend der Untersuchungen von Reinhard Bispinck und des WSI-Tarifarchivs wurden 1994 in Westdeutschland in 18 der 23 untersuchten Tarifbereiche vermögenswirksame Leistungen per Tarifvertrag geregelt, wohingegen in den neuen Bundesländern ledig 8 tarifliche Regelungen existierten. Vgl. Bispinck, Reinhard / WSI-Tarifarchiv: Tarifangleichung in kleinen Schritten. Eine Bilanz der Tarifrunde Ost 1994, in: Hans-Böckler-Stiftung, Mitbestimmungs-, Forschungs- und Studienförderungswerk des DGB (Hrsg.): WSI Mitteilungen. Monatszeitschrift des Wirtschafts- und Sozialwissenschaftlichen Instituts in der Hans-Böckler-Stiftung, Nr. 3/1995, 48. Jahrgang, Düsseldorf, 1995, S. 164 - 174, hier S. 168 f.

399 Vgl. Ohne Verfasser: Arbeitnehmer stärker am Unternehmererfolg beteiligen, a. a. O.,S. 6.

400 Vgl. Ohne Verfasser: Entwurf eines zweiten Gesetzes zur Förderung der Vermögensbildung der Arbeitnehmer durch Kapitalbeteiligungen (Zweites Vermögensbeteiligungsgesetz), in: Bundestags-Drucksache 10/5981, A. Zielsetzung, S. 1. Demgegenüber sehen Kritiker dieser Regelungen im 2. VermBetG eine eindeutige und beabsichtigte Diskriminierung der traditionell beliebten Sparformen sowie die Gefahr einer Risikokumulierung im Sinne des Arbeitsplatz- und des Vermögensverlustes. Vgl. Schäfer, Claus: Betriebliche Vermögensbeteiligung - Risikobeteiligung. Gesetzliche Sparförderung - Arbeitnehmer-Sparverhalten - Risikoanlagen, Düsseldorf, 1994, S. 25 ff.

der hier dargestellten Förderungsmaßnahmen ist es, finanzielle Anreize zur Vermögensbildung in Arbeitnehmerhand zu schaffen, wobei diese, wie aus Tabelle 5 ersichtlich, direkt oder indirekt zu Lasten des Staatsbudgets gehen.

Tabelle 5: Leistungen zur Vermögensbildung (in Mrd. DM)

	1987	1988	1989	1990	1991p	1992p	1993s	1997s
Prämiensparen[1]								
Wohnungsbau-Prämien[2]	1,39	0,85	0,84	0,54	0,55	0,58	0,6	0,3
Vermögensbildungsgesetz[3]								
Arbeitnehmersparzulage[4]	1,70	1,70	1,70	0,95	0,95	0,95	1,0	0,7
Arbeitgeberleistungen (netto)[5]	7,97	8,06	8,25	8,90	9,50	9,90	10,0	11,2
Überlassung von Beteiligungen an Arbeitnehmer								
Arbeitgeberleistungen (netto)[6]	0,16	0,17	0,18	0,20	0,21	0,23	0,2	0,2
Leistungen Sozialbudget	11,21	10,77	10,96	10,59	10,83	11,65	11,7	12,4
Alte Bundesländer					0,38	10,98	10,8	11,0
Neue Bundesländer						0,67	0,9	1,4

1) Im Jahr der haushaltsmäßigen Auswirkung.
2) Nach dem Wohnungsbau-Prämiengesetz; einschließlich Spar-Prämien 1987 (532 Mio. DM) und 1988 (5 Mio. DM) nach dem Spar-Prämiengesetz.
3) Fünftes Vermögensbildungsgesetz.
4) Im Jahr der Entstehung des Anspruchs (Ablauf des Jahres der Sparleistung).
5) Kleinbetriebsvergünstigung ist abgesetzt (in der Institution Steuerliche Maßnahmen enthalten).
6) Nach § 19a EStG. Die Gewinnsteuerersparnisse sind abgesetzt (in der Institution Steuerliche Maßnahmen enthalten).
p = vorläufige Zahlen; s = geschätzte Zahlen

Quelle: Übersicht 48: Leistungen zur Vermögensbildung, in: Bundesministerium für Arbeit und Sozialordnung (Hrsg.): Sozialbericht 1993, Bonn, 1994, S. 223.

Die Regelungen des § 19a EStG

Wie bereits dargestellt, setzte der Gesetzgeber mit der Verabschiedung des Vermögensbeteiligungsgesetzes deutliche Akzente auf das Sparen in Produktivkapital, ausgestattet mit der Chance auf Gewinn und dem Risiko von Verlusten. Sofern das arbeitgebende Unternehmen ihren Mitarbeitern im Rahmen des bestehenden Arbeitsverhältnisses unentgeltliche oder verbilligte Kapitalbeteiligungen beziehungsweise Darlehensforderungen, das heißt Vermögensbeteiligung im Sinne des § 19a Abs. 3 Satz 1 bis 11 EStG sowie § 19a Abs. 3a EStG gewährt, entfällt nach § 19a Abs. 1 EStG für die Hälfte des gemeinen Wertes dieser Beteiligung, maximal jedoch für DM 300,--, die Lohnsteuer- und Sozialversicherungspflicht.[401] Diese steuerliche Vergünstigung kann jedoch nur in Anspruch genommen werden, wenn die überlassene Beteiligung einer Sperrfrist von 6 Jahren unterliegt und der Arbeitnehmer nicht innerhalb dieser Frist via Rückzahlung, Veräußerung, Abtretung, Beleihung oder Ähnlichem darüber verfügen kann.[402] Aus Sicht des arbeitgebenden Unternehmens liegt ein entscheidender Vorteil der Regelungen des § 19a EStG in der Tatsache, daß die Überlassung der Sachbezüge respektive der Vermögensbildungsbeiträge an keine Einkommensgrenzen gebunden ist und folglich auch Mitarbeitern, die keine vermögenswirksamen Leistungen erhalten, den „umfassenden" Vorteil einer verbilligten oder kostenlosen Beteiligung gewährt werden kann. Zudem ermöglicht die Steuer- und Sozialabgabenbefreiung, daß die Beteiligung ihre begünstigten Mitarbeiter in voller Höhe erreicht und sich die Belastung seitens des Unternehmens zu 100% als Vorteil seitens des Arbeitnehmers erweist. Vertreter einzelner Verbände, wie beispielsweise der Arbeitsgemeinschaft zur Förderung der Partnerschaft in der Wirtschaft e. V. (AGP), des Bundes Katholischer Unternehmer (BKU) oder der Deutschen Bischofskonferenz, plädieren daher für die Erhöhung des Freibetrages, da sie die Errichtung - entsprechend den Ausführungen des AGP - „eine neue produktive Unternehmenskultur" fördere.[403] Aus verteilungspolitischen Gesichtspunkten kann jedoch entgegnet werden, daß insbesondere Mitarbeiter mit höheren Einkommen, auf Grund der Einkommensteuerprogression, gegenüber anderen Mitarbeitern bevorzugt werden.[404]

---

[401] Der Höchstbetrag wurde mit Wirkung vom 1. Januar 1994 durch das Mißbrauchsbekämpfungs- und Steuerbereinigungsgesetz vom 21. Dezember 1993 von DM 500,-- auf DM 300,-- reduziert.

[402] Mit der vorzeitigen Verfügung entfällt gemäß § 19a Abs. 2 Satz 2 EStG die Lohnsteuer- und Sozialabgabenbefreiung, wobei dann das arbeitgebende Unternehmen als sogenannter Haftungsschuldner nach § 19a Abs. 2 Satz 3 EStG zur Nachversteuerung verpflichtet ist.

[403] Zu den Stellungnahmen einzelner Verbände im Rahmen der öffentlichen Anhörung zum Gesetzesentwurf des 3. VermBetG vgl. Ausschuß für Arbeit und Sozialordnung (11. Ausschuß): Beschlußempfehlung und Bericht, a. a. O., S. 6.

[404] Vgl. ebenso Althammer, Jörg: Die Rolle der Vermögenspolitik im Rahmen einer Sozialreform, in: Alfred Ott / Heinrich Stecker / Heinz Lampert u. a. (Hrsg.): Jahrbücher für Nationalökonomie und Statistik, Band 216/4+5, Stuttgart, 1997, S. 595 - 617, hier S. 605 und S. 613.

Abbildung 10: Anlageformen des 5. VermBG

Sparvertrag über Wertpapiere und andere Vermögensbeteiligungen mit einem **Kreditinstitut** nach § 4 des 5. VermBG AN-Sparzulage 10%	Verträge zwischen dem Arbeitnehmer und dem **Arbeitgeber** nach §§ 5 - 7 des 5. VermBG AN-Sparzulage 10%

- ❑ Sparbeiträge zum Erwerb von Wertpapieren
- ❑ Sparbeiträge zur Begründung von Rechten
- ❑ Sparbeiträge zum Erwerb von Rechten

- ❒ Wertpapier-Kaufvertrag nach § 5
- ❒ Beteiligungs-Vertrag nach § 6
- ❒ Beteiligungs-Kaufvertrag nach § 7

Bausparen AN-Sparzulage 10%	Geldvermögens-bildung und anderes AN-Sparzulage 0%

- ❒ Verträge gemäß Wohnungsbau-Prämiengesetz (Bausparverträge nach § 2 Abs. 1 Nr. 4)
- ❒ Unmittelbare wohnungswirtschaftliche Aufwendungen (§ 2 Abs. 1 Nr. 5)

- ❒ Kontensparverträge nach § 8
- ❒ Kapitalversicherungsverträge nach § 9
- ❒ Sonstiges nach § 2 Abs. 1 Nr. 8

Die Neuregelungen des 3. Vermögensbeteiligungsgesetzes

Auch künftig sind Änderungen im Zusammenhang mit der Vermögensbildung geplant. Beispielsweise soll mit der Neuregelung des 3. Vermögensbeteiligungsgesetzes, das am 1. Januar 1999 in Kraft treten wird, neben der üblichen Sparförderung ein deutlicher Akzent auf die Produktivvermögensbildung seitens der Arbeitnehmer gesetzt werden, wobei lediglich eine Änderung des

5. VermBG vorgesehen ist. Zum Jahreswechsel sollen folgende Änderungen in Kraft treten:[405]

- Die Einkommensgrenzen werden von DM 27.000,-- für Alleinstehende und DM 54.000,-- für Verheiratete auf DM 35.000,-- beziehungsweise DM 70.000,-- zu versteuerndes Einkommen angehoben.[406]
- Die Arbeitnehmersparzulage in Höhe von 10% für Bausparverträge und Beteiligungen wird ab 1999 in zwei unabhängige Zulagen untergliedert, die nebeneinander in Anspruch genommen werden können: Bausparverträge bis DM 936,-- werden weiterhin mit 10% und somit mit DM 93,60 gefördert. Zudem werden in Westdeutschland künftig Beteiligungen bis DM 800,-- mit einer staatlichen Sparzulage in Höhe von 20% (in den neuen Bundesländern 25%) unterstützt. Ein westdeutscher Arbeitnehmer, der die Anspruchsvoraussetzungen erfüllt, kann dementsprechend mit bis zu DM 253,60 (statt bisher DM 93,60) staatlichen Sparprämien rechnen.
- Die im Vermögensbildungsgesetz vorgeschriebene Wahlfreiheit bezüglich der Anlageformen bleibt grundsätzlich bestehen, wobei eine Einschränkung gemacht werden sollte: Per Tarifvertrag können jene Vermögensanlagen ausgeschlossen werden, bei denen keine Arbeitnehmersparzulage gewährt wird.[407]

Hier zeigt sich deutlich, daß der Gesetzgeber auch im Rahmen der Ausgestaltung des 3. Vermögensbeteiligungsgesetzes die Wahlfreiheit der Anlage, als entscheidendes Merkmal der Eigentumsordnung im Sinne des Art. 14 GG und der Vereinigungsfreiheit im Sinne des Art. 9 Abs. 1 GG, garantiert.[408]

---

405 Zu den künftigen Änderungen des 5. VermBG vgl. Ohne Verfasser: Arbeitnehmer stärker am Unternehmererfolg beteiligen, a. a. O., S. 6.

406 Dies entspricht derzeit einem jährlichen Bruttoeinkommen von etwa DM 41.000,-- für Alleinstehende beziehungsweise DM 80.000,-- für Verheiratete ohne Kinder.

407 Grundsätzlich können vermögenswirksame Leistungen per Betriebs-, oder Einzelvereinbarung und per Tarifvertrag geregelt werden, wobei dem Arbeitnehmer immer das eigenverantwortliche Wahlrecht der Anlageform eingeräumt werden muß. Mit der Einschränkung des künftigen Vermögensbeteiligungsgesetzes soll die Anlage in (Unternehmens-) Beteiligungen stärker gefördert werden.

408 Vgl. dazu auch Rexrodt, Günter: Rede anläßlich der Einbringung des Gesetzentwurfes der Koalitionsfraktion zur Vermögensbildung (Drittes Vermögensbeteiligungsgesetz) am 4. März 1998 im BT-Plenum, Internetveröffentlichung, S. 2. Nach dem Prinzip der negativen

Abschließend soll das 5. VermBG beziehungsweise die zum 1. Januar 1999 vorgesehenen Änderungen an Hand einzelner Beispiele kurz dargestellt werden. Um die Arbeitnehmersparzulage in Anspruch nehmen zu können, soll in allen Fällen das Einkommen eines westdeutschen Arbeitnehmers unter der in diesem Gesetz festgelegten Einkommensgrenze liegen und der Sparbetrag in „geförderte Anlagen" investiert werden. Weiterhin werden folgende Annahmen getroffen:

- In **Fall 1** hat der Arbeitnehmer keinen Anspruch auf vermögenswirksame Leistungen des Arbeitgebers, da diesbezüglich keine tarifvertraglichen, betrieblichen oder individuellen Vereinbarungen getroffen wurden. Gemäß dem VermBG hat der Arbeitnehmer jedoch die Möglichkeit, Teile seines Lohnes vom Arbeitgeber vermögenswirksam anlegen zu lassen. Der Arbeitnehmer möchte monatlich DM 100,-- sparen.

Nach den bisherigen Regelungen des 5. VermBG wird bis zu einem Höchstbetrag in Höhe von DM 936,-- die Arbeitnehmersparzulage gewährt, das heißt DM 264,-- können nicht mehr gefördert werden. Sofern er seine vermögenswirksamen Leistungen in Form eines Bausparvertrages oder einer Beteiligung anlegt, erhält er derzeitig eine staatliche Förderung in Höhe von DM 93,60. Demgegenüber hat der Arbeitnehmer mit der künftigen Regelung die Möglichkeit unverändert bis zu DM 936,-- in Bausparverträgen und zusätzlich bis zu DM 800,-- in Beteiligungen anzulegen, wobei die zusätzliche Arbeitnehmersparzulage bei Beteiligungen 20% beträgt. Bei einer Sparsumme von DM 1.200,-- beträgt die maximale Förderung demnach DM 186,40.

- Zu seinem tarifvertraglichen Anspruch auf vermögenswirksame Leistungen in Höhe von DM 936,-- spart der Arbeitnehmer in **Fall 2** weitere DM 1.200,--.

Nach der bisherigen Regelung des 5. VermBG kann der Arbeitnehmer maximal DM 93,60 an staatlicher Förderung erhalten, sofern er die im Gesetz angeführten zulagenbegünstigten Anlageformen wählt. Mit der neuen Regelung hingegen erhöht sich der Förderbetrag auf DM 253,60. Dabei soll exemplarisch fol-

Vereinigungsfreiheit kann der Mitarbeiter nicht gezwungen werden, Mitglied eines Vereines oder einer Gesellschaft zu werden. Des weiteren basiert die Mitarbeiterkapitalbeteiligung auf einem zweiseitigen Rechtsverhältnis, die der Zustimmung beider Vertragsparteien respektive der Mitgesellschafter bedarf. Vgl. Hettlage, Manfred: Mitarbeiter-Beteiligung durch Betriebsvereinbarung, Tarifvertrag oder Gesetz, in: Hans J. Schneider (Hrsg.): Handbuch der Mitarbeiter-Kapitalbeteiligung, a. a. O., S. 188 - 198, hier S. 196 f. sowie Friauf, Karl Heinrich / Wendt, Rudolf: Eigentum am Unternehmen, a. a. O., S. 87 ff.

gender Anlage-Split vorgenommen werden: Der Mitarbeiter legt DM 800,-- in Form einer Beteiligung, DM 936,-- in Bausparen und DM 400,-- in sonstige, nicht zulagenbegünstigte Anlageformen (Lebensversicherungen oder Kontensparen) an. Der Ausschuß für Arbeit und Sozialordnung des Bundestages (13. Wahlperiode) untergliedert die voraussichtlichen Kosten dieser Gesetzesänderung zum einen in Vollzugsaufwand[409], dessen exakte Höhe derzeit ungewiß ist, und zum anderen in Haushaltswirkungen, deren finanzieller Aufwand der Gebietskörperschaften wie folgt beziffert wird:[410]

Tabelle 6: Steuermehr- und -mindereinnahmen bei Annahme des 3. Vermögensbeteiligungsgesetzes (in Mio. DM)

	Entstehungsjahr	**Rechnungsjahr[1)]**			
		1999	2000	2001	2002
Insgesamt	-1.130,--	-	-50,--	-100,--	-150,--
Bund	-480,--	-	-21,--	-43,--	-64,--
Länder	-480,--	-	-21,--	-43,--	-64,--
Gemeinden	-170,--	-	-8,--	-15,--	-23,--

1) Durch die Auszahlung der Sparzulagen nach Ablauf der 6- beziehungsweise 7-jährigen Sperrfrist wird der größte Teil der Steuermindereinnahmen erst ab dem Jahr 2006 kassenwirksam (2006: -2.120 Mio. DM / 2007: -1.240 Mio. DM).

Quelle: Ausschuß für Arbeit und Sozialordnung (11. Ausschuß): Beschlußempfehlung und Bericht, in: Deutscher Bundestag - 13. Wahlperiode (Hrsg.): Drucksache 13/10527, Bonn, 1998, S. 2.

Trotz aller vergangenen aber auch derzeit geplanten Bemühungen des Gesetzgebers, die Vermögensdisparitäten zu verringern, wird im weiteren Verlauf dieses Kapitels zu sehen sein, daß die in der Vergangenheit praktizierte Vermögenspolitik ihren Zielen nicht vollständig gerecht werden konnte. Die Zuwächse des Gesamtvermögens und die nach wie vor bestehende Ungleichverteilung einzelner Vermögenswerte - vor allem des Produktivvermögens - untermauern die Forderungen nach neuen Konzepten, um eben diese Disparitäten zu beseitigen.

---

409 Die Verwaltungskosten werden insofern steigen, als daß die Zahl der Sparzulagenberechtigten und der beteiligungsbereiten Unternehmen zunimmt sowie unterschiedliche Fördersätze und Höchstbeträge eingeführt werden, wobei dem Ausschuß für Arbeit und Sozialordnung keine exakten Berechnungen vorliegen.

410 Ausschuß für Arbeit und Sozialordnung (11. Ausschuß): Beschlußempfehlung und Bericht, a. a. O., S. 2.

5.4 Die Vermögensverteilung in der Bundesrepublik Deutschland an Hand ausgewählter Beispiele

Eine sachliche Diskussion bezüglich verteilungspolitischer Maßnahmen bedarf einer statistischen Grundlage, um die aktuelle Verteilungssituation zu beurteilen, Schwächen aufzuzeigen und adäquate Lösungswege zu erarbeiten.[411] Inwieweit in der Bundesrepublik Deutschland das Ziel einer breiten Streuung des Vermögens im allgemeinen und des Produktivvermögens im besonderen verwirklicht wurde, steht nachfolgend im Zentrum der statistischen Betrachtung, wobei allerdings nicht übersehen werden sollte, daß die Auswahl einzelner Vermögensbestände und die Zugrundelegung bestimmter Prämissen, wie Maßgrößen und Primärstatistiken, das Verteilungsergebnis deutlich beeinflussen können.[412] Als Grundlage werden dabei meist die Erhebungen des statistischen Bundesamtes herangezogen, die durch weitere Quellen ergänzt werden sollen. Die Einkommens- und Verbrauchsstichprobe, die nach dem Gesetz über die Statistik der Wirtschaftsrechnungen privater Haushalte[413] in fünfjährigen Abständen vom statistischen Bundesamt durchgeführt wird, betrachtet die Einkommensverteilung und -verwendung privater Haushalte in der Bundesrepublik Deutschland. Allerdings erfaßt beispielsweise die 1993 erhobene Befragung weder Haushalte, die über ein monatliches Nettoeinkommen von DM 35.000,-- oder mehr verfügen noch private Organisationen ohne Erwerbszweck und nur bedingt Haushalte ausländischer Mitbürger, da die geplante Quote von 4.000 Haushalte ausländischer Mitbürger nicht erreicht werden konnte. Diese Ausgrenzung beziehungsweise Unterrepräsentation ist insofern problematisch, als

---

[411] Vgl. Kitterer, Wolfgang: Zielsetzungen und Probleme empirischer Verteilungsrechnungen, in: Helmut Lindner (Hrsg.): Aussagefähigkeit von Einkommensverteilungsrechnungen für die Bundesrepublik Deutschland. Gutachten im Auftrag des Bundesministeriums für Wirtschaft, Tübingen, 1986, S. 1 - 103, hier S. 1 f. und Lampert, Heinz: Lehrbuch der Sozialpolitik, a. a. O., S. 7 ff.

[412] Auch Bernhard Külp weist auf die Problematik hin, daß eine mangelhafte Datenbasis und unzureichende Statistiken die Situation falsch oder unzureichend darstellen können. Vgl. Külp, Bernhard: Verteilung - Theorie und Politik, a. a. O., S. 12.

[413] Vgl. Gesetz über die Statistik der Wirtschaftsrechnungen privater Haushalte vom 11. Januar 1961, in: BGBl 1961 I, S. 18 sowie die Änderungen durch das Gesetz zur Änderung des Gesetzes über die Statistik der Wirtschaftsrechnungen privater Haushalte vom 19. Januar 1968, in: BGBl 1968 I, S. 97, zuletzt geändert durch den Artikel 10 des Gesetzes vom 14. März 1980 (Erstes Gesetz zur Änderung statistischer Rechtsvorschriften - 1. Statistikbereinigungsgesetz vom 14. März 1980, in: BGBl 1980 I, S. 294, hier S. 299) in Verbindung mit dem Gesetz über die Statistik für Bundeszwecke (Bundesstatistikgesetz - BStatG) vom 22. Januar 1987, in: BGBl 1987 I, S. 462 und S. 565.

daß lediglich die Verteilung bis zu einem gegebenen Einkommensniveau betrachtet werden kann und zudem die Vernachlässigung ausländischer Haushalte das Ergebnis verzerrt, da ihr Anteil an der Gesamtbevölkerung im Jahr 1993 circa 8,5% betrug.[414] Die Ergebnisse der Einkommens- und Verbrauchsstichprobe sind demnach mit Einschränkungen für die Mehrzahl der Haushalte in der Bundesrepublik Deutschland repräsentativ, wobei die ermittelten Durchschnittswerte, insbesondere die (durchschnittlichen) Vermögenswerte jedoch zu niedrig sein dürften. Zudem liefern die volkswirtschaftliche Gesamtrechnung (VGR) und die Steuerstatistiken des statistischen Bundesamtes wichtige Daten, da sie auch höhere Einkommen differenziert betrachten. Dabei sollte allerdings auch die Tatsache beachtet werden, daß die Berechnungen für das verfügbare Nettoeinkommen der privaten Haushalte entsprechend der VGR von den Ergebnissen der Einkommens- und Verbrauchsstichprobe abweichen.[415]

Neben der Betrachtung der Einkommens- und Vermögensverteilung ist es allerdings auch notwendig, die Veränderung der Beschäftigungsstruktur in die Untersuchung einzubeziehen, da die Einkommensquote nur einen - wenn auch sehr zentralen - Aspekt zur Beurteilung der Verteilungssituation liefert. Eine

---

414 Vgl. Tabelle 2.1 „Bevölkerung und Privathaushalte“, in: Bundesministerium für Arbeit und Sozialordnung (Hrsg.): Statistisches Taschenbuch 1995 - Arbeits- und Sozialstatistik, Bonn, 1995 (eigene Berechnung).

415 Als Erklärung dafür können die oben angeführten Ausgrenzungen der Einkommens- und Verbrauchsstichprobe, die unterschiedliche Berechnung der nicht entnommenen Gewinne und die Tatsache, daß es sich bei der Einkommens- und Verbrauchsstichprobe um eine freiwillige Erhebung handelt, angeführt werden. Ein weiteres Problem liegt darin, daß Einkommen- und Vermögensteuerstatistiken lediglich das Einkommen und Vermögen erfassen, das beim Finanzamt deklariert wird. Ein Vergleich zwischen einzelnen Statistiken verdeutlicht diese Unterschiede: Für das Jahr 1993 wies die Deutsche Bundesbank ein Geldvermögen aller privaten Haushalte (einschließlich privater Organisationen ohne Erwerbszweck) in Höhe von 3,51 Billionen DM aus, wohingegen die Einkommens- und Verbrauchsstichprobe gleichzeitig ein Geldvermögen von 1,96 Billionen DM erfaßte. Vgl. Guttmann, Edeltraud: Geldvermögen und Schulden privater Haushalte Ende 1993, in: Statistisches Bundesamt (Hrsg.): Wirtschaft und Statistik, 5/1995, Wiesbaden, 1995, S. 391 - 399, hier S. 392. So definiert beispielsweise Ernst-Ulrich Huster unter Bezugnahme der Armutsgrenze entsprechend der EU-Vorstellungen die „Reichtumsgrenze“ eines Haushaltes in Westdeutschland für das Jahr 1988 bei einem verfügbaren Durchschnittseinkommen in Höhe von DM 7.850,-- beziehungsweise DM 8.048,--. Die unterschiedlichen Werte hängen dabei von der jeweiligen Datenbasis - Einkommens- und Verbrauchsstichprobe oder Berechnungen des DIW's ab. Vgl. Huster, Ernst-Ulrich: Einkommensverteilung und hohe Einkommen in Deutschland, in: ders. (Hrsg.): Reichtum in Deutschland, Frankfurt am Main, New York, 1993, S. 22 - 53, hier S. 41.

Vielzahl vermögens- und verteilungspolitischer Konzepte sind dahingehend ausgerichtet, daß die Konsum- und Sparneigung sozialer Gruppen im allgemeinen und vermögensarmer Haushalte im besonderen beeinflußt werden sollte. Inwieweit in der Bundesrepublik Deutschland die Präferenz zur Vermögensbildung seitens der Arbeitnehmer ausgeprägt ist, soll an Hand der Entwicklung der Löhne, Gehälter und Sparquoten betrachtet werden. Abschließend erfolgt eine Darstellung der Entwicklung einzelner Vermögenseinkommensarten seit 1970.

Das Volksvermögen in der Bundesrepublik Deutschland von 1960 bis 1995

Für die Beurteilung vermögenspolitischer Maßnahmen ist die Entwicklung des reproduzierbaren Vermögens von zentraler Bedeutung, da eine umfassende Vermögenspolitik nicht die Umverteilung des vorhandenen, sondern vielmehr die Verbesserung der Chancen zum Erwerb beziehungsweise zur Verteilung des neu gebildeten Vermögens oder, wie Oswald von Nell-Breuning es ausdrückte, die Begründung einer Gesellschafts- und Betriebsstruktur, die „nicht vom Eigentum her, sondern auf Eigentum hin aufgebaut“[416] ist, betrachten sollte. Ausgehend von diesen Prämissen steht die Umverteilung dieser Vermögenszuwächse und die Verbesserung deren Erwerbschancen im Vordergrund.

Wie Tabelle 7 verdeutlicht, weist das reproduzierbare Sachvermögen, gegliedert in Ausrüstungen, Wohnungen, Hoch- und Tiefbauten sowie Vorratsbestände, enorme Steigerungsraten auf. Seit 1970 hat sich das reproduzierbare Bruttosachvermögen, bewertet zu den Preisen von 1991, mehr als verdoppelt. Wenn man das Nettosachvermögen zu Wiederbeschaffungspreisen betrachtet, läßt sich sogar eine Steigerung von über 560% feststellen. Dies zeigt, daß das Sachvermögen für die Vermögenspolitik in doppelter Hinsicht von Bedeutung ist: Es weist zum einen den größten Anteil am Gesamtvermögen und zum anderen sehr hohe Zuwachsraten auf. Der Verteilung dieser Zuwächse kommt große Bedeutung zu, da eine Verbesserung der Position Vermögensloser möglich ist, ohne bestehende, im Grundgesetz garantierte Eigentumsrechte anzugreifen und eine Politik, die sich an der Umverteilung des neu entstehenden Vermögens orientiert, dementsprechend über ein beträchtliches Potential verfügt.[417]

---

416 Nell-Breuning, Oswald von: Eigentumsbildung in Arbeitnehmerhand, a. a. O., S. 42.

417 Vgl. ebenso Scheuner, Ulrich: Die überbetriebliche Ertragsbeteiligung der Arbeitnehmer und die Verfassungsordnung, Stuttgart, Köln, Berlin, Mainz, 1972, S. 16; May, Hermann: Die Kapitalbeteiligungsgesellschaft als Instrument zur Realisierung des Investivlohns, Baden-Baden, 1974, S. 13; Krauter, Hans-Joachim: Die betriebliche Gewinn- und Kapitalbeteiligung der Arbeitnehmer: Eine kreislauf- und nutzentheoretische Analyse, Spardorf,

Tabelle 7: Die Entwicklung des Volksvermögens (in Mrd. DM)

	1970	1980	1990	1992	1995
Reproduzierbares Sachvermögen					
1.1 zu Wiederbeschaffungspreisen[a)]	1.636,11	4.252,16	6.934,65	8.157,07	9.230,15
1.2 in Preisen von 1991[b)]	6.584,88	9.892,21	12.735,07	13.844,82	14.439,88
Ausrüstungen	1.230,93	1.853,81	2.324,99	2.535,37	2.711,49
Wohnungen	2.621,79	3.806,50	4.916,78	5.159,20	5.555,12
Hoch- und Tiefbauten	2.438,69	3.779,17	5.005,88	5.268,19	5.638,00
Vorratsbestände	293,47	452,73	487,42	519,60	535,27
2. Nettoauslandsforderungen[c)]	59,28	63,85	522,19	466,15	260,48

Quellen: a) Nettosachvermögen zu Wiederbeschaffungspreisen nach Vermögensarten, in: Statistisches Bundesamt (Hrsg.): Statistisches Jahrbuch 1997 für die BRD, Wiesbaden, 1997, S. 688; b) Bruttosachvermögen in Preisen von 1991 nach Vermögensarten, in: Statistisches Bundesamt (Hrsg.): Statistisches Jahrbuch 1997 für die Bundesrepublik Deutschland, a. a. O., S. 688; c) Vermögensstatus der Bundesrepublik Deutschland gegenüber dem Ausland, in: Statistisches Bundesamt (Hrsg.): Statistisches Jahrbuch 1997 für die Bundesrepublik Deutschland, a. a. O., S. 707 f.

Auch eine Analyse der Vermögensstruktur wäre an Hand der Tabelle 7 denkbar. Da dies allerdings zu weit führen würde, soll hier nur insofern darauf eingegangen werden, als daß beispielsweise im Jahr 1995 der Anteil der Wohnbauten 38,5% und unter Einbeziehung der Hoch- und Tiefbauten ihr Anteil 77,5% des reproduzierbaren Nettosachvermögens betrug. Dies ist ein deutliches Indiz dafür, daß private Haushalte, soweit sie die Möglichkeit dazu haben, versuchen, ihre Ersparnisse verstärkt in Wohneigentum anzulegen.[418] Zudem konzentrierten sich staatliche Maßnahmen in der Vergangenheit überwiegend auf die Förderung des Wohnungsbaus. Erst seit Anfang der 80er Jahre legte der Gesetzgeber deutliche Akzente auf die Förderung des Produktivvermögens.

1985, S. 9. Auch die umfangreichen Untersuchungen von Gerhard Opitz basieren auf der Annahme, nicht die bestehenden Vermögensbestände, sondern vielmehr die Vermögenszuwächse umzuverteilen. Vgl. Opitz, Gerhard: Erfolgsbeteiligungssysteme und gesamtwirtschaftliches Gleichgewicht, a. a. O., S. 55.

418 Der deutliche Anstieg in der Zahl der neu abgeschlossenen Bausparverträge im Jahr 1996 (circa 30%) verdeutlicht, daß zum einen die Präferenz für Wohneigentum nach wie vor vorhanden ist und zum anderen die Erhöhung der Einkommensgrenzen der Sparförderung die gewünschten Erfolge aufweisen. Vgl. Ohne Verfasser: Geldvermögen und Vermögenseinkommen der privaten Haushalte 1996, in: Deutsches Institut für Wirtschaftsforschung (Hrsg.): Wochenbericht 31/97, 64. Jahrgang, Berlin, 1997, S. 540 - 547, hier S. 542.

Abbildung 11: Die Entwicklung des Geldvermögens und der Verpflichtungen sowie einzelner Vermögensarten der privaten Haushalte von 1980 bis 1996

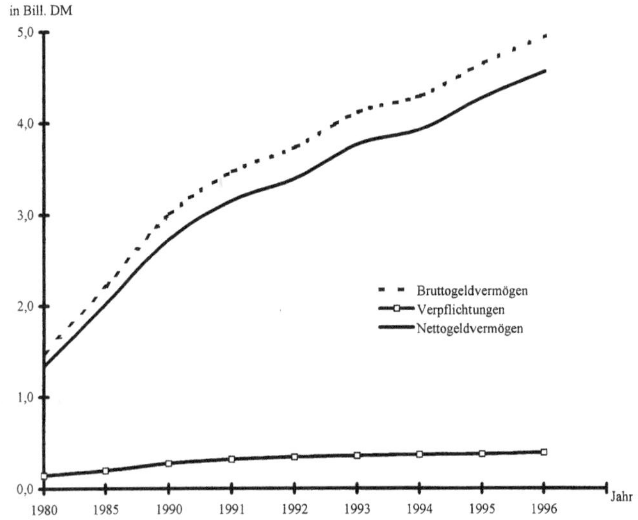

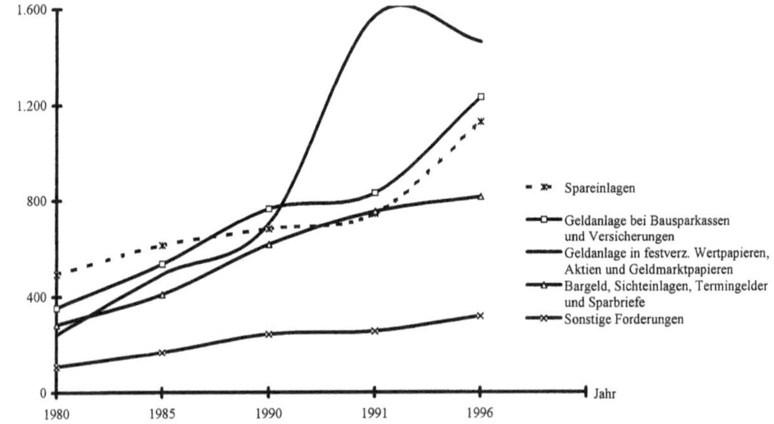

Quelle: Basisdaten: Ohne Verfasser: Geldvermögen und Vermögenseinkommen der privaten Haushalte 1996, hier: Tabelle 3: Geldvermögen der privaten Haushalte (Einschließlich der privaten Organisationen ohne Erwerbszweck. 1980 bis 1990 früheres Bundesgebiet, ab 1991 Deutschland), in: Deutsches Institut für Wirtschaftsforschung (Hrsg.): Wochenbericht 31/97, 64. Jahrgang, Berlin, 1997, S. 540 - 547, hier S. 543.

Abbildung 11 verdeutlicht, daß der gesamte Geldvermögensbestand der privaten Haushalte auf nahezu 5 Billionen DM angestiegen ist, wobei die Geldanlage in festverzinslichen Wertpapieren, Aktien und Geldmarktpapieren sowie die Anlage bei Bausparkassen und Versicherungen aber auch Spareinlagen im Jahr 1996 dominieren. Bezogen auf die Gesamtzahl aller Haushalte in der Bundesrepublik Deutschland würde dies im Jahr 1996 theoretisch ein Geldvermögensbestand von nahezu DM 133.000,-- entsprechen, wobei die Streuung respektive die Verteilung der Geldvermögensbestände erst im weiteren Verlauf dieses Kapitels untersucht wird.[419]

Die Entwicklung der Einkommen des privaten Sektors zwischen 1970 und 1997

Da eine Wechselbeziehung zwischen der Einkommens- und Vermögensverteilung vermutet werden kann, liegt die Betrachtung einzelner Einkommenskategorien, gegliedert in Einkommen aus unselbständiger Tätigkeit, Unternehmertätigkeit und Vermögen nahe.[420] Relativ problemlos lassen sich die Einkommen aus unselbständiger Tätigkeit ermitteln, da sie direkt den Tabellen des statistischen Bundesamtes entnommen werden können. Die Einkommen aus Unternehmertätigkeit beinhalten neben den Mieteinnahmen vor allem Gewinne aus Unternehmen ohne eigene Rechtspersönlichkeit, die dem privaten Sektor zufließen. Unter den Begriff Vermögenseinkommen fallen Einkommen in Form von Zinsen, Pachten, Dividenden sowie Einnahmen aus Rechten, Patenten und Lizenzen. Wertsteigerungen einzelner Vermögensbestände werden dabei ausgegrenzt, so daß sich der Einkommensbegriff nicht vollständig mit dem Konzept des Reinvermögenszuwachses, sondern eher mit dem Konzept der Quellentheorie im Sinne eines permanenten Einkommens aus selbständiger und unselbständiger Tätigkeit sowie aus Vermögen deckt. Weiterhin sollte betont werden, daß im Rahmen dieser Arbeit auch Organisationen ohne Erwerbszweck dem privaten Sektor zugeordnet werden.

---

[419] Ohne Verfasser: Geldvermögen und Vermögenseinkommen der privaten Haushalte 1996, hier: Tabelle 2: Geldvermögensbildung der privaten Haushalte und Tabelle 3: Geldvermögen der privaten Haushalte (Einschließlich der privaten Organisationen ohne Erwerbszweck. 1980 bis 1990 früheres Bundesgebiet, ab 1991 Deutschland), a. a. O., hier S. 543.

[420] Zur Einkommensentwicklung vgl. Ohne Verfasser: Das Einkommen sozialer Haushaltsgruppen in der Bundesrepublik Deutschland 1988, in: Deutsches Institut für Wirtschaftsforschung (Hrsg.): Wochenbericht 22/90, 57. Jahrgang, Berlin, 1990, S. 304 - 313.

Tabelle 8: Die Einkommensentwicklung im Zeitraum von 1970 - 1997

Jahr	Einkommen aus unselbständiger Tätigkeit in Mrd. DM	1970 = 100	Einkommen aus Unternehmer-tätigkeit in Mrd. DM	1970 = 100	Einkommen aus Vermögen in Mrd. DM	1970 = 100	gesamte Erwerbs- und Vermögens-einkommen in Mrd. DM	1970 = 100	Verfügbares Einkommen der privaten Haushalte in Mrd. DM	1970 = 100
1970	360,64	100,00	131,39	100,00	23,38	100,00	515,95	100,00	446,20	100,00
1980	863,88	239,54	177,84	135,35	72,96	312,06	1.114,68	216,04	921,94	206,62
1985	1.026,41	284,61	229,52	174,69	109,41	467,96	1.365,34	264,63	1.119,93	250,99
1990	1.317,10	365,21	369,01	280,85	152,36	651,67	1.838,47	356,33	1.532,19	343,39
1991	1.422,10	394,33	381,28	290,19	175,52	750,73	1.978,90	383,54	1.609,62	360,74
1992	1.515,78	420,30	375,29	285,63	191,61	819,55	2.082,68	403,66	1.676,28	375,68
1993	1.529,76	424,18	348,61	265,32	194,60	832,34	2.072,97	401,78	1.681,08	376,75
1994	1.554,73	431,10	/	/	/	/	/	/	/	/
					Deutschland					
1991	1.611,64	446,88	451,08	343,31	180,95	773,95	2.243,67	434,86	1.871,29	419,38
1992	1.741,22	482,81	476,13	362,38	205,01	876,95	2.422,36	469,50	2.014,00	451,37
1993	1.777,89	492,98	483,80	368,22	212,35	908,25	2.474,04	479,51	2.083,87	467,03
1994	1.822,73	505,42	534,38	406,71	219,89	940,50	2.577,00	499,47	2.156,80	483,37
1995	1.882,39	521,96	579,17	440,80	214,57	1.033,23	2.676,13	518,68	2.231,70	500,16
1996	1.900,35	526,94	619,96	471,85	212,86	910,44	2.733,17	529,74	2.309,15	517,51
1997*	900,40						1.342,11		1.149,41	

* = 1. Halbjahr, ab 1995 vorläufige Ergebnisse

Quelle: Tabelle 33*: Einkommen und Einkommensverwendung der privaten Haushalte (Einschließlich privater Organisationen ohne Erwerbszweck) in Mrd. DM, in: Sachverständigenrat zur Begutachtung der gesamtwirtschaftlichen Entwicklung (Hrsg.): Wachstum, Beschäftigung, Währungsunion - Orientierung für die Zukunft, Jahresgutachten 1997/98, Stuttgart, 1997, S. 336 (eigene Darstellung).

Im Untersuchungszeitraum haben sich die gesamten Einkommen aus Erwerbs- und Vermögenseinkommen etwa verfünffacht. Dabei lagen die Einkommen aus Vermögen mit 910% weit über dem Durchschnitt, die Einkommen der Arbeitnehmer mit 527% im Durchschnitt, wohingegen die Einkommen aus Unternehmertätigkeit eine relativ unterproportionale Steigerung aufweisen. Dies legt die Schlußfolgerung nahe, daß Arbeitnehmer stärker von der Einkommensentwicklung profitierten als Selbständige. Berechnungen des Instituts der Deutschen Wirtschaft zufolge sank jedoch in der Zeit von 1960 bis 1990 der Anteil der Selbständigen von 12,6 auf 8,8% und stiegen dann auf 10,0% im Jahr 1996, womit diese geringeren Wachstumsraten zum Teil erklärt werden können.[421] Eine Steigerung der Einkommen aus unselbständiger Tätigkeit muß demnach nicht zwangsläufig mit einer Verbesserung der Realposition der Arbeitnehmer

---

421 Vgl. Institut der Deutschen Wirtschaft (Hrsg.): Zahlen zur wirtschaftlichen Entwicklung der Bundesrepublik Deutschland, Köln, 1998, Tabelle 17.

einhergehen und Aussagen bezüglich der Entwicklung einzelner Einkommenskategorien sollten unter Berücksichtigung des Datenmaterials differenziert betrachtet werden. Auch Bernhard Külp weist auf diesen Problemaspekt hin:

> „Nun spiegeln Veränderungen der Einkommensquoten nur sehr ungenau Veränderungen der relativen Position der einzelnen Bevölkerungsgruppen wider. So kann allein eine Veränderung der Erwerbspersonenstruktur eine Erhöhung der Lohnquote bewirken, auch dann, wenn sich an der materiellen Position der Einkommensempfänger nichts verändert hat.“[422]

Abbildung 12: Die Entwicklung der Bruttolohnquote in der Bundesrepublik Deutschland von 1960 bis 1996 (altes Bundesgebiet)

Quelle: Basisdaten: Tabelle 24.2: Inlandsprodukt, Sozialprodukt und Volkseinkommen, in: Statistisches Bundesamt (Hrsg.): Statistisches Jahrbuch 1993 für die Bundesrepublik Deutschland, Wiesbaden, 1993, S. 680; Für die Zahlen ab 1990: Tabelle 1.9: Volkseinkommensquoten, in: Bundesministerium für Arbeit und Sozialordnung (Hrsg.): Statistisches Taschenbuch 1997 - Arbeits- und Sozialstatistik, Bonn, 1997 (ab 1991 vorläufige Zahlen).

Eine Möglichkeit zur Betrachtung der funktionalen Einkommensverteilung ist die Untersuchung des Anteils der Arbeitseinkommen am gesamten Volkseinkommen oder mit anderen Worten: die Betrachtung der Bruttolohnquote. Entsprechend der in Kapitel 3 getroffenen Annahmen wird das Volkseinkommen als das Bruttosozialprodukt zuzüglich Subventionen abzüglich Abschreibungen und indirekter Steuern definiert. Die Bruttoarbeitseinkommen errechnen sich aus den Löhnen und Gehältern vor Abzug der Lohnsteuer und den Sozialversicherungsbeiträgen zuzüglich den Arbeitgeberbeiträgen und sonstigen Leistun-

---

[422] Külp, Bernhard: Verteilung - Theorie und Politik, a. a. O., S. 5.

gen der Arbeitgeber. In Abbildung 12 zeigt sich eine steigende Tendenz des Anteils der Bruttolohnquote am Nettosozialprodukt zu Faktorkosten. Allerdings ist dies - wie bereits erläutert - kein eindeutiges Indiz für die Verbesserung der Entlohnung der Arbeitnehmer, da auch hier die Beschäftigungsstruktur nicht berücksichtigt wird. Mit der Einführung einer strukturbereinigten Lohnquote[423] erhält dies allerdings bedeutend mehr Aussagekraft.

Abbildung 13: Strukturbereinigte Bruttolohnquote für die Bundesrepublik Deutschland von 1980 bis 1996

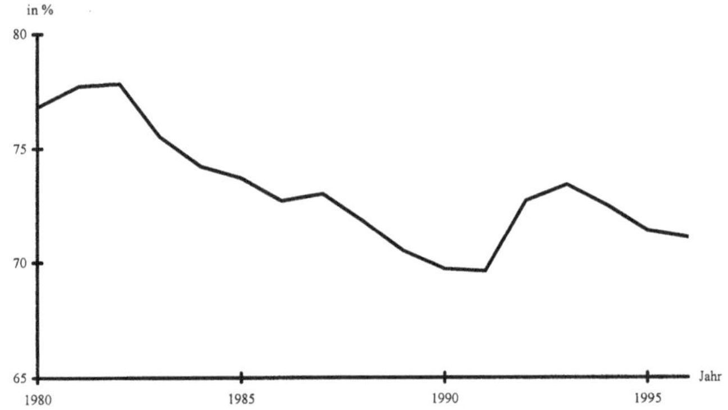

Quelle: Basisdaten: Tabelle 1.9: Volkseinkommensquoten, in: Bundesministerium für Arbeit und Sozialordnung (Hrsg.): Statistisches Taschenbuch 1997, a. a. O. (ab 1991 vorläufige Zahlen).

Die auf der Basis der Anteile der Arbeitnehmer und Erwerbstätigen im Jahr 1996 strukturbereinigte Bruttolohnquote weist im Untersuchungszeitraum von 1980 bis 1996 geringere Schwankungen auf und verläuft bis 1989 über der unbereinigten Bruttolohnquote. Ab diesem Zeitpunkt liegt sie knapp unter beziehungsweise auf der unbereinigten Quote. Betrachtet man weiterhin in Abbildung 14 die reale Nettolohnsumme und die realen Nettogewinne, so läßt sich feststellen, daß die Nettogewinne seit 1980 deutlich und die Nettolohnsumme moderat gestiegen, wohingegen die Nettolöhne je Arbeitnehmer relativ konstant geblieben sind.

---

423 Die strukturbereinigte Lohnquote wird definiert als das Verhältnis von Bruttoeinkommen je Beschäftigten zum Volkseinkommen je Erwerbstätigen in einem bestimmten Jahr, multipliziert mit dem Verhältnis von Beschäftigte zu Erwerbspersonen eines Basisjahres (b): $\frac{L_i/A_i}{Y_i/E_i} * \frac{A_b}{E_b}$.

Abbildung 14: Reale Nettolohnsumme und reale Nettogewinne von 1980 bis 1996

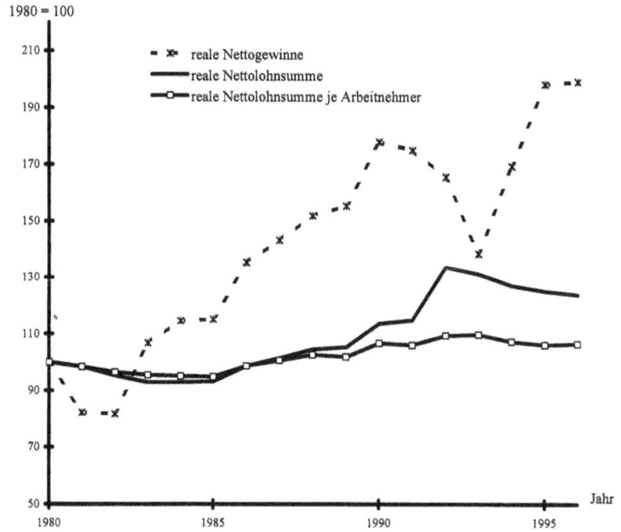

Quelle: Basisdaten: Tabelle 9: Reale Nettolöhne und Nettogewinne in Westdeutschland (ab 1992 Deutschland, 1980 = 100) in: DGB-Bundesvorstand Abteilung Wirtschafts- und Strukturpolitik (Hrsg.): Informationen zur Wirtschafts- und Strukturpolitik, 4/1997: Zur Entwicklung von Löhnen, Gewinnen, Kapitalrendite und Lohnstückkosten in Deutschland, Düsseldorf, 1997, S. 24.

Demgegenüber liegt entsprechend Tabelle 8 das verfügbare Einkommen der privaten Haushalte unter der Wachstumsrate der gesamten Einkommen, wobei dies überwiegend auf eine höhere Belastung durch Steuern und (Sozialversicherungs-) Beiträge zurückgeführt werden kann.[424]

[424] Allein im Zeitraum von 1991 bis 1997 stieg der Beitragssatz zur Sozialversicherung von 36,7% auf 42,3%. Vgl. Süddeutsche Zeitung / Mainka, M.: Deutschlands drückende Sorgen, in: Süddeutsche Zeitung, 53. Jahrgang, 39. Woche, Nr. 219, Dienstag, 23. September 1997, S. 23. Auch Glastetter, Högemann und Marquardt kamen zu dem Ergebnis, daß im Beobachtungszeitraum von 1950 bis 1989 die Belastung der Unselbständigeneinkommen gegenüber der Belastung aus Unternehmertätigkeit und Vermögen deutlich zugenommen hatte, wobei auch sie ihre Aussagen insofern relativierten, als daß die Einkommen aus Unternehmertätigkeit und Vermögen auch Zins- und Mieteinnahmen der Unselbständigen sowie Gewinne der öffentlichen Unternehmen umfassen und somit nicht zwangsläufig mit den tatsächlichen privaten Unternehmergewinnen gleichzusetzen sind. Vgl. Glastetter,

Beachtlich erscheint in diesem Zusammenhang die Steigerung der Einkommen aus dem Vermögen. In den vergangenen 25 Jahren konnte eine Zuwachsrate von über 900% festgestellt werden. Betrachtet man die Verteilung der einzelnen Vermögensarten im Jahr 1993, so bestätigt sich noch einmal die Vermutung, daß das Einkommen in einer positiven Beziehung zum Vermögen steht. Haushalte mit großem Vermögen verfügen im allgemeinen über höhere Einkommen und gerade diese Vermögenseinkommen weisen dementsprechend die höchsten Steigerungsraten auf, die eine Wiederanlage der zusätzlichen Einkommen und Vermögen erleichtern.[425] Abschließend soll in Abbildung 15 die Einkommensentwicklung graphisch verdeutlicht werden.

Abbildung 15: Die Entwicklung ausgewählter Einkommenskategorien in der Bundesrepublik Deutschland von 1970 bis 1996 (1970=100)

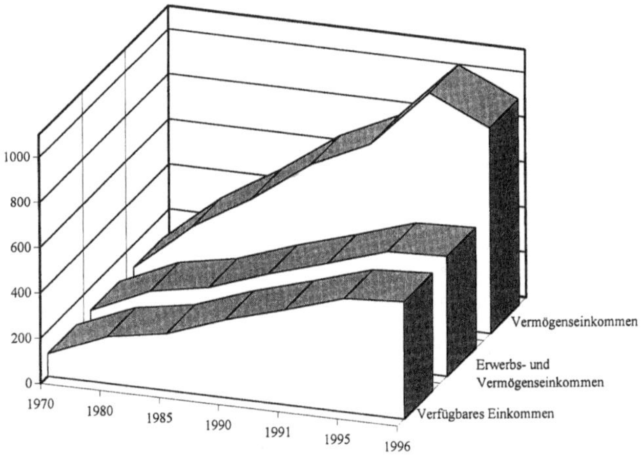

Quelle: Basisdaten: Tabelle 8 dieser Arbeit.

Werner / Högemann, Günter / Marquardt, Ralf: Die wirtschaftliche Entwicklung in der Bundesrepublik Deutschland 1950 - 1989, Frankfurt am Main, New York, 1991, S. 106 ff.; Vgl. dazu auch Tofaute, Hartmut: Steuerverteilung in der Schieflage. Steigende Lohnsteuerquote - sinkende Gewinnsteuerbelastung, in: Hans-Böckler-Stiftung, Mitbestimmungs-, Forschungs- und Studienförderungswerk des DGB (Hrsg.): WSI Mitteilungen. Monatszeitschrift des Wirtschafts- und Sozialwissenschaftlichen Instituts in der Hans-Böckler-Stiftung, Nr. 3/1995, 48. Jahrgang, Düsseldorf, 1995, S. 197 - 205.

425 Einen umfassenden Überblick über „verteilungspolitische Implikationen alternativer Hypothesen" bietet Althammer, Jörg: Gewinnbeteiligung bei begrenzter Haftung der Arbeitnehmer, a. a. O., S. 145 ff.

Die Lohn- und Gehaltsentwicklung und die Sparquote von 1970 bis 1996

Entscheidende Einwände gegen die Betrachtung der Bruttoverteilungsrelationen sind darin zu sehen, daß zum einen Konsum- und Sparentscheidungen der Arbeitnehmer auf der Grundlage der Nettolöhne beziehungsweise der verfügbaren Einkommen getroffen werden und zum anderen Sozialversicherungsbeiträge in enger Substitutionsbeziehung zur privaten Vorsorge stehen. Ausgehend von oben angeführten Einwänden stellt sich dementsprechend die Frage, wie sich die durchschnittliche Bruttolohn- und Gehaltsumme, beziehungsweise die Nettolohn- und Gehaltsumme sowie die Konsum- und Sparquoten entwickelten.

Tabelle 9: Die Durchschnittsverdienste und Abzüge je beschäftigtem Arbeitnehmer sowie die Sparquote von 1970 - 1996

Jahr	Bruttolohn- und Gehaltsumme [1]		Abzüge (jährlich)		Nettolohn- und Gehaltsumme (nominal)		Sparquote der priv. HH. in %
	jährlich in DM[a)]	1980 = 100[b)]	jährlich in DM[c)]	1980 = 100[b)]	jährlich in DM[d)]	1980 = 100[b)]	%-Zahlen[e)]
1970	13.841,--	46,62	3.115,--	36,61	10.726,--	50,63	13,8
1980	29.691,--	100	8.507,--	100	21.184,--	100	12,8
1985	35.391,--	119,19	11.155,--	131,13	24.236,--	114,41	11,4
1990	42.013,--	141,50	12.808,--	155,56	29.205,--	137,87	13,8
1995p	48.491,--	163,32	17.302,--	203,39	31.189,--	147,23	11,6
1996p	49.530,--	166,82	17.194,--	202,12	32.336,--	152,64	11,6

1) Bruttoeinkommen aus unselbständiger Arbeit abzüglich tatsächliche und unterstellte Sozialbeiträge der Arbeitgeber.
p = vorläufige Zahlen

Quellen: a) Tabelle 1.13: Bruttolohn- und -gehaltsumme, in: Bundesministerium für Arbeit und Sozialordnung (Hrsg.): Statistisches Taschenbuch 1997, a. a. O.; b) eigene Berechnungen; c) Tabelle 1.15: Durchschnittliche Abzüge und reale Nettoverdienste, in: Bundesministerium für Arbeit und Sozialordnung (Hrsg.): Statistisches Taschenbuch 1997, a. a. O.; d) Tabelle 1.14: Nettolohn- und -gehaltsumme, in: Bundesministerium für Arbeit und Sozialordnung (Hrsg.): Statistisches Taschenbuch 1997, a. a. O.; e) Tabelle 1.18: Verfügbares Einkommen der privaten Haushalte (Verwendung), in: Bundesministerium für Arbeit und Sozialordnung (Hrsg.): Statistisches Taschenbuch 1997, a. a. O.

Im Zeitraum von 1970 bis 1996 konnte ein stetiger Anstieg der Einkommen verzeichnet werden. Die Bruttolohn- und -gehaltsumme stieg um etwa das 3,6-fache, wohingegen die Nettolohn- und -gehaltsummen lediglich um das 3-fache stiegen.[426] Beachtlich ist in diesem Zusammenhang die Entwicklung der privaten Sparquote, die von 13,8% im Jahr 1970 bis zu ihrem Tiefpunkt im Jahre 1985 auf ein Niveau von 11,4% sank und erneut auf ein Niveau von 13,8% im Jahr 1990 stieg. In den vergangenen Jahren läßt sich allerdings ein erneuter Rückgang der Sparquote auf einen (vorläufigen) Wert in Höhe von 11,6% feststellen.[427] Trotz der Tatsache, daß die Nettolohn- und -gehaltsummen langsamer stiegen als die Bruttolöhne konnte alles in allem seit 1960 ein Anstieg der Sparquote festgestellt werden, der zweifellos auf eine hohe Sparbereitschaft und Vermögensbildungspräferenz hinweist! Eine eingehende Darstellung der privaten Ersparnis seit 1980 findet sich auch in Tabelle 10.

Tabelle 10: Die Ersparnis der privaten Haushalte von 1980 bis 1996

Jahr	Verfügbares Einkommen in Mrd. DM	Privater Verbrauch in Mrd.	in v. H.	Ersparnis in Mrd. DM	in v. H.
1980	960,41	837,02	87,1	123,39	12,9
1985	1.170,11	1.036,53	88,6	133,58	11,4
1990	1.532,74	1.320,71	86,2	212,03	13,8
1991	1.669,28	1.446,97	87,1	222,31	13,3
1992	2.010,93	1.754,52	87,1	256,41	12,8
1993	2.089,36	1.834,41	87,8	254,95	12,2
1994	2.151,62	1.902,37	88,3	249,25	11,6
1995	2.229,25	1.972,02	88,4	257,23	11,6
1996	2.309,20	2.045,40	88,4	263,80	11,4

Werte ab 1991 gelten für Deutschland

Quelle: Tabelle 2.4.6.: Verwendung des verfügbaren Einkommens der privaten Haushalte, in: Statistisches Bundesamt (Hrsg.): Fachserie 18: Volkswirtschaftliche Gesamtrechnungen, Reihe 1.2 Konten und Standardtabellen - Vorbericht 1995, Wiesbaden, 1995, S. 57. Daten für das Jahr 1996: Essig, Hartmut / Strohm, Wolfgang: Volkswirtschaftliche Gesamtrechnungen, in: Statistisches Bundesamt (Hrsg.): Wirtschaft und Statistik 9/1997, Wiesbaden, 1997, S. 611 - 626, hier S. 625 (Tabelle 12).

---

426 Ein graphischer Vergleich der strukturbereinigten Brutto- und Nettolohnquoten, auf den hier allerdings verzichtet wird, verdeutlicht einerseits die gleichlaufende Entwicklung, zeigt jedoch andererseits einen „glatteren" Verlauf.

427 Vgl. Tabelle 1. 18: Verfügbares Einkommen der privaten Haushalte. Verwendung, in: Bundesministerium für Arbeit und Sozialordnung (Hrsg.): Statistisches Taschenbuch 1997 - Arbeits- und Sozialstatistik, Bonn, 1997. Wie bereits in Kapitel 3.4 festgestellt wurde, war ein Grund für das vorübergehende Absinken der Sparquote die Einführung des sogenannten „Konjunkturzuschlages" in den 70er Jahren, der eigentlich der Verringerung der Konsum- und nicht der Sparquote dienen sollte.

Die Entwicklung der verschiedenen Vermögenseinkommensarten der privaten Haushalte zwischen 1980 und 1996

Die Herkunft einzelner Vermögenseinkommen steht in folgender Analyse im Mittelpunkt der Betrachtung, da die Vermögenseinkommen unter dem Aspekt der Steigerungsraten mit großem Abstand an erster Stelle stehen. Daher ist eine Differenzierung der Vermögenseinkommensarten angebracht, um zu zeigen, welche langfristigen Entwicklungen in diesem Bereich stattgefunden haben und inwieweit Sparer mit steigendem Einkommen/Vermögen substituieren.

Tabelle 11 verdeutlicht den Anstieg der gesamten Vermögenseinkommen und verstärkt demnach die bereits getroffene Annahme einer engen Korrelation zwischen der Einkommens- und Vermögensverteilung. Betrachtet man die jeweiligen Anteile, aus denen sich das Vermögenseinkommen zusammensetzt, sind allerdings auch gegenläufige Tendenzen und somit unterschiedliche Präferenzen festzustellen. Den stärksten Einbruch verzeichneten die Zinseinkommen aus Spar- und Bausparguthaben, die im Beobachtungszeitraum von knapp 40% nahezu konstant auf einen Wert unter 20% abnahmen. Die Zinseinnahmen aus Versicherungen und festverzinslichen Wertpapieren hingegen stiegen permanent bis zu Werten von etwa 28% beziehungsweise 35%, das sehr stark auf eine Vermögensumschichtung beziehungsweise Neuanlage zu Gunsten längerfristigeren, rentableren aber auch schwerer liquidierbaren Anlageformen schließen läßt. Das Einkommen aus Ausschüttungen der Unternehmen mit eigener Rechtspersönlichkeit bewegte sich mit auffallend geringen Abweichungen um Werte zwischen 8% und 12%, wohingegen die „Restgröße“, das heißt die Einkommen aus sonstigen Vermögenswerten, zwischen 9% und 22% lag. Im Durchschnitt betrug das Vermögenseinkommen insgesamt pro Haushalt DM 5.974,-- und nach Abzug der Konsumkreditzinsen DM 4.876,--, wobei auch hier eine Differenzierung nach Haushaltsgruppen notwendig ist.[428]

---

428 Die Berechnung der durchschnittlichen Vemögenseinkommen pro Haushalt beziehen sich auf insgesamt 37.281 Haushalte. Zu der Anzahl der Haushalte vgl. Institut der Deutschen Wirtschaft (Hrsg.): Zahlen zur wirtschaftlichen Entwicklung der Bundesrepublik Deutschland, Köln, 1998, Tabelle 12.

Tabelle 11: Die Entwicklung einzelner Vermögenseinkommensarten privater Haushalte

Jahr	Vermögens-einkommen in Mrd. DM (insgesamt)	Anteil des Einkommens aus ... an den gesamten Vermögenseinkommen in % (eigene Berechnungen - Abweichungen auf Grund von Rundungen möglich) Spar-einlagen	Bauspar-einlagen	Versicher-ungen	festverzinslichen Wertpapieren	Ausschüttungen der Unternehmen mit eigen. Rechts-persönlichkeit	sonstigen Vermögens-werten
1980	73,0	33,15	3,97	19,18	20,68	8,22	14,93
1985	109,4	20,02	3,11	23,86	24,04	8,78	20,29
1990	152,4	16,93	2,29	24,34	26,44	12,34	17,59
1991	181,2	18,05	2,04	23,01	25,55	9,55	21,79
1992	205,8	17,49	1,89	22,06	27,07	9,14	22,40
1995	214,9	17,12	2,05	26,76	32,73	9,07	12,28
1996	222,7	17,19	2,07	27,66	34,71	9,07	9,29

Quelle: Ohne Verfasser: Geldvermögen und Vermögenseinkommen der privaten Haushalte 1996, hier Tabelle 5: Vermögenseinkommen der privaten Haushalte (Einschließlich der privaten Organisationen ohne Erwerbszweck. 1980 bis 1990 früheres Bundesgebiet, ab 1991 Deutschland), a. a. O., S. 540 - 547, hier S. 545 (eigene Darstellung).

Nachstehende Tabelle 12 zeigt, daß sich die Vermögenseinkommen insgesamt sowie die der Angestellten-, Beamten- und Rentnerhaushalte seit 1980 etwa verdoppelt haben, wohingegen die Vermögenseinkommen der Selbständigenhaushalte, der Pensionäre und der „sonstigen Personen" über dem Durchschnitt lagen. Demgegenüber nahmen sie in der Gruppe der Arbeiterhaushalte leicht und der Arbeitslosenhaushalte stark unterproportional zu.

Tabelle 12: Die Entwicklung der Vermögenseinkommen privater Haushalte nach der sozialen Stellung derBezugsperson (in DM)

Jahr	Haus-halte insge-samt	Selbständiger in der Landwirtschaft	außerh. der Landwirtschaft	Beamter/in	Ange-stellte/r	Arbeiter/in	Arbeits-lose/r	Rentner/in	Pen-sionäre	sonstige Personen
1980	2.800	4.000	8.500	2.700	2.800	1.700	800	2.400	2.900	4.500
1985	4.000	6.000	12.700	3.700	3.900	2.400	1.100	3.500	4.300	6.100
1990	5.200	7.900	17.300	4.700	5.100	3.000	1.200	4.400	5.500	8.000
1991	5.000	8.700	17.500	5.200	4.700	2.800	1.000	4.100	6.200	8.700
1992	5.600	9.800	19.500	5.700	5.400	3.100	1.000	4.600	7.000	9.600
1993	5.700	10.100	19.700	5.700	5.400	3.200	1.100	4.700	7.100	9.700
1994	5.900	10.500	20.300	5.800	5.600	3.200	1.200	4.800	7.400	9.900
1995	5.700	10.200	19.600	5.400	5.400	3.100	1.100	4.700	7.100	9.500
1996	5.800	10.600	20.100	5.400	5.500	3.200	1.100	4.800	7.300	9.700

Quelle: Ohne Verfasser: Geldvermögen und Vermögenseinkommen der privaten Haushalte 1996, hier Tabelle 6: Vermögenseinkommen nach Haushaltsgruppen (Ohne private Organisationen ohne Erwerbszweck und ohne Personen in Gemeinschaftsunterkünften. 1980 bis 1990 früheres Bundesgebiet, ab 1991 Deutschland), a. a. O., S. 540 - 547, hier S. 546 (eigene Darstellung).

Einkommens- und Vermögensschichtung der privaten Haushalte in der Bundesrepublik für das Jahr 1993

Die Untersuchung der Einkommens- und Vermögensverteilung, gegliedert nach einzelnen Einkommens- beziehungsweise Haushaltsgruppen, kann zur weiteren Beurteilung der Verteilungssituation herangezogen werden, da die Vermutung naheliegt, daß eine Beziehung zwischen der Vermögens- und Einkommensverteilung besteht. Dementsprechend soll im folgenden die Einkommens- und Vermögensschichtung der privaten Haushalte im Jahr 1993 betrachtet werden.

Tabelle 13: Haushaltsbruttoeinkommen der privaten Haushalte 1993 je Haushalt und Monat (Früheres Bundesgebiet)

	Haushalte insg.		Haushaltsbruttoeinkommen aus ... (in DM)					
	in 1000	in v.H.	Insgesamt	unselbständiger Arbeit	Unternehmertätig-keit [1]	Vermögen	öffentlichen Renten, Pensionen, sonst. staatl. Transfers	übrigen Quellen [2]
Haushalte insg.	**28.917**	**100,00**	**6.035,--**	**3.445,--**	**569,--**	**703,--**	**1.141,--**	**177,--**
von ... bis unter .... DM			**nach dem monatlichen Nettohaushaltseinkommen**					
unter 1.200	914	3,16	1.057,--	(76,--)	61,--	51,--	704,--	166,--
1.200 - 1.400	636	2,20	1.409,--	(215,--)	80,--	76,--	889,--	150,--
1.400 – 1.600	804	2,78	1.637,--	294,--	84,--	86,--	1.027,--	146,--
1.600 - 1.800	777	2,69	1.878,--	353,--	94,--	128,--	1.139,--	163,--
1.800 - 2.000	982	3,40	2.162,--	616,--	71,--	142,--	1.184,--	149,--
2.000 - 2.500	2.462	8,51	2.677,--	1.031,--	79,--	199,--	1.217,--	150,--
2.500 - 3.000	2.606	9,01	3.376,--	1.630,--	115,--	262,--	1.235,--	134,--
3.000 - 3.500	2.434	8,42	3.968,--	1.900,--	170,--	386,--	1.357,--	157,--
3.500 - 4.000	2.310	7,99	4.584,--	2.391,--	214,--	498,--	1.319,--	162,--
4.000 - 5.000	4.070	14,07	5.610,--	3.359,--	267,--	582,--	1.244,--	158,--
5.000 - 10.000	9.163	31,69	8.163,--	5.765,--	619,--	1.050,--	1.861,--	199,--
10.000 - 25.000	1.726	5,97	16.528,--	8.528,--	4.162,--	2.566,--	887,--	310,--
25.000 - 35.000	(33)	0,11	(37.068,--)	(4.444,--)	(24.173,--)	(7.700,--)	(556,--)	/
			nach der sozialen Stellung der Bezugsperson					
Landwirt/in	255	0,88	6.407,--	964,--	3.491,--	1.321,--	568,--	63,--
Gewerbetreibende/r freiberuflich Tätige/r	1.744	6,03	10.602,--	1.283,--	7.186,--	1.632,--	356,--	143,--
Beamter/in	1.602	5,54	8.300,--	6.799,--	159,--	858,--	231,--	253,--
Angestellte/r	7.042	24,35	8.146,--	6.938,--	137,--	696,--	261,--	115,--
Arbeiter/in	6.173	21,35	6.299,--	5.241,--	98,--	534,--	355,--	71,--
Arbeitslose/r	1.246	4,31	2.877,--	534,--	89,--	353,--	1.779,--	122,--
Nichterwerbstätige/r [3]	10.854	37,54	3.800,--	402,--	100,--	658,--	2.359,--	281,--

Tabelle 13: Fortsetzung: Haushaltsbruttoeinkommen der privaten Haushalte 1993 je Haushalt und Monat (Neue Länder und Berlin-Ost)

	Haushalte insg.		Haushaltsbruttoeinkommen aus ... (in DM)					
	in 1000	in v.H.	Insgesamt	unselbständiger Arbeit	Unternehmertätigkeit[1)]	Vermögen	öffentlichen Renten, Pensionen, sonst. staatl. Transfers	übrigen Quellen[2)]
Haushalte insg.	**6.684**	**100,00**	**4.071,--**	**2.373,--**	**238,--**	**186,--**	**1.203,--**	**71,--**
von ... bis unter .... DM			**nach dem monatlichen Nettohaushaltseinkommen**					
unter 1.200	350	5,24	1.073,--	/	(28,--)	34,--	889,--	(51,--)
1.200 - 1.400	275	4,12	1.405,--	(226,--)	(26,--)	42,--	1.067,--	(44,--)
1.400 – 1.600	327	4,89	1.614,--	(236,--)	(87,--)	45,--	1.175,--	(71,--)
1.600 - 1.800	396	5,92	1.873,--	(413,--)	(23,--)	71,--	1.290,--	(76,--)
1.800 - 2.000	377	5,64	2.073,--	517,--	85,--	63,--	1.301,--	108,--
2.000 - 2.500	809	12,10	2.550,--	860,--	102,--	111,--	1.383,--	93,--
2.500 - 3.000	769	11,51	3.172,--	1.338,--	94,--	136,--	1.544,--	60,--
3.000 - 3.500	723	10,82	3.783,--	1.846,--	150,--	192,--	1.523,--	72,--
3.500 - 4.000	670	10,02	4.534,--	2.829,--	182,--	203,--	1.259,--	62,--
4.000 - 5.000	988	14,78	5.639,--	4.017,--	262,--	271,--	1.025,--	65,--
5.000 - 10.000	946	14,15	8.145,--	6.401,--	476,--	387,--	807,--	73,--
10.000 - 25.000	(51)	0,76	(15.393,--)	(7.037,--)	(7.131,--)	(914,--)	(444,--)	/
25.000 - 35.000	/	/	/	/	/	/	/	/
			nach der sozialen Stellung der Bezugsperson					
Landwirt/in	/	/	/	/	/	/	/	/
Gewerbetreibende/r freiberuflich Tätige/r	**291**	**4,40**	**6.438,--**	**1.597,--**	**3.911,--**	**365,--**	**504,--**	**(61,--)**
Beamter/in	/	/	/	/	/	/	/	/
Angestellte/r	1.437	21,75	6.080,--	5.167,--	79,--	237,--	524,--	73,--
Arbeiter/in	1.631	24,68	4.791,--	3.919,--	39,--	183,--	595,--	56,--
Arbeitslose/r	610	9,23	2.661,--	752,--	62,--	125,--	1.629,--	92,--
Nichterwerbstätige/r[3)]	2.639	39,94	2.548,--	287,--	81,--	153,--	1.952,--	75,--

Quelle: Tabelle 21.7: Haushaltsbruttoeinkommen privater Haushalte 1993 je Haushalt und Monat (Ergebnisse der Einkommens- und Verbrauchsstichprobe 1993), in: Statistisches Bundesamt (Hrsg.): Statistisches Jahrbuch 1997 für die Bundesrepublik Deutschland, a. a. O., S. 575 f.

1) Einschl. Einkommen aus freiberuflicher Tätigkeit.

2) Ohne Einkommen aus Vermögensübertragungen, aus dem Verkauf von Waren und Rückvergütungen und ohne Einnahmen aus der Auflösung von Vermögen und aus Kreditaufnahme.

3) Personen, die überwiegend keine auf Erwerb ausgerichtete Tätigkeit ausüben.

Betrachtet man zunächst das monatliche Haushaltsbruttoeinkommen, gegliedert nach dem Nettoeinkommen, so läßt sich feststellen, daß im früheren Bundesgebiet über 60% aller Haushalte unter dem durchschnittlichen Bruttoeinkommen in Höhe von DM 6.035,-- lagen, wobei die Einkommen aus unselbständiger Tätigkeit sowie öffentlichen Renten, Pensionen und sonstigen staatlichen Transfers eine zentrale Stelle einnahmen. Demgegenüber bezogen lediglich die Haushalte der letzten drei Einkommenskategorien ein überdurchschnittliches Bruttoeinkommen, das sich verstärkt aus Unternehmer- und Vermögenseinkommen zusammensetzt. Unter Berücksichtigung der sozialen Stellung der Bezugsperson zeigt sich, daß die Selbständigenhaushalte außerhalb der Landwirtschaft über deutlich höhere Bruttoeinkommen im allgemeinen und Vermögenseinkommen im besonderen verfügten. Im Vergleich zu den Angestellten- beziehungsweise Arbeiterhaushalten bezogen sie etwa das doppelte beziehungsweise das dreifache an Vermögenseinkommen.[429] Weiterhin verdeutlicht Tabelle 13, neben den Disparitäten zwischen den einzelnen Einkommenskategorien und den sozioökonomischen Gruppen, die Ungleichverteilung zwischen den alten und neuen Bundesländern. Sowohl die Bruttoeinkommen insgesamt als auch die untergliederten Einkommen lagen im Durchschnitt unter den Werten für die alten Bundesländer, wobei insbesondere die Unternehmer- und Vermögenseinkommen geringere Werte aufwiesen. Auch ein Vergleich der Vermögenseinkommen, gegliedert nach der sozialen Stellung der Bezugsperson, führt zu dem Ergebnis, daß die Ungleichverteilung einerseits zwischen den alten und neuen Bundesländern extrem hoch und andererseits innerhalb der neuen Bundesländer deutlich geringer ausfiel: Die Selbständigenhaushalte in den neuen Bundesländern verfügten lediglich über das 1,5-fache der Angestellten- respektive das doppelte Vermögenseinkommen der Arbeiterhaushalte. Die Verteilung der Vermögenseinkommen im Jahr 1996 wird in Abbildung 16 graphisch dargestellt.

Da allerdings die Konsumentscheidungen aber auch die Vermögensbildungsfähigkeit und -bereitschaft der privaten Haushalte vom ausgabefähigen Einkommen determiniert wird, soll zudem im weiteren Verlauf die Zusammensetzung und die Verwendung dieser Einkommen untersucht werden.

---

[429] In diesem Zusammenhang sollte allerdings auch berücksichtigt werden, daß die Vermögensbildung der Selbständigenhaushalte in entscheidendem Maße der Alterssabsicherung und Risikovorsorge dient. Vgl. ebenso Opitz, Gerhard: Erfolgsbeteiligungssysteme und gesamtwirtschaftliches Gleichgewicht, a. a. O., S. 47.

Abbildung 16: Die durchschnittlichen Vermögenseinkommen privater Haushalte nach der sozialen Stellung der Bezugsperson (in v. H.)

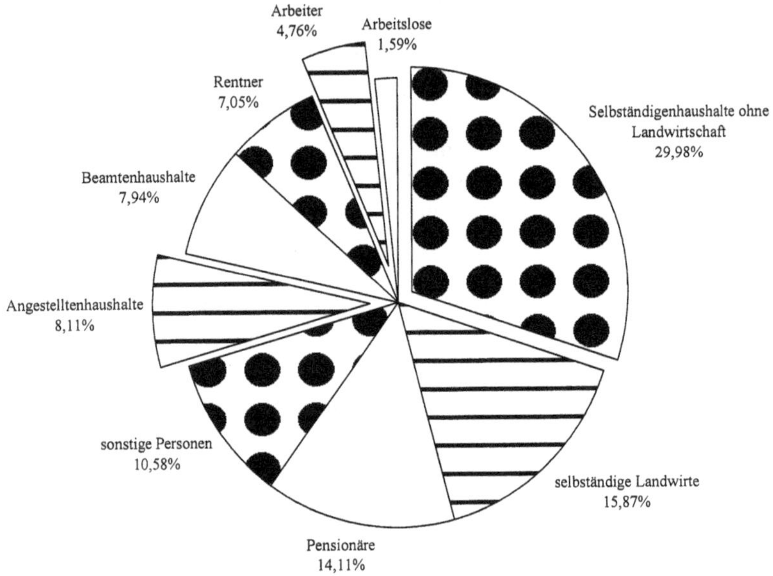

Quelle: Basisdaten: Kommission für Zukunftsfragen der Freistaaten Bayern und Sachsen (Hrsg.): Erwerbstätigkeit und Arbeitslosigkeit in Deutschland: Entwicklung, Ursachen und Maßnahmen, Teil III: Maßnahmen zur Verbesserung der Beschäftigungslage, Bonn, 1997, S. 78.

Auf Grund der geringen Belastung und ihrer sonstigen Einnahmen verfügten im früheren Bundesgebiet die Haushalte mit einem monatlichen Nettoeinkommen unter DM 1.400,-- über ein ausgabefähiges Einkommen, das geringfügig höher als ihr Bruttoeinkommen war. Allerdings lagen über 60% der gesamten Haushalte unter einem durchschnittlichen ausgabefähigen Einkommen von DM 5.014,--. Demgegenüber konnten etwa 6% (Haushalte mit einem monatlichen Nettoeinkommen zwischen DM 10.000,-- und DM 25.000,--) beziehungsweise 0,1% der erfaßten Haushalte (mit einem monatlichen Nettoeinkommen zwischen DM 25.000,-- und DM 35.000,--) über mehr als das Doppelte respektive das Fünffache der durchschnittlichen ausgabefähigen Einkommen verfügen. Analog zur üblichen Definition von Armut waren demnach rechnerisch mehr als 1/5 aller Haushalte arm und etwa 6% der erfaßten Haushalte reich, wobei diese Begriffsabgrenzung insofern etwas irreführend ist, als daß bereits Haushalte mit einem ausgabefähigen Einkommen zwischen DM 3.000,-- und DM 5.000,-- in unserer Gesellschaft als wohlhabend angesehen werden können und zudem

Haushalte mit über DM 35.000,-- Nettoeinkommen nicht erfaßt wurden. Auch in den neuen Bundesländern ergibt sich ein ähnliches Bild, wobei hier knapp 1% der erfaßten Haushalte, die über das Vierfache der durchschnittlich ausgabefähigen Einkommen verfügen, als „superreich“ bezeichnet werden könnten.[430]

Tabelle 14: Zusammensetzung der ausgabefähigen Einkommen und Einnahmen privater Haushalte 1993 je Haushalt und Monat (Früheres Bundesgebiet)

	Haushaltsbruttoeinkommen aus ... (in DM)					in v. H des
	Haushalts-bruttoein-kommen	Abzüge	Haushalts-netto-einkommen	Sonstige Einnahmen[1)]	Ausgabefähiges Einkommen & Einnahmen[1)]	Haushalts-brutto-einkommen
Haushalte insg.	**6.035,--**	**1.213,--**	**4.821,--**	**193,--**	**5.014,--**	**83,08**
von ... bis unter .... DM	**nach dem monatlichen Nettohaushaltseinkommen**					
unter 1.200	1.057,--	75,--	983,--	157,--	1.139,--	107,76
1.200 - 1.400	1.409,--	99,--	1.310,--	165,--	1.475,--	104,68
1.400 – 1.600	1.637,--	135,--	1.503,--	129,--	1.631,--	99,63
1.600 - 1.800	1.878,--	175,--	1.703,--	100,--	1.803,--	96,01
1.800 - 2.000	2.162,--	259,--	1.903,--	148,--	2.051,--	94,87
2.000 - 2.500	2.677,--	417,--	2.260,--	119,--	2.379,--	88,87
2.500 - 3.000	3.376,--	636,--	2.740,--	162,--	2.902,--	85,96
3.000 - 3.500	3.968,--	722,--	3.246,--	146,--	3.392,--	85,48
3.500 - 4.000	4.584,--	839,--	3.745,--	156,--	3.901,--	85,10
4.000 - 5.000	5.610,--	1.122,--	4.488,--	164,--	4.652,--	82,92
5.000 - 10.000	8.163,--	1.875,--	6.818,--	299,--	7.117,--	87,19
10.000 - 25.000	16.528,--	3.519,--	12.933,--	573,--	13.506,--	81,72
25.000 - 35.000	(37.068,--)	(7.610,--)	(29.458,--)	/	(30.157,--)	81,36
	nach der sozialen Stellung der Bezugsperson					
Landwirt/in	6.407,--	1.206,--	5.201,--	(125,--)	5.326,--	83,13
Gewerbe-treibende/r freiberuflich Tätige/r	10.602,--	1.858,--	8.744,--	322,--	9.067,--	85,52
Beamter/in	8.300,--	1.398,--	6.902,--	444,--	7.346,--	88,51
Angestellte/r	8.146,--	2.209,--	5.937,--	261,--	6.198,--	76,09
Arbeiter/in	6.299,--	1.640,--	4.659,--	170,--	4.829,--	76,66
Arbeitslose/r	2.877,--	170,--	2.706,--	221,--	2.927,--	101,74
Nichterwerbs-tätige/r[2)]	3.800,--	313,--	3.486,--	113,--	3.599,--	94,71

430 Auch Richard Hauser kommt in seinem Gutachten zu dem Ergebnis, daß die Einkommensdisparitäten in den vergangenen Jahren deutlich zugenommen haben, da im Jahr 1995 in Westdeutschland das wohlhabendste Fünftel 37,8% und das einkommensschwächste Fünftel lediglich 9,1% des verfügbaren Einkommens erhielten. Vgl. Hauser, Richard: Entwicklung und Verteilung von Einkommen und Vermögen der privaten Haushalte in Deutschland. Gutachten im Auftrag der Kommission für Zukunftsfragen der Freistaaten Bayern und Sachsen, Frankfurt am Main, 1997, S. 24b.

Tabelle 14: Fortsetzung: Zusammensetzung der ausgabefähigen Einkommen und Einnahmen privater Haushalte 1993 je Haushalt und Monat (Neue Länder und Berlin-Ost)

	Haushaltsbruttoeinkommen aus ... (in DM)					in v. H des
	Haushalts-bruttoein-kommen	Abzüge	Haushalts-netto-einkommen	Sonstige Einnahmen[1]	Ausgabefähiges Einkommen & Einnahmen[1]	Haushalts-brutto-einkommen
Haushalte insg.	**4.071,--**	**729,--**	**3.342,--**	**78,--**	**3.420,--**	**84,00**
von ... bis unter .... DM	**nach dem monatlichen Nettohaushaltseinkommen**					
unter 1.200	1.073,--	46,--	1.027,--	77,--	1.105,--	102,98
1.200 - 1.400	1.405,--	105,--	1.300,--	44,--	1.344,--	95,66
1.400 – 1.600	1.614,--	119,--	1.495,--	157,--	1.652,--	102,35
1.600 - 1.800	1.873,--	176,--	1.697,--	69,--	1.765,--	94,23
1.800 - 2.000	2.073,--	186,--	1.887,--	95,--	1.982,--	95,61
2.000 - 2.500	2.550,--	303,--	2.247,--	67,--	2.314,--	90,75
2.500 - 3.000	3.172,--	419,--	2.753,--	87,--	2.840,--	89,53
3.000 - 3.500	3.783,--	532,--	3.251,--	102,--	3.353,--	88,63
3.500 - 4.000	4.534,--	799,--	3.735,--	79,--	3.814,--	84,12
4.000 - 5.000	5.639,--	1.177,--	4.463,--	113,--	4.576,--	81,15
5.000 - 10.000	8.145,--	1.935,--	6.210,--	124,--	6.334,--	77,77
10.000 - 25.000	(15.393,--)	(3.048,--)	(12.545,--)	(263,--)	(12.808,--)	83,21
25.000 - 35.000	/	/	/	/	/	/
	nach der sozialen Stellung der Bezugsperson					
Landwirt/in	/	/	/	/	/	/
Gewerbe-treibende/r freiberuflich Tätige/r	6.438,--	1.058,--	5.380,--	(150,--)	5.530,--	85,90
Beamter/in	/	/	/	/	/	/
Angestellte/r	6.080,--	1.531,--	4.549,--	107,--	4.655,--	76,56
Arbeiter/in	4.791,--	1.081,--	3.710,--	71,--	3.781,--	78,92
Arbeitslose/r	2.661,--	201,--	2.460,--	133,--	2.593,--	97,44
Nichterwerbs-tätige/r[2]	2.548,--	153,--	2.395,--	74,--	2.469,--	96,90

Quelle: Tabelle 21.9: Zusammensetzung und Verwendung der ausgabefähigen Einkommen und Einnahmen privater Haushalte 1993 je Haushalt und Monat (Ergebnisse der Einkommens- und Verbrauchsstichprobe 1993), in: Statistisches Bundesamt (Hrsg.): Statistisches Jahrbuch 1997 für die Bundesrepublik Deutschland, a. a. O., S. 579.

1) Einschl. einer statistischen Differenz.

2) Personen, die überwiegend keine auf Erwerb ausgerichtete Tätigkeit ausüben.

Tabelle 15: Die Verwendung der ausgabefähigen Einkommen und Einnahmen der privaten Haushalte 1993 je Haushalt und Monat (Früheres Bundesgebiet)

	Ausgabefähige Einkommen und Einnahmen[1)]	Davon wurden aufgewendet für ...					
		privaten Verbrauch		sonstige Ausgaben[1) 2)]		Ersparnis	
		in DM	in v. H.	in DM	in v.H.	in DM	in v. H.
Haushalte insg.	**5.014,--**	**3.639,--**	**72,6**	**717,--**	**14,3**	**658,--**	**13,1**
von ... bis unter .... DM	**nach dem monatlichen Nettohaushaltseinkommen**						
unter 1.200	1.139,--	1.187,--	104,2	69,--	6,1	-117,--	-10,3
1.200 - 1.400	1.475,--	1.460,--	99,0	89,--	6,0	-74,--	-5,0
1.400 – 1.600	1.631,--	1.554,--	95,2	117,--	7,2	-39,--	-2,4
1.600 - 1.800	1.803,--	1.705,--	94,6	151,--	8,4	-54,--	-3,0
1.800 - 2.000	2.051,--	1.856,--	90,5	160,--	7,8	36,--	1,7
2.000 - 2.500	2.379,--	2.104,--	88,4	191,--	8,0	84,--	3,5
2.500 - 3.000	2.902,--	2.520,--	86,8	267,--	9,2	114,--	3,9
3.000 - 3.500	3.392,--	2.860,--	84,3	354,--	10,4	179,--	5,3
3.500 - 4.000	3.901,--	3.195,--	81,9	398,--	10,2	308,--	7,9
4.000 - 5.000	4.652,--	3.699,--	79,5	535,--	11,5	419,--	9,0
5.000 - 10.000	7.117,--	4.887,--	68,7	1.212,--	17,0	1.018,--	14,3
10.000 - 25.000	13.506,--	7.273,--	53,9	2.717,--	20,1	3.516,--	26,0
25.000 - 35.000	(30.157,--)	(10.253,--)	(34,0)	(5.382,--)	(17,8)	(14.521,--)	(48,2)
	nach der sozialen Stellung der Bezugsperson						
Landwirt/in	5.326,--	4.039,--	75,8	648,--	12,2	639,--	12,0
Gewerbetreibende/r freiberuflich Tätige/r	9.067,--	5.104,--	56,3	1.782,--	19,7	2.181,--	24,1
Beamter/in	7.346,--	5.143,--	70,0	1.135,--	15,5	1.067,--	14,5
Angestellte/r	6.198,--	4.245,--	68,5	977,--	15,8	976,--	15,7
Arbeiter/in	4.829,--	3.635,--	75,3	551,--	11,4	643,--	13,3
Arbeitslose/r	2.927,--	2.585,--	88,3	269,--	9,2	74,--	2,5
Nichterwerbstätige/r[3)]	3.599,--	2.902,--	80,6	474,--	13,2	223,--	6,2

Tabelle 15: Fortsetzung: Die Verwendung der ausgabefähigen Einkommen und Einnahmen der privaten Haushalte 1993 je Haushalt und Monat (Neue Länder und Berlin-Ost)

	Ausgabefähige Einkommen und Einnahmen[1]	Davon wurden aufgewendet für privaten Verbrauch in DM	in v. H.	sonstige Ausgaben[1) 2)] in DM	in v.H.	Ersparnis in DM	in v. H.
Haushalte insg.	**3.419,--**	**2.700,--**	**79,0**	**301,--**	**8,8**	**418,--**	**12,2**
von ... bis unter .... DM	**nach dem monatlichen Nettohaushaltseinkommen**						
unter 1.200	1.105,--	1.057,--	95,7	38,--	3,4	9,--	0,8
1.200 - 1.400	1.344,--	1.256,--	93,5	64,--	4,8	23,--	1,7
1.400 – 1.600	1.652,--	1.535,--	92,9	89,--	5,4	28,--	1,7
1.600 - 1.800	1.765,--	1.570,--	89,0	142,--	8,1	53,--	3,0
1.800 - 2.000	1.982,--	1.791,--	90,3	153,--	7,7	39,--	2,0
2.000 - 2.500	2.314,--	2.061,--	89,1	150,--	6,5	102,--	4,4
2.500 - 3.000	2.840,--	2.490,--	87,7	191,--	6,7	159,--	5,6
3.000 - 3.500	3.353,--	2.814,--	83,9	245,--	7,3	294,--	8,8
3.500 - 4.000	3.814,--	3.015,--	79,1	332,--	8,7	466,--	12,2
4.000 - 5.000	4.576,--	3.552,--	77,6	434,--	9,5	590,--	12,9
5.000 - 10.000	6.334,--	4.333,--	68,4	816,--	12,9	1.186,--	18,7
10.000 - 25.000	(12.808,--)	(5.447,--)	(42,5)	(1.871,--)	(14,6)	(5.490,--)	(42,9)
25.000 - 35.000	/	/	/	/	/	/	/
	nach der sozialen Stellung der Bezugsperson						
Landwirt/in	/	/	/	/	/	/	/
Gewerbetreibende/r freiberuflich Tätige/r	5.530,--	3.663,--	66,2	716,--	12,9	151,--	20,8
Beamter/in	/	/	/	/	/	/	/
Angestellte/r	4.655,--	3.378,--	72,6	508,--	10,9	769,--	16,5
Arbeiter/in	3.781,--	2.976,--	78,7	358,--	9,5	446,--	11,8
Arbeitslose/r	2.593,--	2.289,--	88,3	159,--	6,1	145,--	5,6
Nichterwerbstätige/r[3)]	2.469,--	2.123,--	86,0	166,--	6,7	180,--	7,3

1) Einschließlich einer statistischen Differenz.
2) Versicherungsbeiträge, sonstige Einkommensübertragungen einschließlich Zinsen für Baudarlehen u.ä..
3) Personen, die überwiegend keine auf Erwerb ausgerichtete Tätigkeit ausüben.

Quelle: Tabelle 21.9: Zusammensetzung und Verwendung der ausgabefähigen Einkommen und Einnahmen privater Haushalte 1993 je Haushalt und Monat (Ergebnisse der Einkommens- und Verbrauchsstichprobe 1993), in: Statistisches Bundesamt (Hrsg.): Statistisches Jahrbuch 1997 für die Bundesrepublik Deutschland, a. a. O., S. 579.

Wie Tabelle 15 verdeutlicht, lag im früheren Bundesgebiet die Spanne der monatlichen (positiven) Sparbeträge privater Haushalte zwischen DM 36,-- (1,7%) und einem Höchstbetrag in Höhe von DM 14.521,-- (48,2% des ausgabefähigen Einkommens). Dies verstärkt erneut die Aussage, daß die Sparmöglichkeit, trotz hoher Sparbereitschaft, deutlich mit dem Einkommen korreliert.[431] Haushalte mit einem monatlichen Nettoeinkommen über 25.000,-- DM waren entsprechend der Zahlen in Tabelle 15 in der Lage, annähernd dreimal so viel zu sparen, wie den westdeutschen Haushalten insgesamt als durchschnittliches ausgabefähiges Einkommen zur Verfügung stand! Interessant erscheint in diesem Zusammenhang die Tatsache, daß in den neuen Bundesländern auch bei Beziehern niedrigster Einkommen keine negative Ersparnis vorzufinden ist und sehr gut verdienende Haushalte mit einem monatlichen Nettoeinkommen über DM 10.000,-- weit mehr sparen (konnten), wie den ostdeutschen Haushalten im Durchschnitt als ausgabefähiges Einkommen zur Verfügung stand.

Tabelle 16: Die Schichtung der privaten Haushalte 1993 nach dem Haushaltsnettoeinkommen und der sozialen Stellung der Bezugsperson (Früheres Bundesgebiet)

		nach der sozialen Stellung der Bezugsperson						
	Haushalte insgesamt	**Landwirt/in**	**Gewerbetreibende/r freiber. Tätige/r**	**Beamter/in**	**Angestellte/r**	**Arbeiter/in**	**Arbeitslose/r**	**Nichterwerbstätige/r[1)]**
Haushalte insg. (in 1000)	**28.917**	**255**	**1.744**	**1.602**	**7.042**	**6.173**	**1.246**	**10.854**
von ... bis unter .... DM				in v.H.				
unter 1.200	3,2	/	/	/	/	/	(17,0)	6,0
1.200 - 1.400	2,2	/	/	/	(0,5)	/	(6,4)	4,2
1.400 – 1.600	2,8	/	/	/	(0,9)	/	(9,2)	4,9
1.600 - 1.800	2,7	/	/	/	(0,9)	/	(4,4)	5,3
1.800 - 2.000	3,4	/	/	/	(1,5)	(2,1)	(7,0)	5,9
2.000 - 2.500	8,5	/	/	(0,9)	6,2	6,2	(10,4)	13,4
2.500 - 3.000	9,0	/	(2,8)	(2,6)	8,0	8,2	11,2	11,8
3.000 - 3.500	8,4	(8,8)	(4,4)	4,2	7,1	8,5	(8,6)	10,4
3.500 - 4.000	8,0	(9,1)	(5,3)	4,6	6,2	11,5	(6,1)	8,3
4.000 - 5.000	14,1	(19,2)	9,3	11,6	13,1	22,5	11,0	11,3
5.000 - 10.000	31,7	44,3	(41,3)	62,8	44,8	36,4	(8,6)	16,7
10.000 - 25.000	6,0	/	29,8	12,3	10,3	(1,3)	/	1,8
25.000 - 35.000	(0,1)	/	(1,6)	/	/	/	/	/

[431] Zu einer differenzierten Betrachtung der Aufwendungen privater Haushalte vgl. Hertel, Jürgen: Einnahmen und Ausgaben privater Haushalte im Jahr 1988, in: Statistische Bundesamt (Hrsg.): Wirtschaft und Statistik 09/1992, Wiesbaden, 1992, S. 653 - 667, hier S. 666.

Tabelle 16: Fortsetzung: Die Schichtung der privaten Haushalte 1993 nach dem Haushaltsnettoeinkommen und der sozialen Stellung der Bezugsperson (Neue Länder und Berlin-Ost)

		nach der sozialen Stellung der Bezugsperson						
	Haushalte insgesamt	**Land-wirt/in**	**Gewerbe-treibende/r freiber. Tätige/r**	**Beamter/in**	**Ange-stellte/r**	**Arbeiter/in**	**Arbeits-lose/r**	**Nicht-erwerbs-tätige/r[1)]**
Haushalte insg. (in 1000)	**6.684**	/	**291**	/	**1.437**	**1.631**	**610**	**2.639**
von ... bis unter .... DM				in v.H.				
unter 1.200	5,2	/	/	/	/	/	(14,6)	8,9
1.200 - 1.400	4,1	/	/	/	/	/	(8,8)	7,0
1.400 – 1.600	4,9	/	/	/	(1,3)	/	(5,3)	9,3
1.600 - 1.800	5,9	/	/	/	(2,1)	/	(6,0)	10,6
1.800 - 2.000	5,6	/	/	/	(1,9)	/	(6,7)	9,7
2.000 - 2.500	12,1	/	/	/	8,2	(7,8)	14,5	17,1
2.500 - 3.000	11,5	/	/	/	8,7	12,1	12,3	13,1
3.000 - 3.500	10,8	/	/	/	8,4	14,6	(12,2)	9,9
3.500 - 4.000	10,0	/	(14,0)	/	10,1	16,5	(8,7)	5,8
4.000 - 5.000	14,8	/	(20,8)	/	21,8	23,9	(10,1)	5,4
5.000 - 10.000	14,2		(24,7)	/	35,1	15,3	/	(3,2)
10.000 - 25.000	(0,8)	/	/	/	(1,3)	/	/	/
25.000 - 35.000	/	/	/	/	/	/	/	/

1) Personen, die überwiegend keine auf Erwerb ausgerichtete Tätigkeit ausüben.

Quelle: Tabelle 21.10: Schichtung der privaten Haushalte 1993 nach Höhe der Haushaltsnettoeinkommen je Monat (Ergebnisse der Einkommens- und Verbrauchsstichprobe 1993), in: Statistisches Bundesamt (Hrsg.): Statistisches Jahrbuch 1997 für die Bundesrepublik Deutschland, a. a. O., S. 580.

Aus Tabelle 16 ist ersichtlich, daß der überwiegende Teil der in den alten Bundesländern erfaßten Haushalte insgesamt, aber auch untergliedert nach der sozialen Stellung der Bezugsperson in der Einkommenskategorie von DM 5.000,- bis DM 10.000,-- liegt, wohingegen in den neuen Bundesländern die Einkommen zwischen DM 4.000,-- und DM 5.000,-- überwiegen. Auch die in Abbildung 17 dargestellte Lorenzkurve, die als übliches Maß der Einkommenskonzentration gilt, verdeutlicht, daß im Jahr 1993 die Hälfte aller Haushalte lediglich über ¼ des gesamten Haushaltsnettoeinkommens verfügen, wohingegen das letzte Dezil ebenfalls über nahezu ¼ verfügt. Betrachtet man die Lorenzkurve für das Jahr 1988, so läßt sich feststellen, daß beide Kurven fast identisch verlaufen, wobei allerdings in der Einkommens- und Verbrauchsstichprobe 1988 nur Haushalte bis zu einem Haushaltsnettoeinkommen in Höhe von DM 25.000,-- und keine Haushalte ausländischer Mitbürger erfaßt sind und diese Daten demnach nur bedingt vergleichbar sind.

Abbildung 17: Die Verteilung der Einkommen privater Haushalte auf Grundlage der Ergebnisse der Einkommens- und Verbrauchsstichprobe 1993

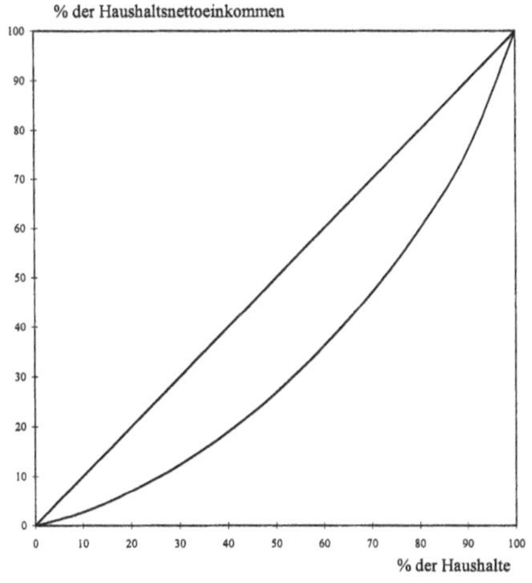

Quelle: Basisdaten: Hertel, Jürgen: Einnahmen und Ausgaben der privaten Haushalte im Jahr 1993, in: Statistisches Bundesamt (Hrsg.): Wirtschaft und Statistik 1/1997, Wiesbaden, 1997, S. 45 - 58, hier S. 56 (Übersicht).

Wie andere Studien verdeutlichen, scheint das Gebrauchsvermögen relativ gleich verteilt zu sein, wohingegen das Produktiv- aber auch das Geld- sowie das Haus- und Grundvermögen eher ungleich verteilt ist. Die Tatsache, daß das Gebrauchsvermögen im Vergleich zu anderen Vermögensformen eher gleich verteilt sind, ist durchaus nachvollziehbar, da Haushalte mit geringem Einkommen einer höheren Konsumneigung unterliegen und zunächst versuchen werden, langlebige Gebrauchsgüter anzuschaffen.[432] Den Untersuchungen Manfred Schöners zu Folge wiesen im Jahr 1987 insbesondere das Produktiv- und Geldvermögen enorme Verteilungsdisparitäten auf: Die reichsten 2% der Gesamtbevölkerung besaßen annähernd die Hälfte des Produktivvermögens, wohingegen Haushalte mit unterdurchschnittlichem oder geringen Einkommen und Vermögen (mit einem Bevölkerungsanteil von 50%) lediglich über 4% des

[432] Vgl. Tabelle 2.2.3: Ausstattung mit ausgewählten langlebigen Gebrauchsgütern, in Bundesministerium für Wirtschaft (Hrsg.): Wirtschaft in Zahlen 1997 (Internet-Veröffentlichung).

Produktivvermögens verfügten![433] Betrachtet man die Verteilung der Geldvermögen auf Basis der Einkommens- und Verbrauchsstichprobe 1993 unterliegt sie allerdings der Problematik, daß die erfaßten Vermögensbestände deutlich von den Untersuchungen der Deutschen Bundesbank abweichen, wobei dies, wie bereits zu Beginn des Kapitels dargestellt, im wesentlichen auf folgende Punkte zurückgeführt werden kann:

- Einkommens- und Verbrauchsstichprobe 1993 erfaßt weder Haushalte mit einem monatlichen Nettoeinkommen über DM 35.000,-- noch private Organisationen ohne Erwerbszweck (Kirchen, Gewerkschaften und Arbeitgeberverbände). Da jedoch die besserverdienenden Haushalte aber auch vorgenannte Organisationen im allgemeinen über höhere Geldvermögensbestände, insbesondere über Aktien und Wertpapiere verfügen, kann eine deutliche Untererfassung vermutet werden.
- Weiterhin ist es schwierig, die (Geld-) Vermögensbestände der Selbständigen dem Betriebs- beziehungsweise dem Privatvermögen zuzuordnen.

Zunächst läßt sich feststellen, daß fast jeder Haushalt über diese Vermögensform verfügte, wobei die durchschnittlichen Bruttogeldvermögensbestände pro Haushalt im früheren Bundesgebiet bei DM 65.300,-- und in den neuen Bundesländern bei DM 23.400,-- lagen.[434] Das Geldvermögen war jedoch auch im Jahr 1993 ungleich verteilt und wies erwartungsgemäß eine enge Korrelation zum Einkommen auf, zumal im früheren Bundesgebiet (Werte in Klammer gelten für die neuen Bundesländer) Haushalte mit sehr geringen monatlichen Nettoeinkommen unter DM 1.800,-- und somit das unterste Dezil aller Haushalte (untersten zwei Dezile) über ein Geldvermögen von DM 24.400,-- (DM 12.600,--), Haushalte mit einem Moantsnettoeinkommen zwischen DM 6.000,-- und DM 10.000,-- über ein Geldvermögen von DM 136.000,-- (60.400,--) und sehr gut verdienende Haushalte mit einem monatlichen Nettoeinkommen zwischen DM 10.000,-- und DM 35.000,-- über ein durchschnittliches Vermögen in Höhe von DM 280.700,-- verfügen konnten. Basierend auf den Untersuchungsergebnissen von Edeltraud Guttmann soll Abbildung 18 die Struktur des Brut-

---

433 Vgl. Schöner, Manfred: Überbetriebliche Vermögensbeteiligung, a. a. O., S. 56.

434 Die Werte beziehen sich auf Haushalte, die über Geldvermögen verfügen. Bezogen auf alle erfaßten Haushalte beläuft sich das Bruttogeldvermögen (Nettogeldvermögen) auf DM 63.100,-- (DM 61.100,--) im früheren Bundesgebiet und auf DM 22.800,-- (DM 21.300,--) in den neuen Bundesländern. Vgl. Guttmann, Edeltraud: Geldvermögen und Schulden privater Haushalte Ende 1993, a. a. O., S. 391 - 399, hier Tabelle 2 und Tabelle 7.

togeldvermögens im früheren Bundesgebiet der Selbständigen- und der Arbeiterhaushalte verdeutlichen. Die Geldvermögensstruktur im früheren Bundesgebiet zeigt, daß Versicherungs- und Wertpapierguthaben in nahezu allen sozialen Schichten eine zentrale Stellung einnahmen. Der Anteil der Versicherungsguthaben betrug bei den Selbständigenhaushalten über 53%, wohingegen Arbeiterhaushalte über einen Anteil in Höhe von knapp 40% und Beamtenhaushalte über einen Anteil in Höhe 31,04% verfügten.[435] Dabei sollte nicht übersehen werden, daß das durchschnittliche Geldvermögen je Selbständigenhaushalt (mit DM 160.100,--) mehr als das Dreifache des Geldvermögens der Arbeiterhaushalte (DM 48.100,--) und mehr als das Doppelte des Geldvermögens der Angestellten- (DM 69.400,--) und Beamtenhaushalte (DM 77.000,--) ausmachte. Der Anteil der Bausparguthaben der Arbeiter- und Beamtenhaushalte lag mit 12,24% und 12,86% deutlich über dem Anteil der Angestellten- (9,08%) und Selbständigenhaushalte (4,50%).

Abbildung 18: Die Struktur des Bruttogeldvermögens eines Selbständigenhaushaltes im früheren Bundesgebiet Ende 1993

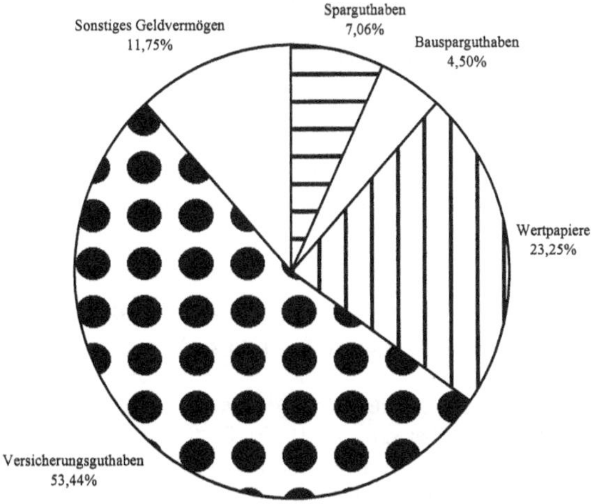

Quelle: Basisdaten: Guttmann, Edeltraud: Geldvermögen und Schulden privater Haushalte Ende 1993, in: Statistisches Bundesamt (Hrsg.): Wirtschaft und Statistik 5/1995, Wiesbaden, 1995, S. 391 - 399, hier Tabelle 4.

[435] Die relativ hohen Versicherungsvermögen seitens der Selbständigenhaushalte sind insofern verständlich, als daß beispielsweise die Guthaben bei Lebensversicherungen im Rahmen ihrer Risikoabsicherung eine bedeutende Vorsorgefunktion einnehmen und eine bedeutende Einnahmequelle im Rentenalter darstellen.

Abbildung 19: Die Struktur des Bruttogeldvermögens eines Arbeiterhaushaltes im früheren Bundesgebiet Ende 1993

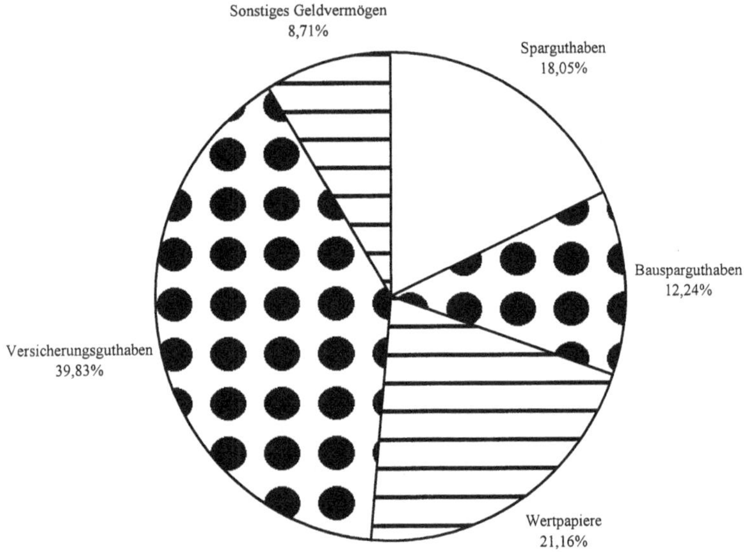

Quelle: Basisdaten: Guttmann, Edeltraud: Geldvermögen und Schulden privater Haushalte Ende 1993, a. a. O., S. 391 - 399, hier S. 392, Tabelle 4.

Entsprechend der Daten der Kommission für Zukunftsfragen läßt sich die Verteilung des Bruttogeldvermögens wie folgt darstellen:

> „... Danach verfügte in Westdeutschland das reichste Fünftel über rund 62 v.H., das ärmste dagegen nur über rund 1 v.H. des Bruttogeldvermögens. Die wohlhabendere Hälfte der privaten Haushalte besaß rund neun zehntel, die weniger wohlhabende nur ein zehntel des Bruttogeldvermögens.“[436]

Neben dem Geldvermögen soll im weiteren Verlauf dieser Arbeit das Haus- und Grundvermögen untersucht werden.

---

[436] Kommission für Zukunftsfragen der Freistaaten Bayern und Sachsen (Hrsg.): Erwerbstätigkeit und Arbeitslosigkeit in Deutschland, a. a. O., S. 87.

Tabelle 17: Die Verteilung der Haus- und Grundvermögen Ende 1993, gegliedert nach der sozialen Stellung der Bezugsperson

	Anteil der Haushalte an allen Haushalten (in v.H.)		**Haushalte mit Grundvermögen (in 1000)**		**Anteil der Haushalte mit Grundvermögen in der jeweiligen Haushaltsgruppen (in v.H.)**		**Anteil der Haushalte mit Grundvermögen an allen Haushaltsgruppen (in v.H.)**	
	Früheres Bundesgebiet	neue Bundesl. und Berlin-Ost	Früheres Bundesgebiet	neue Bundesl. und Berlin-Ost	Früheres Bundesgebiet	neue Bundesl. und Berlin-Ost	Früheres Bundesgebiet	neue Bundesl. und Berlin-Ost
Landwirt/in	0,97	0,19	248	(11)	88,26	(84,62)	0,86	(0,16)
Gewerbetreibende/r freiberuflich Tätige/r	6,07	4,28	1.249	153	71,21	53,50	4,32	2,29
Beamter/in	5,54	1,03	1.023	(14)	63,89	(20,29)	3,54	0,21
Angestellte/r	24,34	21,47	3.605	436	51,23	30,38	12,47	6,52
Arbeiter/in	21,33	24,40	3.012	495	48,83	30,35	10,42	7,41
Arbeitslose/r	4,30	9,13	354	131	28,41	21,48	1,22	1,96
Nichterwerbstätige/r	37,49	39,48	5.105	613	47,08	23,23	17,65	9,17
Gesamt	100	100	14.596	1.853	/	/	50,48	27,72

Quelle: Laue, Evelyn: Grundvermögen privater Haushalte 1993, hier Tabelle 1: Private Haushalte mit Grundvermögen am 31. Dezember 1993 (Ergebnisse der Einkommens- und Verbrauchsstichprobe), in: Statistisches Bundesamt (Hrsg.): Wirtschaft und Statistik 6/1995, Wiesbaden, 1995, S. 488 - 497, hier S.489 (eigene Darstellung).

Die Verteilung des Haus- und Grundvermögens kann insofern positiver bewertet werden, als daß 50% aller westdeutschen Haushalte, das heißt circa 14,5 Millionen Haushalte, über Haus- und Grundvermögen verfügten. Demgegenüber lag der Anteil der Haus- und Grundeigentümer in den neuen Bundesländern bei etwa 27%. Weiterhin läßt sich entsprechend Tabelle 17 feststellen, daß im früheren Bundesgebiet 88% aller Landwirte beziehungsweise 71% der Selbständigenhaushalte über Haus- und Grundvermögen verfügen und etwa 50% der Arbeitnehmerhaushalte diese Vermögensform besitzen. Unter Berücksichtigung der einzelnen Einkommenskategorien zeigt sich, daß eine enge Korrelation zwischen der Einkommenshöhe und dem jeweiligen Anteil der Haushalte mit Haus- und Grundvermögen besteht: In Westdeutschland verfügen 20% aller Haushalte mit einem Nettoeinkommen bis DM 1.200,-- über Haus- und Grundvermögen, wohingegen der Anteil bei Haushalten über DM 10.000,-- Nettoeinkommen bei über 91,5% liegt.[437] Obgleich sich auch hier Verteilungsdisparitäten feststellen lassen, unterstützen die Daten der Einkommens- und Verbrauchsstichprobe 1993 die Annahme, daß zum einen vermögenspolitische Maßnahmen zur Förderung der Eigenheimbildung in der Vergangenheit überwiegend positiv wirkten und zum anderen eine starke Präferenz zur Bildung dieser Vermögensformen vorliegt.[438] Überwiegend aus dem Sicherheits- und Vorsorgeaspekt werden die Arbeitnehmerhaushalte zunächst leicht liquidierbare Sparguthaben bilden. Mit steigendem Einkommen/Vermögen werden im allgemeinen Sachvermögen oder Eigenheime präferiert, wobei ihre (fiktiven) Erträge, wie beispielsweise die Mietersparnis, nur als Einkommensergänzungen bewertet werden können.

Auffallend sind die deutlichen Parallelen zwischen dem Anteil am Gesamtvermögen (ohne Versorgungsansprüche), den Anteilen am Produktiv- und Geldvermögen und dem Einkommen: Haushalte mit sehr hohen Einkommen verfügen über große Teile des Pro-Kopf-Vermögens und umgekehrt. Dabei sollte jedoch keinesfalls von einer einfachen, linearen Beziehung zwischen Vermögens- und Einkommensverteilung ausgegangen werden, da üblicherweise die Ertragsraten mit der Größe des Vermögens überproportional ansteigen. Wie bei der Betrachtung der Zielaspekte einer Vermögensumverteilung dargestellt, liegt der Hauptgrund in der Tatsache, daß geringere Vermögen überwiegend in Form von Sparkonten oder Lebensversicherungen angelegt werden und erst mit steigendem Vermögen risiko- aber auch ertragsreichere Anlageformen gewählt werden (können). In diesem Zusammenhang kann die Beziehung zwischen Einkommenshöhe und Vermögensbestand allerdings auch dahingehend interpretiert werden, daß mit steigendem Vermögen der permanente Arbeitsangebotszwang sinkt, dementsprechend die Arbeitsangebotselastizität steigt[439] und zudem bessere Ausbildungs- und Berufseinstiegschancen wahrgenommen werden können, die ihrerseits die Einkommensverteilungsrelation beeinflussen. Eine weitere Problematik ist darin zu sehen, daß Wirtschaftssubjekte mit niedrigem Einkommen nur minimale Beträge aus dem laufenden Einkommen sparen

---

437 Laue, Evelyn: Grundvermögen privater Haushalte 1993, hier Tabelle 1: Private Haushalte mit Grundvermögen am 31. Dezember 1993 (Ergebnisse der Einkommens- und Verbrauchsstichprobe), in: Statistisches Bundesamt (Hrsg.): Wirtschaft und Statistik 6/1995, Wiesbaden, 1995, S. 488 - 497, hier S.489.

438 Die bereits seit 1952 eingeführten steuerlichen Abzugsmöglichkeiten, Wohnbauprämien, günstige Baudarlehen und die Förderung zur Bereitstellung günstigen Wohnraums verdeutlichen, daß in der Bundesrepublik Deutschland der Wohnungsbau massiv gefördert wird.

439 Vgl. ebenso Weisser, Gerhard: Vermögen und Vermögenspolitik, a. a. O., S. 163 - 187.

können und die entsprechende Vermögensbildung wiederum nur geringes Einkommen stiftet.[440]

Dieser Umstand läßt sich auch mit den Worten Carl Föhls umschreiben:[441]

> „Da die kleinen Einkommen fast vollständig zu Verbrauchsausgaben verwendet werden, während ein erheblicher Teil der großen Einkommen gespart wird, da andererseits die hohen Einkommen vorwiegend aus Gewinn und Zinseinkommen bestehen, also Besitzeinkommen sind, fällt zwangsläufig der weitaus größte Teil des neu geschaffenen Volksvermögens denjenigen zu, welche bereits besitzen."

Alles in allem kann in der Bundesrepublik Deutschland eine enorme Steigerung des reproduzierbaren Gesamtvermögens festgestellt und unter der Prämisse, neu zu bildendes Vermögen zu verteilen, dementsprechend auf ein beachtliches Potential zurückgegriffen werden. Andererseits sind in den Bereichen des Geld-, Haus- und Grundvermögens[442] aber auch insbesondere des Produktivvermögens keine deutlichen Verbesserungen der Verteilungssituation erkennbar.[443]

---

[440] Eine Untersuchung differenzierter Sparquoten, gegliedert nach sozialen Gruppen, findet sich in einzelnen Wochenberichten des DIW. Vgl. dazu beispielhaft Ohne Verfasser: Einkommen und Ersparnis der Privathaushalte im Jahr 1987, in: Deutsches Institut für Wirtschaftsforschung (Hrsg.): Wochenbericht 38/88, 55. Jahrgang, Berlin, 1988, S. 499 - 505, hier S. 504.

[441] Föhl, Carl: Kreislaufanalytische Untersuchungen der Vermögensbildung in der Bundesrepublik Deutschland und der Beeinflußbarkeit ihrer Verteilung, a. a. O., S. 40.

[442] Entsprechend den Berechnungen der Kommission für Zukunftsfragen der Freistaaten Bayern und Sachsen verfügten 1993 die einkommensschwächsten zwei Dezile über 1/14 des Haus-, Grund- und Geldvermögens, wohingegen die obersten zwei Dezile mehr als 40% dieser Vermögensformen besaßen. Vgl. Kommission für Zukunftsfragen der Freistaaten Bayern und Sachsen (Hrsg.): Erwerbstätigkeit und Arbeitslosigkeit in Deutschland, a. a. O., S. 82.

[443] Richard Hauser kommt zu folgendem Ergebnis: „ Im Rahmen einer früheren Untersuchung wurde für 1983 ein Verbreitungsgrad von lediglich ca. 6% aller westdeutschen Haushalte ermittelt. Über die Konzentration des Produktivvermögens liegen aus neuerer Zeit nur wenige Informationen vor. Für 1983 wurde ein - angesichts der sehr geringen Verbreitung des Produktivvermögens nicht unerwartet - sehr hoher haushaltsbezogener Gini-Koeffizient in Höhe von 0,969 errechnet." Hauser, Richard: Entwicklung und Verteilung von Einkommen und Vermögen der privaten Haushalte in Deutschland, a. a. O., S. 10. Vgl. dazu auch Ohne Verfasser: Neu: „... bild Dir ein Vermögen! Der Staat legt zu", in: Presse und Informationsamt der Bundesregierung (Hrsg.): Sozialpolitische Umschau, Ausgabe 27, Nr. 332, Bonn, 1998, S. 23.

Bereits 1948 wurden in der Bundesrepublik Deutschland die ersten Weichen der Vermögenspolitik gestellt, da beispielsweise mit der Wiedereinführung der steuerlichen Abzugsfähigkeit von Bauspar- und Versicherungsbeiträgen überwiegend Personen beziehungsweise Haushalte mit höheren Einkommen gefördert wurden.[444] Das inzwischen mehrfach geänderte Sparprämiengesetz sollte diese eher konzentrationsfördernde Entwicklung abschwächen und die Vermögensbildungsbereitschaft (Sparneigung) der Bezieher niedriger Einkommen erhöhen, wodurch allerdings eine Verbesserung der Sparfähigkeit nicht befriedigend erreicht werden konnte.[445] Auch Jörg Althammer kommt zu einem solchen Ergebnis:

> „Die hier zu konstatierende geringe verteilungspolitische Effizienz staatlicher Vermögenspolitik resultiert insbesondere aus der Tatsache, daß die vermögenspolitischen Maßnahmen bislang vornehmlich an der Sparwilligkeit, also der intertemporalen Präferenzordnung der Wirtschaftssubjekte, ansetzten, dagegen die Sparfähigkeit, d. h. die Budgetrestriktion der Haushalte, als limitierenden Faktor vermögenspolitischer Maßnahmen weitgehend vernachlässigten."[446]

Zudem stellt sich die Frage, inwieweit durch diese staatliche Förderung auch tatsächlich eine langfristige Erhöhung des Sparens erreicht werden kann und die freigesetzten Mittel nicht nach Ablauf der Sperrfrist konsumtiv verwendet werden.[447]

Trotz der positiven Entwicklung der gesamten Einkommen zeigt sich sehr deutlich, daß die Einkommen aus Vermögen überproportional stark gestiegen sind. Von dieser Steigerung profitieren vor allem jene, die über den größten Anteil verfügen, was wiederum bedeutet, daß dadurch eine weitere Einkommens- und Vermögenskonzentration stattfinden kann.

Obwohl die sonstigen Vermögenswerte nahezu konstant geblieben sind, ist eine Verschiebung von den Spar- und Bausparguthaben hin zu Versicherungen und festverzinslichen Wertpapieren zu erkennen. Die Hauptgründe werden sicher-

---

[444] Vgl. Oberhauser, Alois: Finanzpolitik und private Vermögensbildung, a. a. O., S. 192 ff. und Lampert, Heinz: Lehrbuch der Sozialpolitik, a. a. O., S. 403 f.

[445] Vgl. Neumann, Karl: Vermögensverteilung und Vermögenspolitik, a. a. O., S. 37.

[446] Althammer, Jörg: Gewinnbeteiligung bei begrenzter Haftung der Arbeitnehmer, a. a. O., S. 18.

[447] Vgl. auch die Untersuchungen der Wiederanlagequoten von Mierheim und Wicke: Mierheim, Horst / Wicke, Lutz: Die personelle Vermögensverteilung, a. a. O., S. 177 sowie Neumann, Karl: Vermögensverteilung und Vermögenspolitik, a. a. O., S. 43.

lich darin liegen, daß auf Grund der Wettbewerbssituation auf dem Bankensektor und der Abnahme der Informationsbeschaffungskosten neue, rentablere Anlageformen angeboten werden, die Markttransparenz erhöht wurde und zudem eine Verschiebung der Präferenzen stattfand. Nach beziehungsweise in der Phase des wirtschaftlichen Wiederaufbaus herrschte in der Bundesrepublik Deutschland ein enormer Nachholbedarf an langlebigen Gebrauchsgütern, wie beispielsweise Wohnungseinrichtungen oder Kraftfahrzeugen, und private Haushalte bevorzugten daher Spar- und Bausparguthaben, um für Konsumzwecke zu sparen. Nachdem dieser Bedarf gedeckt war, konnte vermehrt dem Sicherheitsbedürfnis Rechnung getragen und zusätzliche Vermögenswerte in Form von Versicherungen und Wertpapieren angelegt werden.[448]

Die Zuwächse des Gesamtvermögens und die nach wie vor bestehende Ungleichverteilung einzelner Vermögenswerte im allgemeinen und des Produktivvermögens im besonderen, legen die Schlußfolgerung nahe, daß die in der Vergangenheit praktizierte Vermögenspolitik ihren Zielen nicht vollständig gerecht werden konnte. Daher mehren sich die Forderungen nach neuen Konzepten, um diese Disparitäten zu beseitigen. Einer der möglichen Lösungsvorschläge ist die Beteiligung der Arbeitnehmer am Produktivvermögen mit Hilfe einer Gewinn- oder Ertragsbeteiligung, die nun im weiteren Verlauf dieser Arbeit eingehend betrachtet wird.

---

[448] Vgl. Schöner, Manfred: Überbetriebliche Vermögensbeteiligung, a. a. O., S. 216 ff.

6. Probleme einer Mitarbeiterbeteiligung

Die erfolgreiche Einführung einer Mitarbeiterbeteiligung erfordert neben der Erstellung eines individuellen Zielkataloges auch die realistische Betrachtung einzelner Problemaspekte, da derzeit kein Beteiligungsmodell existiert, das allen Anforderungen gleichzeitig gerecht werden kann und dabei ausschließlich positive Wirkungen aufweist. In Hinblick auf die Verwirklichung einer Sozialpartnerschaft und die Bereitschaft, Mitarbeiterbeteiligungen in die künftige Tarifpolitik einzubeziehen[449], sollten - entsprechend der Zielanalyse - „negative" Präferenzordnungen erstellt und die Argumente gegeneinander abgewogen werden, um im Anschluß daran einzelne spezifische Gestaltungsvarianten zu erarbeiten, zumal unterschiedliche Mitarbeiterbeteiligungsmodelle ambivalente Wirkungen aufweisen und dementsprechend einzelne Probleme verstärken, aber auch beseitigen können.[450]

6.1 Die Problematik aus Sicht der Arbeitnehmer

Vermögenspolitische Konzepte mit dem Ziel, die Arbeitnehmer am Produktivvermögen zu beteiligen werden sowohl von Seiten der Arbeitgeber als auch der Arbeitnehmer und deren Interessenvertreter zunächst kritisch betrachtet. Insbesondere aus Sicht der Arbeitnehmer stehen einer Vielzahl einzelwirtschaftlicher Zielaspekte berechtigte Bedenken, wie beispielsweise erhöhter Leistungsdruck oder Risikokumulierung, aber auch traditionelle Denk- und Verhaltensstrukturen gegenüber.

---

449 Eine Stellungnahme der DAG verdeutlicht die Trendwende in der Tarifpolitik: „Man kommt deshalb an der Erkenntnis nicht vorbei, daß es letztlich mit der „klassischen" Lohn- und Gehaltspolitik nicht gelungen ist, die Verteilung von Einkommen und damit auch Vermögen nachhaltig zugunsten der Arbeitnehmerinnen und Arbeitnehmer zu verändern." Deutsche Angestellten Gewerkschaft (Hrsg.): Das Modell der DAG zur „investiven Lohnpolitik", a. a. O., S. 3. Auch Jürgen Möllemann kommt zu dem Ergebnis, daß Beteiligungsmodelle zukunftsorientierte, an der Produktivitätsentwicklung der Wirtschaft ausgerichtete Lohnformen darstellen. Vgl. Möllemann, Jürgen: Investition und Vermögensbildung, in: Weißkirchen, Christoph: Bericht über die DAG-Tagung zur Beteiligung der Angestellten und Arbeiter/innen am Zuwachs des Produktivkapitals vom 8. - 10. November 1991, internes Arbeitspapier, Königswinter, 1991, S. 5.

450 Zu den Problemen vgl. Adam, Hermann: Macht und Vermögen in der Wirtschaft, a. a. O., S. 39 ff.

Interesse der Arbeitnehmer an einer Produktivkapitalbeteiligung

Ein grundsätzliches Problem läßt sich zunächst mit der allgemeinen Frage umschreiben, inwieweit Arbeitnehmer tatsächlich an einer Produktivvermögensbeteiligung interessiert sind beziehungsweise ob und gegebenenfalls warum die Arbeitnehmer vorwiegend Gebrauchsvermögen bilden und eigenem Produktivvermögen eher skeptisch gegenüber stehen. Die Betrachtung sollte sich demnach nicht nur darauf beschränken, inwieweit bisher Vermögenslose sparbereit sind, sondern vielmehr, wie stark die Bereitschaft zur Produktivkapitalbeteiligung ausgeprägt ist.

Wie in Tabelle 9 ersichtlich, betrug die durchschnittliche Sparquote der privaten Haushalte in den vergangenen Jahrzehnten etwa 12,4%. Bei dieser Quote kann davon ausgegangen werden, daß prinzipiell eine hohe Sparbereitschaft vorliegt.

In Hinblick auf den zweiten Teil der Frage sollten mehrere Aspekte betrachtet werden, da die Bereitschaft, sich am Produktivkapital zu beteiligen, von unterschiedlichen Faktoren beeinflußt wird. Es hat sich gezeigt, daß das Gebrauchsvermögen relativ gleich verteilt ist, wohingegen eine deutliche Konzentration des Produktivvermögens vorherrscht.

Der Argumentation Gerhard Weissers' folgend, wären zu Beginn der Industrialisierung die Arbeitnehmer sicherlich bereit gewesen, eine gesellschafterähnliche Position einzunehmen. Da jedoch das Arbeitsangebot die Nachfrage deutlich überstieg, sahen sich die Kapitalbesitzer nicht gezwungen, die Mitarbeiter am Erfolg zu beteiligen.[451] Ihre gesellschaftliche Stellung wurde zudem von der Ansicht geprägt, daß die Arbeiterschaft eine geistig und politisch unreife, erziehungsbedürftige Klasse sei, die dem Unternehmer vielmehr dankbar und ihm über das eigentliche Arbeitsverhältnis hinaus gehorsam sein sollte.[452] Aus diesen „historischen" Gründen war eine Produktivvermögensbeteiligung indiskutabel, die Arbeitnehmer akzeptierten den Status quo und eine Beteiligung am Produktivvermögen war über Generationen hinweg kaum vorstellbar.

Auch Oswald von Nell-Breuning sah in der kontinuierlichen Entwöhnung und demzufolge in der mangelnden Erfahrung im Umgang mit risikobehaftetem Produktivvermögen mögliche Argumente für die Präferenz der Arbeitnehmer, überwiegend Konsumvermögen zu bilden:

---

451 Vgl. Weisser, Gerhard: Vermögen und Vermögenspolitik, a. a. O., S. 169.

452 Zu Einstellung zur Arbeiterstellung in der Gesellschaft im 19. Jahrhundert vgl. Abbé, Ernst: Sozialpolitische Schriften, 2. Auflage, Jena, 1921, S. 40 ff.

> „Sparen erscheint ihnen nur sinnvoll als Zwecksparen: die allein ins Auge gefaßte konsumtive Verwendung wird hinausgeschoben, bis der für den beabsichtigten Zweck benötigte Betrag beisammen ist; Ersparnisse sind nur dazu da, wieder aufgelöst zu werden; erst im Wieder*ent*sparen findet das Sparen für sie seine Sinnerfüllung.“[453]

Betrachtet der Mitarbeiter seine Beteiligung lediglich als „good will des Arbeitgebers“ oder als einen „staatlich geförderten Sparvertrag“, so könnte dies zum einen die Substitution bestehender Sparverträge und zum anderen die konsumtive Verwendung der Guthaben nach Ablauf der Sperrfrist zur Folge haben. Mittel- bis langfristig führt dies - gesamtwirtschaftlich betrachtet - zu einer erhöhten Konsumgüternachfrage und - ceteris paribus - zu einem Preisniveauanstieg.[454]

Mit dem gesellschaftspolitischen Wertewandel, einer kontinuierlichen Verbesserung der wirtschaftlichen und sozialen Position der Arbeitnehmer sowie dem allgemeinen Trend der Sozial- beziehungsweise der Unternehmenspolitik entwickelte sich jedoch nicht nur ein neues Selbstverständnis der Arbeitnehmer, sondern auch eine grundsätzlich positive Einstellung gegenüber dem Produktivvermögensbesitz. Demgegenüber werden die Mitarbeiter durch mangelnde Kenntnisse über gesamtwirtschaftliche Zusammenhänge im allgemeinen sowie Möglichkeiten und Probleme einer Produktivkapitalbeteiligung im besonderen verunsichert. Die ablehnende Haltung kann weiterhin als Mentalitäts- oder Interessenproblem betrachtet werden. Der eher technisch-orientierte Mitarbeiter sieht sein Aufgabengebiet und sein persönliches Potential in der Erarbeitung technischer Problemlösungen und möchte sich nicht mit den wirtschaftlichen Belangen und operativen Geschäftsfeldern des Unternehmens befassen.[455]

Die Befürchtung, mit einer betrieblichen Mitarbeiterbeteiligung, insbesondere einer Eigenkapitalbeteiligung, in die ungewohnte Rolle des Mitunternehmers gedrängt zu werden und dementsprechend weitere Verantwortungsbereiche zu übernehmen oder für „Managementfehler“ persönlich zu haften, verstärkt ihre distanzierte Haltung. Es erfordert daher zusätzlichen Zeit- und Aufklärungsaufwand, ihnen die möglichen Vorteile zu verdeutlichen, zumal die deutschen

---

453 Nell-Breuning, Oswald von: Aktuelle Fragen der Gesellschaftspolitik, a. a. O., S. 62.

454 Vgl. dazu auch Gress, Karin: Transfers zur Förderung der Vermögensbildung aus verteilungs- und sozialpolitischer Sicht, a. a. O., S. 53 f.

455 Vgl. Nell-Breuning, Oswald von: Partnerschaft, a. a. O., S. 216 - 223, hier S. 221.

Haushalte nach wie vor als relativ risikoscheu gelten.[456] Überbetriebliche Modelle erweisen sich dahingehend als vorteilhaft, daß grundlegende Vertragsverhandlungen, weitreichende Anlageentscheidungen aber auch Verwaltungsaufgaben von einem professionellen Management übernommen und zudem die Risiken minimiert werden.

Nicht zuletzt wird die Bereitschaft zur Produktivvermögensbildung von der ideologisch bedingten Überlegung beeinflußt, Unternehmer und Arbeitnehmer stünden sich nach wie vor als konträre Gruppen gegenüber, wobei kein gemeinsamer Konsens gefunden werden könne. Um ihrer eigenen sozialen Schicht (Identität) treu zu bleiben und die bisherigen Denk- und Gesellschaftsstrukturen sowie Machtverhältnisse nicht ändern zu müssen, stehen einzelne Mitarbeiter, Arbeitgeber sowie deren Interessenvertreter einer Kapitalbeteiligung - teilweise unbewußt - skeptisch gegenüber.[457] Im Zuge der allgemeinen Entwicklung wird die gewerkschaftliche Solidarität und die Position der Arbeitnehmervertretung langfristig gesichert, wenn unter anderem alle oder zumindest ein Teil der Arbeitnehmer am Produktivkapital beteiligt werden.[458] Daher sind „bestehende Barrieren" heute nur noch Scheinargumente und dienen eher der Zementierung bestehender Sozial- und Machtstrukturen als der Weiterentwicklung unserer Gesellschaftsordnung.

Doppeltes Risiko der Arbeitnehmer

Ein gravierendes Problem liegt im doppelten Risiko einer Beteiligung: Im Konkursfall tragen die Mitarbeiter nicht nur das Risiko des Arbeitsplatz-, sondern auch das Risiko des Kapitalverlustes, wobei dies dem Primärziel der Vermögenspolitik grundlegend widerspricht, die soziale und finanzielle Stellung der

---

[456] Vgl. Guski, Hans-Günter: Die Belegschaftsaktie, in: Hans J. Schneider (Hrsg.): Handbuch der Mitarbeiter-Kapitalbeteiligung, a. a. O., S. 144 - 158, hier S. 153 f.

[457] Zur „Gefährdung der gewerkschaftlichen Solidarität" vgl. Georgy, Christoph: Kapitalbeteiligung der Arbeitnehmer, in: Gewerkschaftliche Monatshefte, 4. Jahrgang, Köln, 1953, S. 520 - 523, insbesondere S. 523 sowie Klüber, Franz: Eigentumstheorie und Eigentumspolitik, a. a. O., S. 345. Die kritische Betrachtung einzelner Mitarbeiterbeteiligungsmodelle sollte allerdings weder von der unausgesprochenen Befürchtung eines Loyalitätsverlustes gegenüber den Gewerkschaften noch vom Vorwurf einer grundsätzlich negativen Haltung gegenüber allen Unternehmensinitiativen überlagert werden.

[458] Vgl. Weisser, Gerhard: Vermögen und Vermögenspolitik, a. a. O., S. 178 sowie Fußnote 449 dieser Arbeit.

Arbeitnehmer zu verbessern.[459] Da die Mitarbeiter während der gesetzlichen beziehungsweise der individuell vereinbarten Sperrfrist nur beschränkten Zugriff auf ihre Mittel haben, verfügen sie - im Gegensatz zu anderen Kapitalanlegern - nur über einen begrenzten Handlungsspielraum. Geringere Kapitalrücklagen, beschränktes Anlagevolumen und dementsprechend mangelnde Diversifikationsmöglichkeiten können das Risiko noch weiter erhöhen.

Dieser Aspekt ist sicherlich nicht von der Hand zu weisen, doch die umfangreiche Palette der Beteiligungsmodelle ermöglicht es, dieses Problem abzuschwächen oder fast vollständig zu beseitigen. Überbetriebliche Lösungen können mit Hilfe eines „Mischportefeuilles" das Kapitalrisiko auf ein Minimum reduzieren.[460] Eine Fondslösung ermöglicht demnach die Beteiligung der Arbeitnehmer am Produktivvermögen bei gleichzeitiger Risikostreuung und somit einer deutlichen Reduzierung des Kapitalverlustes.

Auch einzelne betriebsspezifische Ausgestaltungsvarianten können den Kapitalverlust nahezu ausschließen. Im Vermögensbildungsgesetz beispielsweise sieht der Gesetzgeber eine Haftungsbürgschaft für Mitarbeiterdarlehen vor, die zumindest das Kapitalrisiko abdeckt. In diesem Fall wird das Risiko nicht von den Gesellschaftern auf die Mitarbeiter, sondern vielmehr auf Kredit- oder Versicherungsinstitute übertragen, wobei üblicherweise der Fremdfinanzierungsspielraum der Unternehmen entsprechend eingeschränkt wird. Allerdings verbleibt bei nicht abgesicherten Mitarbeiterdarlehen ein Restrisiko. Da Darlehen jedoch Fremdkapitalstatus haben, haften die Arbeitnehmer nicht mit ihren Beteiligungen, sondern treten im Konkursfall als Gläubiger des Unternehmens auf.

Bei einer Eigenkapitalbeteiligung hingegen trägt der Mitarbeiter das „doppelte Risiko" meist in vollem Umfang, denn im Gegensatz zu Investmentzertifikaten oder Fonds ist eine Risikostreuung nur bedingt möglich. Insbesondere in einer wirtschaftlichen Notlage kumulieren die Risiken: Entlassungen und niedrige Beteiligungswerte - bis hin zum Verlust des gesamten Kapitalanteils - sind dabei durchaus denkbar.[461] Sofern diese Titel nicht am freien Markt gehandelt

---

[459] Vgl. exemplarisch Deutsche Angestellten Gewerkschaft (Hrsg.): Das Modell der DAG zur „investiven Lohnpolitik", a. a. O., S. 5 sowie Höhnen, Wilfried: Vermögensverteilung und Vermögenspolitik. Zum Stand der Diskussion, in: Gewerkschaftliche Monatshefte 7/92, 43. Jahrgang, Köln, 1992, S. 414 - 422, hier S. 420.

[460] Zur Optimierung von „Mischportfolios" mit unterschiedlicher Risikoneigung vgl. Schmidt, Reinhard: Grundzüge der Investitions- und Finanzierungstheorie, a. a. O., S. 159 ff.

[461] Üblicherweise werden folgende drei Formen der Verlustbeteiligung praktiziert:

werden können, hat der Mitarbeiter nur geringe Chancen, das angesparte beziehungsweise übertragene Vermögen kurzfristig gegen risikolose Anlagen zu substituieren. Ein begrenzter Ausschluß der Verlustbeteiligung, beispielsweise eine Rückzahlungsgarantie vermögenswirksamer Leistungen während der (gesetzlichen) Sperrfristen, könnte das Risiko der Arbeitnehmer deutlich verringern. Dem steht allerdings die Auffassung gegenüber, daß eine Erweiterung des Finanzierungsspielraumes und eine Erhöhung der Haftkapitalbasis nur mit „echtem" Eigenkapital zu erreichen ist und daher zumindest ein Teil der Eigenkapitalanteile risikotragend sein sollte. Die vollständige Absicherung risikotragender Vermögenswerte - bei gleichzeitiger Beteiligung der Arbeitnehmer am Erfolg - würde die anderen Kapitalanleger benachteiligen und gegen die Grundlagen des bestehenden Wirtschaftssystems verstoßen.[462] Inwieweit die Mitarbeiter Teile des Gesellschafterrisikos übernehmen, wird von mehreren Faktoren beeinflußt:

- Der Ausgestaltung der Mitarbeiter-Eigenkapitalbeteiligung.
- Der Dauer der Beteiligung, da zumindest theoretisch das Risiko kurzfristig überschaubar ist und sie nach Ablauf der Sperrfrist gekündigt werden kann.
- Der Mittelverwendung (Kapitalsubstitution oder Investition).

Alles in allem bleibt festzuhalten, daß der Einwand des „doppelten Risikos" berechtigt ist, allerdings je nach Ausgestaltung einer Mitarbeiterbeteiligung unterschiedlich hoch ausgeprägt sein kann. Bürgschaftlich gesicherte Mitarbeiterdarlehen können dabei als nahezu risikolos betrachtet werden, wohingegen „typische" Mitarbeiter-Eigenkapitalanteile im allgemeinen den möglichen Anteilsverlust nicht ausschließen. Auf Grund des Mischportefeuilles eines Fonds und der Unabhängigkeit von der Ertragslage des arbeitgebenden Unternehmens und/oder der Branche, können auch überbetriebliche Beteiligungsmodelle als relativ sicher angesehen werden. Da die Mitarbeiterbeteiligung auf dem Postulat der Freiwilligkeit beruhen sollte, sind allerdings weder Arbeitgeber noch Arbeitnehmer gezwungen, bestimmte Beteiligungen einzugehen und

---

- Die antizipative Verlustbeteiligung durch Marktrisikorücklagen.
- Die unmittelbare Anteilshaftung ohne Nachschußverpflichtung.
- Die transitorische Verlustbeteiligung durch den individuellen Verlustvortrag.

[462] Vgl. Gaugler, Eduard: Mitarbeiterkapital im arbeitgebenden Unternehmen, a. a. O., S. 203f.

der Mitarbeiter kann unter Abwägung von Risiko und Ertrag frei wählen, welche Anlageform er präferiert.[463]

Motivationssteigerung versus Leistungsdruck und Lohndumping

In Hinblick auf motivationspsychologische Gesichtspunkte kann, wie bereits erläutert, eine Mitarbeiterbeteiligung ohne entsprechende immaterielle Anerkennung in Frage gestellt werden.[464]

Da die physiologischen Bedarfe aber auch die Sicherheitsbedürfnisse inzwischen nahezu befriedigt werden, treten - entsprechend der Maslow'schen Bedürfnishierarchie[465] - Motive wie Selbstverwirklichung, Status und soziale Kontakte verstärkt in den Vordergrund. Für eine Mitarbeiterbeteiligung bedeutet dies konkret, daß die Integration nur unter Einbeziehung der immateriellen Komponente optimal erreicht werden kann. Der Führungsstil und die entsprechende Unternehmensphilosophie sind dabei entscheidende Faktoren, um eine echte Partnerschaft aufzubauen und nicht der Kritik zu unterliegen, die Mitarbeiterbeteiligung als imageverbessernde Maßnahme in das Werbekonzept einer Unternehmung zu integrieren.

Als mögliche Konsequenz einer „Motivations- und Leistungssteigerung" wird jedoch auch der innerbetriebliche Leistungsdruck zu Lasten schwächerer Arbeitnehmer gefördert. Sofern Rationalisierungsmaßnahmen nicht lediglich als Substitutions-, sondern vielmehr als Optimierungsprozesse, wie beispielsweise die Beseitigung organisatorischer oder technischer Ineffizienzen im Produktionsablauf, interpretiert werden können, bewahrt dieser einzelwirtschaftliche Zielaspekt nach wie vor seinen positiven Charakter.

---

463 Vgl. Guski, Hans-Günter: Mitarbeiterbeteiligung - Tatsachen, Meinungen, Möglichkeiten, in: Institut der deutschen Wirtschaft (Hrsg.): Beiträge zur Wirtschafts- und Sozialpolitik 59/60, Köln, 1978, S. 61 sowie Sachverständigenrat zur Begutachtung der gesamtwirtschaftlichen Entwicklung (Hrsg.): Die wirtschaftliche Integration in Deutschland, a. a. O., Ziffer 379, S. 200. Entsprechend § 12 des 5. VermBG werden vermögenswirksame Leistungen nur unter der Voraussetzung gefördert, daß der Arbeitnehmer sowohl die Art der Anlage als auch das Unternehmen respektive Anlageinstitut frei wählen kann.

464 Vgl. dazu auch Gärtner, Ulrich: Beeinflussung der Arbeitsproduktivität, in: Hans J. Schneider (Hrsg.): Handbuch der Mitarbeiter-Kapitalbeteiligung, a. a. O., S. 334 - 346, hier S.336.

465 Vgl. Maslow, Abraham: Motivation und Persönlichkeit, Olten, 1977, S. 124 ff. sowie Mook, Douglas: Motivation: The organization of action, New York, 1987, S. 514 ff.

Setzt sich allerdings der Lohn eines Mitarbeiters aus dem Tariflohn, respektive dem höheren, vertraglich vereinbarten Effektivlohn sowie einer zusätzlichen, erfolgsabhängigen Beteiligung zusammen, sind Spannungen innerhalb der Belegschaft und eine entsprechende Verschlechterung des Betriebsklimas nicht immer auszuschließen. Dieser Gesichtspunkt verdeutlicht erneut die Problematik einer objektiven Beurteilung entgegenwirkender, meist nur subjektiv empfundener Kräfte: Einerseits kann in Kombination mit immateriellen Faktoren die Arbeitszufriedenheit erhöht und das Betriebsklima verbessert werden. Andererseits besteht die Gefahr, daß durch betriebsinternes Konkurrenzdenken und / oder durch freiwillig erhöhte Arbeitsgeschwindigkeit leistungsschwächere Arbeitnehmer oder ertragsschwache Abteilungen unter Druck gesetzt werden, wobei dieser Leistungsdruck nicht von Seiten der Unternehmensleitung, sondern vielmehr von den eigenen Kollegen selbst ausgeht.[466] Sofern die Entlassung eines Kollegen den Ertragsanteil der anderen erhöht, könnte dies den Kampf um die noch offenen Stellen zusätzlich verstärken. Mit der Einführung einer Erfolgsbeteiligungen steigt die Attraktivität einzelner Unternehmen oder - im Falle einer überbetrieblichen Lösung - der gesamten Branche. Dies bedingt ein entsprechend höheres Arbeitsangebot und, auf Grund der verstärkten Konkurrenzsituation, eine Lohnniveausenkung. Durch die zusätzliche Konkurrenz ist es denkbar, daß sowohl die Effektivlöhne als auch die Gesamtlohnsumme, trotz der Erfolgsbeteiligung, unter das ursprüngliche Niveau sinken.[467]

Eine betriebliche Beteiligung wird dies, entsprechend ihrer Gewichtung, im allgemeinen unterstützen, wohingegen die überbetriebliche Beteiligung dem eher entgegen wirkt.

Ungleichbehandlung der Mitarbeiter

Als weiterer Kritikpunkt wird, insbesondere seitens der Gewerkschaftsverbände, die unterschiedliche Behandlung der Arbeitnehmer angeführt, da nur einzelne Arbeitnehmer entsprechend der Betriebszugehörigkeit am Erfolg und / oder am Kapital beteiligt werden. Je nachdem, ob und in welcher Höhe eine Mitarbeiterbeteiligung vereinbart wird, können daraus intra- und interindustrielle Unterschiede in der Position der Arbeitnehmer resultieren. Welches

---

[466] Da bei einer Erfolgsbeteiligung der Zusammenhang zwischen der persönlichen Leistung und dem erzielten Erfolg nur über Verteilungsschlüssel sichtbar ist, wird sie Leistungslöhne nicht vollständig ersetzen (können) und infolgedessen sollte auch der daraus resultierende Leistungsdruck nicht überbetont werden.

[467] Vgl. Loesch, Achim von: Zur Problematik des Miteigentums. Pläne zur Eigentumsbildung der Arbeitnehmer aus der Selbstfinanzierungsrate der Industrie, Berlin, 1961, S. 33.

Gewicht dieser ungleichen Behandlung beigelegt wird, hängt sehr stark von der Ansicht des Betrachters und der Zielsetzung eines Beteiligungsmodells ab:

> „In einem Wirtschaftssystem, das weitgehend auf dem Leistungsgedanken aufgebaut ist, sind unterschiedliche Einkommenszahlungen - und dazu gehören auch Mitarbeiterbeteiligungen - durchaus marktkonforme Maßnahmen. Derartige Ungleichheiten sind sogar in einer dynamischen Wirtschaft nicht nur unvermeidbar, sondern im Hinblick auf den notwendigen Produktivitätsfortschritt, ein stetiges Wirtschaftswachstum sowie die entsprechende Mobilität der Arbeitnehmer geradezu wünschenswert.“[468]

Dem steht die Auffassung gegenüber, daß eine Dekonzentration des Produktivvermögens, im Sinne einer Beseitigung der Verteilungsungleichheiten, möglichst keine Nebeneffekte, wie die zwangsläufige Differenzierung innerhalb der Gruppe der Arbeitnehmer, haben sollte.

Wird diese Argumentation auf gesellschaftspolitischer Ebene geführt, so ergeben sich weitere Gesichtspunkte, die an Hand eines hypothetischen Falles erörtert werden sollen:

Gewerkschaft und Arbeitgeberverband eines gesamten Industriezweiges vereinbaren, ein gemeinsames, überbetriebliches Beteiligungsmodell einzuführen, wobei alle Unternehmen einen bestimmten Prozentsatz der Bemessungsgrundlage an den Branchenfonds abführen. Den Mitarbeitern werden Fondsanteile übertragen, die sie zumindest während der gesetzlichen Sperrfrist halten und im Gegenzug dazu werden die Fondsmittel überwiegend in der eigenen Branche reinvestiert, zinsgünstige Kredite gewährt oder branchenspezifische Forschungsvorhaben unterstützt.

Mit der Ausgestaltung des Beteiligungsschlüssels, der beispielsweise auf der gesamten Arbeitnehmerzahl dieser Branche sowie der individuellen Lohn- und Gehaltsumme basiert, können - entsprechend der Gewichtung - regionale und betriebsbedingte Unterschiede ausgeglichen aber andererseits auch leistungsorientierte Faktoren berücksichtigt werden. Grundsätzlich wird dieses Modell dem Aspekt, intraindustrielle Ungleichheiten zu vermeiden, durchaus gerecht, doch können dadurch weder interindustrielle Unterschiede noch die Benachteiligung einzelner Gesellschaftsgruppen, wie beispielsweise Beschäftigte in nicht gewinnwirtschaftlich orientierten Sektoren, Beamte oder Nichterwerbstätige, beseitigt werden. Selbst ein branchenübergreifender Fonds, an dem alle Arbeitnehmer einer gesamten Volkswirtschaft beteiligt sind, müßte dahinge-

---

[468] Guski, Hans-Günter: Mitarbeiterbeteiligung, a. a. O., S. 62.

hend modifiziert werden, daß eben auch diesen Gruppen ihre zweifellos wichtigen Dienste an unserer Gesellschaft materiell anerkannt werden.[469] Unter dem Gesichtspunkt einer gerechten Einkommens- und Vermögensverteilung bleibt festzustellen, daß betriebliche Beteiligungsmodelle sowohl intra- als auch interindustrielle Verteilungsungleichheiten verstärken werden. Überbetriebliche Mitarbeiterbeteiligungen können ihrerseits betriebsbedingte und regionale Unterschiede verringern, doch erst branchenübergreifende Fondslösungen tragen zum interindustriellen Ausgleich bei. Allerdings werden auch hier Leistungen und Dienste an der Gesellschaft vernachlässigt, die im Rahmen der üblichen Bewertungskriterien nicht exakt erfaßt werden können. Diese Argumentation spricht meines Erachtens nicht gegen eine Mitarbeiterbeteiligung an sich, sondern vielmehr für die umfassende, modifizierte, überbetriebliche Lösung.

Beeinträchtigung der Mobilität der Arbeitnehmer

Zur objektiven Beurteilung einer Mitarbeiterbeteiligung sollten die Wirkungen auf die (berufliche) Mobilität der Arbeitnehmer betrachtet werden. Üblicherweise orientiert sich die zeitliche Untergrenze der Beteiligung zumindest an den gesetzlichen Sperrfristen, um eine eventuell anfallende Nachversteuerung gemäß § 19a Abs. 2 Satz 2 EStG oder eine Rückzahlung der Arbeitnehmersparzulage gemäß § 14 Abs. 4 Ziffer 2 des 5. VermBG zu vermeiden. In beiderseitigem Interesse kann jedoch mit der Beendigung des Arbeitsverhältnisses eine Auflösung der Beteiligungsverträge geregelt werden, wobei dann Nachversteuerung und Rückzahlung meist dem Arbeitnehmer obliegt. Sofern individuelle Vereinbarungen weiterhin vorsehen, daß mit einer vorzeitigen Beendigung des Arbeitsverhältnisses durch den Arbeitnehmer der geldwerte Vorteil einbehalten wird, kann die Entscheidung, sich beruflich zu verändern, beeinträchtigt und die geforderte Mobilitätsbereitschaft negativ beeinflußt werden.[470] Vertragsbestandteile, wie Mindestbetriebszugehörigkeit als Beteiligungsvoraussetzung oder sogenannte „Bindungsklauseln“ werden einerseits die Fluktuation zeitweise reduzieren aber andererseits die Mobilität entsprechend hemmen.[471]

---

469 Insbesondere der Tatsache, daß kindererziehende Hausfrauen bereits durch die „abgeleiteten Ansprüche gegen das Sozialsystem“ benachteiligt werden, sollte dabei verstärkt Rechnung getragen werden.

470 Zu möglichen Vertragsentwürfen, die eine Rückzahlung des geldwerten Vorteils ausschließen, siehe Hornung-Draus, Renate: Mitarbeiterbeteiligungen. Modelle für die betriebliche Praxis, Bergisch Gladbach, 1988, S. 48 ff. sowie S. 67 ff.

471 Zur Zulässigkeit der „Bindungsklauseln“ vgl. Schneider, Hans J. / Zander, Ernst: Erfolgs- und Kapitalbeteiligung der Mitarbeiter in Klein- und Mittelbetrieben, a. a. O., S. 117 ff.

Demgegenüber erhöht sich mit einer Beteiligung am Produktivvermögen die Unabhängigkeitsposition der Arbeitnehmer, da sie - wie bereits bei der Darstellung der Zielaspekte erläutert - über finanzielle Mittel verfügen, mögliche Risiken einzugehen und dementsprechend eher bereit sind, die damit verbundenen Kosten zu tragen. Verfolgt man diesen Gedankengang weiter, so bedeutet dies, daß Beteiligungsmodelle eher mobilitätsfördernd wirken können.[472]

Die unterschiedlichen Wirkungen auf die Mobilität des Arbeitnehmers können also, je nach Interpretation, individueller Präferenzordnung und insbesondere Ausgestaltung, positiv wie negativ bewertet werden.

Der Frage, inwieweit lediglich finanzielle Anreize eines betrieblichen Beteiligungsmodells überwiegen oder inwieweit auch immaterielle Faktoren die Berufs- oder Arbeitsplatzwahl beeinflussen, sollte dabei besondere Beachtung geschenkt werden: Ein Konzept, das die Mitarbeiter nur mit „goldenen Fesseln" an das Unternehmen binden kann, würde nicht nur dem Postulat der Freizügigkeit, sondern auch einer Vielzahl einzelwirtschaftlicher Zielaspekte widersprechen, wenn das Interesse und letztendlich die Verbundenheit zum arbeitgebenden Unternehmen nicht auch auf einer gegenseitigen, partnerschaftlichen Vertrauensbasis beruht. Im Idealfall sollte eine Mitarbeiterbeteiligung die räumliche und berufliche Mobilität des Arbeitnehmers unterstützen (oder zumindest nicht einschränken) und gleichzeitig Anreize schaffen, das Arbeitsverhältnis nur mit zwingenden Gründen aufzuheben.

6.2 Probleme aus Sicht der Arbeitgeber

Auf Seiten der Unternehmen stellt sich ebenfalls das grundsätzliche Akzeptanzproblem, denn auch hier müssen bestehende Barrieren und Denkschematas überwunden werden. Insbesondere kleinere und mittlere Unternehmen sehen dabei zunächst die Gefahr, in ihrer unternehmerischen Entscheidungsfreiheit beeinträchtigt und vor allem finanziell benachteiligt zu werden. Es ist daher nicht von der Hand zu weisen, daß einzelne Problemaspekte kritisch untersucht und möglichst ausgeschlossen aber auch weitreichende Umdenkungsprozesse initiiert werden sollten.

---

[472] Vgl. auch Guski, Hans-Günter: Mitarbeiterbeteiligung, a. a. O., S. 65 sowie Kapitel 4.1 dieser Arbeit.

Verwendung der Mittel nach Ablauf der Sperrfristen

Ein häufig angeführter Kritikpunkt liegt in der Verwendung der Mittel nach Ablauf der Sperrfristen, denn ein Mittelabfluß kann zu Liquiditätsengpässen und dementsprechend zu Insolvenzproblemen führen und weitere, negative Prozesse einleiten: Einzelne Arbeitnehmer werden versuchen, ihre verbleibenden Anteile schnellstmöglich zu kündigen, wodurch dem Unternehmen zusätzliche Mittel entzogen werden.[473] Eine solche Entwicklung ist insbesondere dann zu erwarten, wenn die Mitarbeiterbeteiligung zu Lasten der Selbstfinanzierungsquote geht. Insbesondere kleinere und mittlere Unternehmen, die ihren Mitarbeitern Fremdkapital- oder Eigenkapitalbeteiligungen in Form von stillen Beteiligungen beziehungsweise Kommanditbeteiligungen einräumen, sollten dementsprechend Sperrfristen und mögliche Mittelabflüsse berücksichtigen. Im Falle einer Aktienbeteiligung stellt sich dieses Problem nicht, da mit der Ausgabe neuer Aktien keine künftigen Auszahlungsverpflichtungen verbunden sind.[474]

Diese Problematik konnte inzwischen weitestgehend gelöst werden, da Vereinbarungen und Gesellschafterverträge inzwischen dergestalt konzipiert sind, daß überraschende, unkontrollierte Belastungen vermieden und künftige Auszahlungen in den Liquiditäts- und Finanzplänen berücksichtigt werden. Die langfristigen, meist individuell vereinbarten Rückzahlungsmodalitäten sowie die Wiederanlageboni dienen nicht nur dem Erhalt der Liquidität, sondern auch dem Schutz der Arbeitnehmer und ihrer angesparten beziehungsweise übertra-

---

473 Vgl. Franke, Günter: Betriebswirtschaftliche Aspekte der Mitarbeiter-Kapitalbeteiligung, in: Bundesvereinigung der Deutschen Arbeitgeberverbände (Hrsg.): Betriebliche Vermögensbeteiligung: Gestaltungsmöglichkeiten der Mitarbeiter-Kapitalbeteiligung. Ihre Vorteile und Probleme, Bergisch Gladbach, 1988, S. 27 - 56, hier S. 53. Eine im weitesten Sinne vergleichbare Reaktion konnte bereits in der Weltwirtschaftskrise festgestellt werden: Mit der Zahlungsunfähigkeit der Darmstädter und Nationalbank (Danatbank) Berlin im Jahr 1931 wurde der „Run“ auf deutsche Banken ausgelöst, der das gesamte Bankensystem erfaßte. Vgl. Haas, Manfred / Informationsdienst der Sparkassen und Landesbanken / Girozentralen (Hrsg.): Fachbegriffe der Geldwirtschaft, 10., neubearbeitete Auflage, Stuttgart, 1979, S. 22. Auch das Ahrensburger-Modell verdeutlicht diese negativen Wirkungen: Auf Grund der im Jahre 1973 eingetretenen Rezession und eines nachlassenden Auftragseinganges kündigten 15 Mitarbeiter ihre stillen Beteiligungen, wobei der zusätzliche Liquiditätsabfluß in Höhe von DM 600.000,-- den Fortbestand des Unternehmens deutlich gefährdete. Vgl. Opitz, Gerhard: Erfolgsbeteiligungssysteme und gesamtwirtschaftliches Gleichgewicht, a. a. O., S. 209.

474 Durch die Ausgabe von Belegschaftsaktien werden zwar Dividendenzahlungen fällig, doch können sie in diesem Falle vernachlässigt werden.

genen Beteiligungswerte.[475] Allerdings kann mit Hilfe der vertraglich geregelten Sperrfristen der Mittelabfluß nur koordiniert aber nicht grundsätzlich verhindert werden.

Die Wirkungen auf die Investitionsbereitschaft

Kritiker einer Mitarbeiterbeteiligung befürchten weiterhin negative Wirkungen auf die künftige Investitionsbereitschaft, da diese eng von der Gewinnerwartung des Unternehmens abhängt. Werden demnach Teile der Unternehmensgewinne den Mitarbeitern übertragen, so sinkt die Selbstfinanzierungsmöglichkeit und somit möglicherweise die Investitionsbereitschaft.[476]

Dieser Argumentation kann jedoch entgegengesetzt werden, daß die Investitionsneigung nicht nur von der Gewinnerwartung beeinflußt wird, denn risikoscheue Unternehmer werden auch die Vorteile einer Risikominimierung in ihr Nutzenkalkül einbeziehen. Der Verringerung der Nettorendite des eingesetzten Kapitals steht dann eine (begrenzte) Haftung der Mitarbeiter gegenüber. Inwieweit das Risiko der Gesellschafter tatsächlich verringert wird, hängt sowohl von der Ausgestaltung einer Mitarbeiterbeteiligung als auch der daraus resultierenden, künftigen Kapitalstruktur ab. Diese Argumentation gilt allerdings nur bei einer Eigenkapitalbeteiligung, sofern die Verlustbeteiligung nicht grundsätzlich ausgeschlossen wurde.

Bei einer Fremdkapitalbeteiligung hingegen kann die Risikoteilung zwischen Gesellschaftern und Mitarbeitern nicht erreicht werden, da der Mitarbeiter als Gläubiger der Unternehmung auftritt und die Darlehen zusätzlich abgesichert werden müssen. Hier findet lediglich eine Risikoteilung zwischen Gesellschaftern und Kreditinstitut statt, wobei dies allerdings auch durch übliche Bankdarlehen ermöglicht wird.

In Hinblick auf die Investitions- und Risikobereitschaft eröffnen sich jedoch noch weitere Aspekte: Verzichtet der Mitarbeiter auf einen Teil seines vertraglich festgelegten Lohnes und stellt diesen Teil unter Gewinnvorbehalt, so kann dies als eine begrenzte Haftung der Arbeitnehmer interpretiert werden. Dadurch übernimmt der Mitarbeiter einen Teil des Investitionsrisikos und erhält, im Fall eines ökonomischen Gewinns, den vereinbarten Anteil. Als Haftungs- beziehungsweise Risikokapital stellt er somit sein Humankapital zur Verfügung, da

---

[475] Vgl. Guski, Hans-Günter: Mitarbeiterbeteiligung, a. a. O., S. 66.

[476] Vgl. Nell-Breuning, Oswald von: Aktuelle Fragen der Gesellschaftspolitik, a. a. O., S. 65 f.

bei schlechter Ertragslage keine oder nur eine geringe Beteiligung erfolgt.[477] Zudem bestehen weitere Möglichkeiten, wie beispielsweise die Begründung spezieller Fonds zur Deckung künftiger Verluste oder die Fortschreibung eines Verlustvortrages, um den Arbeitnehmer de facto am Risiko des Unternehmens zu beteiligen.

Bisweilen wird jedoch behauptet, Unternehmen beteiligen ihre Mitarbeiter nur unter dem „Deckmantel sozialer und partnerschaftlicher Gesichtspunkte“. Der eigentliche Grund sei allerdings rein finanzieller Natur. Sicherlich spielt der finanzielle Aspekt eine bedeutende Rolle, doch ist er nur einer unter vielen. Warum sollten aber die positiven finanziellen Effekte nicht mit anderen, nicht-ökonomischen Gesichtspunkten kombiniert werden, zumal eine solide wirtschaftliche Basis Insolvenzrisiken begrenzt und somit dazu beiträgt, Entlassungen zu vermeiden? Im Zuge der Einführung neuer Technologien und Investitionen, um nach wie vor wettbewerbsfähig zu bleiben, sollten Beteiligungsmodelle nicht deswegen abgelehnt werden, weil sie auch dem Unternehmen Vorteile bieten.[478]

Alles in allem kann das Problem der Investitionsneigung grundsätzlich von zwei Seiten betrachtet werden: Orientiert sich der Unternehmer bei seinen Investitionsentscheidungen ausschließlich an der Gewinnerwartung, kann dies einen Rückgang des gesamtwirtschaftlich notwendigen Investitionsvolumens zur Folge haben. Zieht der Unternehmer zusätzliche Überlegungen, wie beispielsweise die Risikoaversion in Betracht, so kann eine Mitarbeiterbeteiligung, insbesondere in Form von Eigenkapitalanteilen, durchaus positiv bewertet werden.

Die Festlegung einer gemeinsam anerkannten Bemessungsgrundlage

Mit der Fragestellung, welche gemeinsam anerkannte Bemessungsgrundlage zur Berechnung der Beteiligungswerte herangezogen wird, treten weitere Pro-

---

477 Vgl. Althammer, Jörg: Gewinnbeteiligung bei begrenzter Haftung der Arbeitnehmer, a. a. O., S. 93 f.

478 Auch die empirischen Untersuchungen von Bernd Lieber verdeutlichen, daß die befragten Mitarbeiter eine Kombination aus finanziellen und steuerlichen Gesichtspunkten mit partnerschaftlichen Aspekten eher neutral bis positiv bewerten, da dadurch ihre finanziellen Mittel im Unternehmen investiert und möglicherweise Arbeitsplätze gesichert werden können. Des weiteren differenzieren die Mitarbeiter deutlich zwischen den finanziellen und den immateriellen respektive den partnerschaftlichen Konsequenzen einer Gewinnbeteiligung. Vgl. Lieber, Bernd: Die Einstellung von Mitarbeitern zur Gewinnbeteiligung. Eine empirische Untersuchung auf der Basis eines erwartungstheoretischen Verhaltensmodells, München, 1982, Tabelle 9 sowie S. 157 und 166.

bleme auf, da es sich im allgemeinen nicht um eindeutig definierte Größen handelt, die zudem vor der Verteilung weiterer Korrekturen bedürfen. In diesen Korrekturen spiegeln sich unternehmenspolitische Überlegungen, wie beispielsweise Substanzerhaltung oder Bildung stiller Reserven, aber auch der Grad der Beteiligungsbereitschaft wider.

Wählt man den Gewinn als Ausgangsbasis, so muß dieser zunächst „bereinigt" werden, denn Faktoren, wie dispositive Tätigkeit und Kapital sollten entlohnt werden. Unternehmensleitung und Mitarbeiter müssen sich demnach dahingehend einigen, in welcher Höhe die einzelnen Faktoren entlohnt und welche Bewertungs- beziehungsweise Abschreibungskorrekturen vorgenommen werden, bevor der verteilungsfähige Gewinn ausgeschüttet wird. Sofern es sich nicht um publizitätspflichtige Unternehmen handelt, liegt eine weitere Schwierigkeit darin, daß der Gewinn dem Steuergeheimnis unterliegt.

Wird der Ertrag als Beteiligungsgrundlage herangezogen, so müssen ebenfalls oben genannte Korrekturen vorgenommen werden. Die Ertragsbeteiligung wird zusätzlich durch den Tatbestand erschwert, daß diese Bemessungsgrundlage noch größere Interpretationsspielräume eröffnet. Im Gegensatz zum Gewinn, der eine handels- oder steuerrechtliche Grundlage hat, basiert die Ertragsbeteiligung lediglich auf Übereinkünften der Vertragspartner.

Das Problem der Ermittlung einer gemeinsamen Verteilungsbasis tritt unabhängig davon auf, ob es sich um eine betriebliche oder überbetriebliche Beteiligung handelt. Auf beiden Beteiligungsebenen bedarf es in dieser Hinsicht einer Einigung. Da aber bei der betrieblichen Beteiligung auf unternehmensspezifische Tatbestände eingegangen werden kann, ist die Einigung weniger problematisch.

Machtprobleme

Abschließend stellt sich die Frage, inwieweit die Mitarbeiterbeteiligung tatsächlich ein geeignetes Instrument zur Kontrolle bestehender oder künftiger Machtstrukturen darstellt.[479]

Kritiker befürchten, daß mit der Mitunternehmerposition die Tariffähigkeit im Sinne der „Gegnerunabhängigkeit" beeinträchtigt werden kann, wenn der gewerkschaftlich organisierte Arbeitnehmer gleichzeitig der Arbeitgeberseite zuzuordnen ist. In einzelnen Fällen sollte jedoch erörtert werden, ob de facto die

---

[479] Vgl. dazu Nell-Breuning, Oswald von: Aktuelle Fragen der Gesellschaftspolitik, a. a. O., S. 68 f. sowie Adam, Hermann: Macht und Vermögen in der Wirtschaft, a. a. O., S. 79.

Gegnerunabhängigkeit gefährdet ist oder ob es sich nicht lediglich um ein Kapitalverhältnis handelt.[480] Da die Gegnerreinheit nur unter bestimmten Umständen beeinträchtigt wird und der Gesetzgeber das Arbeits- und Kapitalverhältnis deutlich voneinander trennt, kann also dieser Befürchtung nicht uneingeschränkt zugestimmt werden. Die Rechte der Arbeitnehmer sind im Tarifvertrags-, Betriebsverfassungs- und nicht zuletzt im Mitbestimmungsgesetz klar definiert, können daher auch durch eine Beteiligung nicht einfach in Frage gestellt werden.[481] Im Gegenteil, zu den bereits eingeräumten Rechten erhält der Arbeitnehmer, je nach Ausgestaltung des Beteiligungsmodells, als Kapitaleigner oder Gläubiger weitere Rechte. Zu bedenken bleibt allerdings, ob die beteiligten Arbeitnehmer weiterhin bereit sind, die gewerkschaftlichen Forderungen mit traditionellen Mitteln, wie beispielsweise Arbeitsniederlegungen oder Streiks, zu unterstützen und inwieweit daraus persönliche Interessenkonflikte entstehen werden.[482]

---

480 Diese Konstellation ist beispielsweise denkbar, wenn der Mitarbeiter als GmbH-Gesellschafter oder Kommanditist Einfluß auf die Geschäftsführung hat und gleichzeitig Gewerkschaftsmitglied ist. Im allgemeinen werden allerdings Arbeitnehmer mit einer Aktienbeteiligung, stillen Beteiligung oder (normalen) Arbeitnehmer-Kommanditbeteiligung nicht der Arbeitgeberseite zugeordnet. Neben dem Arbeitsverhältnis wird dann „nur" ein Kapitalverhältnis begründet, das die Unabhängigkeit und dementsprechend die Tariffähigkeit nicht direkt berührt.

481 So ist auch Karl-Georg Loritz der Ansicht, daß mit der allgemeinen Begründung eines gesellschaftsrechtlichen Verhältnisses und der daraus resultierenden Treuepflicht keine Beschränkung der Arbeitnehmerrechte einhergehen kann: „Wo sich arbeits- und gesellschaftsrechtliche Treuepflichten unterscheiden, können die Rechte des Arbeitnehmers, die ihm das Arbeitsrecht zuspricht, nur dort Beschränkungen erfahren, wo die jeweiligen arbeitsrechtlichen Regelungen nicht gelten. Verlangt der Status des Arbeitnehmers z. B. die Geltung des Tarifrechts für ihn, so kann ihm auch die Teilhabe am Arbeitskampf nicht verwehrt sein. Bezieht ein Arbeitnehmer festen Lohn, so muß er die Arbeitsleistung zurückbehalten dürfen, wenn die Gesellschaft nicht bezahlen kann oder will (§ 320 BGB)." Loritz, Karl-Georg: Die Mitarbeit Unternehmensbeteiligter. Arbeits-, gesellschafts- und steuerrechtliche Probleme, Konstanz, 1983, S. 429.

482 Im Rahmen seiner Untersuchung kommt Bernd Lieber jedoch zu dem Ergebnis, daß der überwiegende Teil der befragten Mitarbeiter diesbezüglich keinerlei Konfliktpotential sehe, da sie deutlich zwischen der Gewinnbeteiligung und der Stellung beziehungsweise den Aufgaben ihrer Interessenvertreter unterscheiden. Entsprechend dieser Untersuchung sind nahezu 90% aller Befragten der Ansicht, daß sowohl die Stellung des Betriebsrates als auch die Bereitschaft zur Unterstützung gewerkschaftlicher Lohnforderungen „vermutlich nicht" oder „bestimmt nicht" beeinträchtigt wird. Vgl. Lieber, Bernd: Die Einstellung von Mitarbeitern zur Gewinnbeteiligung, a. a. O., Tabelle 8 sowie S. 158.

Sofern es gelingt, mit Hilfe einer Mitarbeiterbeteiligung eine Produktivvermögens- und dementsprechend eine Machtdekonzentration zu realisieren, bleibt dennoch zu bedenken, daß dadurch möglicherweise neue Machtstrukturen - im Sinne „managerialer Macht“ - errichtet werden können. Die Trennung von Unternehmerfunktion und Produktivkapitalbesitz ermöglicht einerseits die gewünschte Vermögensumverteilung ohne unternehmenspolitische Beeinträchtigungen, kann aber andererseits zu einer Konzentration der Managermacht führen, da professionelle Führungskräfte in Angestelltenpositionen den führenden und kapitalbesitzenden Unternehmer ersetzen.[483] Sicherlich sind sie den Anteilseignern und somit auch den beteiligten Mitarbeitern rechenschaftspflichtig und können theoretisch jederzeit entlassen werden, doch ihre umfassenden Entscheidungsbefugnisse, die weit über das „tägliche Geschäft“ hinausreichen, alimentieren neue, kaum kontrollierbare Machtpotentiale. Im Extremfall werden weder Großaktionäre noch die Vielzahl der Kleinaktionäre ihre eigentliche Kontrollfunktion ausüben können und bestehende Machtstrukturen lediglich durch neue ersetzt.

Sofern die Beteiligungsmittel ausschließlich überbetrieblichen Fonds zugeführt werden, können bestehende Machtpotentiale kontrolliert und gegebenenfalls beseitigt werden. Andererseits besteht dabei die Gefahr, daß sich daraus neue Machtstrukturen etablieren, die mit ihrer Kapitalkraft sowohl einzel- als auch gesamtwirtschaftliche Entscheidungen beeinflussen können. Alternativ zu der Fondslösung könnten die Mittel dem Bankensystem zugeführt werden, wobei dann allerdings die Banken zur bestehenden Position (Kreditvergabe, Depotstimmrechte etc.) zusätzliche Macht erhalten.[484]

Auch in diesem Kapitel zeigt sich recht deutlich, daß bei der Analyse der Vor- und Nachteile weniger die Problematik der Mitarbeiterbeteiligung an sich, sondern vielmehr einzelne Ausgestaltungsprobleme im Vordergrund stehen, wobei diese meist durch eine Variation vom Grundmodell abgeschwächt oder beseitigt werden können. Ein Beteiligungsmodell, das weitreichende Wirkungen aufzeigen soll, ist allerdings kaum in der Lage, alle Problembereiche zur vollsten Zufriedenheit sämtlicher sozialen Gruppen zu lösen.

---

[483] Vgl. Gress, Karin: Transfers zur Förderung der Vermögensbildung aus verteilungs- und sozialpolitischer Sicht, a. a. O., S. 44; Andersen, Uwe: Einführung in die Vermögenspolitik, a. a. O., S. 112; Molitor, Bruno: Vermögensverteilung als wirtschaftspolitisches Problem, a. a. O., S. 28 ff.; Welty, Eberhard: Herders Sozialkatechismus, 3. Band, Freiburg, 1958, S. 324 ff.

[484] Vgl. Adam, Hermann: Macht und Vermögen in der Wirtschaft, a. a. O., S. 80 f.

Eine Beteiligung am Produktivvermögen stößt sowohl auf Seiten der Arbeitnehmer als auch der Arbeitgeber zunächst auf psychologische Barrieren. Einerseits ist das Sicherheitsstreben in der Vermögensaufbauphase relativ groß und folglich die Bereitschaft der Arbeitnehmer, risikobehaftete Vermögenswerte zu erwerben, dementsprechend gering, zumal über Jahrzehnte hinweg ein vermögenspolitischer Entfremdungsprozess stattfand.[485] Andererseits stehen auch die Unternehmer diesen Modellen skeptisch gegenüber, zumal sie in einer Mitarbeiterbeteiligung meist den Verlust der unternehmerischen Freiheit und finanzielle Einbußen sehen. Die Überwindung dieser bestehenden Denkschematas erfordert gegenseitiges Vertrauen und dementsprechend sollten bereits in der Planungs- und insbesondere in der Einführungsphase die Interessen aller Beteiligten am Entscheidungsfindungsprozess berücksichtigt werden.

Die Fremdkapitalbeteiligung im Sinne eines Arbeitnehmerdarlehens könnte dabei eine zweckmäßige Vorstufe für die anschließende Eigenkapitalbeteiligung sein, da eine Sicherung des Darlehens in Form einer Bankbürgschaft oder einer privatrechtlichen Sicherung vorliegt und dem Unternehmen finanzpolitische Freiräume eröffnet werden.[486] Dem Mitarbeiter könnten so Anreize geboten werden, sich mit der Position eines Kapitaleigners vertraut zu machen, ohne dabei dem „doppelten Risiko" zu unterliegen.

---

485 Weisser, Gerhard: Vermögen und Vermögenspolitik, a. a. O., S. 170. Vgl. auch Nell-Breuning, Oswald von: Aktuelle Fragen der Gesellschaftspolitik, a. a. O., S. 62.

486 Vgl. 5. VermBG § 2 Satz 1 Abs. 1k.

7. Die Erfolgsbeteiligung der Arbeitnehmer

Sowohl in der Theorie als auch in der praktischen Anwendung gibt es, um mit den Worten Karl Neumanns zu argumentieren, ebenso viele Beteiligungspläne, wie es Wissenschaftler und Politiker gibt, die sich mit diesem Thema auseinandergesetzt haben.[487] Um einzelne Pläne tatsächlich beurteilen zu können, müßten unternehmensspezifische Faktoren, wie beispielsweise Firmengröße und Struktur, Bewertungsmaßstäbe, Erfolgsermittlungsmethoden sowie Eigenkapitalausstattung und Rücklagenbildung analysiert werden. Aus dieser Überlegung heraus werden im folgenden, nach der Klärung einzelner Begriffe, zunächst grundsätzliche Möglichkeiten einer Beteiligung vorgestellt. Dabei soll im Rahmen der Betrachtung betrieblicher Modelle einzelne Ausgestaltungsmöglichkeiten der Eigen- und Fremdkapitalbeteiligung bezüglich rechtlicher, betriebswirtschaftlicher sowie steuerlicher Aspekte erörtert werden. Die überbetriebliche Beteiligung sowie deren Möglichkeiten, Grenzen und Potentiale werden im dritten Abschnitt dieses Kapitels an Hand des Modells der IG Bau-Steine-Erden dargestellt.

7.1 Grundlegende Begriffe und Ebenen einer Beteiligung

Eine Vielzahl unterschiedlichster Beteiligungsmodelle basiert auf der Überlegung, sowohl Kapitalgeber, Unternehmensleitung als auch Mitarbeiter am Erfolg und/oder Kapital des Unternehmens zu beteiligen. Unabhängig jeglichem Altruismus ist eine Kapitalbeteiligung grundsätzlich zielorientiert, wobei die in Kapitel 4.2 dargestellte **betriebliche Partnerschaft** als zentraler Aspekt angesehen wird.[488] Je nach Sichtweise und/oder politischer Einstellung wird sie allerdings unterschiedlich hoch bewertet, so daß eine eindeutige, intersubjektiv nachprüfbare Abgrenzung auf Probleme stößt.[489] In Anlehnung an Hans Schneider soll sie wie folgt definiert werden:[490]

---

[487] Vgl. Neumann, Karl: Vermögensverteilung und Vermögenspolitik, a. a. O., S.37.

[488] Vgl. Nell-Breuning, Oswald von: Partnerschaft, a. a. O., S. 216 - 223.

[489] Wie die empirischen Untersuchungen von Bernd Lieber verdeutlichen, sieht die Mehrzahl der befragten Mitarbeiter in der betrieblichen Beteiligung eine Möglichkeit, die betriebliche Partnerschaft im Unternehmen zu fördern. Vgl. dazu Lieber, Bernd: Die Einstellung von Mitarbeitern zur Gewinnbeteiligung, a. a. O., Kapitel 6.2.4.2 Ergebnisse (S. 136 ff.), insbesondere S. 156.

[490] Schneider, Hans J.: Die partnerschaftliche Kapitalbeteiligung der Arbeitnehmer am mittelständischen Industrieunternehmen, a. a. O., S. 4.

„Betriebliche Partnerschaft ist jede durch eine Vereinbarung zwischen Unternehmensleitung und Mitarbeitern festgelegte und organisatorisch verwirklichte Form der wirtschaftlichen Kooperation, die neben dem permanenten Streben nach Verbesserung der human relations eine Mitwirkung und Mitverantwortung, sowie eine am arbeitgebenden Unternehmen investiv anzulegende und mithaftende Erfolgsbeteiligung zum Inhalt hat."

Da gesellschafts-, sozial- und unternehmenspolitische Zielsetzungen die Qualität und den Erfolg einer Mitarbeiterbeteiligung determinieren, stellt die betriebliche Partnerschaft sowohl an Arbeitgeber als auch Arbeitnehmer hohe Anforderungen:[491] Auf der immateriellen Ebene muß versucht werden, Hemmnisse und ideologische Barrieren zu überwinden, wohingegen auf der materiellen Ebene die finanzielle Beteiligung der Mitarbeiter im Vordergrund stehen sollte.[492] Eine klare Trennungslinie läßt sich jedoch nur in Abhängigkeit der individuellen Sichtweise einzelner sozialer Gruppen ziehen. Deshalb wird nur eine Kombination beider Komponenten dem komplexen Ziel der Partnerschaft gerecht werden: Einerseits ist die Partnerschaft ohne finanzielle Anreize eine Ausflucht in „schöne Worte" und kann andererseits mit finanziellen Mitteln allein nicht verwirklicht werden.[493]

Das ***Eigenkapital*** kann im Rahmen dieser Arbeit definiert werden als die Gesamtheit aller monetär erfaßbaren und in Geldeinheiten ausgedrückten Mittel, die von den Eigentümern im allgemeinen auf unbegrenzte Zeit der Unternehmung zur Verfügung gestellt werden. Die Hauptaufgaben des Eigenkapitals werden in der Eigenfinanzierung der Unternehmung und der Investitionen, der Risikoübernahme sowie der Sicherung des Fremdkapitals

---

491 Um eine Basis zu schaffen, müssen unsachgemäße „Klassenkampfideologien" überwunden werden: Der Unternehmer sollte akzeptieren, daß er nicht nur betriebspolitische Aufgaben zu erfüllen, sondern auch gesellschaftspolitische Verpflichtungen hat. Andererseits müssen die Arbeitnehmer bereit sein, ihren persönlichen Beitrag zur Verwirklichung der Partnerschaft zu leisten. Vgl. Lezius, Michael: Das Konzept der betrieblichen Partnerschaft, in: Hans J. Schneider (Hrsg.): Handbuch der Mitarbeiter-Kapitalbeteiligung, a. a. O., S. 24 - 42, hier S. 27.

492 Vgl. Maier, Kurt: Leistungs- und Ertragsbeteiligung als nicht gewinnabhängige Beteiligungsverfahren, in: Hans J. Schneider (Hrsg.): Handbuch der Mitarbeiter-Kapitalbeteiligung, a. a. O., S. 109 - 122, hier S. 121.

493 Zu einer empirischen Untersuchung der Wirkungen auf den Unternehmenserfolg dieser Komponenten vgl. FritzRoy, Felix / Kraft, Kornelius: Mitarbeiterbeteiligung und Produktivität - Eine ökonometrische Untersuchung, in: Erich Gutenberg / Horst Albach / Hans Büschgen u. a. (Hrsg.): Zeitschrift für Betriebswirtschaft, 55. Jahrgang, Nr. 1 (Januar 1985), Wiesbaden, 1985, S. 21 - 36.

gesehen. Die Betrachtung der Eigenkapitalbasis erscheint insofern interessant, als daß Beteiligungsmodelle die Kapitalstruktur beeinflussen können.

Der Begriff einer (risikoabhängigen) ***Kapitalbeteiligung***[494] wird unterschiedlich definiert. In Anlehnung an die Unterscheidung des engen und weiten Vermögensbegriffes beinhaltet die enge Fassung nur die Beteiligung am Eigenkapital der Unternehmung, wohingegen der weite Begriff auch Beteiligungen in Form von Fremdkapitalanteilen zuläßt.[495] Dieser ersten, grundsätzlichen Unterscheidung wird insofern Rechnung getragen, daß Eigen- und Fremdkapital(-beteiligungen) als gesonderte Bilanzposten ausgewiesen werden. Wie im weiteren Verlauf dieses Kapitels zu sehen sein wird, sollten im Rahmen einer Analyse der einzelnen Beteiligungsformen diese Positionen jedoch weiter differenziert werden.

Die im Steuerrecht unterstellte ***Mitunternehmereigenschaft*** entsprechend des § 15 Abs. 1 Nr. 2 EStG verringert die Bereitschaft, eine Eigenkapitalbeteiligung zu begründen, da in diesem Fall sämtliche Einkünfte des am arbeitgebenden Unternehmen beteiligten Mitarbeiters als „Einkünfte aus dem Gewerbebetrieb" zu behandeln sind. Unabhängig von der Beteiligungshöhe beziehungsweise den Einkünften aus der Beteiligung verliert der Arbeitnehmer automatisch alle ihm zustehenden steuerrechtlichen Vorteile und wird folglich mit der Einführung eines Beteiligungsmodells, bei dem die Mitunternehmereigenschaft vermutet werden kann, gegenüber anderen Vermögensbildungsmöglichkeiten eindeutig benachteiligt. Sofern der Mitarbeiter als Mitunternehmer behandelt wird, erfolgt nach § 179 Abs. 2 Satz 2 AO und § 180 Abs. 2 AO die einheitliche und gesonderte Feststellung der Besteuerungsgrundlage. Da die Entlohnung des Arbeitnehmers und sämtliche Sozialabgaben nunmehr keine Betriebsausgaben darstellen, sondern nach § 4 Abs. 1 EStG als Gewinn beziehungsweise als „Gewinnvorwegnahme" angesehen werden, erhöht sich der einkommensteuerpflichtige Gewinn aus dem Gewerbebetrieb. Aus Sicht der Unternehmung wird die Mitunternehmereigenschaft zudem die Gewerbeertragsteuerlast beeinflus-

---

[494] Bei der Verwendung des Begriffes Kapitalbeteiligung kann in Eigen- oder Fremdkapital untergliedert werden. Häufig wird jedoch Eigenkapitalbeteiligung und Produktivkapitalbeteiligung synonym verwendet, obgleich dies ungenau ist. Wird der Begriff Produktivkapital als Äquivalent zu Eigenkapital verwendet, so wird der Umstand übersehen, daß auch Fremdkapital produktiv eingesetzt werden kann.

[495] Vgl. Haas, Hans Ulrich: Kapitalbeteiligung der Arbeitnehmer, in: Eduard Gaugler: Handwörterbuch des Personalwesens, Stuttgart, 1975, Spalte 1089 - 1106, hier Spalte 1089 und Prinz, Heinrich: Möglichkeiten und Grenzen der Kapitalbeteiligung im Rahmen der betrieblichen Partnerschaft, Berlin, 1959, S. 13 ff.

sen, da entsprechend § 8 GewStG und § 12 GewStG in Verbindung mit § 15 Abs. 1 Nr. 2 EStG sämtliche Einkünfte aus dem Arbeitsverhältnis des direkt beteiligten Mitarbeiters nicht als Betriebsausgaben absetzbar, sondern als Tätigkeitsvergütung der Arbeitnehmer-Gesellschafter hinzuzurechnen sind. Wird von einer umfassenden Reform im Sinne einer Gleichstellung der Einkommenskategorien bei gleichzeitiger Abschaffung der Arbeitnehmerfreibeträge und Steuervergünstigung für Unternehmer abgesehen, so sind zumindest in Hinblick auf die Erhöhung der Eigenkapitalquote und die Förderung der Produktivvermögensbildung in Arbeitnehmerhand unterschiedliche steuerrechtliche Teilreformen angebracht:

- Arbeitnehmer, die beispielsweise über Kommanditanteile oder atypisch stille Beteiligungen verfügen, sollten nicht generell als Mitunternehmer im Sinne des Steuerrechts gegenüber Anderen benachteiligt und die Mitunternehmereigenschaft lediglich den persönlich haftenden Gesellschaftern unterstellt werden.
- In Abhängigkeit der Höhe und Ausgestaltung der Mitarbeiterbeteiligung sollte die Mitunternehmereigenschaft sachlich geprüft und so eine Freigrenze bestimmt werden, bis zu der die Arbeitnehmereigenschaft überwiegt.[496]
- Das Gewerbesteuerrecht sollte zumindest dahingehend geändert werden, daß die Tätigkeitsvergütung der Mitunternehmer als abzugsfähiger Arbeitslohn akzeptiert und dies in §§ 8, 9 und § 12 GewStG berücksichtigt wird.

Die ***Erfolgsbeteiligung*** setzt nicht grundsätzlich eine Kapitalbeteiligung voraus, sondern wird vielmehr durch das Arbeitsverhältnis oder den Erfolgsbeitrag des Arbeitnehmers begründet. Sofern die Erfolgsanteile im Unternehmen verbleiben, entsteht jedoch ein zweifaches Rechtsverhältnis, das neben dem individuellen Arbeitsvertrag einen Beteiligungsvertrag im Sinne einer schuld- oder

---

496 Sowohl in der Literatur als auch der Rechtsprechung ist die Mitunternehmereigenschaft nicht eindeutig definiert. Neben Kriterien, wie die Beteiligung an der Vermögenssubstanz und die Mitarbeit in leitender Position, hat der Bundesfinanzhof weitere Einzelkriterien für die Mitunternehmerschaft dargelegt: Sie kann sie unterstellt werden, wenn von den Mitarbeitern die Unternehmerinitiative und die Beteiligung am unternehmerischen Risiko (Partizipation an den stillen Reserven, am Firmenwert respektive am Anlagevermögen) sowie die Gewinn- und Verlustbeteiligung erwartet wird, wobei zur eindeutigen Klärung nicht ein Einzelkriterium, sondern vielmehr das „Gesamtbild" entscheidend ist. Vgl. dazu Loritz, Karl-Georg: Die Mitarbeit Unternehmensbeteiligter, a. a. O., S. 123 ff. sowie Stöcker, Günter: Zum Begriff der Mitunternehmerschaft, in: Der Betriebs-Berater, Zeitschrift für Recht und Wirtschaft, 33. Jahrgang, Heidelberg, 1978, S. 651 - 655.

gesellschaftsrechtlichen Beziehung beinhaltet.[497] Trotz der Tatsache, daß sich eine Erfolgs- und Kapitalbeteiligung direkt auf die Höhe des Entgeltes der Arbeitnehmer auswirkt, stellt sie im betriebswirtschaftlichen Sinne keinen Lohnbestandteil dar. Unter Berücksichtigung der hohen Arbeitslosigkeit läßt sich insofern eine Trendwende in der Tarifgestaltung feststellen, als daß die variable, kostenneutrale Erfolgsbeteiligung auch aus Sicht der DAG nicht mehr als additiver Lohnbestandteil zur Verringerung von Verteilungsdisparitäten, sondern als möglicher Entgeltbestandteil der Gesamtvergütung angesehen wird. Dementsprechend kann die Gesamtentlohnung eines Arbeitnehmers als eine qualitative Dreiteilung in Grundlohn, Leistungslohn und Erfolgsanteil interpretiert werden.

In der volkswirtschaftlichen Literatur unterscheidet man grundsätzlich zwischen der Beteiligung am arbeitgebenden Unternehmen sowie der überbetrieblichen Beteiligung und spricht dabei von den zwei unterschiedlichen ***Beteiligungsebenen***. Auf der ersten Ebene - der **betrieblichen Beteiligung** - besteht eine Kapitalbeziehung zwischen den Arbeitnehmern und dem arbeitgebenden Unternehmen. Auch hier läßt sich eine grundsätzliche Unterscheidung vornehmen:[498]

❒ **Direkte Beteiligung:** Dabei unterhält der Mitarbeiter zu seinem arbeitgebenden Unternehmen eine doppelte Rechtsbeziehung. Zu dem Arbeitsverhältnis tritt eine Gläubiger-Schuldner-Beziehung oder eine Kapitalbeziehung hinzu.

❒ **Indirekte Beteiligung:** Eine wenig verbreitete Beteiligungsform ist die sogenannte indirekte Beteiligung. Im allgemeinen wird zwischen das arbeitgebende Unternehmen und den Arbeitnehmer eine Beteiligungsgesellschaft in Form einer GmbH, AG oder GmbH &Co. KG geschaltet.

Prinzipiell sind im Rahmen einer indirekten Beteiligung alle Rechtsformen denkbar, doch aus steuerlichen und haftungsrechtlichen Gründen werden im allgemeinen die vorgenannten Gesellschaftsformen bevorzugt.[499] Unter Berücksichtigung der Tatsache, daß, wie im weiteren Verlauf noch zu sehen sein wird,

---

[497] Vgl. exemplarisch Dobroschke, Eduard: Die Kapitalbeteiligung der Mitarbeiter am arbeitgebenden Unternehmen, in: Arbeitsgemeinschaft zur Förderung der Partnerschaft in der Wirtschaft e.V. (Hrsg.): Veröffentlichungen der AGP, Untersuchungen und Berichte, Reihe II, Heft 10, Hilden, 1971, S. 7 f. und Schanz, Günther: Befunde zur Praxis der Mitarbeiter-Kapitalbeteiligung, in: Gert Laßmann / Eberhard Schwark (Hrsg.): Beteiligung der Arbeitnehmer am Produktivvermögen, Berlin, New York, 1985, S. 69 - 84, hier S. 71.

[498] Vgl. Gaugler, Eduard: Mitarbeiterkapital im arbeitgebenden Unternehmen, a. a. O., S. 197f.

[499] Vgl. auch Haas, Hans Ulrich: Kapitalbeteiligung der Arbeitnehmer, a. a. O., Spalte 1093 ff. und Gaugler, Eduard: Mitarbeiterkapital im arbeitgebenden Unternehmen, a. a. O., S. 200.

eine direkte Eigenkapitalbeteiligung bei Personengesellschaften nur in Form einer stillen Beteiligung handels- und steuerrechtlich relativ unproblematisch ist, schafft die Trennung von Mitarbeiterbeteiligung und arbeitgebendem Unternehmen durchaus Vorteile: Neben der Selbstverwaltung der Mitarbeiter über ihre Kapitalanteile und der relativ einfachen Ausgliederung der Anteilsverwaltung, bietet sie die Möglichkeit, die Mitarbeiter ohne zusätzlichen verwaltungstechnischen Aufwand an mehreren Unternehmungen zu beteiligen und das Risiko zu minimieren. Der einzelne Mitarbeiter hält dabei einen Anteil an der Beteiligungsgesellschaft, die sich an den anderen Konzernfirmen aber auch an weiteren Anlagen, beispielsweise Finanz- oder Immobilienanlagen, beteiligen kann.[500] Aus Sicht der Unternehmung wird statt einer Vielzahl von Einzelverträgen nur ein Vertrag mit der Beteiligungsgesellschaft begründet und dementsprechend der Verwaltungsaufwand innerhalb des arbeitgebenden Unternehmens minimiert. Da die Mitarbeiter nur Anteile der Beteiligungsgesellschaft halten, kann keine Mitunternehmereigenschaft unterstellt, eine indirekte Vermögenssubstanzbeteiligung ermöglicht und gleichzeitig der Nachteil einer Gewerbesteuerbelastung auf die Lohnsumme vermieden werden.

In der Praxis könnte eine interessante Beteiligungskonstruktion wie folgt ausgestaltet werden: Das arbeitgebende Unternehmen in der Rechtsform einer KG möchte mit geringstmöglichem Aufwand und ohne steuerliche sowie organisatorische Schwierigkeiten ihre Mitarbeiter am Substanzzuwachs beteiligen. Dementsprechend firmiert die neu gegründete Zwischengesellschaft als GmbH, an der die Mitarbeiter als stille Gesellschafter beteiligt werden. Die GmbH ihrerseits beteiligt sich mit diesen Mitteln als Kommanditistin am arbeitgebenden Unternehmen, wobei die Geschäftsführer der GmbH auch gleichzeitig die persönlich haftenden Gesellschafter der KG sind.

---

500 Wenn die Mitarbeiter mit einem Teil der ihnen zur Verfügung stehenden Mittel beispielsweise einen „geschlossenen Mitarbeiterbeteiligungsfonds“ oder einen „Mitarbeiteraltersversorgungsfonds“ in Form einer Fonds-GbR oder kleinen AG begründen, eröffnet sich eine interessante Möglichkeit der Altersvorsorge. Mit der Beteiligung an diesem Fonds, der zum Beispiel Wohnungs- und Gewerbeimmobilien aber auch langfristige Anlagepapiere erwirbt, wird der Mitarbeiter an den Miet-, Zins- und Dividendeneinnahmen und zudem an der steuerfreien Wertsteigerung im Rahmen eines späteren Immobilienverkaufs beteiligt. In Verbindung mit einer betrieblichen Altersvorsorge sowie der betrieblichen Kapitalbeteiligung kann dieser außerbetriebliche, geschlossene Mitarbeiterfonds einen wichtigen Beitrag zur künftigen Vorsorge leisten, da das höhere Gesamtvolumen der Beteiligungsmittel eine höhere und langfristig sichere Rendite ermöglicht.

Abbildung 20: Indirekte Beteiligung an einer KG via einer Zwischengesellschaft

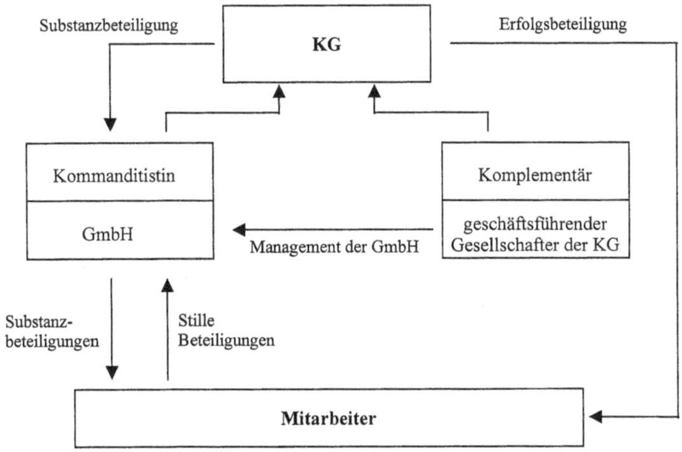

Diesen Vorteilen stehen allerdings Aspekte, wie die geringere Identifikation und insbesondere der Kapitalabfluß aus dem arbeitgebenden Unternehmen gegenüber. In einem stark diversifizierten Unternehmensverbund oder einem Mischkonzern besteht jedoch die Möglichkeit der Zwischenschaltung einer Beteiligungsgesellschaft, die eine differenzierte Anlagepolitik **innerhalb** dieses Verbundes verfolgt, und so eine „maximale Risikostreuung“ ohne gleichzeitigen Kapitalabfluß gewährleistet. Wenn die Unternehmensleitung zudem ihren Mitarbeitern verdeutlicht, daß die Mittel entweder im eigenen Betrieb oder zumindest im Unternehmensverbund verbleiben, kann das Gefühl, „am arbeitgebenden Unternehmen (Konzern) beteiligt zu sein“, durchaus erhalten bleiben.[501] Für die Arbeitnehmer ist eine indirekte Beteiligung unter anderem auch deshalb interessant, da die Kapitalbeteiligungsgesellschaften meist eine „interne Börse“ bieten, an der die Mitarbeiter ihre Anteile handeln können. Die Abwicklung dieser Transaktionen übernimmt im allgemeinen die Kapitalbeteiligungsgesellschaft, ohne daß auf Käufer oder Verkäufer erhebliche Kosten zukommen.[502]

---

501 Vgl. Faltlhauser, Kurt: Systematik und Grundprobleme materieller betrieblicher Mitarbeiter-Beteiligung, in: Hans J. Schneider (Hrsg.): Handbuch der Mitarbeiter-Kapitalbeteiligung, a. a. O, S 71 - 88, hier S. 86.

502 Vgl. Gaugler, Eduard: Mitarbeiterkapital im arbeitgebenden Unternehmen, a. a. O., S. 200f.

Im Rahmen einer **überbetrieblichen Beteiligung** wird von den Zusammenhängen zwischen der eigentlichen Betriebszugehörigkeit und der Kapitalbeteiligung abstrahiert. Die Mittelherkunft bezieht sich zwar nach wie vor auf das arbeitgebende Unternehmen, doch aus Sicht der Arbeitnehmer besteht keine schuld- oder gesellschaftsrechtliche Beziehung. Ein (branchenübergreifender) Fonds, die sogenannte Clearingstelle, wird zwischen die Unternehmen und die beteiligten Mitarbeiter geschaltet. Demnach besteht kein kausaler Zusammenhang zwischen den Beteiligungsleistungen der Unternehmung und den Fondsanteilen der in diesem Unternehmen beschäftigten Mitarbeiter.

Der Unterschied zwischen der überbetrieblichen und der indirekten Beteiligung liegt in der Tatsache, daß an überbetrieblichen (Branchen-) Fonds sämtliche Arbeitnehmer und Personen[503], unabhängig der Betriebszugehörigkeit, beteiligt werden können, wohingegen die indirekte Beteiligung ausnahmslos Mitarbeiter des arbeitgebenden Unternehmens begünstigt. Insbesondere unter verteilungspolitischen Aspekten kann letzteres bemängelt werden, da Mitarbeiter anderer Unternehmen keine Beteiligungsmöglichkeit erhalten und dementsprechend eine Ungleichbehandlung auf Grund der Arbeitsplatzwahl als logische Konsequenz zu erwarten ist. Da Art und Höhe der Begünstigung von der Ertragslage und der Beteiligungsbereitschaft des arbeitgebenden Unternehmens abhängt, trägt auch der einzelne Mitarbeiter ein höheres „unternehmerisches" Risiko. Die Fondslösung, die weniger den Zielen der Mitarbeitermotivation und des partnerschaftlichen Verhältnisses innerhalb des Betriebes dient, wird deshalb in der Theorie aus gesellschafts- und verteilungspolitischen Aspekten bevorzugt, da zum einen die Ungleichbehandlung innerhalb der Gruppe der Arbeitnehmer vermieden und zum anderen das Beteiligungsrisiko verringert werden kann.

Wie aus dem oberen Teil der Abbildung 21 zu erkennen ist, besteht, neben dem Arbeitsverhältnis, eine direkte Verbindung im Sinne eines gesellschaftsrechtlichen Verhältnisses zwischen den Arbeitnehmern und dem arbeitgebenden Unternehmen. Bei der indirekten Beteiligung hält der Arbeitnehmer Anteile an der Beteiligungsgesellschaft. Diese Gesellschaft kann sich entweder an dem arbeitgebenden Unternehmen II, an anderen Unternehmen der selben Branche und/oder branchenfremden Unternehmen mittels Aktien beteiligen. Weiterhin besteht die Möglichkeit, die Mittel in Wertpapieren oder Immobilienbeteiligungen anzulegen. Die Zwischenschaltung einer Beteiligungsgesellschaft ermög-

503 Man könnte auch eine Beteiligung von Nichterwerbstätigen oder Beschäftigte im öffentlichen Dienst in Betracht ziehen.

licht somit eine Mischportfoliowahl und eine optimale Risikostreuung. Zudem haben stark diversifizierte Unternehmen die Möglichkeit, ihre Beteiligungsmittel innerhalb des Konzerns anzulegen, so daß kein Mittelabfluß erfolgt.

Abbildung 21: Die Unterscheidung zwischen den einzelnen Beteiligungsebenen

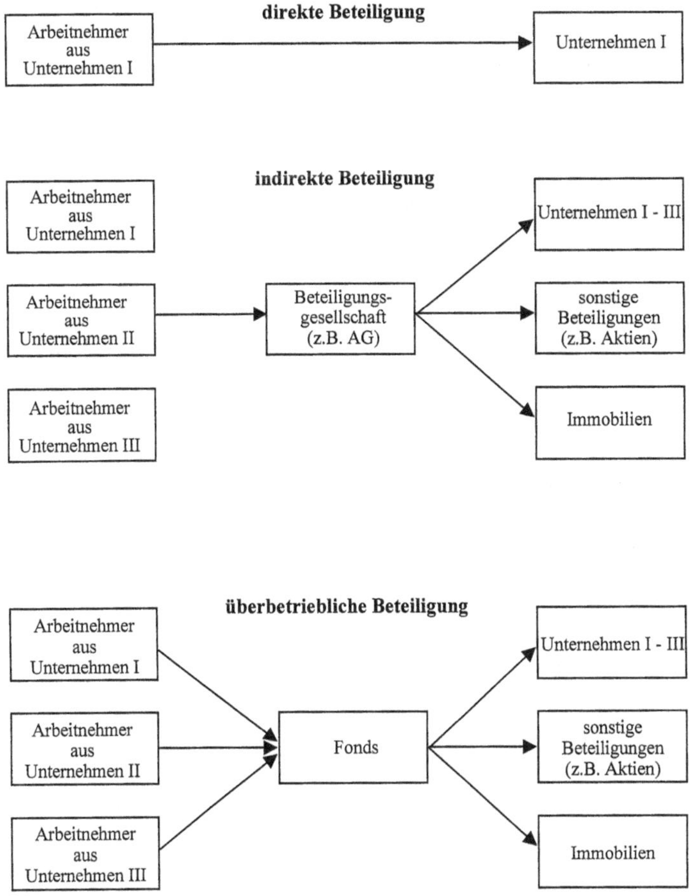

Bei der überbetrieblichen Lösung werden alle Arbeitnehmer an einem Fonds beteiligt, der sich dann entweder an einzelnen Unternehmen dieser Branche und/oder an anderen, branchenfremden Unternehmen respektive an Finanz- oder Immobilienanlagen beteiligen kann. Jeder Arbeitnehmer erhält Anteile an diesem Fonds, unabhängig davon, wieviel das arbeitgebende Unternehmen an diesen Fonds abgegeben hat. Dadurch kann eine Ungleichbehandlung auf

Grund der Firmenzugehörigkeit innerhalb der Gruppe der Arbeitnehmer vermieden werden.

7.2 Formen einer Kapitalbeteiligung der Arbeitnehmer an dem arbeitgebenden Unternehmen

Für die Beurteilung einer Mitarbeiterbeteiligung ist neben der Wahl der Beteiligungsebene auch die Wahl der Beteiligungsform, das heißt Eigen- oder Fremdkapitalbeteiligung, relevant. Im Rahmen einer Fremdkapitalbeteiligung tritt zu der arbeitsrechtlichen Beziehung ein Gläubiger-Schuldner-Verhältnis.

Bei einer Eigenkapitalbeteiligung ist die Untersuchung der Rechtsform des Unternemens von Bedeutung. Da einzelne Modelle nicht für alle Rechtsformen geeignet sind, sollte im Idealfall jedem Unternehmenstyp ein individuell ausgestaltetes Beteiligungsmodell zugeordnet werden.[504]

7.2.1 Die Beteiligung am Fremdkapital

Sofern die, auf der Basis einer Erfolgsbeteiligung übertragenen Mittel im Unternehmen verbleiben sollen, besteht grundsätzlich die Möglichkeit der Begründung eines **Mitarbeiterdarlehens**, wobei der Mitarbeiter als Darlehensgeber und das Unternehmen als Darlehensnehmer in Erscheinung treten. Diese langfristige Fremdkapitalbeteiligung entspricht dem, in § 607 BGB definierten, Begriff des Darlehens.

Aus Sicht des Unternehmens sind die Vorteile dieser Beteiligungsform darin zu sehen, daß weitestgehende Vertragsfreiheit herrscht und, auf Grund der Vielzahl der Aufbringungsmöglichkeiten sowie der variablen Verzinsungs- und Rückzahlungsmodalitäten, das Darlehen in nahezu jedem Unternehmen durchführbar ist.[505] Aus Sicht der Mitarbeiter bietet sich das Mitarbeiterdarlehen als Vorstufe

---

[504] Vgl. Schneider, Hans J.: Die partnerschaftliche Kapitalbeteiligung der Arbeitnehmer am mittelständischen Industrieunternehmen, a. a. O., S. 21.

[505] Sofern die im VermBG vorgeschriebene Risikoabsicherung erfolgt und eine entsprechende Dynamisierung garantiert wird, kann die Rückzahlung des Darlehens theoretisch an das Rentenalter gekoppelt und somit eine privatrechtliche Altersversorgung als Ergänzung zur gesetzlichen Rente gewährt werden. Vgl. ebenso Schmitthenner, Horst: Altersvorsorge über vermögenswirksame Leistungen, in: Soziale Sicherheit, Köln, 47. Jahrgang, Heft 2, 1998, S. 45 - 48. Auch Hans J. Schneider und Walter Mehl sehen für Führungskräfte mit gehobenem Einkommen im klassischen „Deferred Compensation Ansatz", das heißt in der Entgeltumwidmung in eine wertgleiche Versorgungszusage des Unternehmens, aber auch für Arbeitnehmer, deren Einkommen unter der Beitragsbemessungsgrenze liegt, in der

für eine gesellschaftsrechtliche Beteiligung an, da es sich, sofern die gesetzlichen Bestimmungen des 5. VermBG sowie des § 19a EStG eingehalten werden, um eine staatlich geförderte und relativ sichere Anlageform handelt. Zudem hat der Mitarbeiter die Möglichkeit, erste Erfahrungen zu sammeln, um dann später als risikotragender Gesellschafter im Unternehmen beteiligt zu werden.[506]

Einfache Darlehen gewähren einen Anspruch auf eine kontinuierliche Verzinsung, unabhängig von der Gewinnsituation des Gläubigers. Werden jedoch statt ertragsunahängiger Zinszahlungen variable Gewinnanteile vereinbart, so spricht man vom partiarischen Darlehen.[507] Die beteiligten Mitarbeiter haben dabei die Chance, in einem guten Geschäftsjahr höhere Renditen zu erzielen, wohingegen bei schlechter Ertragslage die Zinsbelastung des Unternehmens sinkt. Um das Vertrauen in das arbeitgebende Unternehmen zu fördern sowie Leistungsanreize und die Basis für eine betriebliche Partnerschaft zu schaffen, werden die Unternehmen versuchen, eine feste Grundverzinsung mit einer weiteren, gewinnabhängigen Zinszahlung zu gewähren. Zudem kann, wie einzelne, bereits praktizierte Modelle verdeutlichen, ein vorübergehender Verzicht auf Zinszahlungen vereinbart werden, wobei dies der Arbeitsplatzsicherung dient.

Aus steuerlicher Sicht sollte beachtet werden, daß die vom Unternehmen zu leistenden Aufwendungen zur Darlehensbegründung sowie die Zinszahlungen steuermindernd als Betriebsausgaben geltend gemacht werden können. Andererseits wird das Mitarbeiterdarlehen - auf Grund der gesetzlich festgelegten Sperrfrist von mindestens sechs Jahren - als Dauerschuld interpretiert. Dies hat zur Folge, daß die Hälfte der Dauerschuld dem Gewerbekapital und die zu leistenden Zinszahlungen zur Hälfte dem Gewerbeertrag zugerechnet werden und demgemäß der Gewerbesteuerpflicht unterliegen. In diesem Fall ist eine Unter-

---

Kombination mit einer Erfolgsbeteiligung eine weitere Möglichkeit der künftigen betrieblichen Zusatzvorsorge im Rentenalter. Vgl. Schneider, Hans J. / Mehl, Walter: Investive Erfolgsbeteiligung als betriebliche Altersversorgung, in: Eduard Gaugler / Robert Pfützner / Ernst Zander (Hrsg.): Personal - Zeitschrift für human resource management, Heft 5/1997, Köln, 1997, S. 234 - 237.

506 Vgl. Schröder, Jürgen: Mitarbeiterdarlehen und Mitarbeiterschuldverschreibungen, in: Hans J. Schneider (Hrsg.): Handbuch der Mitarbeiter-Kapitalbeteiligung, a. a. O., S. 168 - 176, hier S. 169 f. sowie Besters, Hans: Volkswirtschaftliche und gesellschaftspolitische Aspekte der Beteiligung der Arbeitnehmer am Produktivvermögen, in: Gert Laßmann / Eberhard Schwark (Hrsg.): Beteiligung der Arbeitnehmer am Produktivvermögen, a. a. O., S. 1 - 16, hier S. 4.

507 Vgl. Haas, Hans Ulrich: Kapitalbeteiligung der Arbeitnehmer, a. a. O., Spalte 1091.

scheidung zwischen dem partiarischen Darlehen und der stillen Beteiligung notwendig, da die stille Beteiligung zu 100% dem Gewerbeertrag und dem Gewerbekapital zugerechnet wird.

Aus Sicht der Arbeitnehmer sind Zinsen aus dem festverzinslichen Mitarbeiterdarlehen Einkünfte aus Kapitalerträgen und somit weder lohnsteuer- noch sozialversicherungspflichtig. Allerdings unterliegen sie, bei einem Werbungskosten-Pauschbetrag aus Kapitalvermögen nach § 9a Abs. 1 Nr. 2 EStG von DM 100,-- (bei Verheirateten DM 200,--) und einem Sparerfreibetrag nach § 20 Abs. 4 EStG in Höhe von DM 6.000,-- (DM 12.000,--), der Einkommensteuer. Auf Antrag entfällt nach § 46 Abs. 1 EStG in Verbindung mit § 39a Abs. 4a EStG die Veranlagung, wenn das zu versteuernde Einkommen unter DM 27.000,-- (DM 54.000,--) liegt. Das Mitarbeiterdarlehen mit einer fest vereinbarten Verzinsung wird nicht zur Kapitalertragsteuer herangezogen.

Das partiarische Darlehen hingegen ist zudem mit 25% der Zinsen kapitalertragsteuerpflichtig. Da die Kapitalertragsteuer allerdings eine vom arbeitgebenden Unternehmen abzuführende und vom Mitarbeiter zu tragende Einkommensteuer (Quellenabzug) ist und somit vollständig auf die Einkommensteuer angerechnet wird, erhält der Arbeitnehmer nach § 44a Abs. 1 und 2 EStG beziehungsweise § 44b Abs. 1 Satz 1 EStG in Verbindung mit § 44b Abs. 4 EStG unter Berücksichtigung derselben Pauschbeträge, Freibeträge und Freigrenzen auf Antrag die mithin zu viel entrichtete Steuer am Jahresende zurück.[508]

Alles in allem unterliegt der Arbeitnehmer in beiden Fällen der Einkommensteuer im Sinne des § 20 EStG, wobei lediglich beim partiarischen Darlehen eine Kapitalertragsteuerpflicht besteht. In Anbetracht der Anrechnungsmodi, der Freibeträge und Freigrenzen sowie der Möglichkeit, einen Nichtveranlagungs- respektive einen Freistellungsantrag zu stellen, ergibt sich für den Mitarbeiter faktisch keine Änderungen. Die deutliche Anhebung des Sparerfreibetrages eröffnete zum einen weitreichende Anlagespielräume und erhöhte zum anderen die Spar- und Beteiligungsbereitschaft, da nun der überwiegende Teil der Arbeitnehmer materiell einkommensteuerfrei ist.

Die zweite Form der Fremdkapitalbeteiligung ist die **Schuldverschreibung**, auch Mitarbeiterobligation genannt. Sie wird seltener angewendet, da die Aus-

---

508 Sofern der Mitarbeiter weder eine Nichtveranlagungs-Bescheinigung noch einen Freistellungsantrag nach § 44a EStG beantragt, muß das Unternehmen die Kapitalertragsteuer zunächst als „Quellensteuer“ gemäß § 43 Abs. 5 Satz 1 EStG direkt abführen, wobei die Verrechnung zum Jahresende im Rahmen des Einkommensteuerjahresausgleiches erfolgt.

gabe von Obligationen mit hohen Kosten verbunden und folglich erst ab einer Mindestausgabesumme (in der Regel mehrere Millionen) rentabel ist. Im Vergleich zu Mitarbeiterdarlehen werden keine einzelnen Beteiligungsverträge geschlossen, sondern wertpapierrechtliche Verpflichtungen begründet.[509] Analog zum Mitarbeiterdarlehen werden auch sie im Falle eines Konkurses den Konkursforderungen zugeordnet und können unter Einhaltung einzelner Vorschriften im Rahmen des Vermögensbildungsgesetzes und des § 19a EStG als staatlich geförderte Anlageform behandelt werden.

Wie bei der Beteiligung in Form eines Mitarbeiterdarlehens kann entweder eine feste Verzinsung oder, im Rahmen einer Gewinnschuldverschreibung, ein ertragsabhängiger Gewinnanspruch vereinbart werden. Dabei stehen dem Unternehmen zwei grundsätzliche Gestaltungsmöglichkeiten zur Auswahl:

- Die Obligationen sind festverzinslich und gewähren einen zusätzlichen Gewinnanspruch im Sinne eines Zusatzzinses.
- Es wird lediglich ein begrenzter Gewinnanspruch vereinbart.

Das Aktiengesetz definiert diese Art der Beteiligung als Schuldverschreibungen,

> „bei denen die Rechte der Gläubiger mit Gewinnanteilen von Aktionären in Verbindung gebracht werden.“[510]

Rechtlich sind reine Gewinnschuldverschreibungen nach wie vor als Fremdkapital zu betrachten, doch unter dem Aspekt „Erträge aus Gewinnobligationen“ beziehungsweise „Belastungen für das Unternehmen“ nehmen sie eher Eigenkapitalcharakter an, so daß der Mitarbeiter wie der Aktionär am Erfolg des Unternehmens beteiligt wird. Mit der Rücknahme der Obligation zu einem fixierten Nennwert und einer fest vereinbarten Grundverzinsung entfällt allerdings das Kurs- und Ertragsrisiko. Man kann demnach davon ausgehen, daß die Obligation für den Mitarbeiter eine Kapitalbeteiligung mit einer relativ hohen Rendite bei geringem Risiko darstellt.[511] Unter Berücksichtigung des Förderkataloges des 5. VermBG sowie des § 19a EStG ist jedoch darauf zu achten, daß

---

[509] Vgl. Schröder, Jürgen: Mitarbeiterdarlehen und Mitarbeiterschuldverschreibungen, a. a. O., S. 172.

[510] § 221 Abs. 1 Aktiengesetz (AktG), in: Beck'sche Textausgaben: Aktiengesetz, GmbH-Gesetz, 27. Auflage, München, 1995.

[511] Vgl. Schröder, Jürgen: Mitarbeiterdarlehen und Mitarbeiterschuldverschreibungen, a. a. O., S. 173.

mit Ausnahme der Gewinnschuldverschreibung eines Kreditinstitutes lediglich Gewinnschuldverschreibungen des arbeitgebenden oder eines verbundenen Unternehmens gefördert werden. Unter dem Ertrags- beziehungsweise Kostenaspekt lassen sich die Mitarbeiterobligationen wie folgt darstellen.

Abbildung 22: Die Untergliederung der Obligationen

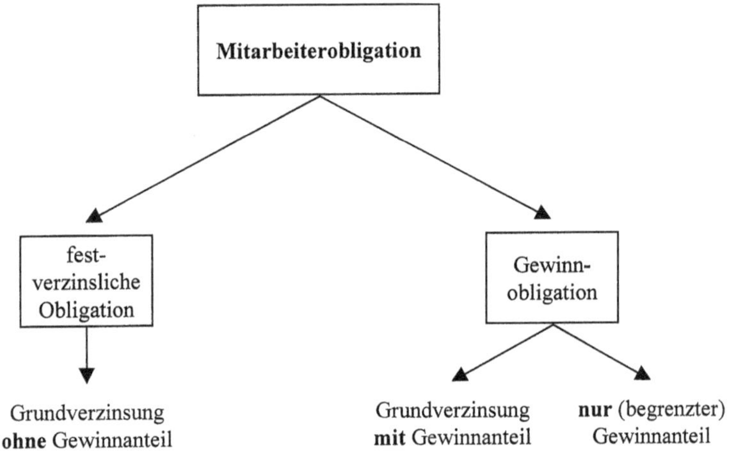

Im direkten Vergleich zum Mitarbeiterdarlehen stehen dem Nachteil höherer Begebungskosten[512] auch Vorteile gegenüber: Wandelschuldverschreibungen, oder convertible bonds, bieten dem Arbeitnehmer bei Auslosung der Obligationen die Wahl- Möglichkeit, statt einer Barablösung die Umwandlung seiner Anteile in Beteiligungskapital wahrzunehmen.[513] Dementsprechend geht das Fremdkapital beim Umtausch der Wandelschuldverschreibung in echtes Eigenkapital über. Durch die Möglichkeit, das Gläubigerverhältnis in ein Beteiligungsverhältnis umzuwandeln, werden dem Mitarbeiter insofern Anreize gegenüber der normalen Schuldverschreibung geboten, als daß er mit einer relativ risikofreien Fremdkapitalbeteiligung zunächst erste Erfahrungen sammeln und das Fremdkapital anschließend in Eigenkapital umwandeln kann. Der Zinssatz dieser Wandelschuldverschreibung liegt allerdings auf Grund des hohen Freiheitsgrades in der Regel unter dem einer normalen Schuldverschreibung.

---

512 Als Kosten bei der Ausgabe der Obligationen fallen beispielsweise Rechtsanwaltshonorare sowie Druck-, Ausgabe- oder Verwaltungskosten an.

513 Vgl. Gaugler, Eduard: Mitarbeiterkapital im arbeitgebenden Unternehmen, a. a. O., S.199.

Ein weiteres Argument für die Wandelobligation wird in der Aussicht auf Zusatzgewinne gesehen, da eine Hausse am Aktienmarkt beim Umtausch einen zusätzlichen Kursgewin ermöglicht. Aus Sicht der Mitarbeiter erhöht sich der Freiheitsgrad, da die Gläubigerpapiere problemlos am Markt gehandelt werden können. Dem Unternehmen bietet die Obligation den Vorteil, daß das benötigte Kapital von mehreren Personen respektive Kreditinstituten aufgebracht und seitens der Obligationäre nicht gekündigt werden kann.[514]

Auch unter steuerlichen Gesichtspunkten lassen sich deutliche Parallelen zum Mitarbeiterdarlehen ziehen. Die Schuldverschreibung mit festem Verzinsungsanspruch kann dabei mit dem einfachen Mitarbeiterdarlehen, die Gewinnschuldverschreibung hingegen mit dem partiarischen Darlehen verglichen werden.

Aus Sicht der Unternehmung werden die Zinszahlungen buchhalterisch grundsätzlich als Betriebsausgaben behandelt, die den ausgewiesenen und steuerpflichtigen Gewinn mindern. Die relativ lange Laufzeit einer staatlich geförderten Obligation führt, sofern der Freibetrag in Höhe von DM 50.000,-- überschritten wird, zu einer Erhöhung des Gewerbekapitals in Höhe von 50% der Dauerschuld sowie zu einer Erhöhung des Gewerbeertrags in Höhe von 50% der Zinszahlungen und dementsprechend zur Gewerbesteuerpflicht. Da die Ausgabe von Obligationen erst ab einer Mindestsumme rentabel ist, wird der Freibetrag im allgemeinen deutlich überschritten. Daher läßt sich feststellen, daß die Ausgabe einer (Mitarbeiter-) Obligation einerseits den zu versteuernden Gewinn senkt und andererseits sowohl das Gewerbekapital als auch den Gewerbeertrag erhöht. Auch für den beteiligten Mitarbeiter ergeben sich insofern steuerliche Konsequenzen, als daß die Schuldverschreibungen als Einkünfte aus Kapitalvermögen gelten und demnach einkommensteuer- aber nicht lohnsteuer- und sozialversicherungspflichtig sind. Da allerdings Obligationen sowie die entsprechenden Zinsscheine[515] - im Gegensatz zu Darlehen - veräußert werden können, zählen die Einnahmen aus der Veräußerung entsprechend § 20 Abs. 2 Nr. 2, 3 und Nr. 4 EStG zu Einkünften aus Kapitalvermögen. Sowohl die

---

[514] Die Stückelung der Anteile ermöglicht unter dem Aspekt der Verringerung der Machtkonzentration sowie der Einzelabhängigkeit eine breite Publikumsstreuung. Weiterhin kann sich mit der Ausgabe von Obligationen mit geringem Nennwert die Beteiligungsbereitschaft erhöhen, da das Einzelverlustrisiko für den Mitarbeiter überschaubar, kalkulierbar, aber auch vertretbar ist. Die Emission von Obligationen erhöht die (Finanz-) Planungssicherheit des Unternehmens, da sie - im Gegensatz zu den Darlehen - nicht gekündigt werden können.

[515] Nach § 20 Abs. 2 Nr. 2 EStG können Zinsscheine auch ohne die entsprechende Schuldverschreibung veräußert werden.

Gewinn- als auch die Wandelschuldverschreibungen unterliegen der Kapitalertragsteuer in Höhe von 25%. Hier ist ebenfalls, unter Berücksichtigung der Werbungskosten-Pauschbeträge, der Sparerfreibeträge und der Freigrenzen (§ 46 Abs. 1 EStG in Verbindung mit § 39a Abs. 4a EStG), entsprechend § 44a Abs. 1 und 2 EStG beziehungsweise § 44b Abs. 1 Satz 1 EStG in Verbindung mit § 44b Abs. 4 EStG eine Steuerbefreiung beziehungsweise eine Erstattung der mithin zuviel entrichteten Kapitalertragsteuer möglich. Der in Tabelle 18 dargestellte Vergleich verdeutlicht noch einmal die unterschiedlichen Fremdkapitalbeteiligungsmöglichkeiten sowie deren steuerlichen Auswirkung für das arbeitgebende Unternehmen und den Mitarbeiter.

Tabelle 18: Mitarbeiterdarlehen und Mitarbeiterschuldverschreibung im Vergleich

Beteilgungs-form	Möglichkeit zur Förderung nach		Steuerliche Aspekte aus Sicht				
			der Unternehmen			der Mitarbeiter	
	5. VermBG	§ 19a EStG	Betriebs-ausgaben	Gewerbe-kapital-steuer	Gewerbe-ertrag-steuer	Einkommen-steuer	Kapital-ertrag-steuer*
Mitarbeiter-darlehen (fester Zins)	Ja § 2 Abs. 1 Nr. 1k 5. VermBG (bürgschaftl. Absicherung)	Ja nach § 19a Abs. 3 Nr. 10 EStG (bürgschaft. Absicherung & betr. Beteiligung)	Ja zu 100%	Zu 50% § 12 Abs. 2 Nr. 1 GewStG	Zu 50% § 8 Nr. 1 GewStG	Ja § 20 Abs. 1 Nr. 7 EStG	Keine
Mitarbeiter-darlehen (gewinn-abhängiger Zins)	d.t.o. Abgrenzung zur stillen Beteiligung	d.t.o. Abgrenzung zur stillen Beteiligung	Ja zu 100%	Zu 50% § 12 Abs. 2 Nr. 1 GewStG	Zu 50% § 8 Nr. 1 GewStG	Ja § 20 Abs. 1 Nr. 4 EStG	Zu 25% § 43 Abs. 1 Nr. 3 EStG und § 43a Abs. 1 Nr. 1 EStG
Schuldver-schreibung - festverzins-lich & ohne Wandelrecht	Ja § 2 Abs. 1 Nr. 1b 5. VermBG	Ja nach § 19a Abs. 3 Nr. 2 EStG	Ja zu 100%	Zu 50% § 12 Abs. 2 Nr. 1 GewStG	Zu 50% § 8 Nr. 1 GewStG	Ja § 20 Abs. 1 Nr. 7 EStG	Keine
Wandel-schuldver-schreibung	Ja § 2 Abs. 1 Nr. 1b 5. VermBG	Ja nach § 19a Abs. 3 Nr. 2 EStG	Ja zu 100%	Zu 50% § 12 Abs. 2 Nr. 1 GewStG	Zu 50% § 8 Nr. 1 GewStG	Ja § 20 Abs. 1 Nr. 7 EStG	Zu 25% § 43 Abs. 1 Nr. 2 EStG und § 43a Abs. 1 Nr. 1 EStG
Gewinn-schuldver-schreibung	Ja** § 2 Abs. 1 Nr. 1b 5. VermBG	Ja** nach § 19a Abs. 3 Nr. 2 EStG (betriebliche Beteiligung)	ja zu 100%	Zu 50% § 12 Abs. 2 Nr. 1 GewStG	Zu 50% § 8 Nr. 1 GewStG	Ja § 20 Abs. 1 Nr. 7 EStG	Zu 25% § 43 Abs. 1 Nr. 2 EStG und § 43a Abs. 1 Nr. 1 EStG

* Mithin zu viel entrichtete Kapitalertragsteuer wird bei einer Werbungskostenpauschale in Höhe von DM 100,-- (200,--) und einem Sparerfreibetrag in Höhe von DM 6.000,-- (12.000,--) zurückerstattet. Wird eine Nichtveranlagungs-Bescheinigung beziehungsweise ein Freistellungsantrag gestellt, so entfällt der Quellenabzug.

** Namensschuldverschreibungen nur mit bürgschaftlicher Absicherung.

7.2.2 Die Beteiligung der Arbeitnehmer am Eigenkapital

Als weitere, sehr bedeutende Variante läßt sich die Eigenkapitalbeteiligung (in Höhe der Erfolgsbeteiligung) anführen, die theoretisch in jedem Unternehmen denkbar wäre. Diese unterliegt allerdings immer der Problematik, daß sich der freie Handel mit Eigen- aber auch mit Fremdkapitalanteilen im allgemeinen als schwierig beziehungsweise nahezu unmöglich erweist, da zum notwendigen Schutz vor Betrug und Mißbrauch in der Bundesrepublik Deutschland ordnungspolitische, gesellschaftsrechtliche und insbesondere formal-juristische Bestimmungen den Handel mit Beteiligungstiteln stark reglementieren.[516] In der Praxis stößt die Eigenkapitalbeteiligung auf eine Vielzahl gesellschaftsrechtlicher Schwierigkeiten und unter Berücksichtigung der Ziele, wie die Erhöhung und Streuung des Produktivvermögensbesitzes sowie die Verbesserung der Kapitalstruktur der (mittelständischen) Unternehmen, sind einzelne Rechtsformen entweder ungeeignet oder zumindest reformbedürftig.

Bei einer Beteiligung der Mitarbeiter an einer **OHG** besteht rechtlich die Konsequenz, daß der § 128 HGB die persönliche, gesamtschuldnerische Haftung vorschreibt. Diese Haftung beschränkt sich dabei nicht nur auf die übertragenen Mittel, sondern umfaßt auch das Privatvermögen der OHG-Gesellschafter. Aus verteilungs- und sozialpolitischen Gründen ist eine derart weitreichende Haftung auf Seiten der Arbeitnehmer nicht zu vertreten, da eine, im Innenverhältnis vereinbarte Haftungsklausel, nach außen keine Wirksamkeit hat.[517] Da diese Rechtsform eigentlich nur für wenige Gesellschafter konzipiert ist, sprechen auch Geschäftsführungsbefugnisse und die Eintragungspflicht ins Handelsregister eindeutig gegen eine Beteiligung in Form von OHG-Anteilen, die dementsprechend in der Praxis selten durchgeführt wird.[518] Aus diesen Gründen soll im Rahmen dieser Arbeit auf die Untersuchung einer OHG-Beteiligung verzichtet werden, zumal neben den oben angeführten Aspekten auch steuerliche Gesichtspunkte eindeutig gegen eine Beteiligung der Arbeitnehmer sprechen.

---

[516] Lediglich die Aktienbeteiligungen und, in eingeschränktem Maße, die indirekten Beteiligungen mit funktionsfähigen internen Börsen bilden dabei eine Ausnahme.

[517] Vgl. Schröder, Jürgen: Gesellschaftsrechtliche Möglichkeiten einer Kapitalbeteiligung der Mitarbeiter, in: Hans J. Schneider (Hrsg.): Handbuch der Mitarbeiter-Kapitalbeteiligung, a. a. O., S. 124 - 143, hier S. 137.

[518] Vgl. Opitz, Gerhard: Erfolgsbeteiligungssysteme und gesamtwirtschaftliches Gleichgewicht, a. a. O., S. 67 sowie Lotze, Andreas: Kapitalbeteiligungsgesellschaften als stille Gesellschafter, Hannover, 1993, S. 20.

In der **Kommanditgesellschaft** (KG) können Haftungsbestimmungen ausgeschlossen werden, wenn der Mitarbeiter als Kommanditist eingetragen wird. Im Vergleich zur OHG bietet die KG unter dem Aspekt der Haftungsbeschränkung den Vorteil, daß der Mitarbeiter, sofern er als Kommanditist eingetragen ist, gemäß § 171 HGB lediglich mit der noch nicht geleisteten Einlage haftet. Allerdings sprechen vor allem die im folgenden angeführten Argumente gegen eine Beteiligung an Unternehmen dieser Rechtsform:

Eine regelmäßig wiederkehrende Beteiligung wird dadurch erschwert, daß nach § 162 HGB in Verbindung mit § 106 Abs. 2 HGB die Anmeldung und nach § 162 Abs. 2 HGB die Höhe der Einlage sowie nach § 175 HGB jede Änderung der Kommanditeinlage ins Handelsregister eingetragen werden muß. Die Haftung ist zwar auf die Einlage beschränkt, doch gilt sie entsprechend den § 171 HGB und § 172 HGB in Verbindung mit § 159 Abs. 1 HGB noch fünf Jahre nach dem Austritt des Kommanditisten, wobei die Verjährung nach § 159 Abs. 3 HGB erst mit dem Zeitpunkt der Fälligkeit beginnt.[519]

Sofern keine Vereinbarungen bezüglich des Ausscheidens eines Gesellschafters getroffen wurden, gelten die gesetzlichen Regelungen des § 161 Abs. 2 HGB in Verbindung mit § 105 Abs. 2 HGB und § 738 BGB, wobei der ausscheidende Gesellschafter im allgemeinen anteilig an den offenen und stillen Reserven beteiligt wird.[520] Zudem kann diese Art der Beteiligung auf Grund von lohn- und einkommensteuerrechtlichen Nachteilen für den Arbeitnehmer als schwierig erachtet werden.[521] Die im Steuerrecht unterstellte Mitunternehmereigenschaft beeinträchtigt die Eigenkapitalbeteiligung in Form einer Kommanditeinlage, da sämtliche Einkünfte des beteiligten Mitarbeiters als Einkünfte aus dem Gewerbebetrieb zu behandeln sind.

Mit einer Vereinfachung der gesetzlichen Bestimmungen, die den Status des Kommanditisten neu regeln, könnten jedoch neue Beteiligungsmodelle eingeführt und zudem der Kapitalmarkt belebt werden, da der Kommanditist ohnehin von der Geschäftsführung ausgeschlossen ist und lediglich mit seiner, im Handelsregister eingetragenen, Vermögenseinlage persönlich haftet. Aus Gründen

---

519 Vgl. List, Stephan: Arbeitnehmerbeteiligung bei Personengesellschaften. Eine theoretische Analyse der steuerlichen Probleme, Spardorf, 1985, S. 99.

520 Zu den Bewertungsschwierigkeiten und den daraus resultierenden Problemen sowie möglichen Abfindungsvereinbarungen vgl. Kemmerich, Eva: Die Beteiligung der Arbeitnehmer am Kapital des arbeitgebenden Unternehmens, a. a. O., S. 38 ff.

521 Vgl. Lotze, Andreas: Kapitalbeteiligungsgesellschaften als stille Gesellschafter, a. a. O., S. 21.

der Rechtssicherheit, des Haftungs- und Gläubigerschutzes sowie der Sicherung des Fortbestandes der Unternehmung sind die gesetzlichen Regelungen bezüglich Anmeldung und Eintragung ins Handelsregister sowie Bekanntmachung einer Erhöhung oder Herabsetzung der Vermögenseinlage des Kommanditisten zweifellos angebracht. Andererseits stellt sich die Frage, warum der freie Handel mit Kommanditanteilen nicht dahingehend erleichtert wird, daß dieser von den restriktiven gesetzlichen Bestimmungen und der Zustimmung der anderen Gesellschafter befreit wird, da sich mit dem Übergang auf einen anderen Kommanditisten, der die selben Rechte und Befugnisse erwirbt, weder die Gesellschaft an sich noch die Position der übrigen Gesellschafter ändert. Ein funktionsfähiger, stabiler Markt für diese Form der Kapitalanlage hätte für das Unternehmen und den Mitarbeiter insofern Vorteile, als daß dabei ein unerwünschter Kapitalabfluß vermieden und gleichzeitig eine marktnahe Bewertung gewährleistet werden könnte. Zudem hätte der Mitarbeiter nach Ablauf der Sperrfrist weitere Anlagemöglichkeiten, die den Grundsatz der individuellen Freiheit unterstützen.

Alles in allem bleibt festzustellen, daß eine Mitarbeiterbeteiligung bei Personengesellschaften nur schwer zu verwirklichen ist. Obwohl die KG gegenüber der OHG einen Haftungsausschluß ermöglicht, sprechen organisatorische Probleme und steuerliche Aspekte eindeutig gegen eine Eigenkapitalbeteiligung der Mitarbeiter. Da die als Kommanditisten beteiligten Mitarbeiter steuerrechtlich als Mitunternehmer und ihre Bezüge als einkommensteuerpflichtiger Gewinn des Unternehmens behandelt werden, erhöht sich neben der Einkommensteuerlast auch der Gewerbeertrag des arbeitgebenden Unternehmens um die Lohn- und Gehaltsumme und das Gewerbekapital um die Kommanditbeteiligungen der (beteiligten) Arbeitnehmer.[522] Auf Grund dieser Nachteile gegenüber anderen Beteiligungsformen wurde die KG-Beteiligung weder im Vermögensbildungsgesetz noch im § 19a EStG in den Förderkatalog aufgenommen.[523] Sofern keine Gesetzesreformen angestrebt werden, muß unter Berücksichtigung der derzeitigen Rechtslage auf andere Beteiligungsformen, wie etwa die stille Beteiligung oder das Mitarbeiterdarlehen zurückgegriffen werden.

---

522 Vgl. ebenso Kuchinka, Horst: Mitarbeiter als Kommanditisten, in: Hans J. Schneider (Hrsg.): Handbuch der Mitarbeiter-Kapitalbeteiligung, a. a. O., S. 159 - 167, hier S. 162 sowie Schneider, Dieter: Steuerliche Folgen des Vermögensbildungsgesetzes, in: Gert Laßmann / Eberhard Schwark (Hrsg.): Beteiligung der Arbeitnehmer am Produktivvermögen, a. a. O., S. 153 - 168, hier S. 163.

523 Vgl. § 2 Abs. 1 Satz 1 Buchstabe f, i, l des 5. VermBG sowie § 19a Abs. 3 Ziffer 3, 9 und 11 EStG.

Weiterführend stellt sich die Frage, inwieweit die Beteiligung der Mitarbeiter an einer Kapitalgesellschaften, wie etwa die Beteiligung an einer **GmbH**, als sinnvolle Alternative zur Verfügung steht. Zunächst läßt sich feststellen, daß nach § 13 Abs. 2 GmbHG die Gesellschafter nicht persönlich für die Verbindlichkeiten der Gesellschaft haften, da sie lediglich mit ihrer Einlage an der GmbH beteiligt sind und diese als eine eigenständige juristische Person anerkannt wird. Unter dem Aspekt, die Mitarbeiter am arbeitgebenden Unternehmen zu beteiligen und gleichzeitig das Einstiegsrisiko zu verringern, kann - und sollte - die in den §§ 26 bis 28 GmbHG geregelte Nachschußpflicht bei einer Mitarbeiterkapitalbeteiligung vertraglich ausgeschlossen werden. Da der Mindestwert einer Stammeinlage nach § 5 Abs. 1 GmbHG lediglich DM 500,-- beträgt, können durchaus Kleinstbeteiligungen gewährt werden. Allerdings sprechen auch hier einzelne handels- und steuerrechtliche Vorschriften gegen eine Beteiligung.

Eine regelmäßig wiederkehrende Beteiligung und der Handel mit Geschäftsanteilen ist mit einem hohen finanziellen und organisatorischen Aufwand verbunden, da in § 2 GmbHG eine notarielle Beurkundung des Gesellschaftsvertrages sowie die Beurkundung jeder Änderung, das heißt auch eines Gesellschafterwechsels aber auch die Übertragung von Gesellschaftsanteilen, vorgeschrieben ist. Dementsprechend führt die Erhhung und der Verkauf von Kapitalanteilen aber auch das Ausscheiden beteiligter Mitarbeiter zu erheblichen Kosten. Eine weitere Schwierigkeit liegt darin, daß jede Kapitalerhöhung, -herabsetzung und Teilung der Geschäftsanteile neben der Beurkundung auch der Zustimmung aller Gesellschafter bedarf. Zur Vereinfachung sollte daher auf eine jährliche Einreichung der Gesellschafterliste nach Einzahlung der vollen Stammeinlage verzichtet werden. Zudem könnten Regelungen über Verkauf und Teilung der Gesellschaftsanteile, das heißt der Handel, nicht derart restriktiv per Gesetz, sondern individuell entweder per Gesellschaftervertrag oder Satzung geregelt werden. Dabei müssen weder Gläubigerschutz noch Rechtssicherheit außer Kraft gesetzt, sondern vielmehr einzelne Form- und/oder Beurkundungvorschriften vereinfacht werden.

Ähnlich wie bei der OHG und der KG ist auch bei der GmbH eine Eintragung ins Handelsregister eine unabdingbare Vorschrift. Wenn das Unternehmen nur eine überschaubare Zahl von Mitarbeitern beschäftigt und zudem einer geringen Fluktuation unterliegt, so ist dieser Nachteil vertretbar.[524] Mit der Größe des

---

524 Vgl. Loritz, Karl-Georg: Die Mitarbeit Unternehmensbeteiligter, a. a. O, S. 81.

Unternehmens steigt jedoch der verwaltungstechnische Aufwand und stellt daher eine GmbH-Beteiligung in Frage.[525]

Unter steuerlichen Gesichtspunkten läßt sich feststellen, daß die beteiligten Mitarbeiter den anderen Gesellschaftern gleichzustellen sind. Die ihnen übertragenen Gewinnanteile werden als steuerpflichtiges Einkommen der Gesellschaft und die Mitarbeiterkapitalanteile als Vermögen der Gesellschaft behandelt. Dementsprechend unterliegen sie sowohl der Gewerbeertrag- als auch der Gewerbekapitalsteuer. Aus Sicht der Mitarbeiter gelten die Einkommen in Form der Gewinnanteile als Einkünfte aus Kapitalvermögen und unterliegen als Kapitalerträge dem Quellensteuerabzug in Höhe von 25%. Allerdings können auch hier die bereits dargestellten Befreiungen, wie beispielsweise Nichtveranlagung, Anrechnung der Werbungskostenpausch- und Sparerfreibeträge in Anspruch genommen werden. Des weiteren unterliegen die Gewinnanteile der beteiligten Mitarbeiter der Körperschaftsteuer, wobei hier das Anrechnungsverfahren nach § 36 Abs. 2 Nr. 3 EStG und das Vergütungsverfahren nach § 36b Abs. 2 Nr. 3 EStG angewandt werden kann. Auf Grund der unterschiedlichen Steuerprogression ist dabei eine zusätzliche Steuerrückerstattung denkbar.

Sofern beim Verkauf der GmbH-Anteile stille Reserven offengelegt werden, unterliegt der (zusätzliche) Gewinn der Ertragsteuer. Da der Gesetzgeber einerseits die Bildung stiller Reserven zuläßt beziehungsweise mit unterschiedlichen Bewertungs- und Abschreibungsmöglichkeiten unterstützt, ist es andererseits unter Berücksichtigung der Förderung einer Mitarbeiterbeteiligung und der Eigenkapitalbildung nicht sinnvoll, den Handel und den Übergang steuerlich zu erschweren. Die nachträgliche Besteuerung der stillen Reserven führt folglich entweder zu einer starken Bindung der Mitarbeiter an das arbeitgebende Unternehmen oder zu ungerechtfertigten steuerlichen Verlusten und dementsprechend zu keiner marktnahen Bewertung der Beteiligung. Auch die Bildung offener Reserven, die bei Kapitalgesellschaft vorab mit der Körperschaftsteuer belastet werden, erhöhen den Marktwert des Unternehmens. Mitarbeiterbeteiligungen werden gegenüber anderen Spar- und Anlageformen insofern benachteiligt, als daß bei Veräußerung der GmbH-Anteile neben der bereits entrichteten Körperschaftsteuer auch Ertragsteuern abzuführen sind und demnach die Leistungsfähigkeit der Unternehmung mehrfach besteuert wird. Eine Verrechnung mit der Körperschaftsteuer ist jedoch nur für ausgeschüttete Gewinne und nicht für die offenen Reserven möglich. Eine steuerliche Gleichstellung könnte

525 Zu den Schwierigkeiten bei einer Beteiligung in der GmbH vgl. Lotze, Andreas: Kapitalbeteiligungsgesellschaften als stille Gesellschafter, a. a. O., S. 21.

die Produktivvermögensbildung seitens der Arbeitnehmer und insbesondere die Mitarbeitereigenkapitalbeteiligung auf breiter Ebene, die auch kleinere und mittlere Unternehmungen in Form einer GmbH einschließt, erleichtern.

Die **Aktiengesellschaft** (AG) wird als die reinste Kapitalgesellschaft bezeichnet, da sie für ihre Verbindlichkeiten ausschließlich mit dem Gesellschaftsvermögen haftet. In der Literatur ist die Mitarbeiterbeteiligung in Form von Belegschaftsaktien als ein verwaltungstechnisch einfaches Modell weitestgehend anerkannt. Aus Sicht der Arbeitnehmer ist dabei vor allem die, auf die Einlage beschränkte Haftung, der niedrige Nennbetrag einer Aktie, die hohe Fungibilität und dementsprechend auch die uneingeschränkte Mobilität hervorzuheben. Die Aktienbeteiligung bietet dem Mitarbeiter - ohne steuerliche Nachteile und mit staatlicher Förderung - die Möglichkeit, sowohl am Erfolg als auch an der Substanz des Unternehmens beteiligt zu werden. Ein weiterer Vorteil dieser Rechtsform ist darin zu sehen, daß mit dem Ausscheiden eines Mitarbeiters weder die Liquidität noch der Kapitalstock der Unternehmung beeinflußt werden, da der Verkauf von Aktien für die AG einen finanzwirtschaftlich neutralen Vorgang darstellt und die AG die ausgegebenen Anteile nicht zurückkaufen muß. Im Vergleich zu den übrigen Rechtsformen ist die AG auf Grund der hohen Emissions- und Börsenzulassungskosten in der Bundesrepublik Deutschland deutlich unterrepräsentiert. Um den Aktienhandel attraktiver gestalten und gleichzeitig verteilungspolitische Maßnahmen auf breiter Ebene erreichen zu können, sollten auch hier Reformen in Betracht gezogen werden.

- ❒ Die Börsenzulassung sollte dahingehend vereinfacht werden, daß ein standardisiertes Prospektschema eingeführt wird. Um eine Planungs- und Kalkulationssicherheit sowie den problemlosen Börsenzugang zu ermöglichen, sollten diese einheitlichen Prospektschematas und die allgemein verbindlichen Beurteilungs- und Zulassungskriterien emissionsbereiten Unternehmen einfach zugänglich gemacht werden.

- ❒ Die weitreichenden Bonitätsprüfungen, die zweifellos dem Anlegerschutz dienen, erschweren die Börsenzulassung kleiner und mittlerer Unternehmen und beschränken zudem die Anlagemöglichkeiten. Sofern Mindestanforderungen in Bezug auf Bonität und Börsenzulassung nicht unterschritten werden, wäre meines Erachtens eine eindeutige, im Prospekt ersichtliche Information über die Risiken des Aktienerwerbes und die (Selbst-) Verpflichtung der Makler, auf diese Risiken hinzuweisen, ausreichend. Des weiteren sollte die Prospekthaftung nicht ausschließlich dem Makler, sondern vielmehr dem emittierenden Unternehmen obliegen.

Für Aktiengesellschaften und Kommanditgesellschaften auf Aktien ist die Mitarbeiterbeteiligung relativ problemlos zu verwirklichen. Die Beteiligung erfolgt durch die Ausgabe von Belegschaftsaktien. Die relativ einfache Handhabung im Vergleich zu Personengesellschaften ist ein Grund, warum Kapitalbeteiligungen häufig bei Kapitalgesellschaften vorzufinden sind.[526] Im Rahmen einer Kapitalerhöhung kann die Ausgabe von Belegschaftsaktien für das Unternehmen von doppeltem Vorteil sein, denn neben einer stärkeren Beteiligung der Arbeitnehmer am Produktivvermögen erhöht sich der Finanzierungsspielraum des Unternehmens.

Unter dem Gesichtspunkt der Mittelaufbringung können zwei Beteiligungsformen unterschieden werden. Wenn die Mitarbeiter die Anteile aus dem eigenen Vermögen, dem Einkommen oder aus einer Barausschüttung des Gewinns erwerben, spricht man von einer originären Beteiligung. Sie setzt allerdings die Beteiligungs- und Sparbereitschaft sowie die Sparfähigkeit der Mitarbeiter voraus und beruht eindeutig auf dem Postulat der Freiwilligkeit. Die originäre Kapitalbeteiligung steht immer in Konkurrenz mit anderen alternativen Anlageformen, wie beispielsweise Sparverträgen bei Kreditinstituten oder Anlagen bei Versicherungen.

Wenn die Mittel nur aus dem arbeitgebenden Unternehmen stammen, spricht man von einer derivativen Beteiligung. Das Unternehmen überläßt den Mitarbeitern Anteile, die entweder auf der Gewinn-, Ertrags- oder Leistungsbeteiligung basieren, wobei die gesamten Mittel vom Unternehmen selbst aufgebracht werden.

Treten zu der Eigeninitiative zusätzliche Anreize oder Mittel aus dem Unternehmen hinzu, kann dies als eine Kombination aus originärer und derivativer Beteiligung interpretiert werden. Auch hier ist eine weitere Unterscheidung möglich: Im Rahmen einer obligatorischen Verknüpfung wird die Beteiligung nur in Verbindung mit einer Eigenleistung gewährt. Der Mitarbeiter hat dementsprechend erst einen Anspruch auf die Überlassung einer Aktienbeteiligung, wenn er einen bestimmten Betrag aus eigenen Mitteln beisteuert. Die zweite Alternative ist die fakultative Beteiligung, bei der sich die Zuwendungen und die Eigenleistungen nicht gegenseitig bedingen: Auf Grund einer Erfolgs- oder Leistungsbeteiligung erhält der Mitarbeiter Anteile, ist dabei aber nicht gezwungen, zusätzliche Mittel im Unternehmen anzulegen. Allerdings erhält er

---

[526] Vgl. Wagner, Klaus: Ergebnisorientierte variable Vergütungen, in: Der Betriebs-Berater, Zeitschrift für Recht und Wirtschaft, 52. Jahrgang, Heft 3 vom 16. Januar 1997, Heidelberg, 1997, S. 150 - 158, hier S. 150 sowie die dort angegebenen Bezugsquellen.

auch hier im allgemeinen einen sogenannten Anlagebonus in Form einer weiteren Gutschrift, einer Prämie oder der Übernahme der Kapitalerwerbssteuer beziehungsweise der Maklergebühr durch das arbeitgebende Unternehmen, wenn der Mitarbeiter bereit ist, eigene Mittel im arbeitgebenden Unternehmen zu investieren.[527] In der Praxis werden diese Beteiligungen vom Arbeitgeber zum Teil um den selben Betrag aufgestockt, den der Arbeitnehmer bereit ist, im Unternehmen fest zu binden.[528]

Die originäre und die Kombination aus originärer und derivativer Beteiligung erfordern unter Umständen eine relativ große Eigenleistung und ist daher zur breiten Vermögensstreuung nicht immer geeignet, da sie unter Umständen die Beteiligungsbereitschaft verringern können.[529] Wenn Aktiengesellschaften aber nur eine geringe Eigenleistung der Mitarbeiter, beispielsweise in Höhe von ca. 10 bis 20% des Nominalwerts vorschreiben, so entspricht dies eher verteilungspolitischen Zielen. Wird in den darauffolgenden Jahren die Dividende auf den Nominalwert der Aktien ausbezahlt, so erhält der begünstigte Arbeitnehmer einen verhältnismäßig höheren Gewinnanteil.[530] Diese Gewinne werden solange angesammelt und der Aktie gutgeschrieben, bis der Nominalwert dieser Aktie erreicht wird. Der Arbeitnehmer bezahlt folglich zwischen 10 und 20% des Nominalwertes und erhält dafür eine Aktie. Bis der Rest „aufgefüllt" ist, wird keine Dividende ausbezahlt, sondern wird dem noch fehlenden Aktienanteil gutgeschrieben.[531]

Die Differenzierung, inwieweit die Mitarbeiter aus ihren normalen, tarifvertraglich vereinbarten Löhnen Anteile in Form von Aktien kaufen, oder ob sie per Vertrag Anteile übertragen bekommen, ohne eigene oder nur geringe Mittel einzusetzen, erscheint zunächst sekundär, doch birgt sie im Kern einen ent-

---

527 Schröder, Jürgen: Möglichkeiten zur Finanzierung einer Kapitalbeteiligung der Mitarbeiter, in: Hans J. Schneider (Hrsg.): Handbuch der Mitarbeiter-Kapitalbeteiligung, a. a. O., S. 90 - 99, hier S. 91.

528 Vgl. Gaugler Eduard: Die Beteiligung der Arbeitnehmer am Produktivvermögen aus betriebswirtschaftlicher Sicht, in: Gert Laßmann / Eberhard Schwark (Hrsg.): Beteiligung der Arbeitnehmer am Produktivvermögen, a. a. O., S. 49 - 68, hier S. 56.

529 Wie die Untersuchung von Günther Schanz verdeutlicht, sinkt mit steigender Eigenleistungsquote die Beteiligungsbereitschaft respektive die Beteiligungsquote. Vgl. Schanz, Günther: Befunde zur Praxis der Mitarbeiter-Kapitalbeteiligung, a. a. O., S. 78 f.

530 In diesem Falle spricht man häufig vom sogenannten Vermögenseffekt.

531 Vgl. Gaugler Eduard: Die Beteiligung der Arbeitnehmer am Produktivvermögen aus betriebswirtschaftlicher Sicht, a. a. O., S. 53 ff.

scheidenden Unterschied. Im ersten Falle sprechen Autoren, wie beispielsweise Achim von Loesch, nicht von Miteigentum oder einer echten Beteiligung, zumal die Arbeitnehmer „lediglich" Aktionäre des arbeitgebenden Unternehmens werden und dafür eigene Mittel aufwenden. Loesch sieht den Unterschied zwischen einem normalen Eigentumserwerb und Miteigentum in der Quelle der Investitionstätigkeit. Sofern die Mittel aus dem Kapitalmarkt, dem Arbeitsmarkt oder aus dem Staatsbesitz stammen, spricht er nicht von einer Beteiligung im Sinne von Miteigentum, sondern nur, wenn die Mittel aus dem Substanzzuwachs der Unternehmungen stammen. Der Unterschied besteht also darin, daß es sich bei den erstgenannten Formen nur um eine Veränderung der Einkommensverwendung, im zweiten Fall hingegen um eine tatsächliche Neuverteilung der selbstfinanzierten Vermögen und dementsprechend um eine Veränderung der Vermögens- beziehungsweise der Eigentumsposition handelt.[532] Ein Zitat von Spiegelhalter untermauert die Unterscheidung Loeschs:

> „Es ist der Gedanke, einen Teil des 'Vermögenszuwachses der Wirtschaft', ihre sogenannte Selbstfinanzierung, auch den Arbeitnehmern als besondere Form seines Lohnes zu eigen zuzuschreiben."[533]

Da die Aktienbeteiligung sowohl für das arbeitgebende Unternehmen als auch den beteiligten Mitarbeiter aus steuerlichen Gesichtspunkten der GmbH-Beteiligung entspricht, soll hier auf eine Behandlung verzichtet und auf die entsprechende Darstellung im Rahmen der GmbH-Beteiligung verwiesen werden.

Wie festgestellt wurde, treten bei einer Beteiligung an Personengesellschaften erhebliche Schwierigkeiten auf. Um die oben genannten Probleme zu umgehen, oder zumindest in Grenzen zu halten wird in der Praxis häufig auf die **stille Beteiligung** zurückgegriffen. Der Gesetzgeber hat diesem bedeutenden Beteiligungsinstrument dahingehend Rechnung getragen, daß er sie in den Förderungskatalog des Vermögensbildungsgesetztes und des § 19a EStG aufgenommen hat. Da auch sie nicht allen Anforderungen vollkommen gerecht werden kann, ist sie eine Kompromißlösung, die eine Reihe von Vorteilen mit relativ wenigen Nachteilen verbindet. In den §§ 230ff HGB findet sie ihre rechtliche Grundlage. Die Einlage[534] des Arbeitnehmers geht in das Vermögen des arbeitgebenden Unternehmens über, nicht jedoch in dessen Eigentum. Daher darf die stille Beteiligung nicht direkt als Eigenkapital, sondern nur als

---

532 Vgl. Loesch, Achim von: Zur Problematik des Miteigentums, a. a. O., S. 13.

533 Spiegelhalter, Franz: Die Formen der Ergebnisbeteiligung, Schriftreihe des Sozialarchivs, Darmstadt, 1954, S. 13.

534 Die Einlage kann entweder als Ratenzahlung oder als einmalige Zahlung erfolgen.

Sonderposten in der Bilanz ausgewiesen werden.[535] Da der Gesetzgeber keine Regelungen in Bezug auf die Aufbringung der Mittel vorsieht, kann die stille Beteiligung sowohl durch Eigenleistungen, im Sinne von vermögenswirksamen Leistungen oder zusätzlichen Einzahlungen des Mitarbeiters, als auch durch Zahlungen des Unternehmens (Erfolgsprämien, Leistungsbeteiligungen) erbracht werden. Demnach kann mit dieser Beteiligungsform die Verbindung zwischen einer Erfolgs- und Kapitalbeteiligung geschaffen werden. Ein weiterer Vorteil der stillen Beteiligung, die steuerrechtlich als Fremdkapital zu behandeln ist, kann darin gesehen werden, daß Kreditinstitute im allgemeinen die stille Beteiligung bei einer Verlustbeteiligung in Höhe der Einlage dem betriebswirtschaftlichen Eigenkapital des Unternehmens zurechnen und somit den Finanzierungsspielraum erweitern.[536] Dementsprechend wird die stille Beteiligung in der Literatur zum Teil auch als „Mischkapital" bezeichnet, da sie die steuerlichen Vorteile einer Fremdkapitalbeteiligung mit den finanzwirtschaftlichen Vorteilen einer Eigenkapitalbeteiligung verbindet.[537] Zudem kann der Arbeitnehmer nach § 231 Abs. 2 HGB als stiller Gesellschafter per Vertrag von einer Verlustbeteiligung ausgeschlossen werden.

Werden dem Arbeitnehmer nur die in den §§ 230ff HGB geregelten Rechte eingeräumt, so spricht man von einer typischen stillen Beteiligung. Darüber hinausreichende Kontroll- und Mitbestimmungsrechte können jederzeit vereinbart werden, wobei es sich dann um eine „atypische stille Beteiligung" handelt. Ein weiteres Unterscheidungsmerkmal ist darin zu sehen, daß der typisch stille Gesellschafter lediglich am Gewinn/Verlust aber nicht am Vermögenszuwachs

---

535 Vgl. Woll, Artur: Wirtschaftslexikon, a. a. O., S. 673.

536 Da stille Beteiligungen an Kreditinstituten, die den Regelungen des § 10 Abs. 4 Nr. 1 - 4 KWG entsprechen, von den Kreditinstituten als Eigenkapital behandelt werden, sollten auch Beteiligungen an Unternehmen, die diese Bestimmungen erfüllen, den gleichen Status erhalten. Vgl. § 10 Abs. 4 Nr. 1 - 4 Gesetz über das Kreditwesen (KWG), in: Beck'sche Textausgaben: Bankrecht, 23., neubearbeitete Auflage, München, 1995, S 67 - 126.

537 Demgegenüber ist beispielsweise Marcus Lutter der Ansicht, daß eine Differenzierung bezüglich der stillen Beteiligung vorgenommen werden sollte: Sofern der Mitarbeiter in Höhe seiner Einlage am Verlust beteiligt ist oder eine Rangrücktrittserklärung vereinbart wurde, kann sie im betriebswirtschaftlichen Sinne als Eigenkapital betrachtet werden. Wenn hingegen die Verlustbeteiligung ausgeschlossen wurde und der beteiligte Mitarbeiter in Höhe seiner gesamten Einlage mit den anderen Gläubiger konkurriert, sollte die stille Beteiligung auch als Fremdkapital interpretiert werden. Vgl. Lutter, Marcus: Die Umsetzung des 4. VermBG in der Praxis, in: Gert Laßmann / Eberhard Schwark (Hrsg.): Beteiligung der Arbeitnehmer am Produktivvermögen, a. a. O., S. 85 - 110, hier S. 91 ff.

beteiligt ist, wohingegen die Abfindung des atypisch stillen Gesellschafters nicht zum Nennwert sondern zu einem „Substanzwert“ erfolgt.[538]

Für eine stille Beteiligung sprechen die problemlose Begründung und Auflösung des Gesellschaftsverhältnisses sowie die Rechtsformunabhängigkeit und die weitgehende Vertragsfreiheit.[539] Aus den Rahmenvorschriften des HGB ist ersichtlich, daß der Gesetzgeber für die unternehmensspezifische Ausgestaltung genügend Spielraum bezüglich der Art, der Höhe und der Bewertungsvorschriften der Vermögenseinlagen vorgesehen hat. Insbesondere darin liegt der Vorteil einer stillen Beteiligung, die von nicht börsenfähigen Unternehmen, das heißt von Einzelunternehmen und Personengesellschaften bevorzugt wird. Trotz der weitgehenden Vertragsfreiheit lassen sich grundsätzliche Gestaltungsprinzipien feststellen:[540]

Auch wenn ein Unternehmen mehrere Mitarbeiterbeteiligungen in Form einer stillen Beteiligung abschließt, so gilt nach wie vor der Grundsatz der **Individualität**. Mit jedem Beteiligungsvertrag, der einzeln ausgehandelt werden kann, tritt immer eine neue stille Gesellschaft in Kraft. Das heißt, daß mit jedem einzelnen Mitarbeiter eine stille Gesellschaft begründet wird, wobei die Mitarbeiter im allgemeinen in keiner gesellschaftsrechtlichen Beziehung zueinander stehen.[541] Dem Grundgedanken dieser Beteiligungsform widerspricht es aber nicht, daß sich die Belegschaft zusammenschließt, um eine gemeinsame Satzung zu erstellen, welche die wichtigsten Vertragsbestandteile regelt sowie eine einfache und kostengünstigere Handhabung gewährleistet. Allerdings wird auch in diesem Fall zwischen dem Unternehmen und jedem einzelnen Mitarbeiter eine eigene stille Gesellschaft begründet. Im Rahmen einer stillen Beteiligung besteht insofern die Variationsmöglichkeit, als zwischen die einzelnen Mitarbeiter und dem arbeitgebenden Unternehmen eine Beteiligungsgesellschaft tritt, die ihrerseits die bereits beschriebene Anlagepolitik verfolgen kann. Der Mitarbeiter fungiert dabei als stiller Gesellschafter dieser Beteiligungsgesellschaft (indi-

---

538 Vgl. Loritz, Karl-Georg: Die Mitarbeit Unternehmensbeteiligter, a. a. O, S. 82 f.

539 Vgl. ebenso Haas, Hans Ulrich: Kapitalbeteiligung der Arbeitnehmer, a. a. O., Spalte 1092. Wenn die Begründung einer Mitarbeiterbeteiligung vorab einer Umstrukturierung und einer Umfirmierung im Sinne einer Änderung der Unternehmensrechtsform bedarf, so wird dies die Beteiligungsbereitschaft negativ beeinflussen.

540 Vgl. Schneider, Hans J.: Die partnerschaftliche Kapitalbeteiligung der Arbeitnehmer am mittelständischen Industrieunternehmen, a. a. O., S. 204 - 216.

541 Vgl. ebenso Schneider, Hans J. / Zander, Ernst: Erfolgs- und Kapitalbeteiligung der Mitarbeiter in Klein- und Mittelbetrieben, a. a. O., S. 152 sowie Dobroschke, Eduard: Die Kapitalbeteiligung der Mitarbeiter am arbeitgebenden Unternehmen, a. a. O., S. 16.

rekte Beteiligung). Das Beteiligungsmodell der Firma L. Fischer KG, das auch als Offenburger Modell bezeichnet wird, sah in der ersten Phase (1970 bis 1977) eine direkte stille Beteiligung vor, wohingegen seit der zweiten Phase eine indirekt stille Beteiligung über eine BGB-Gesellschaft und eine Vermögensverwaltungsgesellschaft der Mitarbeiterpartner praktiziert wird. In Anlehnung an Hans Schachtschabel wird in der folgenden Abbildung 23 lediglich die Ausgestaltung der ersten Phase dargestellt.[542] Der Mitarbeitergewinnanteil, der sich an der individuellen Lohnsumme im Verhältnis zur gesamten Jahreslohnsumme orientiert, steht zur Hälfte dem beteiligungsberechtigten Mitarbeiter zur freien Verfügung und kann in bar ausbezahlt werden. Der zweite Teil wird der sogenannten Vermögensbildungsrücklage zugeführt und erst bei der Begründung der stillen Beteiligung als zusätzliche Sparprämie gewährt. Sofern der Mitarbeiter aus eigenen Mitteln eine Bareinlage leistet, erhält er eine Prämie in Höhe von 100% der Anlagesumme. Hier zeigt sich zudem, daß der Mitarbeiter im Rahmen der Regelungen des Offenbacher Modells auch ein, auf die Sparprämien begrenztes, Verlustrisiko tragen kann.

Abbildung 23: Die mögliche Ausgestaltung einer Vermögensbeteiligung über die stille Beteiligung nach dem Offenburger Modell in der ersten Phase

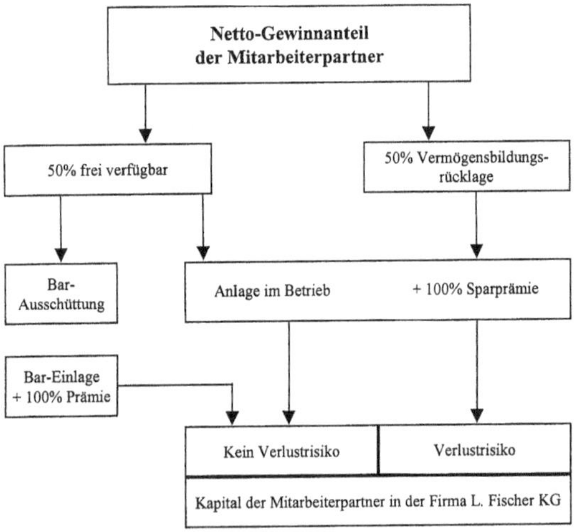

Quelle: Schachtschabel, Hans: Betriebliche Partnerschaft durch Mitarbeiterbeteiligung. Untersuchungsbericht zum Offenburger Modell, Hamburg, 1992, S. 10.

---

542 Vgl. Schachtschabel, Hans: Betriebliche Partnerschaft durch Mitarbeiterbeteiligung, a. a. O., S. 10.

Die stille Gesellschaft ist üblicherweise als eine **langfristige Beteiligung** konzipiert, wobei die Kündigungsfristen im allgemeinen gemäß den §§ 132ff HGB geregelt werden. Da eine relativ umfassende Vertragsfreiheit vorliegt, kann die Kündigungsfrist aber auch individuell geregelt werden. Es wird noch heute darüber diskutiert, ob ein vollständiger Ausschluß der ordentlichen Kündigung rechtlich zulässig ist.[543]

Eine **Verlustbeteiligung** ist im Gesetz ebenfalls nur allgemein geregelt. Findet kein Ausschluß nach § 231 Abs. 2 HGB statt, haftet der Mitarbeiter mit einem angemessenen Teil seines Gesellschaftsanteils oder seiner noch ausstehenden Einlage.[544] Um jedoch den Eigenkapitalcharakter faktisch zu begründen, sollte die stille Beteiligung eine Verlustbeteiligung vorsehen. Im Falle eines Konkurses des arbeitgebenden Unternehmens haftet der Mitarbeiter nach § 236 Abs. 1 HGB mit seiner Einlage beziehungsweise nach § 236 Abs. 2 HGB mit der noch nicht vollständig geleisteten Einlage und ist folglich nachschußpflichtig.[545]

Auch bezüglich der Höhe, das heißt der **Ober- und Untergrenze einer Beteiligung** findet sich keine eindeutige gesetzliche Regelung. Die Höhe dieser Einlage kann demnach beliebig festgelegt werden, da das Gesetz nur vorschreibt, daß der stille Gesellschafter seine Einlage zu leisten hat. Des weiteren sieht der Gesetzgeber keine besondere **Kündigungsfrist** vor, sondern verweist vielmehr auf die in § 132 HGB geregelte Frist von sechs Monaten zum Ende eines Geschäftsjahres sowie auf die in § 723 BGB geregelte vorzeitige, außerordentliche Kündigungsmöglichkeit.[546] In der Praxis wird die ordentliche Kündigung während der Sperrfrist (meist die gesetzliche Mindestfrist von 6 Jahren) aller-

---

543 Zur Diskussion der Rechtmäßigkeit eines Kündigungsausschlusses vgl. Hartmann, Peter: Die stille Gesellschaft. Rechtsgestaltung und wirtschaftliche Bedeutung, Freiburg im Breisgau, 1966, S. 106 ff.

544 Sofern der Anteil des stillen Gesellschafters am Gewinn und Verlust nach § 231 Abs. 1 HGB nicht eindeutig bestimmt ist, besteht grundsätzlich die Möglichkeit einer antizipativen Verlustbeteiligung, da der Gewinnanteil auf das Mitarbeiterkapital zur Bildung einer Risikorücklage gekürzt werden kann. Ebenso ist nach § 232 Abs. 2 HGB eine transitorische Verlustbeteiligung denkbar: Solange die Einlage des Mitarbeiters durch Verlust vermindert wird, kann der künftige Gewinn zur Deckung dieses Verlustes in Anspruch genommen werden. Die häufig geforderte Verlustbeteiligung auf allen drei Ebenen ist somit im Rahmen der stillen Beteiligung denkbar.

545 Die Problematik einer zusätzlichen (Privat-) Haftung stellt sich insbesondere dann, wenn im Rahmen der vermögenswirksamen Leistungen monatliche Ratenzahlungen vereinbart wurden, da der Mitarbeiter mit der rückständigen Einlage haftet.

546 Vgl. § 230 Abs. 1 HGB.

dings ausgeschlossen, um den Eigenkapitalcharakter dieser Beteiligungsform zu wahren und die Förderungen des 5. VermBG sowie des § 19a EStG in Anspruch nehmen zu können.

Die stille Beteiligung und das partiarische Darlehen sind einander sehr ähnlich. Aus der Rechtsform der Unternehmung ist nicht zu erkennen, inwieweit es sich um eine stille Beteiligung oder um ein partiarisches Mitarbeiterdarlehen handelt. Bei beiden Beteiligungsformen stellt der Mitarbeiter dem Unternehmen Kapital zur Verfügung und erhält einen Anteil am Gewinn. Der Unterschied liegt darin, daß der Beteiligte gemäß § 233 HGB das Recht hat, eine Abschrift des Jahresabschlusses zu verlangen und eine Überprüfung der Geschäftsvorgänge an Hand der Bücher und Papiere vorzunehmen. Dementsprechend kam der Bundesfinanzhof in seinem Urteil vom 21. Juni 1983 zu der Entscheidung, daß ohne die Gewährung der typischen Mitwirkungs- und Kontrollrechte ein partiarisches Darlehen vorliege.[547]

Im Konkursfall hat der beteiligte Mitarbeiter zudem das Recht, seine Einlage, vermindert um den Verlustanteil, als Konkursgläubiger geltend zu machen. In handelsrechtlicher Hinsicht ist der Beteiligte an eine Treuepflicht gebunden. Die im Bürgerlichen Gesetzbuch definierte Gesellschaft ist dadurch gekennzeichnet, daß sich beide Vertragspartner dazu verpflichten, die Zweckgemeinschaft zu fördern (§ 705 BGB). Eine Darlehensvereinbarung, wenn auch mit Gewinnvereinbarung, zielt nur auf eine Gläubiger-Schuldner-Beziehung ab. Diese eher idealistische Unterscheidung läßt einen relativ großen Interpretationsspielraum zu.[548] Die stille Beteiligung kann nur mit Zustimmung des Unternehmenseigners auf andere Personen übertragen werden (§ 717 Satz 1 BGB). Das partiarische Darlehen hingegen kann sogar ohne Unterrichtung des Schuldners an Dritte abgetreten werden (§§ 398ff BGB). Sofern allerdings die entsprechende Finanzbehörde statt der stillen Beteiligung ein partiarisches Darlehen unterstellt, muß dies bürgschaftlich abgesichert werden. Entfällt die Absicherung, so können die Förderungsmöglichkeiten des zweiten Vermögensbeteiligungsgesetzes nicht in Anspruch genommen werden, oder mit anderen Worten:

- Der geldwerte Vorteil des § 19a EStG muß nachversteuert werden.
- Die Arbeitnehmersparzulagen werden zurückgefordert.

---

547 Zur Abgrenzung der stillen Gesellschaft gegenüber dem partiarischen Darlehen vgl. Urteil des Bundesfinanzhofes vom 21.Juni 1983 (VIII R 237/80), in: BStBl 1983 II, S. 563.

548 Vgl. Wöhe, Günter: Einführung in die allgemeine Betriebswirtschaftslehre, a. a. O., S.268 sowie Lotze, Andreas: Kapitalbeteiligungsgesellschaften als stille Gesellschafter, a. a. O., S. 36 - 40.

Aus **steuerlichen Gesichtspunkten** sollte bei der stillen Beteiligung eine deutliche Unterscheidung vorgenommen werden: Wenn der Mitarbeiter nicht nur am Gewinn/Verlust, sondern auch am Liquidationserlös des arbeitgebenden Unternehmens beteiligt ist, so wird - wie bei atypisch stillen Gesellschaftern - nach § 15 Abs. 1 Nr. 2 EStG die Mitunternehmereigenschaft unterstellt, wohingegen die typisch stille Beteiligung steuerrechtlich als Fremdkapital behandelt wird.[549]

Bei der typisch stillen Beteiligung werden die Gewinnanteile des Mitarbeiters als Betriebsausgaben bewertet, die sowohl die Einkommen- als auch Körperschaftsteuerlast des Unternehmens mindert.[550] Des weiteren wird die typisch stille Beteiligung nicht dem Einheitswert des Betriebsvermögens zugerechnet und somit auch die Vermögensteuerlast des Unternehmens verringern. Andererseits werden die Gewinnanteile des stillen Gesellschafters auf Seiten des Unternehmens in voller Höhe dem Gewerbeertrag und in voller Höhe dem Gewerbekapital des Unternehmens zugerechnet.[551]

Aus Sicht der Arbeitnehmer unterliegen die Gewinnanteile den Erträgen aus Kapitalvermögen, die seitens des Arbeitnehmers kapitalertragsteuer- aber nicht lohnsteuer- und sozialversicherungspflichtig sind. Dementsprechend unterliegen die Einnahmen aus der typisch stillen Beteiligung der Kapitalertragsteuer in Höhe von 25%. Allerdings gelten auch hier die bereits dargestellten Vorschriften und Möglichkeiten bezüglich Nichtveranlagung, Freigrenzen und Freibeträge. Demgegenüber sind die Einkünfte aus der Mitunternehmerschaft bei der atypisch stillen Beteiligung steuerrechtlich als Gewinn aus dem Gewerbebetrieb zu behandeln und unterliegen in voller Höhe dem gewerbesteuerpflichtigen Gewerbeertrag. Da der Mitarbeiter in diesem Falle einem Kommanditisten gleichgestellt wird, wird aus steuerlichen Gesichtspunkten in der Praxis kaum auf die atypisch stille Beteiligung zurückgegriffen.

Unter Berücksichtigung der steuerlichen Aspekte können die Ergebnisse abschließend, wie in Tabelle 19 dargestellt, zusammengefaßt werden.

---

549 Vgl. auch Loritz, Karl-Georg: Die Mitarbeit Unternehmensbeteiligter, a. a. O, S. 131.

550 Zur Betriebsausgabendefinition und -bestimmung vgl. List, Stephan: Arbeitnehmerbeteiligung bei Personengesellschaften, a. a. O., S. 48ff, insbesondere S. 55 ff.

551 Hier zeigt sich ein deutlicher Unterschied zum Mitarbeiterdarlehen, das nur zu 50% dem Gewerbeertrag und Gewerbekapital zugerechnet wird. Vgl. dazu auch Haas, Hans Ulrich: Kapitalbeteiligung der Arbeitnehmer, a. a. O., Spalte 1094.

Tabelle 19: Die steuerlichen Gesichtspunkte einer Eigenkapitalbeteiligung

Beteiligungs-form	Möglichkeit zur Förderung nach		Steuerliche Aspekte aus Sicht					
			der Unternehmen			der Mitarbeiter		
	5. VermBG	§ 19a EStG	Betriebs-ausgaben	Gewerbe-kapital-steuer	Gewerbe-ertrag-steuer	Einkommen-steuer	Körper-schaft-steuer	Kapital-ertrag-steuer*
OHG	Nein	Nein	Nein	Zu 100% § 12 Abs. 1 GewStG	Zu 100% § 7 GewStG	§ 15 Abs. 1 Nr. 2 EStG	Keine	Keine
KG	Nein	Nein	Nein	Zu 100% § 12 Abs. 1 GewStG	Zu 100% § 7 GewStG	§ 15 Abs. 1 Nr. 2 EStG	Keine	Keine
GmbH	Ja § 2 Abs. 1 Nr. 1h 5. VermBG	Ja § 19a Abs. 3 Nr. 8 und § 3a EStG	Nein	Zu 100% § 12 Abs. 1 GewStG	Zu 100% § 7 GewStG	Ja § 20 Abs. 1 Nr. 1 EStG	zu 45% § 23 Abs. 1 KStG	zu 25% § 43 Abs. 1 Nr. 1 EStG und § 43a Abs. 1 Nr. 1 EStG
AG	Ja § 2 Abs. 1 Nr. 1a 5. VermBG	Ja nach § 19a Abs. 3 Nr. 1 und § 3a EStG	Nein	Zu 100% nach § 12 Abs. 2 GewStG	Zu 100% nach § 7 Abs. 1 GewStG	Ja § 20 Abs. 1 Nr. 1 EStG	zu 45% § 23 Abs. 1 KStG	Zu 25% § 43 Abs. 1 Nr. 1 EStG und § 43a Abs. 1 Nr. 1 EStG
Typisch stille Beteiligung	Ja nach § 2 Abs. 1 Nr. 1i 5. VermBG	Ja nach § 19a Abs. 3 Nr. 9 und § 3a EStG	Ja	Zu 100% nach § 12 Abs. 2 Nr. 1 GewStG	Zu 100% nach § 8 Nr. 3 GewStG	Ja § 20 Abs. 1 Nr. 4 EStG	Keine	Zu 25% § 43 Abs. 1 Nr. 3 EStG und § 43a Abs. 1 Nr. 1 EStG

* Mithin zu viel entrichtete Kapitalertragsteuer wird bei einer Werbungskostenpauschale in Höhe von DM 100,-- (200,--) und einem Sparerfreibetrag in Höhe von DM 6.000,-- (12.000,--) zurückerstattet. Wird eine Nichtveranlagungs-Bescheinigung beziehungsweise ein Freistellungsantrag gestellt, so entfällt der Quellenabzug.

Eine Alternative bietet die **Kombination aus verschiedenen Beteiligungsformen**: Zunächst wird dem Arbeitnehmer als Einstieg eine Kapitalanlage in Form des Mitarbeiterdarlehens angeboten, wobei der Mitarbeiter nach der vereinbarten Sperrfrist dann wählen kann, ob er das Darlehen verlängern oder in eine andere Beteiligungsform umwandeln möchte. In der ersten Phase hat der Arbeitnehmer die Möglichkeit, mit relativ risikofreiem Kapital Erfahrungen zu sammeln und sich mit dem Gedanken vertraut zu machen Mitarbeiter und Kapitalgeber zu sein. Nach Ablauf der Sperrfrist kann er sich für eine risiko- aber auch ertragsreichere Beteiligung in Form von Eigenkapitalanteilen entscheiden.[552]

[552] Vgl. Gaugler, Eduard: Die Beteiligung der Arbeitnehmer am Produktivvermögen aus betriebswirtschaftlicher Sicht, a. a. O., S. 56.

Alles in allem bleibt festzustellen, daß eine Vielzahl gesetzlicher und steuerrechtlicher Bestimmungen aber auch einfache und bewährte Alternativen, wie beispielsweise das relativ sichere, staatlich geförderte Bau- und Versicherungssparen sowie die Anlage in festverzinslichen Wertpapieren, die Einführung einer Mitarbeiterkapitalbeteiligung insbesondere in kleineren und mittleren Unternehmen erschweren, obgleich, wie in Tabelle 20 ersichtlich, die Eigenkapitalrendite in den vergangenen Jahren über der Rendite festverzinslicher Wertpapiere lag. Unter Berücksichtigung des Aspektes, neues rentables Produktivvermögen in der Hand der Arbeitnehmer zu schaffen, sollten allerdings weder beteiligungsbereite Arbeitgeber noch Mitarbeiter in Bezug auf Finanzierungs- und Anlagemöglichkeiten, aber auch Verzinsung und Rentabilität schlechter gestellt werden, als bei vergleichbaren Sparformen, zumal das Risiko einer Eigenkapitalbeteiligung deutlich höher ist.

Tabelle 20: Vergleich zwischen der Eigenkapitalrendite westdeutscher Unternehmen und der Umlaufrendite festverzinslicher Wertpapiere (jeweils in v. H.)

Jahr	Eigenkapitalrendite[1)]	Fremdkapitalrendite[2)]	Jahr	Eigenkapitalrendite[1)]	Fremdkapitalrendite[2)]	Jahr	Eigenkapitalrendite[1)]	Fremdkapitalrendite[2)]
1975	16,1	8,7	1988	19,7	6,0	1992	13,8	8,1
1980	20,2	8,6	1989	19,2	7,1	1993	10,9	6,4
1985	19,4	6,9	1990	20,4	8,9	1994	14,0	6,7
1986	20,2	6,0				1995	14,7	6,5
1987	18,3	5,8	1991	18,5	8,7	1996	12,8	5,6

1) Jahresüberschuß nach Unternehmenssteuern in % der Eigenmittel.
2) Umlaufrendite festverzinslicher Wertpapiere (ab 1991 Deutschland).

Quelle: Eigenkapitalrendite: Tabelle 72: Rendite und Eigenkapitalausstattung der Unternehmen, in: Institut der Deutschen Wirtschaft (Hrsg.): Zahlen zur wirtschaftlichen Entwicklung in der Bundesrepublik Deutschland, Köln, 1997; Gewinnrendite: Tabelle 6: Renditen inländischer Wertpapiere, in: Deutsche Bundesbank (Hrsg.): Statistischer Teil zum Monatsbericht Dezember, Frankfurt am Main, einzelne Jahrgänge, S. 57*; ab 1990: Tabelle 7: Renditen und Indizes inländischer Wertpapiere, in: Deutsche Bundesbank (Hrsg.): Statistischer Teil zum Monatsbericht Dezember, Frankfurt am Main, einzelne Jahrgänge, S. 51*.

Eine direkte Eigenkapitalbeteiligung in Form einer OHG- oder KG-Beteiligung wird aus gesellschafts- und steuerrechtlichen Gesichtspunkten nur bedingt Anwendung finden und kann folglich im weiteren Verlauf dieser Untersuchung vernachlässigt werden. Neben der Aktien- und GmbH-Beteiligung bietet sich daher vor allem die stille Beteiligung an, da sie problemlos durchzuführen und zudem rechtsformunabhängig ist. Sofern sich externe Daten, das heißt rechtliche oder organisatorische Bestimmungen bezüglich einzelner Mitarbeiterbeteiligungsmodelle ändern, bietet die stille Beteiligung schnelle Reaktionsmöglichkeiten, da sie im allgemeinen keiner Änderung der Rechtsform des Unternehmens bedarf und einen relativ geringen technischen und organisatorischen Aufwand verursacht. Die staatlich geförderte Aktienbeteiligung, die eigentlich als die einfachste Eigenkapitalbeteiligung gilt, unterliegt jedoch der Problematik, daß sie eine Mindestgröße der Unternehmung erfordert. In der Praxis findet eine Kombination aus Fremd- und Eigenkapitalbeteiligung häufig Anwendung. Mit Ablauf eines Geschäftsjahres erhält der beteiligungsberechtigte Mitarbeiter eine Erfolgsbeteiligung, die entweder ganz oder zumindest zum größten Teil als Fremdkapital im Unternehmen verbleibt. Nach Ablauf einer vorab vereinbarten Sperrfrist werden die Fremdkapitalanteile mit Zustimmung des Mitarbeiters zu den jeweiligen Angebotsbedingungen in Eigenkapitalanteile umgewandelt. Dies hat den Vorteil, daß sich der Verwaltungsaufwand einer echten Eigenkapitalbeteiligung, wie beispielsweise die notarielle Beurkundung bei der GmbH, verringert und dem Mitarbeiter zudem die Wahlmöglichkeit einer risiko- und ertragsreicheren Anlageform gewährt wird. In regelmäßigem Abstand erhalten die darlehensgebenden Mitarbeiter die Möglichkeit, ihre angesparten Darlehensbeträge in Eigenkapitaltitel umzuwandeln. Zusammenfassend lassen sich die Beteiligungsformen wie folgt darstellen:

Abbildung 24: Mögliche Beteiligungsformen am arbeitgebenden Unternehmen

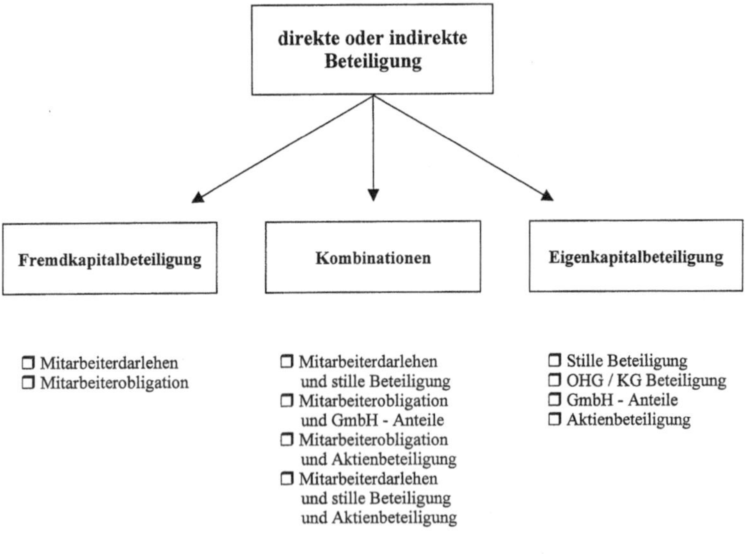

Tabelle 21: Anzahl der Beteiligungsunternehmen sowie der beteiligten Mitarbeiter im Jahr 1986 und 1996

Formen der Mitarbeiterbeteiligung	1986 Zahl der Unternehmen	1986 Beteiligungssumme / Kurswert (in Mrd. DM)	1996 Zahl der Unternehmen	1996 Beteiligungssumme / Kurswert (in Mrd. DM)	1996 Zahl der Mitarbeiter
Belegschaftsaktien	300	6,50	350	21,90	1.600.000
GmbH-Anteile	80	0,01	150	0,05	5.000
Genußrechte	80	0,23	200	1,50	80.000
Stille Beteiligung	555	0,28	1.000	0,70	250.000
Genossenschaftsant.	120	0,02	300	0,05	15.000
Mitarbeiterdarlehen	367	0,55	500	0,80	100.000
Gesamt	1.502	7,59	2.500	25,00	2.050.000

Quelle: Tabelle 4: Mitarbeiterbeteiligung (MAB) in Zahlen*, in: DGB-Bundesvorstand Abteilung Wirtschafts- und Strukturpolitik (Hrsg.): Informationen zur Wirtschafts- und Strukturpolitik, 3/1998: Vermögenspolitik in Arbeitnehmerhand zwischen Abgang und Neubeginn, a. a. O., S. 16 (* 1986: Westdeutschland; 1996: Gesamtdeutschland - gerundete Werte).

7.3 Die überbetriebliche Beteiligung

Um intra- oder interindustrielle Verteilungsungleichheiten, das heißt die Bevorzugung der in ertragsstarken Unternehmen beschäftigten Mitarbeiter zu vermeiden und allen Beschäftigten die Möglichkeit der Vermögensbildung aus Unternehmensgewinnen zu gewährleisten, wird eine Beteiligung der Arbeitnehmer auf überbetrieblicher Ebene vorgeschlagen.[553] Überbetriebliche Beteiligungs-

[553] Insbesondere bei kleineren oder mittleren Unternehmen, die auf Grund ihrer Größen- und Risikostruktur keine betriebliche Beteiligung einräumen können, wäre eine überbetriebliche Lösung denkbar. Das 1965 veröffentlichte Modell der Arbeitsgemeinschaft Selbständiger Unternehmer e. V. (ASU) war dergestalt konzipiert, daß nicht emissionsfähige mittelständische Unternehmen neue Möglichkeiten zur Eigenkapitalbildung erhalten sollten. Das Modell ist insofern kritisch zu beurteilen, als daß die Entscheidung über den Rückfluß (dieser Investivlöhne) einer Kapitalbeteiligungsgesellschaft obliegen sollte und dementsprechend lediglich Unternehmen mit attraktiven Renditen eine Beteiligungsübernahme angeboten worden wäre. Zudem bestand die Gefahr, daß insbesondere Unternehmen ohne Rückflußmöglichkeiten versucht hätten, diese Gewinnschmälerungen und Finanzierungslücken via Preiserhöhungen aufzufangen. Vgl. May, Hermann: Die Kapitalbeteiligungsgesellschaft als Instrument zur Realisierung des Investivlohns, a. a. O., S. 35 ff. In einer Stellungnahme zum Gesetzentwurf des 3. VermBetG betonte der Vertreter des DGB, daß betriebliche Beteiligungsmodelle via Aktienbeteiligungen zwar ein „erfolgversprechender

modelle, die demnach weniger der Motivation und der betrieblichen Partnerschaft, sondern vielmehr verteilungspolitischen Zielaspekten dienen, sehen im allgemeinen entweder eine gesamtwirtschaftliche oder eine branchenorientierte Lösung vor. So werden beispielsweise im ersten Fall alle Unternehmungen, die bestimmte Referenzkriterien, wie Unternehmensgröße oder Zahl der Mitarbeiter, erfüllen, zu einer erfolgsabhängigen Abgabe herangezogen. Am branchenübergreifenden Fonds sind entsprechend der Zielsetzung sowohl alle Arbeitnehmer als auch Beamte oder andere Gesellschaftsgruppen beteiligt. Dies kann auch eine Vermögensbildung derer ermöglichen, die nicht in erwerbswirtschaftlich orientierten Branchen tätig sind und trotz alledem wichtige Dienste in unserer Gesellschaft leisten.[554] Die Wiederanlage der Mittel, die in der Fondssatzung klar geregelt sein muß, reicht von der Aktien-, Immobilien und Finanzbeteiligung bis hin zur Gewährung von Darlehen und stillen Beteiligungen an kleineren und mittleren Unternehmen.

Im zweiten Fall, das heißt der branchenorientierten Lösung, wird ein Fonds oder eine Beteiligungsgesellschaft zwischen die Arbeitnehmer und die einzelnen Betriebe einer Branche geschaltet. Jedes Unternehmen ist dabei verpflichtet, einen Teil einer vorher bestimmten Bemessungsgrundlage, wie beispielsweise Gewinn, Umsatz oder Bruttolohn- und Gehaltsumme, an diesen Fonds abzutreten. Die Arbeitnehmer der gesamten Branche werden dann, unabhängig von ihrer Betriebszugehörigkeit, an diesem Branchenfonds beteiligt. Dementsprechend besteht auch hier keine unmittelbare Beziehung zwischen der Leistung des einzelnen Unternehmens respektive des Mitarbeiters und den Anteilen, die er vom Fonds erhält.

Abweichend von der bisherigen Systematik soll die überbetriebliche Beteiligung an Hand eines konkreten Modells der IG Bau-Steine-Erden dargestellt werden, um die Dimensionen und Potentiale zu erläutern. Das im Jahr 1992 veröffentlichte Modell versucht, die im Bausektor beschäftigten Arbeitnehmer unter Berücksichtigung folgender Gesichtspunkte am Produktivitätsfortschritt zu beteiligen:[555]

Weg" der Arbeitnehmerbeteiligung seien, aber insbesondere in der Baubranche nur 8 - 10 Aktiengesellschaften existieren und somit eine Vielzahl der Arbeitnehmer keine Möglichkeit zur Produktivvermögensbildung hätten. In Branchen mit kleinen Unternehmen könnte die betriebliche Mitarbeiterbeteiligung nur unzureichend gefördert werden. Vgl. Ausschuß für Arbeit und Sozialordnung: Beschlußempfehlung und Bericht, a. a. O., S. 5.

554 Vgl. ebenso Scheuner, Ulrich: Die überbetriebliche Ertragsbeteiligung der Arbeitnehmer und die Verfassungsordnung, a. a. O., S. 14.

555 Vgl. Ohne Verfasser: Leistungs- und Erfolgsorientierte Vermögensbildung in Arbeitneh-

- Verbesserung der Einkommensverteilung mit Hilfe einer Beteiligung an der Vermögensbildung sowie am Zins- und Gewinneinkommen.
- Beteiligung der Arbeitnehmer am Kapital beziehungsweise am Produktivvermögen.
- Bindung qualifizierter Arbeitnehmer an die Baubranche durch eine attraktivere Ausgestaltung des Entlohnungssystems.
- Förderung der Solidarität mit den neuen Bundesländern.
- Erweiterung der traditionellen Tarifvertragsausgestaltungsmöglichkeit durch eine zweite Tarifrunde.
- Förderung der Aus-, Fort- und Weiterbildung der im Bausektor beschäftigten Arbeitnehmer.
- Verbesserung der Unfallverhütung durch einen verbesserten Arbeits- und Gesundheitsschutz.
- Ganzjährig gesicherte Einkommen der Beschäftigten.
- Integration firmenpolitischer Interessen der Handwerksbetriebe sowie der mittelständischen Unternehmen.
- Verbesserung der Wachstums- und Beschäftigungswirkungen.
- Orientierung am Konzept der sozialen Marktwirtschaft sowie Erhöhung des Zielerreichungsgrad gesamtwirtschaftlicher Verteilungsziele.[556]

Wie bei allen Beteiligungsmodellen muß zuerst das Problem der Beteiligungsebene und der Ermittlung einer eindeutigen, von allen akzeptierten Bemessungsgrundlage gelöst werden, um dann im Rahmen einer zweiten Tarifrunde den noch zu bestimmenden Prozentsatz dieser Bemessungsgrundlage an die Arbeitnehmer zu übertragen. Als Beteiligungsebene kommt - entsprechend der gewerkschaftlichen Zielsetzung - lediglich die überbetriebliche Beteiligung in Frage. Unter dem Gesichtspunkt, eine allgemein anerkannte Bemessungsgrundlage zu bestimmen, zieht die Kommission zunächst die Alternativen Löhne, Gewinne oder Nettowertschöpfung in Betracht.

---

merhand, in: DGB-Bundesvorstand, Abteilung Tarifpolitik und Arbeitnehmer (Hrsg.): Tarifpolitische Informationen des DGB, Nr. 5, Düsseldorf, 1991, S. 3 f. sowie Rürup, Bert: Aufgabe und Ergebnisse der Kommission „Investive Erfolgsbeteiligung", in: Bruno Köbele / Bernd Schütt (Hrsg.): Erfolgsbeteiligung - Ein neuer Weg zur Vermögensbildung in Arbeitnehmerhand, Köln, 1992, S. 11 - 29, hier S. 11.

[556] Das Modell sollte so konzipiert sein, daß es nicht zur Investitionslenkung mißbraucht werden kann. Daher sollte es die wirtschaftlichen Dispositionsbefugnisse nicht beeinflussen.

Der Vorteil einer Nettowertschöpfung ist darin zu sehen, daß alle Unternehmen in der Baubranche verpflichtet sind, eine Umsatzsteuererklärung zu erstellen, und demnach die Ermittlung der Wertschöpfung verwaltungstechnisch relativ einfach und vor allem unabhängig von der Betriebsgröße beziehungsweise der Rechtsform zu bewerkstelligen ist. Ein weiteres Argument spricht insofern für die **Netto**wertschöpfung, als daß investitionsbereite Unternehmen durch diese Vermögensbildungsabgabe nicht zusätzlich benachteiligt werden, da zur Berechnung der Nettowertschöpfung definitionsgemäß von der Bruttowertschöpfung die Abschreibungen und die indirekten Steuern abgezogen sowie die Subventionen addiert werden. Dies ermöglicht, eine kapitalintensive Produktion aufrecht zu erhalten, Erweiterungsinvestitionen zu tätigen und entkräftet somit das Argument, die überbetriebliche Mitarbeiterbeteiligung könnte sich wachstumshemmend auswirken.[557] Mit der Abzugsfähigkeit der Abschreibungen stellt sich jedoch ein Problem, das sicherlich nicht nur bei der überbetrieblichen Beteiligung auftritt, aber gerade hier von besonderer Bedeutung ist: Im Gegensatz zur betrieblichen Beteiligung können die Verhandlungspartner nicht detailliert auf die individuelle Unternehmensstruktur eingehen und einzelne, firmenspezifische Abschreibungskriterien beziehungsweise Modalitäten berücksichtigen. Daher muß dieser Aspekt explizit beachtet und ein geeigneter, für alle beteiligten Unternehmen verbindlicher Modus vereinbart werden. Eine weitere Schwierigkeit liegt in der objektiven Bewertung der selbsterstellten Anlagen sowie der Bestandsänderungen eigener Produkte, da die handels- und steuerrechtlichen Bewertungsvorschriften zahlreiche Wahlrechte enthalten.

Gegen Löhne als einzige Bemessungsgrundlage und somit gegen ein Investivlohnkonzept sprechen sowohl die Gefahr einer Substitution zu bereits bestehenden Sparverträgen und dementsprechend eines Rückgangs der freiwilligen Vermögensbildung auf Seiten der Arbeitnehmer, aber auch verteilungs- und strukturpolitische Bedenken sowie gesamtwirtschaftlich unerwünschte Nebenwirkungen: Vorab vereinbarte Investivlöhne belasten das arbeitgebende Unternehmen unabhängig von der Ertragslage und werden daher im allgemeinen als (Lohn-) Kosten interpretiert und - sofern die Möglichkeit besteht - auf die Preise übergewälzt. Zudem sind Investivlöhne insofern problematisch, als daß sie im Gegensatz zu Gewinn- oder Ertragsanteilen nicht konjunkturreagibel sind, dementsprechend permanent angepaßt werden müßten und somit gesamtwirtschaftlich destabilisierend wirken können.[558] Des weiteren werden lohnin-

[557] Zur Problematik der Abschreibungen vgl. Kapitel 2.2, insbesondere S. 52 ff.

[558] Vgl. Föhl, Carl: Kreislaufanalytische Untersuchungen der Vermögensbildung in der Bundesrepublik Deutschland und der Beeinflußbarkeit ihrer Verteilung, a. a. O., S. 123 ff. So

tensive Klein- und Mittelbetriebe gegenüber kapitalintensiven Großunternehmen deutlich benachteiligt, da sich der relative Unternehmenserfolg - insbesondere in der Baubranche - nur bedingt an der Lohn- und Gehaltsumme orientieren kann. Einzelne Kostenstrukturtabellen im Baugewerbe (allerdings nur mit Betrieben ab 20 Mitarbeitern) zeigen, daß in Westdeutschland der Anteil der Personalkosten am Bruttoproduktionswert in den vergangenen Jahren von 41,5% im Jahr 1985 auf einen durchschnittlichen Wert von 36,3% im Jahr 1995 zurückgegangen ist.[559] Zudem verdeutlichen sie, daß der Personalkostenanteil deutlich von der Unternehmensgröße und dem Wirtschaftszweig innerhalb der Baubranche determiniert wird. Wie aus Tabelle 40 im Anhang ersichtlich, nimmt 1995 der Personalkostenanteil im früheren Bundesgebiet mit der Unternehmensgröße kontinuierlich von 41,1% auf einen Wert von 30,1% ab. Dies läßt sich dadurch erklären, daß der Anteil an Baustellenleitern, Schicht- und Kolonnenführern im Verhältnis zu den sonstigen Arbeitern mit der Baustellengröße abnimmt, Aufträge an Subunternehmer vergeben und kapitalintensivere Produktionsverfahren eingeführt werden können.[560] Des weiteren weisen einzelne Sektoren, wie zum Beispiel das Stukkateurgewerbe, die auf Grund ihres fachspezifischen Tätigkeitsfeldes zum einen arbeitsintensive Tätigkeiten verrichten und zum anderen qualifiziertes und dementsprechend auch höher entlohntes Fachpersonal beschäftigen müssen, einen Personalkostenanteil von über

---

ist beispielsweise auch Jörg Althammer der Ansicht, daß Investivlöhne - ceteris paribus - die Grenzkosten des Faktors Arbeit erhöhen und, auf Grund der Substitutions- und Skaleneffekte, die Arbeitsnachfrage verringern. Vgl. Althammer, Jörg: Die Rolle der Vermögenspolitik im Rahmen einer Sozialreform, a. a. O., S. 595 - 617, hier S. 608.

559 Zu den einzelnen Jahrgängen vgl. Industriegewerkschaft Bau-Steine-Erden, Bundesvorstand, Abteilung Bundesvorsitzender (Hrsg.): Wirtschaftsdaten für Bauleute, Frankfurt am Main, Jahrgänge 1985 bis 1995.

560 In der Bundesrepublik Deutschland werden inzwischen ganze Häuserblocks und Großbauten von ausländischen Subunternehmen und Billiglohnarbeitern erstellt, die lediglich von einem Polier überwacht werden. Hier zeichnet sich eindeutig die Tendenz zum Baudienstleister ab, da sich einzelne Großunternehmen zunehmend auf den gesamten Bauprozeß konzentrieren und somit vom Grundstückserwerb bis hin zum Anlagenbetrieb alle Geschäftsbereiche abdecken. Die eigentliche Bauausführung wird dabei an kleinere Subunternehmen übergeben. Vgl. Ohne Verfasser: Einsatz von Billiglöhnern hat sich nicht gelohnt, in: Industriegewerkschaft Bauen-Agrar-Umwelt (Hrsg.): Der Grundstein. Der Sämann, 49. Jahrgang, Nr. 3, Frankfurt am Main, 1998, S. 17 sowie Schütt, Bernd: Bauwirtschaft im Umbruch. Vom Bereitstellungsgewerbe zum Dienstleister, Frankfurt am Main, 1995, S 8 ff.; Zum Verdrängungsprozeß und dem Wettbewerb der Vertragsverhältnisse (Arbeitsverhältnisse auf Grundlage eines Tarifvertrages versus Werksverträge, Entsendung) vgl. Schütt, Bernd: Lohnpolitik, Arbeitszeit und Arbeitsproduktivität in der Bauwirtschaft, Frankfurt am Main, 1995, S. 1 und S. 23 ff.

44% aus, wohingegen in anderen Sektoren, wie etwa dem kapitalintensiven Fertigteilbau, nur 24,3% des Bruttoproduktionswertes an Personalkosten anfallen.[561]

Mit der Einführung eines Beteiligungsmodells, das sich lediglich an der Lohn- und Gehaltsstruktur orientiert, werden demnach kleinere Unternehmen und arbeitsintensive Sektoren dahingehend benachteiligt, als daß sie neben dem erhöhten Personalaufwand eine relativ höhere Vermögensabgabe zu leisten hätten. Dies würde einen Anreiz zum Einsatz von Subunternehmern schaffen, da die Auftragsvergabe an Subunternehmen dazu führt, daß sich aus Sicht des abgabenpflichtigen Unternehmens einerseits der Erfolg erhöhen und andererseits die relative Lohn- und Gehaltsumme, bezogen auf den Gesamtumsatz, und somit die Vermögensbildungsabgabe reduzieren wird. Da, wie auch Abbildung 25 dargestellt, die Vergabe an Subunternehmen deutlich positiv mit der Unternehmensgröße korreliert, werden mit einer Vermögensabgabe auf der Grundlage der Lohn- und Gehaltsumme wiederum kleinere und mittlere Baubetriebe benachteiligt. Die Auftragsvergabe an ausländische Subunternehmen, die nicht zur Vermögensabgabe verpflichtet werden können, verringert sich die absolute Höhe der Vermögensabgabe und führt zudem zu einer Wettbewerbsverzerrung zu Gunsten marktstarker Großunternehmen. Sofern sich demnach die zweite Tarifrunde an der ergebnisunabhängigen Lohn- und Gehaltsstruktur orientiert, wird dem Modell automatisch ein flexibles und insbesondere erfolgsabhängiges Instrument entzogen sowie eine gesamtwirtschaftlich positiv zu beurteilende Umverteilung zu Gunsten kleinerer Unternehmen und Neugestaltung im Sinne einer Flexibilisierung des Tarifsystems bereits im Vorfeld ausgeschlossen.

---

561 Betrachtet man das Stukkateurgewerbe, so zeigt sich, daß Betriebe mit weniger als 50 Mitarbeiter Personalkosten in Höhe von fast 50% aber nur Kosten für Lohnarbeiten in Höhe von 10,2% aufweisen. Demgegenüber liegen die Personalkosten im Fertigteilbau bei etwa 31% und die Kosten für Fremd- und Nachunternehmerleistungen 17,1%. Bei Unternehmen im Fertigteilbau ab 100 Beschäftigten sinken die Personalkosten sogar auf unter 23%, wohingegen die Kosten für Fremd- und Nachunternehmerleistungen auf nahezu 50% ansteigen. Vgl. Tabelle 10: Ausgewählte Kosten (Anteile am Bruttoproduktionswert) 1995 - Nach Beschäftigungsgrößenklassen, in: Statistisches Bundesamt (Hrsg.): Fachserie 4: Produzierendes Gewerbe, Reihe 5.3 Kostenstruktur der Unternehmen im Baugewerbe 1995, Wiesbaden, 1997, S. 50.

Abbildung 25: Personalkosten und Kosten für Fremd- & Nachunternehmerleistungen im Baugewerbe 1995 im früheren Bundesgebiet

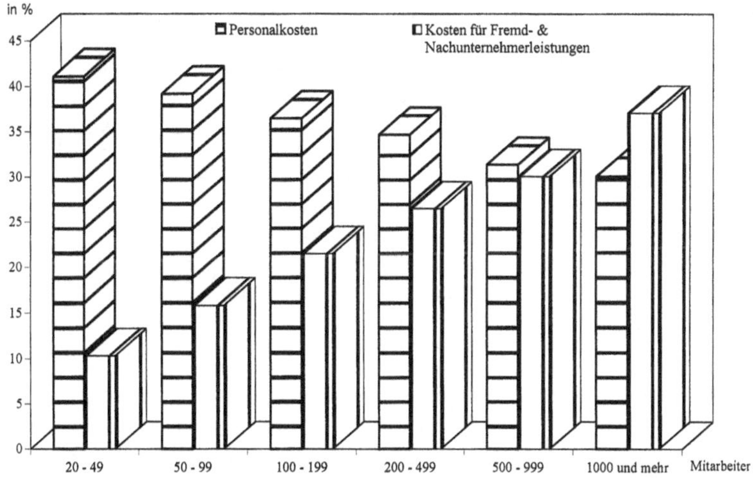

Quelle: Basisdaten: Tabelle 2: Entstehung der Bruttowertschöpfung zu Faktorkosten und zu Marktpreisen, Entstehung der Nettowertschöpfung zu Faktorkosten 1995, nach Beschäftigungsgrößenklassen sowie Tabelle 10: Ausgewählte Kosten (Anteil am Bruttoproduktionswert) 1995 nach Beschäftigungsgrößenklassen, in: Statistisches Bundesamt (Hrsg.): Fachserie 4: Produzierendes Gewerbe, Reihe 5.3 Kostenstruktur der Unternehmen im Baugewerbe 1995, a. a. O., S. 16 - 27, S. 50 - 52, S. 60 - 71, S. 94 - 96.

Eine weitere Eigenheit dieser Branche ist, daß der größte Teil aller Bauunternehmen weniger als 20 Arbeitnehmer beschäftigt, der Rechtsform eines Einzelkaufmanns oder einer Personengesellschaft und dementsprechend dem Steuergeheimnis unterliegt. Tabelle 22 verdeutlicht, daß im Juni 1995 nahezu 80% der Betriebe in der Bundesrepublik Deutschland in der Größenklasse mit 1 - 19 Beschäftigten zu finden und dabei weniger als 30% aller Arbeitnehmer angestellt sind.[562] Es ist davon auszugehen, daß der überwiegende Teil dieser Unter-

[562] Auch die Untersuchung von Bernd Schütt weist auf die steigende Tendenz zum Kleinunternehmen hin, da sich in der Bauwirtschaft seit 1976 eine deutliche Zunahme der Kleinbetriebe mit weniger als 20 Beschäftigten und eine Abnahme respektive Konstanz der übrigen Beschäftigungsgrößenklassen feststellen läßt. Mit diesem Trend ist zudem ein Beschäftigungswachstum innerhalb dieser Betriebsgrößenklasse und eine (gegenläufige) Tendenz zur Umsatzkonzentration in Großbetrieben zu verzeichnen. Vgl. Schütt, Bernd: Bauwirtschaft im Umbruch, a. a. O., S. 2 ff.

nehmen der Rechtsform einer Personengesellschaft oder im besten Falle der GmbH und somit dem Steuergeheimnis unterliegt. Ein Beteiligungsmodell, dessen Mittel auf der Grundlage der erwirtschafteten Gewinne eingezogen werden, ist demnach für die Bauindustrie nur schwer umsetzbar.

Tabelle 22: Die Betriebs- und Beschäftigtenstruktur im Bauhauptgewerbe Ende Juni 1995

Betriebe mit ... bis ... Beschäftigten	Deutschland		Früheres Bundesgebiet		Neue Länder und Berlin-Ost	
	Betriebe	Beschäftigte	Betriebe	Beschäftigte	Betriebe	Beschäftigte
1 - 19	67.134	446.511	57.463	359.648	9.671	86.863
20 - 49	11.678	352.161	7.692	230.824	3.986	121.337
50 - 99	3.753	258.080	2.383	162.764	1.370	95.316
100 - 199	1.582	214.987	973	132.190	609	82.797
200 - 499	577	165.172	392	113.064	185	52.108
500 und mehr	123	105.278	91	77.620	32	27.658
Insgesamt	**84.847**	**1.542.189**	**68.994**	**1.076.110**	**15.853**	**466.079**

Quelle: Tabelle 9.14: Betriebe und Beschäftigte im Baugewerbe Ende Juni 1995 nach Wirtschaftszweigen (hier: Tabelle 9.14.1 Bauhauptgewerbe), in: Statistisches Bundesamt (Hrsg.): Statistisches Jahrbuch 1996 für die Bundesrepublik Deutschland, Wiesbaden, 1996, S. 228.

Nachdem sich die Verhandlungspartner auf eine Bemessungsgrundlage geeinigt haben, werden die Fondsmittel von einer zentralen Stelle erhoben. In der Baubranche bietet sich vor allem die Zusatzversorgungskasse an, da sie bereits auf die notwendigen Betriebs- und Mitarbeiterdaten zurückgreifen kann. Unter Berücksichtigung des § 1 Abs. 1 KAGG muß das Unternehmen die Vermögensbildungsbeiträge zunächst in bar abführen. Der Abfluß liquider Mittel[563] kann vermieden werden, wenn die Fonds nach § 8 KAGG Aktienbeteiligungen oder nach § 25 KAGG stille Beteiligungen dieser Unternehmen erwerben

563 Weniger rentable Unternehmen, deren interner Gewinnsatz unter dem Marktzins für Fremdkapitaltitel liegt, werden eine Kapitalbeteiligung bevorzugen, wohingegen Unternehmen mit hohen Gewinnen eine Leistungsverpflichtung in Form von Schuldtiteln zu einem, unter dem internen Gewinnsatz liegenden Fremdkapitalzins oder die Barablösung anbieten werden. Hier eröffnet sich allerdings insofern ein Interessenkonflikt, als daß das Fondsmanagement einerseits renditeorientiert anlegen, andererseits aber weniger rentablen Unternehmen keine finanziellen Mittel entziehen und diese bei der Konkurrenz anlegen soll. Vgl ebenso Schmidt, Klaus: Diskussionsbeitrag zum Thema: Die Beteiligung am Produktivkapital aus der Sicht der Tarifvertragsparteien, in: Weißkirchen, Christoph: Bericht über die DAG-Tagung, a. a. O., S. 7 - 8, hier S. 7 f.

können und somit ein Rückfluß dieser Mittel stattfindet.[564] Die Möglichkeit, die Beteiligungsbeiträge - indirekt - als Eigenkapitalanteile zu übereignen, unterliegt grundsätzlich folgenden gesetzlichen Regelungen.

- Wertpapiere, die an einer in- oder ausländischen Börse zum amtlichen Handel zugelassen sind, können unter Berücksichtigung einzelner Höchstgrenzen in nahezu beliebiger Höhe erworben werden, wohingegen Wertpapiere, die nicht zum amtlichen Handel zugelassen sind, nur bis zu einer Maximalgrenze von insgesamt 10% des Sondervermögens erworben werden können. Unter dem Aspekt des Anlageschutzes, der Risikostreuung aber auch aus machtpolitischen Gründen sieht das Gesetz nach § 8a Abs. 1 KAGG eine maximale Einzelunternehmensbeteiligung von höchstens 5% des gesamten Sondervermögens und nach § 8a Abs. 3 KAGG eine Beteiligungsgrenze von 10% der gesamten Aktienstimmrechte desselben Unternehmens vor.
- Die stillen Beteiligungen eines Beteiligungssondervermögens dürfen nach § 25b Abs. 3 KAAG die Höchstgrenze von 30% des gesamten Sondervermögens nicht über- und entsprechend § 25e Abs. 1 KAGG nach einer Frist von 8 Jahren die Mindestgrenze von 10% des Sondervermögens nicht unterschreiten. Die besonderen Schwierigkeiten dieses Beteiligungssondervermögens liegen zum einen in der laufenden Bewertung der stillen Beteiligungen nach § 25d Abs. 1 KAGG in Verbindung mit § 25b Abs. 1 Nr. 2 Buchstabe b KAGG und zum anderen in den Vorschriften bezüglich des Beteiligungsvertrages nach § 25c KAAG. Insbesondere die Verpflichtung der Unternehmen, ihre Jahresabschlüsse entsprechend den Vorschriften für große Kapitalgesellschaften zu erstellen, dem Abschlußprüfer den Jahresabschluß vorzulegen, ihm Einsicht in die Bücher zu gewähren sowie sämtliche Vermögens-

---

564 Bereits 1957 schlug Erich Häussler als Vermittler im Tarifstreit der baden-württembergischen Metallindustrie die Bildung einer Investment-Treuhand-Gesellschaft vor. Diese Investment-Treuhand-GmbH hätte die investiven Lohnanteile der Arbeitnehmer in Ertragsanteilen, wie zum Beispiel Aktien, aber auch Schuldverschreibungen solider, ertragsgünstiger Unternehmen angelegt und somit einen Kapitalabfluß vermieden. Allerdings bestand auch hier die Gefahr, daß die Anlagepolitik der Investment-Treuhand-GmbH keinen einheitlichen einzelwirtschaftlichen Rückfluß garantierte. Vgl. Häussler, Erwin: Zum Lohnstreik in der Metallindustrie, in: Der Gewerkschafter, 2. Jahrgang, 1957, Heft 6/7, S. 21-23 sowie zur Kritik vgl. May, Hermann: Die Kapitalbeteiligungsgesellschaft als Instrument zur Realisierung des Investivlohns, a. a. O., S. 35. In diesem Zusammenhang schlug auch Bruno Molitor vor, die Kapitalanlagegesellschaften dahingehend zu gestalten, daß Arbeitnehmer die Möglichkeit erhalten, ihre Investivlohnanteile oder Gewinnbeteiligungsbeträge (darin) anzulegen und so am Produktivvermögen respektive am Substanzzuwachs beteiligt zu werden. Vgl. Molitor, Bruno: Investmentgesellschaften - Instrument der Eigentumsbildung, in: Gewerkschaftliche Monatshefte, 7. Jahrgang, Köln, 1956, S. 419 - 422.

bestände und Schulden zur Prüfung offen zu legen, kann seitens der Unternehmen als entscheidender Nachteil erachtet werden. Gerade kleinere und mittlere Unternehmen sehen darin eine weitgehende Einschränkung ihrer unternehmerischen Freiheit. Da die GmbH-Beteiligung nicht im Gesetz für Kapitalanlagegesellschaften und dementsprechend auch nicht im Modell der IG Bau-Steine-Erden vorgesehen ist, sind eine Vielzahl beteiligungspflichtiger Unternehmen gezwungen, die Mittel in bar abzutreten oder stille Beteiligungen einzugehen. Dabei stellt sich die Frage, inwieweit der Fonds in der Lage ist, genügend stille Beteiligungen zu erwerben, ohne die Beteiligungshöchstgrenze zu überschreiten. Um auch Beteiligungen an nicht notierten Gesellschaften zu begründen, könnte allerdings zusätzlich eine Unternehmensbeteiligungsgesellschaft nach dem UBGG errichtet werden, die überwiegend Anteile der jeweiligen Unternehmen mit den Rechtsformen der GmbH und KG erwirbt. Da die Risikominimierung respektive die Wertsicherung der Fondsanteile nicht lediglich auf der breiten Streuung, sonder auch in entscheidendem Maße auf der Auswahl erstklassiger Beteiligungspapiere und der problemlosen Wiederveräußerung basiert, können unter Umständen kleinere und mittlere Unternehmen benachteiligt werden.[565] Eine weitere Schwierigkeit liegt darin, daß die optimale Risikostreuung bezüglich Branchen, Wertpapieren und Betriebsgrößen eine umfangreiche Marktbeobachtung beziehungsweise Marktkenntnis voraussetzt. Insbesondere die laufende Bewertung und Beobachtung der nicht-publizitätspflichtigen (Klein-) Unternehmen würde sowohl enorme verwaltungstechnische als auch kostenintensive Anstrengungen erfordern.

- Der Fonds hat schließlich noch die Möglichkeit, ein Grundstückssondervermögen zu errichten, das nach § 27 KAGG Mietwohngrundstücke, Geschäftsgrundstücke und gemischt genutzte Grundstücke sowie bis zu einer Grenze von jeweils 20% des Immobiliensondervermögens unbebaute oder im Bau

---

565 Auch wenn theoretisch börsenfähige Papiere geschaffen werden, können diese im Vergleich zu Aktien nur bedingt veräußert werden. Die Fondsmanager werden unter Berücksichtigung einer optimalen Risiko- und Anlagestruktur sowie der Verpflichtung, ein renditeorientiertes Anlageportefeuilles zu erstellen, in Aktienbeteiligungen oder Gewinnobligationen investieren, wobei dann kleineren oder mittleren Unternehmen möglicherweise Kapital entzogen wird. Wenn allerdings die Fondsmittel diesen Unternehmen entzogen und entsprechend den üblichen Investitionsgrundsätzen angelegt werden, kann die überbetriebliche Beteiligung als „Steuer zu Gunsten der Großunternehmen" interpretiert werden. Andererseits muß das Fondsmanagement zur Sicherung der Fondsanteile und/oder der Erträge den anerkannten Investitionsgrundsätzen Rechnung tragen, da ansonsten das Vertrauen der Anleger (Mitarbeiter) sinkt und die Anteile als zweitklassige Papiere bewertet werden.

befindliche Grundstücke erwerben kann. Die Bewertung dieser Vermögensgegenstände erfolgt, entsprechend § 32 KAGG, durch einen unabhängigen Sachverständigenausschuß, der von der Kapitalanlagegesellschaft zu bestellen ist. Um laufenden Verpflichtungen nachkommen zu können, muß die Kapitalanlagegesellschaft gemäß § 35 Abs. 1 KAGG einen Mindestbetrag in Höhe von 5% des Immobiliensondervermögens als Guthaben bei der Depotbank oder alternativ dazu in lombardfähigen Wertpapieren unterhalten.

Werden die Mittel allerdings nur von einer zentralen Stelle verwaltet, so kann ein enormes Machtpotential errichtet und das bestehende Kräfteverhältnis gestört werden. Eine einzelne Gesellschaft oder Institution, die, von Wertsteigerungen abgesehen, diese jährlichen Mittelzuwächse verwaltet und vor allem am Markt investiert, kann ohne entsprechende Kontrollorgane sowohl wirtschaftlichen als auch politischen Einfluß geltend machen, der keinesfalls unterschätzt werden sollte.[566] Um dieses Problem zu lösen, sieht das Modell eine zentrale Inkassostelle im Sinne einer „Clearingstelle" vor, die dann die Mittel auf regionale Fonds umverteilt. Wenn die Umverteilung unter Berücksichtigung der Beschäftigtenzahlen der jeweiligen Regionen erfolgt, kann mit dieser Alternative zudem ein horizontaler Ausgleich geschaffen werden, da Regionen mit einer unterdurchschnittlichen Nettowertschöpfung indirekt unterstützt werden.

Das Problem der Machtkonzentration ist mit einer Regionalisierung der Fonds noch nicht vollständig gelöst, denn unter machtpolitischen Gesichtspunkten wird auch die Wahl der Rechtsform, der Gesellschafter, der Geschäftsführung sowie der Überwachungsgremien von entscheidender Bedeutung sein.[567] Als Rechtsform werden beim Modell der IG Bau-Steine-Erden einzelne GmbH-Ge-

---

[566] Trotz paritätisch besetzter Aufsichtsgremien und unabhängiger Fondsleitung könnte eine personelle oder interessengesteuerte Verknüpfung mit den Mitbestimmungs-, Überwachungs- und Vorstandsgremien einzelner Unternehmen deutliche Machtpotentiale eröffnen und das ursprüngliche Interesse einer Beteiligung der Arbeitnehmer verbandsorientierten Entscheidungen unterliegen. Die Kapitalanlagegesellschaft hätte auch ohne Vollmacht der beteiligten Mitarbeiter, das aus ihrem Aktiensondervermögen resultierende uneingeschränkte Aktienstimmrecht, vgl. Gesetz über Kapitalanlagegesellschaften (KAGG), in: Beck'sche Textausgaben: Bankrecht, 23., neubearbeitete Auflage, München, 1995, S. 204 - 259.

[567] Die Machtkonzentration der Fonds kann durch die Regionalisierung eingeschränkt, aber nicht vollständig beseitigt werden, da eine interne Kommunikation zwischen den Entscheidungsträgern dieser Regionalfonds einsetzen wird, womit sich die Gefahr von abgestimmten Verhaltensweisen erhöht. Weiterhin können sich die regionalisierten Fonds in tarifvertragliche Verhandlungen einbringen und zusätzlichen Einfluß auf die Stellenbesetzung einzelner Gremien ausüben.

sellschaften vorgeschlagen, bei denen die Tarifvertragsparteien als Vollgesellschafter fungieren und die Überwachung durch einen paritätisch besetzten Aufsichtsrat erfolgen soll. Diese GmbH's, deren Geschäftsführung professionelle Manager übernehmen sollen, orientieren sich, nach Maßgabe der Kommission, überwiegend an Renditeüberlegungen.[568] Da sowohl Gesellschafter als auch Aufsichtsräte von den Tarifvertragsparteien bestellt werden, könne, entsprechend der Stellungnahme der Vertreter der IG Bau-Steine-Erden, eine Machtverschiebung und interessenorientierte Anlagepolitik vermieden werden.[569]

Abbildung 26: Die regionale Gliederung der Fonds

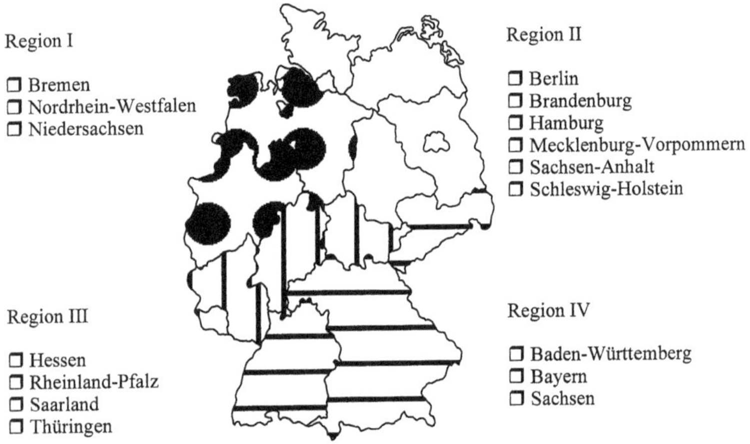

Quelle: Rürup, Bert: Aufgabe und Ergebnisse der Kommission „Investive Erfolgsbeteiligung", in: Bruno Köbele / Bernd Schütt (Hrsg.): Erfolgsbeteiligung - Ein neuer Weg zur Vermögensbildung in Arbeitnehmerhand, Köln, 1992, S. 11 - 29, hier S. 17 (eigene Darstellung).

---

568 Bei Bedarf wird zudem ein ebenfalls paritätischer Anlageberatungsausschuß gebildet.

569 Demgegenüber bleibt jedoch zu bedenken, daß möglicherweise beide Tarifvertragsparteien gemeinsam am Erhalt einer „maroden" Großunternehmung interessiert sein und dementsprechend Anlage- beziehungsweise Rentabilitätsinteressen einzelnen Verbandsentscheidungen unterliegen könnten. Zudem besteht die Gefahr, daß auf Grund der Gewinnorientierung der Fonds, überwiegend Beteiligungen an finanz- und renditestarken Unternehmen eingegangen und somit Investitionsvorhaben einzelner Großbetriebe gefördert werden, wohingegen die Anlagemittel auch Klein- und Mittelbetrieben aufgebracht werden. Vgl. Rösner, Hans Jürgen: Chancen und Risiken des Vermögensbeteiligungsgesetzes, a. a. O. S. 136 f. sowie Ruf, Thomas: Arbeitnehmerbeteiligung am Produktivkapital, a. a. O., S. 24.

Ein weiterer Punkt, der grundsätzlich geklärt werden muß, ist die Verwendung, das heißt die Anlage der jährlich aufgebrachten Mittel. Eine Möglichkeit besteht darin, daß die Fonds beziehungsweise Kapitalanlagegesellschaften ausschließlich Beteiligungen im Bausektor finanzieren. Des weiteren kann jede Kapitalanlagegesellschaft ihre Mittel in branchenfremde Anlagen oder Immobilienbeteiligungen investieren, um so eine breitere Risikostreuung zu gewährleisten. Das Konzept der IG Bau-Steine-Erden sieht alle drei Anlageformen vor, wobei maximal 30% dem Immobiliensondervermögen zugeführt werden können. Die restlichen Mittel sollten überwiegend in der Baubranche investiert werden.

Im folgenden soll auf der Grundlage der Nettowertschöpfung sowie der regionalen Gliederung eine Beispielberechnung durchgeführt werden, um zum einen das Fondsvolumen annäherungsweise darzustellen und zum anderen eine Berechnungsbasis für die Ausschüttungsbeträge zu schaffen. Dabei sollte noch einmal betont werden, daß es sich um eine Näherungsrechnung handelt, die als ein weiterer Baustein zur Beurteilung dieses Modells und zur Fundierung der theoretischen Überlegungen dient. Unter Berücksichtigung der Problematik, daß die volkswirtschaftliche Gesamtrechnung weder eine Unterscheidung in Beschäftigungsgrößenklassen noch eine regionale Untergliederung vornimmt, muß auf einzelne Statistiken des produzierenden Gewerbes zurück gegriffen werden, die im Rahmen ihrer Totalerhebung unter anderem die Zahl der Betriebe und der Beschäftigten, gegliedert nach Größenklassen, Wirtschaftszweigen und Bundesländer erfassen. Allerdings wird die Nettowertschöpfung nur für Betriebe ab einer Größenklasse von 20 Mitarbeitern ausgewiesen und es bedarf demnach einer weiteren Berechnung respektive Schätzung der Nettowertschöpfung für Kleinbetriebe unter 20 Mitarbeitern.

Wie in Tabelle 23 dargestellt, weist das statistische Bundesamt in der Kostenstrukturtabelle die Nettowertschöpfung für Unternehmen ab 20 Mitarbeitern sowohl für die alten als auch die neuen Bundesländer und Berlin-Ost aus. Auf Grundlage der Tabelle 41 im Anhang kann eine Nettowertschöpfung der restlichen Betriebe in den alten Bundesländern von 28,44% respektive in den neuen Bundesländern und Berlin-Ost von 15,41% angenommen werden.[570]

[570] Die Berechnung der Nettowertschöpfung für Betriebe unter 20 Mitarbeitern setzt sich wie folgt zusammen: Unter Berücksichtigung der Werte in Tabelle 41 wird aus den prozentualen Anteilen ein gewichteter Durchschnitt errechnet, wobei die Faktoren Umsatz, Arbeitsstunden und Beschäftigungszahlen der Gewichtungsfaktor 1 die Lohn- und Gehaltsumme den Faktor 2 erhalten.

Tabelle 23: Ableitung der Leistungsgrößen im Bauhauptgewerbe 1994

Ableitung der Leistungsgrößen im Bauhauptgewerbe 1994 (20 Beschäftigten und mehr, in Mill. DM)	Früheres Bundes-gebiet	Neue Länder & Berlin-Ost	Deutsch-land
Bruttoproduktionswert ohne USt.	**159.396**	**48.010**	**207.406**
- Verbrauch an Roh-, Hilfs- und Betriebsstoffen o. USt.	35.841	11.849	47.690
- Einsatz an Handelsware o. USt.	996	135	1.131
- Kosten für Fremd- und Nachunternehmerleistungen o. USt.	41.113	12.125	53.238
Nettoproduktionswert ohne USt.	**81.446**	**23.901**	**105.347**
- Kosten für sonstige industrielle/handwerkliche Dienstleistungen o. USt.	2.348	635	2.983
- Mieten und Pachten o. USt.	3.732	1.560	5.292
- Sonstige Kosten o. USt.	7.489	2.717	10.206
- Indirekte Steuern o. USt. abzüglich Subventionen für die laufende Prod.	1.261	220	1.481
Bruttowertschöpfung zu Faktorkosten	**66.616**	**18.769**	**85.385**
- Abschreibungen	4.700	1.704	6.404
Nettowertschöpfung zu Faktorkosten	**61.916**	**17.065**	**78.981**
darunter: Bruttoeinkommen aus unselbständiger Arbeit	55.669	15.747	71.416
Fremdkapitalzinsen	1.350	506	1.856

Quelle: Ableitung der Leistungsgrößen im Bauhauptgewerbe 1994 (Unternehmen mit 20 Beschäftigten und mehr), in: Statistisches Bundesamt (Hrsg.): Fachserie 4: Produzierendes Gewerbe, Reihe 5.3 Kostenstruktur der Unternehmen im Baugewerbe 1994, Wiesbaden, 1996, S. 6.

Die Nettowertschöpfung jeder einzelnen Größenklasse und pro Mitarbeiter im Bauhauptgewerbe läßt sich demnach wie folgt errechnen.

Das Fondsvolumen und die Entstehung der Vermögensbildungsbeiträge lassen sich näherungsweise aus der Zahl der Beschäftigten (Tabelle 41 im Anhang) und der Nettowertschöpfung je Beschäftigten (Tabelle 24) errechnen. Es sollte allerdings noch einmal darauf hingewiesen werden, daß die Zahl der Beschäftigten auf der Totalerhebung im Bauhauptgewerbe mit der Beschäftigungsgrössenklasse unter 20 Mitarbeitern (Juni 1994) und die Nettowertschöpfung auf dem Jahresdurchschnitt im Bauhauptgewerbe ab 20 Mitarbeitern sowie eigenen Berechnungen basieren und somit Abweichungen möglich sind. Da die Werte in Tabelle 41 ab einer Betriebsgröße von 100 Mitarbeitern und mehr zu einer Beschäftigungsgrößenklasse zusammengefaßt werden, müssen auch die Daten aus Tabelle 24 dieser Untergliederung angepaßt werden. Die Nettowertschöpfung für Betriebe ab 100 Mitarbeiter setzt sich dementsprechend aus der Summe der Nettowertschöpfung und der, an Hand der Tabelle 24 errechneten, Zahl der Beschäftigten dieser Unternehmungen zusammen und wird hier mit DM

85.352,-- (früheres Bundesgebiet) beziehungsweise DM 53.316,-- (neue Bundesländer und Berlin-Ost) angesetzt.

Tabelle 24: Die Nettowertschöpfung im Bauhauptgewerbe im Jahr 1994 (Bei Betrieben unter 20 Mitarbeitern: eigene Berechnungen)

Beschäftigungs-größenklasse	Brutto-produktions-wert[1]	Bruttowert-schöpfung[1) 2)]	Bruttowert-schöpfung zu Faktorkosten	Bruttowert-schöpfung zu Marktpreisen	Nettowertschöpfung zu Faktorkosten		
					Insgesamt		Je Beschäftigten
	in TDM					in %	in DM
- Früheres Bundesgebiet -							
Unternehmen mit ... bis ... Beschäftigten							
1 - 19					24.607.115	28,44	68.534
20 - 49	33.248.580	16.756.660	16.405.875	19.241.203	15.456.541	17,86	73.138
50 - 99	27.162.706	12.562.837	12.290.787	14.474.859	11.486.499	13,28	75.889
100 - 199	23.863.240	10.280.636	10.084.246	11.820.577	9.321.418	10,77	78.758
200 - 499	23.492.686	9.936.122	9.725.771	11.407.863	8.968.641	10,37	83.706
500 und mehr	51.628.536	18.340.545	18.109.302	20.833.341	16.682.694	19,28	90.545
Insgesamt					86.522.908	100,00	80.156
- Neue Länder und Berlin-Ost -							
Unternehmen mit ... bis ... Beschäftigten							
1 - 19					3.108.821	15,41	41.598
20 - 49	11.295.250	5.326.136	5.255.757	6.129.255	4.838.236	23,98	54.042
50 - 99	10.790.589	4.476.225	4.413.055	5.151.952	4.018.604	19,92	52.235
100 - 199	9.846.270	3.863.621	3.825.735	4.424.901	3.465.097	17,18	53.324
200 - 499	8.120.715	2.850.154	2.821.345	3.246.227	2.537.078	12,58	54.684
500 und mehr	7.956.870	2.472.709	2.452.845	2.829.533	2.206.215	10,94	51.815
Insgesamt					20.174.051	100,00	53.259

1) Ohne Umsatzsteuer.
2) Im Baugewerbe identisch mit der Bruttowertschöpfung ohne sämtliche auf den Erzeugnissen lastenden Steuern.

Quelle: Tabelle 1: Zusammenfassende Übersichten: Bruttoproduktionswert, Nettoproduktionswert und Nettowertschöpfung zu Faktorkosten im Bauhaupt- und Ausbaugewerbe 1977 bis 1994 sowie Tabelle 2: Entstehung der Bruttowertschöpfung zu Faktorkosten und zu Marktpreisen, Entstehung der Nettowertschöpfung zu Faktorkosten 1994, nach Beschäftigungsgrößenklassen, in: Statistisches Bundesamt (Hrsg.): Fachserie 4: Produzierendes Gewerbe, Reihe 5.3 Kostenstruktur der Unternehmen im Baugewerbe 1994, a. a. O., S. 12 - 21 und S. 48 - 53.

Unter Berücksichtigung einer Vermögensabgabe in Höhe von ein, zwei oder drei % der Nettowertschöpfung läßt sich das Fondsvolumen entsprechend Tabelle 25 berechnen. Der Rückfluß der Mittel in die einzelnen Regionen erfolgt ohne Gewichtung auf der Grundlage der jeweiligen Beschäftigtenzahlen. In diesem Beispiel wurde, wie in Tabelle 26 ersichtlich, die Vermögensabgabe von 3% der Nettowertschöpfung herangezogen.

Tabelle 25: Vermögensbildungsabgabe und Fondsvolumen im Bauhauptgewerbe 1994 (eigene Berechnungen)

Beschäftigungs-größenklasse	Beschäftigte alte Bundesländer	Beschäftigte neue Bundesländer	Nettowert-schöpfung	Vermögens-bildungsabgabe 1%	Vermögens-bildungsabgabe 2%	Vermögens-bildungsabgabe 3%
			in TDM			
			Region I			
1 - 19	124.717		8.547.355	85.474	170.947	256.421
20 - 49	79.529		5.816.592	58.166	116.332	174.498
50 - 99	56.953		4.322.106	43.221	86.442	129.663
100 u. mehr	112.582		9.609.100	96.091	192.182	288.273
Insgesamt	373.781		28.295.153	282.952	565.903	848.855
			Region II			
1 - 19	39.049	35.155	4.138.562	41.386	82.771	124.157
20 - 49	27.260	54.165	4.920.927	49.209	98.419	147.628
50 - 99	19.836	44.646	3.837.418	38.374	76.748	115.123
100 u. mehr	46.928	81.513	8.351.387	83.514	167.028	250.542
Insgesamt	133.073	215.479	21.248.293	212.483	424.966	637.449
			Region III			
1 - 19	56.296	14.727	4.470.804	44.708	89.416	134.124
20 - 49	36.364	20.371	3.760.480	37.605	75.210	112.814
50 - 99	26.581	14.942	2.797.701	27.977	55.954	83.931
100 u. mehr	52.533	23.651	5.744.786	57.448	114.896	172.344
Insgesamt	171.774	73.691	16.773.770	167.738	335.475	503.213
			Region IV			
1 - 19	143.351	20.488	10.676.677	106.767	213.534	320.300
20 - 49	94.325	28.863	8.458.556	84.586	169.171	253.757
50 - 99	66.201	25.498	6.355.816	63.558	127.116	190.674
100 u. mehr	135.540	51.641	14.321.929	143.219	286.439	429.658
Insgesamt	439.417	126.490	39.812.978	398.130	796.260	1.194.389
			Bundesgebiet			
1 - 19	363.413	70.370	27.833.398	278.334	556.668	835.002
20 - 49	237.478	103.399	22.956.555	229.566	459.131	688.697
50 - 99	169.571	85.086	17.313.041	173.130	346.261	519.391
100 u. mehr	347.583	156.805	38.027.201	380.272	760.544	1.140.816
Insgesamt	1.118.045	415.660	106.130.194	1.061.302	2.122.604	3.183.906

Tabelle 26: Die Umverteilung der Fondsmittel im Bauhauptgewerbe 1994 (eigene Berechnungen)

Beschäftigungs-größenklasse	Beschäftigte alte Bundesländer	Beschäftigte neue Bundesländer	Beschäftigte alte & neue Bundesländer	Vermögens-bildungs-beiträge	Fonds-auszahlung	Netto-begünstigung
				in TDM		
			Region I			
1 - 19	124.717		124.717	256.421	258.907	2.486
20 - 49	79.529		79.529	174.498	165.099	-9.399
50 - 99	56.953		56.953	129.663	118.232	-11.431
100 u. mehr	112.582		112.582	288.273	233.715	-54.558
Insgesamt	373.781		373.781	848.855	775.954	-72.901
			Region II			
1 - 19	39.049	35.155	74.204	124.157	154.044	29.887
20 - 49	27.260	54.165	81.425	147.628	169.035	21.407
50 - 99	19.836	44.646	64.482	115.123	133.862	18.739
100 u. mehr	46.928	81.513	128.441	250.542	266.638	16.096
Insgesamt	133.073	215.479	348.552	637.450	723.579	86.129
			Region III			
1 - 19	56.296	14.727	71.023	134.124	147.441	13.317
20 - 49	36.364	20.371	56.735	112.814	117.779	4.965
50 - 99	26.581	14.942	41.523	83.931	86.200	2.269
100 u. mehr	52.533	23.651	76.184	172.344	158.155	-14.189
Insgesamt	171.774	73.691	245.465	503.213	509.575	6.362
			Region IV			
1 - 19	143.351	20.488	163.839	320.300	340.123	19.823
20 - 49	94.325	28.863	123.188	253.757	255.733	1.976
50 - 99	66.201	25.498	91.699	190.674	190.363	-311
100 u. mehr	135.540	51.641	187.181	429.658	388.580	-41.078
Insgesamt	439.417	126.490	565.907	1.194.389	1.174.799	-19.590
			Bundesgebiet			
1 - 19	363.413	70.370	433.783	835.002	900.515	65.513
20 - 49	237.478	103.399	340.877	688.697	707.646	18.949
50 - 99	169.571	85.086	254.657	519.391	528.657	9.266
100 u. mehr	347.583	156.805	504.388	1.140.817	1.047.088	-93.729
Insgesamt	1.118.045	415.660	1.533.705	3.183.907	3.183.907	0

Wie in Tabelle 26 zu erkennen ist, verstärkt die Umverteilung der Fondsmittel auf Grundlage der Beschäftigtenzahlen den vertikalen Ausgleich zwischen den Betriebsgrößenklassen aber auch den Ausgleich zwischen den einzelnen Regionen. Im Bundesdurchschnitt sowie in jeder einzelnen Region werden demnach Klein- und Mittelbetriebe begünstigt, wohingegen Unternehmen mit 100 Mitarbeitern und mehr mit der Vermögensabgabe de facto belastet werden. Auch unter dem Aspekt eines regionalen Ausgleichs lassen sich ähnliche Aussagen treffen, da einerseits Regionen mit einer geringeren Nettowertschöpfung tatsächlich Ausgleichszahlungen erhalten und andererseits Regionen mit einer überdurchschnittlich hohen Nettowertschöpfung zu Zahlungen verpflichtet werden. Abbildung 27 soll die bisher gewonnenen Ergebnisse noch einmal graphisch verdeutlichen, wobei hier lediglich zwei Größenklassen und die Gesamtverteilung betrachtet wird.

Abbildung 27: Nettobegünstigung gegliedert nach Größenklassen und Regionen

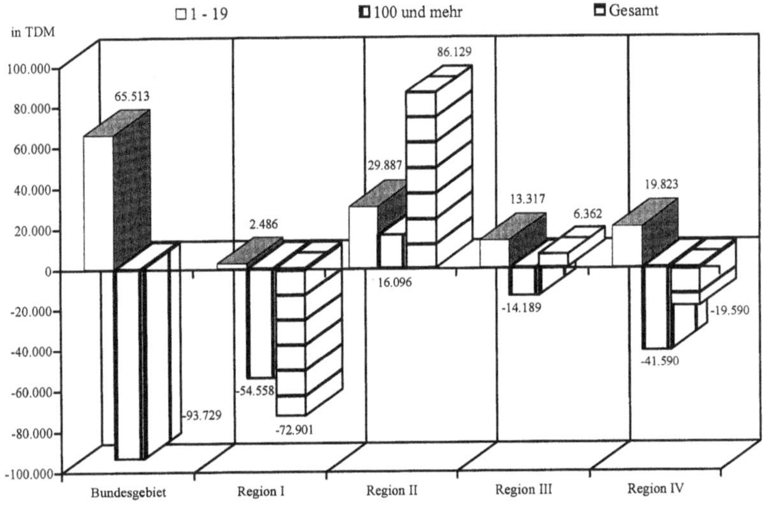

Quelle: Tabelle 26 dieser Arbeit.

Mit der Verteilung der Mittel auf die einzelnen Sektoren wird ein entscheidender Problemkreis angesprochen, doch unter Berücksichtigung verteilungspolitischer Aspekte sollte weiterhin bestimmt werden, wie - beziehungsweise in welcher Höhe - die Arbeitnehmer an diesen Fonds beteiligt werden. Grundsätzlich hat jeder Arbeitnehmer einen Anspruch auf Anteile, wenn er im entsprechenden Geschäftsjahr zumindest neun Monate in der Baubranche beschäftigt war, wobei sich die Höhe der Beteiligung an den Leistungs- oder Sozialprinzipien orientieren kann:[571]

Der Grundgedanke des Leistungsprinzips kann dahingehend interpretiert werden, daß sich in der Lohn- und Gehaltsstruktur die Leistungsfähigkeit der Mitarbeiter widerspiegelt.[572] Da das Leistungsprinzip einige Schwächen aufweist, wird es oft in abgewandelter Form praktiziert. Neben der persönlichen Leistung werden Attribute wie Sorgfalt, Verantwortungsbewußtsein und andere subjektive Faktoren anerkannt.

Im Gegensatz dazu werden beim Sozialprinzip verteilungspolitische Aspekte deutlich in den Vordergrund gestellt. Entsprechend der Verteilung nach dem sogenannten „Gießkannen-Prinzip" erhält jeder Arbeitnehmer denselben Erfolgsanteil, da ein positives Ergebnis als das Resultat einer fruchtbaren Zusammenarbeit aller Beschäftigten interpretiert werden kann und die gleichmäßige Ausschüttung zu einer verteilungspolitisch erwünschten Egalisierung führt.

Die Kombination beider Prinzipien erwies sich in der Vergangenheit als sehr sinnvoll, da dadurch sowohl der Leistungs- als auch der Gerechtigkeitsaspekt berücksichtigt werden kann. Auch das Modell der IG Bau-Steine-Erden sieht insoweit eine Kombination vor, als 50% der Anteile entsprechend den Jahresgehältern und die verbleibenden 50% nach Köpfen ausgeschüttet werden. Die Kapitalanlagegesellschaft ist nicht berechtigt, die beteiligten Arbeitnehmer für Aufwendungen aus der üblichen Geschäftstätigkeit beziehungsweise Zahlungen an die Depotbank heranzuziehen, da die Anteilseigner nach § 10 Abs. 3 KAGG von der persönlichen Haftung (aus oben genannte Verpflichtungen) gegenüber der Kapitalanlagegesellschaft grundsätzlich befreit sind. Die Kapitalanlagegesellschaft kann sich allerdings aus den jeweiligen Sondervermögen für die entstandenen Aufwendungen entschädigen lassen.

Basierend auf den regional verteilten Werten aus Tabelle 26 läßt sich die Höhe der jeweiligen Fondsanteile, das heißt die Höhe der dem Arbeitnehmer übertragenen Beteiligungsbeträgen ermitteln. Im Rahmen dieser Arbeit soll eine Beispielberechnung für die Kapitalanlagegesellschaft IV vorgenommen werden, wobei allerdings auch hier vereinfachende Annahmen getroffen und Näherungs-

---

571 Zu den Prinzipien Leistungsgerechtigkeit und Sozialprinzip vgl. Lampert, Heinz: Lehrbuch der Sozialpolitik, a. a. O., S. 412 ff.; Andel, Norbert: Finanzwissenschaften, a. a. O., S. 268 ff.; Schüller, Alfred: Vermögensbildung im Dienste des Aufbaus der Wirtschaft der neuen Bundesländer, a. a. O., sowie Lampert, Heinz: Der Sozialstaat auf dem Prüfstand, in: Rauscher Anton (Hrsg.): Probleme der sozialen Sicherungssysteme, Köln, 1994, S. 9.

572 Im Idealfall setzt dies ein leistungsgerechtes Entlohnungssystem voraus.

rechnungen angestellt werden müssen. Das statistische Bundesamt weist in der Kostenstrukturstatistik[573] sowohl für die alten als auch neuen Bundesländer die durchschnittliche Bruttolohn- und Gehaltsumme für Unternehmen ab 20 Mitarbeitern aus. Da entsprechend der Daten in Tabelle 41 (Anhang) im Juni 1994 Kleinbetriebe unter 20 Beschäftigten im früheren Bundesgebiet 25,68% und in den neuen Bundesländern 14,13% der Lohn- und Gehaltsumme ausweisen, kann für diese Betriebsgröße im Jahresdurchschnitt eine Bruttolohn- und Gehaltsumme von 14,35 Mrd. DM beziehungsweise 1,96 Mrd. DM angenommen werden. Weiterhin lassen sich aus Tabelle 41 (Anhang) die prozentualen Anteile der Lohn- und Gehaltsummen für die einzelnen Bundesländer (Baden Württemberg, Bayern und Sachsen) und Betriebsgrößenklassen errechnen.

Tabelle 27: Verteilung der Vermögensbildungsbeiträge auf die Arbeitnehmer an Hand einer Beispielberechnung für die Kapitalanlagesellschaft IV (eigene Berechnung)

Beschäftigungs-größenklasse	Baden Württemberg		Bayern		Sachsen	
	Beschäftigte	Löhne & Gehälter	Beschäftigte	Löhne & Gehälter	Beschäftigte	Löhne & Gehälter
1 - 19	64.606	2.671.807	78.745	2.943.005	20.488	510.559
20 - 49	37.613	1.657.055	56.712	2.404.415	28.863	813.123
50 - 99	26.176	1.217.627	40.025	1.777.581	25.498	788.140
100 u. mehr	50.353	3.466.796	85.187	5.665.654	51.641	1.897.533
Insgesamt	178.748	9.013.285	260.669	12.790.655	126.490	4.009.355

Beispielberechnung für einen Mitarbeiter

Gesamtvolumen Fonds IV:	1.174.799
davon 50% nach Köpfen:	587.400
davon 50% nach Lohn- und Gehaltssumme:	587.400
Anzahl der Beschäftigten:	565.907
Lohn- und Gehaltssumme:	25.813.295
Pro Kopf Anteil in DM:	1.037,98 DM
Anteil je TDM Lohn- und Gehaltsumme:	22,76 DM

[573] Vgl. Tabelle 9: Personalkosten 1994 nach Beschäftigtengrößenklassen, in: Statistisches Bundesamt (Hrsg.): Fachserie 4: Produzierendes Gewerbe, Reihe 5.3 Kostenstruktur der Unternehmen im Baugewerbe 1994, Wiesbaden, 1996, S. 36 - 39 und S. 70 - 71.

Wie in Tabelle 27 ersichtlich, erhält zunächst jeder Arbeitnehmer der Region IV, unabhängig von seiner Lohn- und Gehaltsumme, einen Pro-Kopf-Anteil in Höhe von DM 1.037,98. Weiterhin wird ihm pro DM 1000,-- seiner individuellen Lohn- und Gehaltsumme ein Beteiligungsbetrag DM 22,76 gutgeschrieben. Sofern die vom statistischen Bundesamt ausgewiesenen Durchschnittsverdienste auch für die Arbeitnehmer der Region IV angenommen werden, ergeben sich beispielhaft folgende Konstellationen: Der durchschnittliche Bruttojahresverdienst eines im Hoch- und Tiefbau durchgängig beschäftigten männlichen Bauarbeiters betrug im Jahr 1994 in Westdeutschland (neue Bundesländer und Berlin-Ost) inklusive Sonderzahlungen, wie 13. Monatsgehalt oder Urlaubsgeld, DM 54.672,-- (DM 40.115,--) für männliche Angestellte DM 88.132,-- (DM 62.803,--) und für weibliche Angestellte DM 52.988,-- (DM 43.464,--).[574] Demnach werden männliche Bauarbeiter der Region IV einen zusätzlichen Betrag in Höhe von DM 1.244,33 (DM 913,02) männliche Angestellte einen weiteren Beteiligungswert in Höhe von DM 2.005,98 (DM 1.429,40) und weibliche Angestellte einen zusätzlichen Betrag in Höhe von DM 1.206,01 (DM 989,24) erhalten. Die gesamten Beteiligungswerte können unter Berücksichtigung dieser Durchschnittsverdienste dargestellt werden als:

Tabelle 28: Die Anteile pro Mitarbeiter/in in Region IV (eigene Berechnungen)

Bundesländer	Männlicher Bauarbeiter im Hoch- und Tiefbau 1994			Männlicher Angestellter im Hoch- und Tiefbau 1994			Weibliche Angestellte im Hoch- und Tiefbau 1994		
	Pro-Kopf-Anteil	lohnabhängiger Anteil	Gesamt	Pro-Kopf-Anteil	gehaltsabhängiger Anteil	Gesamt	Pro-Kopf-Anteil	gehaltsabhängiger Anteil	Gesamt
Baden Württemberg	1.037,98	1.244,33	2.282,31	1.037,98	2.005,68	3.043,66	1.037,98	1.206,01	2.243,99
Bayern	1.037,98	1.244,33	2.282,31	1.037,98	2.005,68	3.043,66	1.037,98	1.206,01	2.243,99
Sachsen	1.037,98	913,02	1.951,00	1.037,98	1.429,40	2.467,38	1.037,98	989,24	2.027,22

574 Vgl. Tabelle 8: Durchschnittliche Bruttojahresverdienste der Arbeiter im früheren Bundesgebiet, Tabelle 9: Durchschnittliche Bruttojahresverdienste der Arbeiter in den neuen Ländern und Berlin-Ost, in: Statistisches Bundesamt (Hrsg.): Fachserie 16: Löhne und Gehälter, Reihe 2.1 Arbeiterverdienste in der Industrie (Januar 1995), Wiesbaden, 1995, S. 109 f. sowie Tabelle 5: Durchschnittliche Bruttojahresverdienste der Angestellten im früheren Bundesgebiet, Tabelle 6: Durchschnittliche Bruttojahresverdienste der Angestellten in den neuen Ländern und Berlin-Ost, in: Statistisches Bundesamt (Hrsg.): Fachserie 16: Löhne und Gehälter, Reihe 2.2 Angestelltenverdienste in der Industrie (Januar 1995), Wiesbaden, 1995, S. 163 f.

Bezüglich der Sperrfristen soll nach den Vorstellungen der Kommission folgende Regelung getroffen werden: Das hier vorgestellte Modell orientiert sich grundsätzlich an der Maßgabe des Vermögensbildungsgesetzes, das eine 7-jährige Festlegung der Gelder vorsieht. Da der Gesetzgeber auch in § 11 Abs. 2 Satz 1 KAGG individuelle, vertraglich zu regelnde Auszahlungsmodalitäten einer Kapitalanlagegesellschaft zuläßt, sind Ausnahmen, im Sinne einer vorzeitigen Auszahlung möglich, wenn

- der Arbeitnehmer eine selbständige Existenz gründet,
- der Arbeitnehmer aus dem Berufsleben ausscheidet,
- der Arbeitnehmer verstirbt,
- der Arbeitnehmer selbstgenutzten Wohnraum im Bundesgebiet erwirbt.

Nach Ablauf der jeweiligen Sperrfrist hat der Arbeitnehmer das Recht auf Barauszahlung der „fälligen" Mittel, wobei die Kündigung bereits zwei Monate vor Ablauf der Frist erfolgen muß. Diese Regelung gilt für alle Arbeitnehmer, unabhängig davon, ob sie noch in der Baubranche beschäftigt sind. Die 7-jährige Sperrfrist bleibt demnach vom Wechsel der Branche unberührt. Der Fonds nimmt die entsprechenden Fondsanteile zum geltenden Tageskurs zurück. Andererseits wird den Arbeitnehmern die Möglichkeit eingeräumt, weitere Fondsanteile zum Tageswert zu erwerben oder die fälligen Tranchen, bei einem Wiederanlagebonus von 3% des Tageskurses, für weitere sieben Jahre im Fonds anzulegen.[575] Die Wiederanlage muß ebenfalls innerhalb der Frist bekannt gegeben werden. Sofern der Arbeitnehmer weder Wiederanlage noch Barauszahlung verlangt, werden diese Tranchen automatisch für ein weiteres Jahr angelegt.

Ein weiteres Beurteilungskriterium umfaßt die steuerlichen Gesichtspunkte, die aus Sicht der abgabenpflichtigen Unternehmungen, der Fonds und der beteiligungsberechtigten Arbeitnehmer dargestellt werden sollten. Seitens der Unternehmen können Dividendenzahlungen auf der Grundlage einer Aktienbeteiligung grundsätzlich nicht als Betriebsausgaben angesetzt werden. Weiterhin unterliegen Aktienbeteiligungen vollständig der Gewerbeertrag- und der Gewerbekapitalsteuer, da die übertragenen Gewinnanteile als steuerpflichtiges Einkommen der Gesellschaft und die Kapitalanteile als Vermögen der Gesellschaft behandelt werden. Die auf einer typisch stillen Beteiligung basierenden Zinszahlungen können allerdings als Betriebsausgaben geltend gemacht werden, wobei auch sie der Gewerbekapital- und der Gewerbeertragsteuer

---

575 Auch andere, branchenfremde Interessenten können theoretisch Fondsanteile erwerben.

unterliegen. Zur Beurteilung der steuerlichen Aspekte sowohl seitens der Fonds als auch der Mitarbeiter kann zwischen den oben erläuterten Anlagemöglichkeiten, das heißt zwischen den Wertpapier-, Beteiligungs- und Grundstückssondervermögen unterschieden werden. Da das Wertpapiersondervermögen als sogenanntes Zweckvermögen definiert wird, ist die Kapitalanlagegesellschaft entsprechend § 38 Abs. 1 KAGG vorbehaltlich einzelner Ausnahmeregelungen, auf deren Darstellung hier allerdings verzichtet und lediglich auf § 38a KAGG verwiesen werden soll, sowohl von der Körperschaftsteuer, der Gewerbesteuer und der Vermögensteuer befreit. Wenn die Kapitalanlagegesellschaft im Rahmen des Wertpapiersondervermögens Anteile einer körperschaftsteuerpflichtigen Unternehmung hält, so wird nach § 38 Abs. 3 KAGG auf Antrag die anrechenbare Körperschaftsteuer sowie die Kapitalertragsteuer zurückerstattet, sofern nicht bereits nach § 38 Abs. 3 KAGG in Verbindung mit § 44a Abs. 4 Nr. 1 EStG die Kapitalanlagegesellschaft von der Kapitalertragsteuer befreit wurde und dementsprechend kein Quellensteuerabzug erfolgte. Unter dem Gesichtspunkt der Gleichbehandlung aller Steuerzahler ist allerdings bei der anschließenden (Gewinn-) Ausschüttung auf die einzelnen Anteilscheine und der Einbehaltung der Überschüsse ein Abzug der Kapitalertragsteuer vorgeschrieben, wenn in diesen Beträgen Erträge, bei denen die Kapitalertragsteuer nach § 38 Abs. 3 KAGG zurückerstattet wurde oder Erträge, bei denen die Kapitalertragssteuer nach § 38 Abs. 3 KAGG nicht erhoben wurde oder Erträge, die im Ausland erwirtschaftet wurden und unter § 43 Abs. 1 Satz 1 Nr. 7 und Nr. 8 sowie Satz 2 EStG fallen enthalten sind:[576]

Aus Sicht der beteiligten Arbeitnehmer sind sowohl die ausgeschütteten als auch die einbehaltenen, nicht kostenwirksamen Beträge nach § 39 Abs. 1 KAGG als Einkünfte aus Kapitalvermögen gemäß § 20 Abs. 1 Nr. 1 EStG zu behandeln. Dementsprechend sind diese Einnahmen einkommensteuerpflichtig aber sozialversicherungs- und lohnsteuerfrei. Nach § 43 Abs. 1 Nr. 1 EStG in Verbindung mit § 43a Abs. 1 Nr. 1 EStG ist ein Quellensteuerabzug in Höhe von 25% erforderlich, wobei nach Maßgabe des § 39b Abs. 1 KAGG in Verbindung mit § 44b Abs. 1 Satz 1 EStG die einbehaltene Körperschaftsteuer zurückerstattet werden kann, wenn der Mitarbeiter die entsprechenden Kriterien bezüglich der Nichtveranlagung und der Freistellung erfüllt.

---

576 Wie bei den betrieblichen Modellvorschlägen dargestellt, ist in einzelnen Fällen der Fremd- und Eigenkapitalbeteiligung ein Quellensteuerabzug nach § 43 EStG vorgeschrieben. Da die Kapitalanlagegesellschaft als Zweckvermögen im allgemeinen zunächst von der Kapitalertragsteuer befreit ist, muß folglich bei einer Gewinnausschüttung der Steuerabzug erfolgen, um die Steuergerechtigkeit zu wahren.

Bezüglich der steuerlichen Behandlung des Beteiligungssondervermögens gelten sowohl für die Kapitalanlagegesellschaft (Fonds) als auch für die Mitarbeiter dieselben gesetzlichen Bestimmungen, obwohl bei der stillen Beteiligung steuerrechtlich eine Mitunternehmereigenschaft nach § 15 Abs. 1 Nr. 2 EStG unterstellt werden kann. Dies bedeutet, daß trotz der Mitunternehmereigenschaft das Beteiligungssondervermögen die oben angeführten Steuerbefreiungen wahrnehmen kann.

Um die steuerliche Gleichbehandlung zu gewährleisten, sind beim Grundstückssondervermögen, das ebenfalls als Zweckvermögen behandelt werden kann, folgende gesetzlichen Bestimmungen zu beachten: Auf den in Wertpapieren oder Guthaben angelegten Teil des Sondervermögens sind nach § 49 KAGG die oben dargestellten Regelungen im Sinne der §§ 38 bis 42 KAGG anzuwenden. Dem Immobiliensondervermögen wird auf Antrag nach § 44 KAGG in Verbindung mit § 38 Abs. 3 KAGG die einbehaltene und bereits abgeführte Kapitalertragsteuer zurückerstattet, wobei dann natürlich die nicht zur Kostendeckung aufgewendeten Beträge gemäß § 38b KAGG der Kapitalertragsteuer unterliegen. Dabei ist allerdings insofern eine Ausnahmeregelung zu beachten, als daß Veräußerungsgewinne nur zur Kapitalertragsteuerpflicht herangezogen werden können, wenn sich die Grundstücke nur kurzfristig, das heißt weniger als 2 Jahre im Besitz des Immobiliensondervermögens befanden.[577] Sowohl die einbehaltenen, nicht zur Kostendeckung herangezogenen Beträge als auch die ausgeschütteten Gewinne und dementsprechend auch die Miet- und Pachteinnahmen des Grundstückssondervermögens werden auf Seiten der Mitarbeiter als Einkünfte aus Kapitalvermögen steuerwirksam. Unter der Voraussetzung des § 39b Abs. 1 KAGG in Verbindung mit § 44b Abs. 1 Satz 1 EStG wird die Kapitalertragsteuer zurückerstattet, wenn der Mitarbeiter die üblichen einkommensteuerlichen Kriterien erfüllt.

Das überbetriebliche Beteiligungsmodell der IG Bau-Steine-Erden kann als ein diskussionswürdiges Modell erachtet werden, da die Kommission mit der Erweiterung des vorgegebenen Zielkataloges versuchte, die Erfahrungen aus anderen Modellen in den neuen Entwurf einzubinden. Durch die Regionalisierung der Fonds wird dem Postulat der Solidarität mit den neuen Bundesländern verstärkt Rechnung getragen. Vor allem die Förderung der Weiterentwicklungen im Bausektor gilt als ein interessanter Aspekt, denn mit Hilfe dieser regionalen Fonds können neue Technologien, beispielsweise im Bereich „Winter-

[577] Auch hier findet eine Gleichstellung mit Veräußerungsgewinnen (Spekulationsgeschäften) im Sinne des § 23 Abs. 1 Nr. 1 Buchstabe a EStG statt.

bau", entwickelt und erprobt werden, ohne daß ein einzelnes Unternehmen das gesamte Investitionsrisiko trägt. Durch eine zinsgünstige Bereitstellung von Krediten könnte somit die Innovations- und Investitionsbereitschaft mittelständischer Handwerksunternehmen gefördert werden. Andererseits besteht die Gefahr, daß die Fonds gesamtwirtschaftliche Entwicklungen im Sinne eines Strukturwandels oder arbeitskräftesparenden Rationalisierungsprozesses aus beschäftigungspolitischen Gründen verhindern werden, da dies den primären Interessen der fondsbeteiligten Mitarbeitern widersprechen kann. Des weiteren können die paritätisch besetzten Fonds insofern wettbewerbshemmend wirken, als daß auf stagnierenden oder rückläufigen Märkten neuen Anbietern der Marktzugang erschwert wird, etablierten Unternehmen Vorteile in der Kapitalbeschaffung eingeräumt oder innovative Außenseiter im Rahmen einer konzentrierten Aktion vom Markt verdrängt werden. Formlose Informationskontakte im Rahmen der regelmäßigen Fonds- beziehungsweise Beratungssitzungen können dazu führen, daß aus kompetitiven Oligopolen sogar nichtkompetitive Oligopole erwachsen. Die ordnungspolitische Aufgabe des Kartellamtes kann zudem erschwert werden, da sich in den Fonds die gemeinsamen Interessen der Gewerkschaft, der beteiligten Arbeitnehmer sowie der Unternehmen fokussieren können und die Interessensvertreter en bloc dem Kartellamt gegenüber stehen. Durch die personelle und finanzielle Verflechtung können demnach Vereinbarungen bezüglich der Angebotsstrategien, der Preise, der Qualitäten oder des jeweiligen Investitionsvolumens getroffen werden.

Sofern die Fonds gleichzeitig die Möglichkeit haben, in Immobilien und branchenfremden Unternehmen zu investieren, kann das Risiko des einzelnen Arbeitnehmers auf ein Minimum gesenkt werden. Dabei stellt sich jedoch die Frage, ob der Fonds nicht zu starken Einfluß auf die Wirtschaftsentwicklung nehmen kann.[578] Durch die einseitige Förderung bestimmter Projekte können innerhalb der Branche ungewollte oder sogar gewollte Machtverschiebungen auftreten.

Wie oben beschrieben, können die Unternehmen die Vermögensbildungsbeiträge entweder in bar, in Aktien oder in stillen Beteiligungen an die Fonds abführen. Da jedoch 2/3 der in der Baubranche tätigen Unternehmen mit der Rechtsform „Einzelkaufmann" firmieren, überwiegt die Barentrichtung oder die stille Beteiligung. Inwieweit gerade kleinere und mittlere Unternehmen bereit

---

[578] Insbesondere in der Aufhebung der Wahlfreiheit des Arbeitnehmers bezüglich der individuellen Anlagemöglichkeiten, die im 5. VermBG eindeutig postuliert wird, sind macht- und strukturpolitische Bedenken gerechtfertigt.

sind, stille Gesellschafter zu akzeptieren, kann ad hoc nicht zufriedenstellend geklärt werden. Trotz der Alternative einer stillen Beteiligung werden wahrscheinlich manche Einzelunternehmen eine Barabführung bevorzugen, da sie sich einerseits nicht bewußt sind, welche Konsequenzen dies haben kann und andererseits - aus traditionellen Gründen - einer solchen Beteiligungsform negativ gegenüberstehen. Sie sehen in der stillen Beteiligung eventuell die Gefahr einer Beschränkung der unternehmerischen Freiheit oder zumindest einer stärkeren Kontrolle durch die Fonds. Findet auf Grund einer Barentrichtung ein Mittelabfluß statt, so führt die Liquiditätsbelastung aller Voraussicht nach zu einem Rückgang der Investitionen, einer Erhöhung des Insolvenzrisikos und zu gesamtwirtschaftlich bedenklichen Wettbewerbsverzerrungen. Vor allem darin sehen mittelständische Unternehmen und Handwerksbetriebe die Gefahr überbetrieblicher Modelle.[579] Zudem sind mit der Bewertung der in den Fonds eingebrachten (nicht marktmäßigen) Anteile erhebliche Kosten verbunden.

Außerdem könnten die Unternehmen bestrebt sein, ihre Gewinne zu „verschleiern". Bei Einzelunternehmen werden die Kapitaleigner versuchen, kein neues Kapital einzubringen, sondern vielmehr dem Unternehmen Darlehen zu gewähren. Durch die Verpachtung von Grundstücken an die eigene Firma kann die Bemessungsgrundlage verringert werden. Internationale Unternehmen werden versuchen, ihre Gewinne ins Ausland zu transferieren. Es können ähnliche Effekte auftreten, wie sie bei der sogenannten Steuerinzidenz bekannt sind.[580]

Zudem stellt sich das Problem, inwieweit die Fonds über diese Mittel wirklich frei verfügen können. Handelt es sich beispielsweise um stille Beteiligungen, die nicht ohne weiteres an Dritte weitergegeben werden können, oder um Aktienpakete, bei denen vereinbart wurde, daß sie im Fonds verbleiben sollen, so ist eine renditeorientierte Anlagepolitik nur begrenzt möglich.[581] Das Risiko beschränkt sich dann auf die wirtschaftliche Entwicklung der gesamten Branche.

Des weiteren sollten die Mittel weitestgehend den Unternehmen dieser Branche zur Verfügung stehen, um das notwendige Investitionsvolumen aufrecht zu erhalten. Die Mittel können deshalb nur bedingt in anderen Branchen angelegt

---

579 Zu diesen Problemen vgl. Oberhauser, Alois: Von der überbetrieblichen zur betrieblichen Gewinn- und Kapitalbeteiligung der Arbeitnehmer, a. a. O., S. 366.

580 Vgl. Musgrave, Richard: Finanztheorie, 2. Auflage, Tübingen, 1969, S. 180 f.

581 Achim von Loesch ist beispielsweise der Ansicht, daß die Wertsicherung und die Ertragssteigerung nicht nur darin besteht, daß die Anlagegesellschaft über eine Reihe verschiedener Aktienpakete verfügt, sondern daß sie diese auch jederzeit problemlos abstoßen kann. Vgl. Loesch, Achim von: Zur Problematik des Miteigentums, a. a. O., S. 71.

werden. Das Modell der IG Bau-Steine-Erden sieht deshalb vor, daß maximal 30% in Immobilien und 70% in Beteiligungen angelegt werden, die überwiegend dem Bausektor zu Gute kommen sollten.

Wenn man sich mit der Verteilung der Vermögensbildungsbeiträge näher befaßt, so stößt man auch hier auf einige Kritikpunkte. Wenn Arbeitnehmer einen bestimmten Fondsanteil erhalten, sehen sie kaum eine direkte Beziehung zwischen ihrer persönlichen Leistung und den übertragenen Anteilen und es entsteht kein Gefühl eines Leistungsentgeltes. Nach Ablauf der Sperrfrist besteht die Gefahr, daß die Fondsanteile überwiegend konsumtiv verwendet oder anderen Anlageformen zugeführt werden.[582] Es kann folglich keine Partnerschaft aufgebaut werden und der Arbeitnehmer fühlt sich weder dem Fonds noch dem arbeitgebenden Unternehmen verbunden.

Ein letzter Problemkreis, den ich im Rahmen dieses Kapitels ansprechen möchte, ist die Nivellierung der intersektoralen Struktur. Mit einem *gesamtwirtschaftlichen* Fonds könnten die Lohn- und Gehaltsstrukturen zwischen den einzelnen Sektoren nivelliert werden. Arbeitnehmer aus schwachen Branchen erhalten die gleichen Anteile wie Arbeitnehmer, die in ertragsstarken Branchen beschäftigt sind. Dadurch besteht kein materieller Anreiz, die Branche zu wechseln und somit könnte die Mobilitätsbereitschaft der Arbeitnehmer sinken. Eine eventuell notwendige strukturelle Verschiebung wäre gehemmt und strukturelle Arbeitslosigkeit folglich unvermeidbar. Mit der Einführung eines *Branchenfonds*, wie es die Kommission vorschlägt, wird diesem Tatbestand jedoch entsprechend entgegengewirkt.

---

[582] Da die Verwaltungskosten der Fonds auf die Mitglieder umgelegt werden müssen, wird die Rendite negativ beeinflußt. Zudem besteht die Gefahr, daß wegen der hohen Verwaltungskosten die beteiligten Arbeitnehmer das Gefühl haben, die Fonds beziehungsweise die Angestellten des Fonds „leben auf ihren Kosten".

8. Die Quellen einer Beteiligung

Wird von der originären Kapitalbeteiligung abgesehen, so trägt das Unternehmen im allgemeinen die Hauptlast der Beteiligung, da in diesem Fall die Beteiligungsmittel vom arbeitgebenden Unternehmen aufgebracht werden müssen. Grundsätzlich ist eine Beteiligung der Arbeitnehmer dadurch gekennzeichnet, daß sie ausschließlich auf Grund der Mitarbeit und somit auf Grund der Bereitstellung des Faktors Arbeit gewährt wird.[583] Dabei sollte jedoch berücksichtigt werden, ob und inwieweit sie auf einer gesetzlichen, tarifvertraglichen oder betrieblichen Regelung beruht. Wie im Rahmen der Wirkungsanalyse zu sehen sein wird, hängt das Umverteilungspotential, die Beteiligungs- aber auch die Überwälzungsbereitschaft und die Flexibilität eines Modells sowohl von der Beteiligungsform als auch der Ausgestaltung der Beteiligungsquelle respektive dem Freiheitsgrad des jeweiligen Beteiligungsmodells ab. Eine materielle und quantitativ erfaßbare Beteiligung erfordert demnach eine einfache, operationale und „als gerecht empfundene" Basis, wobei der allgemeine Begriff „Erfolg eines Unternehmens" nur schwer zu bestimmen ist.[584] Wählt man die Erfolgsbeteiligung als Oberbegriff[585], so läßt sie sich wie folgt definieren:

> „Erfolgsbeteiligung als Oberbegriff aller Beteiligungssysteme liegt vor, wenn der Unternehmer mit seinen Mitarbeitern eine individual- oder kollektivvertragliche Vereinbarung trifft, die additiv zum tarifvertraglich festgesetzten und dem Branchendurchschnitt entsprechenden Lohn regelmäßig einen Anteil am Unternehmenserfolg gewährt, der sich am erzielten Gewinn, am Ertrag oder an der Leistung orientiert, wobei eine verbindliche Festsetzung der zugrundeliegenden Meßgröße, der prozentualen Höhe des Erfolgsanteils, sowie der Art des individuellen Verteilungsschlüssels schon vor Beginn der Wirtschaftsperiode erfolgt sein muß."[586]

In Anlehnung an Franz Spiegelhalter lassen sich die Grundtypen zunächst entsprechend ihrer Markt- und Leistungsabhängigkeit kategorisieren:[587]

---

[583] Vgl. Esser, Klaus / Faltlhauser, Kurt: Beteiligungsmodelle, München, 1974, S. 19.

[584] Da Erfolg oft als Maß zwischen Zielsetzung und Endergebnis definiert wird, fällt er, je nachdem wie hoch die Ziele gesteckt werden, unterschiedlich aus und ist in diesem Sinne als Bezugsgröße für eine materielle, erfaßbare Beteiligung nicht geeignet.

[585] So verwenden zum Beispiel auch Guski und Schneider die Erfolgsbeteiligung als Oberbegriff, den sie erst im weiteren Verlauf differenzieren und die entsprechenden Bemessungsgrundlagen für die Beteiligung definieren. Vgl. Guski, Hans-Günter / Schneider, Hans J.: Betriebliche Vermögensbeteiligung in der Bundesrepublik Deutschland, a. a. O., S. 84.

[586] Schneider, Hans J.: Die partnerschaftliche Kapitalbeteiligung der Arbeitnehmer am mittelständischen Industrieunternehmen, a. a. O., S. 57.

[587] Vgl. Spiegelhalter, Franz: Ergebnisbeteiligung und Vermögensbildung, Essen, 1961, S. 26.

Abbildung 28: Die Quellen einer Beteiligung unter Berücksichtigung der Leistungs- respektive Marktabhängigkeit

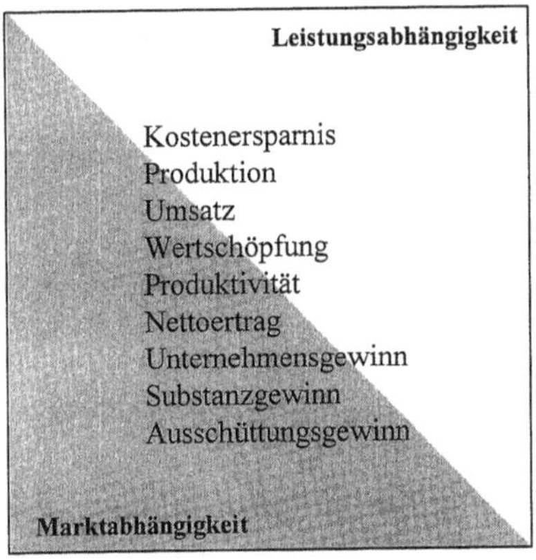

Abbildung 28 verdeutlicht, daß mit den vielfältigen Wahlmöglichkeiten einer - zu dem Unternehmen passenden - Beteiligungsquelle die „individuell beeinflußbare Leistung des Mitarbeiters" beziehungsweise die „vom Mitarbeiter nicht oder nur sehr schwer beeinflußbaren Marktabhängigkeit" unterschiedlich stark berücksichtigt werden kann. Da es sich hierbei allerdings lediglich um eine vereinfachte Untergliederung handelt und beide Faktoren gemeinsam den Erfolg des Unternehmens determinieren, ist eine eindeutige Abgrenzung im Sinne einer Zuordnung aller Beteiligungsquellen nur bedingt möglich.[588] Wird die Kostenersparnis als Beteiligungsgrundlage herangezogen, so stehen Faktoren, wie Vermeidung von Fehlzeiten und Leerlaufzeiten oder Verringerung der Maschinenstundenzeiten, das heißt die Leistung der Belegschaft im Vordergrund. Demgegenüber besteht im Rahmen einer Gewinnbeteiligung kein direkter Zusammenhang zwischen der Beteiligungshöhe und einer Kostenersparnis, einer gestiegenen Produktionsmenge oder einer Umsatzsteigerung, obgleich auch sie die Höhe des Gewinns beeinflussen können.

Eine, auf den Vorschlägen von Wagner und Loritz basierenden, Ausgestaltungsmöglichkeit liegt in der individuellen Vereinbarung zwischen dem arbeitgebenden Unternehmen und dem Mitarbeiter: Im Rahmen der üblichen Lohn- und Gehaltsverhandlung wird dem beteiligungsbereiten Mitarbeiter ein Bonus im Sinne einer zusätzlichen Gehaltserhöhung eingeräumt, sofern er diese im arbeitgebenden Unternehmen investiert.[589] Dies setzt voraus, daß das Unter-

---

588 So sieht beispielsweise auch Achim von Loesch die Problematik einer Ertragsbeteiligung in der exakten Zuordnung und Quantifizierung der einzelnen Leistungsanteile respektive der Ursachen des Unternehmenserfolges. Vgl. Loesch, Achim von: Zur Problematik des Miteigentums, a. a. O., S. 29 f.

589 Das sogenannte „8 plus 2-Modell der DAG" sieht eine ähnliche Gestaltungsvariante vor: „Neben einer Barlohnerhöhung von 8% sollen die Beschäftigten, die einen Prozentpunkt ihrer Einkommenserhöhung als Beteiligung an den Unternehmen anlegen, vom Arbeitgeber im Gegenzug zusätzlich 1 Prozent des Tarifgehalts erhalten." Weißkirchen, Christoph: Bericht über die DAG-Tagung, a. a. O., S. 4.

nehmen ein Beteiligungsmodell praktiziert und dem Mitarbeiter nach § 263 Abs. 2 BGB das individuelle Wahlrecht eingeräumt wird, die Gehaltserhöhung im Unternehmen anzulegen.[590] Verzichtet er jedoch auf die investive Anlage, so wird ihm lediglich eine niedrigere Gehaltserhöhung gewährt.[591] Hier stellt sich allerdings die Frage, inwieweit diese Regelungen arbeitsrechtlich zulässig sind, da sie im Grunde dem Verbot der Entgeltverwendungsabrede nach den § 115 und § 117 GewO entgegenstehen könnten. Auch wenn diese Vereinbarung - rein formal betrachtet - keine Verwendung von Lohnbestandteilen, sondern vielmehr den Grund für das Erlöschen eines tariflichen Entgeltanspruches vorsieht, besteht demnach die Gefahr, daß sich der Arbeitgeber (zwangsläufig) zu einer Doppelzahlung verpflichtet, da diese einzelvertragliche Regelung den Tarifanspruch nicht ersetzten kann. Neben der Produktivvermögensbildung, der künftigen Altersvorsorge und - je nach Ausgestaltung - der möglichen Steuerersparnis seitens der Arbeitnehmer, liegen die Vorteile dieser Gestaltungsvariante in einer Verringerung des Mittelabflusses und dementsprechend in einer Erweiterung der Finanzierungsmöglichkeiten seitens der Unternehmen. Ausgehend von Schneiders Definition ergeben sich bei der Konkretisierung des Begriffs Erfolg die Meßgrößen Leistung, Ertrag und Gewinn.

Abbildung 29: Die Untergliederung der Erfolgsbeteiligung nach Leistung, Ertrag und Gewinn

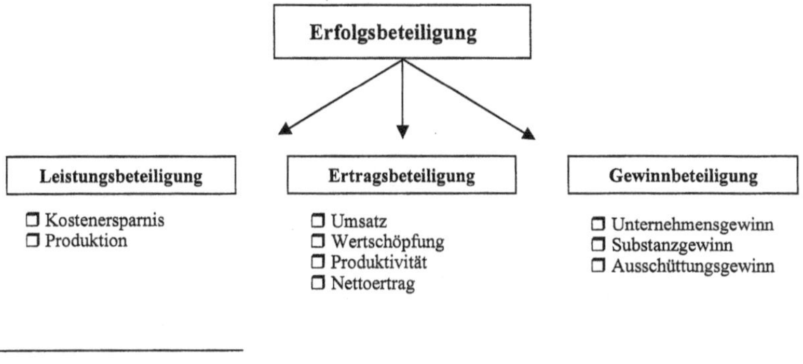

---

[590] Auch der Sachverständigenrat zur Begutachtung der gesamtwirtschaftlichen Entwicklung kommt in seinem Jahresgutachten 1991/92 zu dem Ergebnis, daß einerseits künftige Lohnsteigerungen mit einer ertragsabhängigen Komponente verknüpft werden sollten, andererseits weder Arbeitnehmer noch Unternehmen verpflichtet werden können, eine investive Beteiligung einzugehen. Vgl. Sachverständigenrat zur Begutachtung der gesamtwirtschaftlichen Entwicklung (Hrsg.): Die wirtschaftliche Integration in Deutschland, a. a. O., Ziffer 379, S. 200 sowie Ziffer 386, S. 202.

[591] Vgl. dazu auch Wagner, Klaus: Renaissance der Mitarbeiterbeteiligung, in: Der Betriebs-Berater, a. a. O., S. 6.

Zunächst bleibt festzustellen, daß eine Erfolgsbeteiligung, unabhängig von ihrer Bezugsgröße, im arbeitsrechtlichen Sinne als Arbeitslohn interpretiert werden kann und somit bei der Barausschüttung sowohl lohnsteuer- als auch sozialversicherungspflichtig ist. Erst mit der investiven Verwendung der Mittel, das heißt mit einer Umwandlung in eine Beteiligung am arbeitgebenden Unternehmen respektive mit der überbetrieblichen Beteiligung, kann die Lohnsteuer- und Sozialversicherungsbelastung entfallen, da dann die Mitarbeiterbeteiligung, im Sinne einer Kapitalbeteiligung, dem Schuld- oder Gesellschaftsrecht unterliegt. Dementsprechend stellt sich die Frage, welche Ansprüche de facto dem Arbeits- oder dem Gesellschaftsrecht zuzuordnen sind: Die Aufbringung der Mittel, die Bestimmung der Begünstigten sowie die grundsätzliche Regelung, ob und gegebenenfalls welche Beteiligung gewährt wird, obliegen eher dem Arbeitsrecht, wohingegen die Höhe der Kapitalverzinsung im Grenzbereich liegt. Der eigentliche Zinsanspruch, die Verjährung und die Verfügung über die Mitarbeiterbeteiligung unterliegen jedoch dem Gesellschaftsrecht.[592]

Die Problematik jeder Leistungs-, Ertrags- und Gewinnbeteiligung liegt darin, zunächst die verteilungsfähige Größe sowie einen objektiven Verteilungsschlüssel zu definieren.[593] Im Anschluß daran muß ein weiterer Modus bestimmt werden, der die jeweiligen Arbeitnehmeranteile - entsprechend den verteilungspolitischen Zielsetzungen - umverteilt, wobei Faktoren, wie die Dauer der Betriebszugehörigkeit, das Alter und der Familienstand des Mitarbeiters berücksichtigt werden können: Wenn eine Beteiligung der Arbeitnehmer die Verteilungssituation zwischen Arbeit und Kapital positiv beeinflußt, aber gleichzeitig eine Differenzierung innerhalb einer dieser Gruppen bewirkt, kann das Ziel der sozialen Gerechtigkeit nur suboptimal erreicht werden.

Bevor das verteilungsfähige Ergebnis ermittelt werden kann, fließt ein Teil in Form der Gewinnsteuer aus dem Unternehmen ab. Zudem muß ein angemessener Anteil für die Produktionsfaktoren Kapital und unternehmerische Tätigkeit bestimmt werden, da der Erfolg eines Unternehmens neben dem Faktor Arbeit, der bereits entlohnt wurde, von den Faktoren unternehmerische Leistung und Kapital determiniert wird.[594]

---

592 Vgl. Hanau, Peter: Arbeitsrechtliche Probleme der Vermögensbeteiligung der Arbeitnehmer, in: Gert Laßmann / Eberhard Schwark (Hrsg.): Beteiligung der Arbeitnehmer am Produktivvermögen, a. a. O., S. 111 - 127, hier S. 115 f.

593 Mit der Bestimmung des objektiven Verteilungsschlüssels wird der Erfolg zwischen den einzelnen Produktionsfaktoren Unternehmensleitung, Arbeit und Kapital aufteilt.

594 Neben anderen Autoren ist auch Helmut Weyer der Ansicht, daß entsprechende Risiko-

Dabei sollten allerdings die vorgenannten Korrekturgrößen in Zusammenarbeit und Abstimmung mit der Arbeitnehmervertretung festgelegt werden, da ansonsten ein weiteres Konfliktpotential aufgebaut werden kann. Kalkulatorische Unternehmerlöhne und Zinsen auf das Eigenkapital, gemessen an den langfristigen Kapitalzinsen, stellen im volkswirtschaftlichen Sinne Kostenbestandteile dar. Der verbleibende Rest kann schließlich als Quelle der Mitarbeiterbeteiligung dienen. In unserer Wirtschaftsordnung fließt er überwiegend dem Faktor Kapital zu. Da die Unternehmen laufend die Kapitalbasis erweitern müssen, um mit der wirtschaftlichen Entwicklung Schritt zu halten, sollten diese zusätzlichen Mittel weitestgehend im Unternehmen verbleiben oder zumindest den Unternehmen zur Verfügung stehen.

Ohne einzelne Ergebnisse vorweg nehmen zu wollen, läßt sich feststellen, daß im allgemeinen die Gewinne als Bemessungsgrundlage seitens der beteiligungsbereiten Unternehmen präferiert werden. Die zentrale Stellung des Steuer- beziehungsweise Handelsbilanzgewinns als Quelle der Mitarbeiterbeteiligung verdeutlichen folgende Zahlen aus der Studie von Guski und Schneider: Von den 770 untersuchten Unternehmen mit einer Kapitalbeteiligung praktizierten die Hälfte eine Kombination aus Gewinn- und Kapitalbeteiligung. Dabei wurde zu 84% der Steuerbilanz- und zu 14% der Handelsbilanzgewinn als Bemessungsgrundlage herangezogen, wohingegen lediglich 2% der vorgenannten Unternehmensgruppe andere Ertragsgrößen präferierten. Des weiteren wird in fast allen Fällen die Bemessungsgrundlage durch eine Vorabverzinsung des eingesetzten Eigenkapitals, eine Risiokoprämie oder einen Unternehmerlohn korrigiert.[595] Dementsprechend soll in den folgenden Abschnitten zunächst die Leistung und der Ertrag sowie - etwas ausführlicher - der Gewinn als Bemessungsgrundlage dargestellt werden.

---

prämien sowie gesetzliche und freie Rücklagen in Betracht gezogen werden sollten. Vgl. Weyer, Helmut: Gewinn- und Kapitalbeteiligung der Mitarbeiter. Funktionselemente, finanzwirtschaftliche Wirkungen und Determinanten aus der Sicht der Unternehmung, München, 1978, S. 39 f. Zur sogenannten „Dreifaktorentheorie“ vgl. weiterhin Schneider, Hans J.: Die partnerschaftliche Kapitalbeteiligung der Arbeitnehmer am mittelständischen Industrieunternehmen, a. a. O., S. 84 f.

[595] Vgl. Guski, Hans-Günter / Schneider, Hans J.: Betriebliche Vermögensbeteiligung in der Bundesrepublik Deutschland, a. a. O., S. 85 ff. sowie Schares, Christof: Lohnformen und Arbeitslosigkeit - Beschäftigungseffekte einer Gewinn- und einer Kapitalbeteiligung von Arbeitnehmern, in: Institut für Wirtschaftspolitik an der Universität zu Köln (Hrsg.): Untersuchungen zur Wirtschaftspolitik, Köln, 1996, S. 17 f.

8.1 Die Leistungsbeteiligung

Die unterschiedlichen Modelle einer Leistungsbeteiligung orientieren sich, wie der Name schon sagt, an der Leistung als direkten Bezugspunkt, wobei der Unterschied zur Prämienentlohnung darin liegt, daß sie nicht auf der Individualleistung, sondern vielmehr auf der Leistungssteigerung des gesamten Unternehmens oder einer spezifisch abgegrenzten Mitarbeitergruppe basiert. Dabei soll die kooperative Zusammenarbeit unter den Mitarbeitern respektive den Abteilungen eines Unternehmens verbessert und das gesamte Betriebsergebnis erhöht werden.

Die leistungsabhängige Beteiligung der Arbeitnehmer unterliegt üblicherweise der Problematik, daß sie zum einen sehr aufwendig und detailliert konzipiert sein muß und zum anderen den Leistungsdruck erhöhen und somit das Vertrauensverhältnis zwischen Mitarbeitern und Unternehmensleitung aber auch innerhalb der Belegschaft beeinträchtigen kann. Insbesondere der steigende Leistungsdruck widerspricht jedoch dem partnerschaftlichen Konzept sowie den psychologischen und soziologischen Zielen einer Mitarbeiterkapitalbeteiligung. Des weiteren verdeutlicht diese Beteiligungsquelle nicht, daß der Erfolg des gesamten Unternehmens auch von der Marktsituation beeinflußt wird und der Mitarbeiter am Marktgeschehen beteiligt werden kann, zumal jede Überschreitung der Normleistung mit einer marktunabhängigen Prämienzahlung honoriert wird. Wird demnach lediglich die Leistung als Bemessungsgrundlage herangezogen, ohne auf das Betriebsergebnis zu achten, könnte dies zudem als Lohnbestandteil interpretiert werden.

Bei der einfachsten Form der Leistungsbeteiligung - der Produktionsbeteiligung, die nur in Unternehmen mit einheitlicher Produktpalette sinnvoll ist - wird lediglich die Überschreitung beziehungsweise die Erhöhung der Durchschnitts- oder Normalproduktionsmenge berücksichtigt. Dies setzt voraus, daß die Leistungssteigerung theoretisch weder zu Lasten der Qualität noch der Produktionskosten geht und zudem die entsprechenden Absatzmärkte vorhanden sind. Die Problematik dieser Beteiligungsform liegt folglich darin, daß die erhöhte Produktionsmenge mit steigenden Kosten, höherer Ausschußproduktion oder sinkender Qualität und somit sogar mit einem schlechteren Betriebsergebnis einhergehen kann. Des weiteren muß diese Bemessungsgrundlage laufend überprüft und der aktuellen Entwicklung angepaßt werden, da nicht nur die Leistungssteigerung der Mitarbeiter, sondern auch eine technische Innovation Ursachen der Produktionserhöhung sein können. Im Gegensatz zur reinen Produktionsmengenbeteiligung, die lediglich eine Outputerhöhung betrachtet, werden bei der Kostenersparnisbeteiligung weitere Aspekte, wie Rohstoffeinsparungen oder geringerer Ausschuß, honoriert. Ausgangsbasen sind demzufolge entweder die Senkung der Produktionskosten auf Grund des verantwortungsbewußteren Umgangs mit den Maschinen oder die Verringerung der Verbrauchsmengen je Produkteinheit, die an Hand des Soll- respektive des Durchschnittsverbrauchs der vergangenen Perioden errechnet werden kann. Im Idealfall sollte allerdings auch die Kostenersparnisbeteiligung dahingehend modifiziert werden, als daß externe Markteinflüsse, wie Preisänderungen auf den Rohstoff- und den Absatzmärkten, in die Betrachtung einfließen. Sofern - ohne Berücksichtigung der Ertragslage - lediglich Verbrauchsmengen betrachtet werden, hätte auch die reine Kostenersparnisbeteiligung den Nachteil, daß trotz marktbedingter Verluste die vereinbarte Beteiligung ausgeschüttet werden muß. Im umgekehrten Fall kann die Verringerung der Rohstoffpreise faktisch zu einer Kostenreduktion und somit zu einer Beteiligung führen, obgleich sich die Mitarbeiter weder kosten- noch verantwortungsbewußter verhalten haben.

8.2 Die Ertragsbeteiligung

Wie in Abbildung 28 dargestellt, kann die Beteiligungsquelle, die im allgemeinen zwischen der reinen Leistungs- und der Gewinnbeteiligung liegt, je nach Zielsetzung sehr unterschiedlich ausgestaltet sein. So findet beispielsweise die Ertragsbeteiligung ihre Anwendung, wenn neben den Leistungsaspekten auch Markteinflüsse berücksichtigt werden, wobei im allgemeinen nicht einzelne Betriebseinheiten, sondern vielmehr der Gesamtbetrieb betrachtet wird. Ausgangsbasis für eine solche Beteiligung sind hauptsächlich bereinigte Umsatzerträge.[596] Im Gegensatz zur Gewinnbeteiligung werden hier Leistungs- oder Marktgrößen zu Grunde gelegt und die beteiligten Mitarbeiter erhalten ihren Ertragsanteil unabhängig von der Gewinnsituation des Unternehmens. In der Literatur werden üblicherweise folgende Ertragsbeteiligungen angeführt, wobei im Rahmen dieser Arbeit aus Raumgründen auf die Darstellung der Rohertragsbeteiligung verzichtet wird:[597]

- ❒ Rohertragsbeteiligung
- ❒ Wertschöpfungsbeteiligung
- ❒ Umsatzbeteiligung
- ❒ Nettoertragsbeteiligung

---

[596] Von den Umsatzerträgen wird der Aufwand für das Kapital, Abschreibungen Sozialleistungen etc. abgezogen, um zu den sogenannten Nettoerträgen zu gelangen.

[597] Vgl. exemplarisch Kilian, Horst: Betriebliche Kapitalbeteiligungsmodelle, a. a. O., S. 16.

Die Wertschöpfung wird definiert als:

> „Die Differenz zwischen dem Wert der erstellten Güter und den Kosten für Rohstoffe und andere Hilfsstoffe, die zu ihrer Produktion eingesetzt werden. Die Wertschöpfung besteht aus Löhnen, Zinsen, Renten und Gewinnkomponenten, um die der Wert des Güterausstoßes durch ein Unternehmen oder einen anderen Wirtschaftszweig erhöht wird.“[598]

Die Wertschöpfungsbeteiligung berücksichtigt weder eine Entlohnung unternehmerischer Leistungen noch eine Eigenkapitalverzinsung und Risikoprämie für das eingesetzte Kapital. Üblicherweise wird zur Berechnung der Wertschöpfungsbeteiligung der Bruttoproduktionswert um die Kosten für Roh-, Hilfs- und Betriebsstoffe, die Kosten für fremdbezogene Leistungen sowie die Abschreibungen und die Betriebssteuern reduziert.

Bei der **Netto**wertschöpfung als Beteiligungsgrundlage werden definitionsgemäß von der Bruttowertschöpfung Abschreibungen und indirekte Steuern abgezogen sowie Subventionen addiert. Dies ermöglicht es, eine kapitalintensive Produktion aufrecht zu erhalten, Erweiterungsinvestitionen zu tätigen und entkräftet somit das Argument, Mitarbeiterbeteiligungen könnten sich wachstumshemmend auswirken, da investitionsbereite Unternehmen durch diese Vermögensbildungsabgabe nicht zusätzlich benachteiligt werden.[599] Alternativ zur Nettowertschöpfung wäre auch die im folgenden dargestellte Bemessungsgrundlage denkbar: Zunächst werden die Nettoerlöse des Unternehmens, das heißt die Differenz zwischen Bruttoerlösen und den Vorleistungen errechnet.[600] Im weiteren Verlauf werden die Nettoerlöse um alle gewinnunabhängigen Arbeitskosten, die vom Unternehmen gezahlten Fremdkapitalzinsen, den kalkulatorischen Unternehmerlohn sowie Teile der Unternehmenssteuern „bereinigt“.[601]

---

598 Samuelson, Paul / Nordhaus, William: Volkswirtschaftslehre 1, a. a. O., S. 705.

599 Zur Problematik der Abschreibungen vgl. Kapitel 2.2, insbesondere S. 52 dieser Arbeit.

600 Diese Werte lassen sich relativ einfach an Hand der Handelsbilanz (bei publizitätspflichtigen Unternehmen) oder der Umsatzsteuererklärung ermitteln, da es hierbei keine steuer- oder handelsrechtliche Bewertungsspielräume respektive -wahlrechte gibt.

601 Auch die Arbeitskosten lassen sich sehr einfach aus der Lohn- und Gehaltsbuchhaltung entnehmen, wobei neben den Fixlöhnen, den Arbeitgeberbeiträgen zur Sozialversicherung auch sonstige Sozialleistungen berücksichtigt werden müssen. Der kalkulatorische Unternehmerlohn könnte sich beispielsweise an der Managervergütung vergleichbarer Unternehmen orientieren. Die ertragsunabhängigen Steuern, wie beispielsweise die Gewerbekapitalsteuer, können problemlos abgezogen werden, wohingegen bei den ertragsabhängigen Steuern folgendes Problem berücksichtigt werden sollte: Sowohl fixe als auch gewinnab-

Die Abschreibung und die Vorabverzinsung des eingesetzten Kapitals bedürfen auch hier einer gesonderten Vereinbarung, wobei sich beispielsweise die lineare Abschreibung entsprechend der Lebensdauer nach den amtlichen AfA-Tabellen und den durchschnittlichen Kapitalrenditen anbieten würde. Nach Berücksichtigung der vorgenannten Positionen ergibt sich dann der verteilungsfähige Ertrag.

Gegenüber der vorgenannten Wertschöpfungsbeteiligung kann die Umsatzbeteiligung als eine einfache Form der Ertragsbeteiligung bezeichnet werden. Dabei wird in der Praxis der Gesamtumsatz meist um Preisschwankungen, Lagerbestandsveränderungen sowie betriebsfremde oder außerordentliche Erträge bereinigt und die Beteiligung auf Grund einer allgemeinen Umsatzsteigerung beziehungsweise der Erreichung eines vorab definierten Umsatzniveaus gewährt.[602] Im folgenden soll eine Möglichkeit der Berechnung der (Netto-) Umsatzbeteiligung exemplarisch dargestellt werden:

Abbildung 30: Verteilbares Ergebnis im Rahmen einer Nettoumsatzbeteiligung

Nettoverkaufsumsatz

./. Materialeinsatz
./. Löhne & Gehälter
./. Gemeinkosten
./. Unternehmensbedarf
Eigenkapitalverzinsung
Risikoprämie
Investitionsrate
./. Betriebssteuern

= Verteilbares Ergebnis

Quelle: Maier, Kurt: Leistungs- und Ertragsbeteiligung als nicht gewinnabhängige Beteiligungsverfahren, in: Hans J. Schneider (Hrsg.): Handbuch der Mitarbeiter-Kapitalbeteiligung, Köln, 1977, S. 109 - 122, hier S. 116.

---

hängige Lohnzahlungen können steuerrechtlich als Betriebsausgaben geltend gemacht werden, da sie unmittelbare Gegenleistungen für den Einsatz der Arbeitskraft darstellen. Andererseits sind nach § 19 Abs. 1 Nr. 1 EStG auch die variablen Lohnbestandteile steuerpflichtig. Die Schwierigkeit liegt demnach darin, daß die ertragsabhängigen Löhne einerseits als Betriebsausgaben in die Berechnung der Ertragsteuern einfließen aber andererseits vom Gewinn nach eben diesen Ertragsteuern determiniert werden.

[602] Die problemlose Berechnung der Beteiligungsbeträge läßt sich an einem vereinfachten Beispiel darstellen: In der Vorperiode betrug der bereinigte Umsatz einer Einzelhandelsfirma DM 20 Mio.. Auf Grund der (erhöhten) Leistung der Mitarbeiter stieg er in der darauffolgenden Periode auf DM 21,5 Mio.. Davon erhielten die Mitarbeiter gemäß einer Betriebsvereinbarung 10%.

Bei einem Vergleich der Ermittlung des Ertrags und des Gewinns zeigt sich eine weitgehende Kongruenz, so daß die Ertragsbeteiligung in der Literatur häufig auch als „modifizierte Gewinnbeteiligung“ bezeichnet wird.[603] Der Unterschied besteht darin, daß die Gewinnermittlung auf handels- oder steuerrechtlicher Grundlage beruht, der Nettoertrag hingegen auf freiwilligen Übereinkünften der Verhandlungspartner basiert.[604] Der relativ einfachen Berechnung dieser Beteiligungsquelle stehen allerdings auch einzelne Probleme gegenüber.

Ein primäres Ziel der Ertragsbeteiligung ist es, Leistungsanreize zu schaffen, die Belegschaft zu motivieren und die Kommunikation sowie die Zusammenarbeit innerhalb des Betriebes zu fördern. Das zentrale Problem einer Ertragsbeteiligung liegt jedoch in der Schwierigkeit der Erfassung und Zuordnung der Ertragsursache: In welchem Maße liegt sie beim Kapitalgeber, beim Management oder bei den Arbeitnehmern? Es besteht zwar die Möglichkeit, eine Verbindung zwischen Ertrag und Unternehmerleistung beziehungsweise der Leistung der Betriebsgemeinschaft zu schaffen, doch eine exakte Quantifizierung ist nahezu unmöglich.[605]

Eine Ertragsbeteiligung kann die (Macht-) Position der Unternehmer stärken, da Preiserhöhungen und Forderungen an den Staat, wie zum Beispiel Subventionsforderungen, auch von den Arbeitnehmern der betreffenden Unternehmen beziehungsweise der gesamten Branche unterstützt werden. In der Öffentlichkeit werden die Forderungen dann nicht nur von Unternehmerseite vertreten, sondern auch von den Arbeitnehmern mitgetragen.[606]

Auch müßte die Frage geklärt werden, welche Konsequenzen eine Erfolgsbeteiligung auf überbetrieblicher Ebene mit sich bringen würde. Überwiegend handelt es bei einer Ertragsbeteiligung um Rationalisierungs- oder Kostenersparnisvorteile. Wird aber in einer gesamten Branche billiger produziert, so könnten

---

603 Vgl. Schneider, Hans J.: Die partnerschaftliche Kapitalbeteiligung der Arbeitnehmer am mittelständischen Industrieunternehmen, a. a. O., S. 65.

604 Vgl. Günther, Michael: Der Einfluß von Partnerschaft und Erfolgsbeteiligung auf die Wettbewerbsfähigkeit der Betriebe, Marburg, 1964, S. 24.

605 Vgl. Nell-Breuning, Oswald von: Das Lohnproblem im Zusammenhang mit der Beteiligung des Arbeitnehmers am Sozialprodukt, insbesondere an der volkswirtschaftlichen Vermögensbildung. Referat, gehalten vor dem Wissenschaftlichen Beirat des Bundesministeriums für Wirtschaft am 17. November 1951, in: ders. (Hrsg.): Wirtschaft und Gesellschaft heute, Band 1, Grundfragen, Freiburg, 1956, S. 418 f.

606 Hierbei sollte allerdings auch berücksichtigt werden, daß sich diese Problematik nicht nur bei der Ertrags-, sondern auch bei der Gewinnbeteiligung stellt.

die Absatzpreise sinken oder die Bezugspreise für Rohstoffe steigen, während der Wertzuwachs sicherlich nicht in gleichem Maße steigen oder unter Umständen sogar zurückgehen wird. Wie sich die Verkaufs- beziehungsweise die Bezugspreise verhalten, hängt dabei von der Preiselastizität der Nachfrage ab.

Ein weiteres Problem der Ertragsbeteiligung liegt darin, daß eine Korrelation zwischen Arbeitsleistung und Produktionswert vorausgesetzt wird. Der sparsame Umgang mit Materialien oder ein effizientes Produktionsverfahren kann ohne Zweifel die Kostenseite positiv beeinflussen, doch der tatsächliche Produktionswert wird auf dem Markt bestimmt. Mit anderen Worten: Durch Mitarbeitermotivation können die Kosten gesenkt oder die Leistung erhöht werden, doch inwieweit sich der Produktionswert ändert, entscheiden nach wie vor Angebot und Nachfrage. Andererseits muß eine Umsatzsteigerung nicht zwangsläufig eine Leistungssteigerung der Mitarbeiter bedeuten, da andere (marktbestimmende) Faktoren den Umsatz stärker beeinflussen können. Weiterhin muß sie nicht uno actu mit einer positiven Gewinnentwicklung einhergehen, da die Umsatzsteigerung beispielsweise auch mit einer überproportionalen Kostenerhöhung erreicht werden kann.

8.3 Die Gewinnbeteiligung

In der betrieblichen Beteiligungspraxis wird, wie schon erwähnt, der Gewinn als Basis präferiert, da er im allgemeinen sowohl als Leistungs- als auch als Markterfolgsindikator eines Unternehmens gilt und im Vergleich zu den vorgenannten Quellen relativ einfach zu berechnen ist.[607] Nach Abschluß einer Wirtschaftsperiode wird dabei der Gewinn auf die „beteiligten Produktionsfaktoren“ (Unternehmensführung, Kapital und Arbeitnehmer) entsprechend eines vorab definierten Schlüssels verteilt. Kennzeichnend für die betriebliche Gewinnbeteiligung der Arbeitnehmer ist demnach das Arbeits- und nicht das Kapitalverhältnis sowie die vertragliche Absicherung und nicht der gesetzliche Zwang.[608]

Aus betrieblicher Sicht tangiert das flexible Element der Gewinnbeteiligung nicht die Gewinnentstehung, zumal die Umverteilung der Gewinne ex post erfolgt und die Kosten-Erlös-Relation nicht beeinflußt wird oder, mit anderen

---

[607] Wie bereits erläutert, wird im Rahmen der Gewinnbeteiligung einerseits von der direkten Beziehung zwischen der Kostenersparnis und dem Gewinn abstrahiert, wobei andererseits das Kostenbewußtsein und die Leistungssteigerung der Mitarbeiter als wichtiger (interner) Faktor der Gewinnerzielung gilt.

[608] Vgl. Kilian, Horst: Betriebliche Kapitalbeteiligungsmodelle, a. a. O., S. 13 f.

Worten: Nur wenn am Markt Gewinne entstehen, können diese auch verteilt werden.[609] Hier zeigt sich deutlich, daß die Gewinnbeteiligung als alternatives Entlohnungssystem zum Festlohnmodell interpretiert werden kann: Sie ist das variable Element der Entlohnung, das zusammen mit dem fixen Teil die Gesamtvergütung eines Arbeitnehmers bestimmt.[610] Unter Berücksichtigung der Tatsache, daß in der Praxis üblicherweise die Bilanzgewinnbeteiligung der Substanz- oder der Ausschüttungsgewinnbeteiligung vorgezogen wird, soll im Rahmen dieser Arbeit lediglich erstere vorgestellt werden.

Der an Hand der Steuerbilanz ermittelte Gewinn wird meist aus psychologischen Gründen bevorzugt, da eine „Prüfung durch die Institution Finanzamt" vorliegt.[611] Aus den entsprechenden Bilanzen kann ohne umständliche beziehungsweise kostenintensive Berechnungen und ohne aufwendige Bewertungen der Gewinn als „konfliktneutrale" Bezugsbasis für eine Beteiligung ermittelt werden. Die gesetzlichen Regelungen[612] und die Grundsätze ordnungsmäßiger Buchführung reduzieren die Vielzahl der Bewertungs- und Ermessensspielräume, die bei anderen Beteiligungsvarianten nicht immer ausgeschlossen werden können, und ermöglichen letztendlich, aussagekräftige Daten zu ermitteln und nur so die tatsächlich realisierten Gewinne zu verteilen.[613] Die breite Aner-

---

609 So unterliegen beispielsweise die im vorstehenden Abschnitt dargestellten umsatz- respektive produktionsorientierten Beteiligungssysteme der Problematik, daß die Zahlungsverpflichtung auch bei Verlusten besteht, zumal hohe Produktionsleistungen und/oder Umsätze nicht zwangsläufig hohe Gewinne implizieren. Demgegenüber stellt sich die Frage, wie sich die Gewinnsituation ohne eine Leistungsbeteiligung entwickelt hätte, da diese möglicherweise die Kostensituation des Unternehmens verbessert. Auch hier zeigt sich recht deutlich, daß auf Grund der komplexen Wechselbeziehungen und der unternehmensspezifischen Rahmenbedingungen eine Generalisierung nicht sinnvoll erscheint und jedes einzelne Beteiligungsmodell entsprechend der individuellen Zielsetzung auf die (über-) betriebliche Situation zugeschnitten werden sollte. Vgl. dazu auch Spiegelhalter, Franz: Möglichkeiten und Probleme der Ertragsbeteiligung, in: Helmut Duvernell (Hrsg.): Ertragsbeteiligung der Arbeitnehmer. Internationale Tagung der Sozialakademie Dortmund, a. a. O., S. 59 - 68, hier S. 63 ff.

610 Vgl. ebenso Perry, Margit: Gewinnbeteiligung als alternatives Entlohnungssystem: Mikroökonomische Fundierung und Analyse der Auswirkungen auf Beschäftigung und Einkommen, Hamburg, 1992, S. 5.

611 Vgl. Vogt, Hermann: Gewinnbeteiligung für die Mitarbeiter, in: Hans J. Schneider (Hrsg.): Handbuch der Mitarbeiter-Kapitalbeteiligung, a. a. O., S. 100 - 108, hier S.102 f.

612 Vgl. § 275 HGB.

613 Vgl. § 252 und § 264 Abs. 2 HGB.

kennung basiert somit auf der gesetzlich eindeutigeren Definition, der grundsätzlichen Nachprüfbarkeit und der relativ einfachen Ermittlung.

Auch die Handelsbilanz kann eine aussagekräftige Basis darstellen, da sie überwiegend der Information interner und externer Bilanzadressaten dient und nicht zur Steuerbemessung herangezogen wird. Eine Beteiligung der Mitarbeiter auf der Grundlage dieser Rechnungslegung - sofern vorhanden - erscheint insofern geeignet, als daß alle am Unternehmen beteiligten Gruppen ähnliche Informationsbedürfnisse wie die Gewinnempfänger und Kapitalgeber haben. Das Instrument der Handelsbilanz - mit den Prinzipien der kaufmännischen Vorsicht - dient daher nicht nur dem Gläubigerschutz, sondern kann auch als Basis für eine Beteiligung der Mitarbeiter herangezogen werden.

Der Nachteil dieser spezifischen Form der Gewinnermittlung besteht allerdings darin, daß im allgemeinen nur publizitätspflichtige Unternehmen die Rechnungslegung nach handelsrechtlichen Gesichtspunkten betreiben. Des weiteren treten auch hier die bereits erläuterten Schwierigkeiten in Bezug auf die Erfassung und Bewertung der betrieblichen Anlagen und (halbfertigen) Waren auf. Unbereinigte, korrekturbedürftige Anschaffungs- und Herstellungskosten können jedoch durch einfache Modifikationen beseitigt und sowohl wirtschaftliche als auch einkommens- und verteilungspolitische Aspekte berücksichtigt werden. Anhänge zum üblichen Jahresabschluß versuchen diesen Gesichtspunkten gerecht zu werden. Eine Ermittlung des verteilungsfähigen Gewinns bedarf auch in diesem Fall dem Abzug eines kalkulatorischen Unternehmerlohnes, einer Eigenkapitalverzinsung, einer Risikoprämie und gegebenenfalls einer Korrektur der Abschreibungs- und Bewertungsmodi.

Gegen eine Gewinnbeteiligung per se spricht die Abstraktion der Leistungserstellung von der eigentlichen Beteiligung, da diese Bemessungsgrundlage Faktoren einschließt, die vom Mitarbeiter nicht direkt beeinflußt werden können:[614] Konjunkturelle Schwankungen, Marktgeschehnisse, Managemententscheidungen sowie finanzpolitische und steuerliche Erwägungen beeinflussen die Gewinnhöhe. Das Gefühl, nur einen geringen Einfluß auf die Gewinnerzielung zu haben, kann den individuellen Leistungsanreiz beeinträchtigen. Dieser ist daher meist geringer als bei einer reinen Leistungs- oder Ertragsbeteiligung.[615]

---

614 Vgl. dazu auch Lieber, Bernd: Die Einstellung von Mitarbeitern zur Gewinnbeteiligung, a. a. O., S. 7.

615 Hierbei muß aber auch die Firmengröße und Struktur berücksichtigt werden. Kleinere Unternehmen betrachten dieses Problem als zweitrangig, da der Bezug zwischen der Gewinnbeteiligung und der Leistung eher ersichtlich ist.

Dem Einwand der Marktbezogenheit kann allerdings insofern widersprochen werden, als daß es dabei auf die Intention einer Beteiligung ankommt. Liegt das Hauptaugenmerk auf der Leistungssteigerung, so trifft die Kritik durchaus zu. Zielt die Gewinnbeteiligung aber auf die Integration des Mitarbeiters im Sinne einer „Überwindung der Klassengegensätze“, die Verbesserung der „Human Relations“ und die „Förderung der Eigentumsbildung“ ab, so ist sie durchaus zu befürworten. Dementsprechend sehen einzelne Autoren insofern einen Vorteil in der Gewinnbeteiligung, als daß die innerbetriebliche Kooperation und Koordination verbessert werden kann, da der Gewinn und folglich auch der individuelle Anteil von der gesamten Leistung aller Mitarbeiter determiniert wird.[616]

Der Bilanzgewinn muß unter Berücksichtigung betriebswirtschaftlicher Aspekte, insbesondere der kalkulatorischen Kosten, der Eigenkapitalverzinsung sowie der Risikoprämie in einen verteilungsfähigen Gewinn transferiert werden.[617] Je nach Ermittlungsmethode kann dabei allerdings die Gewinnhöhe gesteuert werden, die deshalb nur unter Vorbehalt und mit Modifikationen als Bezugsgröße herangezogen werden sollte. Der zu verteilende Gewinn wird in der Praxis üblicherweise wie folgt ermittelt:[618]

---

[616] Vgl. Klüber, Franz: Eigentumstheorie und Eigentumspolitik. a. a. O., S. 320; Schneider, Hans J.: Die partnerschaftliche Kapitalbeteiligung der Arbeitnehmer am mittelständischen Industrieunternehmen, a. a. O., S. 68 ff. sowie Lieber, Bernd: Die Einstellung von Mitarbeitern zur Gewinnbeteiligung, a. a. O., S. 9 sowie S. 58 f., S. 156 und Tabelle 9.

[617] Vgl. Schröder, Jürgen: Möglichkeiten zur Finanzierung einer Kapitalbeteiligung der Mitarbeiter, a. a. O., S. 95.

[618] So errechnet sich auch die Erfolgsbeteiligung des 1970 eingeführten Modells der Firma L. Fischer KG (Offenburger Modell) nach folgendem Schema: Die Geschäftsführergehälter und die Kapitalzinsen für Mitarbeiterpartner können jeweils in bar vom Steuerbilanzgewinn entnommen werden, wobei zusätzlich eine sogenannte Marktrisikorücklage mit 15-jähriger Betriebsbindung eingeführt wurde. Der verteilungsfähige Gewinn wurde in der ersten Phase (bis 1985) zu 50% den Mitarbeiter- und zu 50% den Unternehmerpartnern zugeführt. Seit 1985 betragen die Beteiligungssätze 33,33% und 66,66%. Die Hälfte des Mitarbeitergewinnanteils steht den beteiligungsberechtigten Mitarbeitern zur freien Verfügung und kann in bar ausbezahlt werden. Vgl. Schachtschabel, Hans: Betriebliche Partnerschaft durch Mitarbeiterbeteiligung, a. a. O., S. 9 f.

Abbildung 31: Verteilbares Ergebnis im Rahmen einer Gewinnbeteiligung

Erträge

./. Aufwendungen für
Sachkosten
Löhne / Gehälter
Vergütungen

= **Gewinn vor Steuern**

./. Steuern
./. Rücklagen

= **Gewinn nach Steuern**

./. Geschäftsführergehälter
./. Eigenkapitalverzinsung
./. Risikoprämie für Haftkapital

= **Verteilungsgewinn**

Quelle: Vogt, Hermann: Gewinnbeteiligung für die Mitarbeiter, in: Hans J. Schneider (Hrsg.): Handbuch der Mitarbeiter-Kapitalbeteiligung, Köln, 1977, S. 100 - 108, hier S. 104.

Da sowohl die Arbeitsleistung als auch das Kapital zum Betriebserfolg beitragen, muß vorab das Kapital zu vereinbarten Sätzen entlohnt werden. Die Verzinsung kann sich an folgenden Kriterien orientieren: Denkbar wäre ein fest vereinbarter Prozentsatz auf den Steuerbilanzgewinn beziehungsweise ein fester Zinssatz für das eingesetzte Kapital. Andere Modalitäten, wie beispielsweise eine Verzinsung zu marktüblichen Sätzen oder eine Verzinsung in Anlehnung an betriebsinterne Daten, können ebenso vereinbart werden. Zudem muß bei Personengesellschaften der geschäftsführende Gesellschafter für seine Leistungen entschädigt und eine Risikoprämie für das eingesetzte Haftkapital ausgehandelt werden. Der kalkulatorische Unternehmerlohn und die Abgeltung der Risikoprämie können sich an den branchenüblichen Managementgehältern beziehungsweise an den Daten der marktüblichen Kapitalverzinsung orientieren.

Nicht abzugsfähige Größen, wie Steuern vom Gewinn und Vermögen sowie gegebenenfalls Aufsichtsratstantiemen sollte man vor einer Ausschüttung berücksichtigen. Theoretisch wäre es denkbar, daß ein steuerlicher Gewinn ausgewiesen wird, nach Abzug aller weiteren „Belastungen“ allerdings kein ausschüttungsfähiger Gewinn mehr vorhanden ist. Wird lediglich der steuerliche Gewinn als Bezugsgröße herangezogen, so kann dies langfristig zu einer Auszehrung des Unternehmens führen.

Ein weiterer Aspekt, der keinesfalls unterbewertet werden sollte, liegt in der beschränkten Aussagekraft des Gewinnes auf Grund der Bewertung einzelner Aktivposten sowie der „Gewinnverschiebung“ in einzelne Tochtergesellschaften: Die einzelnen Wertansätzen für Warenbestände, halbfertige Produkte und selbsterstellte Anlagen ermöglichen zum einen eine unterschiedliche Vermögensbewertung und eröffnen zum anderen weitreichende Gestaltungsspielräume für die Gewinnermittlung. Des weiteren bleibt zu bedenken, daß mit einfachen buchungstechnischen Vorgängen die Gewinnermittlung dahingehend beeinflußt werden kann, als daß während des laufenden Geschäftsjahres oder zum Bilanzstichtag die Waren unter dem tatsächlichen Marktwert respektive dem Endverkaufspreis an ausgelagerte Tochter- und/oder Vertriebsgesellschaften „geliefert“ werden, obgleich sie de facto das Lager nicht verlassen müssen. Durch die Bildung stiller Reserven können Gewinne verschleiert und die periodengerechte Beteiligung der Arbeitnehmer am betrieblichen Erfolg beeinflußt werden.

Insbesondere die Problematik der Bewertung zu Anschaffungs- und Herstellungskosten spielt bei der Gewinnbeteiligung eine entscheidende Rolle. Ausgehend von einer stabilen Kaufkraft über mehrere Perioden hinweg ist dieser Aspekt eher sekundär, doch sofern Preisniveauanstiege zu erwarten sind, steht dem Mehrerlös nicht der real zu erwartende Aufwand gegenüber. Der Gewinn kann dabei nicht als endgültiger Unternehmenserfolg betrachtet werden, da die inflationäre Entwicklung nicht beachtet wird. Im Jahr der Wiederbeschaffung steht den niedrigeren Kosten der Vorperioden ein erhöhter Aufwand gegenüber.

> „Von ‘Gewinn’ kann aber sinnvollerweise nur dann gesprochen werden, wenn nach Ersatz der verbrauchten Produktivfaktoren und nach der Wiederherstellung der ursprünglichen Produktionskapazität noch ein Überschuß verbleibt.“[619]

Auch unterschiedliche Abschreibungsmodalitäten oder gesetzliche Änderungen im Rahmen der Zulässigkeit einzelner Abschreibungsmethoden können, unabhängig von der tatsächlichen betrieblichen Leistung, zu Scheingewinnen und/oder Verlusten führen. Diese Bewertungsschwierigkeiten, Bewertungsspielräume und Gewinntransaktionen beeinträchtigen die Aussagekraft einer Bilanz und vermindern deren Informationsgehalt. Wird der Gewinn als Ausgangsbasis einer Beteiligung der Arbeitnehmer verwendet, so bedarf er einer genauen Betrachtung und, falls notwendig, einzelner Korrekturen sowie einer konsolidierten Konzernbilanz.[620] Dementsprechend sollte im Rahmen der Bilan-

---

[619] Balmer, Hanspeter: Wiederbeschaffungsreserven aus der Sicht der Abschlussprüfung, St. Gallen, 1979, S. 3.

[620] Vgl. Balmer, Hanspeter: Wiederbeschaffungsreserven aus der Sicht der Abschlussprüfung, a. a. O., S. 1 - 21.

zierung (Gewinnermittlung) bei Konzernunternehmen von der Rechtsform beziehungsweise der rechtlichen Trennung der einzelnen Unternehmen abstrahiert werden und die optimale Bemessungsgrundlage möglichst alle wirtschaftlichen Erfolge der „ursächlichen Unternehmen" berücksichtigen. Schließlich muß der Residualgewinn den einzelnen Gruppen zugerechnet werden. Wie schon erläutert, ist es schwierig, den Gewinn, der ex post als Restgröße ermittelt wird, den Leistungen einzelner Gruppen oder Personen zuzuschreiben. Da eine objektive, wissenschaftlich fundierte Zurechnung nicht möglich ist, wird in der Praxis ein Verteilungsschlüssel gesucht, der möglichst allen Parteien gerecht werden soll.[621] Auch wenn eine exakte Zurechnung nicht möglich ist, kann eine Beteiligung der Arbeitnehmer gerechtfertigt sein, da die Gewinnbeteiligung nicht unmittelbar an die Erfolgsursache gebunden sein muß. In der Literatur finden sich eine Reihe möglicher Verteilungsschlüssel[622], wobei im Rahmen dieser Arbeit nur der sogenannte „natürliche Verteilungsschlüssel" dargestellt wird. Im Rahmen dieser Kompromißlösung werden die Faktoren Arbeit und Kapital auf der Basis der Lohn- und Gehaltsummen beziehungsweise der Eigenkapitalverzinsung beteiligt. Der Faktor Disposition wird auf der Grundlage des (kalkulatorischen) Unternehmerlohns zuzüglich eines betriebsindividuellen „Kreativitätszuschlages" entlohnt. Abbildung 32 faßt diesen natürlichen Verteilungsschlüssel zusammen:

Abbildung 32: Verteilung des Residualgewinns auf die Faktoren Arbeit, Disposition und Kapital

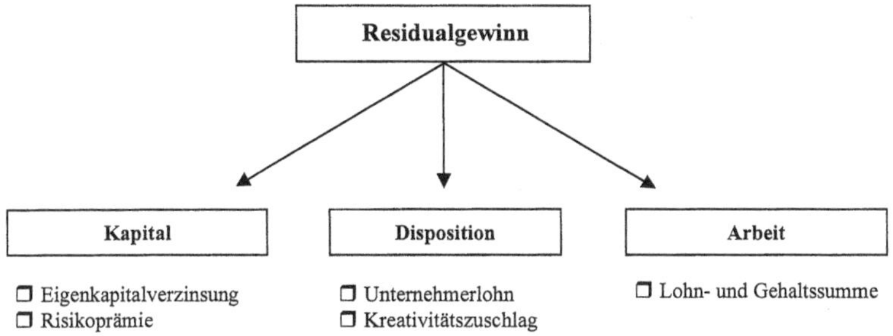

Quelle: Schneider, Hans J.: Die partnerschaftliche Kapitalbeteiligung der Arbeitnehmer am mittelständischen Industrieunternehmen, Köln, Bonn, 1973, S. 96

---

621 Vgl. Schneider, Hans J.: Die partnerschaftliche Kapitalbeteiligung der Arbeitnehmer am mittelständischen Industrieunternehmen, a. a. O., S. 88.

622 Exemplarisch ließe sich der psychologische Verteilungsschlüssel oder die Verteilung nach den Daten aus dem Rechnungswesen anführen.

Da eine einfache, paritätische Aufteilung (50% Mitarbeiter und 50% Unternehmen) die Beschäftigten in arbeits- und somit auch lohnintensiven Branchen (Unternehmen) gegenüber den Arbeitnehmern in kapitalintensiven Bereichen benachteiligen würde, ist dies sowohl aus beschäftigungs- als auch vermögens- und verteilungspolitischen Gesichtspunkten nicht generell zu befürworten. Allerdings bietet auch das Lohn-Umsatz-Verhältnis, das als Indikator für die Arbeitsintensität einer Branche oder Unternehmung interpretiert werden kann, keine allgemeingültige Optimallösung, da sich mit der Einführung neuer Produktionstechnologien die Kapital- und Arbeitsintensitäten ändern können. Unter Berücksichtigung dieser Schwierigkeiten und der Tatsache, daß die objektive, exakt quantifizierbare Zurechnung der Leistung aller Produktionsfaktoren weder volkswirtschaftlich noch betriebswirtschaftlich möglich ist, sollte der jeweilige Verteilungsschlüssel auf die betriebs- respektive branchenspezifischen Gegebenheiten zugeschnitten, in regelmäßigen Abständen geprüft und gegebenenfalls überarbeitet werden, wobei sich in diesem Falle aus partnerschaftlichen Gesichtspunkten ein paritätisch besetztes Beratungs- und Entscheidungsgremium anbieten würde.

Sofern die Hauptmotive einer Mitarbeiterbeteiligung in der Schaffung von Leistungsanreizen liegen, sind andere Quellen der Erfolgsbeteiligung durchaus besser geeignet. Die Gewinnbeteiligung bietet jedoch die Möglichkeit, neben den bereits existierenden Akkord- und Prämienlohnsystemen weitere incentives zu schaffen und dem Mitarbeiter seine „Mitunternehmerstellung" dadurch zu verdeutlichen, daß ein Teil seines Einkommens unmittelbar vom Gewinn abhängt. Ein weiterer Vorteil gegenüber der Leistungsbeteiligung liegt in der Tatsache, daß die Gewinnbeteiligung kein Lohnbestandteil darstellt und der Anteil der Mitarbeiter einerseits nur bei positivem Betriebsergebnis fällig wird, sich aber andererseits mit steigendem Gewinn erhöht.

Die Schwierigkeiten enden jedoch noch nicht mit der Verteilung auf die Faktoren Arbeit und Kapital, denn bezüglich einer Aufteilung der Anteile zwischen den einzelnen Arbeitnehmern sollte ebenfalls eine akzeptable, intersubjektiv nachprüfbare Lösung gefunden werden.

Das Leistungsprinzip, das auf die enge Korrelation zwischen der Leistungsfähigkeit und der Lohn- und Gehaltsstruktur abzielt, basiert auf der Annahme, daß die betriebliche Lohn- und Gehaltsstruktur den Prinzipien der Lohngerechtigkeit entspricht. Demgegenüber versucht das Sozialprinzip den verteilungspolitischen Aspekten gerecht zu werden, da der Gewinn letztendlich eine Gemeinschaftsleistung sei und somit allen in gleicher Höhe zugeschrieben werden sollte. Die dritte Alternative ist eine Kombination aus den beiden

Prinzipien, wobei die Wahl und die Gewichtung der Prinzipien sehr stark von der Unternehmensphilosophie abhängt. Zudem lassen sich als Kriterien der Individualverteilung - in Anlehnung an Guski und Schneider - weitere Faktoren anführen:[623]

- Lohnsumme
- Betriebszugehörigkeit[624]
- Anwesenheit
- persönliche Faktoren
- soziale Kriterien
- Zahl der Mitarbeiter
- Punktsystem
- Zuverlässigkeit
- Formel

Bisweilen stellt sich die Frage, ob und inwieweit eine Gewinnbeteiligung mit einem marktwirtschaftlichen System zu vereinbaren ist. Betrachtet man zuerst das theoretische Modell der vollständigen Konkurrenz mit all seinen Prämissen, so gelangt man zu folgendem Ergebnis:[625] In der Theorie der vollständigen Konkurrenz entsteht langfristig kein Gewinn, da auf Grund des Konkurrenzdrucks die Preise automatisch gesenkt werden müssen bis sie den Grenzkosten entsprechen. Auf dem Markt existiert nur ein einheitlicher Preis, der weder von den Anbietern, noch von den Nachfragern durch Variation ihrer Mengen beeinflußt werden kann. In einem solchen System sind Gewinne theoretisch nicht möglich und eine Gewinnbeteiligung der Arbeitnehmer also auch systemwidrig. Man muß dabei allerdings zwischen dem betriebswirtschaftlichen Terminus Gewinn und der volkswirtschaftlichen Auffassung unterscheiden.

Sofern man jedoch von der reinen Theorie absieht, läßt sich feststellen, daß die Bedingungen der vollkommenen Konkurrenz nicht zu erfüllen sind. Unter Berücksichtigung einzelner Kostenverläufe entstehen Differentialgewinne, sobald die Gesamtkosten geringer als die Gesamterlöse sind. Sicherlich wird es in jeder Branche Grenzunternehmen geben, deren Grenzkosten den Preisen entsprechen, oder mit anderen Worten: Grenzunternehmen erwirtschaften keine

---

[623] Vgl. Guski, Hans-Günter / Schneider, Hans J.: Betriebliche Vermögensbeteiligung in der Bundesrepublik Deutschland, a. a. O., S. 94.

[624] Die vorgeschriebene (Mindest-) Dauer der Betriebszugehörigkeit wird im allgemeinen aus mehreren Gründen als Bewertungsmaßstab herangezogen: Zum einen kann eine direkte Beziehung zur Verbundenheit und somit zur Identifikation mit dem arbeitgebenden Unternehmen vermutet werden und zum anderen sinkt mit der Einführung einer Mindestzugehörigkeitsdauer der Verwaltungsaufwand, da die Fluktuationsrate üblicherweise in der Anfangsphase am höchsten ist.

[625] Vgl. Häusler, Rudolf: Die Erfolgsbeteiligung als Mittel zur Vermögensbildung der Arbeitnehmer und ihre gesamtwirtschaftlichen Auswirkungen, a. a. O., S. 165 ff.

Gewinne im volkswirtschaftlichen Sinne. Des weiteren können Unternehmen ihre Produktpalette erweitern oder auf Märkten expandieren, in denen attraktive Gewinne zu erzielen sind. Nicht zuletzt hat der schöpferische Unternehmer im Sinne Josef Schumpeters durchaus die Möglichkeit, Gewinne zu erzielen.[626] In diesen Fällen handelt es sich allerdings nicht mehr um das statische System der vollständigen Konkurrenz, sondern vielmehr um eine dynamischen Wettbewerbssituation.

Andererseits sollten neben den Modellen des dynamischen Wettbewerbs auch Marktformen, wie Oligopole oder Monopole berücksichtigt werden, zumal sich die marktstarken Unternehmen beispielsweise im Oligopol selten echte ruinöse Preiskämpfe liefern.Insbesondere marktbeherrschende Großanbieter tendieren bei kapitalintensiven Produktionsverfahren eher zu Verhandlungslösungen und zu Absprachen und versuchen durch eine behutsame Preispolitik den Preis hoch zu halten, so daß die Mehrheit der Oligopolanbieter eine entsprechende Rendite erwirtschaften kann. Allerdings werden die labilen Gleichgewichte auch durch Außenseiter und Substitutionsanbieter von Nebenmärkten teilweise gestört. Ein stabileres System hingegen bietet das Monopol, bei dem der alleinige Anbieter in der Lage ist, bei einer gegebenen Nachfrage, die Konsumentenrente abzuschöpfen und sogenannte Monopolrenten zu erzielen.

Diese Überlegungen zeigen, daß im Rahmen der vollständigen Konkurrenz Gewinnbeteiligungen nicht möglich sind, da keine echten Gewinne entstehen können und die Produktionsfaktoren gemäß ihrer Grenzprodukte entlohnt werden. Unter Berücksichtigung der Tatsache, daß das Modell der vollständigen Konkurrenz jedoch nicht repräsentativ ist, bedarf es jedoch üblicherweise weiterer Korrekturen. Unterschiedliche Produktionskosten, unternehmerische Leistungen oder der Ausgleich für eine geschickte Kapitalakkumulation aber auch Marktungleichgewichte können Gewinnbeteiligungen im Sinne eines partnerschaftlichen Verhältnisses im Unternehmen rechtfertigen, wobei die Arbeitnehmer dementsprechend aber auch (begrenzt) am Risiko beteiligt werden sollten.[627] Denkbar wäre beispielsweise die Begründung eines zweckgebundenen Fonds, die Bildung einer Verlustdeckungsrücklage sowie der Verlustvor- oder -nachtrag, um in Verlustzeiten auf diese Mittel zurückgreifen zu können. Auf diese Weise wäre der Arbeitnehmer am Haftungskapital und auch gegebenenfalls am Verlust beteiligt.

---

626 Man spricht dabei von einem vorübergehenden Monopol.

627 Vgl. Loesch, Achim von: Zur Problematik des Miteigentums, a. a. O., S. 27 ff.

9. Wirkungen einer Kapitalbeteiligung

Die Beurteilung der Einführung einer Mitarbeiterbeteiligung sowie der vermögens- und verteilungspolitischen Maßnahmen bedarf grundsätzlich einer Untersuchung ihrer Wirkungen. Da es allerdings nahezu unmöglich ist, alle denkbaren Effekte zu erfassen und diese von allen Seiten zu beleuchten, soll im Rahmen dieser Arbeit nur ein Teil der potentiellen Wirkungen aufgezeigt und an Hand von Modellrechnungen analysiert werden. Zunächst werden distributive sowie allokative und beschäftigungspolitische Wirkungen betrachtet. Dabei wird unter Berücksichtigung des in Kapitel 3 dargestellten theoretischen Unterbaus sowohl der kreislauftheoretische Ansatz als auch die neoklassische Grenzproduktivitätstheorie zur Beurteilung einer Mitarbeiterbeteiligung herangezogen. Im dritten und vierten Teil dieses Kapitels stehen finanzwirtschaftliche Aspekte und die Frage nach den Wirkungen auf die Kapitalstruktur eines Unternehmens im Vordergrund.

9.1 Distributive Wirkungen im Rahmen des nachfragetheoretischen Ansatzes

Auf gesamtwirtschaftlicher Ebene werden im allgemeinen die distributiven Wirkungen einer Gewinn- und Kapitalbeteiligung an Hand der makroökonomischen Kreislauftheorie untersucht, wobei betont werden sollte, daß die funktionale Einkommensverteilung, die nicht sämtliche Wirkungen einer Mitarbeiterbeteiligung erfassen kann, für die einzelnen Wirtschaftssubjekte eine geringere Bedeutung als die personelle Verteilung haben wird.[628] Entsprechend des kreislauftheoretischen Ansatzes der Verteilung wird die Einkommensverteilung von

---

[628] Martin Pfaff stellte in seinem Vortrag anläßlich der internationalen wissenschaftlichen Tagung der Deutschen Forschungsgemeinschaft vom 30.6. bis 3.7.1976 in Augsburg fest: „In der Verteilungs- und Sozialpolitik sind Personen, Familien, Haushalte und soziale Gruppen die Bezugseinheiten. Makroökonomische Modelle sind daher insofern ungeeignet, als sie nicht jene disaggregierten Einsichten vermitteln können, wie sie für die Analyse sozialpolitischer Programme benötigt werden. Bei verteilungspolitischen Aussagen bleiben sie meist auf der Ebene der funktionalen Verteilung stehen und vermögen es nicht, die personelle Verteilung wegen der Nichterfassung der Querverteilung zu beschreiben.“ Pfaff, Martin / Dennerlein, Rudolf / Schneider, Markus: Einige Anforderungen an eine integrierte Verteilungs- und Sozialpolitik, a. a. O., S. 504.
Lediglich unter der Prämisse, daß die Gewinneinkommen den Unternehmern und die Lohneinkommen den Arbeitnehmern zufließen, deckt sich die funktionale mit der personalen Einkommensverteilung. Ein entscheidender Aspekt der Mitarbeiterbeteiligung liegt jedoch gerade in der Beeinflussung der Querverteilung, das heißt in der Abstraktion der Einkommenssituation der Arbeitnehmer von der Entlohnung des Faktors Arbeit.

der Einkommensverwendung determiniert.[629] Um die Wirkungen einer Mitarbeiterbeteiligung auf die Sekundärverteilung untersuchen zu können, soll im folgenden zunächst noch einmal auf den in Kapitel 3.4 dargestellten *nachfragetheoretischen Verteilungsansatz von Kaldor* eingegangen und im Anschluß daran dieser um eine obligatorische Mitarbeiterbeteiligung erweitert werden:[630]

$$(1) \qquad g = \frac{G}{Y} = \frac{1}{s_U - s_A}\frac{I}{Y} - \frac{s_A}{s_U - s_A} = \frac{\frac{I}{Y} - s_A}{s_U - s_A} = \frac{i - s_A}{s_U - s_A}$$

Weiterhin werden folgende Annahmen getroffen:

$$Y = L + G + \alpha G - \alpha G$$
$$S = s_A\left(L + \alpha G\right) + s_U\left(1 - \alpha\right)G$$

mit: α = Beteiligungsparameter
In diesem (speziellen) Fall wird nicht zwischen der Sparquote aus Lohn- und Gewinneinkommen der Arbeitnehmer unterschieden.[631] Im weiteren Verlauf hingegen beträgt die Sparquote aus Gewinneinkommen seitens der Arbeitnehmer annahmegemäß Eins, wobei folgende Bedingungen gelten sollen:

- Die Mitarbeiterbeteiligungen werden vollständig investiven Zwecken zugeführt, das heißt die Sparquote aus Gewinneinkommen der Arbeitnehmer beträgt Eins.[632] In der Literatur wird dies als laboristische Kapitalbeteiligung bezeichnet.

---

629 Vgl. May, Hermann: Die Kapitalbeteiligungsgesellschaft als Instrument zur Realisierung des Investivlohns, a. a. O., S. 15 f.

630 Zu der Untersuchung der Wirkungen auf die Einkommensverteilung vgl. Althammer, Jörg: Gewinnbeteiligung bei begrenzter Haftung der Arbeitnehmer, a. a. O., S. 128-138; Külp, Bernhard: Verteilung - Theorie und Politik, a. a. O., S. 20 ff. sowie S. 76-103.

631 In diesem Fall wird, in Anlehnung an Pasinetti, die Sparquote nicht von der Einkommensart, sondern vielmehr von der Zugehörigkeit zur sozialen Klasse determiniert. Demgegenüber ist Kaldor der Ansicht, daß die Einkommensart das Sparverhalten der sozioökonomischen Gruppen bestimmt.

632 Auf Grund der relativ hohen Konsumquote der Arbeitnehmerhaushalte würde eine Barausschüttung, bei unveränderter Arbeitnehmersparquote, die Ersparnis verringern (da annahmegemäß $s_A < s_U$) und, auf Grund der exogen vorgegebenen Investitionsquote, zu einem gesamtwirtschaftlichen Ungleichgewicht führen. Das Gleichgewicht kann unter den gegebenen Annahmen (insbesondere der Vollbeschäftigungsannahme) nur erreicht werden, wenn via Preissteigerungen die Gewinnquote erhöht wird bis sich die Sparquote der Investitionsquote angleicht, wobei dies zu keiner Verbesserung der Verteilungsposition der Arbeitnehmer beitragen kann.

- Unabhängig von der Gewinnhöhe wird in allen Unternehmen obligatorisch eine prozentuale Abgabe auf sämtliche Gewinneinkünfte erhoben.[633]

Aus der ursprünglichen Kaldorformel läßt sich unter Berücksichtigung der vorgenannten Annahmen und Bedingungen die um eine Mitarbeiterbeteiligung erweiterte Kaldorformel darstellen als:

$$(2) \qquad g = \frac{G}{Y} = \frac{I/Y - s_A}{s_U - s_A + \alpha(1 - s_U)}$$

$$(3) \qquad g = \frac{i - s_A}{s_U - s_A + \alpha(1 - s_U)}$$

Die sogenannte Bruttogewinnquote in Gleichung (3) verdeutlicht, daß mit Hilfe einer Mitarbeiterbeteiligung die Verteilung der Einkommen auf die Faktoren Arbeit und Kapital zu Gunsten der Mitarbeiter beeinflußt werden kann, wobei grundsätzlich folgende Alternativen denkbar sind:[634]

- Senkung der Investitionsquote[635] $(i\downarrow)$
- Erhöhung der Sparquoten[636] $(s_U\uparrow; s_A\uparrow)$

---

[633] Im Idealfall sollte natürlich die Erfolgs- und Kapitalbeteiligung auf freiwilliger Basis durchgeführt werden, um unerwünschte Anpassungsreaktionen, wie Substitution der freiwilligen Ersparnis seitens der Arbeitnehmer oder Beschäftigungsabbau seitens der Unternehmen zu verhindern. Da allerdings nicht erwartet werden kann, daß alle Unternehmen eine Mitarbeiterbeteiligung einführen werden, wird aus Gründen der Übersichtlichkeit (keine Fallunterscheidungen) eine obligatorische Beteiligung angenommen.

[634] Dieser Umverteilung werden auch Grenzen gesetzt, da die Gewinnquote im Maximum durch das Existenzminimum der Arbeitnehmer und im Minimum durch die Mindestverzinsung des eingesetzten Kapitals determiniert wird. Neben diesen Faktoren bestimmen zudem Aspekte, wie beispielsweise der Monopolgrad, die kurzfristig (nach unten) konstanten Profitspannen beziehungsweise die nach unten starren Reallöhne sowie die Mindestlohnforderungen der Arbeitnehmer respektive der Gewerkschaften die Ober- und Untergrenzen der Profitquoten. Vgl. Kalmbach, Peter: Wachstum und Verteilung in neoklassischer und postkeynesianischer Sicht, a. a. O., S. 163 f. sowie Kapitel 3. 4 dieser Arbeit.

[635] Eine Verringerung der Investitionsquote würde die Verteilungsrelation zu Gunsten der Arbeitnehmer beeinflussen, doch gleichzeitig wären negative Wachstums- und Beschäftigungswirkungen zu erwarten. Vgl. dazu auch Oberhauser, Alois: Die wirtschaftlichen Auswirkungen und Grenzen des Investivlohns, in: Helmut Duvernell (Hrsg.): Ertragsbeteiligung der Arbeitnehmer. Internationale Tagung der Sozialakademie Dortmund, a. a. O., S. 27 - 52, hier S. 34.

[636] Zu den Wirkungen einer höheren Unternehmersparquote vgl. Seite 122 ff.

❒ Einführung einer Mitarbeiterbeteiligung, die (vollständig) investiv verwendet wird.[637]

Die um eine Mitarbeiterbeteiligung erweiterte Bruttogewinnquote in Gleichung (3) zeigt, daß mit der Einführung einer investiven Beteiligung - ceteris paribus - eine Verbesserung der Verteilungsposition auf Grund einer Erhöhung der durchschnittlichen Arbeitnehmersparquote einhergeht.[638] Um jedoch die sozio-ökonomische Einkommensverteilung zu untersuchen, ist die Nettogewinnquote, die sich aus dem Verhältnis der Unternehmereinkommen zur Produktionsmenge (Y_U/Y) zusammensetzt, die entscheidende Größe:

$$(4) \quad \frac{Y_U}{Y} = \frac{G}{Y} - \alpha \frac{G}{Y} = (1-\alpha)\frac{G}{Y}$$

$$(4a) \quad \frac{Y_U}{Y} = (1-\alpha)\frac{i - s_A}{s_U - s_A + \alpha(1-s_U)}$$

$$(4b) \quad \frac{Y_U}{Y} = \frac{i - s_A}{s_U - s_A + \alpha(1-s_U)} - \alpha \frac{i - s_A}{s_U - s_A + \alpha(1-s_U)}$$

$$\frac{Y_U}{Y} = \underbrace{\frac{i - s_A}{s_U - s_A + \alpha(1-s_U)}}_{Spareffekt} - \alpha \underbrace{\frac{i - s_A}{s_U - s_A + \alpha(1-s_U)}}_{Belastungseffekt}$$

Der erste Term der Gleichung (4b), der sogenannte Spareffekt, ist mit der Bruttogewinnquote identisch, wohingegen der zweite Term, in Anlehnung an Schillert, als Belastungseffekt bezeichnet wird.[639] Die Verringerung der Einkommen der Unternehmerhaushalte und das neue Gleichgewicht entsteht dadurch, daß bei gegebenem Nominallohn und gegebener Sparneigung ein Teil des ökonomischen Gewinns den Arbeitnehmern übereignet wird, wobei dieser Gewinnanteil nicht konsumiert, sondern vollständig als Investitionskapital den Unternehmen zugeführt wird. Dies führt ceteris paribus zu einer geringeren

---

[637] Die Einführung einer Mitarbeiterbeteiligung führt insofern zu einer Erhöhung der Arbeitnehmersparquote und somit zu einer Verbesserung der Verteilungsposition der Arbeitnehmer, als daß der Mitarbeiter eine zusätzliche Einkommenskategorie erhält, die einer höheren Sparquote als der bisherigen Sparquote s_A aus dem Barlohn unterliegt.

[638] Vgl. dazu auch Oberhauser, Alois: Die wirtschaftlichen Auswirkungen und Grenzen des Investivlohns, a. a. O., S. 43.

[639] Vgl. Althammer, Jörg: Gewinnbeteiligung bei begrenzter Haftung der Arbeitnehmer, a. a. O., S. 135; Schillert, Ullrich: Gewinne als Quelle der Vermögenspolitik? Die Belastbarkeit der Unternehmensgewinne durch vermögenspolitische Maßnahmen, Berlin, 1976, S. 62.

Brutto- beziehungsweise Nettogewinnquote und einer höheren gesamtwirtschaftlichen Ersparnis.[640] Im Kaldormodell wird vorausgesetzt, daß die Investitionsquote exogen gegeben ist und die Konsumquote der Arbeitnehmer unverändert bleibt. Sofern also die Sparquote der Unternehmerhaushalte s_U konstant gehalten wird, bedingt eine Reduzierung der Gewinnquote und die investive Anlage der Mitarbeiterbeteiligungen eine geringere Konsumgüternachfrage der Unternehmer und eine Preissenkung. Die Verringerung der Gewinnquote wird solange anhalten bis die Ersparnis der Investition entspricht. Im kreislauftheoretischen Modell muß somit die gestiegene Ersparnis der Arbeitnehmer durch eine gesunkene Ersparnis der Unternehmer ausgeglichen werden.[641]

Zusammenfassend läßt sich feststellen, daß eine Verbesserung der Verteilungsposition der Arbeitnehmer durch eine investive Mitarbeiterbeteiligung gewährleistet ist, wenn bestimmte (restriktive) Bedingungen erfüllt werden:

- Zum einen darf die freiwillige Ersparnisbildung der Arbeitnehmer nicht auf Grund einer investiven Beteiligung um genau diesen Betrag sinken, mit anderen Worten, es darf keine Substitution stattfinden, da dies nicht zu einer Veränderung der Sparhöhe, sondern vielmehr der Sparstruktur führen würde. Die Mitarbeiterbeteiligung kann demnach nur positiv wirken, wenn die Sparquote der Arbeitnehmer tatsächlich steigt, wobei die Sparquote der Unternehmer konstant bleiben muß.
- Zum anderen muß die Produktion aufrecht erhalten werden und die Investitionsquote darf aus wachstums- und beschäftigungspolitischen Gründen weder zurückgehen noch aus verteilungspolitischen Gründen ansteigen.

Um einen Beschäftigungsrückgang und eine Verringerung des Sozialproduktes zu verhindern, darf die Mitarbeiterbeteiligung weiterhin nicht den gesamtwirtschaftlich notwendigen Konsum der Arbeitnehmer reduzieren.[642] Eine Mitar-

---

[640] Die mit der Einführung einer Mitarbeiterbeteiligung und der Erhöhung der Arbeitnehmersparquote einhergehende Verringerung der Gewinnquoten darf demnach keine negativen Produktions- und Beschäftigungswirkungen induzieren, da ansonsten die Sparquote wieder sinkt. Die höhere gesamtwirtschaftliche Ersparnis basiert auf der Annahme, daß die Bezieher der Gewinneinkommen einen Teil ihrer Einkommen konsumtiv verwendet hätten, wohingegen die Mitarbeiterbeteiligung zu 100% investiv verwendet wird.

[641] Die gesunkene Ersparnis basiert auf der geringeren Gewinnquote beziehungsweise auf der Einkommensumverteilung.

[642] Vgl. Kommission für Zukunftsfragen der Freistaaten Bayern und Sachsen (Hrsg.): Erwerbstätigkeit und Arbeitslosigkeit in Deutschland, a. a. O., S. 88 ff. und S. 93 ff.

beiterbeteiligung könnte demnach so konzipiert sein, daß sich im Rahmen der „ersten Tarifrunde" die Lohnerhöhung am Produktivitätsfortschritt orientiert und weiterhin eine erfolgsabhängige, investive Kapitalbeteiligung vereinbart wird.[643]

Eine Substitution bestehender Sparverträge oder eine konsumtive Verwendung des angesparten Vermögens hätte im kaldorianischen Modell eine Erhöhung der Konsumgüternachfrage und somit einen Preisniveauanstieg zur Folge. Da dies jedoch alle Arbeitnehmer treffen - die Beteiligungssumme hingegen nicht in allen Unternehmen gleich hoch sein würde, könnte trotz der obligatorischen Einführung eine Differenzierung innerhalb der Gruppe der Arbeitnehmer stattfinden. Demgegenüber kann eine Veränderung der Sparstruktur auch unterschiedlich beurteilt werden: So kritisiert beispielsweise die Kommission für Zukunftsfragen der Freistaaten Bayern und Sachsen in ihrer 1997 veröffentlichten Studie die Risikoaversion der privaten Haushalte in der Bundesrepublik Deutschland und empfiehlt, das Anlageverhalten (der gesamten Bevölkerung) dahingehend zu beeinflussen, verstärkt in risikoreichere Produktivkapitalanlagen zu investieren sowie Unternehmensbeteiligungen von Arbeitnehmern zur Vermögensbildung zu nutzen. Dieser Empfehlung ist grundsätzlich zuzustimmen, wobei jedoch auch berücksichtigt werden sollte, daß der Wechsel von relativ sicheren Anlagen bei Banken, Versicherungen und dem Staat zu risikoreicheren Anlagen im arbeitgebenden Unternehmen einerseits die Rendite erhöhen kann, andererseits aber die Gefahr des Vermögensverlustes seitens der Arbeitnehmer in sich birgt. Auf Grund ihrer vermögens- und verteilungspolitischen Relevanz sollten Mitarbeiterbeteiligungen als bedeutende Ergänzung zum derzeitigen System der sozialen Sicherung betrachtet und stärker gefördert, doch nicht als deren Substitut interpretiert werden. Folglich müssen die Arbeitnehmer sowohl aus den oben genannten kreislauftheoretischen Gesichtspunkten als auch aus Vorsorgeaspekten, trotz der Begründung einer laboristischen Beteiligung, ihre bestehenden Spar- und Versicherungsverträge beibehalten. Zudem kann eine (fest angelegte) Mitarbeiterbeteiligung die Arbeitnehmersparquote im allgemeinen und die Sparquote einzelner sozioökonomischer Gruppen im besonderen dahingehend erhöhen, als daß Einkommensbezieher mit geringer Motivation zur Ersparnisbildung oder geringer Sparfähigkeit zumindest während der vereinbarten Sperrfrist Ersparnisse bilden und diese möglicherweise weitere Anreize schaffen, das Vermögen nicht aufzulösen, sondern vielmehr langfristig im Unternehmen zu belassen beziehungsweise weiterhin anzule-

---

643 Vgl. Preiser, Erich: Theoretische Grundlagen der Vermögenspolitik, Bonn, 1964, S. 31 ff.

gen.[644] Aus den vorgenannten Gründen würde auch eine Erhöhung der Konsumquote seitens der Unternehmerhaushalte eine Preissteigerung induzieren und somit die Umverteilungseffekte zu Gunsten der Gewinneinkommensbezieher teilweise ausgleichen.

Des weiteren können, unter Berücksichtigung konstanter Investitionsquoten, unterschiedliche Anpassungsreaktionen über Veränderungen der Unternehmersparquote möglich sein: Kurzfristig wird das höhere Kapitalangebot zu einer Senkung der Zinssätze und somit zu einer temporären Verringerung der Sparbereitschaft der Gewinneinkommensbezieher führen, wobei sich mittel- bis langfristig wieder das ursprüngliche Zinsniveau einpendeln wird. Wie im weiteren Verlauf dieses Kapitels noch zu sehen sein wird, hängen die Anpassungsreaktionen der Unternehmerhaushalte von weiteren Faktoren ab:

❒ Den Ertrags- beziehungsweise Renditeerwartungen bezüglich des eingesetzten Kapitals: Durch die Einführung einer Mitarbeiterbeteiligung und der damit verbundenen Senkung der Gewinneinkommen kann sich die Spar- und auch die Investitionsbereitschaft insofern verringern, als daß die Produktivkapitalanlage nicht mehr rentabel erscheint.[645]

---

[644] Es läßt sich nicht nur eine positive Korrelation zwischen der Einkommenshöhe und der Ersparnisbildung, sondern auch langfristig zwischen der Vermögenshöhe und der Sparquote vermuten, wobei dies der Kritik, „in der Vermögenspolitik liege kein echtes Potential", widerspricht: Arbeitnehmer, die auf Grund der zu geringen Erträge respektive Vermögensmasse zunächst keine oder nur geringe Ersparnisse gebildet haben, sehen möglicherweise in „ihren kleinen Vermögen" einen Grundstock für weitere Investitionen (Eigenheim, weiteres Produktivvermögen oder ähnliches) sowie einen Anreiz, diese „zwangsweise" aufgebauten Vermögen nicht konsumtiv zu verwenden und zudem die höhere Sparquote aufrecht zu erhalten. Die Einführung von Sperrfristen sollte jedoch nur die Kapitalanteile und nicht die Erträge selbst umfassen, da der Mitarbeiter mit Auszahlung der Erträge seinen Anteil „real erleben kann" und mit steigenden Vermögenswerten die Erträge als zusätzliche, wenn auch bescheidene Einkommensquelle betrachtet und somit eher bereit ist, diese weiterhin anzulegen. Ebenso werden durch Wiederanlageboni, höherer Verzinsung bei gestaffelter Rückzahlung und/oder (begrenzten) Arbeitsplatzgarantie zusätzliche Anreize geschaffen, die Mittel langfristig im Unternehmen zu belassen. Wie Tabelle 21 verdeutlicht, lag der durchschnittliche Beteiligungswert im Jahr 1996 bei circa DM 12.000,-- pro beteiligten Mitarbeiter.

[645] Neben der Verringerung der Sparquote ist, je nach Modellausgestaltung und Freiheitsgrad (im Sinne von Freiwilligkeit der Begründung) einer betrieblichen Beteiligung, allerdings auch eine Veränderung innerhalb der Anlagestruktur denkbar, wenn die Gewinneinkommensbezieher verstärkt in Wertpapieranlagen, Staatsanleihen oder internationalen Anlagen investieren.

- Der Portfoliostruktur des bereits investierten Kapitals sowie der Risikobereitschaft der Unternehmen beziehungsweise der Gewinneinkommensbezieher.[646]
- Der (begrenzten) Risikoübernahme[647] und der Veränderung der Kapitalstruktur respektive der Kapitalrelationen durch die Mitarbeiteranteile.[648]

Mit der staatlichen Vermögenspolitik und dem derzeitigen Anlageverhalten stehen kleinere und mittlere Unternehmen vor der Problematik, daß sie im Rahmen des VermBG finanzielle Mittel an die Arbeitnehmer übertragen müssen und diese in Spar- und Bausparguthaben bei den Banken und Versicherungsinstitu-

---

646 Der Gewinn, der von weiteren Faktoren, wie beispielsweise dem „Pioniergewinn" und dem Unternehmerlohn, beeinflußt wird, kann auch als Entschädigung für das unternehmerische Risiko betrachtet werden: „...'profits are the reward of risk-taking', in the sense that the expectation of profits is a necessary inducement for risk-bearing." Arrow, Kenneth: Essays in the theory of risk-bearing, London, 1970, S. 6. Sofern demnach der beteiligte Mitarbeiter einen Teil des künftigen Investitionsrisikos trägt, wird ein eher risikoaverser Unternehmer zwei unterschiedliche Aspekte gegeneinander abwägen, da der geringeren Nettorendite einer Investition beziehungsweise des eingesetzten Kapitals eine begrenzte Verlustübernahme des Mitarbeiters und somit eine Verringerung des Investitionsrisikos gegenüber steht. Zur Beurteilung einer Gewinn- und Kapitalbeteiligung der Arbeitnehmer unter Berücksichtigung eines risikoaversen Unternehmers vgl. Krauter, Hans-Joachim: Die betriebliche Gewinn- und Kapitalbeteiligung der Arbeitnehmer, a. a. O., S. 206 ff.

647 Wie in Kapitel 3.4 erläutert, wird - keynesianisch argumentiert - die Investitionsbereitschaft von der Grenzleistungsfähigkeit des Kapitals und dem Zinssatz determiniert, wobei die Investitionsnachfrage solange ausgedehnt wird, bis die Grenzleistungsfähigkeit des Kapitals dem Marktzinssatz entspricht. Sofern keine Risikoübernahme seitens der Arbeitnehmer vereinbart wird, können mit Einführung einer Mitarbeiterbeteiligung zwei gegenläufige Tendenzen erwartet werden: Einerseits führt die höhere gesamtwirtschaftliche Ersparnis zu einem höheren Kapitalangebot und somit zu einer Senkung der Kapitalmarktzinsen. Wird weiterhin angenommen, daß sich der interne Kalkulationszinssatz des Anlegers beziehungsweise der Investition aus dem Kapitalmarktzins zuzüglich eines (individuellen) Risikozuschlages errechnet, so muß der Kalkulationszinssatz ceteris paribus sinken und die Investitionsnachfrage steigen. Andererseits wird eine Gewinnbeteiligung die Nettorendite der Investition und folglich auch die Investitionsnachfrage verringern. Alles in allem werden sich - bei konstantem Risikozuschlag - die beiden gegenläufigen Effekte zumindest teilweise kompensieren, wobei die Annahme eines unveränderten Risikozuschlages, ohne Risikoübernahme seitens der Arbeitnehmer, dahingehend eingeschränkt werden sollte, als daß künftige Investitionen im allgemeinen und riskante Investitionen im besonderen reduziert werden: Da der Ertrag respektive die Nettorendite sinkt, die Unternehmen hingegen nach wie vor das gesamte Risiko tragen, kann entweder die Risikoprämie steigen oder die Investitionsbereitschaft sinken.

648 Die Aufrechterhaltung der ursprünglichen Kapitalrelation (Unternehmer- zu Mitarbeiterkapital) kann sogar zu einer Erhöhung der Sparquote der Unternehmerhaushalte führen.

ten anlegt werden. Die Banken und Versicherungsinstitute legen ihr Kapital wiederum in Aktienbeteiligungen oder sonstigen Beteiligungen an Großunternehmen an und vernachlässigen somit kleine und mittlere Unternehmen, denen die Mittel entzogen wurden. Mit der Einführung eines Beteiligungsmodells, das neben der Erfolgsbeteiligung die Anlage der vermögenswirksamen Leistungen im arbeitgebenden Unternehmen vorsieht, können diese Gelder im Unternehmen verbleiben und die Kapitalversorgung - selbst bei einer Fremdkapitalbeteiligung - verbessert werden.

Sowohl dem ursprünglichen als auch dem modifizierten Kaldormodell liegt die Annahme einer autonomen Investition und somit einer exogen gegebenen Investitionsquote zugrunde, ohne dabei wichtige Entscheidungsfaktoren, wie Gewinnerwartung, Risikobereitschaft oder Finanzierungsmöglichkeiten zu erfassen.[649] Unter Berücksichtigung der modifizierten Kaldorgleichung (4b) zeigt sich jedoch, daß eine Änderung des Investitionsverhaltens sowohl die verteilungs- als auch die beschäftigungspolitischen Wirkungen einer Mitarbeiterkapitalbeteiligung negativ aber auch positiv determinieren kann: Sofern die Investitionsquote steigt, wird nur eine geringfügige Verbesserung der Arbeitnehmerposition zu erwarten sein, da die investive Mitarbeiterbeteiligung teilweise kompensiert wird. Steigt die Investitionsquote weiter an, so kann dies zu einer vollständigen Neutralisierung und somit zu keiner Verbesserung der Verteilungsposition der Arbeitnehmer führen. Negative Verteilungseffekte sind zu erwarten, wenn auf Grund einer Mitarbeiterbeteiligung die Investition stärker ansteigt als die zusätzliche Ersparnis der Arbeitnehmer. Demgegenüber könnte sich eine Steigerung der Investitionsquote über die Verbesserung des technischen Fortschritts, die Erhöhung der internationalen Wettbewerbsfähigkeit, des Volkseinkommens respektive des Umverteilungspotentials und der Arbeitsplatzsicherheit sowie des Wirtschaftswachstums auch positiv auf die Verteilungsposition der Arbeitnehmer auswirken.

Aus kreislauftheoretischer Sicht werden mit Einführung einer Mitarbeiterbeteiligung die gesamtwirtschaftlichen Finanzierungsmöglichkeiten nicht beeinflussen, da sie zum einen investiv im Unternehmen verbleibt und zum anderen, wie im zweiten Teil dieses Kapitels dargestellt, die „Ertragslage des Grenzunter-

---

[649] Die Investitionsbereitschaft wird sehr stark von der künftigen Gewinnerwartung, der individuellen (Markt-) Einschätzung, der persönlichen Risikoaversion und nur teilweise von der Ausgestaltung des Beteiligungsmodells (Haftung des Mitarbeiters) determiniert. Demgegenüber bestimmen, wie im weiteren Verlauf dieses Kapitels zu sehen sein wird, Faktoren wie Fremd-, Eigen- oder Selbstfinanzierungsspielräume die Investitionsmöglichkeiten des Unternehmens.

nehmens" nicht tangiert.[650] Demgegenüber sind im Rahmen einer einzelwirtschaftlichen Betrachtung, je nach Ausgestaltung des Beteiligungsmodells, unterschiedliche Wirkungen auf die Finanzierungsmöglichkeiten denkbar, wobei diese im vierten und fünften Teil dieses Kapitels untersucht werden sollen.

Der kaldorianische Verteilungsansatz unterliegt häufig der Kritik, daß die distributiven Wirkungen lediglich auf nachfragetheoretischen Argumenten basieren und entscheidende Aspekte, wie beispielsweise Angebots- oder Machtfaktoren weitgehend außer Acht gelassen werden.[651] Dementsprechend stellt sich die Frage, ob die Unternehmen tatsächlich als reine Mengenanpasser reagieren werden oder inwieweit sie nicht, entsprechend der Monopolgradtheorie, versuchen werden, die Gewinnbeteiligung möglichst überzuwälzen. Da nur mit konstanten Konsum- und Investitionsausgaben die Kreislaufneutralität der Gewinn- und Kapitalbeteiligung gegeben ist, kann eine Erhöhung der gesamtwirtschaftlichen Nachfrage zu einer Überwälzung der Beteiligung führen, wobei die objektive Überwälzungsmöglichkeit und die subjektive -bereitschaft[652] von Faktoren[653], wie etwa der Marktstellung des einzelnen Unternehmens respektive der Wettbewerbssituation innerhalb einer Branche und der Konjunkturlage sowie der Geldpolitik der Bundesbank und der Lohnpolitik der (Einzel-) Gewerkschaften[654], beeinflußt wird.

---

650 Vgl. Besters, Hans: Volkswirtschaftliche und gesellschaftspolitische Aspekte der Beteiligung der Arbeitnehmer am Produktivvermögen, a. a. O., S. 1 - 16, hier S. 11.

651 Wie bereits dargestellt, kann lediglich eine indirekte Berücksichtigung einzelner Machtfaktoren vermutet werden, da im kaldorianischen Modell die Ober- und Untergrenze der Gewinnquoten von der Mindestverzinsung und den Mindestlöhnen determiniert wird.

652 Wenn die Mitarbeiterbeteiligung obligatorisch auf gesamtwirtschaftlicher Ebene eingeführt wird und zudem die Beteiligungsbeträge relativ hoch sind, werden einzelne Unternehmen versuchen, die Beteiligung auf die Arbeitnehmer überzuwälzen und beispielsweise die bisherigen freiwilligen Sozialleistungen, die betrieblich vereinbarten Zusatzleistungen (Überstundenregelungen etc.) oder übertarifliche Lohnvereinbarungen abzubauen. Demgegenüber ist die Wahrscheinlichkeit einer Vor- oder Rückwälzung im Rahmen einer freiwilligen, betrieblichen Beteiligung, bei der die beiderseitige Sozialpartnerschaft und die begrenzte Risikobeteiligung seitens der Arbeitnehmer akzeptiert wird, eher gering.

653 Vgl. ausführlich Opitz, Gerhard: Erfolgsbeteiligungssysteme und gesamtwirtschaftliches Gleichgewicht, a. a. O., S. 250 ff.

654 Im Rahmen der gewerkschaftlichen Lohnpolitik sind zwei Anpassungsreaktionen denkbar: Einerseits kann, je nach Machtposition der (Einzel-) Gewerkschaft, ein Überwälzungsversuch seitens der Unternehmen zu höheren Lohnforderungen und somit zu der bekannten Preis-Lohn-Spirale führen: Eine partielle betriebliche Gewinn- und Kapitalbeteiligung, die auf Grund der starken Marktstellung des Unternehmens via Preiserhöhung übergewälzt

Alles in allem werden, je nach Ausgestaltung und Zielsetzung, betriebliche laboristische Mitarbeiterbeteiligungen zum einen auf Grund der freiwilligen Begründung und zum anderen auf Grund der unterschiedlichen Fälligkeiten beziehungsweise des „zeitversetzten" Ablaufs der Sperrfristen sowie der geringeren gesamtwirtschaftlichen Gewichtung (im Sinne der geringeren makroökonomischen Bedeutung) nur vereinzelt überwälzt, wohingegen tarifvertraglich vereinbarte, überbetriebliche Beteiligungen mit höherer Wahrscheinlichkeit „weitergegeben" werden.[655]

Unter Berücksichtigung der restriktiven Prämissen des nachfragetheoretischen Ansatzes wird die Einführung einer Mitarbeiterbeteiligung ceteris paribus zu einer Verbesserung der Verteilungsposition der Arbeitnehmer führen, wenn ihre Sparquote auch de facto steigt. Verteilungspolitische Maßnahmen zur Erhöhung dieser Arbeitnehmersparquote sollten entsprechend konzipiert sein, so daß die Arbeitnehmer zum einen die ihnen übertragenen Mittel langfristig anlegen und zum anderen weder ihre bisherigen Vermögen auflösen noch mit einer geringeren (freiwilligen) Ersparnis reagieren werden. Weiterhin werden im kaldorianischen Modell mögliche Anpassungsreaktionen via Veränderung der Investitio-

---

wird, aber weder zu einer Steigerung der Löhne noch zu einer höheren Lohnforderung innerhalb der Branche und/oder der gesamten Volkswirtschaft führt, kann sowohl intra- als auch interindustrielle Verteilungsungleichheiten verstärken. Sofern jedoch die Einzelgewerkschaft mit einer höheren Lohnforderung auf die Preis- beziehungsweise Gewinnsteigerung reagiert und diese akzeptiert wird, die Unternehmen und/oder Gewerkschaften in vorbeziehungsweise nachgelagerten Branchen hingegen über keine Anpassungsmöglichkeiten verfügen, so erhöht sich die intersektorale Verteilungsungleichheit auf Kosten der Beschäftigten respektive der Unternehmen anderer Branchen. Nicht zuletzt kann die Preiserhöhung eine höhere Lohnforderung auf gesamtwirtschaftlicher Ebene induzieren und die temporäre Erhöhung der Gewinnquote kompensieren. Andererseits besteht auch die Möglichkeit, daß die Gewerkschaften mit Hilfe der Mitarbeiterbeteiligung eine moderatere, produktivitätsorientierte Lohnpolitik verfolgen (können), da die Verteilungsdisparitäten sofort durch die variablen, ertragsabhängigen Beteiligungen der Arbeitnehmer kompensiert und somit „Ausgleichsansprüche" vermieden werden.

[655] Demgegenüber sehen einzelne Autoren (beispielsweise Achim von Loesch) auch in der betrieblichen Beteiligung die Gefahr, daß wirtschafts- beziehungsweise marktstarke Großunternehmen die Beteiligung via Preiserhöhungen auf die Verbraucher überwälzen können und somit die Solidarität innerhalb der Gruppe der Arbeitnehmer geschwächt wird. Neben den „traditionellen" Interessenskonflikten zwischen Arbeit und Kapital können demnach zusätzliche Konfliktpotentiale entstehen, da die beteiligten Arbeitnehmer auf Grund der Betriebszugehörigkeit gegenüber den Arbeitnehmern innerhalb der Branche und zudem gegenüber den anderen Verbrauchern privilegiert werden. Vgl. Loesch, Achim von: Zur Problematik des Miteigentums, a. a. O., S. 49 sowie Kapitel 6.1 dieser Arbeit und die dort angegebene Literatur.

nen und der Ersparnis der bisherigen Kapitaleinkommensbezieher sowie der gesamtwirtschaftlichen Konsumnachfrage ausgeschlossen. Da die umfassende Beurteilung einer Mitarbeiterbeteiligung, neben dem kreislauftheoretischen Modell, auch weitere verteilungstheoretische Ansätze berücksichtigen sollte, soll im weiteren Verlauf eine Wirkungsanalyse an Hand des angebotstheoretischen Ansatzes betrachtet werden.

9.2 Allokative Wirkungen im Rahmen des angebotstheoretischen Ansatzes

Im Rahmen dieser Untersuchung wird auf den *neoklassischen Grenzproduktivitätsansatz* zurückgegriffen und demnach unter anderem vollkommene Konkurrenz vorausgesetzt.[656] Arbeit und Kapital können als gleichwertige Produktionsfaktoren interpretiert werden, die im Optimum entsprechend ihres Wertgrenzproduktes entlohnt werden. Die Wirkungsanalyse kann dabei sowohl auf mikro- als auch makroökonomischer Ebene geschehen, wobei hier zunächst eine einzelwirtschaftliche Betrachtung im Vordergrund steht. Im Rahmen einer Untersuchung der allokativen Wirkungen, das heißt der Wirkungen auf die Nachfrage nach homogenen Produktionsfaktoren, ist es sekundär, ob es sich um eine betriebliche oder eine überbetriebliche Beteiligung handelt, wohingegen die Frage, inwieweit die Beteiligungsmittel dem Unternehmen nach wie vor als Investitionskapital zur Verfügung stehen, als wichtiger Aspekt interpretiert werden kann. Die *mikroökonomische Analyse* einer Beteiligung der Arbeitnehmer stellt somit auf die Frage nach den Wirkungen auf die Produktionsmengen, die Preise, die Investitionsentscheidungen und die Beschäftigungspolitik des Unternehmens ab. Das Unternehmen, Gewinnstreben vorausgesetzt, hat dabei keinen Einfluß auf die Faktorpreise und erhöht, bei konstantem Einsatz der übrigen Produktionsfaktoren, die Faktornachfrage bis das Grenzerlösprodukt den Grenzausgaben entspricht.[657] Mit Hilfe der Grenzproduktivitätstheorie kann bei gegebenen Preisen über die Nachfrage nach einzelnen Produktionsfaktoren die Beschäftigung aber auch die Höhe der Faktoreinkommen und des Produktionsvolumens bestimmt werden.

---

[656] Neben der Annahme der vollkommenen Konkurrenz sollen im folgenden die üblichen Prämissen, wie rationales nutzen- und gewinnmaximierendes Verhalten aller Anbieter, vollkommene Voraussicht, Homogenität und Mobilität der Güter und Produktionsfaktoren sowie substitutionale Produktionsfunktionen gelten.

[657] Vgl. dazu auch Kapitel 3.3 dieser Arbeit und die dort angegebene Literatur. Hier zeigt sich, daß auf mikroökonomischer Ebene bei gegebenen Preisen die Faktormengen bestimmt werden.

Das Unternehmen setzt seine produzierte Menge zu einem exogen vorgegebenen Preis ab. Sofern also der Erlös als eine Funktion der Ausbringungsmenge gilt, kann auch der Gewinn als eine Funktion der Ausbringung interpretiert werden:[658]

$$(1) \qquad \pi = pq - C(q) - b$$

mit: π = Gewinn
p = Preis
q = Ausbringungsmenge
C(q) = Kostenfunktion in Abhängigkeit der Ausbringungsmenge
b = Fixkostenbestandteil

Die Bedingung für die Gewinnmaximierung ergibt sich aus der ersten Ableitung der Gewinnfunktion nach der Ausbringungsmenge q respektive aus der notwendigen Bedingung erster Ordnung:

$$(2) \qquad \frac{\partial \pi}{\partial q} = p - \frac{\partial C}{\partial q} = 0 \Rightarrow p = \frac{\partial C}{\partial q}$$

Entsprechend Gleichung (2) müssen folglich die Grenzkosten des Unternehmens den konstanten Verkaufspreisen entsprechen.[659] Zieht man weiterhin eine Mitarbeiterbeteiligung in Betracht erhält man eine neue Gewinnfunktion:

$$(3) \qquad \pi = (1-\alpha)[pq - C(q) - b]$$

mit: α = Beteiligungsparameter und $0 \prec \alpha \prec 1$.

Analog zu der oberen Verfahrensweise führt die notwendige Bedingung erster Ordnung zu:[660]

$$(4) \qquad \frac{d\pi}{dq} = (1-\alpha)\left[p - \frac{dC}{dq}\right] = 0$$

658 Vgl. Schumann, Jochen: Grundzüge der mikroökonomischen Theorie, a. a. O., S. 137 ff. sowie Henderson, James / Quandt, Richard: Mikroökonomische Theorie, a. a. O., S. 84 ff.

659 Im Gewinnmaximum muß als hinreichende Bedingung die zweite Ableitung kleiner Null sein.

660 Dieser Sachverhalt ist mit einer Gewinnsteuer vergleichbar. Zur Berechnung des Gewinnmaximums bei einer Gewinnsteuer vgl. Henderson, James / Quandt, Richard: Mikroökonomische Theorie, a. a. O., S. 192 f. Zu den Wirkungen einer Gewinnsteuer vgl. auch Andel, Norbert: Finanzwissenschaft, a. a. O., S. 149 ff.

Ausgehend von der Annahme $0 \prec \alpha \prec 1$ und somit $(1-\alpha) \neq 0$ ergibt sich hieraus die selbe Bedingung, die auch für das Gewinnmaximum ohne Beteiligung gilt:[661]

$$(5) \qquad p = \frac{dC}{dq}$$

Die folgende Abbildung verdeutlicht die Allokationsneutralität einer Mitarbeiterbeteiligung graphisch. Der ökonomische Gesamtgewinn entspricht der Fläche ABDE. Wird eine Mitarbeiterbeteiligung eingeführt, so verringert sich nicht der Gewinn, da dieser lediglich auf Unternehmer und Mitarbeiter (um-) verteilt wird. Nach wie vor gilt der Schnittpunkt der Grenzkostenkurve mit der Preisgeraden als die gewinnoptimale Ausbringungsmenge. Der Anteil der Unternehmen verringert sich auf die Fläche FCDE; die Mitarbeiter hingegen erhalten einen Anteil, der der Fläche ABCF entspricht. Somit ist also bewiesen, daß eine konstante Mitarbeiterbeteiligung kurzfristig allokationsneutral wirkt und nicht mit einer Veränderung der Produktion und Beschäftigung zu rechnen ist.

Abbildung 33: Graphische Analyse des Gewinnmaximums eines Unternehmens mit einer Mitarbeiterbeteiligung

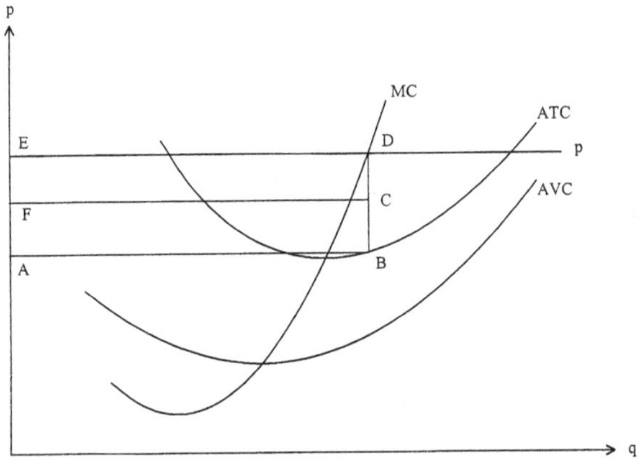

Auch Abbildung 34 verdeutlicht die Allokationsneutralität einer Mitarbeiterbeteiligung, wobei in diesem Fall auf der Abszisse die Ausbringungsmenge und auf der Ordinate der Gewinn abgetragen wird.

661 Als hinreichende Bedingung muß auch hier die zweite Ableitung kleiner Null sein.

Abbildung 34: Die Veränderung des Gewinns auf Grund einer Beteiligung

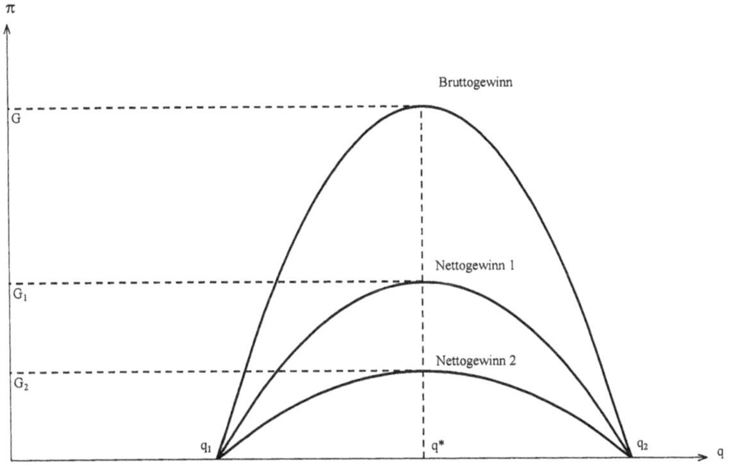

Quelle: Krelle, Wilhelm / Schunck, Johann / Siebke, Jürgen: Überbetriebliche Ertragsbeteiligung der Arbeitnehmer, Band I, Tübingen, 1968, S. 54 (eigene Darstellung).

Wie in Abbildung 34 ersichtlich, führt die Einführung einer Mitarbeiterbeteiligung zu einer Reduzierung des Bruttogewinns für das Unternehmen, aber zu keiner Variation der Ausbringungsmenge: Unabhängig von der Höhe des Beteiligungssatzes befindet sich das Unternehmen ab der Ausbringungsmenge in q_1 im positiven Gewinnbereich. Ab q_2 hingegen endet der positive Gewinnbereich und das Unternehmen wird die Produktion sicherlich nicht über diesen Punkt hinaus ausdehnen. Weiterhin läßt sich in diesem Fall feststellen, daß das Gewinnmaximum nach der Einführung einer Mitarbeiterbeteiligung bei der Ausbringungsmenge q* erreicht wird.

Unter Berücksichtigung der mathematischen und graphischen Untersuchung läßt sich demnach das Resümee ziehen, daß die Einführung einer (konstanten) Mitarbeiterbeteiligung kurzfristig keine Anpassungsreaktionen über die Veränderung der Preis-, Beschäftigungs- und Investitionspolitik des einzelnen Unternehmens induzieren wird, da die Mitarbeiterbeteiligung weder Kosten[662] noch

[662] Um die Wirkungen auf die Kosten des Unternehmens respektive die Entlohnung der Produktionsfaktoren darzustellen, soll auf Kapitel 3.3 dieser Arbeit zurückgegriffen werden. Dabei werden die Ausbringungsmenge mit q, die einzelnen Produktionsfaktoren Arbeit und Kapital mit x_1 und x_2 und die Faktorpreise mit r_1 und r_2 bezeichnet. Die Produktionsfunk-

Erlöse beeinflußt und somit die gewinnoptimale Preis-Mengen-Relation unverändert bleibt.[663] Sofern die Unternehmen entsprechend der vorgenannten Prämissen als Mengenanpasser reagieren, ihre Preiskalkulation auf einer Grenzkostenrechnung basiert und sie dementsprechend auch nicht versuchen werden, die Beteiligung überzuwälzen, verdeutlicht die mathematische Darstellung, daß nur jene Unternehmen belastet werden, die kurzfristige Gewinne erwirtschaften, der Grenzanbieter hingegen nicht von der Gewinnbeteiligung betroffen ist.[664]

Es hat sich gezeigt, daß bei der vollständigen Konkurrenz eine Gewinnbeteiligung kurzfristig allokationsneutral wirkt. Unweigerlich taucht die Frage auf, inwieweit dies bei anderen Marktformen ebenso der Fall ist. Die zweite Markt-

---

tion läßt sich somit darstellen als $q = f(x_1, x_2)$, die Kostenfunktion als $C = x_1 r_1 + x_2 r_2 + b$, die Gewinnfunktion als $\pi = pf(x_1, x_2) - [x_1 r_1 + x_2 r_2 + b]$ und die um eine Mitarbeiterbeteiligung erweiterte Gewinnfunktion als: $\pi = [pf(x_1, x_2) - x_1 r_1 - x_2 r_2 - b](1-\alpha)$. Da weiterhin die Bedingung $(1-\alpha) \neq 0$ gilt, lassen sich die partiellen Ableitungen der Gewinnfunktion nach den Produktionsfaktoren auch unter Berücksichtigung einer Mitarbeiterbeteiligung darstellen als:

$\frac{\partial \pi}{\partial x_1} = pf_1 - r_1 = 0 \Rightarrow pf_1 = r_1$ und $\frac{\partial \pi}{\partial x_2} = pf_2 - r_2 = 0 \Rightarrow pf_2 = r_2$, wobei die Bedingungen zweiter Ordnung als erfüllt gelten sollen. Hier zeigt sich, daß die Einführung einer Mitarbeiterbeteiligung die Faktornachfrage und -entlohnung nicht beeinflußt. Vgl. auch Henderson, James / Quandt, Richard: Mikroökonomische Theorie, a. a. O., S. 79 ff. und S. 192 ff.

663 Wie das folgende Zitat verdeutlicht, kommen auch Krelle, Schunck und Siebke zu dem selben Ergebnis: „ ... *kurzfristig* werden die *Produktion*, die *Preise* und die *Beschäftigung* von der Einführung einer Gewinnbeteiligung der Arbeitnehmer *bei einer Unternehmung nicht beeinflußt*, solange der Gewinnbeteiligungssatz konstant oder nur gering progressiv ist. Bei stärkerer Progressivität muß man mit einer depressiven Wirkung rechnen. Das gilt bei allen Marktformen.“ Krelle, Wilhelm / Schunck, Johann / Siebke, Jürgen: Überbetriebliche Ertragsbeteiligung der Arbeitnehmer, a. a. O., S. 55.

664 Carl Föhl kommt im Rahmen seiner Untersuchungen zu folgendem Ergebnis: „Beide Verfahren der Gewinnbeteiligung unterscheiden sich gemeinsam von einer generellen Erhöhung der Nominallöhne dadurch, daß die Kosten des Grenzproduzenten durch die Gewinnbeteiligung nicht erhöht werden. Sie sind in dieser Hinsicht der Gewinnbesteuerung ähnlich. Von der Kostenseite her wird also auch hier das Gleichgewicht nicht gestört. Die Barausschüttung der Gewinnanteile führt aber wie die Lohnerhöhung bei unveränderter Verbrauchsneigung der Empfänger zu einer Erhöhung ihrer Verbrauchsausgaben.“ ... „Die Gewinnbeteiligung ist also ebenso wie die steuerliche Redistribution zur Beeinflussung der Verteilung der Vermögensbildung ungeeignet, wenn sie nicht mit einer Beeinflussung der Sparneigung der Unselbständigen verbunden wird.“ Föhl, Carl: Kreislaufanalytische Untersuchungen der Vermögensbildung in der Bundesrepublik Deutschland und der Beeinflußbarkeit ihrer Verteilung, a. a. O., S. 85 und S. 87.

form, die im Rahmen dieser Arbeit untersucht werden soll ist das (Angebots-) Monopol. Die Nachfragekurve eines Monopolisten entspricht der allgemein üblichen Marktnachfragekurve. Der Unterschied zwischen dem Monopolanbieter und einem Unternehmen bei vollständiger Konkurrenz besteht lediglich darin, daß der Preis des Monopolisten bei steigender Ausbringungsmenge sinkt, wohingegen der Anbieter bei vollständiger Konkurrenz den Preis als Datum hinnehmen muß. Folglich hat der Monopolist auf Grund der Preis- beziehungsweise Mengenvariation einen größeren Aktionsradius, wobei er allerdings nicht beide Variablen unabhängig voneinander festsetzen kann.

Analytisch läßt sich die Frage nach den allokativen Wirkungen wie folgt klären: Das Unternehmen sieht sich einer negativ geneigten Preis-Absatz-Funktion gegenüber. Seine Gewinnfunktion lautet dabei:

$$\pi = p(q)q - C(q) - b$$

Auch hier wird das Gewinnmaximum erreicht, wenn die notwendige Bedingung erster Ordnung dem Wert Null entspricht:

$$\frac{\partial \pi}{\partial q} = p + \frac{\partial \mathrm{p}}{\partial \mathrm{q}}\mathrm{q} - \frac{\partial \mathrm{C}}{\partial \mathrm{q}} = 0$$

$$\Rightarrow p(1 + \frac{1}{\eta_{q,p}}) = \frac{\partial \mathrm{C}}{\partial \mathrm{q}}$$

$$mit: \eta_{q,p} = \frac{\partial \mathrm{q}}{\partial \mathrm{p}} \frac{p}{q} < 0$$

Der Ausdruck $p(1+\frac{1}{\eta_{q,p}})$ wird als die Amoroso-Robinson-Relation bezeichnet.[665]

Der Grenzerlös muß auch in diesem Fall den Grenzkosten entsprechen. Nach der Einführung einer Mitarbeiterbeteiligung sieht sich das Unternehmen der Gewinnfunktion gegenüber, die wie folgt dargestellt werden kann:

$$\pi = (1 - \alpha)(p(q)q - C(q) - b)$$

Die notwendige Bedingung erster Ordnung liefert wiederum das Gewinnmaximum:

$$\frac{\partial \mathrm{p}}{\partial \mathrm{q}} = (1 - \alpha)(\mathrm{p} + \frac{\partial \mathrm{p}}{\partial \mathrm{q}}\mathrm{q} - \frac{\partial \mathrm{C}}{\partial \mathrm{q}}) = 0$$

$$\Rightarrow (1 - \alpha)\,\mathrm{p}(1 + \frac{1}{\eta_{q,p}}) = (1 - \alpha)\frac{\partial \mathrm{C}}{\partial \mathrm{q}}$$

$$\Rightarrow \mathrm{p}(1 + \frac{1}{\eta_{q,p}}) = \frac{\partial \mathrm{C}}{\partial \mathrm{q}}$$

---

665 Vgl. Schumann, Jochen: Grundzüge der mikroökonomischen Theorie, a. a. O., S. 248.

$$\text{mit}\, \eta_{q,p} = \frac{\partial q}{\partial p}\frac{p}{q} < 0$$
$$\text{und}\, 0 < \alpha < 1$$

Im Rahmen der kurzfristigen Betrachtung läßt sich auch hier erkennen, daß eine Beteiligung die gewinnoptimale Menge nicht verändert. Da die in Abbildung 34 gewonnen Ergebnisse auch beim Monopol gelten, soll hier auf eine graphische Analyse verzichtet werden.[666]

Abschließend stellt sich jedoch die Frage, inwieweit sich die bislang gewonnenen Ergebnisse mit einer „Null-Gewinn-Annahme" der vollständigen Konkurrenz vereinbaren lassen, zumal die Prämissen der vollständigen Konkurrenz eine unendlich schnelle Reaktionsgeschwindigkeit voraussetzen? Betrachtet man die allokativen Wirkungen in kurz- und langfristiger Sicht, so können kurzfristig durchaus Differential und/oder Pioniergewinne entstehen, wohingegen langfristig der Gewinn auf Null absinken wird, da neue Anbieter auf den Markt drängen werden.[667] Auf Grund des freien Marktzugangs können „Newcomer" respektive Anbieter aus Grenzmärkten die selben (homogenen) Güter produzieren und somit die bestehende Angebotspalette mit ihren Produkten erweitern. Dementsprechend verschiebt sich die Angebotskurve bei sinkendem Preis, wobei dieser Prozeß solange fortgesetzt wird, bis langfristig keine Gewinne erwirtschaftet werden können.[668] Allerdings werden die Unternehmen in der Praxis zu unterschiedlichen Kosten produzieren und somit, bei gegebener Nachfrage, auch unterschiedliche Erträge erwirtschaften, wobei lediglich der Grenzunternehmer der Null-Gewinn-Annahme unterliegen wird. Zudem kann sich auf oligopolistischen Märkten ein labiles Gleichgewicht einpendeln, da üblicherweise die Anbieter auf einen Preiskampf verzichten und sogenannte Oligopolrenten präferieren werden.

Unter Berücksichtigung makroökonomischer Aspekte[669] und insbesondere der möglichen Stabilisierungseffekte sollte die Mitarbeiterbeteiligung bezüglich der

---

[666] Vgl. Musgrave, Richard: Finanztheorie, a. a. O., S. 278 - S. 285.

[667] Dementsprechend ließe sich anführen, daß die Gewinnbeteiligung im Rahmen der vollständigen Konkurrenz systemwidrig und unnötig wäre, da die Entlohnung entsprechend des jeweiligen „Beitrages am Produktionsprozeß" erfolge und genügend Anreize schaffe.

[668] Vgl. Henderson, James / Quandt, Richard: Mikroökonomische Theorie, a. a. O., S. 151 und S. 201 ff.

[669] Der Übergang von der mikro- zur makroökonomischen Betrachtung der vollzieht sich insofern, als daß bei gegebenen Faktormengen die Faktorpreise bestimmt werden.

Wirkungen auf die funktionale Einkommensverteilung sowie der angebots- respektive nachfrageinduzierten Effekte untersucht werden.[670] Die makroökonomische Analyse basiert im allgemeinen auf der Annahme, daß in allen Unternehmen eine Beteiligung zur selben Zeit eingeführt wird, wobei auch hier Größen, wie Sozialprodukt, Einkommensverteilung, Beschäftigung und Investitionen im Zentrum der Betrachtung stehen.[671]

Ausgehend von einer neoklassischen Produktionsfunktion vom Typ „Cobb-Douglas“ sind die beiden Faktoren Arbeit und Kapital substituierbar und werden entsprechend ihrer relativen Knappheit entlohnt. Es müssen demnach die Angebots- und Nachfragekurven bestimmt werden, um den Gleichgewichtspreis, als Schnittpunkt der beiden Kurven, zu bestimmen. Die funktionale Einkommensverteilung läßt sich, in Anlehnung an Kapitel 3.3 dieser Arbeit, mit Hilfe der Lohnquote, das heißt mit Hilfe des Quotienten aus Grenzprodukt der Arbeit und Durchschnittsprodukt bestimmen. Inwieweit allerdings mit der Einführung einer Mitarbeiterbeteiligung positive Wirkungen auf die Lohnquote einhergehen, läßt sich ad hoc nicht eindeutig klären, da diese von der tatsächlichen Entwicklung respektive der effektiven Veränderung des vorgenannten Quotienten abhängen.[672] Unter Berücksichtigung der neoklassischen Annahmen wird allerdings die laboristische Beteiligung ceteris paribus sowohl zu einer Erhöhung der gesamtwirtschaftlichen Ersparnis als auch zu einer Verbesserung

---

[670] Zu den positiven Wirkungen einer Mitarbeiterbeteiligung auf die Beschäftigung vgl. exemplarisch Weitzmann, Martin: Some Macroeconomic Implications of Alternative Compensation Systems, in: William Reddaway / David Champernowne / John Black u. a. (Hrsg.): The Economic Journal, Volume 93, London, New York, 1983, S. 763 ff. sowie zu den nachfrageinduzierten Wirkungen, auf deren Darstellung im Rahmen dieser Arbeit verzichtet wird, vgl. Althammer, Jörg: Gewinnbeteiligung bei begrenzter Haftung der Arbeitnehmer, a. a. O., S. 118 - 128.

[671] Um jedoch zu aussagekräftigen Ergebnissen zu kommen, müssen weitere Modellannahmen getroffen werden: Die gesamte, geschlossene Volkswirtschaft kann als homogenes Gut betrachtet werden. Es wird nicht zwischen einzelnen Unternehmen oder Branchen unterschieden. Die zweite Abstraktion ist möglich, da bei der kurzfristigen Betrachtung keine Strukturverschiebungen zwischen den Branchen zu erwarten sind. Auf lange Sicht ist diese Vereinfachung insofern zulässig, als daß die Strukturverschiebungen zum einen unbekannt und zum anderen verteilungspolitisch weniger interessant sind. Die Modelle sind daher entweder kurz- oder sehr langfristig angelegt.

[672] Je nach Ausgestaltung und Zielsetzung einzelner Beteiligungsmodelle und insbesondere betrieblicher Eigenkapitalbeteiligungsmodelle, ist eine Erhöhung der Arbeitsproduktivität durchaus denkbar. Die endgültige Wirkung auf die Lohnquote ist allerdings ungewiß, da sich sowohl die Grenz- als auch die Durchschnittsproduktivität erhöhen wird.

der Anlagestruktur der Arbeitnehmerersparnisse und somit, über den Zinsmechanismus, zu einer Anpassung - im Sinne einer Erhöhung - der Investitionen führen.[673]

Die Investitionssteigerung kann ihrerseits die Arbeitsproduktivität,[674] die Kapitalintensität und, auf Grund der daraus resultierenden relativen Knappheit des Faktors Arbeit, die (absoluten) Arbeitseinkommen erhöhen.

Demgegenüber stellt sich die Frage, inwieweit sich die Lohnquote tatsächlich zu Gunsten der Arbeitnehmer entwickeln wird, da weitere Anpassungsreaktionen, wie beispielsweise die Substitution des teurer gewordenen Faktors Arbeit, denkbar sind. Obgleich im Rahmen dieser Arbeit auf die eingehende Untersuchung der Substitutionselastizität verzichtet und auf die entsprechende mikroökonomische Literatur verwiesen werden soll[675], können folgende Feststellungen getroffen werden:

---

673 Vgl. dazu 87ff dieser Arbeit.

674 Wie bereits mehrfach festgestellt, können Mitarbeiterbeteiligungen die betriebliche Partnerschaft sowie das Arbeitsklima verbessern, dadurch unter Umständen die durchschnittliche Arbeitsproduktivität und die Grenzproduktivität erhöhen. Da zudem das Einkommen der Arbeitnehmer mit der Einführung eines erfolgsabhängigen Entlohnungssystems auch vom Ertrag des Unternehmens beeinflußt wird, können Leistungsanreize erwartet werden. So kommt beispielsweise Margit Perry zu dem Ergebnis, daß eine Gewinnbeteiligung sowohl bei Personen als auch bei Kapitalgesellschaften positive Effekte induzieren kann und somit auch von den Unternehmen akzeptiert werden, wenn dadurch Produktivitätssteigerungen oder positive Effizienzeffekte seitens der Mitarbeiter erwartet werden können: „Innerhalb des Modellrahmens mit Produktivitätseffekten gilt für ein Unternehmen, das als Personengesellschaft organisiert ist, daß immer dann eine nicht-leere Lösungsmenge für Gewinnbeteiligungen existiert, wenn durch die Einführung eines Gewinnbeteiligungsmodells Produktivitätssteigerungen bei dem zu beteiligenden Produktionsfaktor Arbeit zu erzielen sind.“ Perry, Margit: Gewinnbeteiligung als alternatives Entlohnungssystem, a. a. O., S. 98. Wie die Untersuchungen von Margit Perry verdeutlichen, sind bei Kapitalgesellschaften dieselben Ergebnisse zu erwarten. Eine weitere Verschiebung basiert auf der neoklassischen Produktionsfunktion: Die investive Anlage der Mitarbeiterbeteiligung bedingt im geschlossenen Kreislaufsystem ohne Kreditabschöpfung seitens des Staates eine Erhöhung des Kapitalstocks, wobei dies ebenfalls zu einer Steigerung der Grenzproduktivität des Faktors Arbeit führt.

675 Zur Substitutionselastizität im allgemeinen und der Substitutionselastizität in Verbindung mit einer Mitarbeiterbeteiligung im besonderen vgl. Schumann, Jochen: Grundzüge der mikroökonomischen Theorie, a. a. O., S. 121; Henderson, James / Quandt, Richard: Mikroökonomische Theorie, a. a. O., S. 74 f. und S. 113 ff. sowie Rose, Klaus: Grundlagen der Wachstumstheorie, 3. Auflage, Göttingen, 1977, 67 ff., insbesondere S. 74 ff.

- Eine Substitutionselastizität von eins, wie sie beispielsweise die Cobb-Douglas-Produktionsfunktion aufweist, führt zu keiner Veränderung der funktionalen Einkommensverteilung, da die relative Veränderung der Kapitalintensität der relativen Änderung des Faktoreinkommensverhältnisses entspricht.
- Mit einer Substitutionselastizität kleiner eins hingegen bedingt die Einführung einer Mitarbeiterbeteiligung und dementsprechend die Erhöhung des Kapitalangebots eine Verbesserung der Verteilungsrelation zu Gunsten der Arbeitnehmer, da die Kapitalintensität nur unterproportional zum Faktoreinkommensverhältnis steigt.

Wenn weiterhin angenommen wird, daß die Produktion unverändert bleibt, können die Unternehmen jedoch versuchen, sich insofern der neuen Situation anzupassen, als daß sie, aufgrund der relativen Preiserhöhung des Produktionsfaktors Arbeit sowie des höheren Kapitalangebots, ein kapitalintensiveres Produktionsverfahren wählen. Graphisch ausgedrückt bedeutet dies eine Bewegung entlang der Isoquante in Richtung steigender Kapitalintensität und geringerer Arbeitsnachfrage. Bei konstantem Arbeitsangebot würde sich dies negativ auf die Beschäftigungssituation auswirken.

Abbildung 35: Die mögliche Anpassungsreaktion der Unternehmen auf eine Mitarbeiterbeteiligung bei konstantem Output

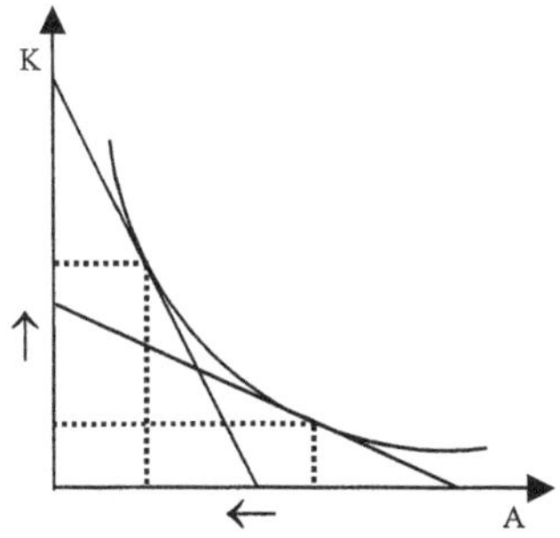

Wie nebenstehende Abbildung verdeutlicht, scheint bei unveränderter Outputmenge die Betrachtung im Rahmen der neoklassischen Grenzproduktivitätstheorie gegen die Mitarbeiterbeteiligung zu sprechen, wobei allerdings auch andere Aspekte berücksichtigt werden sollten. Beispielsweise stellt sich - analog zur Überwälzungsproblematik - die Frage, inwieweit die Unternehmen bei einer betrieblichen (Eigenkapital-) Beteiligung tatsächlich den Faktor Arbeit substituieren werden, da sie (die betriebliche Beteiligung) im allgemeinen auf freiwilliger Basis eingeführt wird und möglicherweise weitere/andere einzelwirtschaftliche Zielaspekte dominieren. Zudem können mit Hilfe einer Mitarbeiterbeteiligung die tarifvertraglich vereinbarten Reallöhne, trotz der Erhöhung der Grenzproduktivität des Faktors Arbeit, wie in den folgenden Abschnitten näher dargestellt wird, konstant bleiben. Nicht zuletzt besteht die Möglichkeit, daß sowohl Output, Kapitaleinsatzmenge und Beschäftigung steigen.

Die ertragsabhängige Entlohnung der Mitarbeiter setzt sich aus den Komponenten „fixer Basislohn“ und „variabler Anteil am Erfolg des Unternehmens“ zusammen. Durch die Einführung einer Mitarbeiterbeteiligung als flexible Komponente kann sich das Grenzprodukt der Arbeit, bei konstanten Lohnkosten, erhöhen, da die ertragsabhängige Mitarbeiterbeteiligung definitionsgemäß nicht als Lohnkomponente interpretiert wird.[676] Der Produktivitätsfortschritt[677] wird somit nicht über feste Lohnbestandteile, sondern vielmehr über flexible Beteiligungen an die Mitarbeiter weitergegeben, wobei sich diese Beteiligungen dem jeweiligen Konjunkturverlauf und der Ertragslage anpassen.

Abbildung 36: Die angebotspolitischen Wirkungen einer Mitarbeiterbeteiligung

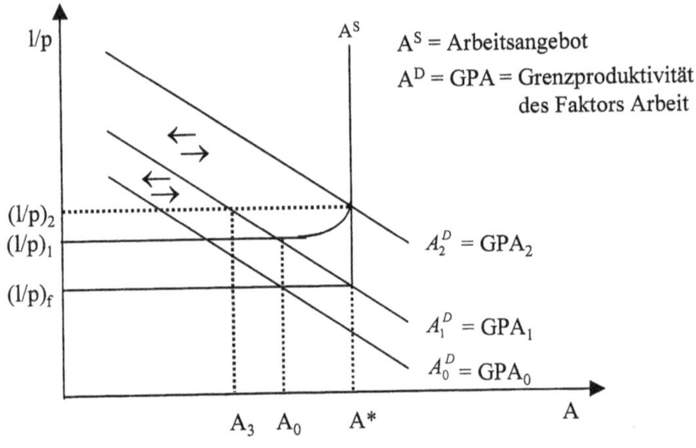

Abbildung 36 kann wie folgt interpretiert werden: In der Ausgangssituation, das heißt vor Einführung der Mitarbeiterbeteiligung, liegt der konstante Reallohn bei $(\frac{l}{p})_f$, die Nachfrage nach dem Faktor Arbeit bei $A_0^D = GPA_0$ und das Beschäftigungsniveau bei A_0. In dieser Situation, mit einer „Mindestlohnarbeitslosigkeit“ in Höhe von A_0-A*, könnte die Arbeitslosigkeit nur durch eine Ver-

[676] Vgl. Kommission für Zukunftsfrage der Freistaaten Bayern und Sachsen (Hrsg.): Erwerbstätigkeit und Arbeitslosigkeit in Deutschland, a. a. O., S. 16 und S. 94 f.

[677] Die Erhöhung der Arbeitsproduktivität läßt sich dabei auf zwei Faktoren zurückführen: Zum einen steigt sie im Zeitverlauf auf Grund des technischen Fortschritts und zum anderen auf Grund der stärkeren Arbeitsanreize durch die Mitarbeiterbeteiligung.

schiebung der Arbeitsnachfragekurve nach außen oder einer deutlichen Senkung der Reallöhne abgebaut werden, wobei diese Lohnanpassung bei einer tarifvertraglich festgelegten Lohnstruktur nicht möglich ist.

In der Folgeperiode verschiebt sich die Arbeitsnachfragekurve von $A_0^D = GPA_0$ nach $A_1^D = GPA_1$, mit anderen Worten, es erhöht sich die Grenzproduktivität des Faktors Arbeit. Sofern diese Steigerung im Rahmen der traditionellen Lohnpolitik zu einer Erhöhung der Lohnforderungen und somit zu einer Erhöhung der Reallöhne auf $(\frac{l}{p})_1$, das heißt zu einer Verschiebung der A^S, führt, sind keine positiven Beschäftigungswirkungen zu erwarten. Mit der Einführung einer Mitarbeiterbeteiligung hingegen können die Reallöhne konstant auf dem Niveau $(\frac{l}{p})_f$ bleiben, wobei sich, auf Grund der Mengenvariation, die Beschäftigung auf A* erhöht.[678]

Sofern in einer künftigen Periode die Grenzproduktivität auf Grund der höheren Arbeitsanreize weiterhin ansteigt und dies zu einer entsprechenden Arbeitsnachfrage führt, wird bei der traditionellen Lohnpolitik das Reallohnniveau erneut ansteigen, wohingegen im Rahmen einer Mitarbeiterbeteiligung das (fixe) Reallohnniveau nach wie vor bei $(\frac{l}{p})_f$ liegt.

Demgegenüber verringert sich bei einem Konjunkturrückgang, das heißt bei einer Rückverschiebung von $A_2^D = GPA_2$ nach $A_1^D = GPA_1$ die Beschäftigung um A_3-A*, da hier auf Grund der starren Reallöhne keine Anpassungen via Lohnvariationen möglich sind. Mit der Einführung einer flexiblen Lohnkomponente wird künftigen Beschäftigungseinbrüchen durch eine Flexibilisierung der Reallöhne entgegengewirkt. Der fixe Reallohnanteil bleibt dabei konstant, wobei sich jede Verringerung des fixierten Reallohnsatzes - bei gleichzeitiger

---

678 Da die gewerkschaftliche Zielvorstellung, neben der Verringerung der Arbeitslosigkeit, eine Lohnerhöhung für die Insider (beschäftigte Gewerkschaftsmitglieder) beinhaltet, wird dieser theoretische Fall (trotz vereinbarter Gewinnbeteiligung erhalten die Insider keine faktische Lohnerhöhung) nur in abgeschwächter Form zu realisieren sein. Der Gesamtlohn pro Arbeitnehmer wird, wenn auch moderater als bei der Beibehaltung der Fixlohn-Politik, ansteigen, wohingegen der Beschäftigungsanstieg unter Umständen nicht in diesem vollen Umfang erreicht werden kann. Demgegenüber ist beispielsweise Christof Schares der Ansicht, daß in diesem Falle die Beschäftigung - trotz der variablen Lohnerhöhung - auf A* steigen würde, da jeder dieser Beschäftigten ein Grenzerlösprodukt erwirtschaften wird, das über seinem Grundlohn liegt. Vgl. Schares, Christof: Lohnformen und Arbeitslosigkeit, a. a. O., S. 100 ff.

Einräumung einer variablen Entlohnungskomponente - als beschäftigungswirksam erweisen würde. Wird demnach der Produktivitätsfortschritt nicht in Form von höheren Löhnen, sondern in Form einer Beteiligung honoriert, kann die Mitarbeiterbeteiligung eindeutig als konjunkturstabilisierendes Mittel wirken:

> „Bei einer Ertragsbeteiligung der Arbeitnehmer ist die Gesamtentlohnung des Faktors Arbeit, also kontraktbestimmter Basislohnsatz zuzüglich des eingesetzten Lohnanteils der Arbeitnehmer, eine Funktion des Gewinns und damit auch kurzfristig - d.h. bei einer gegebenen Fixlohnkomponente w_f und gegebenem Ertragsbeteiligungsparameter θ - in Höhe des Ertragsanteils flexibel. Nicht-antizipierte Änderungen des Grenzerlöses des Faktors Arbeit schlagen sich in diesem Fall nicht mehr in Mengenvariationen am Arbeitsmarkt nieder, sondern es erfolgt ein Abbau der Überschußnachfrage am Arbeitsmarkt sowie ein Absinken der Güterpreise und des Ertragsanteils der Arbeitnehmer bei konstanter Produktions-, und Beschäftigungsmenge; der Beschäftigungsgrad stabilisiert sich demnach auf Grund der quasi-flexiblen Entlohnung des Faktors Arbeit.“[679]

Mit der Einführung einer Fixlohn- und einer ertragsabhängigen Beteiligungskomponente kann sich die Arbeitsnachfrage des Unternehmens am niedrigeren Basislohn orientieren.[680] Wenn die Unternehmen die Produktivitätssteigerung als temporär und die Ertragslage eher pessimistisch betrachten, besteht die Gefahr, daß sich diese Produktivitätssteigerung nicht auf den Arbeitsmarkt durchschlägt, das heißt weniger Arbeitskräfte als erwartet eingestellt werden.

Somit könnten mit Hilfe einer variablen Entlohnungskomponente Anreize geschaffen werden, bestehende Beschäftigungsverhältnisse zu sichern und/oder neue Arbeitskräfte langfristig einzustellen, da sowohl die positiven als auch negativen Veränderungen bei einem konstanten Basislohn über die Variation der Mitarbeiterbeteiligung flexibilisiert und somit die Risiken verringert respektive teilweise „von der Belegschaft getragen“ werden.[681] Andererseits

---

679 Althammer, Jörg: Gewinnbeteiligung bei begrenzter Haftung der Arbeitnehmer, a. a. O., S. 114.

680 Vgl. Althammer, Jörg: Die Rolle der Vermögenspolitik im Rahmen einer Sozialreform, a. a. O., S. 610.

681 Hier zeigt sich, daß, mit der Einführung einer Gewinn- und Kapitalbeteiligung einerseits der Arbeitnehmer einen Teil des Einkommensrisikos trägt aber andererseits mit auf Grund der Lohnflexibilität sein Arbeitsplatzrisiko reduziert wird. Vgl.: Krauter, Hans-Joachim: Die betriebliche Gewinn- und Kapitalbeteiligung der Arbeitnehmer, a. a. O., S. 233. Sofern keine reine Fixlohn-Politik verfolgt wird und die Löhne beispielsweise nicht auf das theoretisch denkbar höhere Niveau steigen wird, vertritt die Gewerkschaft nicht immer vollständig die Lohninteressen der Insider, sondern auch die Beschäftigungsinteressen ihrer (arbeitssuchenden) Mitglieder.

stellt sich die grundsätzliche Frage, inwieweit die Arbeitsangebotskurve tatsächlich entsprechend der oben dargestellten Form verläuft, oder ob nicht vielmehr mit steigendem Lohnsatz ein höheres Arbeitsangebot einhergeht et vice versa. Sofern dieser Verlauf angenommen wird, kann die Einführung einer Mitarbeiterbeteiligung die Angebotselastizität erhöhen. Wie Abbildung 37 zeigt, sind dabei zwei Alternativen möglich:

Abbildung 37: Die Veränderung der Arbeitsangebotselastizität im Rahmen einer Mitarbeiterbeteiligung

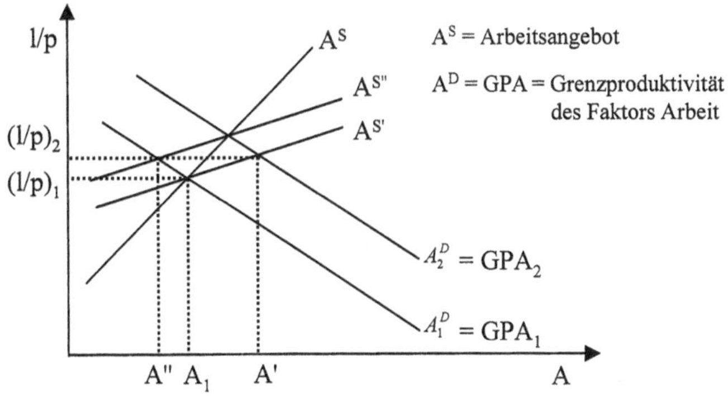

Sofern die Drehung der Arbeitsangebotskurve vor der Produktivitätssteigerung und somit im Schnittpunkt von $A_1^D = GPA_1$ und der ursprünglichen A^S - Kurve, das heißt eine Drehung zu $A^{S'}$ erfolgt, wird eine Erhöhung der Arbeitsnachfrage eine geringere Lohnsteigerung und eine Beschäftigungserhöhung in Höhe von A_1 - A' bewirken.[682] Bei einem Konjunkturrückgang ergibt sich wiederum die Ausgangssituation A_1.

Wird allerdings die Arbeitsangebotskurve nach der Produktivitätssteigerung im Schnittpunkt mit $A_2^D = GPA_2$ nach $A^{S''}$ gedreht, so führt ein konjunktureller Einbruch, das heißt eine Rückverschiebung von $A_2^D = GPA_2$ nach $A_1^D = GPA_1$, zu einer geringeren Lohnsenkung (gegenüber $(\frac{l}{p})_1$) bei gleichzeitigem Beschäftigungsrückgang auf A''. Diese Angebotsreaktion läßt sich unter Berücksichtigung der in Kapitel 4.1 gewonnenen Ergebnisse insofern (theoretisch) erklären,

---

682 Zu einem ähnlichen Ergebnis kommt auch Oswald von Nell-Breuning im Rahmen seines Einführungsvortrages bei der internationalen Tagung der Sozialakademie Dortmund. Vgl. Nell-Breuning, Oswald von: Einführung in das Tagesthema, a. a. O., S. 22.

als daß die Arbeitnehmer auf Grund ihrer Vermögensbildung und den daraus resultierenden Einkommen in der Lage sind, vorübergehend auf die Verwertung ihrer Arbeitskraft zu verzichten und sich dementsprechend ihre (Verhandlungs-) Position am Arbeitsmarkt verbessert hat.[683]

Des weiteren sehen einzelne Vertreter des dynamischen Wettbewerbs in den Residualgewinnen respektive der Anreizfunktion dieser Gewinne den Motor der gesamten Wirtschaft, wobei Innovation, Vorsprung und Aufholung durch die Mitarbeiterbeteiligung beeinträchtigt werden könnte. Diese Argumentation basiert auf der Annahme, daß die Produktions- und Beschäftigungsentscheidungen einzelner Unternehmen nur zum Teil von den niedrigeren Lohnkosten determiniert werden und ertragsabhängige Entlohnungsformen im Rahmen einer Zuschlagskalkulation durchaus berücksichtigt werden sollten, da der Ertrag des Unternehmens beziehungsweise des eingesetzten Kapitals sinkt. Die Gewinnreduzierung könnte folglich das Wirtschaftswachstum, die Investitionen und letztendlich die Beschäftigung negativ beeinflussen. Allerdings kann, wie bereits dargestellt, die Mitarbeiterbeteiligung eine interne Anreizfunktion übernehmen, dementsprechend die Innovationsbereitschaft und die unternehmerische Mitverantwortung der Arbeitnehmer aber auch den dynamischen Wettbewerb und die Wirtschaftlichkeit des Unternehmens erhöhen.[684]

Neben den vorgenannten Wirkungen besteht auch die Möglichkeit, daß die Einführung einer Mitarbeiterbeteiligung zu einem neuen Gleichgewichtspunkt mit höherer Produktion, Beschäftigung und Kapitalintensität führt. Graphisch ausgedrückt würde dies in Abbildung 38 eine Verschiebung und/oder Drehung der Isokoste hin zu einer höheren Isoquante bedeuten, wobei die Verschiebung,

---

683 Demgegenüber stellt sich jedoch auch die Frage, ob die Einführung einer Mitarbeiterbeteiligung kurzfristig die bereits durch die Arbeitslosenversicherung erhöhte Arbeitsangebotselastizität de facto verändern wird, da sie (die Mitarbeiterbeteiligung) zum einen einer Sperrfrist unterliegt und zum anderen die daraus resultierenden (Zins-) Einkommen lediglich als Zusatzeinkommen interpretiert werden können und somit keinen Verzicht auf die traditionellen Arbeitseinkommen ermöglichen. Des weiteren besteht die Gefahr, daß mit der forcierten Vermögensbildung in Arbeitnehmerhand im allgemeinen und der betrieblichen Mitarbeiterbeteiligung im besonderen sowohl der (temporäre) Arbeitsangebotszwang als auch die Immobilität steigen kann, da der Arbeitnehmer vor allem in der Rückführungsphase einzelner (Bau-) Darlehen auf die permanente Verwertung seiner Arbeitskraft angewiesen ist und die Regelungen bezüglich der Mittelverwendung einer betrieblichen (Eigen-) Kapitalbeteiligung beziehungsweise die Veräußerungsschwierigkeiten, Wiederanlageboni oder Bindungsklauseln die Mobilitätsbereitschaft eher beeinträchtigen werden.

684 Vgl. dazu auch Spiegelhalter, Franz: Möglichkeiten und Probleme der Ertragsbeteiligung, a. a. O., S. 59 ff.

je nach Substitutionselastizität der Produktionsfunktion, nicht zwangsläufig parallel verlaufen wird.[685] In diesen beiden Fällen würde die Einführung einer Mitarbeiterbeteiligung eine Steigerung des Kapital- und Arbeitseinsatzes bewirken.

Abbildung 38: Die Steigerung des Kapital- und Arbeitseinsatzes mit Einführung einer Mitarbeiterbeteiligung

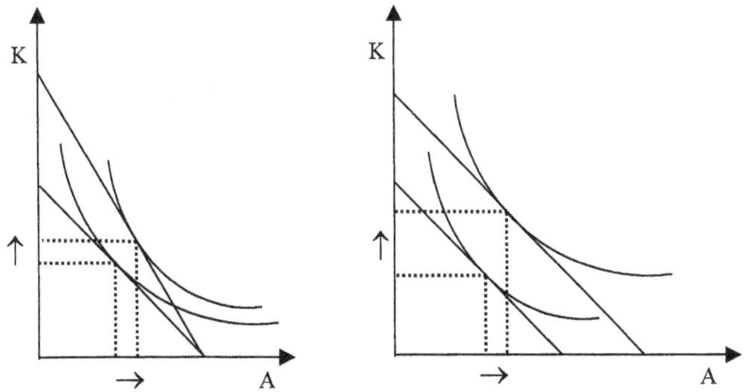

Mittel bis langfristig wird sich einerseits die Verteilungsposition der Arbeitnehmer bei einer Substitutionselastizität kleiner eins auf Grund der gestiegenen Lohnquote verbessern, andererseits aber wird die Verringerung der Gewinneinkommen jedoch auch zu Lasten der Gewinn- und Zinseinkommen der Arbeitnehmer gehen.[686]

---

685 Vgl. Rose, Klaus: Grundlagen der Wachstumstheorie, a. a. O., 67 ff., insbesondere S. 76.

686 Die Belastung der Gewinn- und Zinseinkommen seitens der Arbeitnehmer wird sich bereits kurzfristig auswirken, wenn diese schon vor der Einführung der Mitarbeiterbeteiligung über Spar- oder Geldvermögen verfügten, wobei sich dieses Problem auch im Rahmen des kreislauftheoretischen Ansatzes ergibt. Bei einer Substitutionselastizität von eins kann sich die Verteilungssituation der Arbeitnehmer insofern verbessern, als daß die Mitarbeiter bei konstanter Sparquote und konstanter funktionaler Einkommensverteilung über die Gewinnanteile zusätzlich an der Gewinnquote beteiligt werden. Da die Mitarbeiter über die mögliche Zinssatzsenkung und somit über die Verringerung ihrer (bisherigen) Kapitalerträge wiederum einen Teil dieser Verbesserung selbst tragen (müssen) sind die effektiven Wirkungen de facto ungewiß. Alles in allem wird die Einführung einer Mitarbeiterbeteiligung, trotz dieser Einschränkung (Zinssenkung), zu einer Erhöhung der Arbeitnehmerersparnis, somit insgesamt zu weiteren Zinseinkünften und letztendlich zu einer Verbesserung ihrer Verteilungsposition führen.

Obwohl auch die neoklassische Grenzproduktivitätstheorie sehr restriktiven Prämissen unterliegt, können durchaus wichtige Erkenntnisse bezüglich der Wirkungen einer Mitarbeiterbeteiligung gewonnen werden, denn alles in allem läßt sich feststellen, daß sich die Verteilungsdisparitäten langfristig verringern lassen, wenn die durchschnittliche Sparquote der Arbeitnehmer steigt. Die Einführung einer Mitarbeiterbeteiligung darf somit weder zu einer Substitution bestehender Sparverträge noch zu einer Auflösung des angesparten Vermögens führen und sollte zumindest einer begrenzten Sperrfrist unterliegen. Die Mitarbeiterbeteiligung wird sowohl bei vollkommener Konkurrenz als auch unter Monopolbedingungen kurzfristig keine Effekte auf das Investitions- und Preisverhalten und die Beschäftigungspolitik aufweisen und somit kurzfristig allokationsneutral wirken. Auf Grund der höheren gesamtwirtschaftlichen Ersparnis und den daraus resultierenden Zinsvariationen kann die Mitarbeiterbeteiligung die (absolute) Verteilungsrelation zu Gunsten der Arbeitnehmer verbessern, wobei dies, je nach Substitutionselastizität der Produktionsfaktoren, nicht zwangsläufig zu einer Erhöhung der Lohnquote beziehungsweise zu einer Veränderung der funktionalen Einkommensverteilung führen muß. Andererseits werden im Rahmen der Grenzproduktivitätstheorie staatliche Aktivitäten, internationale Kapitaltransfers, Kapitalabschöpfungen durch den Staat und Fehlallokationen am Kapitalmarkt nicht betrachtet.[687] Unter Berücksichtigung der positiven Aspekte einer (moderaten) Lohnflexibilisierung können konjunktur- und beschäftigungsstabilisierende Wirkungen konstatiert werden.[688]

9.3 Finanzwirtschaftliche Wirkungen

Trotz der Tatsache, daß im Rahmen einer einzelwirtschaftlichen Betrachtung immaterielle Faktoren wie Motivation und Identifikation sowie Ideenvielfalt der

---

687 Sofern beispielsweise betriebliche Titel nicht am Markt gehandelt und somit nur unzureichend marktnah bewertet werden können, besteht die Gefahr einer suboptimalen Kapitalverwendung. Des weiteren wird üblicherweise im neoklassischen Modell nicht berücksichtigt, daß Investoren auf Grund der geringeren Verzinsung ihrer bisherigen Kapitalanteile anderen Anlageformen zuführen können. Dagegen wird der Arbeitnehmer mit einer beschränkten Haftung der Kapitalanteile sowie der Lohnflexibilisierung einen Teil des Investitionsrisikos übernehmen und somit die Risikoprämie reduzieren.

688 Da in der Praxis die Entscheidungen des einzelnen Unternehmens äußerst selten auf einer vorab definierten und exakt berechneten Grenzkostenkurven basieren, hat die Einführung einer Mitarbeiterbeteiligung zudem den Vorteil, daß zunächst ein Basislohn vereinbart werden kann und erst nach der Ergebnisermittlung die endgültige Verteilung stattfindet. Somit werden unvorhergesehene Veränderungen kompensiert und die unerwünschten Verteilungsdisparitäten abgeschwächt.

Beschäftigten zentrale Aspekte der Mitarbeiterbeteiligung darstellen, erfordert ihre optimale Ausgestaltung eine Untersuchung der finanziellen Wirkungen, da diese aus Sicht des Unternehmens den Ausschlag für die Einführung der laboristischen Beteiligung beziehungsweise den Ausschlag für die Wahl eines bestimmten Beteiligungsmodells geben können. Vor der Wahl eines Beteiligungsmodells ist demnach die grundsätzliche Frage zu klären, ob und inwieweit eine Eigen- oder Fremdkapitalbeteiligung eingeführt werden soll, zumal die einzelnen Verfahren der Mittelaufbringung, der Mittelverwendung und deren finanzwirtschaftlichen Auswirkungen eng miteinander korrelieren.[689] Im Rahmen dieser Entscheidungsfindung stehen somit Fragen bezüglich der Liquidität, der effektiven, langfristigen Belastung sowie der Kapitalstruktur und der künftigen Kapitalentwicklung unterschiedlicher Finanzierungsalternativen (eines Investitionsvorhabens) im Vordergrund, wobei unternehmensspezifische Eigenschaften, wie bisherige und/oder künftige Kapitalbeschaffungsmöglichkeiten, Kapitalstruktur, Kreditsicherheiten, Ertragslage, Rechtsform, Unternehmensgröße und Firmenentwicklung aber auch im weitesten Sinne die Firmenphilosophie in die Betrachtung einbezogen werden sollten.[690] Dabei ist es unmöglich, alle hypothetischen Wirkungen zu erfassen, da die relevanten Eigenschaften in den einzelnen Unternehmen unterschiedlich stark ausgeprägt sind. Im Rahmen dieses Abschnitts sollen lediglich die finanzwirtschaftlichen Wirkungen betrachtet werden, da die leistungswirtschaftlichen Aspekte weder quantifizierbar noch prognostizierbar sind. Sicherlich können einzelne leistungssteigernde Effekte mit hoher Wahrscheinlichkeit vorausgesagt werden, doch der tatsächliche Zielerreichungsgrad hängt, wie bereits in Kapitel 4.2 dargelegt, von weiteren betrieblichen und außerbetrieblichen Faktoren ab.[691]

---

[689] Insbesondere bei kleineren und mittleren Unternehmen liegt eine Problematik darin, daß die Unternehmensleitung befürchten könnte, mit der Beteiligung zusätzlich zu den gesetzlich geregelten Mitbestimmungsrechten weitere Kontrollrechte einräumen zu müssen. Andererseits stellt sich die Frage, ob die derzeitigen Gesellschafter bereit beziehungsweise in der Lage sind, zusätzlich notwendige Investitionsmittel aufzubringen oder gegebenenfalls am freien Kapitalmarkt potentielle Investoren gefunden werden können und inwieweit auch die Einbeziehung externer Investoren, wie Kreditinstitute oder Beteiligungsgesellschaften den Entscheidungsspielraum negativ beeinflussen kann.

[690] Vgl. Schneider, Hans J.: Finanzwirtschaftliche Auswirkungen einer Kapitalbeteiligung der Mitarbeiter, in: ders. (Hrsg.): Handbuch der Mitarbeiter-Kapitalbeteiligung, a. a. O., S. 300 - 320, hier S. 315 f.

[691] Die Verbesserung des Betriebsklimas, das nur subjektiv beurteilt werden kann, wird beispielsweise von Faktoren, wie einer angemessenen Entlohnung und der Anerkennung des persönlichen Einsatzes, den Aufstiegsmöglichkeiten, dem Führungsstil oder den betrieblichen Sozialleistungen beeinflußt.

Grundsätzlich kann man jedoch festhalten, daß die Wirkungen auf die Liquidität sehr stark von der Beteiligungsform, der Beteiligungsquelle und des Betrachtungszeitraumes abhängen. Wird eine Beteiligung zusätzlich zur Erfolgszahlung an andere Empfänger, wie beispielsweise externe Kapitalgeber, gewährt, so kann es zu negativen Liquiditätseffekten kommen, wohingegen originäre Beteiligungsmodelle kurzfristig sowohl im Rahmen der Eigen- als auch Fremdkapitalbeteiligung positiv auf den Finanzierungsspielraum wirken. Wird zudem nur ein bestimmtes Volumen zur Ausschüttung bereitgestellt, so ist keine weitere Liquiditätsbelastung zu erwarten. Im Gegenteil, unter bestimmten Voraussetzungen kann auch eine derivative Beteiligung positive Wirkungen verzeichnen. Mittel- bis langfristig wird auf Grund der Sperrfristenregelung ein Finanzierungsplateau aufgebaut, das sich nach Ablauf dieser Sperrfristen, bei gleichbleibenden Kapitalzu- und abflüssen, auf ein konstantes Niveau einpendelt.[692]

Ohne bereits konkrete Untersuchungsergebnisse vorweg zu nehmen, können auf Grund der Steuerersparnisse, das heißt auf Grund des Betriebsausgaben-[693], des Splitting-[694] und des möglichen Steuerstundungseffektes[695], sowohl bei der Eigen- als auch der Fremdkapitalbeteiligung positive Wirkungen auf den Finanzierungsspielraum vermutet werden.

Bei einer Analyse der finanziellen Wirkungen sollen daher zwei Wege eingeschlagen werden: Zunächst konzentriert sie sich auf eine allgemeine Darstellung der möglichen Impulse, die von einer investiven Mitarbeiterbeteiligung ausgehen können und betrachtet im Anschluß daran, unter Berücksichtigung der spezifischen Eigenschaften eines fiktiven Unternehmens die, an Hand von Modellrechnungen ermittelten, Effekte der Mitarbeiterbeteiligung. Dabei wird grundsätzlich zwischen einer Fremd- und Eigenkapitalbeteiligung untergliedert.

---

692 Im Rahmen einer Betrachtung des Finanzierungsplateaus werden allerdings langfristige Liquiditätsbelastungen in Form der Kapitalverzinsung nicht berücksichtigt. Vgl. dazu auch Abbildung 39 dieser Arbeit.

693 Da die Zuwendungen steuerrechtlich als Aufwendungen zu behandeln sind, werden sie im Rahmen des Jahresabschlusses als Kosten berücksichtigt und verringern somit den steuerlichen Gewinn des Unternehmens.

694 Beim Splitting-Effekt sinkt im allgemeinen die Steuerbelastung, da die zu versteuernde „Gewinnspitze" auf die einzelnen Mitarbeiter verteilt wird, die zudem in der Regel einem niedrigeren Steuersatz unterliegen.

695 Inwieweit tatsächlich ein Steuerstundungseffekt vorliegt sollte im Rahmen einzelner Modellvarianten untersucht werden, da die Entscheidungskriterien des Bundesfinanzhofes sehr spezifisch ausgestaltet sind. Vgl. dazu S. 455 dieser Arbeit sowie den dort angegebenen Gerichtsentscheid.

9.3.1 Die Fremdkapitalbeteiligung

Kurzfristig betrachtet kann sich eine Fremdkapitalbeteiligung durchaus positiv auf die Liquidität im Sinne einer Erweiterung des Liquiditätsspielraums auswirken, wenn beispielsweise statt der Barausschüttung einer Erfolgsbeteiligung die Umwandlung in Fremdkapital erfolgt und die Mittel somit zunächst im Unternehmen verbleiben. Auf Grund tarifvertraglicher Regelungen oder betrieblicher Vereinbarungen hat ein Großteil der in den alten Bundesländern beschäftigten Arbeitnehmer einen Anspruch auf vermögenswirksame Leistungen, die das arbeitgebende Unternehmen aufbringen muß. Wie im weiteren Verlauf an Hand einer Modellrechnung zu sehen sein wird, kann unter Berücksichtigung der Bestimmungen des 5. VermBG die betriebliche Anlage dieser Vermögensbildungsbeiträge den Liquiditätsspielraum erhöhen, da trotz des Fremdkapitalcharakters der Beteiligung kein Mittelabfluß erfolgt. Wenn das arbeitgebende Unternehmen die Attraktivität des Mitarbeiterdarlehens mit einer steuer- und sozialabgabenfreien Zuwendung gemäß § 19a EStG erhöhen möchte, wird allerdings der zusätzliche Finanzierungseffekt dieser Zuwendung teilweise, zu Lasten der Selbstfinanzierung, neutralisiert.[696] Werden zur Finanzierung einer Beteiligung lediglich Mittel herangezogen, die der Selbstfinanzierung[697] dienen, so ändert sich die Liquiditätslage nicht. Ein Mittelabfluß kann erwartet werden, wenn die zusätzlich ausgeschütteten Mittel einerseits in Form von Fremdkapital im Unternehmen verbleiben, aber andererseits eine gleichzeitige „Substitution der Gläubiger" stattfindet. Werden andere Gläubiger, wie beispielsweise Kreditinstitute oder externe Beteiligungsgesellschaften, befriedigt, kommt es effektiv zu einem Kapitalabfluß in Höhe der Mitarbeiterbeteiligung.[698] Gewährt das Unternehmen keine Mitarbeiterbeteiligung (um damit anderes Fremdkapital zu

---

[696] Wenn das Unternehmen eine Zuwendung aus eigenen Mitteln gewährt und diese dem Mitarbeiter in Form einer Fremdkapitalbeteiligung übereignet werden, so fließen dem Unternehmen keine zusätzlichen Finanzmittel zu. Durch diese Transaktion erhöht sich vielmehr die Fremdkapitalquote und kann unter Umständen den Kreditrahmen des Unternehmens verringern. Neben immateriellen Aspekten hat diese freiwillige Zuwendung jedoch den Vorteil, daß sich die Rendite aus Sicht der Mitarbeiter erhöht und sie daher eher bereit sind, ihre vermögenswirksamen Leistungen im Unternehmen anzulegen.

[697] In der Literatur wird die Selbstfinanzierung zum Teil auch als die „natürlichste und gesündeste Form" der Finanzierung bezeichnet, da die erarbeiteten Gewinne in Form von Investitionen im Betrieb verbleiben. Vgl. exemplarisch Mellerowicz, Konrad: Unternehmenspolitik, Band II, 2. Auflage, Freiburg im Breisgau, 1963, S. 377. Zur Selbstfinanzierungsquote vgl. Tabelle 35 in dieser Arbeit.

[698] Vgl. Franke, Günter: Betriebswirtschaftliche Aspekte der Mitarbeiter-Kapitalbeteiligung, a. a. O., S. 28 f.

tilgen) und führt die zusätzlichen Mittel der Selbstfinanzierung zu, so erhöht sich in Abhängigkeit des Grenzsteuersatzes und der Ausgestaltung des Mitarbeiterdarlehens die Liquidität des Unternehmens.[699]

Unter Berücksichtigung der Zielvorstellung, eine dauerhafte betriebliche Partnerschaft aufzubauen, müssen allerdings auch Folgewirkungen, wie beispielsweise Zins- und Tilgungszahlungen einkalkuliert und die kurzfristig gewonnenen Erkenntnisse bezüglich der Liquiditätswirkungen um langfristige Aspekte erweitert werden.

Insbesondere die Ablösung bestehender Darlehen sollte dahingehend untersucht werden, inwieweit gravierende Änderungen der Zahlungsströme, der Belastungen sowie der Laufzeiten, das heißt unvorhergesehene Änderungen der Kreditkonditionen, erfolgen. Die Koordination der Zins- und Tilgungszahlungen kann als relativ unproblematisch erachtet werden, wohingegen eine optimale Abstimmung der unterschiedlichen Laufzeiten als äußerst schwierig gilt, zumal der Grundgedanke einer Mitarbeiterbeteiligung langfristiger Natur ist. Deshalb kann eine kurzfristige Verbindlichkeit nur bedingt durch mittel- oder langfristige Beteiligungen substituiert, die Finanzierung von Anlageinvestitionen jedoch durchaus mit Hilfe von Fremdkapitalbeteiligungen der Arbeitnehmer vorgenommen werden. Um einem vorzeitigen Liquiditätsengpaß vorzubeugen, sollten zudem Faktoren wie Altersstruktur der Belegschaft und Fluktuationsrate des Unternehmens in die Analyse aufgenommen werden, da das Ausscheiden eines Mitarbeiters und somit der Abfluß von Mitarbeiterkapital zu einer unvorhergesehenen Liquiditätsbelastung im Unternehmen führen kann.[700]

Wie bereits erörtert, wird die Liquidität des Unternehmens durch eine Fremdkapitalbeteiligung zu Lasten der Selbstfinanzierungsquote kurzfristig nicht oder nur bedingt beeinträchtigt.[701] Über mehrere Perioden betrachtet führt diese Variante jedoch zu Zinszahlungen, die bei einer Selbstfinanzierung nicht angefallen wären. Der Einwand, daß bei der Selbstfinanzierung auch kalkulatorische Zin-

---

[699] Vgl. Krauter, Hans-Joachim: Die betriebliche Gewinn- und Kapitalbeteiligung der Arbeitnehmer, a. a. O., S. 74.

[700] Vgl. Schneider, Hans J.: Die partnerschaftliche Kapitalbeteiligung der Arbeitnehmer am mittelständischen Industrieunternehmen, a. a. O., S. 324. In der Praxis wird der Mittelabfluß durch vertraglich festgelegte Fristen, Anlageboni und betriebsinterne Mitarbeiterkapitalbörsen koordiniert.

[701] Vgl. ebenso Opitz, Gerhard: Erfolgsbeteiligungssysteme und gesamtwirtschaftliches Gleichgewicht, a. a. O., S. 125 ff.

sen berücksichtigt werden müssen, ist korrekt, doch de facto finden keine Zahlungsströme statt. Da bei einer Selbstfinanzierung davon ausgegangen werden kann, daß die Mittel auf unbestimmte Zeit im Unternehmen verbleiben, Fremdkapitalanteile hingegen kurz- oder zumindest mittelfristig aus dem Unternehmen fließen werden, treten zu der zusätzlichen Zinsbelastung die oben beschriebenen Fristen- und Rückzahlungsprobleme hinzu.[702]

Im Rahmen der Analyse eines Mitarbeiterdarlehens sollte weiterhin berücksichtigt werden, daß das arbeitgebende Unternehmen Sicherheiten in Form von Bankbürgschaften oder Kreditversicherungen zu stellen hat, um die Förderungskriterien des 5. VermBG beziehungsweise des § 19a EStG zu erfüllen. Soweit keine anderen Kreditsicherheiten vorliegen, wird die Haftungszusage das Kreditlimit des Unternehmens verringern, da es für externe Gläubiger nicht von Bedeutung ist, ob das neue Darlehen von Kreditinstituten oder von Mitarbeitern gewährt wurde.[703] Dieser Aspekt, der eher der Erweiterung des betrieblichen Finanzierungsspielraums und der Beurteilung der Kreditwürdigkeit zuzuordnen ist, beeinflußt die Liquidität insofern, als daß zum einen kurzfristig benötigte Überbrückungs- oder Saisonkredite nicht gewährt werden und zum anderen zusätzliche Kosten in Höhe der Bürgschaftsgebühr anfallen.

Im folgenden sollen unterschiedliche Modellrechnungen angestellt werden, die die finanziellen Wirkungen sowohl aus Sicht der Unternehmen als auch aus Sicht der beteiligten Mitarbeiter verdeutlichen, wobei einige Annahmen getroffen werden müssen:

❒ Das arbeitgebende Unternehmen, das der Rechtsform einer KG unterliegt und somit als Personengesellschaft zu behandeln ist, beschäftigt insgesamt 180 Mitarbeiter, wobei derzeit 150 Mitarbeiter die persönlichen Beteiligungsvoraussetzungen erfüllen. Da der Gesamtgewinn dieser Personengesellschaft unabhängig von der Verwendung im Rahmen einer „einheitlichen Gewinnfeststellung" ermittelt wird, müssen die thesaurierten Gewinne den ausgeschütteten Gewinnen gleichgesetzt und auf die einzelnen Gesellschafter ver-

---

[702] Diese Argumentation gilt jedoch auch für die Eigenkapitalbeteiligung, wobei die Einschränkung gemacht werden kann, daß der mittel- bis langfristige Mittelabfluß bei Aktienbeteiligungen vollständig und bei Einführung betriebsinterne Mitarbeiterbörsen zumindest teilweise vermieden werden kann.

[703] Vgl. Franke, Günter: Betriebswirtschaftliche Aspekte der Mitarbeiter-Kapitalbeteiligung, a. a. O., S. 38 f.

teilt werden.[704] Unter Berücksichtigung der Tatsache, daß diese Gewinne den individuellen Einkommensteuersätzen der Gesellschafter unterliegen und somit ein repräsentativer Grenzsteuersatz nur bedingt ermittelt werden kann, sollen bei den folgenden Modellanalysen zwei Extremwerte angenommen werden. In **Modell I** liegt der Grenzsteuersatz des arbeitgebenden Unternehmens bei 30%, wohingegen in **Modell II** ein Grenzsteuersatz in Höhe von 65% angenommen wird.

❒ Das Einkommen des hier betrachteten Mitarbeiters liegt unter DM 27.000,-- (DM 54.000,-- für zusammenveranlagte Ehegatten). Nach § 13 Abs. 2 des 5. VermBG beträgt die staatliche Zuwendung, das heißt die Arbeitnehmersparzulage 10% der vermögenswirksamen Leistungen, wobei diese auf Grund einer tarifvertraglichen Regelung vom Arbeitgeber zu tragen sind. Weiterhin sind die Einkünfte des Mitarbeiters aus Kapitalvermögen steuer- und sozialabgabenfrei, da diese unter den Freibeträgen gemäß § 9a Nr. 1b EStG und § 20 Abs. 4 EStG liegen.

❒ Um den Kapitalbedarf einer Investition in Höhe von etwa DM 180.000,-- zu decken, wägt das Unternehmen einen Bankkredit und ein Mitarbeiterdarlehen mit einer jeweiligen Laufzeit von 7 Jahren gegeneinander ab, wobei ein Fremdkapitalzins in Höhe von 8% **(Alternative A)** beziehungsweise 11% **(Alternative B)** angenommen wird.
Sofern der Mitarbeiter seine vermögenswirksamen Leistungen als Mitarbeiterdarlehen in das Unternehmen einbringt[705], erhält er vom arbeitgebenden Unternehmen einen, gemäß § 19a EStG steuer- und sozialabgabenfreien Anlagebonus in Höhe von DM 300,--. Der Zinssatz des Mitarbeiterdarlehens wird mit 4% **(Alternative A)** beziehungsweise 5% **(Alternative B)** und die Bürgschaftsgebühr mit jeweils 1% des Nennwertes angesetzt. Dementsprechend liegen die Zins- und Bürgschaftskosten des Mitarbeiterdarlehens bei 5% (Alternative A) beziehungsweise 6% (Alternative B).

❒ Als Kalkulationszinssatz zur Berechnung des Barwertes werden in Anlehnung an die Zinssätze des Mitarbeiterdarlehen 4% **(Alternative A)** beziehungsweise 5% **(Alternative B)** angenommen. Sie werden anschließend den Grenzsteuersätzen angeglichen und somit ein effektiver Kalkulationszinssatz berechnet. Folglich entspricht bei einem Grenzsteuersatz von 30% dem

---

[704] Vgl. dazu auch § 179 und § 180 Abgabenordnung (AO), in: Beck'sche Textausgaben: Steuergesetze, Textsammlung mit Verweisungen und Sachverzeichnis, München, 1997.

[705] Wenn die vermögenswirksamen Leistungen im Unternehmen verbleiben, werden Lohnnebenkosten in zusätzliche Finanzmittel umgewandelt.

Darlehenszinssatz von 4% ein effektiver Kalkulationszinssatz von 2,8% und dem Darlehenszinssatz von 5% ein effektiver Kalkulationszinssatz in Höhe von 3,5%. Einen Grenzsteuersatz von 65% vorausgesetzt, liegen die Werte für den Kalkulationszinssatz bei 1,4% beziehungsweise bei 1,75%.

Tabelle 29: Ausgangsdaten der Modellrechnung: Kreditaufnahme versus Mitarbeiterdarlehen

	Modell I		**Modell II**	
Grenzsteuersatz des Unternehmens	30%		65%	
Zahlungen des MA	842,40 DM	842,40 DM	842,40 DM	842,40 DM
Arbeitnehmersparzulage	93,60 DM	93,60 DM	93,60 DM	93,60 DM
Zahlungen des Unternehmens	210,00 DM	210,00 DM	105,00 DM	105,00 DM
Steuerermäßigung	90,00 DM	90,00 DM	195,00 DM	195,00 DM
Gesamtdarlehenssumme	1.236,00 DM	1.236,00 DM	1.236,00 DM	1.236,00 DM
	Altern. A	**Altern. B**	**Altern. A**	**Altern. B**
Zinsätze des Bankdarlehens	8%	11%	8%	11%
Zinsen des Bankdarlehens	98,88 DM	135,96 DM	98,88 DM	135,96 DM
Effektive Zinssätze nach Steuern	5,60%	7,70%	2,80%	3,85%
Effektive Zinsen nach Steuern	69,22 DM	95,17 DM	34,61 DM	47,59 DM
Zinssätze des MA-Darlehens	4%	5%	4%	5%
Bürgschaftsgebühr des MA-Darlehens	1%	1%	1%	1%
Zins & Bürgschaft des MA-Darlehens	61,80 DM	74,16 DM	61,80 DM	74,16 DM
Effektive Zinssätze nach Steuern	3,50%	4,20%	1,75%	2,10%
Effektive Zinsen nach Steuern	43,26 DM	51,91 DM	21,63 DM	25,96 DM
Kalkulationszinssatz	4,00%	5,00%	4,00%	5,00%
Effektiver Kalkulationszinssatz	2,80%	3,50%	1,40%	1,75%

Wie in Tabelle 29 dargestellt wird entweder ein Bankkredit oder ein Mitarbeiterdarlehen in Höhe von DM 1.236,-- vorausgesetzt, wobei der Arbeitnehmer im Rahmen einer Mitarbeiterdarlehensvereinbarung DM 936,-- und das arbeitgebende Unternehmen DM 300,-- einbringt. Allerdings können dabei insofern staatliche Förderungen in Anspruch genommen werden, als daß dem Arbeitnehmer eine Sparzulage in Höhe von DM 93,60 und dem Unternehmen in Modell I eine Steuerersparnis in Höhe von DM 90,-- beziehungsweise in Modell II von DM 195,-- gewährt wird. Dementsprechend beläuft sich die tatsächliche Belastung des Arbeitnehmers auf DM 842,40, des arbeitgebenden Unternehmens auf DM 210,-- beziehungsweise DM 105,-- und die Belastung des Staates auf DM 183,60 beziehungsweise DM 288,60.

Werden weiterhin unterschiedliche Zinssätze und ein Grenzsteuersatz des Unternehmens von 30% angenommen, so beträgt die Nettoersparnis laut Tabelle 42 (Anhang) bei Alternative A DM 25,96 beziehungsweise bei Alternative B DM 43,26. Einen Kalkulationszinsfuß von 2,8% respektive 3,5% und eine Laufzeit von 7 Jahren vorausgesetzt, ergibt sich in Modell I ein Barwert der Nettoersparnis von DM 162,94 beziehungsweise DM 264,52 und, nach Abzug der Nettoaufwendung des Bonus, ein Nettoergebnis in Höhe von DM -47,06 beziehungsweise DM 54,52. Wenn demnach 150 Mitarbeiter ein einmaliges Darlehen begründen, so erhöhen sich die Kosten gegenüber dem Bankkredit in Modell I bei Alternative A um DM 7.059,12. Bei Alternative B hingegen reduzieren sich die Kosten um DM 8.178,--.

Sofern ein Grenzsteuersatz von 65% vorausgesetzt wird, beläuft sich bei Alternative A die Nettoersparnis auf DM 12,98; der Barwert der Nettoersparnis auf DM 85,97 und das Nettoergebnis auf DM -19,03. Bei Alternative B hingegen ergibt sich letztendlich ein Nettoergebnis von DM 36,34. Auf Grund des höheren Grenzsteuersatzes verringert sich in Modell II das Nettoergebnis bei 150 beteiligten Mitarbeitern auf DM -2.855,24 (Alternative A) beziehungsweise auf DM 5.451,-- (Alternative B), wobei die hier gewonnenen Ergebnisse dahingehend eingeschränkt werden sollten, daß weder Verwaltungskosten noch personalpolitische Aspekte berücksichtigt wurden.

Die hier angestellten Beispielberechnungen verdeutlichen, daß sich bei Alternative A mit der Erhöhung des Grenzsteuersatzes das Nettoergebnis verbessert, wohingegen bei Alternative B das Nettoergebnis mit steigendem Grenzsteuersatz sinkt. Allerdings lassen diese Zinsrelationen keinen break even point zu, an dem das jeweilige Nettoergebnis sein Vorzeichen wechselt, da in beiden Fällen das Nettoergebnis gegen Null tendiert. Dies bedeutet, daß sich lediglich mit einer Variation des Grenzsteuersatzes bei gleichzeitiger Änderung der Zinssätze respektive der Zinsdifferenzen ein break even point berechnen läßt, an dem sich ein Wechsel vom Bankkredit zum Mitarbeiterdarlehen et vice versa lohnt. Unter Berücksichtigung der beiden Grenzsteuersätze von 30% und 65% sollen in Tabelle 30 die Nettoergebnisse der Barwertberechnung, das heißt ein Vergleich der Barwerte abzüglich der vom arbeitgebenden Unternehmen gewährten Zuwendung dargestellt werden. Dabei beinhalten die in Spalte 1 angegebenen Zinssätze des Mitarbeiterdarlehens jeweils 1% Bürgschaftsgebühr. Der Kalkulationszinssatz zur Berechnung des Barwertes, der sich in dieser Modellrechnung am Zinssatz des Mitarbeiterdarlehens orientiert, wurde dementsprechend zunächst um 1% reduziert und anschließend dem Grenzsteuersatz des arbeitgebenden Unternehmens angepaßt.

Tabelle 30: Kreditaufnahme versus Mitarbeiterdarlehen: Nettoergebnisse in DM

Nettoergebnis bei einem Steuersatz von 30%

Zinssätze des MA-Darl.	Zinssätze des Bankkredites 1%	2%	3%	4%	5%	6%	7%	8%	9%	10%	11%
1%	-210,00	-149,44	-88,87	-28,31	**32,26**	92,82	153,38	213,95	274,51	335,08	395,64
2%	-268,90	-210,00	-151,10	-92,19	-33,29	**25,61**	84,52	143,42	202,32	261,23	320,13
3%	-324,62	-267,31	-210,00	-152,69	-95,38	-38,07	**19,24**	76,55	133,86	191,17	248,48
4%	-377,34	-321,56	-265,78	-210,00	-154,22	-98,44	-42,66	**13,12**	68,91	124,69	180,47
5%	-427,25	-372,94	-318,63	-264,31	-210,00	-155,69	-101,37	-47,06	**7,25**	61,57	115,88
6%	-474,52	-421,61	-368,71	-315,81	-262,90	-210,00	-157,10	-104,19	-51,29	**1,61**	**54,52**
7%	-519,29	-467,74	-416,19	-364,64	-313,10	-261,55	-210,00	-158,45	-106,90	-55,36	-3,81
8%	-561,72	-511,47	-461,23	-410,98	-360,74	-310,49	-260,25	-210,00	-159,75	-109,51	-59,26
9%	-601,94	-552,95	-503,96	-454,97	-405,97	-356,98	-307,99	-258,99	-210,00	-161,01	-112,01
10%	-640,09	-592,30	-544,52	-496,73	-448,94	-401,15	-353,36	-305,58	-257,79	-210,00	-162,21
11%	-676,28	-629,65	-583,03	-536,40	-489,77	-443,14	-396,51	-349,88	-303,26	-256,63	-210,00

Nettoergebnis bei einem Steuersatz von 65%

Zinssätze des MA-Darl.	Zinssätze des Bankkredites 1%	2%	3%	4%	5%	6%	7%	8%	9%	10%	11%
1%	-105,00	-74,72	-44,44	-14,15	**16,13**	46,41	76,69	106,97	137,26	167,54	197,82
2%	-134,86	-105,00	-75,14	-45,28	-15,41	**14,45**	44,31	74,17	104,04	133,90	163,76
3%	-163,90	-134,45	-105,00	-75,55	-46,10	-16,65	**12,81**	42,26	71,71	101,16	130,61
4%	-192,15	-163,10	-134,05	-105,00	-75,95	-46,90	-17,85	**11,20**	40,25	69,30	98,34
5%	-219,62	-190,97	-162,31	-133,66	-105,00	-76,34	-47,69	-19,03	**9,62**	38,28	66,93
6%	-246,34	-218,08	-189,81	-161,54	-133,27	-105,00	-76,73	-48,46	-20,19	**8,08**	36,34
7%	-272,34	-244,45	-216,56	-188,67	-160,78	-132,89	-105,00	-77,11	-49,22	-21,33	**6,56**
8%	-297,64	-270,12	-242,60	-215,08	-187,56	-160,04	-132,52	-105,00	-77,48	-49,96	-22,44
9%	-322,25	-295,10	-267,94	-240,78	-213,63	-186,47	-159,31	-132,16	-105,00	-77,84	-50,69
10%	-346,20	-319,40	-292,60	-265,80	-239,00	-212,20	-185,40	-158,60	-131,80	-105,00	-78,20
11%	-369,52	-343,06	-316,61	-290,16	-263,71	-237,26	-210,81	-184,35	-157,90	-131,45	-105,00

Die Werte in Tabelle 30 verdeutlichen, daß der Vorteil eines Mitarbeiterdarlehens, unabhängig vom Grenzsteuersatz des Unternehmens, durch die Relation der beiden Zinssätze determiniert und lediglich die tatsächliche Höhe des individuellen Vorteils von der Steuerbelastung beeinflußt wird. Sofern die Bürgschaftsgebühr von 1%, ein Zinssatz des Mitarbeiterdarlehens von 0% und somit auch ein effektiver Kalkulationszinssatz, das heißt den um die Steuerersparnis des Unternehmens bereinigten Zinssatz des Mitarbeiterdarlehens von 0% angenommen wird, lohnt sich das Mitarbeiterdarlehen erst ab einem Bankzinssatz von 5% (Vgl. Zeile 1), wobei sich der break even mit steigendem Zinssatz des Mitarbeiterdarlehens nach rechts verschiebt.

Zur Beurteilung der finanziellen Wirkungen sollten weitere Gesichtspunkte, wie die laufenden Belastungen des Unternehmens sowie die Zinseinnahmen des Mitarbeiters in die Betrachtung einbezogen, die oben getroffenen Annahmen übernommen und wie folgt erweitert werden:

- Sämtliche Zinszahlungen und Bürgschaftsgebühren werden jährlich und die gesamte Darlehenssumme nach Anlauf der Sperrfrist von 7 Jahren ausbezahlt (**Fall 1**).
- Die Zinszahlungen an das Kreditinstitut und die Bürgschaftsgebühren werden jährlich ausbezahlt, wohingegen die Zinszahlungen an den Mitarbeiter erst nach Ablauf der Sperrfrist mit der gesamten Darlehenssumme beglichen werden (**Fall 2**).

Aus Sicht des Unternehmens können entsprechend Tabelle 43 (Anhang), unter Berücksichtigung eines Grenzsteuersatzes von 30% (Modell I), einer Laufzeit von 7 Jahren sowie einzelner Zinssätze und Zahlungsmodalitäten, folgende Aussagen getroffen werden: Zum Zeitpunkt der Darlehensbegründung fließt dem Unternehmen im Rahmen einer Kreditvereinbarung mit einem Bankinstitut ein Betrag in Höhe von DM 1.236,-- zu, wohingegen das Mitarbeiterdarlehen den Liquiditätsspielraum lediglich um DM 1.026,-- erweitert. Dies läßt sich dadurch begründen, daß der Mitarbeiter DM 936,-- einbringt und dem Unternehmen eine Steuerermäßigung in Höhe von DM 90,-- gewährt wird. Da sich jedoch die gesamte Darlehenssumme in beiden Fällen auf DM 1.236,-- beläuft, verzichtet das Unternehmen beim Mitarbeiterdarlehen zunächst auf einen Mittelzufluß in Höhe von DM 210,--. In Periode 1 bis Periode 7 profitiert das Unternehmen sowohl bei Alternative A als auch Alternative B von der effektiven Zinsdifferenz nach Steuer.

Im Rahmen einer jährlichen Zinszahlung ergibt dies eine kumulierte Ersparnis von Höhe DM 181,69 beziehungsweise DM 302,82. Wird davon die Nettobelastung der Zuwendung des ersten Jahres abgezogen, so ergibt sich bei Wahl der Alternative A letztendlich ein Verlust von DM 28,31 respektive ein Gewinn von DM 92,82 (Alternative B). Bei einem Gesamtvolumen von 150 Beteiligungen erhöht sich die Belastung gegenüber dem Bankkredit um DM 4.246,20, wohingegen die Belastung bei Alternative B um DM 13.923,-- sinkt.

Entscheiden sich in Modell I Arbeitgeber und Mitarbeiter für den Fall 2, das heißt für eine jährliche Zahlung der Bürgschaftsgebühr und die einmalige Zinszahlung nach Ablauf der Sperrfrist, so erhöht sich die Zinsersparnis nach Steuer und dementsprechend der Finanzierungsspielraum in Periode 1 bis Periode 6. Der Erweiterung des Finanzierungsspielraumes steht allerdings ein deutlicher Mittelabfluß in Periode 7 und, auf Grund der Zinseszinszahlungen, eine höhere

Gesamtbelastung gegenüber. Nach Abzug der Nettozuwendung ergibt sich bei Alternative A ein Verlust in Höhe von DM 59,40 beziehungsweise ein Gewinn in Höhe von DM 43,42 (Alternative B). Da sich Modell II gegenüber Modell I lediglich durch den Grenzsteuersatz unterscheidet, lassen sich sowohl in Fall 1 als auch in Fall 2 ähnliche Ergebnisse feststellen: Bei einer jährlichen Zahlungen und einem Zinssatz von 1,75% (Alternative A) erhöhen sich die Kosten gegenüber dem Bankkredit um DM 14,15 und folglich die gesamten Kosten um DM 2.123,10. Demgegenüber sinkt der Finanzierungsvorteil gegenüber dem Bankkredit bei Alternative B auf DM 46,41 und, bezogen auf alle 150 Mitarbeiter, auf DM 6.961,50. Im Fall 2 beläuft sich der gesamte Mehraufwand pro Darlehen auf DM 29,70 beziehungsweise die Kostenersparnis gegenüber dem Bankkredit auf DM 21,71. Unter Berücksichtigung der finanziellen Aspekte kann das Mitarbeiterdarlehen aus Sicht der Unternehmung unterschiedlich bewertet werden, da positive aber auch negative Ergebnisse möglich sind. Neben dem Grenzsteuersatz beeinflussen Faktoren, wie Zahlungsmodalitäten und Beteiligungsbereitschaft sowie effektive Zinsdifferenzen letztendlich die tatsächliche Belastung des Unternehmens und dementsprechend auch die Beurteilung aus finanzieller Sicht. Allerdings sollte die Entscheidung, ein Beteiligungsmodell einzuführen, nicht lediglich auf diesen „harten Daten“ basieren, zumal sie eine Vielzahl positiver, zum Teil nicht erfaßbarer Gesichtspunkte vernachlässigen.

Betrachtet man nun in Tabelle 44 (Anhang) die Zahlungsströme aus Sicht des Mitarbeiters, so läßt sich feststellen, daß er zunächst einen „Mittelabfluß“ in Höhe von DM 936,-- zu verzeichnen hat. Da sein Einkommen jedoch in dieser Modellrechnung unter der Förderhöchstgrenze liegt, beträgt seine tatsächliche Eigenleistung, unter Berücksichtigung der 10-prozentigen Arbeitnehmersparzulage, lediglich DM 842,40.

Unabhängig vom Grenzsteuersatz des Unternehmens wird im Fall 1 das Darlehen in Höhe von DM 1.236,-- während der gesamten Laufzeit konstant mit DM 49,44 (4% bei Alternative A) beziehungsweise DM 61,80 (5% bei Alternative B) verzinst, wobei die Auszahlung am Ende jeder einzelnen Periode erfolgt. Demnach betragen seine Zinseinkünfte über die gesamte Laufzeit DM 346,08 beziehungsweise DM 432,60 und die „effektiven Gewinne“ aus dem Mitarbeiterdarlehen (Zinseinkünfte zuzüglich Arbeitnehmersparzulage und Zuwendung des Unternehmens) DM 739,68 respektive DM 826,20.[706]

---

[706] Mit der Einbeziehung aller möglichen Zulagen würde dies eine jährliche Rendite von 12,5% beziehungsweise14,0% bedeuten.

Verzichtet der Mitarbeiter während der ersten 6 Perioden auf die Entlohnung seines Kapitaleinsatzes (Fall 2), so beläuft sich die gesamte Zinszahlung auf DM 390,49 (Alternative A) beziehungsweise DM 503,18 (Alternative B). Mit Ablauf des Darlehens werden dem Mitarbeiter die gesamte Darlehensschuld sowie die Zinsen en bloc erstattet. Im Vergleich zu Fall 1 erhöhen sich nicht zuletzt die „effektiven Gewinne" auf Grund der Zinseszinszahlungen bei Alternative A um DM 44,41 auf DM 784,09 und bei Alternative B um DM 70,58 auf DM 896,78.[707]

Alles in allem kann das Darlehen aus Sicht der beteiligten Mitarbeiter positiv bewertet werden, sofern das arbeitgebende Unternehmen die Attraktivität der Beteiligung gegenüber anderen Anlageformen, wie etwa dem Erwerb von Bundesanleihen, mit einer steuer- und sozialabgabenfreien Zuwendung und/oder einer entsprechenden Verzinsung erhöht. Betrachtet man lediglich den tatsächlichen Einsatz des Mitarbeiters (DM 842,40), so ergibt sich bei einer jährlichen Zinszahlung von DM 49,44 beziehungsweise DM 61,80 eine Effektivverzinsung in Höhe von 5,87% beziehungsweise 7,34%. Im Vergleich dazu lagen im Zeitraum 1985 bis 1996 die langfristigen Kapitalmarktzinsen in der Bundesrepublik Deutschland zwischen einem Höchstwert von 8,7% im Jahr 1990 und einem Tiefstwert von 6,2% im Jahr 1996.[708] Da allerdings nach Ablauf der Sperrfrist sowohl die Arbeitnehmersparzulage als auch die steuerfreie Zuwendung des arbeitgebenden Unternehmens ausbezahlt werden, ergibt sich eine weitaus höhere Rückzahlung und dementsprechend eine höhere Rendite des Mitarbeiterdarlehens. Auf Grund der bankbürgschaftlichen Absicherung gilt somit das Mitarbeiterdarlehen zweifelsfrei als sichere, interessante aber auch rentable Anlageform. Wie bereits dargestellt, besteht zudem die Möglichkeit, die schuldrechtliche Kapitalbeziehung nach Ablauf der Sperrfrist in eine gesellschaftsrechtliche Beteiligung umzuwandeln und so dem Mitarbeiter weitere Beteiligungsangebote zu unterbreiten.

---

[707] In diesem Fall liegen die effektiven Renditen unter Berücksichtigung aller Zuwendungen bei 13,3% beziehungsweise bei 15,2% jährlich.

[708] Vgl. Tabelle 2.7: Langfristige Kapitalmarktzinsen im internationalen Vergleich, in: Bundesministerium für Wirtschaft (Hrsg.): Wirtschaft in Zahlen 1997 (Internet-Veröffentlichung). Wird von der Arbeitnehmersparzulage abgesehen, so erhöht sich jedoch der persönliche Einsatz des Mitarbeiters auf DM 936,--. Folglich verringert sich im Fall 1 der Gewinn auf DM 646,08 respektive DM 732,60. Die Effektivverzinsung liegt dann bei 5,28% (Alternative A) respektive bei 6,60% (Alternative B). Im Fall 2 beträgt der Gewinn nur noch DM 690,49 und die Effektivverzinsung 5,96% (Alternative A) beziehungsweise DM 803,18 und 7,68% (Alternative B).

Die oben dargestellte Modellrechnung basiert auf der Annahme, daß der Mitarbeiter gemäß des 5. VermBG eine Eigenleistung in Höhe der Vermögensbildungsbeiträge einbringt und das arbeitgebende Unternehmen eine, nach § 19a EStG steuer- und sozialabgabenfreie Zuwendung gewährt. Im weiteren Verlauf sollen diese Annahmen dahingehend variiert werden, daß die Fremdkapitalbeteiligung lediglich auf Grund einer Erfolgsbeteiligung gewährt und somit vollständig vom Arbeitgeber finanziert wird, wobei folgende Annahmen getroffen werden:

- Das Unternehmen weist im laufenden Geschäftsjahr einen Gewinn vor Steuern von DM 250.000,-- aus und vergleicht im Rahmen einer Kombination von Erfolgs- und Kapitalbeteiligung die Alternativen einer Gewinnthesaurierung mit der Begründung eines Mitarbeiterdarlehens (150 Mitarbeiterdarlehen zu je DM 1.200,--), wobei eine Laufzeit von 7 Jahren, ein Zinssatz in Höhe von 4% **(Alternative A)** beziehungsweise 5% **(Alternative B)** und eine Bürgschaftsgebühr mit jeweils 1% des Nennwertes angenommen wird. Die Zins- und Bürgschaftskosten des Mitarbeiterdarlehens liegen insgesamt bei 5% (Alternative A) beziehungsweise 6% (Alternative B) und sind jährlich zahlungswirksam.
- Der Grenzsteuersatz des arbeitgebenden Unternehmens beträgt wiederum 30% **(Modell I)** beziehungsweise 65% **(Modell II)** und der Arbeitgeberanteil zur Sozialversicherung 21,25%.
- Als Kalkulationszinssatz zur Berechnung des Barwertes werden zunächst in Anlehnung an die Zinssätze des Mitarbeiterdarlehens 4% (Alternative A) beziehungsweise 5% (Alternative B) angenommen und anschließend um die Steuerersparnis bereinigt.
- Der Mitarbeiter unterliegt einer Steuerbelastung in Höhe von 19,5% sowie einer Sozialabgabenbelastung in Höhe von 21,25%.
- Im **Fall 3** wird ein geldwerter Vorteil in Höhe der gesamten Beteiligung unterstellt, das heißt die steuerlichen Vorteile des § 19a EStG werden nicht in Anspruch genommen.
- Im **Fall 4** hingegen erhält der Mitarbeiter vom arbeitgebenden Unternehmen einen steuer- und sozialabgabenfreien Anlagebonus in Höhe von DM 300,--. Der restliche Teil des Darlehens ist allerdings als geldwerter Vorteil zu behandeln und somit lohnsteuer- und sozialabgabenpflichtig.

Tabelle 31: Ausgangsdaten der Modellrechnung: Gewinnthesaurierung versus Mitarbeiterdarlehen

	Modell I			Modell II		
	Gewinnthesaurierung	Altern. A	Altern. B	Gewinnthesaurierung	Altern. A	Altern. B
Gewinn vor Steuern:	250.000 DM	250.000 DM	250.000 DM	250.000 DM	250.000 DM	250.000 DM
Thesaurierung / Ausschüttung	180.000 DM	180.000 DM	180.000 DM	180.000 DM	180.000 DM	180.000 DM
Darlehen je MA	- DM	1.200 DM	1.200 DM	- DM	1.200 DM	1.200 DM
Effektive Zins- und Bürgschaftskosten	- DM	42,00 DM	50,40 DM	- DM	21,00 DM	25,20 DM
AG-Anteil zur Sozialversicherung		21,25%	21,25%		21,25%	21,25%
AN-Anteil zur Sozialversicherung		21,25%	21,25%		21,25%	21,25%
Steuersatz des MA		19,50%	19,50%		19,50%	19,50%

Entsprechend der Werte in Tabelle 45 (Anhang) muß das arbeitgebende Unternehmen bei der Gewinnthesaurierung sowohl in Fall 3 als auch in Fall 4 den zur Investition einbehaltenen Gewinn in Höhe von DM 180.000,-- voll versteuern, da bei Personengesellschaften keine Unterscheidung zwischen den Gewinnverwendungsmöglichkeiten getroffen wird. Unter Berücksichtigung der beiden Steuersätze verbleiben dem Unternehmen folglich in Modell I DM 126.000,-- und in Modell II DM 63.000,-- zur investiven Anlage. Werden diese Mittel statt dessen im Rahmen einer Erfolgsbeteiligung an die Mitarbeiter ausgeschüttet, so können nach Abzug der Lohn- und Einkommensteuer sowie der Arbeitgeber- und Arbeitnehmeranteile zur Sozialversicherung im Fall 3 DM 68.400,-- investiert werden. Hier zeigt sich, daß die Höhe des Betriebsausgabeneffektes von den unterschiedlichen Steuer- und Abgabesätzen determiniert wird: Die an die Mitarbeiter ausgeschütteten Erfolgsanteile sind in steuerrechtlicher Hinsicht als Betriebsausgaben zu behandeln und verringern somit den Gewinn des Unternehmens, wobei die effektive Wirkung dieses Steuereffektes von der Differenz der einzelnen Abgabenlasten abhängt. Sofern die Begünstigung des § 19a EStG nicht in Anspruch genommen werden kann, bietet die Gewinnthesaurierung in Modell I einen effektiven Liquiditätsvorteil in Höhe von DM 57.600,--, wohingegen in Modell II eine Erfolgs- und Kapitalbeteiligung die Liquidität de facto um DM 5.400,-- erhöht.

Bei Anwendung des § 19a EStG hingegen gewährt das arbeitgebende Unternehmen dem Mitarbeiter eine steuer- und sozialabgabenfreie Zuwendung in Höhe von DM 300,--, so daß sich der geldwerte Vorteil dieser Erfolgs- und Kapitalbeteiligung auf DM 900,-- je Mitarbeiter beläuft. Nach Abzug der Lohn- und Einkommensteuer sowie der Sozialversicherungsbeiträge beträgt der finanzielle Vorteil einer Gewinnthesaurierung in Modell I DM nur noch DM 29.700,-- und in Modell II erhöht sich der Liquiditätsvorteil einer Erfolgs- und Kapitalbeteiligung auf DM 33.300,--.

Wenn demnach immaterielle Aspekte außer Acht gelassen werden und die Entscheidung, eine Mitarbeiterbeteiligung einzuführen, nur auf dem Betriebsausgaben- und dem Splitting-Effekt basiert, so bietet die Erfolgs- und Kapitalbeteiligung in Fall 3 erst ab einem Grenzsteuersatz des arbeitgebenden Unternehmens in Höhe von 62% und in Fall 4 ab einem Spitzensteuersatz in Höhe von 46,5% Liquiditätsvorteile. Zur Berechnung der Barwerte dieser Liquiditätseffekte werden in Tabelle 32 Grenzsteuersätze zwischen 30% und 70% angenommen und dementsprechend auch die Kalkulationszinssätze angepaßt.

Tabelle 32: Gewinnthesaurierung versus Mitarbeiterdarlehen: Barwerte des Liquiditätsvorteils

Grenzsteuersatz des Unternehmens	**Fall 3**		**Fall 4**	
	Altern. A	Altern. B	Altern. A	Altern. B
30,0%	- 361.585 DM	- 352.198 DM	- 186.442 DM	- 181.602 DM
35,0%	- 307.409 DM	- 299.959 DM	- 130.934 DM	- 127.760 DM
40,0%	- 252.396 DM	- 246.719 DM	- 74.571 DM	- 72.894 DM
45,0%	- 196.529 DM	- 192.456 DM	- 17.341 DM	- 16.981 DM
46,5%	- 179.601 DM	- 175.974 DM	- DM	- DM
50,0%	- 139.795 DM	- 137.147 DM	40.774 DM	40.001 DM
55,0%	- 82.178 DM	- 80.769 DM	99.787 DM	98.077 DM
60,0%	- 23.662 DM	- 23.299 DM	159.716 DM	157.269 DM
61,0%	- 11.849 DM	- 11.672 DM	171.813 DM	169.244 DM
62,0%	- DM	- DM	183.947 DM	181.265 DM
63,0%	11.886 DM	11.717 DM	196.119 DM	193.331 DM
64,0%	23.809 DM	23.479 DM	208.329 DM	205.444 DM
65,0%	35.769 DM	35.287 DM	220.576 DM	217.604 DM
70,0%	96.131 DM	95.014 DM	282.384 DM	279.104 DM

Kurzfristig betrachtet, kann das Mitarbeiterdarlehen gegenüber der Gewinnthesaurierung auf Grund des Betriebsausgaben- und des Splitting-Effektes Liquiditätsvorteile bieten, wobei die tatsächlichen Vorteile in entscheidendem Maße vom Grenzsteuersatz des arbeitgebenden Unternehmens determiniert werden. Demgegenüber sollten zur Beurteilung der finanziellen Aspekte einer einmaligen Gewinnthesaurierung beziehungsweise einer einmaligen Begründung des Mitarbeiterdarlehens die Zinszahlungen in den darauf folgenden Perioden und insbesondere der Liquiditätsverlust bei der Darlehensrückzahlung nach Ablauf der Sperrfrist betrachtet werden.

Aus Sicht des arbeitgebenden Unternehmens wird entsprechend Tabelle 46 (Anhang) die Gewinnthesaurierung in beiden Modellen, das heißt unabhängig vom Grenzsteuersatz, einen deutlichen Liquiditätsvorteil aufweisen, da zum einen keine Zinsbelastung in den Perioden 1 bis 6 anfällt und zum anderen kein Mittelabfluß in Periode 7 erfolgt. Die Höhe des Liquiditätsvorteils hingegen steht in direktem Zusammenhang mit der Steuerbelastung des Unternehmens und liegt zwischen DM 71.379,-- in Modell II / Fall 3 und DM 154.312,-- in Modell I / Fall 4. Werden die Modellrechnungen dahingehend variiert, daß den Anteilseignern eine Mindestverzinsung in Höhe des langfristigen Kapitalmarktzinses garantiert wird und der thesaurierte Gewinn auch weiterhin nach 7 Jahren nicht ausgeschüttet wird, so ergeben sich folgende Konstellationen:

- Im **Fall 5** wird weiterhin ein geldwerter Vorteil in Höhe der gesamten Beteiligung unterstellt, das heißt die steuerlichen Vorteile des § 19a EStG werden nicht in Anspruch genommen. In Anlehnung an die langfristigen Kapitalmarktzinsen[709] erfolgt die Verzinsung der thesaurierten Gewinne mit einem garantierten Zinssatz in Höhe von 6,55%. Die effektive Belastung des Unternehmens beläuft sich bei einem Steuersatz von 30% auf 4,59% und bei einem Steuersatz von 65% auf 2,29%.

- Im **Fall 6** erhält der Mitarbeiter vom arbeitgebenden Unternehmen einen steuer- und sozialabgabenfreien Anlagebonus in Höhe von DM 300,--. Der restliche Teil des Darlehens ist als geldwerter Vorteil zu behandeln. Auch hier wird eine Verzinsung der thesaurierten Gewinne in Höhe von 6,55% gewährt.

Wie in Tabelle 47 (Anhang) ersichtlich, ändert sich mit der Einführung einer garantierten Mindestverzinsung für einbehaltene Gewinne de facto nichts an der Aussage, daß die Gewinnthesaurierung gegenüber dem Mitarbeiterdarlehen langfristige Liquiditätsvorteile bietet, doch die tatsächliche Höhe des Liquiditätsvorteils wird sich mit der Einbeziehung dieser weiteren Modellannahme verringern. Aus Sicht des Unternehmens stellt sich insofern die Frage, inwieweit ein durchschnittlicher Liquiditätsverlust im Optimalfall, das heißt in Modell II

[709] Da die langfristigen Kapitalmarktzinsen im Jahr 1995 6,9% und im Jahr 1996 6,2% betrugen, wird hier ein Mittelwert von 6,55% angenommen.

Fall 5 Alternative A in Höhe von DM 8.754,28 pro Jahr, durch eine Motivations- und Leistungssteigerung erwirtschaftet oder unter Umständen in einen Liquiditätsgewinn umgewandelt werden kann.[710] Aus Sicht des Mitarbeiters hingegen erweist sich, entsprechend Tabelle 48 (Anhang), diese Form der Erfolgs- und Kapitalbeteiligung in jedem Fall als positiv, da er ohne Eigenleistungen und ohne Risikobeteiligung in Fall 3 eine jährliche Verzinsung in Höhe von DM 18,24 beziehungsweise DM 22,80 und, nach Ablauf der Sperrfrist von 7 Jahren, einen Rückzahlungsbetrag in Höhe von DM 456,-- erhält. In Fall 4 betragen die jährlichen Zahlungen DM 25,68 beziehungsweise DM 32,10 und der Rückzahlungsbetrag DM 642,-- . Sowohl aus vermögens- und verteilungspolitischen Gesichtspunkten als auch aus Gründen einer gerechten Einkommensverteilung und der Errichtung einer betrieblichen Partnerschaft kann dieses Modell positive Akzente setzen.

Die hier dargestellten Modellrechnungen verdeutlichen, daß sowohl positive als auch negative Liquiditätseffekte einzelner Erfolgs- und Kapitalbeteiligungsmodelle vom Grenzsteuersatz des Unternehmens sowie von der Zinsgestaltung und der Beteiligungsbereitschaft der Mitarbeiter determiniert wird. Abschließend soll aus der Vielzahl der möglichen Gestaltungsvarianten eine weitere Kombinationsmöglichkeit untersucht werden. Das Unternehmen vergleicht in diesem Fall die Gewinnthesaurierung mit der Aufnahme eines zusätzlichen Bankkredites sowie einer Erfolgs- und Kapitalbeteiligung in Verbindung mit Eigenleistungen der Mitarbeiter.

- Auch diesem Fall unterliegt das arbeitgebende Unternehmen der Rechtsform einer KG und ist somit als Personengesellschaft zu behandeln, deren Gesamtgewinn unabhängig von der Verwendung im Rahmen einer „einheitlichen Gewinnfeststellung“ ermittelt wird. Dementsprechend müssen die thesaurierten Gewinne den ausgeschütteten Gewinnen gleichgesetzt und auf die einzelnen Gesellschafter verteilt werden. Dabei liegt der Grenzsteuersatz des arbeitgebenden Unternehmens in **Modell I** bei 30%, wohingegen in **Modell II** ein Grenzsteuersatz in Höhe von 65% angenommen wird. Der Arbeitgeberanteil zur Sozialversicherung beträgt wiederum der 21,25%.
- Der Mitarbeiter unterliegt einer durchschnittlichen Steuerbelastung in Höhe von 19,5% sowie einer Sozialabgabenbelastung in Höhe von 21,25%.

---

[710] Bezogen auf 150 beteiligungsberechtigte Mitarbeiter würde der Liquiditätsverlust in diesem Fall pro Jahr DM 58,37 betragen!

- Das Unternehmen weist im laufenden Geschäftsjahr einen Gewinn vor Steuern in Höhe von DM 250.000,-- aus und erwägt als Alternative zur Gewinnthesaurierung die Aufnahme eines zusätzlichen Bankkredites oder, im Rahmen einer Kombination von Erfolgs- und Kapitalbeteiligung, mit 150 beteiligungsberechtigten Mitarbeitern die Begründung einer Fremdkapitalbeteiligung, wobei die Laufzeit in Anlehnung an das 5. VermBG auf 7 Jahre festgelegt wird. Der Zinssatz des Bankdarlehens beträgt 8%, wohingegen die Belastung der Mitarbeiterbeteiligung bei einem Zinssatz von 5% und einer Bürgschaftsgebühr in Höhe von 1% des Nennwertes der Beteiligung liegt. Unter Berücksichtigung der Grenzsteuersätze betragen die effektiven Zinssätze des Bankkredites und des Mitarbeiterdarlehens (inklusive der Bürgschaftsgebühr) in Modell I 5,6% und 4,2% beziehungsweise in Modell II 2,8% und 2,1%.
- In Anlehnung an die langfristigen Kapitalmarktzinsen erfolgt die Verzinsung der thesaurierten Gewinne mit einem garantierten Zinssatz in Höhe von 6,55%. Die effektive Belastung des Unternehmens beläuft sich demnach in Modell I auf 4,59% und in Modell II auf 2,29%.
- Eine tarifvertragliche Regelung sieht vor, daß der Arbeitgeber vermögenswirksame Leistungen in Höhe von DM 936,-- zu tragen hat. Von den beteiligungsberechtigten Arbeitnehmern erhalten nur 10 Mitarbeiter eine Arbeitnehmersparzulage, da das Einkommen der übrigen Mitarbeiter über DM 27.000,-- respektive DM 54.000,-- liegt. Weiterhin sind unter Berücksichtigung der Freibeträge gemäß § 9a Nr. 1b EStG und § 20 Abs. 4 EStG die Einkünfte aus Kapitalvermögen aller Mitarbeiter steuer- und sozialabgabenfrei.
- Sofern der Mitarbeiter seine vermögenswirksamen Leistungen als Mitarbeiterdarlehen in das Unternehmen einbringt, erhält er vom arbeitgebenden Unternehmen einen, gemäß § 19a EStG steuer- und sozialabgabenfreie Anlagebonus in Höhe von DM 300,--. Im Rahmen dieser Modellrechnung sind alle Mitarbeiter bereit, die vermögenswirksamen Leistungen im Unternehmen anzulegen und begründen demnach eine weitere Darlehensvereinbarung.
- Der effektive Kalkulationszinssatz zur Berechnung des Barwertes liegt in Modell I bei 3,5% und in Modell II bei 1,75%.
- Sämtliche Zinszahlungen und Bürgschaftsgebühren werden jährlich und die gesamte Darlehenssumme nach Anlauf der Sperrfrist von 7 Jahren ausbezahlt.
- Um die Rentabilität des Mitarbeiterdarlehens aus Sicht des Arbeitnehmers beurteilen zu können, wird im Vergleich dazu die Anlage in Form eines Bau-

sparvertrages mit einem garantierten Zinssatz von 3,5% sowie eine Schuldverschreibung mit einer jährlichen Verzinsung in Höhe von 6% untersucht.

Tabelle 33: Ausgangsdaten der Modellrechnung: Gewinnthesaurierung versus Mitarbeiterdarlehen versus Bankkredit

	Modell I	Modell II
Grenzsteuersatz des Unternehmens	30,00%	65,00%
Steuersatz der MA	19,50%	19,50%
Arbeitgeberanteil zur Sozialversicherung	21,25%	21,25%
Arbeitnehmeranteil zur Sozialversicherung	21,25%	21,25%
Effektiver Zinssatz des Bankkredites	5,60%	2,80%
Effektiver Zinssatz des MA-Darlehens und Bürgschaftsgebühren	4,20%	2,10%
Effektiver Zinssatz des thesaurierten Gewinns	4,59%	2,29%
Effektiver Kalkulationszinssatz des Barwertes	3,50%	1,75%
Begründung des Bankkredites	180.000,00 DM	180.000,00 DM
Gewinnthesaurierung	180.000,00 DM	180.000,00 DM
Ausschüttung im Rahmen der Erfolgs- und Kapitalbeteiligung	180.000,00 DM	180.000,00 DM
Zuwendung des Unternehmens je MA	1.200,00 DM	1.200,00 DM
./. Steuern und Sozialabgaben	- 744,00 DM	- 744,00 DM
Erfolgs- und Kapitalbeteiligung	456,00 DM	456,00 DM
Zahlungen des MA inclusive Arbeitnehmer-Sparzulage	936,00 DM	936,00 DM
Anlagebonus des Unternehmens nach §19a EStG	300,00 DM	300,00 DM
Gesamtdarlehenssumme	**1.692,00 DM**	**1.692,00 DM**

Aus Tabelle 49 (Anhang) ist ersichtlich, daß das Unternehmen den Liquiditätsspielraum im ersten Jahr mit allen drei Alternativen erweitern wird, wobei sich der Mittelzufluß mit einer Kombination aus Erfolgs- und Kapitalbeteiligung sowie Eigenleistung des Mitarbeiters gegenüber der Gewinnthesaurierung in Modell I um DM 96.300,-- respektive in Modell II um DM 175.050,-- erhöht. In den folgenden Perioden hingegen verringert sich der Liquiditätsspielraum, da die Zinsbelastung des Mitarbeiterdarlehens die Kosten der Gewinnthesaurierung übersteigt und nach Ablauf der Sperrfrist die Rückzahlungsverpflichtung in Höhe von DM 253.800,-- ansteht. Allerdings sollte bei dieser Betrachtung nicht übersehen werden, daß das Kreditlimit im Rahmen der Begründung eines Mitarbeiterdarlehens auf Grund der bürgschaftlichen Sicherung und der Verschlechterung der Kapitalstruktur bereits im ersten Jahr reduziert wird, andererseits aber das Unternehmen neben dem Betriebsausgaben- und Splitting-Effekt auf finanzielle Mittel in Höhe der vermögenswirksamen Leistungen verzichtet, sofern es keine Mitarbeiterbeteiligung einführt: Das Unternehmen muß somit bereits im ersten Jahr der Darlehensbegründung vermögenswirksame Leistungen per tarifvertraglicher Regelung aufbringen, wohingegen die Mittel erst in Periode 7 zahlungswirksam werden und der Cash flow erst nach Ablauf der Sperrfrist beeinflußt wird. Entsprechend den Grenzsteuersätzen des Unternehmens liegt der tatsächliche Vorteil der Gewinnthesaurierung lediglich bei DM 51.233,-- beziehungsweise bei DM -34.440,--.[711]

Auf Grund der Besteuerung thesaurierter Gewinne eröffnet ein Bankkredit in der ersten Periode einen höheren Liquiditäts- und Investitionsspielraum, wohingegen die oben angeführten Bedenken bezüglich der Bonität, der Kreditwürdigkeit, der höheren Zinsbelastung und insbesondere der Rückzahlungsverpflichtung in Periode 7 berücksichtigt werden sollten, denn einer Erweiterung der Finanzierungsmöglichkeiten zu Beginn Periode 1 stehen in den Folgeperioden höhere Kosten und nach Ablauf der Darlehenslaufzeit ein deutlicher Mittelabfluß gegenüber.

Gegenüber dem Bankkredit bietet das Mitarbeiterdarlehen, trotz der Steuer- und Sozialabgabenbelastung, einen höheren Liquiditätsspielraum in Periode 0, da neben der Erfolgs- und Kapitalbeteiligung sowie der steuer- und sozialabgabenfreien Zuwendung nach § 19a EStG die Eigenleistungen des Mitarbeiters wirksam werden. Allerdings beeinträchtigt die Zinsbelastung, die Rückzahlungsvereinbarung und die höhere bürgschaftliche Absicherung den Finanzierungsspielraum der folgenden Perioden. Unter Berücksichtigung der Tatsache, daß die vermögenswirksamen Leistungen ohnehin zahlungswirksam gewesen wären und lediglich von einem Stundungseffekt gesprochen werden kann, eröffnet die Mitarbeiterbeteiligung ein höheres Finanzierungspotential.

Aus Sicht des Mitarbeiters (Tabelle 50 im Anhang) kann diese Beteiligungsform, unabhängig vom Anspruch auf die Arbeitnehmersparzulage, durchaus positiv bewertet werden, da er neben der vermögenswirksamen Leistung eine Zuwendung des Arbeitgebers erhält und zudem die Zinszahlungen höher aus-

---

711 Der Vorteil errechnet sich wie folgt: von DM 191.633,-- (Modell I) werden DM 140.400,-- (DM 936,-- x 150 Mitarbeiter) als Mitarbeiterdarlehen subtrahiert, da das Unternehmen auch ohne die Begründung des Darlehens die vermögenswirksamen Leistungen in Höhe von DM 936,-- hätte aufbringen müssen. Bei dem Vergleich Bankkredit versus MA-Darlehen werden dagegen DM 153.900,-- (DM 1.026,-- x 150 Mitarbeiter) subtrahiert, da das Unternehmen die Begründung des Darlehens mit einem Bonus in Höhe von DM 300,-- (abzüglich DM 210,-- Steuerersparnis) honoriert. Für Modell II gilt die selbe Berechnung, wobei hier andere Steuersätze zugrunde gelegt wurden.

fallen werden. Der Mitarbeiter kann somit im Idealfall, das heißt unter Berücksichtigung der Arbeitnehmersparzulage und einer nominalen Verzinsung des Darlehens von 5% einen Gewinn in Höhe von DM 1.441,80 erwirtschaften. Demgegenüber beträgt der maximale Gewinn eines Bausparvertrags lediglich DM 348,45 und einer Schuldverschreibung DM 486,72.

9.3.2 Die Eigenkapitalbeteiligung

Eine zukunftsorientierte Investitions- und Beschäftigungspolitik bedarf auch eines hohen Eigenkapitalvolumens, da sowohl die politisch geforderte Innovation im Sinne von Unternehmensneugründungen als auch die Erweiterung bestehender Unternehmen einer soliden Finanzierungsgrundlage benötigen, um notwendige Investitionsrisiken eingehen und/oder neues Fremdkapital aufnehmen zu können. Wie Tabelle 34 verdeutlicht, läßt sich jedoch, nach einer wiedervereinigungsbedingten Zunahme im Jahr 1991, eine stetige Abnahme der Investitionsquote und eine relativ niedrige, konstante Eigenkapitalquote feststellen, die die internationale Wettbewerbsfähigkeit negativ beeinflussen kann. Unter Berücksichtigung der hohen privaten Ersparnis und der Vielzahl unterschiedlicher Beteiligungsmodelle sollten demnach insbesondere die Wirkungen auf die Eigenkapitalstruktur betrachtet werden, da die bestehenden Gesellschafter gerade bei jungen, expandierenden Unternehmen oft nicht in der Lage sind, das benötigte Eigenkapital aufzubringen. Dabei stellt sich die Frage, inwieweit eine Verbesserung der Eigenkapitalquote, ohne wettbewerbsverzerrende Machtkonzentrationen und ohne verteilungspolitische Nachteile seitens der Arbeitnehmer, durch eine verstärkte Eigenkapitalbeteiligung der Mitarbeiter erreicht werden kann.

Tabelle 34: Eigenkapitalquoten der westdeutschen Unternehmen sowie Brutto- und Nettoinvestitionsquoten in der BRD 1980 bis 1996

Jahr	Eigenkapitalquote[1]	Bruttoinvestitionsquote[2]	Nettoinvestitionsquote[3]	Jahr	Eigenkapitalquote[1]	Bruttoinvestitionsquote[2]	Nettoinvestitionsquote[3]
	in %				in %		
1980	20,1	23,66	11,9	1991	17,5	23,21	10,65
1985	18,2	19,63	6,99	1992	18,2	22,81	10,06
1990	18,2	21,21	8,83	1993	17,6	21,46	8,13
				1994	17,6	22,46	9,36
				1995	18,1	22,51	9,45
				1996	18,0	21,48	8,43

1) $\text{Eigenkapitalquote} = \frac{\text{Eigenkapital} - \text{Eigenkapitalberichtigungen}}{\text{Bilanzsumme} - \text{Wertberichtigungen} - \text{Eigenkapitalberichtigungen}}$

2) Bruttoinvestitionsquote = Bruttoinvestition in % des Bruttosozialprodukts, ab 1991: Deutschland, vorläufige Ergebnisse (eigene Berechnungen)

3) Nettoinvestitionsquote = Nettoinvestition in % des Bruttosozialprodukts, ab 1991: Deutschland, vorläufige Ergebnisse (eigene Berechnungen)

Quelle: Zur Eigenkapitalquote: Deutsche Bundesbank (Hrsg.): Monatsbericht, Nr. 11: Verhältniszahlen zur Vermögens- und Kapitalstruktur der Unternehmen, Frankfurt am Main, 1990, S. 22; 1993, S. 30; 1996, S. 45 sowie 1997, S. 43.Zur Berechnung der Investitionsquoten: Tabelle 24.2: Sozialprodukt, Volkseinkommen und Einkommen aus unselbständiger Arbeit sowie Tabelle 24.6: Verwendung des Sozialprodukts beziehungsweise Tabelle 24.15: Nettosozialprodukt, verfügbares Einkommen, Ersparnis und Vermögensbildung in Mill. DM, in: Statistisches Bundesamt (Hrsg.): Statistisches Jahrbuch 1990 für die Bundesrepublik Deutschland, Wiesbaden, 1990, S. 566 sowie S. 574 beziehungsweise S. 581; Tabelle 24.2: Inlandsprodukt, Sozialprodukt, Volkseinkommen sowie Tabelle 24.6: Verwendung des Inlandsprodukts beziehungsweise Tabelle 24.15: Nettosozialprodukt, verfügbares Einkommen, Ersparnis und Vermögensbildung, in: Statistisches Bundesamt (Hrsg.): Statistisches Jahrbuch 1994 für die Bundesrepublik Deutschland, a. a. O., S. 682 sowie S. 690 beziehungsweise S. 698; für den Jahrgang 1996 vgl. Tabelle 24.2 sowie Tabelle 24.6 beziehungsweise Tabelle 24.15, in: Statistisches Bundesamt (Hrsg.): Statistisches Jahrbuch 1996 für die Bundesrepublik Deutschland, a. a. O., S. 641 sowie S. 649 beziehungsweise S. 657 und für den Jahrgang 1997 vgl. Tabelle 24.3: Inlandsprodukt, Sozialprodukt, Volkseinkommen sowie Tabelle 24.7: Verwendung des Inlandsprodukts beziehungsweise Tabelle 24.15: Nettosozialprodukt, verfügbares Einkommen, Ersparnis und Vermögensbildung, in: Statistisches Bundesamt (Hrsg.): Statistisches Jahrbuch 1997 für die Bundesrepublik Deutschland, a. a. O., S. 666 sowie S. 675 beziehungsweise S. 682.

Entsprechend der Ergebnisse im Rahmen der Fremdkapitalbeteiligung läßt sich grundsätzlich feststellen, daß auch eine Eigenkapitalbeteiligung unterschiedliche Wirkungen zuläßt. Positive Liquiditätseffekte können erwartet werden, wenn Finanzmittel von Außen zufließen, das heißt wenn der Mitarbeiter Eigenleistungen in Form einer Zuzahlung erbringt oder zumindest keine betrieblichen Ressourcen beansprucht werden. Vor allem kleinere und mittlere Unternehmen, denen der Zugang zu organisierten Kapitalmärkten durch institutionelle Hemmnisse erschwert wird, sehen in diesem Mittelzufluß bedeutende Finanzierungsvorteile. Da eine originäre Beteiligung oder eine Kombination aus originärer und derivativer Beteiligung auch für Großunternehmen positiv bewertet werden kann, bietet sich beispielsweise bei Aktiengesellschaften die Ausgabe von Belegschaftsaktien zu einem Vorzugskurs (10% bis 20% des regulären Kurses) und dementsprechend die langfristige Erweiterung der Finanzierungsbasis an, wobei allerdings hier eine zeitliche Differenzierung angebracht ist: In Periode 0, das heißt zum Zeitpunkt dieser Aktienemission entsteht eine Belastung in der Höhe der Differenz des Börsenkurses und der Eigenleistung des Mitarbeiters, da das Unternehmen diesen Differenzbetrag vorfinanzieren muß. In den darauf folgenden Perioden verringert sich jedoch die Liquiditätsbelastung, wenn die Aktiengesellschaft die Dividenden auf diese Vorzugsaktien nicht ausschüttet, sondern die noch fehlenden Beträge dem Aktienanteil gutschreibt und die Mittel somit im Unternehmen verbleiben. Dies wird im allgemeinen als Vorratsbeschaffung an Eigenkapital und/oder an liquiden Mitteln für künftige Perioden bezeichnet. Andererseits werden hohe Eigenleistungen sowohl die Beteiligungsmöglichkeit als auch die -bereitschaft der Arbeitnehmer verringern und eine weitere Differenzierung innerhalb der Gruppe der Arbeitnehmer erhöhen. Aus verteilungspolitischen Aspekten ist deshalb eine Mitarbeiterbeteiligung mit hohen Eigenleistungen nicht zu empfehlen. Sofern die im Rahmen einer Erfolgs- und Kapitalbeteiligung geplante Barausschüttungen verringert und dafür gleichwertige Eigenkapitalbeteiligungen gewährt werden, sind ebenso positive Liquiditätseffekte bei geringeren Verteilungsdisparitäten zu erwarten.

Demgegenüber verringert sich die Liquidität, wenn das Unternehmen zusätzliche Eigenmittel aufwendet, um den Mitarbeitern Eigenkapitalanteile zu übereignen.[712] Sofern zudem die Möglichkeit besteht, statt der Ausgabe von Belegschaftsaktien neue Aktien zu einem höheren Ausgabekurs an der Börse zu plazieren, fließen dem Unternehmen zusätzliche Mittel von Außen zu. Dement-

---

712 So beeinträchtigt beispielsweise der Ankauf eigener Aktien und die kostenlose Ausgabe an die Mitarbeiter oder die Überlassung von Belegschaftsaktien ohne Zuzahlung und ohne Gewinneinbehaltung die Liquidität der Unternehmung.

sprechend wird in diesem Fall die normale Kapitalerhöhung über den Börsengang den Liquiditätsspielraum erweitern.

Langfristig betrachtet sind mit der Ausgabe von Eigenkapitalbeteiligungen auch Gewinnausschüttungen auf die Anteile verbunden, da ansonsten die Kapitalgeber ihre Anteile aus dem Unternehmen abziehen und diese gewinnbringenden Anlagen zuführen werden. Obgleich die Gewinnausschüttung nicht gesetzlich vorgeschrieben ist, wird das Unternehmen nicht in der Lage sein, auf Zahlungen zu verzichten, ohne einen deutlichen Kapitalabfluß vermeiden zu können.

Eine weitere Problematik, die bei nahezu allen Rechtsformen auftritt, liegt in der Rückzahlung der Anteile beim Ausscheiden eines Mitarbeiters. Im Gegensatz zur Selbstfinanzierung kann nicht davon ausgegangen werden, daß die Mittel auf unbestimmte Zeit im Unternehmen verbleiben. Aktiengesellschaften haben dabei insofern den Vorteil, als daß ihre Aktien an der Börse gehandelt werden können und somit kein unmittelbarer Kapitalabfluß zu befürchten ist. Personengesellschaften hingegen sind gezwungen, Liquiditätsreserven zu bilden, um ausscheidende Mitarbeiter auf ihr Verlangen hin auszuzahlen. Im Rahmen einer Mitarbeiterkapitalbeteiligung bietet sich demnach die Begründung einer internen Mitarbeiterbörse an, an der der ausscheidende Mitarbeiter seine Anteile an Kollegen verkaufen kann. Als weitere Alternativen sind höhere Rückzahlungskurse in Abhängigkeit der Beteiligungsdauer und die vertragliche Vereinbarung längerer Kündigungsfristen denkbar, wobei damit lediglich der Zahlungszeitpunkt verzögert, aber nicht die Zahlungsverpflichtung aufgehoben werden kann. Um den Mittelabfluß zu vermeiden und den Liquiditätsspielraum des Unternehmens aufrecht zu halten, wäre die Ablösung der Anteile durch die Unternehmenseigner aus deren Privatvermögen denkbar.[713]

Neben den reinen Liquiditätseffekten sind auch positive Wirkungen auf Grund von Steuerersparnissen zu erwarten. Wie bereits erläutert, basiert der Vorteil der Steuerkomponente zum einen auf den unterschiedlichen Steuersätzen für Unternehmer, Anteilseigner und Mitarbeiter und zum anderen auf dem Splitting-Effekt, das heißt der Reduzierung der durchschnittlichen Steuerbelastung durch die Verteilung der Gewinne auf mehrere Personen. Demnach spielen die unternehmenspolitischen und insbesondere auch die steuerlichen Gesichtspunkte in Verbindung mit vermögens- und verteilungspolitischen Aspekten bei fast allen Mitarbeiterbeteiligungsmodellen eine bedeutende Rolle, denn:

---

713 Vgl. Franke, Günter: Betriebswirtschaftliche Aspekte der Mitarbeiter-Kapitalbeteiligung, a. a. O., S. 53 f.

„Sie bilden eine sinnvolle Kombination betriebswirtschaftlicher Erfordernisse (Verstärkung der notwendigen Eigenkapitalbasis, die gerade in Familienunternehmen permanent schwach ist) mit dem gesellschaftspolitischen Ziel der Vermögensbildung in Arbeitnehmerhand.“[714]

Dennoch darf dieser Aspekt nicht überbewertet werden, da eine Beteiligung, die lediglich aus steuerlichen Gesichtspunkten eingeführt wird, einer Vielzahl der bereits angeführten Zielen entgegensteht. Zum einen kann dabei - aus Sicht der Mitarbeiter - der fehlende „echte partnerschaftliche Gedanke“ und zum anderen - aus Sicht der Unternehmen - die fehlende respektive die künstlich beeinflußte Allokationswirkung angeführt werden. Unter Umständen können dabei vergleichbare Wirkungen auftreten, wie sie teilweise bei der unterschiedlichen Besteuerung der einbehaltenen beziehungsweise ausgeschütteten Gewinne oder einer zweckgebundenen Investitionsförderung zu beobachten sind: Fehlinvestitionen und folglich eine suboptimale Verwendung der Mittel sind denkbar, da das „subventionierte Kapital“ nicht auf dem freien Kapitalmarkt verfügbar ist und demnach auch nicht in direkter Konkurrenz zu anderen Anlagenmöglichkeiten steht. Andererseits sinkt jedoch das Investitions-, Verschuldungs-, und dementsprechend auch das Verlust- und Insolvenzrisiko einer Unternehmung. Im folgenden soll die Entwicklung der Selbstfinanzierungsquote in der Bundesrepublik Deutschland betrachtet werden:

Tabelle 35: Die Entwicklung der Selbstfinanzierung in der BRD 1980 - 1996

Jahr	Selbstfinanzierung[1] in % der Fremdmittel[2]	Jahr	Selbstfinanzierung[1] in % der Fremdmittel[2]	Jahr	Selbstfinanzierung[1] in % der Fremdmittel[2]	Jahr	Selbstfinanzierung[1] in % der Fremdmittel[2]
1980	17,4	**1987**	16,1	**1990**	15,0	**1993**	11,7
1985	13,2	**1988**	14,8	**1991**	15,4	**1994**	12,3
1986	14,3	**1989**	15,0	**1992**	14,5	**1995**	12,5

1) Selbstfinanzierung: Jahresüberschuß, Abschreibung, Veränderung der Rückstellungen, des Sonderpostens mit Rücklagenanteil und der Rechnungsabgrenzungsposten, abzüglich Zuschreibungen

2) Fremdmittel: Verbindlichkeiten, Rückstellungen und anteiliger Sonderposten mit Rücklagenanteil, vermindert um die Kassenmittel

Quelle: Deutsche Bundesbank (Hrsg.): Monatsbericht, Nr. 11: Verhältniszahlen zur Vermögens- und Kapitalstruktur der Unternehmen, a. a. O., 1982, S. 19; 1990, S. 22; 1993, S. 30; 1996, S. 45.

---

714 Guski, Hans-Günter: Ausgewählte Modelle betrieblicher Vermögensbeteiligung, Band I, Köln, 1970, S. 30.

Wie aus Tabelle 35 ersichtlich ist, läßt sich in der Bundesrepublik Deutschland ein stetiger Trend zu einer geringeren Selbstfinanzierungsquote feststellen. Da dies mit Risiken für das Unternehmen und folglich auch mit Risiken für Arbeitnehmer und Kapitalanleger einhergeht, darf ein Beteiligungsmodell, das auch finanz- und steuerpolitische Vorteile bringt, nicht aus „ideologischen Gründen" abgelehnt werden. Um die finanziellen Wirkungen zu verdeutlichen, sollen auch hier einzelne Modellrechnungen angestellt werden, wobei wiederum folgende Annahmen getroffen werden:

- Die Mitarbeiterkapitalbeteiligung soll in diesem Modell steuerrechtlich als Fremdkapital und betriebswirtschaftlich weitestgehend als Eigenkapital zu behandeln sein. Daher bietet sich als Beteiligungsform die stille Beteiligung an, die zum einen die vorgenannten Prämissen erfüllt und zum anderen rechtsformunabhängig ist.
- Das arbeitgebende Unternehmen unterliegt der Rechtsform einer KG und beschäftigt insgesamt 180 Mitarbeiter, wobei derzeit 150 Mitarbeiter die persönlichen Beteiligungsvoraussetzungen erfüllen. Die thesaurierten Gewinne müssen auch in diesem Falle den ausgeschütteten Gewinnen gleichgesetzt und auf die einzelnen Gesellschafter verteilt werden. In **Modell III** liegt der Grenzsteuersatz des arbeitgebenden Unternehmens bei 30%, wohingegen in **Modell IV** ein Grenzsteuersatz in Höhe von 65% angenommen wird.
- Der Mitarbeiter erhält eine staatliche Zuwendung, das heißt eine Arbeitnehmersparzulage in Höhe von 10% der vermögenswirksamen Leistungen, wobei diese (Leistungen) auf Grund einer tarifvertraglichen Regelung vom Arbeitgeber zu tragen sind. Die Einkünfte des Mitarbeiters aus Kapitalvermögen sind steuer- und sozialabgabenfrei, da sie unter den Freibeträgen gemäß §9 a Nr. 1b EStG und § 20 Abs. 4 EStG liegen.
- Sofern der Mitarbeiter seine vermögenswirksamen Leistungen als stille Beteiligung in das Unternehmen einbringt, erhält er vom arbeitgebenden Unternehmen einen steuer- und sozialabgabenfreien Anlagebonus in Höhe von DM 300,--. Das Unternehmen garantiert eine Mindestrendite auf das eingesetzte Kapital in Höhe von 4% **(Alternative A)** und eine zusätzliche, von der Ertragslage abhängige, Kapitalentlohnung. Exemplarisch wird in **Alternative B** ein maximaler Gewinnanteil in Höhe von 10% angenommen.

Tabelle 36: Ausgangsdaten der Modellrechnung: Stille Beteiligung

	Modell III		Modell IV	
Grenzsteuersatz des Unternehmens	30%		65%	
Zahlungen des MA	842,40 DM	842,40 DM	842,40 DM	842,40 DM
Arbeitnehmersparzulage	93,60 DM	93,60 DM	93,60 DM	93,60 DM
Zahlungen des Unternehmens	210,00 DM	210,00 DM	105,00 DM	105,00 DM
Steuerermäßigung	90,00 DM	90,00 DM	195,00 DM	195,00 DM
Gesamte stille Beteiligung	1.236,00 DM	1.236,00 DM	1.236,00 DM	1.236,00 DM
	Altern. A	**Altern. B**	**Altern. A**	**Altern. B**
Gewinnanteile	4%	10%	4%	10%
Effektive Gewinnanteile nach Steuern	2,80%	7%	1,40%	3,50%
Effektive Gewinnanteile in DM	34,61 DM	86,52 DM	17,30 DM	43,26 DM

Entsprechend Tabelle 51 im Anhang erhöht sich wie beim Mitarbeiterdarlehen in Periode 0 der Finanzierungsspielraum um DM 1.026,-- beziehungsweise DM 1.131,--, wobei der Mitarbeiter DM 936,-- aus den vermögenswirksamen Leistungen anlegt, die das arbeitgebende Unternehmen gemäß der tarifvertraglichen Regelung ohnehin aufbringen müßte. Weiterhin trägt der Staat auf Grund des Steuerverzichtes einen Anteil in Höhe von DM 210,-- (Modell III) beziehungsweise DM 105,-- (Modell IV). In den Folgeperioden steht jedoch dem Finanzierungsvorteil ein Mittelabfluß in Form einer Kapitalverzinsung gegenüber, deren Höhe zum Zeitpunkt der Beteiligungsbegründung nicht exakt bestimmt werden kann.[715] Nach Ablauf der Sperrfrist erfolgt ein weiterer Mittelabfluß, da die Mitarbeiter annahmegemäß sämtliche Beteiligungstitel kündigen.

Dabei sollte allerdings noch einmal betont werden, daß es sich hier zum Teil nur um eine verzögerte Auszahlung handelt, da die im Rahmen des 5. VermBG angelegten Mittel ohnehin vom Arbeitgeber aufzubringen sind, somit in jedem Fall zahlungswirksam geworden wären und lediglich der Zahlungszeitpunkt um 7 Jahre verschoben wurde. Das Unternehmen kann folglich DM 936,-- beziehungsweise DM 1.236,-- investieren und muß dafür lediglich DM 242,26 pro

---

[715] Zur Vereinfachung wurden bei dieser Modellrechnung eine Grundverzinsung in Höhe von 4% (Alternative A) und eine zusätzliche Verzinsung von 6%, also insgesamt von 10% in Alternative B angenommen.

Mitarbeiter an Zinsen aufbringen. Sofern das Unternehmen für weitere Investitionszwecke zusätzlich zu den vermögenswirksamen Leistungen ein Bankdarlehen aufnehmen müßte, wäre, bei banküblichen Fremdkapitalzinsen, der Kapitalbedarf und die Zinsbelastung sicherlich höher. Werden zudem Boni für Verbesserungsvorschläge nicht in bar ausbezahlt, sondern in Form einer investiven Beteiligung dem Mitarbeiter übertragen, so kann sich auch hier der Finanzierungs- und Liquiditätsspielraum deutlich erhöhen: Das Deutsche Institut für Betriebswirtschaftslehre kommt in der 1998 veröffentlichten Studie zu dem Ergebnis, daß die Wettbewerbsfähigkeit deutscher Unternehmen entscheidend durch die Ideenvielfalt ihrer Beschäftigten erhöht werden kann: Allein im Jahr 1997 wurden den 361 befragten Unternehmen und Behörden mehr als 970.000 betriebsinterne Verbesserungsvorschläge unterbreitet, wobei sich die Kosteneinsparung auf etwa 1,8 Milliarden DM und die Prämienzahlungen für Verbesserungsvorschläge auf etwa 290 Millionen DM belief. Eine Kombination aus diesen Prämienzahlungen und einer Kapitalbeteiligung könnte, neben der vorgenannten Erweiterung des Finanzierungsspielraumes, dem Mitarbeiter verdeutlichen, daß seine Vorschläge tatsächlich honoriert und umgesetzt werden und er zudem am Unternehmenserfolg respektive der Kosteneinsparung sowie der künftigen Unternehmensentwicklung real teilnimmt.[716]

Ein weiterer Vorteil der stillen Beteiligung liegt darin, daß es sich steuerrechtlich um Fremdkapital handelt und die Gewinnanteile dementsprechend steuermindernd geltend gemacht werden können. Um allerdings „echtes" Eigenkapital im betriebswirtschaftlichen Sinne zu schaffen, sollte eine begrenzte Verlustbeteiligung und dementsprechend ein geringerer Rückzahlungsbetrag oder ein begrenzter Verlustvortrag akzeptiert werden. Dementsprechend könnte beispielsweise eine Verlustbeteiligung auf die vermögenswirksamen Leistungen ausgeschlossen und eine eingeschränkte Verlustbeteiligung auf die Zuwendung respektive eine anteilige Einbehaltung der Gewinnanteile sowie ein Verlustvortrag vereinbart werden.

---

716 Zu der Studie des deutschen Instituts für Betriebswirtschaftslehre vgl. Ohne Verfasser: Industriebeschäftigte immer findiger. Beamte haben weniger neue Ideen, in: Süddeutsche Zeitung, 54. Jahrgang, 22. Woche, Nr. 118, Montag, 25. Mai 1998, S. 25.

Tabelle 37: Zahlungsströme der stillen Beteiligung aus Sicht des Mitarbeiters

Modell III und Modell IV: Jährliche Zahlungen		
Cashflow	Alternative A	Alternative B
Periode 0	- 842,40 DM	- 842,40 DM
Periode 1 bis 6 p.a.	49,44 DM	123,60 DM
Periode 7	1.285,44 DM	1.359,60 DM
Periode 1 bis 7	1.582,08 DM	2.101,20 DM
Gewinn	**739,68 DM**	**1.258,80 DM**

Auch aus Sicht des beteiligten Mitarbeiters, der in diesem Fall auf Grund seiner geringen Einkünfte eine Arbeitnehmersparzulage in Höhe von DM 93,60 erhält, erweist sich die stille Beteiligung finanziell als sinnvoll, da er zusätzlich zu den tarifvertraglich vereinbarten vermögenswirksamen Leistungen eine freiwillige Zuwendung des Arbeitgebers erhält. Dadurch erhöht sich die Rendite der stillen Beteiligung in Modell III von 4% jährlich auf 12,54% und in Modell IV von 10% auf 21,35% per anno. Dieser Rendite, die in diesem Fall entscheidend von der steuer- und sozialversicherungsfreien Zuwendung des arbeitgebenden Unternehmens erhöht wird, steht allerdings insofern die Problematik gegenüber, als daß sich Vermögens- und Beschäftigungsrisiken kumulieren, da der Mitarbeiter über keinerlei Diversifizierungsmöglichkeiten verfügt.[717]

Im weiteren Verlauf soll die Alternative einer stillen Beteiligung mit der Möglichkeit einer Gewinnthesaurierung verglichen werden, wobei das Unternehmen ein Investitions- beziehungsweise Thesaurierungsvolumen von DM 250.000,-- plant. Die exakte Höhe des im Rahmen einer Kapitalbeteiligung anstehenden Ausschüttungsvolumens steht zu Beginn der Modellrechnung noch nicht fest, da das Unternehmen neben den finanziellen Aspekten auch unternehmenspolitische Ziele verfolgen und den Mitarbeitern einen Fixbetrag in Höhe von DM 500,-- übereignen möchte. Vorstehende Modellannahmen werden um folgende Bedingung erweitert:

---

[717] Um die Beteiligungsbereitschaft der Mitarbeiter zu erhöhen, sollte ein attraktives Beteiligungsmodell konzipiert werden, das einen Anlagebonus in Höhe der Zuwendung und demnach eine höhere Rendite im Vergleich zu anderen Anlagen sowie ein garantierter Rückzahlungsbetrag in Höhe der vermögenswirksamen Leistung vorsieht. Wie bereits dargelegt, sollte allerdings auch eine auf das Geschenk begrenzte Haftung und ein Verlustvortrag vorgesehen werden.

- Das Unternehmen übereignet im Rahmen einer Erfolgsbeteiligung jedem Mitarbeiter eine Beteiligung in Höhe von DM 500,--, wobei entsprechend § 19a EStG lediglich ein geldwerter Vorteil in Höhe von DM 250,-- geltend gemacht werden kann. Das Unternehmen trägt sämtliche Kosten und Abgabenbelastungen, da dem Mitarbeiter aus motivations- und unternehmenspolitischen Gesichtspunkten der Anteil in voller Höhe übereignet werden soll. Die durchschnittliche Steuerbelastung des Arbeitnehmers beträgt 19,5%, die Anteile zur Sozialversicherung jeweils 21,25%. Auch in diesem Fall wird davon ausgegangen, daß die Einkünfte des Mitarbeiters aus Kapitalvermögen steuer- und sozialabgabenfrei sind, da die im Einkommensteuergesetz gewährten Freibeträge nicht überschritten werden.

Tabelle 38: Ausgangsdaten der Modellrechnung: Gewinnthesaurierung versus stille Beteiligung

	Modell III			**Modell IV**		
	Gewinn-thesaurierung	Altern. A	Altern. B	Gewinn-thesaurierung	Altern. A	Altern. B
Gewinn vor Steuern:	250.000 DM	250.000 DM	250.000 DM	250.000 DM	250.000 DM	250.000 DM
Thesaurierung / Ausschüttung	250.000 DM	250.000 DM	250.000 DM	250.000 DM	250.000 DM	250.000 DM
Stille Beteiligung je MA	- DM	500 DM	500 DM	- DM	500 DM	500 DM
Effektive Gewinnanteile	- DM	14,00 DM	35,00 DM	- DM	7,00 DM	17,50 DM
AG-Anteil zur Sozialversicherung		21,25%	21,25%		21,25%	21,25%
AN-Anteil zur Sozialversicherung		21,25%	21,25%		21,25%	21,25%
Steuersatz des MA		19,50%	19,50%		19,50%	19,50%

Wie Tabelle 52 (Anhang) zeigt, eröffnet die Gewinnthesaurierung bei einem Grenzsteuersatz von 30% geringfügige Finanzierungsvorteile, wohingegen die stille Beteiligung bei einem Grenzsteuersatz von 65% deutlich positiver zu bewerten ist. Bei gleichem Gewinn respektive gleichem Ausschüttungs- und Investitionsvolumen erhöht sich auf Grund der Steuerminderung sowie der steuer- und sozialabgabenfreien Zuwendung das Finanzierungsvolumen in Modell IV um DM 25.500,--. Folglich ist der steuerliche Vorteil und dementsprechend auch der Finanzierungseffekt um so größer, je größer der Unterschied zwischen den jeweiligen Steuersätzen ist. Allerdings sollte dabei nicht übersehen werden, daß diesem Vorteil in Periode 0 einerseits die zusätzliche Ausschüttungsbelastung in den Folgeperioden sowie ein Liquiditätsabfluß nach Ablauf der Sperrfrist gegenüber stehen und andererseits Faktoren wie Leistungssteigerungen und motivationspsychologische Aspekte nicht berücksichtigt werden können. In der folgenden Untersuchung sollen nun die längerfristigen Zahlungsströme betrachtet werden.

Auch in Tabelle 53 im Anhang zeigt sich deutlich, daß die Gewinnthesaurierung langfristig zu keinen weiteren Mittelabflüssen führt, wohingegen die stille Beteiligungen der Mitarbeiter zum einen verzinst und zum anderen nach Ablauf der Sperrfrist zurück gezahlt werden müssen. Demnach stellt sich auch hier die Frage, inwieweit immaterielle Faktoren wie Motivation, Identifikation und Leistungssteigerungen diesen Finanzierungsnachteil kompensieren können. Im Idealfall, das heißt in Modell IV Alternative A, würde sich eine stille Beteiligung bereits lohnen, wenn auf Grund einer jährlichen Leistungssteigerung je beteiligten Mitarbeiter DM 54,14 mehr erwirtschaftet werden könnten beziehungsweise jeder Mitarbeiter monatlich DM 4,51 einsparen würde. Dies verdeutlicht erneut, daß beispielsweise eine Kombination aus stiller Beteiligung (als Beteiligungsform) und Kostenersparnis- beziehungsweise Leistungsbeteiligung (als Quelle der Beteiligung) durchaus sinnvoll sein kann, zumal sie nach wie vor im Unternehmen verbleiben und mit hoher Wahrscheinlichkeit die eingesparten Beträge DM 4,51 je beteiligten Mitarbeiter und Monat übersteigen.

Aus der Vielzahl der unterschiedlichen Ausgestaltungsmöglichkeiten soll abschließend eine Erfolgs- und Kapitalbeteiligung mit einer anteiligen Gewinnthesaurierung sowie der Anlage gemäß dem 5. VermBG und § 19a EStG dargestellt und das resultierende Finanzierungsvolumen mit der reinen Thesaurierung verglichen werden. Dabei sollen folgende zusätzliche Annahmen getroffen werden:

- Das arbeitgebende Unternehmen, das der Rechtsform einer KG unterliegt, beschäftigt insgesamt 180 Mitarbeiter, von denen derzeit 150 Mitarbeiter beteiligungsberechtigt sind. Weiterhin wird ein Grenzsteuersatz in Höhe von 30% (**Modell III**) beziehungsweise 65% (**Modell IV**) angenommen. Das Unternehmen plant ein Investitions- beziehungsweise Thesaurierungsvolumen in Höhe von DM 250.000,--. Die exakte Höhe des im Rahmen einer Kapitalbeteiligung anstehenden Ausschüttungsvolumens und der verbleibende Thesaurierungsbetrag steht zu Beginn der Modellrechnung noch nicht fest, da das Unternehmen neben den finanziellen Aspekten auch unternehmenspolitische Ziele verfolgt und den Mitarbeitern, die bereit sind, Eigenleistungen zu erbringen, einen Fixbetrag in Höhe von DM 300,-- übereignen möchte.
- Da die bisherigen Gesellschafter nur bereit sind, einer weiteren Gewinnthesaurierung zuzustimmen, wenn ihr eingesetztes Kapital entsprechend den langfristigen Kapitalmarktzinsen entlohnt wird, kalkuliert das arbeitgebende

Unternehmen mit einem internen Zinssatz für einbehaltene Gewinne in Höhe von 6,55%. Die effektive Belastung des Unternehmens beläuft sich bei einem Steuersatz von 30% auf 4,59% und bei einem Steuersatz von 65% auf 2,29%.

Wie die Ausgangsdaten in der folgenden Tabelle 39 verdeutlichen, stehen dem Unternehmen bei einer reinen Gewinnthesaurierung DM 250.000,-- vor Abzug der Steuern zur Verfügung. Sofern allerdings eine Zuwendung in Höhe von DM 300,-- gewährt und dementsprechend der steuerliche Vorteil in Anspruch genommen wird, verbleibt dem Unternehmen neben dem Anlagebonus in Höhe von DM 45.000,-- (der als stille Beteiligung des Mitarbeiters im Unternehmen verbleibt) ein zusätzliches Thesaurierungsvolumen von DM 205.000,--. Unter Berücksichtigung dieser Ausgangsdaten kann das Finanzierungsvolumen, wie in Tabelle 54 (Anhang) dargestellt, errechnet werden.

Tabelle 39: Ausgangsdaten der Modellrechnung: Gewinnthesaurierung versus stille Beteiligung in Kombination mit einer Gewinnthesaurierung

	Modell III	**Modell IV**
Grenzsteuersatz des Unternehmens	30,00%	65,00%
Steuersatz der MA	19,50%	19,50%
Arbeitgeberanteil zur Sozialversicherung	21,25%	21,25%
Arbeitnehmeranteil zur Sozialversicherung	21,25%	21,25%
Effektive Mindestverzinsung der stillen Beteiligung (Altern. A)	2,80%	1,40%
Effektive Mindestverzinsung der stillen Beteiligung (Altern. B)	7,00%	3,50%
Effektive Mindestverzinsung des thesaurierten Gewinns	4,59%	2,29%
reine Gewinnthesaurierung	250.000,00 DM	250.000,00 DM
mögliche Gewinnthesaurierung im Rahmen einer Erfolgsbet.	205.000,00 DM	205.000,00 DM
effektive Ausschüttung im Rahmen der Erfolgs- und Kapitalbet.	45.000,00 DM	45.000,00 DM
Zuwendung des Unternehmens je MA	300,00 DM	300,00 DM
./. Steuern und Sozialabgaben	- DM	- DM
Anlagebonus des Unternehmens	300,00 DM	300,00 DM
Zahlungen des MA inclusive Arbeitnehmer-Sparzulage	936,00 DM	936,00 DM
Gesamte stille Beteiligung	1.236,00 DM	1.236,00 DM
davon trägt:		
der Mitarbeiter	936,00 DM	936,00 DM
der Staat	90,00 DM	195,00 DM
das Unternehmen	210,00 DM	105,00 DM

Kurzfristig betrachtet erhöht sich entsprechend Tabelle 54 im Anhang das Finanzierungsvolumen im Rahmen einer Gewinnthesaurierung nach Steuern um

DM 175.000,-- beziehungsweise DM 87.500,--. Sofern jedoch ein Mitarbeiterbeteiligungsmodell eingeführt und der verbleibende Gewinn thesauriert wird, kann das Unternehmen über ein Investitionsvolumen von DM 328.900,-- respektive 257.150,-- verfügen, da zum einen steuerliche Vorteile wahrgenommen werden können und zum anderen finanzielle Mittel, die ohnehin aus dem Unternehmen geflossen wären, nunmehr 7 Jahre im Unternehmen verbleiben. Da andererseits auch mittel- bis langfristige Überlegungen berücksichtigt werden sollten, stellt sich die Frage, inwieweit dieser Erhöhung des Finanzierungsvolumens ein Mittelabfluß während der Folgeperioden gegenübersteht, da zunächst lediglich eine einmalige Erfolgs- und Kapitalbeteiligung geplant ist (Vgl. Tabelle 55 im Anhang).

Im Rahmen der steuerlichen Analyse sollten zudem, je nach Ausgestaltung des Beteiligungsmodells, die Wirkungen einer möglichen Steuerstundung untersucht werden, wobei nach § 11 EStG und § 30 Abs. 1 LStDV der Zuflußzeitpunkt einer investiven Erfolgsbeteiligung ausschlaggebend ist. Dabei stellt sich allerdings nach Ansicht des Bundesfinanzhofes sowie des Bundessozialgerichts die Frage, inwieweit der steuerpflichtige Zufluß bereits mit der Gutschrift auf das Beteiligungskonto oder erst nach Ablauf der Sperrfrist, das heißt mit der faktischen Verfügbarkeit entsteht.[718] Der Bundesfinanzhof hat mit seiner Entscheidung vom 14. Mai 1982 (Aktenzeichen VI R 124/77) unter anderem festgehalten, daß die wirtschaftliche Verfügungsmacht von entscheidender Bedeutung für den Zeitpunkt des Zuflusses ist und die Verzinsung lediglich als Entgelt für eine verzögerte Fälligkeit, aber nicht als eindeutiger Beweis für den Mittelzufluß gewertet werden kann.[719] Weiterhin kommt das Gericht zu dem Ergebnis, daß Darlehensbegründungen und investive Erfolgsanteile, die gesellschaftsrechtlichen Charakter aufweisen, in jedem Fall als Zufluß bewertet werden müssen.[720] Unter Berücksichtigung der oben dargelegten Modellrechnungen läßt sich demnach feststellen, daß die Vorteile des sogenannten Steuerstundungseffektes weder im Rahmen des Mitarbeiterdarlehens noch der stillen Beteiligung wahrgenommen werden können.[721]

---

[718] Vgl. Steinbrück, Michael: Entscheidungsmodelle für Beteiligungsunternehmen, Hamburg, 1986, S. 21 ff. sowie Esser, Klaus: Möglichkeit des Steuerstundungseffektes durch Verschiebung des Zuflusses von investiven Erfolgsbeteiligungen bei den Mitarbeitern, in: Handbuch der Mitarbeiter-Kapitalbeteiligung, a. a. O., S. 270 - 286, hier S. 270 ff.

[719] Vgl. BFHE 135, 542, hier S. 544 und S. 546 f.

[720] Vgl. BFHE 135, 542, hier S. 549 und S. 550 f.

[721] Vgl. ebenso List, Stephan: Arbeitnehmerbeteiligung bei Personengesellschaften, a. a. O., S. 71 ff.

Alle voranstehenden Modellrechnungen gingen bisher von einer einmaligen Beteiligung aus, um einen wichtigen Problembereich darzustellen: Welche kurz-, mittel- und langfristigen Wirkungen können auftreten, wenn die Beteiligungsmittel nach Ablauf der Sperrfrist aus dem Unternehmen abfließen? Im folgenden hingegen sollen die Wirkungen einer regelmäßigen Beteiligung aus Sicht der Unternehmung exemplarisch dargestellt werden, da die betriebliche Partnerschaft mit einem einmaligen Geschenk nicht verbessert werden kann. Allerdings kann die Produktivvermögensbildung auf Seiten der Arbeitnehmer nur erhöht werden, wenn die Mitarbeiter bereit sind, ihre Vermögensbildungsbeiträge im Unternehmen zu belassen, oder diese nach Ablauf der Sperrfrist weiterhin investiv anzulegen. Zur Vereinfachung können folgende Annahmen getroffen werden:

❒ Die verwendeten Mittel entstammen aus einer Nettozuwendung des Unternehmens in Höhe von DM 75.000,-- jährlich.
❒ Grundsätzlich ist jede Zuwendung an die gesetzliche Sperrfrist von 7 Jahren gebunden, das heißt, daß auch bei einer vorzeitigen Kündigung die Zahlungen erst am Ende des 7. Jahres fällig werden.
❒ Alle Mitarbeiter machen von ihrem Auszahlungsrecht nach Ablauf der jeweiligen Sperrfristen Gebrauch.

In den ersten 7 Jahren kumulieren sich die Zahlungen zu einer Gesamtsumme in Höhe von DM 525.000,--. Da nach Ablauf der Sperrfrist der ersten „Beteiligungstranche" die erste Zahlung fällig wird, muß das Unternehmen ab dem 8. Jahr mit einem jährlichen Mittelabfluß in Höhe von DM 75.000,-- kalkulieren. Sofern das Unternehmen weiterhin eine Beteiligung in der selben Höhe gewährt, wird ein Finanzierungsplateau erreicht, das unter den gegebenen Umständen nicht erhöht werden kann. Demnach erhöht sich das Finanzierungspotential bis zu einem Maximalwert von DM 525.000,--. Wenn allerdings die dritte Annahme aufgehoben wird, kann sich, je nach Höhe der abgerufenen Mittel, ein entsprechend höheres Plateau bilden. Abbildung 39 verdeutlicht die Entwicklung der Finanzierungsmittel im Zeitablauf unter Berücksichtigung der Prämisse, daß die Mitarbeiter ihre Beteiligungen nach Ablauf der Sperrfrist kündigen.

Abbildung 39: Die Entwicklung der zusätzlichen Finanzierungsmittel bei einer jährlichen Beteiligung

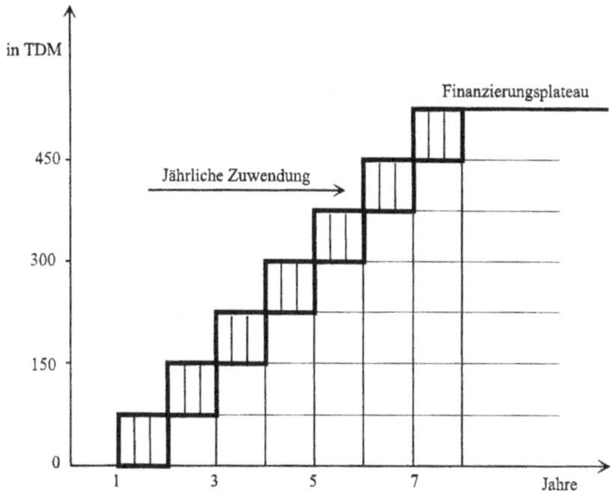

Quelle: Schneider, Hans J. / Zander, Ernst: Erfolgs- und Kapitalbeteiligung der Mitarbeiter in Klein- und Mittelbetrieben, 4. Auflage, Freiburg, 1993, S. 56.

Aus vermögens- und verteilungspolitischen aber auch aus betriebswirtschaftlichen Gesichtspunkten wäre es sinnvoll, dem Mitarbeiter weitere, marktkonforme Anreize zu schaffen, die Vermögensbildungsbeträge langfristig, das heißt über die gesetzlich vereinbarte Sperrfrist, im Unternehmen zu belassen, da vor allem kleinere Vermögen und dementsprechend auch die jährlichen Tranchen dieser Vermögensbildungsbeträge in direkter Konkurrenz zum Gebrauchsvermögen beziehungsweise zum unmittelbaren Konsum stehen. In diesem Zusammenhang können beispielsweise die Umwandlung einer Fremd- in eine Eigenkapitalbeteiligung und die Gewährung von attraktiven, möglicherweise vom Staat geförderten, Wiederanlageboni als bedeutende Schritte zu einer privaten Ergänzung der (Alters- und Risiko-) Vorsorge und insbesondere zu einer langfristigen Produktivvermögensbildung der Arbeitnehmer bewertet werden. Wenn beispielsweise der Mitarbeiter bereit ist, seine, vom Arbeitgeber finanzierten, vermögenswirksamen Leistungen sowie die steuer- und sozialversicherungsfreien Zuwendungen langfristig im Unternehmen zu belassen, so können sich diese Anlagebeträge in 25 Jahren zu einer Anlagesumme in Höhe von nahezu DM 50.000,-- kumulieren, wobei annahmegemäß die Zins- und Zinseszinszahlungen aus Motivationsgründen jährlich ausbezahlt, regelmäßige Treueboni sowie unterschiedliche Wiederanlageboni gewährt werden. Die jährliche Zinszahlung hat insofern den Vorteil, als daß der Mitarbeiter den Ertrag seiner Vermögensanlage real vor sich sieht und die Beteiligung nicht lediglich als

Finanzierungsinstrument des Unternehmens interpretiert. Aus der Vielfalt der denkbaren Möglichkeiten werden im folgenden drei Annahmen getroffen:

- Gemäß einer tarifvertraglichen Regelung erhält der Mitarbeiter vermögenswirksame Leistungen in Höhe von DM 936,-- und eine jährliche Zuwendung in Höhe von DM 300,--. Das Unternehmen übereignet dem Mitarbeiter zudem im 5 Jahresrhythmus einen sogenannten Betriebs- oder Treuebonus, dessen Höhe sich an der Dauer der Betriebszugehörigkeit orientiert. Die Staffelung der Treueboni, die ebenfalls im Unternehmen angelegt werden, ist wie folgt geregelt: Der Mitarbeiter erhält mit einer Betriebszugehörigkeit von

5 Jahren	DM 1.000,--	20 Jahren	DM 2.500,--
10 Jahren	DM 1.500,--	25 Jahren	DM 5.000,--.
15 Jahren	DM 2.000,--		

  Nach Ablauf der gesetzlichen Sperrfrist von 7 Jahren erhält der Mitarbeiter einen Wiederanlagebonus in Höhe von 10% der fälligen Tranche, wenn er diese für weitere 5 Jahre im Unternehmen beläßt. Sofern der Mitarbeiter nach Ablauf dieser Anlagefrist bereit ist, seine Anlage für weitere 5 Jahre im Unternehmen zu belassen, wird ihm erneut ein Bonus in Höhe von 10% gewährt, wobei dieses Angebot beliebig oft in Anspruch genommen werden kann.

- Zur Ergänzung seiner privaten Altersvorsorge bringt der Mitarbeiter monatlich DM 100,-- auf und legt die Mittel am Ende des Jahres als sogenannten Eigenanteil im Unternehmen an.[722] Dementsprechend erhöht sich sein Depotkonto zusätzlich um DM 1.200,-- pro Jahr.

- Um den Vermögenszuwachs zu erhöhen, verzichtet der Mitarbeiter zudem auf die jährliche Zins- respektive Gewinnausschüttung, wobei die einbehaltenen Mittel auch in diesem Fall seinem Depotkonto gutgeschrieben werden.

---

722 Einzelne Beteiligungsmodelle basieren auf der Forderung, daß der Mitarbeiter nur einen Anteil am Erfolg des Unternehmens erhalten kann, wenn er auch Eigenleistungen (in Form von Zuzahlungen) erbringt. In diesem Zusammenhang stellt sich allerdings die Frage, inwieweit bereits die vermögenswirksamen Leistungen als eigene Leistung interpretiert werden kann oder ob es sich dabei faktisch um *zusätzliche* Zahlungen des Mitarbeiters handeln muß? Das Beteiligungsmodell beziehungsweise der Leitsatz der Drägerwerk AG „Gewinn für die Mitarbeiter - Kapital für Dräger" verdeutlicht, daß Eigenleistungen der Mitarbeiter in beiderseitigen Interesse liegen können: Zum einen erhält die Drägerwerk AG das notwendige (Eigen-) Kapital, um weiterhin expansions- und dementsprechend wettbewerbsfähig zu bleiben, zum anderen dienen diese Investitionen der Arbeitsplatzsicherheit und erhöhen den künftigen Erfolgsanteil der Mitarbeiter. Vgl. Gensch, Ingo: Materielle Beteiligung und Vermögensbildung bei der Drägerwerk AG, a. a. O., S.43 f.

Abbildung 40: Langfristige Vermögensbildung durch eine Mitarbeiterbeteiligung

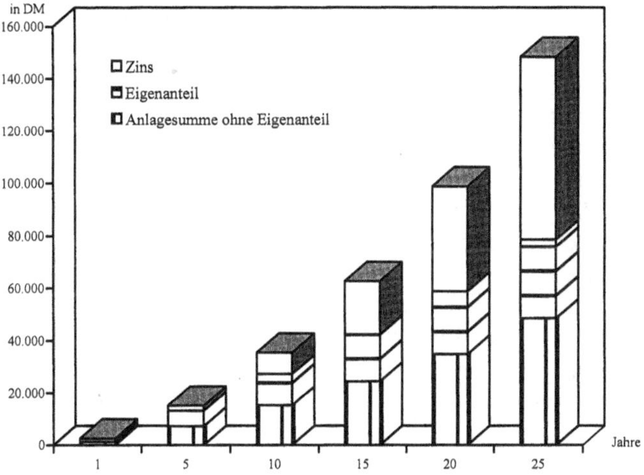

Neben den immateriellen Aspekten, wie Interessen an der Unternehmensentwicklung, bietet diese Kapitalbeteiligung durchaus auch materielle Vorteile für den Mitarbeiter und kann dementsprechend als zusätzliche Säule der künftigen Alters- und Risikovorsorge bewertet werden. Das Depotkonto eines Mitarbeiters, der sowohl seine vermögenswirksamen Leistungen als auch die Treueboni im Unternehmen beläßt, beläuft sich nach 25 Jahren auf etwa DM 50.000,--. Werden zudem der Eigenanteil in Höhe von 30.000,-- sowie die einbehaltenen Zinsen von nahezu DM 70.000,-- dem Depot gutgeschrieben, so verfügt der Mitarbeiter nach 25 Jahren über eine Produktivvermögensbeteiligung von annähernd DM 150.000,--. Bei einer jährlichen Rendite von lediglich 5% könnte der Mitarbeiter zusätzlich zu seiner gesetzlichen Altersversorgung über einen Betrag in Höhe von DM 625,-- monatlich verfügen ohne seine Vermögensbestände je angreifen zu müssen. Hier zeigt sich recht deutlich, daß der materielle Vorteil sowohl im Vermögensbestand als auch im Vermögensertrag liegt.

9.3.3 Wirkungen auf die Kapitalstruktur

Die Wirkungen einer Mitarbeiterbeteiligung sollten nicht nur in Hinsicht auf die Liquidität, sondern auch in Hinsicht auf die Kapitalstruktur untersucht werden, wobei das Verhältnis zwischen Eigen- und Fremdkapital als zentraler Aspekt interpretiert werden kann. Betrachtet man die Bilanz, so wird das Deckungsverhältnis zwischen den einzelnen Vermögens- und Kapitalarten durch eine

Gewinn- und Ertragsbeteiligung nicht berührt, da die Aktivseite von einer Beteiligung nicht beeinflußt wird.[723] Unter Berücksichtigung der Tatsache, daß eine Mitarbeiterbeteiligung die Kapitalstruktur positiv aber auch negativ beeinflussen kann, werden die Wahl der Beteiligungsform und deren finanzwirtschaftlichen Effekte von entscheidender Bedeutung sein. Sofern die Unternehmensleitung zu spät auf eine negative Kapitalentwicklung reagiert, können dem Unternehmen sowohl strategische als auch operative Planungsinstrumente entzogen, künftige Finanzierungsmöglichkeiten vorgegeben und somit die Lösung finanzpolitischer Aufgaben, insbesondere die Bestimmung der optimalen Kapitalstruktur, beeinträchtigt werden.[724] Im Rahmen einer rein theoretischen Betrachtung wäre eine Anlagendeckung zwischen 0% und 100%, das heißt im Extremfall eine vollständige Fremd- oder Eigenfinanzierung aller Investitionen denkbar. Da jedoch diese Extrempositionen in der Praxis nahezu unmöglich sind,[725] setzt der Idealfall lediglich eine solide Eigenkapitalbasis voraus, wobei sich auch externe Investoren und Kreditinstitute bei der Mittelvergabe überwiegend an der Finanz- respektive Bilanzstruktur des Unternehmens und dementsprechend an der Eigen- beziehungsweise Selbstfinanzierungsquote orientieren. Mit der Gegenüberstellung einzelner Bilanzpositionen lassen sich dabei unterschiedliche Kennzahlen entwickeln, die im allgemeinen in vertikale und horizontale Bilanzkennzahlen untergliedert werden: Die vertikalen Bilanzkennzahlen verdeutlichen lediglich die Relationen zwischen den einzelnen Posten der Passivseite einer Bilanz, wohingegen die horizontalen Bilanzkennzahlen auf die Beziehung zwischen Positionen der Aktiva und der Passiva abzielen.[726]

---

723 Vgl. Schneider, Hans J.: Die partnerschaftliche Kapitalbeteiligung der Arbeitnehmer am mittelständischen Industrieunternehmen, a. a. O., S. 304.

724 Vgl. Weyer, Helmut: Gewinn- und Kapitalbeteiligung der Mitarbeiter, a. a. O., S. 95.

725 Vgl. Mellerowicz, Konrad: Unternehmenspolitik, a. a. O., S. 381.

726 Die vertikalen Bilanzkennzahlen lassen sich grundsätzlich in drei Kategorien untergliedern: Der Verschuldungskoeffizient, der in der Betriebswirtschaftslehre teilweise auch als Kapitalstruktur bezeichnet wird, betrachtet das Verhältnis zwischen Eigen- und Fremdkapital und sollte im (unrealistischen) Idealfall 1:1 betragen. Der Verschuldungsgrad hingegen verdeutlicht das Verhältnis zwischen Fremd- und Gesamtkapital und der Eigenkapitalanteil die Beziehung zwischen Eigen- und Gesamtkapital. Horizontale Bilanzkennzahlen lassen sich in goldene Bilanzregel, goldene Finanzierungsregel sowie Anlagendeckungsgrad untergliedern. Vgl. Schmidt, Reinhard: Grundzüge der Investitions- und Finanzierungstheorie, a. a. O., S. 218 f. sowie Swoboda, Peter: Investition und Finanzierung, 3., neu bearbeitete Auflage, Göttingen, 1986, S. 165 ff.

Eine Beteiligung der Mitarbeiter in Form von Fremdkapital muß ex definitione zu einer Verschlechterung der Eigenkapitalquote führen, wenn nicht in gleicher Höhe andere Fremdkapitalanteile substituiert werden. Mit einer Substitution hingegen ändern sich weder die Eigenkapitalquote noch die Bilanzstruktur und die Bilanzsumme. Gleiches gilt, wenn das Unternehmen im Rahmen des „Revolving-Systems" die Beteiligungstitel ausgeschiedener Mitarbeiter erwirbt und den verbleibenden Mitarbeitern als neue Beteiligungen überläßt. Werden die Mitarbeiteranteile zu Investitionszwecken herangezogen und dementsprechend in Anlagevermögen gebunden, so verringert sich zudem der Anlagendeckungsgrad.[727] Wie bei der Liquiditätsbetrachtung sollten jedoch auch hier die spezifischen Merkmale einer Fremdkapitalbeteiligung berücksichtigt werden, da nicht nur Höhe, Struktur und Kosten des Fremdkapitalanteils, sondern auch Altersstruktur und Fluktuation innerhalb der Belegschaft entscheidend sind. Dabei erscheint ein Mitarbeiterdarlehen durchaus sinnvoll, wenn ungünstigeres Fremdkapital durch eine zinsgünstigere Alternative ersetzt und möglicherweise nach Ablauf der gesetzlichen Sperrfrist in eine langfristige Eigenkapitalbeteiligung umgewandelt werden kann.

Analog zur Fremdkapitalbeteiligung läßt eine Eigenkapitalbeteiligung, bei konstantem Fremdkapital, eine Bilanzverlängerung sowie eine Erhöhung der Eigenkapitalquote erwarten. Dementsprechend wird sich die Kapitalstruktur und der Anlagendeckungsgrad verbessern, wenn die zusätzlichen Mittel als Anlagevermögen investiert oder, bei konstanter Bilanzsumme, bestehende Fremdkapitalanteile durch Mitarbeiteranteile ersetzt werden, wohingegen eine Substitution bestehender Eigenkapitaltitel weder die Eigenkapitalquote noch den Anlagendeckungsgrad beeinflussen wird.

Erfolgt statt einer Barausschüttung eine investive Beteiligung, so erhöht sich, je nach Ausgestaltung des Beteiligungsmodells, nicht nur die Eigenkapitaldecke im Unternehmen, sondern auch die gesamtwirtschaftliche Eigenkapitalversorgung.[728]

---

727 Der Anlagendeckungsgrad, der in der Betriebswirtschaftslehre auch als Deckungsgrad A bezeichnet wird, soll in dieser Arbeit als das Verhältnis zwischen Eigenkapital und Anlagevermögen definiert werden. Demgegenüber definiert die allgemeinere Fassung der goldenen Bilanzregel (Deckungsgrad B) das Verhältnis zwischen Eigenkapital plus langfristigem Fremdkapital zu Anlagevermögen.

728 Da die Kapitaleigner einen Teil der Gewinne konsumtiv verwenden würden, verbessert sich zudem die Eigenkapitalstruktur des Unternehmens, wenn statt einer Ausschüttung an die bisherigen Kapitaleigner eine Mitarbeiterbeteiligung gewährt wird.

Eine Beteiligung der Mitarbeiter, finanziert aus einbehaltenen Gewinnen oder aus Rücklagen, führt zu keiner Erhöhung des Eigenkapitalvolumens, da dies lediglich als eine Umschichtung des Eigenkapitals interpretiert werden kann. Unter Umständen können die verminderten Rücklagen sogar eine geringere Bewertung des gesamten Unternehmens sowie einen Kursrückgang zur Folge haben.

Gibt eine Unternehmung Aktien zu einem Vorzugskurs an ihre Mitarbeiter heraus, so erhöht sich der Eigenkapitalanteil, wobei die faktische Erhöhung von der Eigenleistung der Mitarbeiter abhängt. Der Teil, den das Unternehmen trägt (das heißt die Differenz zwischen Ausgabekurs und Verkehrswert) geht zunächst allerdings verloren. Wird der Differenzbetrag im Laufe der Zeit einbehalten, erhöht sich der Eigenkapitalanteil entsprechend.

Aussagen über die Eigenkapitalstruktur sind nur sinnvoll, wenn die Beschaffenheit des Eigenkapitals untersucht wird, da die Mittel im allgemeinen nicht unbeschränkt zur Verfügung stehen. Insbesondere bei Personengesellschaften, die stille Beteiligungen bevorzugen, ist eine Analyse der Eigenkapitalstruktur, der Beschaffenheit des Eigenkapitals, sowie die rechtliche Stellung eines stillen Teilhabers im Rahmen eines Konkurses notwendig, da der beteiligte Mitarbeiter nach Abzug des Verlustanteiles die Stellung eines Gläubigers hat und die stille Beteiligung nur mit Einschränkungen als echtes Eigenkapital betrachtet werden kann.

Eine Eigenkapitalbeteiligung kann unter dem Aspekt einer Ausdehnung des Kreditrahmens insofern positiv bewertet werden, als daß durch die Erweiterung der Eigenkapitalbasis eine gleichwertige Erhöhung der Fremdkapitalaufnahme ermöglicht wird. Sofern die Eigenkapitalanteile des Mitarbeiters dem Anlagevermögen und die zusätzlichen Fremdkapitalanteile dem Umlaufvermögen zugeführt werden, führt dies zu einer Bilanzverlängerung und im allgemeinen auch zu einer Erhöhung des Anlagendeckungsgrades sowie zu einer Verbesserung des Verschuldungskoeffizienten, des Eigenkapitalanteils und des Verschuldungsgrades. Aus wettbewerbspolitischen Gesichtspunkten kann demnach eine Erweiterung der Eigenkapitalbasis bei gleichzeitiger Erhöhung des Kreditrahmens von Vorteil sein, da sie die Innovations-, Investitions- und die Expansionsmöglichkeiten des Unternehmens erhöht.[729] So sieht auch Konrad

---

[729] Vgl. Lotze, Andreas: Kapitalbeteiligungsgesellschaften als stille Gesellschafter, a. a. O., S. 2 f. sowie Althammer, Jörg: Gewinnbeteiligung bei begrenzter Haftung der Arbeitnehmer, a. a. O., S. 54.

Mellerowicz in der Veränderung der Kapitalstruktur, im Sinne einer Verbesserung der Eigenkapitalquote, positive Wirkungen:

„1. Garantiekapital (für Gläubiger),
2. konjunkturelles Sicherheitspolster,
3. Kreditunterlage,
4. Liquiditätssicherung (es bedarf keiner Liquiditätsvorsorge und ist daher für die langfristige Verwendung besonders geeignet),
5. Elastizitätsfaktor (weil es nicht unbedingt zur Gewinnausschüttung zwingt und sich je nach Erfolgslage anpassen kann; Fremdkapitalzinsen und Tilgungsquoten dagegen müssen in jedem Fall gezahlt werden, selbst wenn sie nicht verdient sind).“[730]

Hier läßt sich deutlich erkennen, daß unter Gesichtspunkten wie Investitionsfinanzierungsmöglichkeiten, Risikoübernahme und Haftung gegenüber den Gläubigern eine deutliche Unterscheidung zwischen Eigen- und Fremdkapitalbeteiligung sowie eine weitere Untergliederung innerhalb der Eigenkapitalbeteiligungen sinnvoll ist, da sich je nach Wahl der Beteiligungsart weitreichende Konsequenzen sowohl für die Liquidität als auch für die Kapitalstruktur ergeben. Wenn sich das Unternehmen für eine Beteiligungsvariante entschieden hat, sind strukturelle Bilanzveränderungen denkbar, denen das Unternehmen gegebenenfalls entgegenwirken sollte.[731]

Die Wahl der Beteiligungsform determiniert nicht nur Liquidität und Kapitalstruktur, sondern auch einzelne Rentabilitätskennzahlen, zumal diese in enger Beziehung zur Kapitalstruktur des Unternehmens stehen. So ist beispielsweise Günter Wöhe der Ansicht, daß in Hinblick auf die Rentabilität eine Konfliktbeziehung zwischen Eigen- und Fremdkapital herrscht. Renditeüberlegungen sollten sich daher nicht nur auf Gesamtkapital-, sondern vielmehr auch auf Eigenkapitalrentabilitäten konzentrieren.[732]

Dabei kann es durchaus sinnvoll sein, Investitionen mit Fremdkapital zu finanzieren, wenn die Gesamtkapitalrentabilität größer als die fällige Zinszahlung ist, denn jede weitere Einheit Fremdkapital würde in diesem Fall den ausschüttungsfähigen Gewinn beziehungsweise die Rentabilität und im weiteren Verlauf

[730] Mellerowicz, Konrad: Unternehmenspolitik, a. a. O., S. 382.

[731] Vgl. Weyer, Helmut: Gewinn- und Kapitalbeteiligung der Mitarbeiter, a. a. O., S. 95.

[732] Vgl. Wöhe, Günter, Einführung in die allgemeine Betriebswirtschaftslehre, a. a. O., S. 49 f.

die Eigenkapitalquote erhöhen.[733] Man sollte diesen Aspekt allerdings nicht überbewerten, da eine höhere Fremdfinanzierungsquote im allgemeinen mit einer höheren Risikoprämie einhergeht: Auf Grund des zunehmenden Risikos werden Gläubiger nur neues Kapital zuschießen, wenn attraktive Risikoprämien vereinbart werden.[734] Demgegenüber sind negative Effekte zu erwarten, wenn die Gesamtkapitalrentabilität geringer als die Fremdkapitalrentabilität ist. In diesem Fall wäre die Eigenkapitalfinanzierung einer Fremdkapitalbeteiligung vorzuziehen.

Mit der Einführung einer Gewinn- und Kapitalbeteiligung kann sich, wie bereits erörtert, die durchschnittliche Nettoeigenkapitalrentabilität für die bisherigen Investoren und somit möglicherweise auch die Investitionsbereitschaft sowie die künftige Eigenkapitalbeschaffungsmöglichkeit zumindest teilweise reduzieren.[735] Andererseits wird dieser Rückgang der Nettorendite mit einer begrenzten Risiko- und Verlustübernahme der Arbeitnehmer (zumindest teilweise) kompensiert und dementsprechend die Notwendigkeit einer höheren Kapitalrendite im Sinne einer adäquaten Risikoprämie verringert.

Im Rahmen der in Kapitel 2.2 dargestellten Bewertungsmöglichkeiten wurde auch das Problem der Substanzerhaltung diskutiert. Da sie als eine Grundvoraussetzung für einen kontinuierlichen Betriebsablauf gilt und je nach Ausgestaltung des Beteiligungsmodells respektive der Bemessungsgrundlage unterschiedliche (indirekte) Wirkungen aufweisen kann, sollte dieser Aspekt noch einmal kurz aufgegriffen werden.[736]

Vermögensbestände, die zu niedrigeren Anschaffungs- und Herstellungskosten bilanziert und entsprechend abgeschrieben werden, können kurzfristige Gewinne ausweisen, die faktisch nicht in dieser Höhe entstanden sind. Da den zusätzlichen Kosten einer späteren Ersatzbeschaffung keine entsprechenden Passivpositionen im Sinne von Rücklagen gegenüberstehen, bergen Beteiligungsmodelle, die auf einer solchen Gewinnermittlung basieren, die Gefahr der

---

733 Sofern nach Abzug aller Kosten - dementsprechend auch nach der Entlohnung des Fremdkapitals - ein ausschüttungsfähiger Gewinn verbleibt, kann dieser dem Eigenkapital zugeführt werden.

734 Vgl. Swoboda, Peter: Investition und Finanzierung, a. a. O., S. 153.

735 Wie bereits dargelegt, wird die Wirkung auf die Investitions- und Anlagebereitschaft allerdings auch von der Höhe der (beschränkten) Verlustbeteiligung des Arbeitnehmerkapitals und der Risikobereitschaft der Anleger determiniert.

736 Vgl. Wöhe, Günter, Einführung in die allgemeine Betriebswirtschaftslehre, a. a. O., S. 949.

„Aushöhlung des Betriebes". Langfristig sinkt sowohl die Produktionsleistung als auch der Ertrag, wobei dies weder im Interesse der Kapitaleigner noch der Mitarbeiter liegt: Kapitalgeber sind auf Grund ihrer Einkommens- und Vermögensinteressen an einer Substanzerhaltung interessiert, wohingegen die beteiligten Arbeitnehmer in der „Betriebsauszehrung" die Gefahr des Kapital- und des Arbeitsplatzverlustes sehen.[737]

Auf Grund dieser Problematik wurden neue Bewertungskonzepte entwickelt, die dem Aspekt der eigentlichen, realen Substanzerhaltung gerecht werden sollen. Die sogenannte Bruttosubstanzerhaltung, um nur ein Beispiel zu nennen, orientiert sich im allgemeinen an den Aktivposten der Bilanz, wobei das Konzept vorsieht, daß „Scheingewinne" von der Ausschüttung ausgeschlossen werden. Die Differenz aus Wiederbeschaffungskosten und Anschaffungs- respektive Herstellungskosten fließt dabei einzelnen Rücklagenposten zu.[738]

Im Rahmen einer Wirkungsanalyse einzelner Beteiligungsmodelle sollte, neben den vorgenannten Gesichtspunkten, auch dem Aspekt der künftigen Kreditwürdigkeit des Unternehmens Beachtung geschenkt werden, denn ein Modell, das möglicherweise das Vertrauen der Gläubiger in das Unternehmen im allgemeinen und in die Kreditwürdigkeit im besonderen gefährdet, wird weder im Interesse des Arbeitnehmers noch des arbeitgebenden Unternehmens liegen.

Zur Beurteilung der Kreditwürdigkeit werden üblicherweise die Bilanzen, die Bilanzkennzahlen (statische Kreditwürdigkeitsprüfung) sowie die Gewinn- und Verlustrechnungen der vergangenen Jahre herangezogen, wobei die langfristige Unternehmensentwicklung, der geplante beziehungsweise realisierte Auftragseingang, der Cash flow und der Vergleich mit den Durchschnittsergebnissen vergleichbarer Unternehmen oder der gesamten Branche (sogenannte „peer groups") für die Kreditvergabe sowie die Liquidität des Unternehmens ausschlaggebend sein werden (dynamische Kreditwürdigkeitsprüfung).

Zunächst läßt sich feststellen, daß sich eine Fremdkapitalbeteiligung insofern negativ auf die Kreditwürdigkeit und den Kreditrahmen des Unternehmens auswirken kann, als daß das arbeitgebende Unternehmen im Rahmen der Regelungen des 5. VermBG und des § 19a EStG Sicherheiten in Form von Bankbürgschaften oder Kreditversicherungen zu stellen hat. Demnach wird die

---

[737] Vgl. Weyer, Helmut: Gewinn- und Kapitalbeteiligung der Mitarbeiter, a. a. O., S. 114.

[738] Vgl. Balmer, Hanspeter: Wiederbeschaffungsreserven aus der Sicht der Abschlussprüfung, a. a. O., S. 12 - 21.

Haftungszusage das Kreditlimit des Unternehmens verringern, da es für Kreditinstitute oder Beteiligungsgesellschaften nicht relevant ist, inwieweit das neue Darlehen von den Mitarbeitern gewährt wurde.[739] Sofern allerdings der Mittelzufluß zur Tilgung respektive Substitution bestehender Verbindlichkeiten verwendet wird oder zumindest dazu dient, keine neuen Fremdmittel aufnehmen zu müssen, sind zumindest keine negativen Wirkungen in Bezug auf die Kreditwürdigkeit zu erwarten.

Demgegenüber können Eigenkapitalbeteiligungen aber auch Steuereffekte die Eigen- respektive Haftkapitalbasis erhöhen und somit den Kreditrahmen und die (Fremd-) Finanzierungsmöglichkeiten des Unternehmens erweitern.[740] Je nach Anlage- und Investitionsverhalten wird die mögliche Bilanzerweiterung zudem den Eigenkapitalanteil, den Verschuldungskoeffizienten und die Anlagendeckung verbessern.

Ein weiterer Aspekt liegt in der Frage, ob und inwieweit die Mitarbeiterbeteiligung in direkter Konkurrenz zu Bankkrediten steht. Wenn Mitarbeiterbeteiligungen - gesamtwirtschaftlich betrachtet - zu großes Gewicht einnehmen, könnten durchaus Probleme auftreten, da theoretisch eine Verschiebung der Mittelbeschaffung vom Kapitalmarkt zur Innenfinanzierung stattfindet. Doch dieser Aspekt sollte nicht überbewertet werden, da in der Vergangenheit der Kapitalbedarf der Unternehmen und der öffentlichen Hand permanent gestiegen ist. Demnach sollten Mitarbeiterbeteiligungen und Bankkredite „als sich ergänzende Finanzierungsformen“ betrachtet werden, zumal aller Voraussicht nach ein Überangebot an Krediten nicht zu erwarten ist.[741]

Alles in allem läßt sich feststellen, daß Unternehmer, Mitarbeiter aber auch Kreditinstitute neuen Beteiligungsmodellen teilweise skeptisch gegenüber ste-

---

739 Vgl. Franke, Günter: Betriebswirtschaftliche Aspekte der Mitarbeiter-Kapitalbeteiligung, a. a. O., S. 38 f.

740 Nach Ansicht Krauters können allerdings auch subjektive Faktoren, wie die Stellung und Risikobereitschaft der Eigenkapitalgeber oder die persönliche Bindung zum Unternehmen, die Fremdfinanzierungsmöglichkeiten beeinflussen. Vgl.: Krauter, Hans-Joachim: Die betriebliche Gewinn- und Kapitalbeteiligung der Arbeitnehmer, a. a. O., S. 76. Dabei stellt sich jedoch die Frage, inwieweit externe Kapitalgeber in kritischen Unternehmensphasen ihre (Eigenkapital-) Beteiligungen im Unternehmen belassen werden oder ob nicht vielmehr die Mitarbeiter eher bereit sind, vorübergehend auf eine Verzinsung und/oder vorzeitige Rückzahlung zu verzichten, um ihre Arbeitsplätze zu sichern.

741 Vgl. Brunswig, Rolf: Die Beeinflussung der Kreditwürdigkeit eines Unternehmens durch die Beteiligung der Mitarbeiter, a. a. O., S. 330.

hen, obgleich eine Reihe von Argumenten gegen eine Beeinträchtigung der Finanzstruktur und der Kreditwürdigkeit sprechen. Sofern es sich um eine Eigenkapitalbeteiligung handelt, können durchaus positive Wirkungen erwartet werden, denn auf Grund der Verbesserung der Kapitalstruktur und der Erhöhung der Eigenkapitalbasis ist sowohl eine Erweiterung des Fremdfinanzierungsspielraumes als auch der Liquidität möglich. Aus Sicht des Arbeitnehmers ist eine Beteiligung insofern vorteilhaft, als daß er, auf Grund der Arbeitnehmersparzulage und der freiwilligen Zuwendung des Arbeitgebers, eine relativ hohe Rendite erzielen kann. Sofern er zudem eigene Sparleistungen erbringt, wird sich im Laufe der Zeit ein nicht unerhebliches Vermögen bilden, das somit eine bedeutende Säule der Altersvorsorge darstellen kann.

Aber auch eine Fremdkapitalbeteiligung muß sich nicht zwangsläufig negativ auswirken. Einige Argumente, wie die Haftungsgarantie bei Mitarbeiterdarlehen, sprechen zwar gegen eine Verbesserung der Kreditwürdigkeit. Sofern jedoch mit den Beteiligungen andere Verbindlichkeiten getilgt werden, ändert sich die Fremd/Eigenkapitalquote nicht und der Finanzierungsspielraum bleibt erhalten. Wenn zudem nach Ablauf der Sperrfrist Fremd- in Eigenkapitalanteile umgewandelt werden, so erhöht sich langfristig die Eigenkapital- bei gleichzeitiger Verringerung der Fremdkapitalquote. Aus Sicht des Mitarbeiters ist die Fremdkapitalbeteiligung ein idealer vermögenspolitischer Einstieg, da die Stellung des Gläubigers und die bürgschaftliche Absicherung sein Risiko sehr stark minimieren und er dennoch mit einer höheren Effektivverzinsung gegenüber vergleichbaren Anlagemöglichkeiten rechnen kann. Vorgenannte Feststellungen und Modellrechnungen hängen jedoch in entscheidendem Maße von den unternehmensspezifischen Gegebenheiten, das heißt den individuellen Steuersätzen, der Beteiligungsbereitschaft des arbeitgebenden Unternehmens und der Risikobereitschaft beziehungsweise dem langfristigen Anlageverhalten der Mitarbeiter ab. Auch aus finanzieller Sicht bietet sich demnach das Mitarbeiterdarlehen als interessante Vorstufe einer gesellschaftsrechtlichen Beteiligung an. Die private Vermögensbildung im allgemeinen und die beiden Beteiligungsformen im besonderen gewinnen neben der betrieblichen Altersvorsorge als Ergänzung des umlagefinanzierten Sicherungssystems künftig an Bedeutung.[742]

---

[742] Vgl. Sachverständigenrat zur Begutachtung der gesamtwirtschaftlichen Entwicklung (Hrsg.): Reformen voranbringen, Jahresgutachten 1996/97, Stuttgart, 1996, Kapitel 5: Reformen der sozialen Sicherung.

Schlußwort

Wer das Ziel nicht kennt,
wird den Weg nicht finden!

Obgleich der Idee, Arbeitnehmer am Produktivvermögen zu beteiligen, in Deutschland bereits im 19. Jahrhundert Beachtung geschenkt wurde, zeigt sich, daß sie faktisch erst in den vergangenen Jahrzehnten in die Wirtschaftswissenschaften Einzug und Akzeptanz seitens der Sozialpartner gefunden hat.[743] Dies läßt sich insofern erklären, als daß nach der Lösung existentieller Probleme nunmehr die Breitschaft respektive Fähigkeit gestiegen ist, sich der Verteilungsproblematik zu widmen, wobei Heinz Lampert darin die Krönung einer 150-jährigen Geschichte der Sozialpolitik sieht.[744] Diese Entwicklung trägt entscheidend dazu bei, das Verteilungsproblem sowohl auf einzelwirtschaftlicher als auch auf (gesellschafts-) politischer Ebene zu diskutieren und die entsprechenden Maßnahmen zu ergreifen. Des weiteren konnte durch eine Verbesserung der organisatorischen und strukturellen Voraussetzungen die Verteilung zu Gunsten der Arbeitnehmer forciert werden, da beispielsweise die Trennung von Managementfunktion und Kapital eine Produktivvermögensbeteiligung der Mitarbeiter ermöglicht, ohne gleichzeitig einen Verlust an der Führungsqualität in Kauf nehmen zu müssen. Nicht zuletzt erleichtert ein reglementierter und institutionalisierter Kapitalmarkt selbst dem Kleinstsparer eine überschaubare Kapitalanlage und reduziert somit sein Anlagerisiko. Trotz dieser positiven Entwicklung stellte sich allerdings auch zu Beginn dieser Arbeit die Frage, ob mit den bisherigen (staatlichen) Maßnahmen die Vermögensverteilungsdisparitäten tatsächlich verringert werden konnten und inwieweit Mitarbeiterbeteiligungssysteme, auch in Hinblick auf die demographische Entwicklung, einen Beitrag zur Vermögensbildung in Arbeitnehmerhand sowie zur Ergänzung der kollektiven Sicherungssysteme leisten können.

---

743 Wie in Tabelle 21 dieser Arbeit ersichtlich, stieg - um nur ein Beispiel zu nennen - neben der Ausgestaltungsvielfalt einzelner Beteiligungsmodelle die Zahl der Beteiligungsunternehmen im Zeitraum 1986 bis 1996 um etwa 66% und deren Beteiligungssumme von 7,5 Mrd. DM auf 25 Mrd. DM.

744 Lampert, Heinz: Lehrbuch der Sozialpolitik, a. a. O., S. 386.

Wie im Verlauf dieser Arbeit mehrfach dargelegt wurde, liegt ein Problem dieser Thematik in der unterschiedlichen Definition einzelner Begriffe und letztendlich in der Abgrenzung des Untersuchungsgegenstandes. Dabei prägen soziologische, psychologische und philosophische Aspekte sowie politische Positionen die Differenzierung, wobei auch hier eine individuelle, dem Untersuchungsgegenstand angepaßte Definition verwendet wurde. Der ideale Vermögensbegriff sollte dabei jene Faktoren einschließen, die möglichst disponibel, statistisch erfaßbar und bewußt durch politische Maßnahmen beeinflußbar sind und zudem der Einkommenserzielung dienen. Ausgehend vom juristischen Begriff des Eigentums im Sinne der in Art. 14 GG kodifizierten, umfassenden Eigentumsdefinition wird dementsprechend ein sehr allgemeiner Vermögensbegriff gewählt, um diesen erst unter Berücksichtigung einzelner Vermögenseigenschaften sowie der Bewertungs- und Erfassungsprobleme sukzessive einzugrenzen und das Gesamtvermögen eines Wirtschaftssubjektes als die Wertsumme aller quantifizierbaren Vermögensbestände abzüglich Kredite für Haus- und Grundvermögen sowie aller sonstigen Verbindlichkeiten zu definieren. Dabei sollte allerdings noch einmal deutlich betont werden, daß die Bedeutung der ausgegrenzten Vermögensformen, wie beispielsweise des Humankapitals oder der Sozialversicherungsansprüche, nicht unterbewertet werden darf, diese jedoch aus vorgenannten Gründen nicht berücksichtigt werden konnten. Weiterhin sollte eine zielorientierte „Politik aus einem Guß“, neben der eindeutigen Abgrenzung des Einkommens- und Vermögensbegriffes, die Interdependenzen zwischen den einzelnen Politikbereichen und dementsprechend auch Zielharmonien respektive -konflikte berücksichtigen. Im Rahmen der Betrachtung des magischen Sechsecks zeigte sich, daß vermögens- und verteilungspolitische Maßnahmen alle anderen Bereiche positiv beeinflussen können und somit die traditionelle Differenzierung zwischen übergeordneten und verteilungspolitischen Zielen die Potentiale einer integrierten Wirtschafts- und Sozialpolitik nur unzureichend darstellt. Da eine Vielzahl unterschiedlichster Entwicklungsprozesse neben einer kaum bewertbaren Veränderung gesellschaftlicher Wertvorstellungen auch weitreichende Investitions- und Forschungsanstrengungen voraussetzen, könnten beispielsweise mit Hilfe (überbetrieblicher) Investitionshilfefonds zukunftsorientierte Entwicklungen eingeleitet und Zielkonflikte überwunden werden, wobei der Vermögens- und Verteilungspolitik die bedeutende Rolle des Initiators zugesprochen werden kann.

Im Rahmen des theoretischen Unterbaus, der zum einen die personelle und funktionale Einkommensverteilung, die optimale Ressourcenallokation sowie die vermögens- und verteilungspolitische Möglichkeiten verdeutlichen und zum anderen als Grundlage für die Wirkungsanalyse dienen soll, wurden neben der klassischen und marxistischen vor allem die neoklassische und keynesanische

Theorie sowie der nachfragetheoretische Ansatz von Nicholas Kaldor betrachtet.

Die *klassische Theorie* geht davon aus, daß eine Steigerung der Arbeitsnachfrage ein Lohnniveau über dem Existenzminimum induzieren kann, wobei die verbesserte Grundversorgung und die Arbeitsangebotsreaktionen diesen temporären Effekt langfristig aufheben werden. Im weiteren Verlauf des 3. Kapitels erfolgte die Betrachtung der *marxistischen Theorie*, da sie sowohl dogmenhistorische als auch verteilungstheoretische Ansätze bietet und zudem eine Vielzahl späterer Nationalökonomen respektive deren Arbeiten beeinflußte: Die Entwicklung neuer Produktionsverfahren bedingt einerseits eine Veränderung des relativen Mehrwertes sowie eine steigende organische Zusammensetzung des Kapitals und diese wiederum eine Verringerung der Gewinnquote. Andererseits ermöglicht sie dem (innovativen) Unternehmer einen vorübergehenden Vorsprung, der jedoch auch die Konkurrenten zwingt, diese Produktionstechnologie einzuführen. Sofern weiterhin langfristige Absatzschwierigkeiten auftreten, werden Entlassungen und/oder Substitutionen, ein Absinken des Lohnniveaus auf das Existenzminimum und somit keine Vermögensbildungsmöglichkeit seitens der Arbeitnehmer die Folge sein. Unter Berücksichtigung der Klassenmonopoltheorie können die Vermögensbesitzer in ihrer Gesamtheit Grundrenten und Kapitalgewinne erwirtschaften. Weiterhin besteht die Gefahr, daß innerhalb der vorgenannten Gruppe Verteilungsdisparitäten vorliegen, somit Macht- beziehungsweise Marktstrukturen errichtet und Monopol- oder Oligopolgewinne abgeschöpft werden.

Die mikroökonomische Betrachtung der *neoklassischen Theorie* führt zu dem Ergebnis, daß die einzelnen Produktionsfaktoren solange eingesetzt werden, bis das Wertgrenzprodukt der Arbeit dem Lohnsatz und das Wertgrenzprodukt des Kapitals dem Zinssatz entspricht. Demgegenüber werden auf gesamtwirtschaftlicher Ebene die Grenzproduktivitäten der beiden Produktionsfaktoren dem Reallohnsatz und dem Realzinssatz entsprechen, wobei sich nicht das einzelne Unternehmen den Güter- und Faktorpreisen, sondern die Faktorentlohnung dem Vollbeschäftigungsniveau angleicht. Aus verteilungspolitischen Gesichtspunkten läßt sich feststellen, daß die Beeinflussung der funktionalen Einkommensverteilung zu Gunsten der Arbeitnehmer zu Anpassungsreaktionen an das Vollbeschäftigungsniveau und somit eine Erhöhung des Reallohns über die Grenzproduktivität zu Substitutionsreaktionen führen wird. Im Gegensatz dazu betrachtet die *Monopolgradtheorie* oligopol- und monopolistische Marktformen und somit die Möglichkeit, einen Preisschirm aufzubauen und Investitionen mit internen Mitteln beziehungsweise höheren Bruttogewinnen zu finanzieren. Andererseits können Maßnahmen, die die Sparfähigkeit und -bereitschaft fördern, und somit auch Mitarbeiterbeteiligungsmodelle die Verteilungssituation zu Gunsten der Arbeitnehmer verbessern.

Im Rahmen der keynesianische Verteilungstheorie von *Nicholas Kaldor* läßt sich feststellen, daß die Verteilungsposition der Arbeitnehmer durch eine Nominallohnerhöhung nicht nachhaltig verbessert werden kann, da auf Grund der ausgelasteten Produktionskapazitäten und der exogenen Investitionsquoten eine Nominallohnerhöhung (die das Produktivitätswachstum übersteigt) lediglich zu Preisreaktionen führen wird.[745] Demgegenüber verringert eine Erhöhung der Arbeitnehmersparquote die Gewinnquote und Modelle, die die Sparfähigkeit und/oder die -bereitschaft der Mitarbeiter erhöhen, sind somit der traditionellen Lohnpolitik vorzuziehen, zumal sie auch entscheidende Vorteile für das Unternehmen bieten können. Allerdings sollte hier noch einmal deutlich betont werden, daß mit der Einführung eines Beteiligungsmodells keine Substitution bestehender Sparverträge einhergehen darf, da entsprechend der oben getroffenen Annahmen nur eine Erhöhung der Sparquote die gewünschten Wirkungen aufweist. Des weiteren stellt sich die entscheidende Frage, ob die Arbeitnehmer die angesparten Mittel mit Ablauf der Sperrfristen konsumtiv verwenden werden, oder inwieweit dieser Grundstock motiviert, weiteres Vermögen zu bilden.

In Kapitel 4 wurde das breite Spektrum der Zielaspekte sowie die Chancen und Möglichkeiten einer Mitarbeiterbeteiligung dargestellt. Da soziale Gerechtigkeit nur schwer operationalisierbar ist und das Maß der Verteilungsgerechtigkeit von den in der Wirtschafts- und Gesellschaftsordnung geltenden Werten und Normen beeinflußt wird, erfordert die Analyse allerdings eine Betrachtung der Subziele. Neben einer Vielzahl positiver Aspekte, auf deren erneute Darstellung hier jedoch verzichtet und auf Abbildung 9 verwiesen werden soll, läßt sich deutlich feststellen, daß die Förderung der Produktivvermögensbildung im allgemeinen und die Mitarbeiterbeteiligung als eine denkbare Ausgestaltungsmöglichkeit der betrieblichen Altersvorsorge im besonderen die ökonomische Selbständigkeit, die materielle Freiheit sowie die soziale Sicherheit erhöhen kann. Ohne die zentrale Stellung der kollektiven Sicherungssysteme als unverzichtbare Säule der sozialen Marktwirtschaft in Frage stellen zu wollen, sehe ich, angesichts der künftigen demographischen Entwicklung und vor dem Hintergrund der derzeitigen Rentenfinanzierungsfrage, in der Mitarbeiterbeteili-

---

745 Hier liegt die „kaldorianische" Annahme zugrunde, daß die Preise und dementsprechend auch die Gewinnspannen zwischen bestimmten Grenzen (Mindestlöhne und Mindestverzinsung der Investition) flexibler auf eine (Nachfrage-) Änderung als die Löhne reagieren werden. Vgl. ebenso Pasinetti, Luigi: From Classical to Keynesian economic dynamics, a. a. O., S. 100 f.

gung eine interessante Vermögensbildungs- respektive Risikovorsorgemöglichkeit und somit eine zukunftsorientierte Ergänzung des bestehenden Netzes der materiellen und sozialen Absicherung. Des weiteren liegen in der Mitarbeiterbeteiligung tarifpolitische Chancen, da sie zum einen der Abrundung des Sozialleistungspaketes sowie der Verbesserung der Arbeitnehmerposition dienen und zum anderen die personalpolitischen Maßnahmen ergänzen können. Da eine Mitarbeiterbeteiligung demnach nicht nur gesellschaftspolitischen und volkswirtschaftlichen, sondern auch einzelwirtschaftlichen Aspekten gerecht werden kann, läßt sich die Einführung einer Mitarbeiterbeteiligung auch aus Sicht des einzelnen Unternehmens nicht auf ein einzelnes Motiv, sondern vielmehr auf eine unternehmensspezifische Zielkombination zurückführen. Unter Berücksichtigung der Zielhierarchie, der Marktsituation, der Unternehmensphilosophie sowie der Betriebs- und Branchenstruktur muß demnach ein individuelles Modell konzipiert werden, wobei die Sozialpartner bereits in der Vorbereitungsphase entsprechend informiert und integriert werden sollten. Neben finanzwirtschaftlichen Zielen, wie die Erweiterung der Finanzierungsbasis oder die Erhöhung der Liquidität als flankierende Maßnahme zur aktuellen Mittelstandspolitik, sehe ich persönlich in der Mitarbeiterbeteiligung ein Instrument zur Entwicklung einer zukunftsorientierten Unternehmenskultur im Sinne der betrieblichen Partnerschaft, in der die Mitarbeiter gefordert und gefördert und somit Kompetenzen aus den eigenen Reihen entwickelt werden.

Inwieweit die Ziele einer gerechteren Einkommens- und Vermögensverteilung in der Bundesrepublik Deutschland bis dato erreicht werden konnten, wird in Kapitel 5 an Hand der Darstellung vermögenspolitisch relevanter Maßnahmen und Gesetze sowie statistischer Auswertungen untersucht. Dabei läßt sich zunächst feststellen, daß die deutsche Nachkriegsregierung mit der Entschädigung der Kriegsfolgen und den Lasten aus der Währungsreform vor einem nahezu unlösbaren Problem stand. Erschwerend kam hinzu, daß weitreichende Fragenkomplexe der Währungsreform und des Lastenausgleiches zeitlich voneinander getrennt wurden. Die Tatsache, daß bis Ende der 50er Jahre die strukturelle Arbeitslosigkeit nahezu beseitigt werden konnte und somit entscheidende Subziele, wie die Wiedereingliederung der Geschädigten und die Integration Deutschlands in das internationale Wirtschaftssystem, prinzipiell erreicht wurden, verdeutlichen die positiven Beiträge des Lastenausgleiches. Seine Ausgestaltung, insbesondere die Aufbringung der Mittel, belegt die konzeptionelle Zielsetzung der Umverteilung von Vermögenserträgen. Trotz der zu erwartenden Belebung der Nachkriegswirtschaft wurden allerdings langfristige Rückzahlungsmodalitäten, Ausnahmeregelungen und eine einmalige, starre Festsetzung der Abgabebeträge gewählt, um so die Vermögenssubstanz nicht anzugreifen. Auch seitens der Mittelverwendung waren vermögenspolitische

Aspekte eher zweitrangig: Mit der unterschiedlichen Behandlung einzelner Umstellungssätze wurden im Rahmen der Währungsreform die Grundprinzipien der Gleichbehandlung zu Lasten der Sparer und Geldvermögensbesitzer - und somit zu Lasten eines großen Teils der Bevölkerung - durchbrochen, so daß trotz einschneidender Vermögensabgaben im Rahmen des Lastenausgleiches der Staat, die Sachvermögensbesitzer sowie die Eigentümer von Grund und Boden als die eigentlichen Gewinner gelten.

Dementsprechend wurden seit 1952 eine Vielzahl unterschiedlichster Gesetze verabschiedet, um die personelle Vermögensverteilung über die Erhöhung der Sparneigung und/oder der Sparfähigkeit gleichmäßiger zu gestalten. Dabei bleibt jedoch festzuhalten, daß mit Hilfe der Steuerbegünstigungen und Spar-Prämiengesetze, wie bereits Karl Neumann ausführte, die Förderung der Sparfähigkeit nicht befriedigend erreicht werden konnte.[746] Des weiteren stellt sich die Frage, ob durch die staatliche Förderung auch tatsächlich eine langfristige Erhöhung des Sparens erreicht wurde, oder ob nicht bestehende Vermögensbestände respektive Sparverträge sowie nicht begünstigte Sparkonten und/oder Girokonten umgewandelt oder die freigesetzten Mittel nach Ablauf der Sperrfrist konsumtiv verwendet wurden.[747] Zudem sollten die einzelnen Sparmotive in die Beurteilung einbezogen werden, da Prämien sowohl steigernde als auch hemmende Wirkungen aufweisen können.[748] Die Vermögensbildungsgesetze zielten neben der Förderung der Sparneigung explizit auf die Erhöhung der Sparfähigkeit ab, wobei weder das erste noch das zweite Vermögensbildungsgesetz die erwünschten Wirkungen zeigten. Erst mit der Verabschiedung des 3. VermBG wurden insofern Erfolge erzielt, als daß die Produktivvermögensbildung der Arbeitnehmer mit staatlicher Prämienzahlung honoriert wurde: Nunmehr konnte das Mitarbeiterdarlehen - neben der Aktienbeteiligung und der Schuldverschreibung - zur betrieblichen Vermögensbildung in Anspruch genommen werden. Zu Beginn des Jahres 1984 trat das 4. VermBG in Kraft,

---

746 Vgl.: Neumann, Karl: Vermögensverteilung und Vermögenspolitik, a. a. O., S. 37.

747 Vgl. auch die Untersuchungen der Wiederanlagequoten von Mierheim, Horst / Wicke, Lutz: Die personelle Vermögensverteilung, a. a. O., S. 177 und Neumann, Karl: Vermögensverteilung und Vermögenspolitik, a. a. O., S. 43; Willgerodt, Hans / Bartel, Karl / Schillert, Ullrich: Vermögen für alle, a. a. O., S. 260 sowie Opitz, Gerhard: Erfolgsbeteiligungssysteme und gesamtwirtschaftliches Gleichgewicht, a. a. O., S. 158.

748 Einerseits motiviert die höhere Rendite (in Form einer Prämie) die Sparbereitschaft, andererseits wird unter Berücksichtigung des Aspektes „Zwecksparen“ das Ziel schneller oder mit niedrigeren Sparbeträgen erreicht. Nicht zuletzt kann die Prämie lediglich als Zusatzgröße interpretiert werden, die die individuelle Sparneigung nur geringfügig beeinflußt.

das über den erweiterten Anlagekatalog eine verstärkte Produktivvermögensbeteiligung der Arbeitnehmer erleichtern, die betriebliche Partnerschaft fördern und zudem eine Lohnzurückhaltung bei Tarifabschlüssen ermöglichen sollte: Vermögenswirksame Leistungen sowie lohnsteuer- und sozialabgabenbefreite Zulagen gemäß des neu eingeführten § 19a EStG können seitdem auch in Genußscheinen, Genossenschaftsanteilen, (typisch) stillen Beteiligungen und Genußrechten angelegt werden. Mit dem 1986 verabschiedeten 5. VermBG wurde der Förderungskatalog insofern erweitert, als daß GmbH-Geschäftsanteile, Anteilsscheine an Beteiligungssondervermögen und an ausländischen Aktienfonds als förderungsberechtigte Anlagemöglichkeiten anerkannt werden. Der Gesetzgeber setzte mit der Verabschiedung der Vermögensbeteiligungsgesetze deutliche Akzente auf die Produktivkapitalbildung.

Im Rahmen der statistischen Auswertung läßt sich unter anderem feststellen, daß das reproduzierbare Sachvermögen in den vergangenen Jahrzehnten einen großen Anteil am Gesamtvermögen und zudem enorme Steigerungsraten aufweist. Weiterhin bestätigt die Untersuchung der Einkommensentwicklung eine deutlich positive Korrelation zwischen der Einkommens- und Vermögensverteilung, da die Vermögenseinkommen seit 1970 mit Abstand die größten Zuwachsraten aufweisen. Auf Grund ihrer Bedeutung wurde im weiteren Verlauf die Anlagestruktur und die Verteilung der Vermögenseinkommen auf einzelne sozioökonomische Gruppen betrachtet. Basierend auf der Einkommens- und Verbrauchsstichprobe erfolgte abschließend die Untersuchung der Einkommens- und Vermögensschichtung der privaten Haushalte für das Jahr 1993. Hier zeigte sich, daß Verteilungsdisparitäten zwischen den alten und neuen Bundesländern, innerhalb der sozioökonomischen Gruppen aber auch deutliche Ungleichverteilungen zwischen den einzelnen Einkommens- und Vermögenskategorien vorliegen. Die enormen Vermögenszuwächse und Verteilungsdisparitäten verdeutlichen, daß trotz der vergangenen und derzeitigen Bemühungen, die ungleiche Einkommens- und Vermögensverteilung - insbesondere des Produktivvermögens - zu verringern, und einer zweifellos erkennbaren Verbesserung in einzelnen Bereichen, die vermögenspolitischen Maßnahmen den Zielen nicht vollständig gerecht wurden und dementsprechend neue Konzepte, wie die Erfolgs- und Kapitalbeteiligung, weiterentwickelt werden sollten.

Da allerdings die erfolgreiche Verwirklichung des partnerschaftlichen Gedankens einer offen Kommunikation bedarf, bei der sowohl die Vorteile als auch die Risiken erörtert werden, und kein Beteiligungsmodell allen Anforderungen gleichermaßen gerecht werden kann, müssen auch Problemaspekte untersucht und sowohl eine positive als auch negative Präferenzliste erstellt, die jeweiligen Argumente gegeneinander abgewogen und so eine unternehmensspezifische

Modellvariante gewählt werden. Vorab stellt sich allerdings die Frage, inwieweit die Arbeitnehmer bereit sind, eigenes Produktivvermögen zu bilden oder ob nicht vielmehr eine andere Vermögensbildungspräferenz vorliegt. Weiterhin sollten insbesondere bei der betrieblichen Lösung die häufig angeführten Bedenken einer Risikokumulierung und eines (selbst-) induzierten Leistungsdrucks betrachtet werden. Betriebliche Beteiligungsmodelle können zudem intra- und interindustrielle Verteilungsdisparitäten verstärken, wohingegen überbetriebliche Modelle oder branchenübergreifende Fondslösungen diese Ungleichverteilungen zumindest teilweise beseitigen können. Bezüglich der Beschränkung der Mobilität der Mitarbeiter läßt sich feststellen, daß einzelne, im Beteiligungsvertrag auszuhandelnde Voraussetzungen, wie beispielsweise die Mindestzugehörigkeit oder Bindungsklauseln, die Mobilität negativ beeinflussen können. Ein Beteiligungsmodell, das den Mitarbeitern „goldene Fesseln" anlegt, widerspricht dem partnerschaftlichen Konzept und wird nur bedingt das Interesse und die Verbundenheit mit dem arbeitgebenden Unternehmen fördern. Aus Sicht des Unternehmens liegt ein kritischer Aspekt in der Verwendung der Mittel nach Ablauf der Sperrfrist, da beispielsweise die Kündigung eines Mitarbeiterdarlehens oder einer stillen Beteiligung zu einem Mittelabfluß führt und somit die Liquidität beeinträchtigen kann. Dem steht jedoch die Tatsache gegenüber, daß Mitarbeiter, die ihre vermögenswirksamen Leistungen oder ihre Erfolgsanteile im Unternehmen belassen, ohnehin diesen Anspruch hätten und somit Mittel im Unternehmen verbleiben, die ohne eine Kapitalbeteiligung zu einem früheren Zeitpunkt aus dem Unternehmen abgeflossen wären. Schließlich können im Rahmen einer überbetrieblichen Beteiligung neue Machtstrukturen entstehen, da die Fonds über erhebliche Mittel verfügen würden. Alles in allem zeigt sich, daß im Rahmen der Einführung einer Mitarbeiterbeteiligung je nach Modellausgestaltung und Beteiligungsebene sowohl positive als auch negative Aspekte auftreten und diese in der Planungs- und Einführungsphase berücksichtigt werden müssen.

Die Beteiligung der Arbeitnehmer am Produktivvermögen muß - wie bisher gesehen - als eine komplexe Konstruktion aufgefaßt werden und stellt meiner Ansicht nach ein vieldimensionales Phänomen dar. Auf Grund der individuellen Präferenzordnung, der Unternehmensstruktur und der Firmenphilosophie ist eine Generalisierung weder möglich, noch kann sie der Problem- und Zielvielfalt gerecht werden. Daher werden im siebten Kapitel mögliche Modellalternativen aus rechtlichen, organisatorischen sowie steuerlichen Gesichtspunkten betrachtet und grundlegende, für die Modellbetrachtung relevante Begriffe erläutert.

Im Rahmen einer Modellbetrachtung kann grundsätzlich zwischen der betrieblichen und überbetrieblichen Beteiligungsebene unterschieden werden. Die *betriebliche Lösung*, die überwiegend einzelwirtschaftlichen Aspekten, wie der betrieblichen Partnerschaft, der Motivationssteigerung aber auch der individuellen Altersvorsorge dient, basiert auf der Erkenntnis, daß der Mitarbeiter nicht nur Objekt der betrieblichen Leistungserstellung ist und erfolgt in zwei grundsätzlichen Alternativen:

Die *Fremdkapitalbeteiligung* sieht vor, daß der Mitarbeiter seine Anteile dem Unternehmen als Darlehen oder als Schuldverschreibung zur Verfügung stellt und somit als Gläubiger in Erscheinung tritt. Auf Grund der weitestgehenden Vertragsfreiheit, der relativ einfachen Begründung und der nach wie vor bestehenden Dispositionsfreiheit der Unternehmensleitung gilt das Mitarbeiterdarlehen als die beliebteste Form der Fremdkapitalbeteiligung. Sie bietet sich als ideale Vorstufe für eine gesellschaftsrechtliche Beteiligung an, da es sich dabei - sofern die gesetzlichen Bestimmungen des 5. VermBG und/oder des § 19a EStG eingehalten werden - um eine staatlich geförderte und relativ sichere Anlageform handelt. Neben dem Mitarbeiterdarlehen stellt die Ausgabe von Mitarbeiterobligationen eine weitere Alternative der Fremdkapitalbeteiligung dar. Sie wird ausschließlich von größeren Unternehmen vorgenommen, da mit ihrer Ausgabe höhere Begebungskosten verbunden sind.
Im Rahmen einer *Eigenkapitalbeteiligung* wird bei Personengesellschaften die stille Beteiligung präferiert, da rechtliche, steuerliche und organisatorische Nachteile eindeutig gegen eine OHG- oder KG-Beteiligung sprechen. Trotz der Haftungsbeschränkung wird auch bei der Rechtsform einer GmbH aus vorgenannten Gründen die stille Beteiligung der Ausgabe von GmbH-Anteilen vorgezogen. Mitarbeiterbeteiligungen in Form von Belegschaftsaktien hingegen werden weitestgehend als ein verwaltungstechnisch einfaches Modell anerkannt und somit von Aktiengesellschaften eindeutig präferiert. Der Vorteil dieser Rechtsform ist darin zu sehen, daß mit dem Ausscheiden eines Mitarbeiters weder die Liquidität noch der Kapitalstock der Unternehmung beeinflußt werden. Die Aktienbeteiligung bietet zudem dem Mitarbeiter die Möglichkeit, sowohl am Erfolg als auch an der Substanz des Unternehmens beteiligt zu werden. Neben der Aktienbeteiligung bietet sich meines Erachtens vor allem die stille Beteiligung als eine problemlose, von der Rechtsform des Unternehmens unabhängige Beteiligung an. Des weiteren verbindet sie die steuerlichen Vorteile einer Fremdkapitalbeteiligung mit den finanzwirtschaftlichen Vorzügen einer Eigenkapitalbeteiligung.
Eine interessante Alternative ergibt sich aus der *Kombination einer Fremd- und Eigenkapitalbeteiligung*. Der Mitarbeiter erhält dabei zunächst eine Erfolgsbeteiligung, die ganz oder teilweise als Fremdkapital im Unternehmen verbleibt.

Nach Ablauf der vereinbarten Sperrfrist erhält er die Möglichkeit, diese in eine Eigenkapitalbeteiligung umzuwandeln. Aus Sicht des Unternehmens wird sich dadurch der Verwaltungsaufwand verringern, wohingegen dem Mitarbeiter zunächst eine bürgschaftlich gesicherte und anschließend eine risiko- aber auch gegebenenfalls ertragsreichere Anlagemöglichkeit gewährt werden kann.

Die *überbetriebliche Beteiligung* hingegen dient vornehmlich verteilungspolitischen Zielen, wie der Beseitigung intra- und interindustrieller Verteilungsungleichheiten, einer gerechteren Einkommensverteilung, einer Abrundung des Sozialleistungspaketes und der Erhöhung der sozialen Sicherheit und Gerechtigkeit, zumal das Risiko des einzelnen Arbeitnehmers auf ein Minimum reduziert werden kann. Diesen Vorteilen stehen jedoch auch Probleme, wie die geringere Identifikation, die Gefahr der Machtkonzentration auf Seiten der Fonds und die Nivellierung der intraindustriellen Struktur gegenüber. Vor allem kleinere und mittlere Unternehmen sehen in der Fondslösung die Gefahr einer weiteren Konzentration und einer Wettbewerbsverzerrung, da sie im allgemeinen gezwungen sind, liquide Mittel an den Fonds abzugeben oder stille Beteiligungen einzugehen, wohingegen Aktiengesellschaften ihre Beteiligungsbeiträge in Form von Aktienpaketen abtreten können. Sofern das Investitionsvolumen unberührt bleiben soll, müssen die Mittel in den Unternehmen verbleiben, wodurch aber die Dispositionsfreiheit der Fonds und somit möglicherweise die Rendite beschränkt wird. Folglich werden die Arbeitnehmer versuchen, ihre Fondsanteile zu verkaufen und in aussichtsreichere Anlagen zu investieren. Das Modell der IG Bau-Steine-Erden versucht mit der Regionalisierung des Fonds dem Postulat der Solidarität mit schwächeren Regionen - insbesondere den neuen Bundesländern - und Aspekten, wie der Förderung der Innovations- und Investitionsbereitschaft und der Weiterentwicklung neuer Technologien, Rechnung zu tragen. Allerdings können gesamtwirtschaftliche Entwicklungen im Sinne eines Strukturwandels verzögert werden, da dies den Interessen der beteiligten Mitarbeiter widersprechen kann. Auf der Grundlage eigener Berechnungen, bei denen die Nettowertschöpfung für Kleinbetriebe unter 20 Mitarbeitern nur näherungsweise ermittelt werden konnte, würde sich das Fondsvolumen bei einer Abgabe von 3% der Nettowertschöpfung auf etwa 3,2 Milliarden DM belaufen. Da die jeweiligen Mitarbeiteranteile sowohl von der Zugehörigkeit am regionalen Fonds als auch der individuellen Lohn- und Gehaltsumme determiniert wird, konnte aus Raumgründen nur eine exemplarische Darstellung eines Fonds erfolgen. Trotz alledem bleibt festzuhalten, daß ein Bauarbeiter in Region IV im Jahr 1994 etwa DM 2.000,-- und ein Angestellter zwischen 2.500,-- und DM 3.000,-- per anno als Fondsanteile erhalten hätte. Da die Anteile allerdings keine direkte Beziehung zur individuellen Leistung vermitteln und unter Umständen lediglich als Zusatzlohn oder Geschenk angesehen werden, besteht die Gefahr, daß die Mittel nach Ablauf der Sperrfrist konsumtiv verwendet oder andern Anlagen zugeführt werden.

In Kapitel 8 erfolgte die Untersuchung einzelner Beteiligungsquellen, da das Umverteilungspotential, die Beteiligungs- und Überwälzungsbereitschaft und somit auch der tatsächliche Erfolg einer Mitarbeiterbeteiligung sowohl von der Ausgestaltung als auch der einfachen und operationalen Beteiligungsbasis determiniert wird. Der allgemeine Terminus „Erfolg eines Unternehmens" läßt sich grundsätzlich in die Grundtypen Leistung, Ertrag oder Gewinn einer Unternehmung untergliedern. Zunächst läßt sich feststellen, daß die Erfolgsbeteiligung unabhängig von ihrer Bezugsgröße im arbeitsrechtlichen Sinne als Lohn- und Gehaltsbestandteil interpretiert werden kann und folglich sowohl lohnsteuer- als auch sozialversicherungspflichtig ist. Erst mit der investiven Verwendung wird - je nach Modellausgestaltung - die Lohnsteuer- und Sozialversicherungspflicht entfallen.

Die Leistungsbeteiligung basiert nicht auf der Individualleistung des jeweiligen Mitarbeiters, sondern vielmehr auf der Leistungssteigerung einer spezifischen Arbeitsgruppe oder des gesamten Unternehmens. Die einfachste Variante dieser Beteiligungsquelle, die sogenannte Produktionsbeteiligung, orientiert sich lediglich an der Erhöhung der Durchschnittsproduktionsmenge, wobei durch die Outputerhöhung weder Qualität noch Produktionskosten negativ beeinflußt werden dürfen. Demgegenüber werden bei der Kostenersparnisbeteiligung weitere Faktoren, wie der sorgfältige Umgang mit Maschinen oder Rohstoffen, berücksichtigt. Die Leistungsbeteiligung unterliegt grundsätzlich der Problematik, daß die Zahlungsverpflichtungen auch bei Verlusten bestehen, zumal hohe Produktionsleistungen und/oder Umsätze nicht zwangsläufig höhere Gewinne implizieren müssen.

Sofern neben den Leistungsaspekten auch Markteinflüsse berücksichtigt werden sollen, findet die Ertragsbeteiligung ihre Anwendung, wobei der Erfolgsanteil auch in diesem Falle unabhängig von der Gewinnsituation errechnet wird. Bevor allerdings das verteilungsfähige Ergebnis definiert werden kann, muß ein angemessener Anteil als Entlohnung für die Produktionsfaktoren unternehmerische Tätigkeit (Management) und Kapital bestimmt werden, da der Erfolg auch von diesen Faktoren beeinflußt wird. Um Konflikte zu vermeiden, sollten diese Korrekturen in Kooperation mit den Arbeitnehmern respektive deren Vertretern erfolgen.

Im allgemeinen wird jedoch der Gewinn als Basis präferiert, da er als Markt- aber auch als Leistungsindikator gilt, im Vergleich zu den vorgenannten Quellen relativ einfach zu ermitteln ist und zudem als flexibles Element die Kosten-Erlös-Relation nicht beeinflußt. Gegen eine Gewinnbeteiligung spricht die Tatsache, daß auch konjunkturelle Schwankungen, Managemententscheidungen sowie finanzpolitische Erwägungen die Gewinnhöhe determinieren. Da sie vom Mitarbeiter nicht direkt beeinflußt werden kann, besteht die Gefahr, daß die Trennung der Leistungssteigerung von der eigentlichen Beteiligung auch den individuellen Leistungsanreiz beeinträchtigen wird. Andererseits kann die Gewinnbeteiligung der Integration des Mitarbeiters oder der Verbesserung der innerbetrieblichen Kooperation und Koordination dienen, zumal der Gewinn und folglich auch der individuelle Anteil von der gesamten Leistung aller Mitarbeiter bestimmt wird.

Im abschließenden Kapitel 9 erfolgte eine Wirkungsanalyse, da die Entscheidung, ob und in welcher Form eine Mitarbeiterbeteiligung eingeführt wird, letztendlich auch von den positiven und negativen Wirkungen determiniert wird. Vor der Einführung eines Beteiligungsmodells sollten demnach zunächst die individuellen und unternehmensspezifischen Zielvorstellungen sowie die Problemaspekte gemeinsam erörtert, eine Präferenzstruktur erstellt und der tatsächliche Zielerreichungsgrad an Hand einer (einfachen) Simulationsrechnung ermittelt werden. Auf gesamtwirtschaftlicher Ebene wurden im Rahmen dieser Arbeit distributive, allokative und beschäftigungspolitische Wirkungen betrachtet, wohingegen auf der einzelwirtschaftlichen Ebene - unter Berücksichtigung des Betriebsausgaben-, des Splitting- und des Steuerstundungseffektes einer Eigen- oder Fremdkapitalbeteiligung - kurz- und mittelfristige Finanzierungs- und Renditeaspekte aber auch die Wirkungen auf die Bilanz- und Kapitalstruktur sowie Zahlungsströme aus Sicht des Mitarbeiters erörtert wurden.

Die im Rahmen des nachfragetheoretischen Ansatzes ermittelte Bruttogewinnquote verdeutlicht, daß die Verteilungsposition der Arbeitnehmer entweder durch eine Senkung der Investitionsquote oder eine Erhöhung der einzelnen Sparquoten und somit auch über die Einführung einer investiven Mitarbeiterbeteiligung verbessert werden kann. Allerdings ist die Verringerung der Investitionsquote aus wachstums- und beschäftigungspolitischen und die Erhöhung der Unternehmersparquote aus verteilungspolitischen Gesichtspunkten abzulehnen. Sofern ceteris paribus eine faktische Erhöhung der Sparquote und nicht lediglich eine Veränderung der Sparstruktur erfolgt, gewährleistet eine investive Mitarbeiterbeteiligung die tatsächliche Verbesserung der Verteilungsposition der Arbeitnehmer.
Die mikroökonomische Untersuchung der *allokativen Wirkungen* führt zu dem Ergebnis, daß kurzfristig keine Veränderung der Preis-, Mengen-, Investitions- und Beschäftigungsentscheidungen zu erwarten ist. Unabhängig von der Markt-

form, wie beispielsweise der vollkommenen Konkurrenz oder des Monopols, wird das Unternehmen die gleiche Ausbringungsmenge anbieten, da sich durch eine Beteiligung der gewinnmaximale Output nicht verändert. Langfristig werden keine ökonomischen Gewinne entstehen, da neue Anbieter auf den Markt drängen und dadurch die Preise sinken werden.
Bei der Betrachtung der *angebotspolitischen Wirkungen* kann eine Mitarbeiterbeteiligung über die flexiblere Lohngestaltungsmöglichkeit positive Wirkungen verzeichnen. Die ertragsabhängige Lohnkomponente verstetigt demnach den Beschäftigungsgrad.
Die Untersuchung der Auswirkungen auf die *Liquidität* führt zu unterschiedlichen Ergebnissen. Kurzfristig kann eine Fremdkapitalbeteiligung negativ auf die Liquidität wirken. Langfristig sollten auch die Folgewirkungen, wie Verzinsung und Rückzahlung, beachtet werden. Die Eigenkapitalbeteiligung muß ebenfalls differenziert betrachtet werden: Wendet das Unternehmen eigene Mittel auf, um den Mitarbeitern Eigenkapitalanteile zu gewähren, so sind Liquiditätsbelastungen nicht zu vermeiden. Beteiligt sich der Mitarbeiter aus eigenen Mitteln, so werden dem Unternehmen neue Finanzierungsspielräume eröffnet. Vor allem kleinere und mittlere Unternehmen sehen in der Eigenkapitalbeteiligung Vorteile, da sie nur bedingten Zugang zum Kapitalmarkt haben. Des weiteren wird auch die Kapitalstruktur von der Mitarbeiterbeteiligung beeinflußt: Sofern nicht andere Fremdkapitaltitel getilgt werden, führt eine Fremdkapitalbeteiligung zu einer Erhöhung dieses Bilanzpostens und somit zu einer Verringerung der Eigenkapitalquote. Demgegenüber steigt durch die Erhöhung der Eigenkapitalquote die Kreditwürdigkeit und somit der Finanzierungsspielraum des Unternehmens, wobei dies unter investitions-, wachstums- und wettbewerbspolitischen Aspekten vorteilhaft ist.

Neben Löhnen, Gratifikationen und sonstigen betrieblichen Leistungen zählen Beteiligungsmodelle zu den wichtigen materiellen Motivationskomponenten, wobei abschließend folgender Aspekt noch einmal deutlich betont werden sollte: Ein optimales Gesamtkonzept muß sowohl materiellen als auch immateriellen Gesichtspunkten gerecht werden, da fehlende materielle Anreize einerseits zu Enttäuschungen, Demotivation und zu geringerer Leistungsbereitschaft führen, zusätzliche finanzielle Anreize aber andererseits einen deutlich abnehmenden Grenznutzen stiften werden. Mit steigendem Versorgungsgrad und materieller Sicherheit sollten auch Faktoren, wie Arbeitsplatzsicherheit, Anerkennung der persönlichen Leistung, Aufstiegsmöglichkeiten und Führungsstil berücksichtigt werden. Ein entsprechend konzipiertes Beteiligungsmodell ermöglicht die Erhöhung materieller Anreize (insbesondere für schlechter verdienende Mitarbeiter) bei gleichzeitiger Schaffung „immaterieller incentives" und Verbesserung der human relations über die Honorierung der individuellen beziehungsweise der betrieblichen Leistung. Ein langfristig konzipiertes Modell, das den nachfolgenden Mitarbeitergenerationen partnerschaftliche Anreize schaffen und nicht lediglich auf materielle Impulse reduziert werden soll, bedarf daher einer offenen Information bezüglich der Markt- respektive Modellentwicklung sowie einer permanenten Erneuerung und Intensivierung der Partnerschaftsbeziehung.

Trotz der Schwierigkeiten, einen gemeinsamen wissenschaftlichen Konsens in Bezug auf die Mitarbeiterbeteiligung zu finden, wäre es meiner Ansicht nach verfehlt, an diesem Punkt der Forschung aufzugeben. Im Gegenteil, es muß versucht werden, auf der bisher gefundenen Basis aufzubauen und an Hand der gewonnenen Erfahrungen neue Beteiligungsmodelle zu konzipieren beziehungsweise die bereits bestehenden Modelle dem Stand der aktuellen Forschung anzupassen. Die Wissenschaft, und insbesondere die Wirtschaftswissenschaft, sollte es sich daher zur Aufgabe machen, ein neutrales Verhältnis zu diesem Themenkomplex zu vermitteln und versuchen, bestehende Barrieren zu überwinden. Ohne den Versuch, einzelne Beteiligungsmodelle in der Praxis zu erproben, können aber nur bedingt aussagefähige Forschungsergebnisse erzielt werden. Im vergangenen Jahrhundert war es nahezu unvorstellbar, daß ein Arbeitnehmer derart weitreichende Mitbestimmungs-, formale und materielle Freiheitsrechte und ein weit ausgebautes soziales Sicherungssystem in Anspruch nehmen könnte. Doch auch ein gutes System muß weiter perfektioniert werden, um nicht retardierend zu wirken. Daher ist es durchaus vertretbar, wenn nicht sogar notwendig, Mitarbeitermodelle einzuführen, bei denen unvermeidbare Probleme auftreten, sofern die positiven Aspekte diese Probleme kompensieren.

Statistischer Anhang

Tabelle 40: Kostenstruktur der Bauunternehmen (Baugewerbe) 1995

Wirtschaftszweig Beschäftigungsgrößenklasse	Brutto-produktions-wert[1]	Personal-kosten insgesamt	Materialverbrauch, Einsatz von Handelsware, Kosten für Lohnarbeiten[2]			
			insge-samt	Material-verbrauch	Einsatz an Handelsware[3]	Kosten für Lohnarbeiten[4]
	in TDM	in % vom Bruttoproduktionswert[1]				
- Früheres Bundesgebiet -						
Nach Wirtschaftszweigen						
Hoch- und Tiefbau, o. a. S	50.321.061	31,20	54,20	17,70	0,60	35,90
Hochbau (ohne Fertigteilbau)	39.717.796	35,60	51,50	24,10	0,70	26,70
Fertigteilbau im Hochbau	2.609.737	24,30	62,50	17,20	0,20	45,00
Brücken u. Tunnelbau etc.	7.339.664	44,00	38,10	19,80	0,20	18,00
Zimmerei, Dachdeckerei	8.063.219	39,30	46,00	36,20	0,50	9,30
Straßenbau und Eisenbahnoberbau	16.381.454	38,60	44,10	26,40	0,50	17,10
Wasserbau	400.109	37,00	35,30	20,00	0,00	15,30
übriger Hoch- und Tiefbau	15.774.222	39,50	39,40	19,80	1,00	18,60
Hoch- und Tiefbau gesamt	140.607.262	35,30	49,40	21,90	0,60	26,80
Vorbereitende Baustellenarbeiten	3.524.934	43,90	36,50	14,50	0,20	21,80
Bauinstallation	36.014.630	37,20	48,50	36,80	2,90	8,90
Sonstiges Baugewerbe	17.395.664	41,30	40,10	27,00	1,80	11,30
dar.: Stukkateurgewerbe etc.	2.961.642	44,30	40,20	25,50	0,30	14,40
Insgesamt	197.542.490	36,30	48,20	25,00	1,10	22,10
Nach Beschäftigungsgrößenklassen						
Unternehmen mit ... bis ... Beschäftigten						
20 - 49	53.675.621	41,10	42,60	30,90	1,50	10,30
50 - 99	35.733.372	39,20	45,70	27,90	2,00	15,80
100 - 199	27.257.838	36,50	47,10	24,30	1,20	21,50
200 - 499	26.806.531	34,70	49,70	22,60	0,60	26,50
500 - 999	11.572.119	31,40	54,50	24,00	0,50	30,10
1000 und mehr	42.497.008	30,10	55,30	17,10	0,50	37,10
Insgesamt	197.542.489	36,30	48,20	25,00	1,10	22,10

1) Ohne Umsatzsteuer.
2) Ohne Umsatzsteuer (Vorsteuer).
3) Zu Anschaffungskosten.
4) Bei vorbereitenden Baustellenarbeiten sowie Hoch- und Tiefbau: Kosten für Fremd- und Nachunternehmerleistungen

Tabelle 40: Fortsetzung: Kostenstruktur der Bauunternehmen (Baugewerbe) 1995

Wirtschaftszweig Beschäftigungsgrößenklasse	Brutto-produktions-wert[1]	Personal-kosten insge-samt	Materialverbrauch, Einsatz von Handelsware, Kosten für Lohnarbeiten[2] insge-samt	Material-verbrauch	Einsatz an Handelsware[3]	Kosten für Lohnarbeiten[4]
	in TDM	in % vom Bruttoproduktionswert[1]				
- Neue Länder und Berlin-Ost -						
Nach Wirtschaftszweigen						
Hoch- und Tiefbau, o. a. S	17.421.515	32,90	53,60	21,50	0,30	31,80
Hochbau (ohne Fertigteilbau)	10.789.349	34,80	52,90	24,00	0,20	28,70
Fertigteilbau im Hochbau	1.048.609	24,50	52,60	15,90	0,00	36,80
Brücken u. Tunnelbau etc.	2.142.974	35,80	44,40	19,90	0,10	24,40
Zimmerei, Dachdeckerei	2.613.582	38,30	43,50	35,50	0,50	7,50
Straßenbau und Eisenbahnoberbau	5.193.558	30,80	46,30	28,80	0,20	17,30
Wasserbau	232.289	30,50	43,90	22,70	0,40	20,80
übriger Hoch- und Tiefbau	6.074.156	36,40	40,50	20,60	0,10	19,80
Hoch- und Tiefbau gesamt	45.516.032	33,80	49,80	23,40	0,30	26,10
Vorbereitende Baustellenarbeiten	1.005.941	39,80	40,30	20,20	0,70	19,40
Bauinstallation	11.955.811	33,20	51,70	38,30	2,00	11,50
Sonstiges Baugewerbe	5.205.723	41,40	42,70	31,10	1,70	9,90
dar.: Stukkateurgewerbe etc.	413.488	38,60	46,40	24,20	0,30	21,90
Insgesamt	63.683.507	34,40	49,40	26,80	0,70	22,00
Nach Beschäftigungsgrößenklassen						
Unternehmen mit ... bis ... Beschäftigten						
20 - 49	19.661.478	37,60	44,70	30,90	1,00	12,70
50 - 99	15.044.317	35,40	47,10	28,60	0,80	17,60
100 - 199	12.795.582	33,00	52,70	26,00	0,60	26,10
200 - 499	8.577.672	31,40	54,20	23,70	0,50	30,00
500 und mehr	7.604.458	30,20	55,40	17,10	0,00	38,20
Insgesamt	63.683.507	34,40	49,40	26,80	0,70	22,00

1) Ohne Umsatzsteuer.
2) Ohne Umsatzsteuer (Vorsteuer)
3) Zu Anschaffungskosten.
4) Bei vorbereitenden Baustellenarbeiten sowie Hoch- und Tiefbau: Kosten für Fremd- und Nachunternehmerleistungen

Quelle: Tabelle 2: Entstehung der Bruttowertschöpfung zu Faktorkosten und zu Marktpreisen, Entstehung der Nettowertschöpfung zu Faktorkosten 1995 nach Beschäftigungsgrößenklassen sowie Tabelle 10: Ausgewählte Kosten (Anteil am Bruttoproduktionswert) 1995 nach Beschäftigungsgrößenklassen, in: Statistisches Bundesamt (Hrsg.): Fachserie 4: Produzierendes Gewerbe, Reihe 5.3: Kostenstruktur der Unternehmen im Baugewerbe 1995, Wiesbaden, 1997, S. 16 - 27, S. 50 - 52, S. 60 - 71, S. 94 - 96.

Tabelle 41: Betriebe, Beschäftigung und Gesamtumsatz nach Beschäftigungsgrößenklassen und Bundesländern

Betriebe mit ... bis ... Beschäftigten	Betriebe		Beschäftigte		Arbeitsstd.		Löhne & Gehälter		Umsatz	
	Ende Juni 1994						im Juni 1994		1994	
		in %		in %	in 1000	in %	in 1000 DM	in %	in 1000 DM	in %
Deutschland										
1 - 19	64.834	78,85	433.783	28,28	51.611	27,81	1.388.416	22,97	58.204.509	22,86
20 - 49	11.307	13,75	340.877	22,23	43.714	23,56	1.310.071	21,67	52.322.524	20,55
50 - 99	3.715	4,52	254.657	16,6	32.181	17,34	1.048.136	17,34	45.110.676	17,72
100 u. mehr	2.370	2,88	504.388	32,89	58.063	31,29	2.298.057	38,02	98.998.346	38,88
Insgesamt	82.226	100	1.533.705	100	185.569	100	6.044.680	100	254.636.055	100
Früheres Bundesgebiet										
1 - 19	56.579	82,82	359.048	32,67	41.857	32,25	1.188.049	25,68	48.825.302	25,94
20 - 49	7.761	11,36	232.847	21,19	28.926	22,29	971.084	20,99	37.402.264	19,87
50 - 99	2.446	3,58	167.156	15,21	20.694	15,95	755.428	16,33	30.938.821	16,44
100 u. mehr	1.526	2,234	339.889	30,93	38.303	29,51	1.712.254	37,01	71.074.232	37,76
Insgesamt	68.312	100	1.098.940	100	129.780	100	4.626.815	100	188.240.619	100
Neue Länder und Berlin-Ost										
1 - 19	8.255	59,33	74.735	17,19	9.754	17,48	200.367	14,13	9.379.207	14,13
20 - 49	3.546	25,49	108.030	24,85	14.788	26,51	338.987	23,91	14.920.260	22,47
50 - 99	1.269	9,12	87.501	20,13	11.487	20,59	292.708	20,64	14.171.855	21,34
100 u. mehr	844	6,07	164.499	37,84	19.760	35,42	585.803	41,32	27.924.114	42,06
Insgesamt	13.914	100	434.765	100	55.789	100	1.417.865	100	66.395.436	100

Tabelle 41: Fortsetzung

Betriebe mit ... bis ... Beschäftigten	Betriebe		Beschäftigte		Arbeitsstd.		Löhne & Gehälter		Umsatz	
	Ende Juni 1994						im Juni 1994		1994	
		in %		in %	in 1000	in %	in 1000 DM	in %	in 1000 DM	in %
Region I										
Bremen										
1 - 19	324	75,17	2.068	19,58	252	20,74	7.077	15,08	323.321	16,28
20 - 49	56	12,99	1.794	16,98	228	18,77	7.976	16,99	346.851	17,46
50 - 99	29	6,73	2.196	20,79	244	20,08	10.065	21,45	401.374	20,21
100 u. mehr	22	5,104	4.506	42,65	491	40,41	21.814	46,48	914.661	46,05
Insgesamt	431	100	10.564	100	1.215	100	46.932	100	1.986.207	100
Nordrhein-Westfalen										
1 - 19	13.565	85,19	83.104	34,74	9.643	35,88	277.065	26,88	10.342.111	25,81
20 - 49	1.528	9,596	46.916	19,61	5.599	20,83	200.809	19,48	8.060.185	20,11
50 - 99	521	3,27	35.494	14,84	4.147	15,43	164.292	15,94	7.208.470	17,99
100 u. mehr	310	1,947	73.706	30,81	7.485	27,85	388.515	37,69	14.463.477	36,09
Insgesamt	15.924	100	239.220	100	26.874	100	1.030.681	100	40.074.243	100
Niedersachsen										
1 - 19	5.266	77,72	39.545	31,89	4.799	30,48	135.666	26,16	5.707.098	25,82
20 - 49	1.041	15,36	30.819	24,85	4.030	25,6	125.903	24,28	5.130.599	23,21
50 - 99	287	4,24	19.263	15,54	2.593	16,47	85.853	16,55	3.932.807	17,79
100 u. mehr	182	2,686	34.370	27,72	4.323	27,46	171.178	33,01	7.334.395	33,18
Insgesamt	6.776	100	123.997	100	15.745	100	518.600	100	22.104.899	100
Region I insgesamt										
1 - 19	19.155	82,81	124.717	33,37	14.694	33,52	419.808	26,3	16.372.530	25,52
20 - 49	2.625	11,35	79.529	21,28	9.857	22,49	334.688	20,97	13.537.635	21,10
50 - 99	837	3,62	56.953	15,24	6.984	15,93	260.210	16,30	11.542.651	17,99
100 u. mehr	514	2,222	112.582	30,12	12.299	28,06	581.507	36,43	22.712.533	35,4
Insgesamt	23.131	100	373.781	100	43.834	100	1.596.213	100	64.165.349	100
Region II										
Berlin										
1 - 19	2.924	81,74	14.399	22,52	1.509	20,50	46.589	16,77	3.078.353	23,94
20 - 49	410	11,46	12.654	19,79	1.544	20,98	52.995	19,08	2.146.722	16,69
50 - 99	127	3,55	8.585	13,42	1.078	14,64	39.100	14,08	1.714.721	13,33
100 u. mehr	116	3,24	28.311	44,27	3.230	43,88	139.078	50,07	5.920.751	46,04
Insgesamt	3.577	100	63.949	100	7.361	100	277.762	100	12.860.547	100

Tabelle 41: Fortsetzung

Betriebe mit ... bis ... Beschäftigten	Betriebe		Beschäftigte Ende Juni 1994		Arbeitsstd.		Löhne & Gehälter im Juni 1994		Umsatz 1994	
		in %		in %	in 1000	in %	in 1000 DM	in %	in 1000 DM	in %
					Brandenburg					
1 - 19	980	53,35	9.756	14	1.259	14,41	26.722	11,58	1.347.152	12,16
20 - 49	526	28,63	16.038	23,02	2.161	24,74	50.925	22,07	2.286.622	20,64
50 - 99	175	9,53	11.900	17,08	1.545	17,69	39.199	16,99	2.060.719	18,60
100 u. mehr	156	8,492	31.989	45,91	3.769	43,15	113.886	49,36	5.386.667	48,61
Insgesamt	1.837	100	69.683	100	8.734	100	230.732	100	11.081.160	100
					Hamburg					
1 - 19	1.102	84,0	5.519	24,85	611	24,56	19.192	17,8	1.148.102	22,73
20 - 49	117	8,918	3.433	15,46	422	16,96	16.710	15,5	734.597	14,54
50 - 99	49	3,73	3.519	15,85	428	17,20	18.455	17,12	742.135	14,69
100 u. mehr	44	3,354	9.734	43,84	1.027	41,28	53.448	49,58	2.426.803	48,04
Insgesamt	1.312	100	22.205	100	2.488	100	107.805	100	5.051.637	100
					Mecklenburg-Vorpommern					
1 - 19	838	52,94	8.566	16,47	1.184	17,68	22.842	13,79	888.194	12,12
20 - 49	475	30,01	14.296	27,49	2.012	30,04	43.947	26,53	1.798.753	24,54
50 - 99	172	10,87	11.851	22,79	1.523	22,74	39.670	23,95	1.992.942	27,19
100 u. mehr	98	6,19	17.284	33,24	1.978	29,54	59.172	35,73	2.649.381	36,15
Insgesamt	1.583	100	51.997	100	6.697	100	165.631	100	7.329.270	100
					Sachsen-Anhalt					
1 - 19	1.858	59,42	16.833	17,95	2.250	18,31	45.555	15,05	1.969.614	14,33
20 - 49	787	25,17	23.831	25,41	3.286	26,74	74.082	24,48	3.174.983	23,09
50 - 99	303	9,69	20.895	22,28	2.803	22,81	71.218	23,54	3.290.104	23,93
100 u. mehr	179	5,724	32.240	34,37	3.949	32,14	111.740	36,93	5.314.222	38,65
Insgesamt	3.127	100	93.799	100	12.288	100	302.595	100	13.748.923	100
					Schleswig-Holstein					
1 - 19	3.312	86	19.131	40,77	2.289	39,05	61.300	32,89	2.550.065	32,90
20 - 49	369	9,58	11.173	23,81	1.444	24,63	46.368	24,88	1.797.913	23,20
50 - 99	113	2,93	7.732	16,48	1.004	17,13	34.964	18,76	1.394.193	17,99
100 u. mehr	57	1,48	8.883	18,93	1.125	19,19	43.738	23,47	2.008.007	25,91
Insgesamt	3.851	100	46.919	100	5.862	100	186.370	100	7.750.178	100

Tabelle 41: Fortsetzung

Betriebe mit ... bis ... Beschäftigten	Betriebe		Beschäftigte		Arbeitsstd.		Löhne & Gehälter		Umsatz	
	Ende Juni 1994						im Juni 1994		1994	
		in %		in %	in 1000	in %	in 1000 DM	in %	in 1000 DM	in %
Region II insgesamt										
1 - 19	11.014	72,05	74.204	21,29	9.102	20,96	222.200	17,48	10.981.480	18,99
20 - 49	2.684	17,56	81.425	23,36	10.869	25,03	285.027	22,43	11.939.590	20,65
50 - 99	939	6,14	64.482	18,5	8.381	19,30	242.606	19,09	11.194.814	19,36
100 u. mehr	650	4,25	128.441	36,85	15.078	34,72	521.062	41	23.705.831	41,00
Insgesamt	15.287	100	348.552	100	43.430	100	1.270.895	100	57.821.715	100
Region III										
Hessen										
1 - 19	4.063	80,66	28.350	30,4	3.240	30,51	96.676	24,19	4.176.336	25,44
20 - 49	643	12,77	19.598	21,02	2.345	22,09	82.406	20,62	3.057.295	18,63
50 - 99	196	3,89	13.537	14,52	1.614	15,20	60.317	15,09	2.306.341	14,05
100 u. mehr	135	2,68	31.763	34,06	3.419	32,2	160.249	40,10	6.873.672	41,88
Insgesamt	5.037	100	93.248	100	10.618	100	399.648	100	16.413.644	100
Rheinland-Pfalz										
1 - 19	2.949	81,51	21.682	35,32	2.449	33,33	73.056	28,45	2.661.230	28,18
20 - 49	430	11,89	12.755	20,78	1.607	21,87	53.223	20,73	2.131.757	22,58
50 - 99	164	4,53	10.914	17,78	1.385	18,85	49.991	19,47	1.743.809	18,47
100 u. mehr	75	2,07	16.037	26,12	1.906	25,94	80.501	31,35	2.905.326	30,77
Insgesamt	3.618	100	61.388	100	7.347	100	256.771	100	9.442.122	100
Saarland										
1 - 19	903	82,54	6.264	36,55	708	35,31	20.331	28,83	829.370	31,72
20 - 49	137	12,52	4.011	23,4	494	24,64	16.558	23,48	545.383	20,86
50 - 99	30	2,74	2.130	12,43	268	13,37	9.909	14,05	333.934	12,77
100 u. mehr	24	2,194	4.733	27,62	535	26,68	23.716	33,63	905.977	34,65
Insgesamt	1.094	100	17.138	100	2.005	100	70.514	100	2.614.664	100
Thüringen										
1 - 19	1.542	60,14	14.727	19,98	1.978	20,54	39.326	16,65	1.673.058	16,03
20 - 49	676	26,37	20.371	27,64	2.796	29,03	63.344	26,82	2.553.855	24,47
50 - 99	217	8,46	14.942	20,28	1.987	20,63	50.215	21,26	2.207.879	21,15
100 u. mehr	129	5,03	23.651	32,09	2.871	29,81	83.269	35,26	4.002.823	38,35
Insgesamt	2.564	100	73.691	100	9.632	100	236.154	100	10.437.615	100

Tabelle 41: Fortsetzung

Betriebe mit ... bis ... Beschäf-tigten	Betriebe		Beschäftigte		Arbeitsstd.		Löhne & Gehälter		Umsatz	
	Ende Juni 1994						im Juni 1994		1994	
		in %		in %	in 1000	in %	in 1000 DM	in %	in 1000 DM	in %
					Region III insgesamt					
1 - 19	9.457	76,81	71.023	28,93	8.375	28,29	229.389	23,82	9.339.994	24,01
20 - 49	1.886	15,32	56.735	23,11	7.242	24,46	215.531	22,38	8.288.290	21,30
50 - 99	607	4,93	41.523	16,92	5.254	17,75	170.432	17,70	6.591.963	16,94
100 u. mehr	363	2,95	76.184	31,04	8.731	29,49	347.735	36,11	14.687.798	37,75
Insgesamt	12.313	100	245.465	100	29.602	100	963.087	100	38.908.045	100
					Region IV					
					Baden Württemberg					
1 - 19	8.727	82,07	64.606	36,14	7.734	36,15	221.163	29,52	8.587.814	29,29
20 - 49	1.279	12,03	37.613	21,04	4.720	22,06	157.572	21,03	5.786.738	19,74
50 - 99	382	3,59	26.176	14,64	3.289	15,37	118.584	15,83	4.554.554	15,54
100 u. mehr	246	2,31	50.353	28,17	5.652	26,42	251.803	33,61	10.386.921	35,43
Insgesamt	10.634	100	178.748	100	21.395	100	749.122	100	29.316.027	100
					Bayern					
1 - 19	14.185	83,35	78.745	30,21	9.115	29,29	243.714	23,05	10.233.560	23,21
20 - 49	1.904	11,19	56.712	21,76	7.076	22,74	228.721	21,63	8.485.752	19,25
50 - 99	584	3,43	40.025	15,35	4.949	15,91	173.176	16,38	7.074.761	16,05
100 u. mehr	345	2,03	85.187	32,68	9.975	32,06	411.693	38,94	18.297.826	41,50
Insgesamt	17.018	100	260.669	100	31.115	100	1.057.304	100	44.091.899	100
					Sachsen					
1 - 19	2.296	59,74	20.488	16,2	2.591	16,00	52.142	12,78	2.689.131	13,23
20 - 49	929	24,17	28.863	22,82	3.950	24,39	88.532	21,7	4.284.519	21,07
50 - 99	366	9,52	25.498	20,16	3.324	20,53	83.128	20,37	4.151.933	20,42
100 u. mehr	252	6,56	51.641	40,83	6.328	39,08	184.257	45,15	9.207.437	45,28
Insgesamt	3.843	100	126.490	100	16.193	100	408.059	100	20.333.020	100
					Region IV insgesamt					
1 - 19	25.208	80,04	163.839	28,95	19.440	28,30	517.019	23,35	21.510.505	22,95
20 - 49	4.112	13,06	123.188	21,77	15.746	22,92	474.825	21,44	18.557.009	19,80
50 - 99	1.332	4,23	91.699	16,2	11.562	16,83	374.888	16,93	15.781.248	16,83
100 u. mehr	843	2,68	187.181	33,08	21.955	31,96	847.753	38,28	37.892.184	40,42
Insgesamt	31.495	100	565.907	100	68.703	100	2.214.485	100	93.740.946	100

Quelle: Tabelle 2.1: Betriebe, Beschäftigung und Gesamtumsatz, in: Statistisches Bundesamt (Hrsg.): Fachserie 4: Produzierendes Gewerbe, Reihe 5.1 Beschäftigung, Umsatz und Gerätebestand der Betriebe im Baugewerbe 1994, Wiesbaden, 1995, S. 86 - 95 und Tabelle 2.1: Betriebe, Beschäftigung und Gesamtumsatz, in: Statistisches Bundesamt (Hrsg.): Fachserie 4: Produzierendes Gewerbe, Reihe 5.1 Beschäftigung, Umsatz und Gerätebestand der Betriebe im Baugewerbe 1995, Wiesbaden, 1996, S. 86 - 95.

Tabelle 42: Kreditaufnahme versus Mitarbeiterdarlehen: Liquiditätsvergleich aus Sicht des Unternehmens

	Modell I		Modell II	
	Altern. A	Altern. B	Altern. A	Altern. B
Zinsersparnis	37,08 DM	61,80 DM	37,08 DM	61,80 DM
./. darauf zu entrichtende Steuer	11,12 DM	18,54 DM	24,10 DM	40,17 DM
Nettoersparnis	25,96 DM	43,26 DM	12,98 DM	21,63 DM
Barwert der Nettoersparnis	162,94 DM	264,52 DM	85,97 DM	141,34 DM
./. Nettoaufwand der Zuwendung	210,00 DM	210,00 DM	105,00 DM	105,00 DM
Nettoergebnis	**- 47,06 DM**	**54,52 DM**	**- 19,03 DM**	**36,34 DM**
Nettoergebnis bei 150 MA	- 7.059,00 DM	8.178,00 DM	- 2.854,50 DM	5.451,00 DM

Tabelle 43: Zahlungsströme des Mitarbeiterdarlehens aus Sicht des Unternehmens

Modell I / Fall 1: Jährliche Zahlungen (effektiv)						
Cashflow	Alternative A			Alternative B		
	Bankkredit	MA-Darlehen	Vorteil des MA-Darl.	Bankkredit	MA-Darlehen	Vorteil des MA-Darl.
Periode 0	1.236,00 DM	1.026,00 DM	- 210,00 DM	1.236,00 DM	1.026,00 DM	- 210,00 DM
Periode 1 bis 6 p.a.	- 69,22 DM	- 43,26 DM	25,96 DM	- 95,17 DM	- 51,91 DM	43,26 DM
Periode 7	- 1.305,22 DM	- 1.279,26 DM	25,96 DM	- 1.331,17 DM	- 1.287,91 DM	43,26 DM
Periode 1 bis 7	- 1.720,51 DM	- 1.538,82 DM	181,69 DM	- 1.902,20 DM	- 1.599,38 DM	302,82 DM
./. Zuwendung		(- 210,00 DM)	- 210,00 DM		(- 210,00 DM)	- 210,00 DM
Gesamt			**- 28,31 DM**			**92,82 DM**
Bei 150 MA			- 4.246,20 DM			13.923,00 DM

Tabelle 43: Fortsetzung

Modell I / Fall 2: Jährliche Zahlungen an die Bank (Fremdkapitalzins und Bürgschaftszahlung des MA-Darlehens) und einmalige Zinszahlungen an den MA (effektiv)						
Cashflow	Alternative A			Alternative B		
	Bankkredit	MA-Darlehen	Vorteil des MA-Darl.	Bankkredit	MA-Darlehen	Vorteil des MA-Darl.
Periode 0	1.236,00 DM	1.026,00 DM	- 210,00 DM	1.236,00 DM	1.026,00 DM	- 210,00 DM
Periode 1 bis 6 p.a.[1)]	- 69,22 DM	- 8,65 DM	60,56 DM	- 95,17 DM	- 8,65 DM	86,52 DM
Periode 7[2)]	- 1.305,22 DM	- 1.518,00 DM	- 212,78 DM	- 1.331,17 DM	- 1.596,87 DM	- 265,70 DM
Periode 1 bis 7	- 1.720,51 DM	- 1.569,91 DM	150,61 DM	- 1.902,20 DM	- 1.648,78 DM	253,42 DM
./. Zuwendung		(- 210,00 DM)	- 210,00 DM		(- 210,00 DM)	- 210,00 DM
Gesamt			**- 59,40 DM**			**43,42 DM**
Bei 150 MA			- 8.909,25 DM			6.513,15 DM

Tabelle 43: Fortsetzung

Modell II / Fall 1: Jährliche Zahlungen (effektiv)						
Cashflow	Alternative A			Alternative B		
	Bankkredit	MA-Darlehen	Vorteil des MA-Darl.	Bankkredit	MA-Darlehen	Vorteil des MA-Darl.
Periode 0	1.236,00 DM	1.131,00 DM	- 105,00 DM	1.236,00 DM	1.131,00 DM	- 105,00 DM
Periode 1 bis 6 p.a.	- 34,61 DM	- 21,63 DM	12,98 DM	- 47,59 DM	- 25,96 DM	21,63 DM
Periode 7	- 1.270,61 DM	- 1.257,63 DM	12,98 DM	- 1.283,59 DM	- 1.261,96 DM	21,63 DM
Periode 1 bis 7	- 1.478,26 DM	- 1.387,41 DM	90,85 DM	- 1.569,10 DM	- 1.417,69 DM	151,41 DM
./. Zuwendung		(-105,00 DM)	- 105,00 DM		(-105,00 DM)	- 105,00 DM
Gesamt			**- 14,15 DM**			**46,41 DM**
Bei 150 MA			- 2.123,10 DM			6.961,50 DM

Tabelle 43: Fortsetzung

Modell II / Fall 2: Jährliche Zahlungen an die Bank (Fremdkapitalzins und Bürgschaftszahlung) und einmalige Zinszahlungen an den MA (effektiv)						
Cashflow	Alternative A			Alternative B		
	Bankkredit	MA-Darlehen	Vorteil des MA-Darl.	Bankkredit	MA-Darlehen	Vorteil des MA-Darl.
Periode 0	1.236,00 DM	1.131,00 DM	- 105,00 DM	1.236,00 DM	1.131,00 DM	- 105,00 DM
Periode 1 bis 6 p.a.	- 34,61 DM	- 4,33 DM	30,28 DM	- 47,59 DM	- 4,33 DM	43,26 DM
Periode 7	- 1.270,61 DM	- 1.377,00 DM	- 106,39 DM	- 1.283,59 DM	- 1.416,44 DM	- 132,85 DM
Periode 1 bis 7	- 1.478,26 DM	- 1.402,95 DM	75,30 DM	- 1.569,10 DM	- 1.442,39 DM	126,71 DM
./. Zuwendung			- 105,00 DM			- 105,00 DM
Gesamt			**- 29,70 DM**			**21,71 DM**
Bei 150 MA			- 4.454,63 DM			3.256,57 DM

1) Bürgschaftszahlung: $1.236 \times \frac{1}{100} \times \frac{70}{100} = 8,65$

2) Zahlung in Periode 7: $8,65 + 1.236 + \left[\left(1.236 \times 1,04^7\right) - 1.236\right] \times \frac{70}{100} = 1.517,99$

Tabelle 44: Zahlungsströme des Mitarbeiterdarlehens aus Sicht des Arbeitnehmers

Modell I und Modell II / Fall 1: Jährliche Zahlungen

Cashflow	Alternative A			Alternative B		
	MA-Darlehen	Zins- & Tilgungszahlung	(Zins-) Saldo	MA-Darlehen	Zins- & Tilgungszahlung	(Zins-) Saldo
Periode 0	- 842,40 DM	- DM	- DM	- 842,40 DM	- DM	- DM
Periode 1 bis 6 p.a.	49,44 DM	49,44 DM	- DM	61,80 DM	61,80 DM	- DM
Periode 7	1.285,44 DM	1.285,44 DM	- DM	1.297,80 DM	1.297,80 DM	
Periode 1 bis 7	1.582,08 DM	1.582,08 DM	- DM	1.668,60 DM	1.668,60 DM	- DM
Gewinn	**739,68 DM**			**826,20 DM**		

Modell I und Modell II / Fall 2: Einmalige Zahlung

Cashflow	Alternative A			Alternative B		
	MA-Darlehen	Zins- & Tilgungszahlung	(Zins-) Saldo	MA-Darlehen	Zins- & Tilgungszahlung	(Zins-) Saldo
Periode 0	- 842,40 DM	- DM	- DM	- 842,40 DM	- DM	- DM
Periode 1 bis 6	327,93 DM	- DM	327,93 DM	420,36 DM	- DM	420,36 DM
Periode 7	1.626,49 DM	1.626,49 DM	- DM	1.739,18 DM	1.739,18 DM	- DM
Periode 1 bis 7	1.626,49 DM	1.626,49 DM	- DM	1.739,18 DM	1.739,18 DM	- DM
Gewinn	**784,09 DM**			**896,78 DM**		

Tabelle 45: Gewinnthesaurierung versus Mitarbeiterdarlehen: Liquiditätsvergleich aus Sicht des Unternehmens

Fall 3: Keine Anwendung des §19a EStG: Geldwerter Vorteil in Höhe des MA-Darlehens

	Modell I			Modell II		
	Gewinnthesaurierung	Altern. A	Altern. B	Gewinnthesaurierung	Altern. A	Altern. B
Thesaurierung / Ausschüttung	180.000 DM	180.000 DM	180.000 DM	180.000 DM	180.000 DM	180.000 DM
Darlehen je MA	- DM	1.200 DM	1.200 DM	- DM	1.200 DM	1.200 DM
Zuwendung	- DM	- DM	- DM	- DM	- DM	- DM
Geldwerter Vorteil	- DM	1.200 DM	1.200 DM	- DM	1.200 DM	1.200 DM
./. Steuer des Unternehmens & des MA	- 54.000 DM	- 234 DM	- 234 DM	- 117.000 DM	- 234 DM	- 234 DM
./. AN-Anteil zur Sozialversicherung	- DM	- 255 DM	- 255 DM	- DM	- 255 DM	- 255 DM
Erfolgsanteil (netto)		711 DM	711 DM		711 DM	711 DM
./. AG-Anteil zur Sozialversicherung	- DM	- 255 DM	- 255 DM	- DM	- 255 DM	- 255 DM
		456 DM	456 DM		456 DM	456 DM
Liquidität bei 150 MA	**126.000 DM**	**68.400 DM**	**68.400 DM**	**63.000 DM**	**68.400 DM**	**68.400 DM**

Tabelle 45: Fortsetzung

Fall 4: Anwendung des §19a EStG: Geldwerter Vorteil in Höhe des MA-Darlehens abzüglich der Zuwendung

	Modell I			Modell II		
	Gewinnthesaurierung	Alternative A	Alternative B	Gewinnthesaurierung	Alternative A	Alternative B
Thesaurierung / Ausschüttung	180.000 DM	180.000 DM	180.000 DM	180.000 DM	180.000 DM	180.000 DM
Darlehen je MA	- DM	1.200 DM	1.200 DM	- DM	1.200 DM	1.200 DM
Zuwendung	- DM	300 DM	300 DM	- DM	300 DM	300 DM
Geldwerter Vorteil	- DM	900 DM	900 DM	- DM	900 DM	900 DM
./. Steuer des Unternehmens & des MA	- 54.000 DM	- 176 DM	- 176 DM	- 117.000 DM	- 176 DM	- 176 DM
./. AN-Anteil zur Sozialversicherung	- DM	- 191 DM	- 191 DM	- DM	- 191 DM	- 191 DM
Erfolgsanteil (netto)		533 DM	533 DM		533 DM	533 DM
./. AG-Anteil zur Sozialversicherung	- DM	- 191 DM	- 191 DM	- DM	- 191 DM	- 191 DM
		342 DM	342 DM		342 DM	342 DM
+ Zuwendung		300 DM	300 DM		300 DM	300 DM
Gesamt		642 DM	642 DM		642 DM	642 DM
Liquidität bei 150 MA	**126.000 DM**	**96.300 DM**	**96.300 DM**	**63.000 DM**	**96.300 DM**	**96.300 DM**

Tabelle 46: Gewinnthesaurierung versus Mitarbeiterdarlehen: Zahlungsströme aus Sicht des Unternehmens

Modell I / Fall 3: keine Anwendung des §19a EStG

Cashflow	Altern. A			Altern. B		
	Gewinn-thesaurierung	MA-Darlehen	Vorteil des MA-Darl.	Gewinn-thesaurierung	MA-Darlehen	Vorteil des MA-Darl.
Periode 0	126.000 DM	68.400 DM	- 57.600 DM	126.000 DM	68.400 DM	- 57.600 DM
Periode 1 bis 6 p.a.	- DM	- 2.394 DM	- 2.394 DM	- DM	- 2.873 DM	- 2.873 DM
Periode 7	- DM	- 70.794 DM	- 70.794 DM	- DM	- 71.273 DM	- 71.273 DM
Periode 1 bis 7	- DM	- 85.158 DM	- 85.158 DM	- DM	- 88.510 DM	- 88.510 DM
+ Vorteil Periode 1		(- 57.600 DM)	- 57.600 DM		(- 57.600 DM)	- 57.600 DM
Gesamt			**- 142.758 DM**			**- 146.110 DM**

Modell I / Fall 4: Anwendung des §19a EStG

Cashflow	Altern. A			Altern. B		
	Gewinn-thesaurierung	MA-Darlehen	Vorteil des MA-Darl.	Gewinn-thesaurierung	MA-Darlehen	Vorteil des MA-Darl.
Periode 0	126.000 DM	96.300 DM	- 29.700 DM	126.000 DM	96.300 DM	- 29.700 DM
Periode 1 bis 6 p.a.		- 3.371 DM	- 3.371 DM	- DM	- 4.045 DM	- 4.045 DM
Periode 7		- 99.671 DM	- 99.671 DM	- DM	- 100.345 DM	- 100.345 DM
				- DM		
Periode 1 bis 7	- DM	- 119.894 DM	- 119.894 DM	- DM	- 124.612 DM	- 124.612 DM
+ Vorteil Periode 1		(-29.700 DM)	- 29.700 DM		(-29.700 DM)	- 29.700 DM
Gesamt			**- 149.594 DM**			**- 154.312 DM**

Tabelle 46: Fortsetzung

Modell II / Fall 3: keine Anwendung des §19a EStG

Cashflow	Altern. A			Altern. B		
	Gewinn-thesaurierung	MA-Darlehen	Vorteil des MA-Darl.	Gewinn-thesaurierung	MA-Darlehen	Vorteil des MA-Darl.
Periode 0	63.000 DM	68.400 DM	5.400 DM	63.000 DM	68.400 DM	5.400 DM
Periode 1 bis 6 p.a.	- DM	- 1.197 DM	- 1.197 DM	- DM	- 1.436 DM	- 1.436 DM
Periode 7	- DM	- 69.597 DM	- 69.597 DM	- DM	- 69.836 DM	- 69.836 DM
Periode 1 bis 7	- DM	- 76.779 DM	- 76.779 DM	- DM	- 78.455 DM	- 78.455 DM
+ Vorteil Periode 1		(5.400 DM)	5.400 DM		(5.400 DM)	5.400 DM
Gesamt			**- 71.379 DM**			**- 73.055 DM**

Modell II / Fall 4: Anwendung des §19a EStG

Cashflow	Altern. A			Altern. B		
	Gewinn-thesaurierung	MA-Darlehen	Vorteil des MA-Darl.	Gewinn-thesaurierung	MA-Darlehen	Vorteil des MA-Darl.
Periode 0	63.000 DM	96.300 DM	33.300 DM	63.000 DM	96.300 DM	33.300 DM
Periode 1 bis 6 p.a.	- DM	- 1.685 DM	- 1.685 DM	- DM	- 2.022 DM	- 2.022 DM
Periode 7	- DM	- 97.985 DM	- 97.985 DM	- DM	- 98.322 DM	- 98.322 DM
Periode 1 bis 7	- DM	- 108.097 DM	- 108.097 DM	- DM	- 110.456 DM	- 110.456 DM
+ Vorteil Periode 1		(33.300 DM)	33.300 DM		(33.300 DM)	33.300 DM
Gesamt			**- 74.797 DM**			**- 77.156 DM**

Tabelle 47: Gewinnthesaurierung versus Mitarbeiterdarlehen: Zahlungsströme bei einer Verzinsung des einbehaltenen Gewinns

Modell I / Fall 5: keine Anwendung des §19a EStG und jährliche Verzinsung des thesaurierten Gewinns

Cashflow	Altern. A			Altern. B		
	Gewinn-thesaurierung	MA-Darlehen	Vorteil des MA-Darl.	Gewinn-thesaurierung	MA-Darlehen	Vorteil des MA-Darl.
Periode 0	126.000 DM	68.400 DM	- 57.600 DM	126.000 DM	68.400 DM	- 57.600 DM
Periode 1 bis 6 p.a.	- 5.777 DM	- 2.394 DM	3.383 DM	- 5.777 DM	- 2.873 DM	2.904 DM
Periode 7	- 5.777 DM	- 70.794 DM	- 65.017 DM	- 5.777 DM	- 71.273 DM	- 65.496 DM
Periode 1 bis 7	- 40.440 DM	- 85.158 DM	- 44.718 DM	- 40.440 DM	- 88.510 DM	- 48.070 DM
+ Vorteil Periode 1		(- 57.600 DM)	- 57.600 DM		(- 57.600 DM)	- 57.600 DM
Gesamt			**- 102.318 DM**			**- 105.670 DM**

Modell I / Fall 6: Anwendung des §19a EStG und jährliche Verzinsung des thesaurierten Gewinns

Cashflow	Altern. A			Altern. B		
	Gewinn-thesaurierung	MA-Darlehen	Vorteil des MA-Darl.	Gewinn-thesaurierung	MA-Darlehen	Vorteil des MA-Darl.
Periode 0	126.000 DM	96.300 DM	- 29.700 DM	126.000 DM	96.300 DM	- 29.700 DM
Periode 1 bis 6 p.a.	- 5.777 DM	- 3.371 DM	2.407 DM	- 5.777 DM	- 4.045 DM	1.733 DM
Periode 7	- 5.777 DM	- 99.671 DM	- 93.893 DM	- 5.777 DM	- 100.345 DM	- 94.568 DM
Periode 1 bis 7	- 40.440 DM	- 119.894 DM	- 79.454 DM	- 40.440 DM	- 124.612 DM	- 84.173 DM
+ Vorteil Periode 1		(-29.700 DM)	- 29.700 DM		(-29.700 DM)	- 29.700 DM
Gesamt			**- 109.154 DM**			**- 113.873 DM**

Tabelle 47: Fortsetzung

Modell II / Fall 5: keine Anwendung des §19a EStG und jährliche Verzinsung des thesaurierten Gewinns

Cashflow	Altern. A			Altern. B		
	Gewinn-thesaurierung	MA-Darlehen	Vorteil des MA-Darl.	Gewinn-thesaurierung	MA-Darlehen	Vorteil des MA-Darl.
Periode 0	63.000 DM	68.400 DM	5.400 DM	63.000 DM	68.400 DM	5.400 DM
Periode 1 bis 6 p.a.	- 1.443 DM	- 1.197 DM	246 DM	- 1.443 DM	- 1.436 DM	6 DM
Periode 7	- 1.443 DM	- 69.597 DM	- 68.154 DM	- 1.443 DM	- 69.836 DM	- 68.394 DM
Periode 1 bis 7	- 10.099 DM	- 76.779 DM	- 66.680 DM	- 10.099 DM	- 78.455 DM	- 68.356 DM
+ Vorteil Periode 1		(5.400 DM)	5.400 DM		(5.400 DM)	5.400 DM
Gesamt			**- 61.280 DM**			**- 62.956 DM**

Modell II / Fall 6: Anwendung des §19a EStG und jährliche Verzinsung des thesaurierten Gewinns

Cashflow	Altern. A			Altern. B		
	Gewinn-thesaurierung	MA-Darlehen	Vorteil des MA-Darl.	Gewinn-thesaurierung	MA-Darlehen	Vorteil des MA-Darl.
Periode 0	63.000 DM	96.300 DM	33.300 DM	63.000 DM	96.300 DM	33.300 DM
Periode 1 bis 6 p.a.	- 1.443 DM	- 1.685 DM	- 243 DM	- 1.443 DM	- 2.022 DM	- 580 DM
Periode 7	- 1.443 DM	- 97.985 DM	- 96.543 DM	- 1.443 DM	- 98.322 DM	- 96.880 DM
Periode 1 bis 7	- 10.099 DM	- 108.097 DM	- 97.998 DM	- 10.099 DM	- 110.456 DM	- 100.357 DM
+ Vorteil Periode 1		(33.300 DM)	33.300 DM		(33.300 DM)	33.300 DM
Gesamt			**- 64.698 DM**			**- 67.057 DM**

Tabelle 48: Gewinnthesaurierung versus Mitarbeiterdarlehen: Zahlungsströme aus Sicht des Mitarbeiters

Modell I und Modell II / Fall 3 sowie jährliche Zinszahlungen

Cashflow	**Altern. A**			**Altern. B**		
	MA-Darlehen	Zins- & Tilgungszahlung	(Zins-) Saldo	MA-Darlehen	Zins- & Tilgungszahlung	(Zins-) Saldo
Periode 0	456,00 DM	- DM	- DM	456,00 DM	- DM	- DM
Periode 1 bis 6 p.a.	18,24 DM	18,24 DM	- DM	22,80 DM	22,80 DM	- DM
Periode 7	474,24 DM	474,24 DM	- DM	478,80 DM	478,80 DM	- DM
Periode 1 bis 7	583,68 DM	583,68 DM	- DM	615,60 DM	615,60 DM	- DM
Gewinn	**583,68 DM**			**615,60 DM**		

Modell I und Modell II / Fall 4 sowie jährliche Zinszahlungen

Cashflow	**Altern. A**			**Altern. B**		
	MA-Darlehen	Zins- & Tilgungszahlung	(Zins-) Saldo	MA-Darlehen	Zins- & Tilgungszahlung	(Zins-) Saldo
Periode 0	642,00 DM	- DM	- DM	642,00 DM	- DM	- DM
Periode 1 bis 6 p.a.	25,68 DM	25,68 DM	- DM	32,10 DM	32,10 DM	- DM
Periode 7	667,68 DM	667,68 DM	- DM	674,10 DM	674,10 DM	- DM
Periode 1 bis 7	821,76 DM	821,76 DM	- DM	866,70 DM	866,70 DM	- DM
Gewinn	**821,76 DM**			**866,70 DM**		

Tabelle 49: Gewinnthesaurierung versus Mitarbeiterdarlehen versus Bankkredit: Zahlungsströme aus Sicht des Unternehmens

Modell I

Cashflow	Gewinn-thesaurierung	MA-Darlehen	Bankkredit	Thesaurierung versus MA-Darlehen	Thesaurierung versus Bankkredit	Bankkredit versus MA-Darlehen
Periode 0	126.000 DM	222.300 DM	180.000 DM	- 96.300 DM	- 54.000 DM	- 42.300 DM
Periode 1 bis 6 p.a.	- 5.783 DM	- 10.660 DM	- 10.080 DM	4.876 DM	4.297 DM	580 DM
Periode 7	- 5.783 DM	- 264.460 DM	- 190.080 DM	258.676 DM	184.297 DM	74.380 DM
Periode 1 bis 7	- 40.484 DM	- 328.417 DM	- 250.560 DM	191.633 DM	156.076 DM	35.557 DM
./. MA-Darlehen				- 140.400 DM	- DM	- 153.900 DM
Gesamt				**51.233 DM**	**156.076 DM**	**- 118.343 DM**

Modell II

Cashflow	Gewinn-thesaurierung	MA-Darlehen	Bankkredit	Thesaurierung versus MA-Darlehen	Thesaurierung versus Bankkredit	Bankkredit versus MA-Darlehen
Periode 0	63.000 DM	238.050 DM	180.000 DM	- 175.050 DM	- 117.000 DM	- 58.050 DM
Periode 1 bis 6 p.a.	- 1.443 DM	- 5.330 DM	- 5.040 DM	3.887 DM	3.597 DM	290 DM
Periode 7	- 1.443 DM	- 259.130 DM	- 185.040 DM	257.687 DM	183.597 DM	74.090 DM
Periode 1 bis 7	- 10.099 DM	- 291.109 DM	- 30.240 DM	105.960 DM	88.181 DM	17.779 DM
./. MA-Darlehen				- 140.400 DM	- DM	- 169.650 DM
Gesamt				**- 34.440 DM**	**88.181 DM**	**- 151.871 DM**

Tabelle 50: Mitarbeiterdarlehen versus Bausparvertrag versus Schuldverschreibung: Zahlungsströme aus Sicht des Mitarbeiters

Mitarbeiter ohne Anspruch auf eine Arbeitnehmer-Sparzulage					
Cashflow	Gewinn-thesaurierung	Bankkredit	MA-Darlehen	im Vergleich dazu	
				Bauspar-vertrag	Schuld-verschreibung
Periode 0	- DM	- DM	- 936,00 DM	- 936,00 DM	- 936,00 DM
Periode 1 bis 6 p.a.	- DM	- DM	84,60 DM	- DM	56,16 DM
Periode 7	- DM	- DM	1.776,60 DM	1.190,85 DM	992,16 DM
Periode 1 bis 7	- DM	- DM	2.284,20 DM	1.190,85 DM	1.329,12 DM
Gewinn	**- DM**	**- DM**	**1.348,20 DM**	**254,85 DM**	**393,12 DM**

Mitarbeiter mit Anspruch auf eine Arbeitnehmer-Sparzulage					
Cashflow	Gewinn-thesaurierung	Bankkredit	MA-Darlehen	im Vergleich dazu	
				Bauspar-vertrag	Schuld-verschreibung
Periode 0	- DM	- DM	- 842,40 DM	- 842,40 DM	- 842,40 DM
Periode 1 bis 6 p.a.	- DM	- DM	84,60 DM	- DM	56,16 DM
Periode 7	- DM	- DM	1.776,60 DM	1.190,85 DM	992,16 DM
Periode 1 bis 7	- DM	- DM	2.284,20 DM	1.190,85 DM	1.329,12 DM
Gewinn	**- DM**	**- DM**	**1.441,80 DM**	**348,45 DM**	**486,72 DM**

Tabelle 51: Zahlungsströme der stillen Beteiligung aus Sicht des Unternehmens

	Modell III		Modell IV	
Cashflow	Alternative A	Alternative B	Alternative A	Alternative B
Periode 0 (Zuwendung)	1.026,00 DM (210,00 DM)	1.026,00 DM (210,00 DM)	1.131,00 DM (105,00 DM)	1.131,00 DM (105,00 DM)
Periode 1 bis 6 p.a.	- 34,61 DM	- 86,52 DM	- 17,30 DM	- 43,26 DM
Periode 7	- 1.270,61 DM	- 1.322,52 DM	- 1.146,83 DM	- 1.279,26 DM
Periode 1 bis 7	- 1.478,26 DM	- 1.841,64 DM	- 1.250,66 DM	- 1.538,82 DM
Gesamtkosten	- **242,26 DM**	- **605,64 DM**	- **121,13 DM**	- **302,82 DM**
Bei 150 MA	- 36.338,40 DM	- 90.846,00 DM	- 18.169,20 DM	- 45.423,00 DM

Tabelle 52: Gewinnthesaurierung versus stille Beteiligung: Liquiditätsvergleich aus Sicht des Unternehmens

	Modell III			**Modell IV**		
	Gewinnthesaurierung	Altern. A	Altern. B	Gewinnthesaurierung	Altern. A	Altern. B
Stille Beteiligung je MA	- DM	500 DM	500 DM	- DM	500 DM	500 DM
Zuwendung	- DM	500 DM	500 DM	- DM	500 DM	500 DM
Geldwerter Vorteil	- DM	250 DM	250 DM	- DM	250 DM	250 DM
Steuer des Unternehmens & des MA	- DM	49 DM	49 DM	- DM	49 DM	49 DM
AN-Anteil zur Sozialversicherung	- DM	53 DM	53 DM	- DM	53 DM	53 DM
AG-Anteil zur Sozialversicherung	- DM	53 DM	53 DM	- DM	53 DM	53 DM
Steuer- und Sozialabgabenbelastung		155 DM	155 DM		155 DM	155 DM
bei 150 MA		**23.250 DM**	**23.250 DM**		**23.250 DM**	**23.250 DM**
Thesaurierung / Ausschüttung	250.000 DM	250.000 DM	250.000 DM	250.000 DM	250.000 DM	250.000 DM
MA - Beteiligung	- DM	75.000 DM	75.000 DM	- DM	75.000 DM	75.000 DM
vom Untern. zu versteuernder Betrag	250.000 DM	175.000 DM	175.000 DM	250.000 DM	175.000 DM	175.000 DM
./. Steuer	75.000 DM	52.500 DM	52.500 DM	162.500 DM	113.750 DM	113.750 DM
Restbetrag	175.000 DM	122.500 DM	122.500 DM	87.500 DM	61.250 DM	61.250 DM
+ MA - Beteiligung	- DM	75.000 DM	75.000 DM	- DM	75.000 DM	75.000 DM
./. Steuern und Sozialabgaben	- DM	- 23.250 DM	- 23.250 DM	- DM	- 23.250 DM	- 23.250 DM
Finanzierungsvolumen	**175.000 DM**	**174.250 DM**	**174.250 DM**	**87.500 DM**	**113.000 DM**	**113.000 DM**

Tabelle 53: Gewinnthesaurierung versus stille Beteiligung: Zahlungsströme aus Sicht des Unternehmens

Modell III

Cashflow	Altern. A			Altern. B		
	Gewinn-thesaurierung	MA-Darlehen	Vorteil des MA-Darl.	Gewinn-thesaurierung	MA-Darlehen	Vorteil des MA-Darl.
Periode 0	175.000 DM	174.250 DM	- 750 DM	175.000 DM	174.250 DM	- 750 DM
Periode 1 bis 6 p.a.	- DM	- 2.100 DM	- 2.100 DM	- DM	- 5.250 DM	- 5.250 DM
Periode 7	- DM	- 77.100 DM	- 77.100 DM	- DM	- 80.250 DM	- 80.250 DM
Periode 1 bis 7	- DM	- 89.700 DM	- 89.700 DM	- DM	- 111.750 DM	- 111.750 DM
+ Vorteil Periode 1		(- 750 DM)	- 750 DM		(- 750 DM)	- 750 DM
Gesamt			**- 90.450 DM**			**- 112.500 DM**

Modell IV

Cashflow	Altern. A			Altern. B		
	Gewinn-thesaurierung	MA-Darlehen	Vorteil des MA-Darl.	Gewinn-thesaurierung	MA-Darlehen	Vorteil des MA-Darl.
Periode 0	87.500 DM	113.000 DM	25.500 DM	87.500 DM	113.000 DM	25.500 DM
Periode 1 bis 6 p.a.		- 1.050 DM	- 1.050 DM	- DM	- 2.625 DM	- 2.625 DM
Periode 7		- 76.050 DM	- 76.050 DM	- DM	- 77.625 DM	- 77.625 DM
				- DM		
Periode 1 bis 7	- DM	- 82.350 DM	- 82.350 DM	- DM	- 93.375 DM	- 93.375 DM
+ Vorteil Periode 1		(25.500 DM)	25.500 DM		(25.500 DM)	25.500 DM
Gesamt			**- 56.850 DM**			**- 67.875 DM**

Tabelle 54: Gewinnthesaurierung versus stille Beteiligung in Kombination mit einer Gewinnthesaurierung: Liquiditätsvergleich aus Sicht des Unternehmens

	Modell III			**Modell IV**		
	Gewinn-thesaurierung	Altern. A	Altern. B	Gewinn-thesaurierung	Altern. A	Altern. B
Stille Beteiligung je MA	- DM	1.236 DM	1.236 DM	- DM	1.236 DM	1.236 DM
Zuwendung	- DM	300 DM	300 DM	- DM	300 DM	300 DM
Geldwerter Vorteil	- DM	- DM	- DM	- DM	- DM	- DM
Steuer des Unternehmens & des MA	- DM	- DM	- DM	- DM	- DM	- DM
AN-Anteil zur Sozialversicherung	- DM	- DM	- DM	- DM	- DM	- DM
AG-Anteil zur Sozialversicherung	- DM	- DM	- DM	- DM	- DM	- DM
Steuer- und Sozialabgabenbelastung		- DM	- DM		- DM	- DM
bei 150 MA		**- DM**	**- DM**		**- DM**	**- DM**
Thesaurierung / Ausschüttung	250.000 DM	250.000 DM	250.000 DM	250.000 DM	250.000 DM	250.000 DM
vom Untern. zu versteuernder Betrag	250.000 DM	205.000 DM	205.000 DM	250.000 DM	205.000 DM	205.000 DM
./. Steuer	75.000 DM	61.500 DM	61.500 DM	162.500 DM	133.250 DM	133.250 DM
Restbetrag	175.000 DM	143.500 DM	143.500 DM	87.500 DM	71.750 DM	71.750 DM
+ MA - Beteiligung	- DM	185.400 DM	185.400 DM	- DM	185.400 DM	185.400 DM
./. Steuern und Sozialabgaben	- DM	- DM	- DM	- DM	- DM	- DM
Finanzierungs-volumen	**175.000 DM**	**328.900 DM**	**328.900 DM**	**87.500 DM**	**257.150 DM**	**257.150 DM**

Tabelle 55: Gewinnthesaurierung versus stille Beteiligung in Kombination mit einer Gewinnthesaurierung: Zahlungsströme aus Sicht des Unternehmens

	Modell III			Modell IV		
Cashflow	Gewinn-thesaurierung	Altern. A	Altern. B	Gewinn-thesaurierung	Altern. A	Altern. B
Periode 0	175.000 DM	328.900 DM	328.900 DM	87.500 DM	257.150 DM	257.150 DM
Periode 1 bis 6 p.a.[1)]	- 8.033 DM	- 11.778 DM	- 19.565 DM	- 2.004 DM	- 4.239 DM	- 8.132 DM
Periode 7	- 8.033 DM	- 197.178 DM	- 204.965 DM	- 2.004 DM	- 189.639 DM	- 193.532 DM
Periode 1 bis 7	**- 56.228 DM**	**- 267.845 DM**	**- 322.353 DM**	**- 14.026 DM**	**- 215.071 DM**	**- 242.325 DM**

1) = - (MA-Beteiligung * effektive Mindesverzinsung der stillen Beteiligung + Restbetrag * effektive Mindestverzinsung des thesaurierten Gewinns)

Literaturverzeichnis

Monographien und Zeitschriftenaufsätze

Abbé, Ernst: Sozialpolitische Schriften, 2. Auflage, Jena, 1921

Abelshauser, Werner: Erhard oder Bismarck?, in: Werner Abelshauser (Hrsg.): Geschichte und Gesellschaft: Soziale Sicherung in vergleichender Perspektive Deutschland und Frankreich, 22. Jahrgang, Heft 3, Göttingen, 1996, S. 376 - 392

Adam, Hermann: Macht und Vermögen in der Wirtschaft, Köln, 1974

Albers, Willi: Die Eingliederung in volkswirtschaftlicher Sicht, in: Eugen Lemberg / Friedrich Edding u. a. (Hrsg.): Die Vertriebenen in Westdeutschland, Band II, Kiel, 1959, S. 418 - 557

Albers, Willi: Kriegsfolgelasten, in: Erwin von Beckerath / Hermann Bente / Carl Brinkmann u. a. (Hrsg.): Handwörterbuch der Sozialwissenschaften. Zugleich Neuauflage des Handwörterbuchs der Staatswissenschaften, 6. Band, Göttingen, Stuttgart, Tübingen, 1959

Albers, Willi: Der Lastenausgleich. Rückblick und Berurteilung, in: Norbert Andel (Hrsg.): Finanzarchiv, Neue Folge, Band 47, Tübingen, 1989, S. 272- 298

Allekotte, Heinz: Volkswirtschaftliche Aspekte betrieblicher Mitarbeiterbeteiligung, in: Hans J. Schneider (Hrsg.): Handbuch der Mitarbeiter-Kapitalbeteiligung, Köln, 1977, S. 348 - 357

Althammer, Jörg: Gewinnbeteiligung bei begrenzter Haftung der Arbeitnehmer. Eine Analyse des vermögenspolitischen Konzepts des Sachverständigenrates zur Begutachtung der gesamtwirtschaftlichen Entwicklung, Berlin, 1994

Althammer, Jörg: Die Rolle der Vermögenspolitik im Rahmen einer Sozialreform, in: Alfred Ott / Heinrich Stecker / Heinz Lampert u. a. (Hrsg.): Jahrbücher für Nationalökonomie und Statistik, Band 216/4+5, Stuttgart, 1997, S. 595 - 617

Andel, Norbert: Finanzwissenschaft, 3., überarbeitete und erweiterte Auflage, Tübingen, 1992

Andersen, Uwe: Einführung in die Vermögenspolitik, München, 1976

Anderson, Benjamin: Economics and the public welfare, New York, Van Nostrand, 1949

Ando, Albert / Kennickell, Arthur: How much (or little) live cycle saving is there in micro data, in: Rüdiger Dornbush / Stanley Fisher / John Bossons (Hrsg.): Macroeconomics and finance: Essays in honor of Franco Modigliani, Cambridge (Massachusets), 1986, S. 159 - 223

Appelbaum, Eileen: Der Arbeitsmarkt, in: Alfred S. Eichner (Hrsg.): Über Keynes hinaus. Eine Einführung in die post-keynesianische Ökonomie, Köln, 1982, S. 115 - 133

Arrow, Kenneth: Essays in the theory of risk-bearing, London, 1970

Balmer, Hanspeter: Wiederbeschaffungsreserven aus der Sicht der Abschlussprüfung, St. Gallen, 1979

Bamberg, Günter / Coenenberg, Adolf: Betriebswirtschaftliche Entscheidungslehre, 7., überarbeitete Auflage, München, 1992

Bartelt, Michael: Sozialethische Erwägungen zur Eigentumsfrage, in: Evangelische Akademie (Hrsg.): Eigentum verpflichtet. Sein Gebrauch soll zugleich dem Wohle der Allgemeinheit dienen, Hofgeismar, 1981, S. 66 - 80

Bauer, Wilhelm: Der gegenwärtige und künftige Lebensstandard in Deutschland, in: Deutsches Institut für Wirtschaftsforschung (Hrsg.): Die deutsche Wirtschaft zwei Jahre nach dem Zusammenbruch. Tatsachen und Probleme, Berlin, 1947, S. 159 - 194

Bauer, Wilhelm: Die Kriegsschäden am deutschen Volkskörper, in: Deutsches Institut für Wirtschaftsforschung (Hrsg.): Die deutsche Wirtschaft zwei Jahre nach dem Zusammenbruch. Tatsachen und Probleme, Berlin, 1947, S. 14 - 36

Besters, Hans: Vermögensbildung, in: Eduard Gaugler / Wolfgang Weber (Hrsg.): Handwörterbuch des Personalwesens, 2., neubearbeitete und ergänzte Auflage, Stuttgart, 1975, Spalte 2276 - 2288

Besters, Hans: Volkswirtschaftliche und gesellschaftspolitische Aspekte der Beteiligung der Arbeitnehmer am Produktivvermögen, in: Gert Laßmann / Eberhard Schwark (Hrsg.): Beteiligung der Arbeitnehmer am Produktivvermögen, Berlin, New York, 1985, S. 1 - 16

Bispinck, Reinhard / WSI-Tarifarchiv: Tarifangleichung in kleinen Schritten. Eine Bilanz der Tarifrunde Ost 1994, in: Hans-Böckler-Stiftung, Mitbestimmungs-, Forschungs- und Studienförderungswerk des DGB (Hrsg.): WSI Mitteilungen. Monatszeitschrift des Wirtschafts- und Sozialwissenschaftlichen Instituts in der Hans-Böckler-Stiftung, Nr. 3/1995, 48. Jahrgang, Düsseldorf, 1995, S. 164 - 174

Blum, Wilhelm: Der Marxismus. Lehre und politische Wirklichkeit, Bayerische Landeszentrale für politische Bildungsarbeit (Hrsg.), 3. wiederum erweiterte Auflage, München, 1984

Blümle, Gerold: Zum heutigen Stand der Theorie des Sparens, in: Werner Ehrlicher / D. B. Simmert (Hrsg.): Der volkswirtschaftliche Sparprozeß, Berlin, 1985

Bohlen, Waltraud: Die volkswirtschaftlichen Auswirkungen von Vermögensbildungsplänen, Hannover, 1969

Bombach, Gottfried / Dräger, Heinrich: Vermögenspolitik heute. Ein Diskussionsbeitrag, Düsseldorf, 1968

Bombach, Gottfried: Sozialversicherungsansprüche in der Volksvermögensrechnung, in: Wolfgang Mückel / Alfred Ott (Hrsg.): Wirtschaftstheorie und Wirtschaftspolitik. Gedenkschrift für Erich Preiser, Passau, 1981, S. 19 - 29

Bonsels, Johannes: Vermögensbildung und Sparförderung. Eine Darstellung des Dritten Vermögensbildungsgesetzes sowie des Spar- und Wohnungsbau-Prämiengesetzes, Neuwied, Berlin, 1970

Boulding, Kenneth: Economic Analysis, 4. Edition, Volume 1, London, New York, Tokyo, 1966

Boulding, Kenneth / Pfaff, Martin (Hrsg.): Redistribution to the rich and the poor: The grants economics of income distibution, Belmont, 1972

Boulding, Kenneth: The Dynamics of world distribution, in: Martin Pfaff (Hrsg.): Grenzen der Umverteilung, Band 1, Berlin, 1978

Briefs, Goetz: Das gewerbliche Proletariat, in: Gerhard Albrecht / Goetz Briefs / Carl Brinkmann u.a. (Hrsg.): Grundriß der Sozialökonomik, IV. Abteilung: Das soziale System des Kapitalismus, I. Teil: Die gesellschaftliche Schichtung im Kapitalismus, Tübingen, 1926, S. 142 - 240

Brümmerhoff, Dieter: Finanzwissenschaft, 6., durchgesehene Auflage, München, 1992

Brunswig, Rolf: Die Beeinflussung der Kreditwürdigkeit eines Unternehmens durch die Beteiligung der Mitarbeiter, in: Hans J. Schneider (Hrsg.): Handbuch der Mitarbeiter-Kapitalbeteiligung, Köln, 1977, S. 320 - 333

Claassen, Emil-Maria: Probleme der Geldtheorie, Berlin, Heidelberg, New York, 1970

Coenenberg, Adolf: Jahresabschluß und Jahresabschlußanalyse, 11., überarbeitete und erweiterte Auflage, Landsberg am Lech, 1990

Coenenberg, Alfred / Baum, Heinz-Georg: Strategisches Controlling - Grundfragen der strategischen Planung und Kontrolle, Stuttgart, 1987

Colm, Gerhard / Dodge, Joseph / Goldsmith Raymund: A plan for the liquidation of war finance and the finanical rehabilitation of Germany, übersetzt von Heinz Sauermann: Plan für die Liquidation der Kriegsfinanzierung und die finanzielle Rehabilitierung Deutschlands, in: Franz Böhm / Wilhelm Grewe u. a. (Hrsg.): Zeitschrift für die gesamte Staatswirtschaft, 111. Band, Tübingen 1955, S. 204 - 284

Conrad, Hermann: Eigentum - I. Die moderne Entwicklung des Eigentumsbegriffs, in: Görres-Gesellschaft (Hrsg.): Staatslexikon - Recht Wirtschaft Gesellschaft, 2. Band, 6., völlig neu bearbeitete und erweiterte Auflage, Freiburg, 1958, Spalte 1061-1065

Cornwall, John: Makroökonomie, in: Alfred S. Eichner (Hrsg.): Über Keynes hinaus. Eine Einführung in die post-keynesianische Ökonomie, Köln, 1982, S. 38 - 52

Deutsche Angestellten Gewerkschaft (Hrsg.): Das Modell der DAG zur „investiven Lohnpolitik“, in: WIPO-Dienst, Hamburg, 1994

DGB-Bundesvorstand Abteilung Wirtschafts- und Strukturpolitik (Hrsg.): Informationen zur Wirtschafts- und Strukturpolitik, 4/1997: Zur Entwicklung von Löhnen, Gewinnen, Kapitalrendite und Lohnstückkosten in Deutschland, Düsseldorf, 1997

DGB-Bundesvorstand Abteilung Wirtschafts- und Strukturpolitik (Hrsg.): Informationen zur Wirtschafts- und Strukturpolitik, 3/1998: Vermögenspolitik in Arbeitnehmerhand zwischen Abgang und Neubeginn, Düsseldorf, 1998

Dobroschke, Eduard: Die Kapitalbeteiligung der Mitarbeiter am arbeitgebenden Unternehmen, in: Arbeitsgemeinschaft zur Förderung der Partnerschaft in der Wirtschaft e.V. (Hrsg.): Veröffentlichungen der AGP, Untersuchungen und Berichte, Reihe II, Heft 10, Hilden, 1971

Dornbusch, Rüdiger / Fisher, Stanley: Makroökonomik, 4., völlig neu bearbeitete und erweiterte Auflage, München, Wien, 1985

Edding, Friedrich: Bevölkerung und Wirtschaft, in: Eugen Lemberg / Friedrich Edding u. a. (Hrsg.): Die Vertriebenen in Westdeutschland, Band II, Kiel, 1959, S. 1 - 52

Engels, Wolfram / Sablotny, Herbert / Zwicker, Dieter: Das Volksvermögen. Seine verteilungs- und wohlstandspolitische Bedeutung, Frankfurt am Main, New York, 1974

Enneccerus, Ludwig / Kipp, Theodor / Wolff, Martin: Lehrbuch des Bürgerlichen Rechts, 3. Band: Sachenrecht, Tübingen, 1957

Erhard, Ludwig: Vorwort, in: Hans Willgerodt / Karl Bartel / Ullrich Schillert (Hrsg.): Vermögen für alle, Düsseldorf, Wien, 1971, S. 9 - 10

Esser, Klaus / Faltlhauser, Kurt: Beteiligungsmodelle, München, 1974

Esser, Klaus: Möglichkeit des Steuerstundungs-Effektes durch Verschiebung des Zuflusses von investiven Erfolgsbeteiligungen bei den Mitarbeitern, in: Handbuch der Mitarbeiter-Kapitalbeteiligung, Köln, 1977, S. 270 - 286

Essig, Hartmut / Strohm, Wolfgang: Volkswirtschaftliche Gesamtrechnungen, in: Statistisches Bundesamt (Hrsg.): Wirtschaft und Statistik 9/1997, Wiesbaden, 1997, S. 611 - 626

Faltlhauser, Kurt: Systematik und Grundprobleme materieller betrieblicher Mitarbeiter-Beteiligung, in: Hans J. Schneider (Hrsg.): Handbuch der Mitarbeiter-Kapitalbeteiligung, Köln, 1977, S. 71 - 88

Flaig, Gebhard / Rottmann, Horst: Faktorpreise, technischer Fortschritt und Beschäftigung. Eine empirische Analyse für das westdeutsche Verarbeitende Gewerbe, Ifo Institut für Wirtschaftsforschung (Hrsg.), München, 1998

Föhl, Carl: Kreislaufanalytische Untersuchungen der Vermögensbildung in der Bundesrepublik Deutschland und die Beeinflußbarkeit ihrer Verteilung, Tübingen, 1964

Föhl, Carl: Vermögensbildung im Wirtschaftswachstum, in: Professoren-Kolloquium der Adolf-Weber-Stiftung (Hrsg.): Wachstum - Vermögensbildung - Stabilisierung, Berlin, 1967

Folkers, Cay: Vermögen I: Struktur und Verteilung, in: Willi Albers / Karl Erich Born / Ernst Dürr u. a. (Hrsg.): Handwörterbuch der Wirtschaftswissenschaft (HdWW), zugleich Neuauflage des Handwörterbuchs der Sozialwissenschaften, 8. Band, Göttingen, Stuttgart, Tübingen, New York, Zürich, 1988, S. 265 - 282

Franke, Günter: Betriebswirtschaftliche Aspekte der Mitarbeiter-Kapitalbeteiligung, in: Bundesvereinigung der Deutschen Arbeitgeberverbände (Hrsg.): Betriebliche Vermögensbeteiligung: Gestaltungsmöglichkeiten der Mitarbeiter-Kapitalbeteiligung. Ihre Vorteile und Probleme, Bergisch Gladbach, 1988, S. 27 - 56

Friauf, Karl Heinrich / Wendt, Rudolf: Eigentum am Unternehmen. Legitimation und Funktion des privaten Produktiveigentums in Rechtsprechung und Rechtslehre, in: Otto A. Friedrich-Kuratorium (Hrsg.): Grundlagen - Eigentum und Politik, Band 1, Köln, 1977

Friedman, Milton: A theory of the consumption function, Princeton, 1957

FritzRoy, Felix / Kraft, Kornelius: Mitarbeiterbeteiligung und Produktivität - Eine ökonometrische Untersuchung, in: Erich Gutenberg / Horst Albach / Hans Büschgen u. a. (Hrsg.): Zeitschrift für Betriebswirtschaft, 55. Jahrgang, Nr. 1 (Januar 1985), Wiesbaden, 1985, S. 21 - 36

FritzRoy, Felix / Kraft, Kornelius (Hrsg.): Mitarbeiterbeteiligung und Mitbestimmung im Unternehmen, Berlin, 1987

Fuest, Winfried: Grundsätze einer rationalen staatlichen Einkommensverteilungspolitik, München, 1980

Gahlen, Bernhard: Möglichkeiten und Grenzen einer aktiven Wachstumspolitik, in: Wachstum, warum, wozu, wodurch?, Köln, 1967

Galbraith, John: Die Anatomie der Macht, München, 1987

Gärtner, Ulrich: Beeinflussung der Arbeitsproduktivität, in: Hans J. Schneider (Hrsg.): Handbuch der Mitarbeiter-Kapitalbeteiligung, Köln, 1977, S.334 - 346

Gaugler, Eduard: Mitarbeiterkapital im arbeitgebenden Unternehmen, in: Werner Kresse / Walter Alt (Hrsg.): Jahrbuch für Betriebswirte 1980, Stuttgart, 1980

Gaugler Eduard: Die Beteiligung der Arbeitnehmer am Produktivvermögen aus betriebswirtschaftlicher Sicht, in: Gert Laßmann / Eberhard Schwark (Hrsg.): Beteiligung der Arbeitnehmer am Produktivvermögen, Berlin, New York, 1985, S. 49 - 68

Gdke, Alfred(Hrsg.): Trübners Deutsches Wörterbuch. Im Auftrag der Arbeitsgemeinschaft für deutsche Wortforschung, 2. Band, Berlin, 1940

Gensch, Ingo: Materielle Beteiligung und Vermögensbildung bei der Drägerwerk AG, in: Bertelsmann Stiftung und Hans Böckler Stiftung (Hrsg.): Vorteil Unternehmenskultur: Leitfaden für die Praxis, Heft 5: Materielle Beteiligung und Vermögensbildung, Gütersloh, 1996, S. 41 - 51

Gentz, Manfred: Die Bedeutung von Aktien in der Altersversorgung aus Sicht eines Industrieunternehmens, in: Arbeitsgemeinschaft für betriebliche Altersversorgung e.V. (Hrsg.): Betriebliche Altersversorgung 6/97, 52. Jahrgang, Heidelberg, 1997, S. 242 - 246

Georgy, Christoph: Kapitalbeteiligung der Arbeitnehmer, in: Gewerkschaftliche Monatshefte, 4. Jahrgang, Köln, 1953, S. 520 - 523

Glastetter, Werner: Außenwirtschaftspolitik, 2. Auflage, Köln, 1979

Glastetter, Werner / Högemann, Günter / Marquardt, Ralf: Die wirtschaftliche Entwicklung in der Bundesrepublik Deutschland 1950 - 1989, Frankfurt am Main, New York, 1991

Goetzke, Hans Jürgen: Das Stabilitätsproblem bei John Maynard Keynes. Eine theoriengeschichtliche Interpretation, Frankfurt am Main, Bern, New York, 1985

Gress, Karin: Transfers zur Förderung der Vermögensbildung aus verteilungs- und sozialpolitischer Sicht, Frankfurt, New York, 1983

Grimm, Jacob / Grimm, Wilhelm (Hrsg.): Deutsches Wörterbuch, 3. Band, Leipzig, 1862, Spalte. 91-102

Grimm-Curtius, Helgo / Merkel, Günter: Finanzbuchhaltung nach dem GKR und IKR: Technik des betriebswirtschaftlichen Rechnungswesens, 4. Auflage, Stadtbergen, 1987

Günther, Michael: Der Einfluß von Partnerschaft und Erfolgsbeteiligung auf die Wettbewerbsfähigkeit der Betriebe, Marburg, 1964

Guski, Hans-Günter: Ausgewählte Modelle betrieblicher Vermögensbeteiligung, Band I, Köln, 1970

Guski, Hans-Günter: Verteilungstheoretische Aspekte der Vermögenspolitik, in: Institut der deutschen Wirtschaft (Hrsg.): Beiträge, Band 8, Köln, 1973

Guski, Hans-Günter / Schneider, Hans J.: Betriebliche Vermögensbeteiligung in der Bundesrepublik Deutschland, Köln, 1977

Guski, Hans-Günter: Die Belegschaftsaktie, in: Hans J. Schneider (Hrsg.): Handbuch der Mitarbeiter-Kapitalbeteiligung, Köln, 1977, S. 144 - 158

Guski, Hans-Günter: Mitarbeiterbeteiligung - Tatsachen, Meinungen, Möglichkeiten, in: Institut der deutschen Wirtschaft (Hrsg.): Beiträge zur Wirtschafts- und Sozialpolitik 59/60, Köln, 1978

Guski, Hans-Günter / Schneider, Hans J.: Betriebliche Vermögensbeteiligung in der Bundesrepublik Deutschland, Teil II: Ergebnisse, Erfahrungen und Auswirkungen in der Praxis, Köln, 1983

Gutemut, Manfred: Absatz- und Investitionsfibel Ostdeutschland, Handelskammer Deutschland - Schweiz (Hrsg.), Zürich, 1990

Guttmann, Edeltraud: Geldvermögen und Schulden privater Haushalte Ende 1993, in: Statistisches Bundesamt (Hrsg.): Wirtschaft und Statistik 5/1995, Wiesbaden, 1995, S. 391 - 399

Haas, Hans Ulrich: Kapitalbeteiligung der Arbeitnehmer, in: Eduard Gaugler: Handwörterbuch des Personalwesens, Stuttgart, 1975, Spalte 1089 - 1106

Haas, Manfred / Informationsdienst der Sparkassen und Landesbanken / Girozentralen (Hrsg.): Fachbegriffe der Geldwirtschaft, 10., neubearbeitete Auflage, Stuttgart, 1979

Haberstock, Lothar: Kostenrechnung I - Einführung, 8. Auflage, Hamburg, 1987

Haberstock, Lothar: Kostenrechnung II - (Grenz-) Plankostenrechnung, 7. Auflage, Hamburg, 1986

Hahn, Frank: Money and inflation, Oxford, 1982

Halbe, Paul: Die neuen Unternehmen. Wie aus Mitarbeitern Mitunternehmer werden, Freiburg, 1986

Hanau, Peter: Arbeitsrechtliche Probleme der Vermögensbeteiligung der Arbeitnehmer, in: Gert Laßmann / Eberhard Schwark (Hrsg.): Beteiligung der Arbeitnehmer am Produktivvermögen, Berlin, New York, 1985, S. 111 - 127

Hansen, Alvin: Keynes ökonomische Lehren. Ein Führer durch sein Hauptwerk, Georg Hummel (Hrsg.), Villingen, 1959

Hartmann, Peter: Die stille Gesellschaft. Rechtsgestaltung und wirtschaftliche Bedeutung, Freiburg im Breisgau, 1966

Hauser, Richard: Vermögensverteilung bei schleichender Inflation. Eine mikroökonomische Analyse der Umverteilung zwischen Wachstumstypen von Haushalten unter Berücksichtigung der Vermögensdisposition bei schleichender Inflation, Kallmütz, 1969

Hauser, Richard: Entwicklung und Verteilung von Einkommen und Vermögen der privaten Haushalte in Deutschland. Gutachten im Auftrag der Kommission für Zukunftsfragen der Freistaaten Bayern und Sachsen, Frankfurt am Main, 1997

Häusler, Rudolf: Die Erfolgsbeteiligung als Mittel zur Vermögensbildung der Arbeitnehmer und ihre gesamtwirtschaftlichen Auswirkungen, St. Gallen, 1970

Häussler, Erwin: Zum Lohnstreik in der Metallindustrie, in: Der Gewerkschafter, 2. Jahrgang, 1957, Heft 6/7, S. 21 - 23

Hebig, Michael / Zacharias, Erwin: Handbuch der betrieblichen Vermögensbildung, München, 1991

Heither, Friedrich: Aktuelle Rechtsprechung des Bundesarbeitsgerichts zur betrieblichen Altersversorgung, in: Arbeitsgemeinschaft für betriebliche Altersversorgung e.V. (Hrsg.): Betriebliche Altersversorgung 1/96, 51. Jahrgang, Heidelberg, 1996

Helmstädter, Ernst: Der Kapitalkoeffizient. Eine kapitaltheoretische Untersuchung, Stuttgart, 1969

Helmstädter, Ernst: Eine Erweiterung des Kaldor-Modells der Einkommensverteilung, in: Gottfried Bombach (Hrsg.): Wachstum, Einkommensverteilung und wirtschaftliches Gleichgewicht, Berlin, 1969

Henderson, James / Quandt, Richard: Mikroökonomische Theorie. Eine mathematische Darstellung, 5., überarbeitete Auflage, München, 1983

Herrmann, Kurt: Vermögensstatistik, in: Erwin von Beckerath / Hermann Bente / Carl Brinkmann u. a. (Hrsg.): Handwörterbuch der Sozialwissenschaften. Zugleich Neuauflage des Handwörterbuchs der Staatswissenschaften, 11. Band, Göttingen, Stuttgart, Tübingen, 1961, S. 148 - 153

Hertel, Jürgen: Einnahmen und Ausgaben privater Haushalte im Jahr 1988, in: Statistisches Bundesamt (Hrsg.): Wirtschaft und Statistik 9/1992, Wiesbaden, 1992, S. 653 - 667

Hertel, Jürgen: Einnahmen und Ausgaben der privaten Haushalte im Jahr 1993, in: Statistisches Bundesamt (Hrsg.): Wirtschaft und Statistik 1/1997, Wiesbaden, 1997, S. 45 - 58

Hettlage, Benno: Antwort auf Laudatio, in: Arbeitsgemeinschaft zur Förderung der Partnerschaft in der Wirtschaft e. V. (AGP) / Michael Lezius (Hrsg.): Stiftung Sozialer Wandel in der Unternehmerischen Wirtschaft, Band 20: Eigenkapitalbildung durch Mitarbeiterbeteiligung: Schlüssel zum Wirtschaftswachstum - Wege in eine neue Lohnpolitik, Spardorf, 1982

Hettlage, Manfred: Mitarbeiter-Beteiligung durch Betriebsvereinbarung, Tarifvertrag oder Gesetz, in: Hans J. Schneider (Hrsg.): Handbuch der Mitarbeiter-Kapitalbeteiligung, Köln, 1977, S. 188 - 198

Hielscher, Erwin / Oechsle, Richard: Skizze Plan G, in: Hans Möller (Hrsg.): Zur Vorgeschichte der deutschen Mark. Die Währungsreformpläne 1945-1948, Tübingen, Basel, 1961, S. 46 - 57

Höffner, Joseph: Eigentum - III. Sozialphilosophie des Eigentums, in: Görres-Gesellschaft (Hrsg.): Staatslexikon - Recht Wirtschaft Gesellschaft, 2. Band, 6., völlig neu bearbeitete und erweiterte Auflage, Freiburg, 1958, Spalte 1066 - 1072

Höhnen, Wilfried: Vermögensverteilung und Vermögenspolitik. Zum Stand der Diskussion, in: Gewerkschaftliche Monatshefte 7/92, 43. Jahrgang, Köln, 1992, S. 414 - 422

Hornung-Draus, Renate: Mitarbeiterbeteiligungen. Modelle für die betriebliche Praxis, Bergisch Gladbach, 1988

Hornung-Draus, Renate: Das Vermögen privater Haushalte in der Bundesrepublik Deutschland: Bestand, Entwicklung und Verteilung, in: Alfred Ott / Heinrich Stecker / Heinz Lampert u. a. (Hrsg.): Jahrbücher für Nationalökonomie und Statistik, Band 206/1, Stuttgart, 1989, S. 18 - 47

Hülsmeier, Christian: Sozialstaat im Umbruch. Reformkonzept der Versicherungswirtschaft, in: Soziale Sicherheit, Köln, 46. Jahrgang, Heft 4, 1997, S. 146 - 147

Huster, Ernst-Ulrich: Einkommensverteilung und hohe Einkommen in Deutschland, in: Ernst-Ulrich Huster (Hrsg.): Reichtum in Deutschland, Frankfurt am Main, New York, 1993, S. 22 - 53

Huster, Ernst-Ulrich: Reichtum in Deutschland, in: Soziale Sicherheit, Köln, 46. Jahrgang, Heft 1, 1997, S. 1 - 6

Industriegewerkschaft Bau-Steine-Erden, Bundesvorstand, Abteilung Bundesvorsitzender (Hrsg.): Wirtschaftsdaten für Bauleute, Frankfurt am Main, Jahrgänge 1985 bis 1995

Institut der deutschen Wirtschaft: „Die Kaufkraft steigt um 1,3 Prozent“, in: Süddeutsche Zeitung, 53. Jahrgang, 34. Woche, Nr. 191, Donnerstag, 21. August 1997, S. 23

Jäggi, Christian: Die Makroökonomie von J. M. Keynes, Berlin, Heidelberg, New York, Tokyo, 1986

Jarchow, Hans-Joachim / Rühmann, Peter: Monetäre Außenwirtschaft. I. Monetäre Außenwirtschaftstheorie, 3. Auflage, Göttingen, 1991

Johannes XXIII.: Mater et Magistra, Sozialrundschreiben über die jüngsten Entwicklungen des gesellschaftlichen Lebens und seine Gestaltung im Licht der christlichen Lehre vom 15.5.1961, in: Welty, Eberhard: Die Sozialenzyklika Papst Johannes' XXIII. Mater et Magistra. Mit einem ausführlichen Kommentar und einer Einführung die Soziallehre der Päpste von Leo XIII. bis zu Johannes XXIII., 2. Auflage, Freiburg, 1962

Jostock, Paul: Das Sozialprodukt und seine Verteilung, Paderborn, 1955

Jostock, Paul: Eigentum als Ordnungs- und Unordnungsmacht, in: Neuordnung in Gesellschaft, Staat, Wirtschaft (Messner-Festschrift), Innsbruck, Wien, München, 1961, S. 326 - 336

Kaldor, Nicholas: Alternative theories of distribution, in: Nicholas Kaldor (Hrsg.): Essays on value and distribution, London, 1960, S. 209 - 236

Kaldor Nicholas: Marginal productivity and the macroeconomic theories of distribution, in Nicholas Kaldor (Hrsg.): Further essays on economic theory, London, 1978, S. 81 - 99

Kaldor, Nicholas: Capital accumulation and economic growth, in: Nicholas Kaldor (Hrsg.): Further essays on economic theory, London, 1978, S. 1 - 53

Kaldor, Nicholas: Grenzen der 'General Theory', in: Bertram Schefold (Hrsg.): Grenzen der 'General Theory', Heidelberg, New York, Tokyo, 1983

Kalecki, Michal: Theorie der wirtschaftlichen Dynamik. Eine Untersuchung der zyklischen Schwankungen und der langfristigen Entwicklung der kapitalistischen Wirtschaft, Wien, Frankfurt, Zürich, 1966

Kalecki, Michal: Money and real wages. Part I (Theory), in: Michal Kalecki (Hrsg.): Studies in the theory of business cycles. 1933-39, Warszawa, 1969

Kalecki, Michal: The mechanism of the business upswing, in: Michal Kalecki (Hrsg.): Studies in the theory of business cycles. 1933-39, Warszawa, 1969

Kalecki, Michal: Essays on developing economies, Hassocks, New Jersey, 1976

Kalmbach, Peter: Wachstum und Verteilung in neoklassischer und post-keynesianischer Sicht, Berlin, 1972

Käss, Friedrich: Lastenausgleich, in: Erwin von Beckerath / Hermann Bente / Carl Brinkmann u. a. (Hrsg.): Handwörterbuch der Sozialwissenschaften. Zugleich Neuauflage des Handwörterbuchs der Staatswissenschaften, 6. Band, Göttingen, Stuttgart, Tübingen, 1959, S. 528 - 532

Kemmerich, Eva: Die Beteiligung der Arbeitnehmer am Kapital des arbeitgebenden Unternehmens. Vorteilhaftigkeitsanalyse bei Berücksichtigung staatlicher Förderungsmaßnahmen aus betriebswirtschaftlicher Sicht, Münster, 1989

Kenyon, Peter: Bestimmung der Preise, in: Alfred S. Eichner (Hrsg.): Über Keynes hinaus. Eine Einführung in die post-keynesianische Ökonomie, Köln, 1982

Keynes, John Maynard: The General Theory of Employment, Interest and Money, London, 1936

Keynes John Maynard: The general theory and after: Part II, defence and development, in: Donald Moggride (Hrsg.): The collected writings of John Maynard Keynes (JMK), Volume XXIX, London, 1979

Kilian, Horst: Betriebliche Kapitalbeteiligungsmodelle. Verbreitung, Einführungsmotive und Auswirkungen in der Bundesrepublik Deutschland und den Vereinigten Staaten von Amerika, in: Ludwig Mühlhaupt (Hrsg.): Schriftreihe des Instituts für Kreditwesen der Westfälischen Wilhelms-Universität Münster, Band 20, Wiesbaden, 1978

Kitterer, Wolfgang: Zielsetzungen und Probleme empirischer Verteilungsrechnungen, in: Helmut Lindner (Hrsg.): Aussagefähigkeit von Einkommensverteilungsrechnungen für die Bundesrepublik Deutschland. Gutachten im Auftrag des Bundesministeriums für Wirtschaft, Tübingen, 1986, S. 1 - 103

Klein, Friedrich: Eigentumsbindung, Enteignung, Sozialisierung und Gemeinwirtschaft im Sinne des Bonner Grundgesetzes, Tübingen, 1972

Klein, Friedrich: Vermögensbildung und Eigentumsgarantie. Verfassungsrechtliche Probleme der Beteiligung der Arbeitnehmer am Produktivvermögen, Karlsruhe, 1974

Klüber, Franz: Eigentumstheorie und Eigentumspolitik. Begründung und Gestaltung des Privateigentums nach katholischer Gesellschaftslehre, Osnabrück, 1963

Knappe, Eckhard: Einkommensumverteilung in der Demokratie, Freiburg, 1980

Köbele, Bruno / Schütt, Bernd (Hrsg.): Erfolgsbeteiligung - Ein neuer Weg zur Vermögensbildung in Arbeitnehmerhand, Köln, 1992

Koch, Gustav: Lastenausgleich, in: Erich Achternberg / Karl Lanz (Hrsg.): Enzyklopädisches Lexikon für das Geld-, Bank- und Börsenwesen, Band II, 3. Auflage, Frankfurt, 1967/68, S. 1109 - 1118

Köhn, Jens / Rode, Burkhard (Hrsg.): Eigentum. Beiträge zu seiner Entwicklung in politischen Gesellschaften. Werner Sellnow zum 70. Geburtstag, Weimar, 1987

Kommission für Zukunftsfragen der Freistaaten Bayern und Sachsen (Hrsg.): Erwerbstätigkeit und Arbeitslosigkeit in Deutschland: Entwicklung, Ursachen und Maßnahmen, Teil III: Maßnahmen zur Verbesserung der Beschäftigungslage, Bonn, 1997

Krauter, Hans-Joachim: Die betriebliche Gewinn- und Kapitalbeteiligung der Arbeitnehmer: Eine kreislauf- und nutzentheoretische Analyse, Spardorf, 1985

Krelle, Wilhelm / Schunck, Johann / Siebke, Jürgen: Überbetriebliche Ertragsbeteiligung der Arbeitnehmer, Band I, Tübingen, 1968

Krelle, Wilhelm: Marx as a growth theorist, in: Wissenschaftliche Verlagsgesellschaft m.b.H. (Hrsg.): The german economic review. An english-language quaterly on german economic research and current developments. Volume 9, Stuttgart, 1971, S. 122-133

Krelle, Wilhelm / Siebke Jürgen: Vermögensverteilung und Vermögenspolitik in der Bundesrepublik Deutschland. Ein Überblick, in: Franz Böhm / Heinz Sauermann (Hrsg.): Zeitschrift für die gesamte Staatswissenschaft, 129. Band, Tübingen, 1973, S. 478 - 503

Krelle, Wilhelm: Maßnahmen und Pläne zur gleichmäßigeren Vermögensverteilung in der Bundesrepublik Deutschland, in: Bodo Gemer (Hrsg.): Stabilität und Wandel, Festschrift für Bruno Gleize zum 75. Geburtstag, Berlin, 1978, S. 341 - 366

Kuchinka, Horst: Mitarbeiter als Kommanditisten, in: Hans J. Schneider (Hrsg.): Handbuch der Mitarbeiter-Kapitalbeteiligung, Köln, 1977, S. 159 - 167

Külp, Bernhard: Verteilung - Theorie und Politik, 3. Auflage, Stuttgart, New York, 1994

Kuznets, Simon: Technological innovations and economic growth, in: Simon Kuznets (Hrsg.): Growth, population, and income distribution. Selected essays, New York, London, 1979, S. 56 - 99

Lampert, Heinz: Das vermögenspolitische Vermächtnis Erich Preisers, in: Wolfgang Mückel / Alfred Ott (Hrsg.): Wirtschaftstheorie und Wirtschaftspolitik. Gedenkschrift für Erich Preiser, Passau, 1981, S. 313 - 321

Lampert, Heinz: Der Sozialstaat auf dem Prüfstand, in: Rauscher Anton (Hrsg.): Probleme der sozialen Sicherungssysteme, Köln, 1994

Lampert, Heinz: Lehrbuch der Sozialpolitik, 4. überarbeitete Auflage, Berlin, Heidelberg, New York, 1996

Landmann, Oliver: Keynes in der heutigen Wirtschaftstheorie, in: Gottfried Bombach / Hans-Jürgen Ramser / Manfred Timmermann / Walter Wittmann (Hrsg.): Der Keynesianismus I. Theorie und Praxis keynesianischer Wirtschaftspolitik. Entwicklung und Stand der Diskussion, Berlin, Heidelberg, New York, 1976, S. 133 - 210

Laue, Evelyn: Grundvermögen privater Haushalte 1993, in: Statistisches Bundesamt (Hrsg.): Wirtschaft und Statistik 6/1995, Wiesbaden, 1995, S. 488 - 497

Leijonhufvud, Axel: Über Keynes und den Keynesianismus: Eine Studie zur monetären Theorie, Gérard Gräfgen (Hrsg.), Köln, 1973

Leisner Walter: Eigentum, in: Josef Isensee / Paul Kirchhof (Hrsg.): Handbuch des Staatsrechts, Band VI, Heidelberg, 1989, S. 1023-1098

Leisner, Walter: Eigentum - Grundlage der Freiheit, Melle, 1994

Lezius, Michael: Das Konzept der betrieblichen Partnerschaft, in: Hans J. Schneider (Hrsg.): Handbuch der Mitarbeiter-Kapitalbeteiligung, Köln, 1977, S. 24 - 42

Lieber, Bernd: Die Einstellung von Mitarbeitern zur Gewinnbeteiligung. Eine empirische Untersuchung auf der Basis eines erwartungstheoretischen Verhaltensmodells, München, 1982

Linde, Robert: Über einige Folgen der Interdependenz von Lohn und Leistung für die Beschäftigungspolitik, in: Gottfried Bombach / Bernhard Gahlen / Alfred Ott (Hrsg.): Makroökonomik heute: Gemeinsamkeiten und Gegensätze, Tübingen, 1983, S. 403 - 427

List, Stephan: Arbeitnehmerbeteiligung bei Personengesellschaften. Eine theoretische Analyse der steuerlichen Probleme, Spardorf, 1985

Loesch, Achim von: Zur Problematik des Miteigentums. Pläne zur Eigentumsbildung der Arbeitnehmer aus der Selbstfinanzierungsrate der Industrie, Berlin, 1961

Loritz, Karl-Georg: Die Mitarbeit Unternehmensbeteiligter. Arbeits-, gesellschafts- und steuerrechtliche Probleme, Konstanz, 1983

Lotze, Andreas: Kapitalbeteiligungsgesellschaften als stille Gesellschafter, Hannover, 1993

Lutter, Marcus: Die Umsetzung des 4. Vermögensbildungsgesetztes in der Praxis, in: Gert Laßmann / Eberhard Schwark (Hrsg.): Beteiligung der Arbeitnehmer am Produktivvermögen, Berlin, New York, 1985, S. 85 - 110

Maier, Kurt: Leistungs- und Ertragsbeteiligung als nicht gewinnabhängige Beteiligungsverfahren, in: Hans J. Schneider (Hrsg.): Handbuch der Mitarbeiter-Kapitalbeteiligung, Köln, 1977, S. 109 - 122

Mankiw, Gregory: Makroökonomik, Wiesbaden, 1993

Mark, Gerd / Spilker, Martin: Gewinn- und Kapitalbeteiligung bei Bertelsmann, in: Bertelsmann Stiftung und Hans Böckler Stiftung (Hrsg.): Vorteil Unternehmenskultur: Leitfaden für die Praxis, Heft 5: Materielle Beteiligung und Vermögensbildung, Gütersloh, 1996, S. 19 - 31

Marx, Karl: Das Kapital. Kritik der politischen Ökonomie, 1. Band, Buch I: Der Produktionsprozeß des Kapitals, nach der 4., von Friedrich Engels durchgesehenen und herausgegebenen Auflage (Hamburg, 1890), Institut für Marxismus - Leninismus beim ZK der SED (Hrsg.), Berlin, 1984

Marx, Karl: Das Kapital. Kritik der politischen Ökonomie, 2. Band, Buch II: Der Zirkulationsprozeß des Kapitals, nach der 2. von Friedrich Engels herausgegebenen Auflage (Hamburg, 1893), Institut für Marxismus - Leninismus beim ZK der SED (Hrsg.), Berlin, 1984

Marx, Karl: Das Kapital. Kritik der politischen Ökonomie, 3. Band, Buch III: Der Gesamtprozeß der kapitalistischen Produktion, nach der 1. von Friedrich Engels herausgegebenen Auflage (Hamburg, 1894), Institut für Marxismus - Leninismus beim ZK der SED (Hrsg.), Berlin, 1989

Maslow, Abraham: Motivation und Persönlichkeit, Olten, 1977

May, Hermann: Die Kapitalbeteiligungsgesellschaft als Instrument zur Realisierung des Investivlohns, Baden-Baden, 1974

Meadows, Dennis / Meadows, Donnela / Zahn, Erich / Milling, Peter: Die Grenzen des Wachstums. Bericht des Club of Rome zur Lage der Menschheit, Massachusetts, 1972

Meißner, Werner: Die post-keynesianische Schule und ihr Beitrag zur Erneuerung der politökonomischen Analyse, in: Karl Georg Zinn (Hrsg.): Keynes aus nach-keynesianischer Sicht. Zum 50. Erscheinungsjahr der „Allgemeinen Theorie" von John Maynard Keynes, Wiesbaden, 1988, S. 59 - 72

Mellerowicz, Konrad: Unternehmenspolitik, Band II, 2. Auflage, Freiburg im Breisgau, 1963

Mesarovic, Mihajlo / Pestel, Eduard: Menschheit am Wendepunkt. Zweiter Bericht an den Club of Rome zur Weltlage, Massachusetts, 1974

Messner, Johannes: Das Naturrecht. Handbuch der Gesellschaftsethik, Staatsethik und Wirtschaftsethik, 4. Auflage, Innsbruck, Wien, München, 1969

Meulemann, Heiner: Expansion ohne Folgen? Bildungschancen und sozialer Wandel in der Bundesrepublik, in: Wolfgang Glatzer (Hrsg.): Entwicklungstendenzen der Sozialstruktur XV, Frankfurt, 1992, S. 123 - 156

Mez, Bernd: Effizienz der Mitarbeiter-Kapitalbeteiligung, Wiesbaden, 1991

Mierheim, Horst / Wicke, Lutz: Die personelle Vermögensverteilung, Tübingen, 1978

Modigliani, Franco: The live cycle hypothesis of saving, the demand for wealth and the supply of capital, in: Social research, Volume 33, no. 2, 1966

Modigliani, Franco: Live cycle individual thrift and the wealth of nations, in: American economic review, Volume 76, 1986, S. 297 - 313

Molitor, Bruno: Investmentgesellschaften - Instrument der Eigentumsbildung, in: Gewerkschaftliche Monatshefte, 7. Jahrgang, Köln, 1956, S. 419 - 422

Molitor, Bruno, Eigentum (I) Soziologie des Eigentums, in: Erwin von Beckerath / Hermann Bente / Carl Brinkmann u. a. (Hrsg.): Handwörterbuch der Sozialwissenschaften. Zugleich Neuauflage des Handwörterbuchs der Staatswissenschaften, 3. Band, Göttingen, Stuttgart, Tübingen, 1961, S. 33 - 39

Molitor, Bruno: Vermögensverteilung als wirtschaftspolitisches Problem, Tübingen, 1965

Molitor, Bruno: Vermögen II: Vermögenspolitik, in: Willi Albers / Karl Erich Born / Ernst Dürr u. a. (Hrsg.): Handwörterbuch der Wirtschaftswissenschaft (HdWW), zugleich Neuauflage des Handwörterbuchs der Sozialwissenschaften, 8. Band, Göttingen, Stuttgart, Tübingen, New York, Zürich, 1988, S. 282 - 299

Molitor, Bruno: Wirtschaftspolitik, 3., überarbeitete Auflage, München, Wien, 1992

Möllemann, Jürgen: Investition und Vermögensbildung, in: Weißkirchen, Christoph: Bericht über die DAG-Tagung zur Beteiligung der Angestellten und Arbeiter/innen am Zuwachs des Produktivkapitals vom 8.-10. November 1991, internes Arbeitspapier, Königswinter, 1991, S. 5

Mook, Douglas: Motivation: The organization of action, New York, 1987

Müller, Heinz: Die Bildung breitgestreuten Eigentums als Mittel der Gesellschaftspolitik. In: Naturordnung in Gesellschaft, Staat, Wirtschaft, Innsbruck, Wien, München, 1961

Müller-Armack, Alfred: Vorschläge zur Verwirklichung der Sozialen Marktwirtschaft, in: Alfred Müller-Armack: Genealogie der Sozialen Marktwirtschaft, Frühschriften und weiterführende Konzepte, Bern, Stuttgart, 1981

Müller-Vogg, Hugo / Schneider Hans J.: Mitarbeiterbeteiligung in der Praxis, in: Arbeitsgemeinschaft zur Förderung der Partnerschaft in der Wirtschaft e. V. (AGP) (Hrsg.): Stiftung Sozialer Wandel in der Unternehmerischen Wirtschaft, Band 30, Spardorf, 1985

Musgrave, Richard: Finanztheorie, 2. Auflage ,Tübingen, 1969

Musgrave, Richard / Musgrave, Peggy / Kullmer, Lore: Die öffentlichen Finanzen in Theorie und Praxis, 1. Band, 5., überarbeitete Auflage, Tübingen, 1990

Nef, Robert: Eigentum im Raumschiff Erde, in: Evangelische Akademie (Hrsg.): Eigentum verpflichtet. Sein Gebrauch soll zugleich dem Wohle der Allgemeinheit dienen., Hofgeismar, 1981, S. 40 - 65

Nell-Breuning, Oswald von: Eigentumsbildung in Arbeitnehmerhand, 2. Auflage, Paderborn, 1955

Nell-Breuning, Oswald von: Das Lohnproblem im Zusammenhang mit der Beteiligung des Arbeitnehmers am Sozialprodukt, insbesondere an der volkswirtschaftlichen Vermögensbildung. Referat, gehalten vor dem Wissenschaftlichen Beirat des Bundesministeriums für Wirtschaft am 17. November 1951, in: Oswald von Nell-Breuning (Hrsg.): Wirtschaft und Gesellschaft heute, Band 1, Grundfragen, Freiburg, 1956

Nell-Breuning, Oswald von: Vermögen, in: Oswald von Nell-Breuning / Hermann Sacher (Hrsg.): Zur Wirtschaftsordnung, 2. Auflage, Freiburg, 1958, Spalte 125 - 126

Nell-Breuning, Oswald von: Partnerschaft, in: Erwin von Beckerath / Hermann Bente / Carl Brinkmann u. a. (Hrsg.): Handwörterbuch der Sozialwissenschaften, Zugleich Neuauflage des Handbuchs der Staatswissenschaften, 8. Band, Göttingen, Stuttgart, Tübingen, 1964, S. 216 - 223

Nell-Breuning, Oswald von: Einführung in das Tagesthema, in: Helmut Duvernell (Hrsg.): Ertragsbeteiligung der Arbeitnehmer. Internationale Tagung der Sozialakademie Dortmund, Berlin, 1965, S. 11 - 25

Nell-Breuning, Oswald von: Aktuelle Fragen der Gesellschaftspolitik, Köln, 1970

Nell-Breuning, Oswald von: Gerechtigkeit und Freiheit. Grundzüge katholischer Soziallehre, München, 1985

Neumann, Karl: Vermögensverteilung und Vermögenspolitik. Möglichkeiten und Grenzen, Köln, Frankfurt am Main, 1976

Oberhauser, Alois: Finanzpolitik und private Vermögensbildung, Köln, Opladen, 1963

Oberhauser, Alois: Die wirtschaftlichen Auswirkungen und Grenzen des Investivlohns, in: Helmut Duvernell (Hrsg.): Ertragsbeteiligung der Arbeitnehmer. Internationale Tagung der Sozialakademie Dortmund, Berlin, 1965, S. 27 - 52

Oberhauser, Alois: Von der überbetrieblichen zur betrieblichen Gewinn- und Kapitalbeteiligung der Arbeitnehmer, in: Hans J. Schneider (Hrsg.): Handbuch der Mitarbeiter-Kapitalbeteiligung, Köln, 1977, S. 358 - 376

Oberhauser, Alois: Die Bedeutung der Kreislauftheorie der Verteilung für Wirtschaftstheorie und Wirtschaftspolitik, in: Adolf Wagner / Heinrich Strecker / Wolfgang Eichhorn u. a. (Hrsg.): Jahrbücher für Nationalökonomie und Statistik, Band 215/2, Stuttgart, 1996, S. 129 - 142

Ohne Verfasser: Einkommen und Ersparnis der Privathaushalte im Jahr 1987, in: Deutsches Institut für Wirtschaftsforschung (Hrsg.): Wochenbericht 38/88, 55. Jahrgang, Berlin, 1988, S. 499 - 505

Ohne Verfasser: Das Einkommen sozialer Haushaltsgruppen in der Bundesrepublik Deutschland 1988, in: Deutsches Institut für Wirtschaftsforschung (Hrsg.): Wochenbericht 22/90, 57. Jahrgang, Berlin, 1990, S. 304 - 313

Ohne Verfasser: Leistungs- und Erfolgsorientierte Vermögensbildung in Arbeitnehmerhand, in: DGB-Bundesvorstand, Abteilung Tarifpolitik und Arbeitnehmer (Hrsg.): Tarifpolitische Informationen des DGB, Nr. 5, Düsseldorf, 1991

Ohne Verfasser: Entwicklung und Tendenzen in der sozialen Sicherheit 1993 - 1995. Teil 1: Soziale Sicherheit in den neunziger Jahren: Notwendigkeit zur Veränderung, in: Internationale Vereinigung für Soziale Sicherheit (Hrsg.): Internationale Revue für Soziale Sicherheit, Band 49 (2/96), Genf, 1996, S. 5-16

Ohne Verfasser: Geldvermögen und Vermögenseinkommen der privaten Haushalte 1996, in: Deutsches Institut für Wirtschaftsforschung (Hrsg.): Wochenbericht 31/97, 64. Jahrgang, Berlin, 1997, S. 540 - 547

Ohne Verfasser: Einsatz von Billiglöhnern hat sich nicht gelohnt, in: Industriegewerkschaft Bauen-Agrar-Umwelt (Hrsg.): Der Grundstein. Der Säemann, 49. Jahrgang, Nr. 3, Frankfurt am Main, 1998, S. 17

Ohne Verfasser: Industriebeschäftigte immer findiger. Beamte haben weniger neue Ideen, in: Süddeutsche Zeitung, 54. Jahrgang, 22. Woche, Nr. 118, Montag, 25. Mai 1998, S. 25

Opitz, Gerhard: Vermögen. Terminologische Überlegungen zu einem komplexen Sachverhalt, in: Hans-Günter Krüsselberg (Hrsg.): Vermögen in ordnungstheoretischer und ordnungspolitischer Sicht, Köln, 1980, S. 59 - 82

Opitz, Gerhard: Erfolgsbeteiligungssysteme und gesamtwirtschaftliches Gleichgewicht, Spardorf, 1982

Ott, Alfred: Magic polignoms in economic policy. A theoretical analysis of conflicts of economic targets, in: Wissenschaftliche Verlagsgesellschaft mbH.(Hrsg.): The german economic review. An english language quaterly on german economic research and current developments, Volume 9, Stuttgart, 1971, S. 11 - 28

Papier, Hans Jürgen: Eigentumsgarantie des Grundgesetzes im Wandel, Heidelberg, 1984

Pasinetti, Luigi: A mathematical formulation of the Ricardian system, in: The review of economic studies, Volume XXVII, no. 2, 1960, S. 78 - 98 wiederveröffentlicht in: Luigi Pasinetti (Hrsg.): Growth and income distribution, London, New York, 1974, S. 1 - 28

Pasinetti, Luigi: From Classical to Keynesian economic dynamics, in: Luigi Pasinetti (Hrsg.): Growth and income distribution, London, New York, 1974, S. 86 - 102

Pasinetti, Luigi: Rate of profit and income distribution in relation to the rate of economic growth, in: The review of economic studies, Volume XXIX, 1962, S. 267 - 279 wiederveröffentlicht in: Luigi Pasinetti (Hrsg.): Growth and income distribution, London, New York, 1974, S. 103 - 120

Pasinetti, Luigi: The economics of effective demand, in: Luigi Pasinetti (Hrsg.): Growth and income distribution, London, New York, 1974, S. 29 - 53

Pasinetti, Luigi: The Rate of profit in an expanding economy, in: Luigi Pasinetti (Hrsg.): Growth and income distribution, London, New York, 1974, S. 121 - 145

Patinkin, Don: A study of Keynes' theory of effective demand, in: economic inquiry, Volume XVII, 1979, S. 155 - 176

Paulsen, Andreas: Neue Wirtschaftslehre. Einführung in die Wirtschaftstheorie von John Maynard Keynes und die Wirtschaftspolitik der Vollbeschäftigung, 4., unveränderte Auflage, Berlin, Frankfurt am Main, 1958

Perry, Margit: Gewinnbeteiligung als alternatives Entlohnungssystem: Mikroökonomische Fundierung und Analyse der Auswirkungen auf Beschäftigung und Einkommen, Hamburg, 1992

Pesenti, Antonio: Der tendenzielle Fall der Profitrate, in: Claus Rolshausen (Hrsg.): Kapitalismus und Krise. Eine Kontroverse um das Gesetz des tendenziellen Falls der Profitrate, Frankfurt, Wien, 1970, S. 45 - 63

Pfaff, Martin: Grenzen der Verteilungs- und Sozialpolitik, in: Martin Pfaff (Hrsg.): Grenzen der Umverteilung, Band 1, Berlin, 1978

Pfaff, Martin / Dennerlein, Rudolf / Schneider, Markus: Einige Anforderungen an eine integrierte Verteilungs- und Sozialpolitik, in: Martin Pfaff (Hrsg.): Grenzen der Umverteilung, Band 2, Berlin, 1978, S. 501 - 513.

Pigou, Arthur: Industrial Fluctuation, 1st edition, London, 1927

Pigou, Arthur: The theory of unemployment, London, 1933

Preiser, Erich: Besitz und Macht in der Distributionstheorie, in: Synopsis (Festgabe für Alfred Weber), Heidelberg, 1948, S. 333 - 358

Preiser, Erich: Besitz und Macht in der Distributionstheorie, in: Erich Preiser (Hrsg.): Bildung und Verteilung des Volkseinkommens, Göttingen, 1957

Preiser, Erich: Die ökonomische Problematik der Eigentumsverteilung, in: Theodor Heckel (Hrsg.): Eigentum und Eigentumsverteilung als theologisches, rechtsphilosophisches und ökonomisches Problem, München, 1962, S. 42 - 62

Preiser, Erich: Bildung und Verteilung des Volkseinkommens, 3. Auflage, Göttingen, 1963

Preiser, Erich: Theoretische Grundlagen der Vermögenspolitik, Bonn, 1964

Preiser, Erich: Wirtschaftspolitik heute - Grundprobleme der Marktwirtschaft, 2. Auflage, München, 1969

Prinz, Heinrich: Möglichkeiten und Grenzen der Kapitalbeteiligung im Rahmen der betrieblichen Partnerschaft, Berlin, 1959

Pyatt, Graham: On the interpretation and disaggregation of gini coefficients, in: William Reddaway / David Champernowne / John Black u. a. (Hrsg.): The Economic Journal, Volume 86, London, New York, 1976, S. 243 - 255

Raiser, Ludwig: Eigentum (II) Eigentumsrecht, in: Erwin von Beckerath / Hermann Bente / Carl Brinkmann u. a. (Hrsg.): Handwörterbuch der Sozialwissenschaften. Zugleich Neuauflage des Handwörterbuchs der Staatswissenschaften, 3. Band, Göttingen, Stuttgart, Tübingen, 1961, S. 39 - 44

Renner, Karl: Die Rechtsinstitute des Privatrechts und ihre soziale Funktion, Tübingen, 1929

Rexrodt, Günter: Rede anläßlich der Einbringung des Gesetzentwurfes der Koalitionsfraktion zur Vermögensbildung (Drittes Vermögensbeteiligungsgesetz) am 4. März 1998 im BT-Plenum, Internetveröffentlichung

Riedel, Wolfgang: Der Einfluß sozio-ökonomischer Faktoren auf ausgewählte Geldvermögensarten privater Haushalte in der Bundesrepublik Deutschland, Berlin, 1977

Riese, Hajo: Zur Theorie rationaler Erwartungen: Neoklassische Grundlagen und keynesianischer Gegenentwurf, in: Gottfried Bombach / Bernhard Gahlen / Alfred Ott (Hrsg.): Makroökonomik heute: Gemeinsamkeiten und Gegensätze, Tübingen, 1983, S. 249 - 277

Riese, Hajo: Das Verhältnis von monetärer und realwirtschaftlicher Dimension im Keynesianismus, in: Karl Georg Zinn (Hrsg.): Keynes aus nach-keynesianischer Sicht. Zum 50. Erscheinungsjahr der „Allgemeinen Theorie" von John Maynard Keynes, Wiesbaden, 1988, S. 73 - 106

Ritter, Gerhard: Probleme und Tendenzen des Sozialstaates in den 1990er Jahren, in: Werner Abelshauser (Hrsg.): Geschichte und Gesellschaft: Soziale Sicherung in vergleichender Perspektive Deutschland und Frankreich, 22. Jahrgang, Heft 3, Göttingen, 1996, 393 - 408

Rittstieg, Helmut: Eigentum als Verfassungsproblem, in: Evangelische Akademie (Hrsg.): Eigentum verpflichtet. Sein Gebrauch soll zugleich dem Wohle der Allgemeinheit dienen., Hofgeismar, 1981, S. 7 - 23

Roberts, Charles: Verteilungstheorie und Verteilungspolitik. Eine problemorientierte Einführung mit einem Kompendium verteilungstheoretischer und -politischer Begriffe, Köln, 1980

Robinson, Joan: Vorwort, in: Alfred S. Eichner (Hrsg.): Über Keynes hinaus. Eine Einführung in die post-keynesianische Ökonomie, Köln, 1982, S. 11 - 21

Roncaglia, Alesandro: Der Beitrag von Sraffa, in: Alfred S. Eichner (Hrsg.): Über Keynes hinaus. Eine Einführung in die post-keynesianische Ökonomie, Köln, 1982, S. 103 - 114

Rose, Klaus: Einkommens- und Beschäftigungstheorie, in: Werner Ehrlicher / Ingeborg Esenwein-Rothe / Harald Jürgensen u.a. (Hrsg.): Kompendium der Volkswirtschaftslehre, Band 1, 5. überarbeitete und ergänzte Auflage, Göttingen, 1975, S. 183 - 245

Rose, Klaus: Grundlagen der Wachstumstheorie, 3. Auflage, Göttingen, 1977

Rose, Manfred: Vermögensteuern, in: Willi Albers / Karl Erich Born / Ernst Dürr u. a. (Hrsg.): Handwörterbuch der Wirtschaftswissenschaft (HdWW), zugleich Neuauflage des Handwörterbuchs der Sozialwissenschaften, 8. Band, Göttingen, Stuttgart, Tübingen, New York, Zürich, 1988, S. 299 - 316

Rosenthal, Philipp: Miteigentum der Arbeitnehmer am Unternehmen. Ein Beitrag zur modernen Gesellschaftspolitik, in: Management International Review, Volume 9 (1969), Nr. 2-3

Rösner, Hans Jürgen: Chancen und Risiken des Vermögensbeteiligungsgesetzes, in: HWWA-Institut für Wirtschaftsforschung (Hrsg.): Wirtschaftsdienst, 64. Jahrgang, Nr. III/1984, Hamburg, 1984, S. 132 - 139

Rothschild, Kurt: Mikroökonomische Fundierung, ad hocery und keynesianische Theorie, in: Karl Georg Zinn (Hrsg.): Keynes aus nachkeynesianischer Sicht. Zum 50. Erscheinungsjahr der „Allgemeinen Theorie" von John Maynard Keynes, Wiesbaden, 1988, S. 107 - 125

Ruf, Thomas: Arbeitnehmerbeteiligung am Produktivkapital, in: Karl Heinz Schönbach / Axel Weber (Hrsg.): Arbeit und Sozialpolitik, 46. Jahrgang, 9-10/92, Baden-Baden, 1992, S. 20 - 24

Rürup, Bert: Aufgabe und Ergebnisse der Kommission „Investive Erfolgsbeteiligung", in: Bruno Köbele / Bernd Schütt (Hrsg.): Erfolgsbeteiligung - Ein neuer Weg zur Vermögensbildung in Arbeitnehmerhand, Köln, 1992, S. 11 - 29

Samuelson, Paul / Siegel, Henry: The Development of Economic Thougth, New York, 1952

Samuelson, Paul / Nordhaus, William: Volkswirtschaftslehre 1. Grundlagen der Makro- und Mikroökonomie, 8., grundlegend überarbeitete deutsche Neuauflage, Band 1, Köln, 1987

Sauermann, Heinz: Der amerikanische Plan für die deutsche Währungsreform, in: Franz Böhm / Wilhelm Grewe u. a. (Hrsg.): Zeitschrift für die gesamte Staatswirtschaft, 111. Band, Tübingen 1955

Schachtschabel, Hans: Betriebliche Partnerschaft durch Mitarbeiterbeteiligung. Untersuchungsbericht zum Offenburger Modell, Hamburg, 1992

Schäfer, Claus: Betriebliche Vermögensbeteiligung - Risikobeteiligung. Gesetzliche Sparförderung - Arbeitnehmer-Sparverhalten - Risikoanlagen, Düsseldorf, 1994

Schanz, Günther: Befunde zur Praxis der Mitarbeiter-Kapitalbeteiligung, in: Gert Laßmann / Eberhard Schwark (Hrsg.): Beteiligung der Arbeitnehmer am Produktivvermögen, Berlin, New York, 1985, S. 69 - 84

Schanz, Günther: Mitarbeiterbeteiligung. Grundlagen - Befunde - Modelle, München, 1985

Schares, Christof: Lohnformen und Arbeitslosigkeit - Beschäftigungseffekte einer Gewinn- und einer Kapitalbeteiligung von Arbeitnehmern, in: Institut für Wirtschaftpolitik an der Universität zu Köln (Hrsg.): Untersuchungen zur Wirtschaftspolitik, Köln, 1996

Scheele, Erwin: Theorie der Einkommensverteilung, in: Werner Ehrlicher / Ingeborg Esenwein-Rothe / Harald Jürgensen u. a. (Hrsg.): Kompendium der Volkswirtschaftslehre, Band 1, 5. überarbeitete und ergänzte Auflage, Göttingen, 1975, S. 297 - 351

Schefold, Bertram: Different forms of technical progress, in: William Reddaway / David Champernowne / John Black u. a. (Hrsg.): The economic Journal, Volume 86, London, New York, 1976, S. 806 - 819

Schefold, Bertram: Sraffa und Marx, in: Piero Sraffa: Warenproduktion mittels Waren. Einleitung zu einer Kritik der ökonomischen Theorie, Johannes Behr / Gunther Kohlmey (Hrsg.), Frankfurt am Main, 1976, S. 186

Schefold, Bertram: Überlegungen zur neowalrasianischen, marshallianischen und klassischen Mikrofundierung der Theorie der effektiven Nachfrage, in: Karl Georg Zinn (Hrsg.): Keynes aus nach-keynesianischer Sicht. Zum 50. Erscheinungsjahr der „Allgemeinen Theorie" von John Maynard Keynes, Wiesbaden, 1988, S. 127 - 166

Schelbert, Heidi: Neue Makroökonomik: Gegensätze und Gemeinsamkeiten, in: Gottfried Bombach / Bernhard Gahlen / Alfred Ott (Hrsg.): Makroökonomik heute: Gemeinsamkeiten und Gegensätze, Tübingen, 1983, S. 83 - 107

Scheuner, Ulrich: Die überbetriebliche Ertragsbeteiligung der Arbeitnehmer und die Verfassungsordnung, Stuttgart, Köln, Berlin, Mainz, 1972

Schillert, Ullrich: Gewinne als Quelle der Vermögenspolitik? Die Belastbarkeit der Unternehmensgewinne durch vermögenspolitische Maßnahmen, Berlin, 1976

Schimpl-Neimanns, Bernhard / Lüttinger, Paul: Die Entwicklung bildungsspezifischer Ungleichheit: Bildungsforschung mit Daten der amtlichen Statistik, in: Zentrum für Umfragen, Methoden und Analysen (ZUMA) (Hrsg.): ZUMA-Nachrichten, 17. Jahrgang, Band 32, Mannheim, 1993, S. 76 - 115

Schleyer, Hanns Martin: Diskussionsbeitrag im Arbeitskreis IV, „Die freiheitliche Ordnung der Gesellschaft - Aufgabe der Sozialpolitik" anläßlich der Wirtschaftstage der CDU/CSU 1965 in Düsseldorf, in: Delius, Friedrich Christian (Hrsg.): Wir Unternehmer. Über Arbeitgeber, Pinscher und das Volksganze, Berlin, 1966

Schleyer, Hanns Martin: Die politische Verantwortung des Unternehmers, Referat anläßlich der Unternehmertage Baden-Württemberg 1969, in: Zum Dialog, Schriftreihe des Wirtschaftrates der CDU e.V. (Hrsg.), Bonn, 1969

Schmidbauer, Wolfgang: Weniger ist manchmal mehr. Zur Psychologie des Konsumverzichts, Hamburg, 1990

Schmidt, Klaus: Diskussionsbeitrag zum Thema: Die Beteiligung am Produktivkapital aus der Sicht der Tarifvertragsparteien, in: Weißkirchen, Christoph: Bericht über die DAG-Tagung zur Beteiligung der Angestellten und Arbeiter/innen am Zuwachs des Produktivkapitals vom 8. - 10. November 1991, internes Arbeitspapier, Königswinter, 1991, S. 7 - 8

Schmidt, Reinhard: Grundzüge der Investitions- und Finanzierungstheorie, 2., durchgesehene Auflage, Wiesbaden, 1986

Schmidt, Wilhelm: Geschichte des Eigentums, Münster, 1937

Schmitthenner, Horst: Altersvorsorge über vermögenswirksame Leistungen, in: Soziale Sicherheit, Köln, 47. Jahrgang, Heft 2, 1998, S. 45 - 48.

Schmitt-Rink, Gerhard: Kapitalintensität und Kapitalrentabilität im Marxschen Modell, in: Schmollers Jahrbuch für Gesetzgebung, Verwaltung und Volkswirtschaft, 87. Jahrgang, 1. Halbband, 1967, S. 129-153

Schmoller, Gustav: Die soziale Frage - Klassenbildung, Arbeiterfrage, Klassenkampf, München, Leipzig, 1918

Schneider, Dieter: Steuerliche Folgen des Vermögensbildungsgesetztes, in: Gert Laßmann / Eberhard Schwark (Hrsg.): Beteiligung der Arbeitnehmer am Produktivvermögen, Berlin, New York, 1985, S. 153 - 168

Schneider, Hans J.: Die partnerschaftliche Kapitalbeteiligung der Arbeitnehmer am mittelständischen Industrieunternehmen, Köln, Bonn, 1973

Schneider, Hans J.: Finanzwirtschaftliche Auswirkungen einer Kapitalbeteiligung der Mitarbeiter, in: Hans J, Schneider (Hrsg.): Handbuch der Mitarbeiter-Kapitalbeteiligung, Köln, 1977, S. 300 - 320

Schneider, Hans J. / Zander, Ernst: Erfolgs- und Kapitalbeteiligung der Mitarbeiter in Klein- und Mittelbetrieben, 4. Auflage, Freiburg, 1993

Schneider, Hans J. / Mehl, Walter: Investive Erfolgsbeteiligung als betriebliche Altersversorgung, in: Eduard Gaugler / Robert Pfützner / Ernst Zander (Hrsg.): Personal - Zeitschrift für human resource management, Heft 5/1997, Köln, 1997, S. 234 - 237

Schöner, Manfred: Überbetriebliche Vermögensbeteiligung, Heidelberg, 1989

Schröder, Jürgen: Gesellschaftsrechtliche Möglichkeiten einer Kapitalbeteiligung der Mitarbeiter, in: Hans J. Schneider (Hrsg.): Handbuch der Mitarbeiter-Kapitalbeteiligung, Köln, 1977, S. 124 - 143

Schröder, Jürgen: Mitarbeiterdarlehen und Mitarbeiterschuldverschreibungen, in: Hans J. Schneider (Hrsg.): Handbuch der Mitarbeiter-Kapitalbeteiligung, Köln, 1977, S. 168 - 176

Schröder, Jürgen: Möglichkeiten zur Finanzierung einer Kapitalbeteiligung der Mitarbeiter, in: Hans J. Schneider (Hrsg.): Handbuch der Mitarbeiter-Kapitalbeteiligung, Köln, 1977, S. 90 - 99

Schüller, Alfred: Vermögensbildung im Dienste des Aufbaus der Wirtschaft der neuen Bundesländer, in: Kirchenamt der Evangelischen Kirche in Deutschland / Sekretariat der Deutschen Bischofskonferenz (Hrsg.): Beteiligung am Produktiveigentum, Hannover, Bonn, 1993, 79 - 116

Schumann, Jochen: Grundzüge der mikroökonomischen Theorie, 5., revidierte und erweiterte Auflage, Berlin, Heidelberg, New York, London, Paris, Tokyo, 1987

Schumpeter, Joseph Alois: Theorie der wirtschaftlichen Entwicklung, 6. Auflage, Berlin, 1964

Schütt, Bernd: Bauwirtschaft im Umbruch. Vom Bereitstellungsgewerbe zum Dienstleister, Frankfurt am Main, 1995

Schütt, Bernd: Lohnpolitik, Arbeitszeit und Arbeitsproduktivität in der Bauwirtschaft, Frankfurt am Main, 1995

Siebke, Jürgen: Verteilung, in: Vahlens Kompendium der Wirtschaftstheorie und Wirtschaftspolitik, Band 1, 4., überarbeitete und erweiterte Auflage, München, 1990

Sinn, Gerlinde / Sinn, Hans-Werner: Kaltstart - Volkswirtschaftliche Aspekte der deutschen Vereinigung, 2., neu bearbeitete Auflage, Tübingen, 1992

Sinn, Hans-Werner: Das Marxsche Gesetz des tendenziellen Falls der Profitrate, in: Franz Böhm / Heinz Sauermann (Hrsg.): Zeitschrift für die gesamte Staatswissenschaft, 131. Band, Tübingen, 1975

Sirleschtov, Antje / Weidenfeld, Ursula: Seltenes Privileg - Vier Jahre nach der Wiedervereinigung steht fest: Das Vermögen im Osten ist überwiegend in westlicher Hand, in: WirtschaftsWoche, Nr. 34, 19.8.1994

Spahn, Heinz-Peter: Keynes in der heutigen Wirtschaftspolitik, in: Gottfried Bombach / Hans-Jürgen Ramser / Manfred Timmermann / Walter Wittmann (Hrsg.): Der Keynesianismus I. Theorie und Praxis keynesianischer Wirtschaftspolitik. Entwicklung und Stand der Diskussion, Berlin, Heidelberg, New York, 1976, S. 211 - 287

Spiegelhalter, Franz: Die Formen der Ergebnisbeteiligung, Schriftreihe des Sozialarchivs, Darmstadt, 1954

Spiegelhalter, Franz: Ergebnisbeteiligung und Vermögensbildung, Essen, 1961

Spiegelhalter, Franz: Möglichkeiten und Probleme der Ertragsbeteiligung, in: Helmut Duvernell (Hrsg.): Ertragsbeteiligung der Arbeitnehmer. Internationale Tagung der Sozialakademie Dortmund, Berlin, 1965, S. 59 - 68

Spitaler, Armin: Probleme der Aufbringungsseite des Lastenausgleiches, in: Eugen Lemberg / Friedrich Edding u. a. (Hrsg.): Die Vertriebenen in Westdeutschland, Band II, Kiel, 1959, S. 396 - 417

Sraffa, Piero: Warenproduktion mittels Waren. Einleitung zu einer Kritik der ökonomischen Theorie, Johannes Behr / Gunther Kohlmey (Hrsg.), Frankfurt am Main, 1976

Stahlecker, Peter: Verteilungstheorie, in: Handwörterbuch der Volkswirtschaft, Wiesbaden, 1978, Spalte 1375 - 1415

Steinbrück, Michael: Entscheidungsmodelle für Beteiligungsunternehmen, Hamburg, 1986

Stobbe, Alfred: Wirtschaftskreislauf und Sozialprodukt, in: Werner Ehrlicher / Ingeborg Esenwein-Rothe / Harald Jürgensen u.a. (Hrsg.): Kompendium der Volkswirtschaftslehre, Band 1, 5. überarbeitete und ergänzte Auflage, Göttingen, 1975, S. 16 - 56

Stöcker, Günter: Zum Begriff der Mitunternehmerschaft, in: Der Betriebs-Berater, Zeitschrift für Recht und Wirtschaft, 33. Jahrgang, Heidelberg, 1978, S. 651 - 655

Süddeutsche Zeitung: „Themen aus Deutschland", 53. Jahrgang, 5. Woche, Nr. 22, 28. 08. 1997, S. 8.

Süddeutsche Zeitung / Mainka, M.: Deutschlands drückende Sorgen, in: Süddeutsche Zeitung, 53. Jahrgang, 39. Woche, Nr. 219, Dienstag, 23. September 1997, S. 23

Swoboda, Peter: Investition und Finanzierung, 3., neu bearbeitete Auflage, Göttingen, 1986

Tofaute, Hartmut: Steuerverteilung in der Schieflage. Steigende Lohnsteuerquote - sinkende steuerbelastung, in: Hans-Böckler-Stiftung, Mitbestimmungs-, Forschungs- und Studienförderungswerk des DGB (Hrsg.): WSI Mitteilungen. Monatszeitschrift des Wirtschafts-

und Sozialwissenschaftlichen Instituts in der Hans-Böckler-Stiftung, Nr. 3/1995, 48. Jahrgang, Düsseldorf, 1995, S. 197 - 205

Tönnies, Ferdinand: Eigentum, in: Alfred Vierkant (Hrsg.): Handwörterbuch der Soziologie, unveränderter Neudruck, Stuttgart, 1959, S. 106 - 112

Trevithick, James: Money wage inflexibility and the Keynesian labour supply function, in: William Reddaway / David Champernowne / John Black u. a. (Hrsg.): The Economic Journal, Volume 86, London, New York, 1976, S. 327 - 332

Vertreter der Länder und Provinzen der britischen Besatzungszone: Memorandum der Vertreter der Länder und Provinzen der britischen Zone für die Gesundung des deutschen Geldwesens und die Regulierung der inneren Kriegsschuld (Detmolder Memorandum vom 17.11.1945), in: Hans Möller (Hrsg.): Zur Vorgeschichte der deutschen Mark. Die Währungsreformpläne 1945-1948, Tübingen, Basel, 1961, S. 117 - 132

Vogl, Gerald: Faktorangebot des Haushalts, in: Artur Woll (Hrsg.): Wirtschaftslexikon, 4. verbesserte Auflage, München, Wien, 1990, S. 195 - 199

Vogt, Hermann: Gewinnbeteiligung für die Mitarbeiter, in: Hans J. Schneider (Hrsg.): Handbuch der Mitarbeiter-Kapitalbeteiligung, Köln, 1977, S.100 - 108

Volkswirtschaftliche Arbeitsgemeinschaft für Bayern: Entwurf eines Gesetzes zur Neuordnung des deutschen Geldwesen, in: Hans Möller (Hrsg.): Zur Vorgeschichte der deutschen Mark, Tübingen, Basel, 1961, S. 407 bis 419

Wagner, Klaus: Renaissance der Mitarbeiterbeteiligung, in: Der Betriebs-Berater, Zeitschrift für Recht und Wirtschaft, 50. Jahrgang, Beilage 7 zu Heft 25/1995 vom 22. Juni 1995, Heidelberg, 1995, S. 1 - 12

Wagner, Klaus: Ergebnisorientierte variable Vergütungen, in: Der Betriebs-Berater, Zeitschrift für Recht und Wirtschaft, 52. Jahrgang, Heft 3 vom 16. Januar 1997, Heidelberg, 1997, S. 150 - 158

Wallraff, Hermann Josef: Eigentumspolitik, Arbeit und Mitbestimmung, Köln, 1968

Weisser, Gerhard: Soziale Sicherheit, in: Erwin von Beckerath / Hermann Bente / Carl Brinkmann u. a. (Hrsg.): Handwörterbuch der Sozialwissenschaften. Zugleich Neuauflage des Handwörterbuchs der Staatswissenschaften, 9. Band, Göttingen, Stuttgart, Tübingen, 1956, S. 396-412

Weisser, Gerhard: Vermögen und Vermögenspolitik, in: Erwin von Beckerath / Hermann Bente / Carl Brinkmann u. a. (Hrsg.): Handwörterbuch der Sozialwissenschaften. Zugleich Neuauflage des Handwörterbuchs der Staatswissenschaften, 11. Band, Göttingen, Stuttgart, Tübingen, 1961, S.163 - 187

Weißkirchen, Christoph: Bericht über die DAG-Tagung zur Beteiligung der Angestellten und Arbeiter/innen am Zuwachs des Produktivkapitals vom 8. - 10. November 1991, internes Arbeitspapier, Königswinter, 1991

Weitzmann, Martin: Some Macroeconomic Implications of Alternative Compensation Systems, in: William Reddaway / David Champernowne / John Black u. a. (Hrsg.): The Economic Journal, Volume 93, London, New York, 1983

Welty, Eberhard: Herders Sozialkatechismus, 3. Band, Freiburg, 1958

Welty, Eberhard: Die Sozialenzyklika Papst Johannes' XXIII. Mater et Magistra. Mit einem ausführlichen Kommentar und einer Einführung die Soziallehre der Päpste von Leo XIII. bis zu Johannes XXIII., 2. Auflage, Freiburg, 1962

Wendt, Rudolf: Eigentum und Gesetzgebung, in: Karl H. Friauf (Hrsg.): Schriften zum Wirtschaftsverfassungs- und Wirtschaftsverwaltungsrecht, Band 24, Hamburg, 1985

Werner, Josua: Verteilungspolitik, Stuttgart, New York, 1979

Weyer, Helmut: Gewinn- und Kapitalbeteiligung der Mitarbeiter. Funktionselemente, finanzwirtschaftliche Wirkungen und Determinanten aus der Sicht der Unternehmung, München, 1978

Wicke, Lutz: Möglichkeiten zur Erhöhung der Effizienz der Vermögenspolitik in der Bundesrepublik Deutschland, in: Zeitschrift für Wirtschafts- und Sozialwissenschaften, 97. Jahrgang, 1977

Willgerodt, Hans / Bartel, Karl / Schillert, Ullrich: Vermögen für alle, Düsseldorf, Wien, 1971

Wöhe, Günter: Einführung in die allgemeine Betriebswirtschaftslehre, München, 1986

Wolf, Eduard: Geld- und Finanzprobleme der deutschen Nachkriegswirtschaft, in: Deutsches Institut für Wirtschaftsforschung (Hrsg.): Die deutsche Wirtschaft zwei Jahre nach dem Zusammenbruch. Tatsachen und Probleme, Berlin, 1947, S. 195 - 262

Woll, Artur: Wirtschaftslexikon, 4. verbesserte Auflage, München, Wien, 1990

Zettl, Erich: Pädagogische Aspekte bei der Einführung eines Beteiligungsmodells, in: Hans J. Schneider (Hrsg.): Handbuch der Mitarbeiter-Kapitalbeteiligung, Köln, 1977, S. 390 - 400

Rechtsquellen

Abgabenordnung (AO), in: Beck'sche Textausgaben: Steuergesetze, Textsammlung mit Verweisungen und Sachverzeichnis, München, 1997

Achtes Gesetz zur Änderung des Lastenausgleichsgesetzes (8. ÄndGLAG) vom 26. Juli 1957, in: BGBl 1957 I, Nr. 36, S. 809

Aktiengesetz (AktG), in: Beck'sche Textausgaben: Aktiengesetz, GmbH-Gesetz, 27. Auflage, München, 1995

Bewertungsgesetz (BewG) in der Fassung vom 1. Februar 1991, in: Verlag Neue Wirtschafts-Briefe (Hrsg.): Wichtige Steuergesetze mit Durchführungsverordnungen, 39. Auflage, Herne, Berlin, 1992

Bürgerliches Gesetzbuch (BGB), in: Beck'sche Textausgaben: Bürgerliches Gesetzbuch, 30. Auflage, München, 1987

Drittes Gesetz zur Neuordnung des Geldwesens (Umstellungsgesetz), in: Gesetzblatt der Verwaltung des vereinigten Wirtschaftsgebietes, Jahrgang 1948, Frankfurt am Main, 20. Juni 1948

Dritten Gesetz zur Änderung des Lastenausgleichsgesetzes und des Feststellungsgesetzes vom 24. Juli 1953, in: BGBl 1953 I, Nr. 41, S. 693

Drittes Gesetz zur Förderung der Vermögensbildung der Arbeitnehmer (Drittes Vermögensbildungsgesetz - 3. VermBG) vom 27. Juni 1970, in: BGBl 1970 I, S. 930

Drittes Gesetz zur Förderung der Vermögensbildung der Arbeitnehmer (Drittes Vermögensbildungsgesetz - 3. VermBG) in der Fassung vom 15. Januar 1975, in: BGBl 1975 I, S. 258

Einkommensteuergesetz (EStG), in: Beck'sche Textausgaben: Steuergesetze, Textsammlung mit Verweisungen und Sachverzeichnis, München, 1997

Erste Verordnung zur Änderung der Verordnung zur Durchführung des Spar-Prämiengesetzes (SparPDV) vom 31. Mai 1967, in: BGBl 1967 I, S. 569

Erstes Gesetz zur Neuordnung des Geldwesens (Währungsgesetz), in: Gesetzblatt der Verwaltung des vereinigten Wirtschaftsgebietes, Jahrgang 1948, Frankfurt am Main, 20. Juni 1948

Erstes Gesetz zur Änderung statistischer Rechtsvorschriften - 1. Statistikbereinigungsgesetz vom 14.03.1980, in: BGBl 1980 I, S. 294

Fünftes Gesetz zur Förderung der Vermögensbildung der Arbeitnehmer (Fünftes Vermögensbildungsgesetz - 5. VermBG) in der Fassung vom 19. Februar 1987, in: BGBl 1987 I, S. 630

Fünftes Gesetz zur Förderung der Vermögensbildung der Arbeitnehmer (Fünftes Vermögensbildungsgesetz - 5. VermBG) in der Fassung vom 19. Januar 1989, in: BGBl 1989 I, S. 137

Gesetz über das Kreditwesen (KWG), in: Beck'sche Textausgaben: Bankrecht, 23., neubearbeitete Auflage, München, 1995, S. 67 - 126

Gesetz über den Lastenausgleich (Lastenausgleichsgesetz - LAG) vom 14. August 1952, in: BGBl 1952 I, S. 446

Gesetz über die Eröffnungsbilanz in Deutscher Mark und die Kapitalneufestsetzung (D-Markbilanzgesetz) vom 21. August 1949, in: Gesetzblatt der Verwaltung des vereinigten Wirtschaftsgebietes, Nr. 32, Frankfurt am Main, 30. August 1949, S. 279

Gesetz über die Gewährung von Prämien für Sparleistungen (Spar-Prämiengesetz) vom 5. Mai 1959, in: BGBl 1959 I, S. 241

Gesetz über die Statistik der Wirtschaftsrechnungen privater Haushalte vom 11.01.1961, in: BGBl 1961 I, S. 18

Gesetz über die Statistik für Bundeszwecke (Bundesstatistikgesetz - BStatG) vom 22.01.1987, in: BGBl 1987 I, S. 462 und S. 565

Gesetz über Kapitalanlagegesellschaften (KAGG), in: Beck'sche Textausgaben: Bankrecht, 23.; neubearbeitete Auflage, München, 1995, S. 204 - 259

Gesetz zum Abbau von Subventionen und sonstigen Vergünstigungen, zur Erhöhung der Postablieferung sowie zur Klarstellung von Wohngeldregelungen (Subventionsabbaugesetz - SubvAbG) vom 26. Juni 1981, in: BGBl 1981 I, S. 537

Gesetz zur Änderung des Gesetzes über die Statistik der Wirtschaftsrechnungen privater Haushalte vom 19.01.1968, in: BGBl 1968 I, S. 97

Gesetz zur Änderung des Spar-Prämiengesetzes vom 31. Juli 1972, in: BGBl 1972 I, S. 1337

Gesetz zur Änderung des Zweiten Gesetzes zur Förderung der Vermögensbildung der Arbeitnehmer vom 27. Juni 1970, in: BGBl 1970 I, S. 925

Gesetz zur Bekämpfung des Mißbrauchs und zur Bereinigung des Steuerrechts (Mißbrauchsbekämpfungs- und Steuerbereinigungsgesetz - StMBG) vom 21. Dezember 1993, in: BGBl 1993 I, S. 2310

Gesetz zur Förderung der Vermögensbildung der Arbeitnehmer vom 12. Juli 1961, in: BGBl 1961 I, S. 909

Gesetz zur Förderung der Vermögensbildung der Arbeitnehmer durch Kapitalbeteiligungen (Vermögensbeteiligungsgesetz) vom 22. Dezember 1983, in: BGBl 1983 I, S. 1592

Gesetz zur Milderung dringender sozialer Notstände (Soforthilfegesetz - SHG), in: Gesetzblatt der Verwaltung des vereinigten Wirtschaftsgebietes, Nr. 28, Frankfurt am Main, 18. August 1948

Gesetz zur Verbesserung der Haushaltsstruktur (Haushaltsstrukturgesetz - HStruktG) vom 18. Dezember 1975, in: BGBl 1975 I, S. 3091

Grundgesetz (GG), in: Deutscher Bundestag - Presse und Informationszentrum, Referat Öffentlichkeitsarbeit (Hrsg.): Grundgesetz für die Bundesrepublik Deutschland, Bonn, 1984

Handelsgesetzbuch (HGB), in: Beck'sche Textausgaben: Handelsgesetzbuch, 23. Auflage, München, 1987

Spar-Prämiengesetz in der Fassung vom 6. Februar 1963 (SparPG 1963), in: BGBl 1963 I, S. 93

Spar-Prämiengesetz in der Fassung vom 18. September 1969 (SparPG 1969), in: BGBl 1969 I, S. 1682

Spar-Prämiengesetz in der Fassung vom 5. August 1970 (SparPG 1970), in: BGBl 1970 I, S. 1214

Spar-Prämiengesetz in der Fassung vom 28. August 1974 (SparPG 1975), in: BGBl 1974 I, S. 2110

Spar-Prämiengesetz in der Fassung vom 20. Dezember 1977 (SparPG 1977), in: BGBl 1977 I, S. 3166

Spar-Prämiengesetz in der Fassung vom 10. Februar 1982 (SparPG 1982), in: BGBl 1982 I, S. 125

Steuerreformgesetz 1990 vom 25. Juli 1988, in: BGBl 1988 I, S. 1093

Verordnung zur Durchführung des Spar-Prämiengesetzes (SparPDV) vom 22. Juli 1959, in: BGBl 1959 I, S. 503

Verordnung zur Durchführung des Spar-Prämiengesetzes (SparPDV 1972) vom 7. Februar 1973, in: BGBl 1973 I, S. 97ff

Vierte Verordnung zur Änderung der Verordnung zur Durchführung des Spar-Prämiengesetzes vom 16. Januar 1973, in: BGBl 1973 I, S. 21

Viertes Gesetz zur Änderung des Lastenausgleichsgesetzes (4. ÄndGLAG) vom 12. Juli 1955, in: BGBl 1955 I, Nr. 22, S. 403

Zweites Gesetz zur Förderung der Vermögensbildung der Arbeitnehmer (Zweites Vermögensbildungsgesetz - 2. VermBG) vom 1. Juli 1965, in: BGBl 1965 I, S. 585

Zweites Gesetz zur Förderung der Vermögensbildung der Arbeitnehmer durch Kapitalbeteiligungen (Zweites Vermögensbeteiligungsgesetz) vom 19. Dezember 1986, in: BGBl 1986 I, S. 2595

Zweites Gesetz zur Neuordnung des Geldwesens (Emissionsgesetz), in: Gesetzblatt der Verwaltung des vereinigten Wirtschaftsgebietes, Jahrgang 1948, Frankfurt am Main, 20. Juni 1948

Zweites Gesetz zur Verbesserung der Haushaltsstruktur (2. Haushaltsstrukturgesetz - 2. HStruktG) vom 22. Dezember 1981, in: BGBl 1981 I, S. 1523

Bundesfinanzhof: Urteil des Bundesfinanzhofes vom 14. Mai 1982 (VI R 124/77), in: Mitglieder des Bundesfinanzhofs (Hrsg.): Sammlungen der Entscheide des Bundesfinanzhofs, 135. Band, Bonn, 1982, S. 542 - 551 (Nr. 143)

Bundesfinanzhof: Urteil des Bundesfinanzhofes vom 21. Juni 1983 (VIII R 237/80), in: (BStBl) 1983 II, S. 563

Bundessozialgericht: Urteil des Bundessozialgerichts vom 29. Januar 1959, in: Richter des Bundessozialgerichts (Hrsg.): Entscheidungen des Bundessozialgerichts, Band 9, Köln, Berlin, 1959, S. 127 - 131

Bundesverfassungsgericht: Beschluß des Bundesverfassungsgerichts vom 21. Juni 1960 - 1 BvL 10, 25/58 -, in: Richter des Bundesverfassungsgerichts (Hrsg.): Entscheidungen des Bundesverfassungsgerichts, Band 11, Tübingen, 1961, S. 221 - 231 (Nr. 22)

Bundesverfassungsgericht: Beschluß des Bundesverfassungsgerichts vom 11. Oktober 1962 - 1 BvL 22/57-, in: Richter des Bundesverfassungsgerichts (Hrsg.): Entscheidungen des Bundesverfassungsgerichts, Band 14, Tübingen, 1963, S. 288 - 306 (Nr. 31)

Bundesverfassungsgericht: Beschluß des Bundesverfassungsgerichts vom 17. November 1966 - 1 BvL 10/61-, in: Richter des Bundesverfassungsgerichts (Hrsg.): Entscheidungen des Bundesverfassungsgerichts, Band 20, Tübingen, 1967, S. 351 - 363 (Nr. 30)

Bundesverfassungsgericht: Beschluß des Bundesverfassungsgerichts vom 24. März 1976 - 2 BvR 804/75, in: Richter des Bundesverfassungsgerichts (Hrsg.): Entscheidungen des Bundesverfassungsgerichts, Band 42, Tübingen, 1977, S. 64 - 88 (Nr. 6)

Bundesverfassungsgericht: Beschluß des Bundesverfassungsgerichts vom 6. Juni 1989 - 1 BvR 921/85 -, in: Richter des Bundesverfassungsgerichts (Hrsg.): Entscheidungen des Bundesverfassungsgerichts, Band 80, Tübingen, 1990, S. 137 - 170 (Nr. 13)

Bundesverfassungsgericht: Urteil des Bundesverfassungsgerichts vom 7. August 1962 - 1 BvL 16/60 -, in: Richter des Bundesverfassungsgerichts (Hrsg.): Entscheidungen des Bundesverfassungsgerichts, Band 14, Tübingen, 1963, S. 263 - 288 (Nr. 30)

Bundesverfassungsgericht: Urteil des Bundesverfassungsgerichts vom 28. Februar 1980 - 1 BvR 807/78 -, in: Richter des Bundesverfassungsgerichts (Hrsg.): Entscheidungen des Bundesverfassungsgerichts, Band 53, Tübingen, 1980, S. 257 - 313 (Nr. 17)

Bundesverfassungsgericht: Urteil des Bundesverfassungsgerichts vom 23. April 1991 - 1 BvR 1170, 1174, 1175/90 -, in: Richter des Bundesverfassungsgerichts (Hrsg.): Entscheidungen des Bundesverfassungsgerichts, Band 84, Tübingen, 1992, S. 90 - 132 (Nr. 8)

Amtliche Veröffentlichungen

Ausschuß für Arbeit und Sozialordnung (11. Ausschuß): Beschlußempfehlung und Bericht, in: Deutscher Bundestag - 13. Wahlperiode (Hrsg.): Drucksache 13/10527, Bonn, 1998

Bundesministerium für Arbeit und Sozialordnung (Hrsg.): Sozialbericht 1993, Bonn, 1994

Bundesministerium für Arbeit und Sozialordnung (Hrsg.): Statistisches Taschenbuch 1995 - Arbeits- und Sozialstatistik, Bonn, 1995

Bundesministerium für Arbeit und Sozialordnung (Hrsg.): Statistisches Taschenbuch 1997 - Arbeits- und Sozialstatistik, Bonn, 1997

Bundesministerium für Wirtschaft (Hrsg.): Wirtschaft in Zahlen 1997 (Internet-Veröffentlichung)

Deutsche Bundesbank (Hrsg.): Monatsbericht, Nr. 11: Verhältniszahlen zur Vermögens- und Kapitalstruktur der Unternehmen, Frankfurt am Main, 1982, 1990, 1993, 1996, 1997

Deutsche Bundesbank (Hrsg.): Statistischer Teil zum Monatsbericht Dezember, Frankfurt am Main, Jahrgang 1975 bis 1997

Institut der Deutschen Wirtschaft (Hrsg.): Zahlen zur wirtschaftlichen Entwicklung in der Bundesrepublik Deutschland, Köln, 1997

Institut der Deutschen Wirtschaft (Hrsg.): Zahlen zur wirtschaftlichen Entwicklung der Bundesrepublik Deutschland, Köln, 1998

Ohne Verfasser: Arbeitnehmer stärker am Unternehmererfolg beteiligen, in: Presse und Informationsamt der Bundesregierung (Hrsg.): Sozialpolitische Umschau, Ausgabe 27, Nr. 322, Bonn, 1998

Ohne Verfasser: Entwurf eines Gesetzes zur Förderung der Vermögensbildung der Arbeitnehmer durch Kapitabeteiligungen (Vermögensbeteiligungsgesetz), in: Bundesrats-Drucksache 304/83, A. Zielsetzung

Ohne Verfasser: Entwurf eines zweiten Gesetzes zur Förderung der Vermögensbildung der Arbeitnehmer durch Kapitalbeteiligungen (Zweites Vermögensbeteiligungsgesetz), in: Bundestags-Drucksache 10/5981, A. Zielsetzung

Ohne Verfasser: Neu: „... bild Dir ein Vermögen! Der Staat legt zu", in: Presse und Informationsamt der Bundesregierung (Hrsg.): Sozialpolitische Umschau, Ausgabe 27, Nr. 332, Bonn, 1998

Sachverständigenrat zur Begutachtung der gesamtwirtschaftlichen Entwicklung (Hrsg.): Die wirtschaftliche Integration in Deutschland. Perspektiven - Wege - Risiken, Jahresgutachten 1991/92, Stuttgart, 1991

Sachverständigenrat zur Begutachtung der gesamtwirtschaftlichen Entwicklung (Hrsg.): Reformen voaranbringen, Jahresgutachten 1996/97, Stuttgart, 1996

Sachverständigenrat zur Begutachtung der gesamtwirtschaftlichen Entwicklung (Hrsg.): Wachstum, Beschäftigung, Währungsunion - Orientierung für die Zukunft, Jahresgutachten 1997/98, Stuttgart, 1997

Sozialenquête in der Bundesrepublik Deutschland (Hrsg.): Soziale Sicherung, Stuttgart, Berlin, Köln, Mainz, 1966

Statistisches Bundesamt (Hrsg.): Fachserie 4: Produzierendes Gewerbe, Reihe 5.1 Beschäftigung, Umsatz und Gerätebestand der Betriebe im Baugewerbe 1994, Wiesbaden, 1995

Statistisches Bundesamt (Hrsg.): Fachserie 4: Produzierendes Gewerbe, Reihe 5.1 Beschäftigung, Umsatz und Gerätebestand der Betriebe im Baugewerbe 1995, Wiesbaden, 1996

Statistisches Bundesamt (Hrsg.): Fachserie 4: Produzierendes Gewerbe, Reihe 5.3 Kostenstruktur der Unternehmen im Baugewerbe 1994, Wiesbaden, 1996

Statistisches Bundesamt (Hrsg.): Fachserie 4: Produzierendes Gewerbe, Reihe 5.3 Kostenstruktur der Unternehmen im Baugewerbe 1995, Wiesbaden, 1997

Statistisches Bundesamt (Hrsg.): Fachserie 15: Einkommens- und Verbrauchsstichproben 1983, Heft 6, Wiesbaden, 1988

Statistisches Bundesamt (Hrsg.): Fachserie 16: Löhne und Gehälter, Reihe 2.1 Arbeiterverdienste in der Industrie (Januar 1995), Wiesbaden, 1995

Statistisches Bundesamt (Hrsg.): Fachserie 16: Löhne und Gehälter, Reihe 2.2 Angestelltenverdienste in der Industrie (Januar 1995), Wiesbaden, 1995

Statistisches Bundesamt (Hrsg.): Fachserie 18: Volkswirtschaftliche Gesamtrechnungen, Reihe 1.2 Konten und Standardtabellen - Vorbericht 1995, Wiesbaden, 1995

Statistisches Bundesamt (Hrsg.): Statistisches Jahrbuch 1990 für die Bundesrepublik Deutschland, Wiesbaden, 1990

Statistisches Bundesamt (Hrsg.): Statistisches Jahrbuch 1993 für die Bundesrepublik Deutschland, Wiesbaden, 1993

Statistisches Bundesamt (Hrsg.): Statistisches Jahrbuch 1994 für die Bundesrepublik Deutschland, Wiesbaden, 1994

Statistisches Bundesamt (Hrsg.): Statistisches Jahrbuch 1996 für die Bundesrepublik Deutschland, Wiesbaden, 1996

Statistisches Bundesamt (Hrsg.): Statistisches Jahrbuch 1997 für die Bundesrepublik Deutschland, Wiesbaden, 1997

Peter Lang · Europäischer Verlag der Wissenschaften

Bremer Gesellschaft für Wirtschaftsforschung e.V. (Hrsg.)

Der Euro und die Folgen

Probleme und Perspektiven

Konzeption und Koordination: Alfons Lemper

Frankfurt/M., Berlin, Bern, New York, Paris, Wien, 1998. 215 S.
ISBN 3-631-34021-4 · br. DM 38.–*

Die Einführung des Euro zum 1.1.1999 bringt nicht nur eine Fülle schwieriger und kostspieliger technischer Probleme mit sich, an deren Bewältigung allseits gearbeitet wird, sondern auch eine Reihe von Konsequenzen, die auf den ersten Blick nicht in Erscheinung treten, die gleichwohl für die Beurteilung des Gesamtprojektes „Europäische Währungsunion" (EWU) äußerst wichtig sind. Sie betreffen neben der prospektiven Stabilität der künftigen Währung und den Konsequenzen für die Kapitalanleger etwa Fragen nach den verbleibenden wirtschaftlichen Gestaltungsspielräumen für nationale Regierungen oder Tarifpartner, die Wahrscheinlichkeit eines innergemeinschaftlichen Finanzausgleichs oder Folgen für die Sozialstandards. Tiefgreifende Probleme ergeben sich auch für künftige Unternehmensmärkte. Die Lösung dieser – großenteils politischen – Probleme auf längere Sicht dürften für den Erfolg des Projektes EWU entscheidender werden als die bank- und bilanztechnischen Probleme, die derzeit meist im Vordergrund stehen.

Aus dem Inhalt: Prospektive Stabilität des Euro und seine internationale Position · Eingeschränkte Spielräume nationaler Wirtschaftspolitik · Finanzausgleich und Sozialstandards · Konsequenzen für Unternehmensmärkte

Frankfurt/M · Berlin · Bern · New York · Paris · Wien
Auslieferung: Verlag Peter Lang AG
Jupiterstr. 15, CH-3000 Bern 15
Telefax (004131) 9402131
*inklusive Mehrwertsteuer
Preisänderungen vorbehalten

FSC
www.fsc.org
MIX
Papier | Fördert gute Waldnutzung
FSC® C083411

Kolibri 360 GmbH
Ferdinand-Jühlke-Straße 7
99095 Erfurt, Deutschland
produktsicherheit@kolibri360.de

Druck:
CPI Druckdienstleistungen GmbH
im Auftrag der
Kolibri 360 GmbH
Ferdinand-Jühlke-Str. 7
99095 Erfurt